Otto Benndorf

Die antiken Bildwerke des Lateranensischen Museums

Otto Benndorf

Die antiken Bildwerke des Lateranensischen Museums

ISBN/EAN: 9783744605601

Hergestellt in Europa, USA, Kanada, Australien, Japan

Cover: Foto ©Thomas Meinert / pixelio.de

Weitere Bücher finden Sie auf **www.hansebooks.com**

DIE

ANTIKEN BILDWERKE

DES

LATERANENSISCHEN MUSEUMS

BESCHRIEBEN VON

OTTO BENNDORF und RICHARD SCHÖNE

———

MIT VIER UND ZWANZIG PHOTOLITHOGRAPHISCHEN TAFELN

———

LEIPZIG
DRUCK UND VERLAG VON BREITKOPF & HÄRTEL
1867

WILHELM HENZEN

HEINRICH BRUNN

ZUGEEIGNET

Das lateranensische Museum ist unter den grössern römischen Antikensammlungen die jüngste. Der Plan zu seiner Gründung, welcher von Gregor XVI gefasst und im Jahre 1844 ausgeführt wurde, ging einestheils aus dem Wunsche hervor, der Statue des Sophokles eine angemessene Aufstellung zu geben, andrentheils aus dem Bedürfniss in den überfüllten Räumen des Vatican und seiner Magazine Platz zu schaffen. Dem neu zu gründenden Museum ward das untere Geschoss des lateranensischen Palastes eingeräumt, und so füllten sich nach kaum zwei Jahren acht grosse Zimmer desselben mit Antiken an. Die Monumente welche sich in den Appartamenti Borgia, und eine Reihe Portraitköpfe welche sich in dem ägyptischen Museum des Vatican befunden hatten, eine grosse Anzahl meist fragmentarischer Denkmäler aus den vaticanischen Magazinen und einige ansehnliche, eigens angekaufte Monumente, wie der jetzt im Vatican aufgestellte Antinous Braschi u. A. bildeten den Grundstock der Sammlung, die in den folgenden Jahren durch neue in Cerveteri, auf der via Latina, via Appia, via Labicana und namentlich in Ostia veranstaltete Ausgrabungen beständig vermehrt und erweitert wurde. Gegenwärtig sind die sechzehn ersten Zimmer des Erdgeschosses geöffnet (zur Uebersicht über dieselben ist auf Taf. XXIII ein Grundriss des lateranensischen Palastes mitgetheilt); die drei letzten Räume dienen als Magazine, in denen einige unbedeutende Sculpturen und eine beträchtliche Menge von Inschriften aufbewahrt werden. In dem ersten Stockwerk ist das grosse Mosaik der Caracallathermen und das Asaro-

ton des Heraklitos, eine Sammlung altchristlicher Monumente und Inschriften aufgestellt; in dem dritten Stock befinden sich die Gips-
abgüsse der Trajanssäule.

Ueber den Bestand des Museum Gregorianum Lateranense, oder
schlechthin Museum Lateranense, wie man es jetzt zu bezeichnen
pflegt, weil der Name Museum Gregorianum für die etruskische Sammlung des Vatican gewöhnlich geworden ist, gab zuerst Brunn Nachricht im Kunstblatt 1844 p. 312 folg. Eine Auswahl der dort befindlichen Antiken hat später Braun in den Ruinen und Museen Roms
p. 727 folg. besprochen; woneben noch einige Publicationen in den
Schriften des archäologischen Instituts genannt werden mögen. Die
Veröffentlichung eines grösseren Werkes über das Museum hatte noch
Gregor XVI angeordnet und zunächst dem Padre Marchi übertragen;
dieser überliess die Arbeit dem Padre Secchi, nach dessen Tode dem
Padre Garrucci, welcher die von seinem Vorgänger ausgewählten
ein und funfzig Tafeln revidirte, anordnete und erläuterte. Das Werk
erschien in Rom 1861 unter dem Titel «Monumenti del Museo Lateranense descritti ed illustrati da Raffaele Garrucci D. C. D. G.
e pubblicati per ordine della Santità di nostro Signore Papa Pio IX».
Die gleichförmig eleganten Stiche dieser Publication geben von den
Originalen fast durchgängig eine für antiquarische Zwecke genügende
Vorstellung, wiewohl einige Blätter, und zwar gerade die der vorzüg-
lichsten Statuen, das Lob nicht verdienen, das man ihnen gespendet
hat. Die beigefügten Erläuterungen zeigen die nämlichen Eigen-
schaften wie die übrigen Schriften desselben Verfassers. Es genügt
beispielsweise hervorzuheben, dass in Bezug auf die Herkunft der besprochenen Monumente, auf deren Feststellung er besonderen Fleiss
gewandt zu haben behauptet, nirgends über das Nächstliegende hinaus-
gegangen ist. Die Irrthümer in seinen Angaben sind meist still-
schweigend berichtigt worden.

Da in dem genannten Werk nur eine verhältnissmässig geringe
Anzahl von Monumenten behandelt worden ist, und für das Museum
in seiner Gesammtheit nicht einmal das vorlag, was für die übrigen
römischen Antikensammlungen die betreffenden Abschnitte der «Beschreibung Roms» bieten, so ist eine allgemeine und vollständige wis-

senschaftliche Benutzung des Museums bisher nicht möglich gewesen. Diesem Mangel abzuhelfen ist der Zweck der vorliegenden Arbeit.

Demgemäss musste es uns vor allem auf Vollständigkeit des Verzeichnisses und auf Feststellung des Thatsächlichen ankommen. Dabei wurden mit wenigen Ausnahmen Inschriften und Architekturfragmente, überhaupt alle Denkmäler ohne figürliche Darstellungen ausgeschlossen. Der Beschreibung eines jeden Bildwerks ist die Angabe des Materials, der Ergänzungen und der Maasse vorausgeschickt. Bei der Auswahl dieser letzteren ging unsere Absicht vorzüglich darauf, zugleich die richtige Vorstellung der verhältnissmässigen Grösse zu geben, so dass wir z. B. bei einem Torso mit theilweis erhaltenen Beinen, um unbestimmte Ausdrücke wie « Lebensgrösse » zu vermeiden, nicht nur die Höhe des Ganzen sondern auch die Torsolänge anzeigen. Da weder ein gedrucktes noch ein handschriftliches Inventar über den Bestand des Museums vorhanden ist, so sahen wir uns für die Feststellung der Provenienzen auf gedruckte und mündliche Berichte angewiesen, auf deren Verwerthung besondere Mühe verwandt worden ist. Es sind endlich stets die uns bekannt gewordenen Abbildungen und bedeutenderen Besprechungen angeführt worden; bei der Zusammenstellung stand uns jedoch im wesentlichen nur die Bibliothek des hiesigen archäologischen Instituts zu Gebote.

Bei den Beschreibungen haben wir es uns vor allem angelegen sein lassen, Missverständnissen jedweder Art vorzubeugen und gewissenhaft zu scheiden zwischen dem Sichern, Sichtbaren und dem Wahrscheinlichen, durch Interpretation Gefundenen. Wir haben ferner die Beschreibungen so ausführlich zu geben gesucht, dass sie nicht nur Abbildungen ergänzen, sondern auch, so weit dies überhaupt möglich ist, also für gewisse, namentlich antiquarische Gesichtspunkte Abbildungen ersetzen könnten. Zu diesem Zweck sind möglichst oft Publicationen ähnlicher Monumente angeführt, dagegen in der Art der Beschreibung zwischen Edirtem und Unedirtem um so weniger ein Unterschied gemacht worden, als in Deutschland Garrucci's Museo Lateranense wenig verbreitet ist, und auch anderweitige Publicationen nicht stets zur Hand zu sein pflegen.

. Die Erklärung der Monumente, welche durchgängig und vollständig zu geben weder in unserer Aufgabe noch in unserer Absicht lag, haben wir uns am liebsten durch Vergleichung ähnlicher Darstellungen zu fördern gesucht, und sind bestrebt gewesen unter diesen auch weniger beachtete oder unbekannte heranzuziehen.

Es ist möglich geworden auf den beigefügten Tafeln eine Reihe interessanter, fast ausnahmslos unedirter Sculpturen wiederzugeben. Die Mehrzahl dieser Abbildungen macht zunächst nur Anspruch auf Richtigkeit. Es wurde für ihre Herstellung die Photolithographie vor allem desshalb gewählt, weil sie den Charakter der Zeichnung unverändert lässt und nicht auf Kosten der Treue jene gleichmässige, falsche Eleganz hinzufügt, an welche das Publicum durch die gebräuchlichen Publicationen in Kupferstich und Lithographie gewöhnt ist. Dagegen schien selbst der Nachtheil gering, dass bei dieser Art der Reproduction manche Feinheit der Zeichnung leicht ausbleibt; so sehr dies auch an und für sich bei einer so hervorragenden Zeichnung wie die des Sophokles Taf. XXIV) von Professor Theodor Grosse zu beklagen ist.

Für diese Zeichnung wie für die der Vignette, welche Dr. Albert von Zahn nach einem Monument des Museums entworfen hat, sagen wir diesen unsern Freunden unsern herzlichsten Dank. Wir sind ferner Herrn Professor Henzen für die Erlaubniss, durch Einsicht in die Scheden des Corpus Inscriptionum Latinarum einige Lücken unserer eigenen Sammlungen auszufüllen, sowie für die freundliche Theilnahme, die er sonst unserer Arbeit widmete, zu aufrichtigem Dank verpflichtet.

Die Beschreibungen wurden von den Verfassern gemeinsam entworfen; auch sonst lässt sich ihr verschiedener Antheil in Folge wiederholter Revision und Ueberarbeitung fast nirgends scheiden. Es kann nur bemerkt werden, dass dem ersten der Unterzeichneten der grössere Theil der Auszüge aus älteren Werken und Tagesblättern zufiel, während von dem zweiten die Zeichnungen herrühren. Die bei Theilung der Arbeit unvermeidlichen, schwer tilgbaren Ungleichheiten bedürfen der Nachsicht; der Mangel völliger Gleichheit in Schreibweise, Nomenclatur und Orthographie, dessen sich die Verfasser wohl bewusst sind, wird hoffentlich in der Entfernung vom Druckort Entschuldigung finden.

Wir verhehlen uns nicht, dass Arbeiten wie die vorliegende erst dann den gewünschten Nutzen bringen können, wenn der ersten und elementarsten Aufgabe der Archäologie, einer umfassenden Aufnahme ihres Materials in wissenschaftlicher Beschreibung des gesammten Denkmälervorraths, mehr als bisher genügt sein wird. Wir würden uns glücklich schätzen, wenn unsere Arbeit eine Anregung mehr zu ähnlichen Unternehmungen sein könnte. Ebenso werden auch die hie und da mitgetheilten ausführlichern Messungen erst dann eine erfolgreiche Benutzung finden können, wenn man mehr als bis jetzt diesem wichtigen Hülfsmittel wissenschaftlicher Archäologie seine Aufmerksamkeit zugewendet, und durch zahlreiche Messungen eine vergleichende Betrachtung in grösserem Umfang ermöglicht haben wird.

Rom, im August 1867.

Otto Benndorf
Richard Schöne

Da die Monumente des Museums nicht numerirt sind, so ist behufs der Catalogisirung in dem folgenden Verzeichniss eine durchlaufende Zählung eingeführt worden, indem in jedem Zimmer mit der Eingangswand begonnen und (mit Ausnahme des ersten Zimmers) an der rechten Seitenwand fortgefahren ist. Die an verschiedenen Monumenten angebrachte Bezeichnung C. C. mit einer Zahl bezieht sich auf das Jahr der Acquisition durch den Cardinal Camerlengo. Mit einem roth aufgemalten Sternchen sind diejenigen Sculpturen ausgezeichnet, welche aus den Magazinen des Vatican stammen; den Nummern derselben in dem Verzeichniss ist ein * beigesetzt. Bei den Messungen ist das Metermaass angewendet. Gsl. = Gesichtslänge. Tsl. = Torsolänge.

I. ZIMMER.

Nr. 1—55.

OSTWAND.

1. Insignienträger, Relieffragment.

H. 0,26. Br. bis 0,35. Dicke der Platte 0,15. Gesl. 0,065. — Ital. Marmor.

Jugendlich männlicher Kopf (n. r.) mit leiser Andeutung von
Lippen - und Backenbart. Auf dem Kopfe ein Thierfell, das auf der
Brust geknüpft ist; unter demselben kommt über der Stirn eine Kappe,
vielleicht eine Art von Helm zum Vorschein. In der fragmentirten
r. Hand ein Theil eines Feldzeichens, r. daneben Rest von einem
runden Gegenstand, wahrscheinlich von dem Schild einer voran-
gehenden Figur. Die Augen ohne Andeutung von Pupillen.

Das Relief ist Bruchstück eines grösseren Ganzen, vielleicht eines
Reliefs von einem Triumphbogen. Aehnliche Figuren sind häufig in
den Darstellungen der Trajans- und Antonins - Säule; FROEHNER la
Colonne Trajane p. 71. 111. BARTOLI Colonna Ant. t. 7. 37. MONT-
FAUCON ant. expl. IV 1 pl. 47 ff. GUHL u. KONER Leben der Griechen
u. Römer II p. 366, Fig. 515. Vgl. die Zusammenstellung von vexilla
bei MONTFAUCON IV 1 pl. 35. GUHL u. KONER a. a. O. II p. 361.

2. Fragment einer jugendlich weiblichen Figur.

H. 0,44. Gsl. 0,15. — Ital. Marmor.
Erg. Nase; erhalten nur Kopf, Hals, r. Brust samt Schulter.

Aus dem vollen Haar, durch welches sich ein Band zieht, fallen
hinter den Ohren je zwei steife Locken auf die Brust herab. Der

1

Kopf sieht in die Höhe u. l., in den Ohrläppchen Löcher für Ohrschmuck. Die Rückseite vernachlässigt; an der r. Schulter unten ein Loch für einen Zapfen.

3. Fragment eines Grabreliefs.

Wegen hoher Aufstellung nicht gemessen; die Büste ungefähr lebensgross. Stammt aus den Appartamenti Borgia: TOMMASO e PIETRO ANGELO fratelli MASSI indicazione antiquaria delle sale Borgia etc. Roma 1830 p. 23 n. 54. PISTOLESI il Vaticano descritto III p. 74. Beschr. Roms II 2 p. 6. n. 1.

Matronales Brustbild e. f. mit leichtem Gewand auf der Brust, über der Stirn hochaufsteigender Frisur, einem Haarnest am Hinterkopf und einem kleinen Löckchen vor jedem Ohre. Aehnlich ist die Haartracht der Plotina. Zu beiden Seiten fragmentirte Eroten, welche mit beiden Händen die Achseln der Frau fassen, wahrscheinlich symmetrische Träger der Büste. Das Ganze scheint ursprünglich Giebelform gehabt zu haben. Pistolesi sucht vergeblich die von den MASSI aufgestellte und widerrufene Benennung Plotina zu begründen.

4. Sarkophagfragment.

H. 0,27. Br. 0,39. — Ital. Marmor.

L. Rest vom Rahmen eines Clipeus. R. davon eine mit gegürtetem Chiton und Chlamys (Spange auf d. r. Schulter) bekleidete geflügelte Knabenfigur, von welcher die obere Hälfte des Kopfes und der Theil von den Hüften abwärts fehlt. In der L. hält sie einen Fruchtkorb, in der erhobenen R. zwei lebendige Vögel, Enten oder Gänse. Späte Arbeit.

Das Relief war eine Darstellung der Jahreszeiten in der auf römischen Sarkophagen üblichen Weise; die Figur mit den Enten symbolisirt den Winter. Vgl. STEPHANI Compte-Rendu 1863 p. 97.

5. Attiskopf.

H. 0,43. Gesl. 0,15. — Griech. Marmor.
Erg. Nase, beide Augen, l. Augenknochen, Halsansatz und Brust.

Eine phrygische Mütze bedeckt das reiche gelockte Haar; hinten Ansatz eines Gewandes. In den Haaren ist Bohrerarbeit stehen geblieben.

6. Torso einer weiblichen Figur.

H. der Figur 0,9%. H. der Basis 0,10. Umfang der Basis 0,91. — Griech. Marmor.
Fehlen Kopf, Hals, l. Arm vom halben Oberarm an, r. Unterarm.

Die Figur steht auf dem r. Bein und ist bekleidet mit einem
ärmellosen Chiton mit langem Ueberschlag, der über den Hüften gegürtet ist. Der l. Arm ging am Körper herab, wie der Rest einer
Stütze in der Höhe der Hüfte beweist, der r. Vorderarm ging vor
und muss, einem Ansatz in der Gegend der r. Hüfte zufolge, etwas
gehalten haben. An den nur wenig sichtbaren Füssen schuhartige
Sandalen. Auf dem Rücken fallen bis zum Schulterblatt zwei spitz
auslaufende stilisirte Locken nieder. Die Falten des Gewandes sind
tief und steif, wie bei Karyatiden. Die antike Basis hat ovale Form.
Die Figur ist vermuthlich Copie nach einem guten älteren Original.
Aehnlich die sogenannte Juno im atrio della Giunone in villa Albani, Beschr. Roms III 2 p. 479.

7. Relieffragment von einem Sarkophagdeckel.

Br. 0,68. H. 0,26. — Ital. Marmor.

Spätrömische Arbeit. Vermuthlich in Ostia 1801 gefunden, FEA relazione di un
viaggio ad Ostia p. 65: »Bassorilievo alto un palmo (= 0,225), lungo tre (= 0,675),
ma rotto, d'infelice esecuzione, rappresentante due mercanti che vendono o pesano
merci.« Abgebildet auf Taf. XVIII Fig. 2.

In der Mitte in einem abgegränzten Felde das Brustbild eines
bärtigen Mannes e. f. in Tunica und Toga, der in der L. eine Rolle
hält. Im Felde r. davon ein Greif (n. l.), der seine r. Vorderpfote auf
ein Rad legt. Im Felde l. steht r. eine weibliche (?) Figur, Körper e. f.
Kopf n. l., bekleidet mit Halbstiefeln und einem Gewande, das nur
bis zu den Waden herabreicht; ein anderes Gewand schlingt sich um
den niedergehenden l. Arm. Sie erfasst mit der erhobenen R. einen von
oben herabhängenden unkenntlichen Gegenstand, welchen ein l. auf
einem Sessel sitzender bekleideter bärtiger Mann (n. r.) gleichfalls mit
der R. hält. Dieser ist wahrscheinlich identisch mit dem Portrait im
mittleren Felde. R. vom Kopf der stehenden Figur hängt ein ebensolcher
Gegenstand von oben herab. Vgl. MAFFEI mus. Veron. 139, 1.

Der Greif mit dem Rad, ein Symbol der Nemesis, kommt nicht
häufig auf Sarkophagen vor. Vgl. VISCONTI mus. Pio-Clem. V p. 143.
mon. Borghes. p. 214. RAOUL-ROCHETTE mon. inéd. p. 210 no. 3.

De Witte cat. Beugnot p. 26. Eckhel doctr. numm. VI p. 444. Stephani Compte-Rendu 1864 p. 114.

8. Fragmentirtes Relief, Entführung der Helena.

H. 0,97. Br. 0,54. — Parischer Marmor.

Das Relief ist auf allen Seiten gebrochen. — Bespr. von Massi ind. ant. p. 17
no. 24. Beschr. Roms II 2 p. 3 n. 14. Platner und Urlichs Beschr. Roms
p. 205. Welcker a. Denkm. V p. 98. Rhein. Mus. N. F. 10 p. 286. Stephani Compte-Rendu 1861. p. 130. Publicirt von Nibby Mus. Chiaram. III
tav. XVI a p. 32. Pistolesi il Vaticano descr. III tav. 15. Petersen Annali 1860
p. 121. tav. d'agg. C.

Das Relief befand sich früher in den Appartamenti Borgia und stammt nach
Massi a. a. O. aus der villa Palombara (Beschr. Roms III 2 p. 301) auf dem Esquilin.
Cancellieri dissert. epistolari, sopra la statua del discobolo scoperta in villa
Palombara, Roma 1806 p. 50 f. führt alle daselbst erfolgten Funde auf, diesen
Relief aber nicht. Venuti descr. topogr. d. antichità di Roma 1824. I p. 212
gibt an als dort im J. 1781 gefunden «due bassorilievi di buon lavoro», worunter
vielleicht ausser dem unsrigen das Humboldtsche Relief mit den Parzen zu ver-
stehen ist, das mehrere Jahre vor dem Discobol dort gefunden wurde: Welcker
Zeitschr. p. 197. Raoul-Rochette mon. inéd. p. 44 n. 7.

Ein unbärtiger Jüngling (Paris), bekleidet mit phrygischer Mütze,
Aermelchiton und Chlamys (Spange auf der r. Schulter), steht in dem
Hintertheil eines Schiffs, aus dem ein Ruder in das unter demselben
angedeutete Wasser niedergeht. Er beugt sich n. r. zu einer auf dem
Land stehenden, mit Aermelchiton und schleierartig den Kopf be-
deckendem Obergewand bekleideten weiblichen Figur (Helena), deren
R. er mit seiner R. ergreift, während er die L. wie in lebhafter Rede
vorstreckt. Aus dem Schiff erhebt sich ein Mast mit einem Segel,
das n. l., also von günstigem Winde, geschwellt ist. L. hinter Paris
im Schiff ein bärtiger Mann in Chiton mit kurzen Aermeln, welcher
theilnehmend nach der Gruppe gewandt, die r. Hand wie zur Rede
erhebt, nach Welcker Aeneas.

In wenig Zügen ist die ganze Situation klar veranschaulicht,
sind alle psychologischen Motive fein ausgesprochen: das halbe Zau-
dern der Helena, die dringende Eile des Paris, die Besorgniss und
Theilnahme seines Gefährten. Die Arbeit ist nicht vorzüglich, aber
griechisch, wie auch die schon von Pistolesi gewürdigte strenge
Behandlung des Reliefs beweist; leider hat die Oberfläche des Marmors durchgängig gelitten, daher vielleicht der Ausdruck in der
Beschr. Roms: «rohe Arbeit».

9. Statue eines nackten Knäbchens.

H. 0,46. Br. 0,68. — Ital. Marmor.

Beschr. von MASSI ind. ant. p. 16 no. 23. Beschr. Roms II 2 p. 3 no. 11.

Erg. Nase, r. Unterarm, Zehen des l. Fusses. Basis antik, vorn und auf der l. Seite gebrochen; vielleicht gehörte die Statue zu einer Gruppe.

Ein unbekleideter Knabe liegt (n. r.) am Boden, auf den l. Arm gestützt, den r. vorstreckend; zwischen den ausgespreizten Beinen ein Gegenstand, der vielleicht nur eine Erhöhung des Bodens bezeichnet. Ueber ein ähnliches Motiv liegender Knabenfiguren OTTO JAHN Berichte der sächs. Ges. d. Wiss. 1848 p. 40. L. STEPHANI Compte-Rendu 1863 p. 55.

10. Grabrelief, Darstellung eines Abschieds.

H. 1,32. Br. 1,45. H. der männlichen Figur mit Helm 1,12. Gsl. 0,10. — Italischer Marmor, nach Visconti und Gerhard pentelischer M.

Erg. Nase und r. Vorderarm an beiden Hauptfiguren, r. Knie, ein Theil des Speers und der Helmbusch am Mann, das auf dem Kopf aufliegende Gewand und der Hals der Frau. Die Köpfe beider Hauptfiguren sind antik, aber nicht zugehörig. Der behelmte Kopf der männlichen Figur ist der Kopf einer Athene. Schwarz aufgemalt die Zahl 17.

Beschr. von ALDOVRANDI statue di Roma, Venet. 1562. p. 182: «nella vigna di M. Ambrogio Lilio. A la radice del colle degli Hortoli» (monte Pincio) «una tavola marmorea, nella quale quasi di tutto rilievo è un Re assiso, ma non ha testa, ed uno che gli presenta un cavallo come per tributo. Vi è anco un servo con una lancia in mano, è vestito à l'antica (d. h. halb entblösst). Vi è poi un albero fra le cui frondi si vede ravvolto un serpe» etc. MASSI indic. antiq. p. 23, 55. Beschr. Roms II 2 p. 6 no. 2. Bespr. von WINCKELMANN Kunstgesch. VII 1 § 27. VISCONTI Mus. Pio-Clem. V tav. 19 p. 132. BÖTTIGER Amalthea I p. 45. RAOUL-ROCHETTE mon. inéd. p. 96. 420. NIBBY Roma nel 1838. P. M. 2 p. 248. E. BRAUN Kunstblatt 1838 p. 359, Ruinen und Museen p. 842. PLATNER und URLICHS Beschr. Roms p. 205. WELCKER akad. Kunstmuseum 2. Aufl. p. 122. PYL de Medeae fabula II p. 29. FRIEDLÄNDER de operibus anaglyphis p. 43. 49. Publicirt von WINCKELMANN mon. inediti I n. 72. MORIZ Götterlehre p. 207 fig. 40. INGHIRAMI monumenti etruschi VI S. 2 p. 21. NIBBY mus. Chiaramonti II 20. PISTOLESI il Vaticano descritto III 24. Der älteste Bericht über das Relief lässt vermuthen, dass es in der Nähe des monte Pincio auf der via Flaminia gefunden sei; später kam es in den palazzo Ruspoli, unter Pius VII in die Appartamenti Borgia, von da in den Lateran.

Auf einem vierbeinigen Schemel mit Kissen sitzt eine jugendliche Frau (n. r.). Ihre Füsse ruhen auf einer Fussbank. Sie trägt ein Band im Haar, Sandalen an den Füssen, einen kurzärmeligen Chiton und

ein über den Kopf gezogenes Obergewand. Ihre R. reicht sie einem
r. vor ihr stehenden Jüngling (n. l.), welcher dieselbe mit der R. erfasst.
Er trägt Halbstiefeln, einen kurzen gegürteten Chiton mit Chlamys,
einen Helm mit einer Sphinx unter der crista und in der L. einen
Speer. Hinter ihm ein ungezäumter Hengst (n. l.), dessen Beine auffällig kurze Proportionen zeigen. L. neben diesem hinter der Frau ein
Diener (n. r.), mit Exomis bekleidet, welche die r. Schulter entblösst
lässt; er hält in der erhobenen L. und der gesenkten R. eine Lanze
mit der Spitze nach unten. L. oben im Grund hängen ein Schild und
ein Schwert, dessen Griff mit einem Greifenkopf verziert ist, beide in
flachstem Relief. Zur äussersten R. überragt die Gruppe ein Lorbeer-
baum, um den sich eine grosse Schlange mit Kamm (?) und Bart
windet, und in dem ein Vogel mit geöffnetem Schnabel (singend) sitzt.
In den Augen des Minervakopfes Pupillen angedeutet. Das Relief ist
eine gute römische Arbeit nach griechischem Muster, und gehört in
eine grosse Classe römischer Monumente, welche nicht sowohl Copien
als selbstständige Nachahmungen griechischer Vorbilder sind, eine
freie Verpflanzung griechischer Sitte und griechischer Manier auf
römischen Boden. Vgl. URLICHS Jahrbücher des Vereins v. Alterth.
36 p. 109, MICHAELIS Arch. Zeit. 1866. p. 149.

Das Relief wurde mythologisch erklärt, auf Telephos und Auge von
Winckelmann, den Mussi und Pistolesi; auf Iason und Medea
von Böttiger und Moriz; auf Phädra und Hippolyt von E. Braun
und Nibby, welcher letztere jedoch später, in der Roma moderna, sich
wieder der Winckelmannschen Erklärung anschloss. Dass es einfach
ein Grabrelief sei und einen Abschied darstelle, erkannten Visconti
und Inghirami, und ist jetzt allgemein angenommen.

11. Fragmentirtes Brunnenrelief.

H. 1,28. Br. 0,72. — Ital. Marmor.

Erg. aus Gips am Knaben das r. Bein, Nase und Theile beider Arme; am Manne
Theile des Gewandes, der l. Hand und des l. Armes; die Prominenzen des Kan-
tharos und des Rhyton; der Oberkopf der Taube und verschiedene kleine Stellen des
Reliefgrundes, welcher vielfach gebrochen ist

Bez. 823. C. C. 2. Beschr. von L. CARDINALI memorie Romane II 2 seq. p. 300.
PLATNER und URLICHS Beschr. Roms p. 206. Publ. von BRAUN antike Marmorwerke
Taf. V p. 67. Bespr. von OVERBECK Berichte d. sächs. Ges. d. Wiss. 1861 p. 96.
R. KEKULÉ memorie dell' instituto II p. 124 no. 4. vgl. GERHARD Prodromus
p. 39 n. 111.

Das Relief, welches sich früher in den Appartamenti Borgia befand, ist von I g n. Vescovali im Jahre 1822 auf der Stelle des alten Falerii ausgegraben und, wie die Aufschrift aussagt (vgl. CARDINALI a. a. O.), 1823 von der päbstlichen Regierung acquirirt worden: GERHARD bullettino dell' Inst. 1829 p. 72 (vgl. GERHARD Kunstblatt 1823 p. 205 = hyperboräisch-römische Studien I p. 88): «parecchi bassirilievi singolari; tra le quali uno fu creduto rappresentare la nascita di Tagete».

Von der l. Seite des Reliefs springt bis in die Mitte der Fläche ein überhängender Felsen vor, auf dem l. ein Eichbaum sich erhebt und r. eine Taube sitzt. R. neben demselben steht nach l. ein bärtiger Mann (e. p.), dessen Züge an die des bärtigen Dionysos erinnern. Er hält in der halbgesenkten R. ein Trinkhorn, in der gesenkten L. einen Kantharos und ist mit einem langen Gewande bekleidet, welches bis zu den Füssen herabfällt und die Arme entblösst lässt. Im Haar ein bandumwundener Reif (Braun gibt irrthümlich einen Schilfkranz an), am ersten Gliede des vierten Fingers der l. Hand ein Ring. L. neben dem Manne, unter dem Felsen, also in einer Grotte zu denken, sitzt auf felsigem Boden ein nacktes Knäbchen (n. r.), welches, auf den l. Arm gestützt, mit der R., die einen kleinen runden Gegenstand zu halten scheint, nach oben greift, als ob es nach dem Horn oder Kantharos verlangte. Die Oeffnungen beider Gefässe werden von wirklichen Löchern gebildet, welche als Brunnenmündungen gedient haben.

Das Relief ist sehr flach und von guter, aber nicht griechischer Arbeit. Das Auge des Mannes ist nach der Weise des strengen Reliefstils wie ein Auge en face gebildet. L. Vescovali deutete die Vorstellung als die Geburt des Tages, und hatte vor, diese Ansicht in einer besondern Abhandlung zu begründen, welche so viel bekannt nicht erschienen ist. E. Braun sah darin eine Darstellung der Jugend des Zeus, in dem bärtigen Mann «einen Seher, der der heiligen Stätte ehrfurchtsvoll genaht ist». Ansprechend ist die Vermuthung Kekulé's, es möge die arkadische Version der Sage von Asklepios' Geburt zu Grunde liegen, nach welcher Autolaos den jungen, ausgesetzten Gott findet, welchen die Turteltaube Trygon ernährte. So lange indess ähnliche Monumente fehlen, wird sich die Erklärung schwerlich zur Evidenz bringen lassen.

SÜDWAND.

12. Weibliche Statue (Venus?).

H. 0,98. H. der Basis 0,06. — Ital. Marmor.

Erg. l. Arm von der Schulter an, r. Unterarm, doch ist derselbe vielleicht bis auf einen Theil der Hand antik, und nur gebrochen gewesen. Kopf antik, aber nicht zugehörig.

Die Figur steht auf dem l. Bein; der r. Fuss tritt auf einen Gegenstand, welcher so undeutlich gebildet ist, dass man ihn für eine einfache Bodenerhöhung nehmen könnte. Sie trägt Sandalen an den Füssen und ist mit einem ärmellosen, doppelt gegürteten Chiton bekleidet. Der r. Arm ging am Körper nieder und hat etwas gehalten, wie zwei Löcher unter der Hüfte beweisen; jetzt hält die R. (zweifelhaft ob antik, s. o.) einen Apfel. Der l. Arm scheint an der stark vortretenden l. Hüfte angelegen zu haben und war vorgestreckt: beide sind ungefähr richtig ergänzt. Das Haar ist am Hinterkopf und auf der Höhe des Scheitels in einen Knauf aufgenommen. Das Gewand ist fein gerippt, vielleicht als Wollenstoff zu denken. Die ganze Anlage und Ausführung der Figur ist nachlässig und unbedeutend; nach ihrem Bau und der Bekleidung muss man sie für weiblich halten, obwohl Brüste nicht zu erkennen sind.

Ueber das Aufstützen des Fusses OTTO JAHN arch. Aufsätze p. 38. PANOFKA Tod des Skiron p. 6. Memorie dell' instit. II p. 279. Die chryselephantine Aphrodite Urania des Phidias (BRUNN Künstlerg. I p. 163) setzte den Fuss auf eine Schildkröte; eine bekleidete weibliche Marmorfigur unter Lebensgrösse, im Besitze des Bildhauers Prof. WOLF in Rom, setzt den r. Fuss auf eine Gans.

13. Hochrelief mit zwei Faustkämpfern.

Br. 2,12. H. 1,19. Gsl. 0,20. — Ital. Marmor.

Fehlen die Beine von der Mitte der Schenkel an. Viele kleinere, aber richtige Ergänzungen. Die Platte ist zwischen beiden Figuren so durchgebrochen, dass sich die Zusammengehörigkeit nicht mehr bestimmen lässt.

Beschr. von FICORONI le singolarità di Roma Moderna p. 57. MASSI indic. antiquaria p. 12 no. 8. Beschr. Roms II 2 p. 4 no. 4. Bespr. von WINCKELMANN mon. ined. I p. 79. E. Q. VISCONTI mus. Pio-Clem. I 43 p. 314. L. CARDINALI memorie Romane II sez. 2 p. 295. E. BRAUN Kunstblatt 1839 p. 359. Ruinen u. Museen p. 545.

Publicirt von G. CHOUL discorso sopra la castrometaxione e bagni antichi dei Greci e Romani. Appresso M. ANTONIO OLMO 1559. p. 71 (aber in ganzen Figuren und mit Veränderungen, nach dem Stich von Marco da Ravenna s. u.). FABRETTI de columna Trajani p. 260. MONTFAUCON ant. expl. III 2 tab. 169. NIBBY mus. Chiaramonti II 21. 22, p. 50. PISTOLESI il Vaticano descritto III tav. 16, 1. 2 p. 51.

L. fast c. f. ein bärtiger Faustkämpfer (n. r.); im Haar ein Band, mit einem leichten flatternden Gewand, welches auf der l. Schulter aufliegt und an der r. Hüfte in einen Knoten geschürzt ist. Er liegt in etwas gebückter Haltung mit beiden erhobenen Armen aus gegen einen jungen, bis auf eine Andeutung von Backenbart unbärtigen Faustkämpfer, welcher (vom Rücken sichtbar) den Kopf nach l. gegen ihn zurückgewendet, nach r. vor ihm zurückweicht, indem er den l. Arm zum Pariren, den r. zum Gegenstoss bereit hält. Er trägt eine auf der l. Achsel zusammengeknüpfte, gegürtete Tunica, welche die r. Schulter freilässt; sein Haar, das lockenartig vom Scheitel nach allen Seiten herabfällt, wird durch ein Band zusammengehalten. An den Händen und Unterarmen der beiden Kämpfer Schlagriemen.

Rafael entwarf von diesem Monument eine nicht mehr vorhandene Zeichnung, indem er die fehlenden Theile ergänzte; nach dieser Zeichnung ist der Stich von Marco da Ravenna (BARTSCH peintre graveur B. XIV no. 195, PASSAVANT Rafael II p. 664), nicht von Marc Anton, wie überall angegeben wird, ausgeführt. Die Cinquecentoerklärung, welcher zu Folge der Zweikampf des Entellus und Dares bei Vergil Aen. V 362—460 vorgestellt wäre, lässt sich nicht auf einen bestimmten Urheber zurückführen; sie wurde von Nibby durch Vergleichung eines Mosaiks in Aix (MILLIN voy. dans le midi tab. XXXV, STARK Städteleben p. 569) gestützt und ist bis in die jüngste Zeit üblich geblieben, ohne dass sie sich irgend wie sicher begründen liesse. Visconti dachte an Polydeukes und Amykos.

Ueber den Fundort ist nichts bekannt. Die Aehnlichkeit in der Erhaltung der Oberfläche mit dem trajanischen Relief no. 20, und eine gewisse Verwandschaft des Stiles mit trajanischen Werken überhaupt legt die Vermuthung nahe, dass es von dem Forum Trajans herstamme. Es muss freilich früher als die Reliefs no. 20. 59. 64[b]. 66 gefunden sein; indessen hat das Trajansforum schon vor Sixtus V. Antikenfunde geliefert (FlaminiusVacca bei MONTFAUCON iter italicum p. 259, NIBBY Roma nell' anno 1838 P. ant. II p. 216 ff.). NIBBY Mus. Chiar. II p. 216 f. und Roma in dieci giorni gibt, aus einem völlig hinfälligen Grunde, als Fundort an S. Giuliano auf dem Esquilin, nicht weit vom Bogen des Gallienus. — Das Relief befand sich in villa Aldobrandini zusammen mit den Monumenten n. 20. 59. 64ᵇ. 65 und hat deren weitere Schicksale getheilt, s. zu no. 59.

14. Torso mit aufgesetztem römischem Portraitkopf.

H. 1,34. Gsl. 0,18. — Griech. Marmor.

Fehlen l. Vorderarm, r. Arm, beide Beine von der Mitte der Schenkel an. Der verhältnissmässig sehr kleine, vielfach geflickte Kopf ist mit einem aus Gips ergänzten Halse aufgesetzt und nicht zugehörig.

Beschr. von MARMI indicaz. antiquaria p. 18 no. 30 «la testa antica adattatale ha quelche somiglianza con Alessandro Severo o con Saloninos». PISTOLESI il Vaticano descr. III p. 60. Beschr. Roms II 2 p. 3 no. 16 (?) «Männlicher Sturz mit aufgesetztem Kopf des jüngeren Philippus.»

Die Figur stand auf dem l. Bein, der r. Arm ging nieder; Rest einer Stütze unter der r. Hüfte und ein Loch am r. Schenkel. Von der l. Achsel schlang sich das Gewand um den l. Arm nach Art der Meleagerstatuen. In den Augen Andeutung der Pupillen. Arbeit derb, am Körper besser als am Kopf. In den Schamhaaren sind die Bohrlöcher stehen geblieben.

15. Büste des Marc Aurel.

H. 0,75. Gsl. 0,21. — Griech. Marmor.

Erg. der grösste Theil der Nase, ein Stück vom l. Ohr, Theile des Halses und des Gewandes. Kopf aufgesetzt.

Der Kopf hat eine leichte Wendung nach rechts; die Pupillen sind schwach angegeben. Die Gewandbüste ist besser gearbeitet als der Kopf.

16. Marmorrelief mit Darstellung einer Recitatio (?).

H. 1,50. Br. 2,40. — Ital. Marmor.

Die Platte ist nach allen Seiten ausser nach oben gebrochen und bis auf wenige unbedeutende Stücke gut erhalten.

Beschr. von MARMI indicaz. antiq. p. 15 no. 19, Beschr. Roms II 2 p. 4 no. 7. PISTOLESI il Vatic. descr. III p. 55. Stammt aus den Appartamenti Borgia. Abgebildet auf Taf. XVII Fig. 1.

Der Reliefgrund ladet oben bis zur Reliefhöhe der Figuren aus. Alle Figuren der dargestellten Scene haben faltenreiche Gewänder; an den Köpfen, welche Portraitzüge zeigen, sind durchgängig die Pupillen angegeben. Den Hintergrund füllt ein Parapetasma aus. In der Mitte

sitzt e. f. auf einem etwas erhobenen Sessel mit Armlehne ein bärtiger
Mann mit kurzem Haupthaar, der mit beiden Händen eine Schriftrolle
ausbreitet. Seine Füsse ruhen auf einer Fussbank, auf welcher r. ein
Bündel Schriftrollen und ein Scrinium steht. R. von ihm, auf die Lehne
des Sessels gestützt, ähnlich der sogenannten Polyhymnia, steht eine
matronale Figur, das r. Bein über das l. geschlagen, den Hinterkopf
mit dem Obergewande bedeckt. R. von ihr steht (n. r. ein unbärtiger Mann, den Kopf nach r. gewandt, der in der l. eine Rolle hält
und am ersten Glied des vierten Fingers derselben Hand einen Ring
trägt. Neben ihm r. am Boden der Rest eines Pilasters, dessen Ende
oben zu sehen ist; auf ihm scheint ein Bogen aufgesetzt zu haben.
L. von der Hauptfigur zunächst im Grund ein bärtiger Mann e. f.,
Kopf im Profil nach r., dann weiter eine stehende weibliche Figur
nach r., in Tracht und Charakter der ersten ähnlich, die mit beiden
Händen eine Schriftrolle hält. Den Beschluss l. bildet ein bärtiger,
beinahe kahlköpfiger Mann (n. l.), eine Schriftrolle in der l., in einem
Gewande, das den r. Arm und die r. Schulter freilässt.

Die Arbeit ist spätrömisch, etwa Ende des 3. Jahrhunderts. Auf
den Haaren der drei stehenden männlichen Figuren scheinen Spuren
von Farbe erhalten zu sein. Die Haartracht der Frauen ähnelt derjenigen
der Mammae, VISCONTI icon. rom. pl. 52.

Am wahrscheinlichsten ist wohl anzunehmen, dass das Relief die
Vorderseite eines grossen Sarkophags ist. Die Hauptfigur wäre der Ver-
storbene, welcher als homo literatus im Kreise seiner Freunde nach der
Sitte der römischen Kaiserzeit eine Vorlesung hielte, woran wie bekannt
auch Frauen Theil nahmen, M. HERTZ Schriftsteller und Publikum in
Rom, BERNHARDY röm. Literatur. Anm. 55. 100. Eine interessante
Darstellung einer Vorlesung, mehr in griechischer Weise, findet sich
auf einem Sarkophag in Sardinien, ungenügend abgebildet bei SPANO
bullett. Sardo 1855 no. 10 Taf. 1; auf einem Sarkophagdeckel, der über
dem Thor des Magazines Guidi, gegenüber den Caracallathermen, eingemauert ist, und sonst zuweilen abgekürzt auf Grabsteinen, OTTO JAHN
annali 1841 p. 272 ff. Ein verwandtes Sarkophagrelief aus villa Ne-
groni im Vatican: Portico del Belvedere n. 68, Beschr. Roms II 2
p. 146, 72. Vgl. VISCONTI mus. Pio-Clem. IV 15, MILLIN gal.
myth. 24, 76.

17. Athenekopf, wahrscheinlich modern.

Der Kopf, c. f., ist aus Bronce und auf ein Porphyrmedaillon aufgelegt. Der Helm ist zurückgeschoben, vergl. MÜLLER-WIES. Denkmäler
a. K. II 19, 198 a. Das Monument ist zu hoch angebracht, um eine
genauere Untersuchung und ein sicheres Urtheil über seine Aechtheit
zuzulassen.

18. Weibliche Gewandfigur.

H. 1,22. Gesl. 0,19. — Griech. Marmor.

Fehlen beide Beine und l. Unterarm. Erg. Nase, Hals und Kinn, der aufgesetzte Kopf ist wahrscheinlich zugehörig. Beschr. von MASSI indic. antiqu. p. 21
no. 25. Beschr. Roms II p. 1 n. 25. Aus den Appartamenti Borgia.

Die Figur stand auf dem r. Bein und ist mit einem doppelten Gewand bekleidet. Der r. Arm hängt unter dem Gewand herab, der l.
war an die Brust gelegt, wahrscheinlich so, dass die Hand frei war.
Der Kopf zeigt griechischen Idealtypus; im Haar ein Reif. Die Rückseite ist vernachlässigt. Im Gewandmotiv ist gleich die vaticanische
Statue bei CLARAC 928, 2359.

19. Statuette der Nemesis.

H. 0,98. Gesl. 0,095. — Griech. Marmor.

Erg. die hintere Hälfte des antiken, nicht zugehörigen Kopfes, Hals, Nacken,
l. Unterarm mit dem betreffenden Theile des Gewandes, r. Arm und Schulter nebst
dem Gewand, bis zur Brust, der vordere Theil des r. Fusses und Einiges an den
Zehen des linken. Die viereckige Form der Basis modern. Schwarz aufgemalt 402.
Höchst wahrscheinlich in der villa Hadriana gefunden, VISCONTI mus. Pio-Cl.
II 2 p. 107.

Die Figur steht auf dem l. Bein und ist mit einem ärmellosen,
ungegürteten Chiton bekleidet, welcher einen Ueberschlag bildet;
der r. Arm hängt herab, der l. (richtig ergänzt) hebt den Gewand-
überschlag bis in die Gegend der l. Brust in die Höhe. Die Gewand-
behandlung ist einfach und streng, die Rückseite vernachlässigt.

Die Figur entspricht in den Motiven genau einer gleich grossen
Statue in der galleria dei candelabri des Vatican: VISCONTI mus.
Pio-Clem. II pl. 13. CLARAC 759, 1851. Beschr. Roms II 2 p. 270.
im heutigen Catalog no. 224. Diese ist nach VISCONTI a. a. O.
p. 107 in der villa Hadrians gefunden worden zugleich mit einer
schlechter erhaltenen Replik, welcher ebenfalls der r. Arm fehlte,

d. i. diese lateranensische Statue. Ueber den Typus und das Motiv des
erhobenen Armes ZOEGA Abhandlungen p. 52. SCHULZ ann. dell'inst.
1839 p. 105. OTTO JAHN arch. Beiträge p. 150. Berichte der sächs. Ges.
d. Wiss. 1855 p. 84. Das Symbol des erhobenen Armes (μηδὲν ὑπὲρ τὸ
μέτρον) ist in ächt griechischer Weise durch das Anfassen des Gewandes
in ein Motiv verwandelt. — Das Original, welches dieser und einer
Reihe verwandter Figuren zu Grunde liegt, wird der besten Zeit griechischer Kunst angehört haben. Vergleiche die völlig entsprechenden,
auch ungefähr gleich grossen Statuen Gall. Giustin. I 19. CLARAC
773, 1925; 530 B, 1122 B, letztere als Muse ergänzt.

20. Relief, Procession mit Lictoren.

Br. 1,67. H. 1,02. — Carrar. Marmor.

Fehlt die untere Hälfte der Figuren. Ausserdem ist das Relief r. und l. fragmentirt; ob der obere, geradlinige Rand antik ist, lässt sich nicht entscheiden, da das Relief eingemauert ist. Die r. Hand und der Kopf des Trajan, sowie derjenige der Figur
l. von ihm, sind eine Ergänzung Thorwaldsens, wie allgemein angegeben wird.

Das Relief soll auf dem Trajansforum gefunden sein (NIBBY Roma nell'anno 1838
P. a. II p. 219), zugleich mit n. 59. 64b. 68, deren Schicksale es auch ferner getheilt
hat. S. zu n. 59.

MASSI ind. antiqu. p. 11, no. 2. Beschr. Roms II 2 p. 4 n. 2. BRAUN Kunstblatt
1838 p. 365. Ruinen und Museen p. 844, 10. PLATNER und URLICHS Beschr. Roms
p. 205. Publ. von PISTOLESI il Vaticano descr. III 15. NIBBY Mus. Chiar. II 38.

Auf einem Hintergrund, der durch einen Quaderbau, zwei cannellirte Pilaster und drei cannellirte Säulen als ein grosses Gebäude
charakterisirt ist, heben sich in verschiedener Reliefhöhe sechs männliche Figuren ab, deren Köpfe alle nach r. gewandt und theilweise
etwas in die Höhe gerichtet sind. Das höchste Relief zeigen zwei Togafiguren; die zur R. mit dem Kopfe des Trajan streckt den l. Arm,
dessen Hand fehlt, vor, und hält in der R. eine Rolle in der Höhe des
Leibes; die zur L. ergreift mit der L. die Toga in der Höhe der Brust
und hält den r. Arm gesenkt, die Hand fehlt. Flacher sind die Figuren
dreier Lictoren gehalten, welche die Fasces über der l. Schulter tragen.
Der eine, zwischen den beiden Hauptfiguren, ist mit Tunica und Toga
bekleidet wie wohl auch die beiden andern am l. und r. Ende des Reliefs. Diese letzteren sind grösstentheils durch die Hauptfiguren verdeckt, ihre Bekleidung ist flüchtiger angedeutet; der am l. Ende des
Reliefs hat einen schwachen Backenbart. L. vom Kopf des Trajan wird
der Kopf der sechsten Figur sichtbar.

Die Angabe der Provenienz, obwohl nicht urkundlich beglaubigt,
mag auf einer richtigen Tradition beruhen; wenigstens wird sie in ge-
wissem Sinn durch den Kunstcharakter des Werkes bestätigt, welcher
entschieden auf trajanische Zeit hinweist. Dasselbe hat grosse Verwandschaft mit den oberen Reliefs des Constantinsbogens und mit den
Reliefs am Trajansbogen in Benevent (Rossini archi trionfali tab. 38 ff.
in Bezug auf die verschiedene Relieferhebung, die Behandlung der
Gewänder und, wie es scheint, auch in Bezug auf die Grösse der Figuren. Es ist täuschend im Charakter des Ganzen ergänzt, dass man die
Ergänzung nicht erkennt. Auf dem Glauben an die Richtigkeit dieser
Restauration und der Angabe des Fundortes basirt die Ansicht Nibby's,
dass das Relief die porticus der bibliotheca Ulpia darstelle, vor welcher
Trajan mit seinem Gefolge der Errichtung der nach ihm benannten
Säule zuschaue. Für diese von Braun adoptirte Erklärung spricht nichts
als der Umstand, dass die Figuren nicht zu gehen, sondern ruhig zu
stehen scheinen, und ihre Köpfe theilweis eine leise Wendung nach
oben haben. Man kann sich das Relief mit gleicher Berechtigung als
Fragment einer Procession oder einer grössern Opferscene denken,
vgl. z. B. WINCKELMANN mon. ined. II n. 178.

21. Kreisförmiges Hochrelief, modern (?).

Durchmesser 0,43. — Ital. Marmor.

Der Rand hie und da verstossen, sonst intact.

GERHARD Arch. Zeit. 1865 p. 54 n. 17 erinnert, dass die querovale Form in der
antiken Kunst ohne Beispiel sei. Verdacht erregend ist auch die runde Form, welche
sehr selten, bei Diskun, hie und da an Triumphbogen u. dgl. vorkommt. Vgl. zu
n. 469. Auch einige auffallende Eigenthümlichkeiten der Composition und der
unversehrte Zustand des Reliefs legen den Gedanken einer modernen Arbeit, nicht
Fälschung, etwa nach einem Gemmenmotive (vgl. Cades XII 532. 533) nahe, worauf
Professor Overbeck mündlich aufmerksam machte. Schwarz aufgemalt 691.

Eros, von hinten gesehen, den Köcher auf dem Rücken, sitzt
rittlings rückwärts auf dem Hintertheil eines bärtigen Kentauren (n. l.),
dessen Stirnhaar er mit der L. erfasst, während er mit der R. eine
Geissel schwingt. Der Oberleib des Kentauren ist rückwärts ihm zugewandt; in der L. hält er eine auf dem Rücken des Pferdeleibes auf-
gestützte Leier, über deren Hörner er seinen r. Arm legt, so dass derselbe
sein Gesicht verdeckt. Seine Beine sind in lebhafter Bewegung, als ob
er von einem Falle sich zu erheben suchte; der Pferdeschweif ist nach
oben geschwungen.

22. Knabenköpfchen.

H. 0,15. Geal. 0,14. — Ital. Marmor. — Erg. Nasenspitze und Büste.

Der Ausdruck des Gesichts erinnert an den Kopf des bekannten flöteblasenden Satyrs, indessen haben die Ohren menschliche Bildung.

23. Römisches sepulcrales Hochrelief.

Br. 1,74. H. 1,61. — Ital. Marmor.

Das Relief ist r. gebrochen, sonst gut erhalten; die Nasen sind ergänzt.

In einer oblongen Vertiefung die Brustbilder l. eines Knaben mit Bulla, r. eines bartlosen Mannes und einer Frau, alle en face. Die beiden letzten sind von dem ersten durch einen korinthischen Pilaster getrennt. Knabe und Mann tragen Tunica und Toga, die Frau hat das Obergewand über den Kopf gezogen. Sie trägt zwei Ringe am ersten Glied des zweiten und des vierten Fingers, der Knabe am ersten Gliede des vierten Fingers der L. Unter dem Knaben die Inschrift:

P·SERVILIVS·Q·F
GLOBVLVS·F·

Unter Mann und Frau:

Q SERVILIVS·Q·L·SEMPRONIA
HILARVS·PATER   C·L·EVNE·VXOR

Die Inschrift findet sich auch bei Lupi cod. Vat. 9143 f. 13 mit folgender Beschreibung des Figürlichen:

imago Somni	Pueri herma cum bulla	homo togatus	Mulier cum duobus annulis in sinistra

Die imago Somni ist nicht mehr vorhanden.

Eine beigeschriebene Notiz sagt aus, dass das Monument sich früher im Keller des Conservatorio delle mendicanti (vergl. Nibby Roma nell' anno 1838 P. mod. II p. 91) befand, also im palazzo Pio in der via del Coliseo 61. An derselben Stelle sind mehrere Statuen gefunden worden, vgl. Catalog des Mus. Pio-Cl. n. 35. 622. (Visconti Pio-Cl. I 30) und Venuti descriz. topogr. delle ant. di Roma I p. 60.

24. Sogenanntes Amalthearelief.

Br. 1,67.- H. 2,14. — Italischer geäderter Marmor.

Erg. die l. Ferse der Frau; an dem Knäbchen l. Unterbein, l. Schulter und l. Unterarm mit Ausnahme der Hand; an dem Panisken l. Unterarm und l. Unterbein mit Ausnahme des Hufs, und ein Stück der Syrinx; der r. Flügel des Adlers, die l. obere Ecke des Reliefs, der Rand des Horns, der Kopf der grasenden Ziege und sonst Kleinigkeiten. Ein Bruch geht von der Mitte der r. Seite durch das ganze Relief bis an die l. untere Ecke. Am Hinterkopf des Satyrknaben ist etwas abgearbeitet. Die jetzigen Restaurationen rühren vom Bildhauer Pacetti her, GUATTANI memorie enciclopediche III p. 93 no. 77.

Publicirt von BARTOLI Admiranda 26. MONTFAUCON antiqu. expl. I pl. VII. Gal. Giustiniani II 61. BÖTTIGER Amalthea I Taf. I p. 1—54. HIRT myth. Bilderb. XXI 2. Götter und Heroen XXXVIIII 331. Collection d. mon. du prince de Canino (uns nicht zugänglich). NIBBY Mus. Chiaram. II 2. MÜLLER-WIEN. Denkmäler II 40, 482. PISTOLESI il Vatic. descr. III 27. GARRUCCI M. L. tav. XIX p. 42. — Beschr. von FICORONI singolarità di Roma moderna p. 46. MASSI indic. antiq. p. 34, 107. Beschr. Roms II 2 p. 7. NIBBY Roma nell' anno 1838 P. mod. II p. 215. PLATNER und UHLICHS Beschr. Roms p. 206. — Bespr. von WINCKELMANN mon. ined. 1, 2, 4; 1, 3, 1; 1, 21, 1; Werke VII p. 297. 300. 431. VISCONTI mus. Pio-Cl. IV 31 p. 234 no. 1. JACOBS Heidelberger Jahrbücher 1821 no. 9. 10 p. 142 folg., Erg.-Blätter der Allg. Lit.-Ztg. 1821 no. 29. 30. Vermischte Schriften I 282. Amalthea III Vorbericht p. VI f. A. G. LANGE Leipz. Litt.-Ztg. 1822 No. 194. BRAUN Kunstblatt 1838 p. 353. Dekaden I p. 7. Ruinen und Museen p. 941. WELCKER alte Denkm. II p. 223 Note. OVERBECK Ber. der sächs. Ges. d. Wiss. 1861 p. 75 ff. STEPHANI Compte-Rendu 1862 p. 17. A. MICHAELIS Arch. Zeit. 1866 p. 142. — Ueber die Ergänzungen und Wiederholungen HELBIG Arch. Zeit. 1863 p. 44. 56, 1864 p. 167.

Eine weibliche Figur in doppeltem Gewand, welches die r. Achsel entblösst lässt, im Haar einen Epheukranz, schreitet von l. auf einen Satyrknaben zu, dem sie aus einem grossen Horn zu trinken reicht, das sie in der gesenkten R. hält und mit der L. unterstützt. Der Knabe, welcher ausser dem spitzen Ohr kein Abzeichen thierischer Natur hat, sitzt vor ihr auf einem Felsen (n. l.), indem er den Rand des Hornes mit beiden Händen erfasst. In seinem Haar befinden sich einige Löcher, vielleicht füf Bronceschmuck. R. von ihm in einer Felsenhöhle steht aufrecht nach l. ein Panisk mit einem Ziegenfell auf der l. Schulter; er bläst die Syrinx und hält im l. Arm ein (richtig ergänztes) Pedum, von welchem an der l. Hüfte ein Ansatz sichtbar ist. Unter dem Satyrknaben zwei Ziegen am Felsen. Hinter dem Felsen erhebt sich ein Feigenbaum, als solcher durch die Art seiner Blätter wie durch sein Wachsthum so deutlich bezeichnet, als es die bildende Kunst der Alten

vermochte oder beabsichtigte. Um seinen Stamm ringelt sich eine
Schlange zu einem Rabennest empor; in demselben flattern ängstlich
vier junge Vögel, während die beiden Alten zu ihrer Vertheidigung
herbei kommen. Auf dem Felsen über der Grotte ein Adler, der einen
Hasen in den Krallen hält und zerfleischt. Ein (nicht modernes) Loch
in dem Trinkhorne, welches die weibliche Figur hält, zeigt die che-
malige Brunnenbestimmung des Reliefs an. Die Schwierigkeit, welche
Overbeck a.u.a.O. p. 95 bei dieser Annahme gefunden hat, dass ein aus
der Oeffnung «in irgend einer an und für sich möglichen Richtung aus-
fliessender Wasserstrahl dem trinkenden Kinde nicht allein ins Gesicht
spritzen, sondern seinen Kopf dauernd überströmen musste» erledigt
sich durch die Thatsache, dass Brunnenwasser durch Röhren ausläuft.

Das Relief soll bei Fundamentirung des von G. Fontana erbauten
palazzo Giustiniani gefunden sein, woselbst es seit Bartoli's und Ficoroni's Zeiten verblieb, bis es in den Besitz des Principe Lucio
Bonaparte di Canino überging; von Pius VII angekauft, fand es erst
seinen Platz in den Appartamenti Borgia, später im Lateran.

Gegen die alte, von Böttiger ausführlich begründete Erklärung
einer Pflege des Zeuskindes durch die Nymphe Amalthea, machte
Visconti zuerst die spitzen Ohren desselben geltend. Gerhard
erkannte ein allgemeines Bild bakchischen Landlebens in dieser
«unzweifelhaften Scene satyresker Erziehung». Jacobs zog die Benennung Zagreus, Lange die eines Dionysos vor. Braun kehrte
zur Interpretation einer Zeuspflege zurück, indem er an eine Ueberarbeitung des Kopfes dachte. Nibby (in der Roma moderna freilich
«Leucotea e Bacco»), Garrucci und Overbeck bekannten sich zu
derselben Erklärungsweise, indem die beiden ersten die Schwierigkeit
der spitzen Ohren unerörtert liessen, der letztere hingegen sie durch
die ausführlich vertheidigte, aber unhaltbare Annahme einer Ergänzung des ganzen Kopfes zu heben suchte. Hirt sah in dem Relief
«eine Erziehung des Pan durch eine Nymphe», eine Erklärung,
welche von ihm nicht begründet wurde, welcher aber viele Umstände
günstig scheinen. Sie würde den bakchischen Charakter des Werkes
verständlich machen und das Bedenken beseitigen, welches der
Deutung Visconti's und Gerhards entgegensteht, warum von
dem Geschlechte der Satyrn, in welchem die griechische Mythologie
keine Individuen kennt, gerade dieser eine die Auszeichnung einer
solchen Pflege erhalten habe. Eine solche Pflege ist zwar von Pan,
so viel ersichtlich, nicht überliefert; indess gerade bei diesem höchsten

Gotte der Arkadier wohl denkbar, welcher in jugendlich menschlicher Bildung häufig auf elischen Münzen als Revers zu Zeusköpfen
erscheint. Und wie antike Mythologen zwischen Aigipan und Diopan
unterscheiden, so scheint es erlaubt anzunehmen, dass dem Künstler
bei der Zusammenstellung des trinkenden Knaben mit dem Panisken
eine gleiche Scheidung vorgeschwebt habe. Schwerlich hat man in
den beigegebenen Thieren etwas anderes als eine natürliche Symbolik
der freien Natur zu sehen. Andeutungen über menschliche Bildungen
des Pan s. Annali 1866 p. 111 ff. MICHAELIS ib. 1863 p. 303.

25. Fragment eines Sarkophagreliefs, mit Triton und Nereide.

Grösse und Marmor können nicht angegeben werden wegen zu hoher Aufstellung.
Die Köpfe des Triton und der Nereide fehlen.

Auf dem Fischleib eines n. l. gewendeten Triton sitzt n. r.
eine weibliche Figur, nackt bis auf ein Gewand, das um ihre
Beine geschlagen ist. Sie hat mit der L. eine viersaitige Leier aufgestemmt und scheint mit der R. darauf spielen zu wollen.

26. Relieffragment, kelternde Satyrn.

B. 0,59. H. 0,37. — Ital. Marmor.
Das Relief ist auf allen Seiten fragmentirt. Schwarz aufgemalt 175.

In einer mit Beeren gefüllten und auf drei Böcken stehenden
Wanne mit zwei Löwenköpfen als Speier, unter denen grosse henkellose Gefässe stehen, sieht man drei jugendlich männliche Figuren
mit Keltern beschäftigt. Die letzte l. ist fast ganz weggebrochen,
den beiden anderen fehlen die Köpfe. Diese letzteren, welche ein
auf der l. Schulter geknöpftes Fell tragen, umfassen sich um den
Nacken mit den Armen; die zur R. trägt ein Pedum in der Linken.
Von r. kommt ein Knabe herzu, mit ähnlich umgeknüpftem Thierfell,
der auf der l. Schulter einen Korb trägt. Links ist der Rest einer
symmetrisch entsprechenden Figur erhalten. Vergl. WELCKER a.
Denkm. II p. 113.

27. Büste eines Knaben.

H. 0,43. Ges. 0,13. — Italischer Marmor.

Die Nase ist ergänzt, der Kopf auf die vielleicht nicht zugehörige Büste aufgesetzt. Papiernummer 21.

Das lange und ein wenig gelockte Haar ist über der Stirn zu einem Knoten aufgenommen, welcher denen der Harpokratesfiguren gleicht. In dem etwas geöffneten Munde ist die obere Zahnreihe sichtbar. Ein Gewandzipfel liegt auf der l. Schulter.

WESTWAND.

28. Sarkophagfragment, Eros mit Fackel.

H. 0,47. B. 0,155. — Ital. Marmor.

Eros, im wesentlichen in der bekannten Haltung, hat die l. Achsel auf die umgedrehte Fackel gestützt; er sitzt auf einem Felsen, unter welchem in einer Höhle ein Thier (Hase?) sichtbar ist. Das r. Bein des Eros fehlt. Vergl. n. 125.

29. Cippus in Form einer Stele.

B. 0,39. H. 0,49. — Ital. Marmor.

Halbfigur eines bartlosen, mit kurzärmeligem Chiton bekleideten Mannes (e. f., Pupillen angedeutet), welcher wie in Rede oder Gebet die geöffnete R. erhebt und in der halbgesenkten L. eine Opferschale hält. Den Hinterkopf verhüllt das Obergewand; um den Kopf liegt ein Reif, welcher über der Stirn mit einer Blüthe, etwa Granate, geschmückt ist. R. von seiner l. Schulter im Grunde des Reliefs ein Löwenkopf en face. Unter der Halbfigur in einer ausgesparten Fläche die Inschrift:

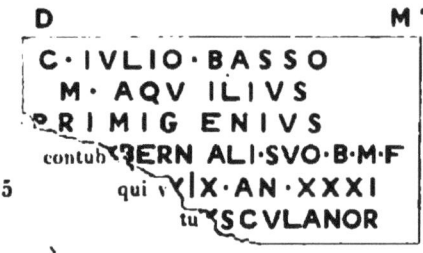

Die Buchstaben D und M stehen l. und r. oberhalb des Reliefs.
L. und r. am Rande des Cippus je eine aufrechtstehende brennende
Fackel.

V. 6 der Inschrift ist nicht wohl anders zu ergänzen als Tusculanorum; Ausculanorum, was auch möglich wäre, vgl. ORELLI 3765, ist
unwahrscheinlich. Die weitere Ergänzung ist ungewiss. Man könnte
an einen Sodalis sacrorum Tusculanorum denken, vgl. die Inschrift bei
CANINA Descr. di Tusculo p. 169 «sodalitium sacrorum tusculanorum»;
eine andere bei ORELLI 2153 = 3905.... «sodali sacror. tusculanor.»;
nur versteht man nicht wie diese Bezeichnung hier ans Ende kommt.
Dazu scheint die Tracht des Mannes dem Dienst der Magna Mater an-
zugehören. Vgl. MÜLLER-WIES. D. II, LXIII 817 und zu n. 80.

30. Fragment eines Sarkophagdeckels.

L.0,85. H. 0,25. Ital. Marmor. — Schwarz aufgemalt 76.

Das Fragment zeigt in Relief zwischen vier uncannellirten Säulen,
auf denen Vasen stehn, vier kurzbekleidete Knaben, welche mit einem
Stabe in der R. beschäftigt sind runde Scheiben zu treiben. Der erste
l. dirigirt die Scheibe vor sich auf dem Boden, indem er die L. lebhaft
erhebt; der zweite, in derselben Bewegung begriffen, sicht sich nach
ihm um; der dritte trägt die Scheibe in der L., den Stock in der R.,
indem er gleichfalls zurückblickt; was von dem vierten erhalten ist —
es fehlt Kopf und l. Arm wie auch das Oberstück der Säule r. neben
ihm — entspricht dem Motive der ersten Figur. Am Rande der Scheiben ist eine Kreislinie eingeritzt. Späte flüchtige Arbeit.

Nachweisungen über das Spiel mit dem Reife (τϱοχός), welches
wie dieses mit den Scheiben gespielt wird, bei OTTO JAHN zu Persius
III 51, und Berichte d. sächs. Ges. d. Wiss. 1854 p. 255.

31.

An dieser Stelle befand sich früher ein 0,13 hohes, 0,23 breites Relieffragment, welches mit dem Relief n. 253 im achten Zimmer zusammengehörte, wie auch Prof. Michaelis (nach brieflicher Mittheilung) erkannt hat. Gegenwärtig ist es auf unsern Antrieb vom Custoden jenem grösseren Bruchstück angefügt worden.

32. Statue, schlafender Eros.

L. 0,46. — Ital. Marmor.
Mehrfach gebrochen; fehlt l. Fuss, r. Bein; kleine Stücke aus Gips ergänzt.

Eros liegt auf einem Löwenfell schlafend; in der R. hält er eine Keule. Der felsige Boden erhöht sich unter seinem Kopfe. S. zu n. 370.

33. Grabcippus mit Relief.

H. 0,70. B. 0,31. Höhe d. Reliefs 0,175, B. desselben 0,165. Ital. Marmor.
Das Monument ist unversehrt erhalten.

Die Vorderseite ist einer Tempelfaçade ähnlich gebildet, mit zwei Anten von freier ionischer Form, deren Schäfte eine schuppenartige Verzierung haben. Im Giebel, dessen Ecken r. und l. halbe Palmetten bilden, drei Vögel welche an Früchten picken. Zwischen den beiden Anten oben eine viereckige Vertiefung, darin in Relief drei e. f. stehende, bekleidete Figuren, l. ein unbärtiger Mann in Tunica und Toga, r. eine Frau, zwischen beiden ein Knabe, der sich an die Frau zu schmiegen scheint. Darunter die Inschrift:

```
          DISMANIBVS
       GRANIAEFAVSTINAE
         FECIT·PAPI·SER
        PVBLICVSSIBI·ET
  5     CONTVBERNALISVAE
          CARISSIMAE
       BENE MERENTI DESE
         POSTERISQVE
           AEORVM
```

An der r. Seitenwand patera, an der l. urceus. Das Monument ist in der Vigna Manenti an der via Latina gefunden, wie no. 175. 177[b]. Bemerkenswerth ist, dass der Mann als servus publicus eine Toga trägt.

34. Grabrelief, Circusspiele.

H. 0,5. B. 0,97. — Ital. Marmor.

Gut erhalten, nichts ergänzt. Fehlen r. Hand des Mädchens, r. Unterarm des sogenannten spartor und desultorius. — Publicirt von GERHARD ant. Bildw. CXX 2, welcher es bei dem Kunsthändler Vescovali sah. Angeführt von HÜBNER annali 1863 p. 141. Vgl. FRIEDLÄNDER in BECKER'S Handbuch IV p. 501 f., Sittengesch. II p. 154 f.

Das Relief gibt eine anschauliche Vorstellung eines Circusrennens; durch Abstufungen in der Grösse der Figuren ist versucht eine perspectivische Wirkung hervorzubringen. L. im Vordergrund eine von der Hauptvorstellung unabhängige Gruppe zweier Figuren, welche vermuthlich als die Verstorbenen, vielleicht als Veranstalter der Spiele zu denken sind, keinesfalls aber als blosse Zuschauer, wie Gerhard wollte, da sie dem Rennen nicht zuschen und da ein Relief Mattei Graevius thes. IX p. 96, Annali 1839 tav. d'agg. N 2 die Zuschauer in ganz anderer Weise darstellt. Ein bartloser kahlköpfiger alter Mann, nach Gerhard Maximinus, e. f. in Tunica und Toga, mit hohen Schuhen, fasst mit der niedergehendeu R. die R. einer l. dicht neben ihm stehenden jüngern und kleinern weiblichen Figur (n. r. fast i. P.), welche mit der L. seinen r. Arm gefasst hält. Sie ist mit einem langärmeligen auf dem Arm genestelten Chiton und einem Obergewande bekleidet; ihr Haar ist in Zöpfe geflochten. Die männliche Figur hält in der L. einen rollenähnlichen Gegenstand, vielleicht die mappa, mit welcher der Vorsitzende das Zeichen zum Beginn der Spiele gab, vgl. FRIEDLÄNDER in Beckers Handbuch IV p. 503, no. 3271; wenigstens sind die mappae in den Händen der Schmausenden auf römischen Grabsteinen (Rhein. Jahrb. XXXVI Taf. 1 u. oft) ähnlich gebildet.

R. von dieser Gruppe beginnt die eigentliche Darstellung des Circusrennens. Den Mittelgrund nimmt die Spina ein, ein Unterbau, auf dem sich verschiedene Gegenstände erheben. L. zunächst drei Meten, jede oben mit aufgestecktem Kranz, weiter unten mit zwei Gurten. R. steht an dieselben gelehnt ein behelmter, unbärtiger Mann im Costüm eines Wagenlenkers, vgl. MÜLLER Handbuch § 121, 2, welcher in der R. einen unverhältnissmässig grossen Palmzweig erhebt; wahrscheinlich ein Sieger, nicht eine Siegerstatue, wie sie allerdings gerade auf der Spina aufgestellt wurde, (vgl. Annali 1863 tav. d'agg. D. Weiter r., offenbar die Mitte der Spina bezeichnend, ein Obelisk auf einem besonderen ornamentirten Untersatz. R. folgt eine uncannelirte corinthische

Säule; darauf eine weibliche Figur (n. l.) in doppeltem Gewand; sie
streckt die R. wie unterweisend vor, die L. geht unter dem Obergewande
nieder. Weiter r. übereck ein Bau von drei cannellirten römisch-
ionischen Säulen mit einem Gebälk, auf welchem fünf Delphine stehen
(auf andern Monumenten z. B. ARTAUD descr. d'une mosaique Lyon 1806
speien sie Wasser, vgl. FRIEDLÄNDER a. o. O. n. 3277, HÜBNER a. o. O.
p. 157). Zur R. dieses Baues, entsprechend der Figur l., auf einer
cannellirten corinthischen Säule eine geflügelte Victoria (n. l.) in gegürtetem Chiton, welche in der L. einen Palmzweig hält und in der R.
einen Kranz erhebt (alle bekannten Monumente zeigen auf der Spina
oder im Circus eine Victoria).

Ganz im Hintergrunde, höher als die beschriebenen Gegenstände,
doch zum Theil von ihnen durchschnitten, ist die Umfassungsmauer
des Circus angedeutet, welche am r. obern Ende mit einem Thorbau
abschliesst. Das Thor, zu dem vier Stufen führen, ist durch zwei uncannellirte Säulen gebildet, die auf Postamenten stehen und einen Rund-
bogen tragen, über dem sich ein Giebel mit zwei Voluten und eine
Attica erhebt. Von diesem Thor, von der r. obern bis fast an die r.
untere Ecke, erstrecken sich in falscher, aber verständlicher Perspective
die carceres. Vier toscanische Pfeiler, vor denen je eine Herme mit
unbärtigem Kopf, Cheires und angedeutetem Schamgliede steht (die
Mercurii der carceres bei Cassiodor Var. III 51), tragen ein Gebälk, auf
welchem sich eine von vier Bogen durchbrochene Quadermauer erhebt.
Zwischen je zwei von diesen Pfeilern zeigt sich eine Flügelthür, welche
wie die Bogen des obern Stockwerks, durch eingegrabene gekreuzte
Linien als Gitter charakterisirt ist.

Vor diesem Hintergrund, ganz vorn die Darstellung des Rennens
selbst. Dicht neben der zuerst beschriebenen Gruppe des Mannes
mit dem Mädchen sprengt ein Wagenlenker auf einer Quadriga nach
rechts, also in der fast ausnahmslos üblichen Weise, dass die Spina
zur L. der Fahrenden blieb. Er trägt die in bekannter Art umgürtete
Aermeltunica, welche im Nacken einen Knoten hat, und auf dem Kopf
eine mit Ornamenten verzierte helmartige Kappe. Das carrirte Tricot an
Armen und Beinen, das die Gerhard'sche Publication zeigt, ist am Originale nicht zu sehen. Er beugt sich in der Eile der Fahrt mit dem
Oberkörper zurück, indem er mit beiden vorgestreckten Händen die
Zügel hält, die, wie gewöhnlich, eine Schlinge bilden, in welche er sich
mit dem Rücken stemmt. R. neben den Pferden n. l. steht ein Knabe,
welcher mit einer auf der l. Achsel durch Spange befestigten Tunica

bekleidet ist, und in der L. ein Becken trägt, aus dem er mit der R.
vermuthlich Wasser auf die Pferde spritzte: so FRIEDLÄNDER a. o. O.
Anm. 3271, der in ähnlichen Figuren die spartores Grut. 339, 5 erkennt
qui aquam equis spargunt Ulpian Digg. III 2, 4. R. von ihm galoppirt
n. r. ein Reiter, welcher bis auf den Helm dieselbe Tracht wie der
Wagenlenker hat; derselbe ist trotz des Mangels eines zweiten Pferdes
vielleicht als desultor zu denken, da desultores gemeinsam mit Quadrigae
das Wettrennen hielten: Cic. Mur. 27 «qui mihi videtur praetorius candi-
datus in consularem, quasi desultorius in quadrigarum curriculum, incur-
rere.» Vgl. Cassiod. Var. III 51 «Biga quasi Lunae, quadriga Solis imita-
tione reperta est. Equi desultatorii, per quos Circensium ministri missos
denunciant exituros, Luciferi praecursorias (vgl. VISCONTI Mus. Pio-Cl.
IV 18 velocitates imitantur.» R. unten zwei uncannellirte Säulen, die
ein Gebälk tragen, auf welchem drei eierartige Ornamente, die ᾠοειδῆ
δημιουργήματα bei Dio XLIX 43, 2 stehen, welche wie die Delphine
zum Zeichen dienten, wie oft die Bahn durchmessen war.

35. Fragment eines Hochreliefs, Opferzug.

H. 0,50. B. 0,78. — Ital. Marmor.

Von den Figuren ist nur die obere Hälfte erhalten, dem Manne fehlt Kopf,
l. Hand und r. Unterarm; der Frau der l. Arm und die r. Hand. Der Kopf der Frau
ist aufgesetzt und vielleicht nicht zugehörig. — Beschr. von MASSI indic. antiq.
p. 17 no. 26. PISTOLESI il Vaticano descr. III p. 55. Beschr. Roms II 2 p. 4 n. 8.
Aus den Appartamenti Borgia.

Ein mit Schurz bekleideter, unbärtiger Victimarius (c. f. u. r.)
führt mit der L. einen aufgezäumten Ochsen am Zügel; r. von diesem
eine bekleidete Frau mit hoher Lockenfrisur nach Art der Julia Titi.
Im Grund Andeutung von Säulen. Ein ähnlich erhaltenes Fragment in
villa Albani am r. Seitenflügel des Palastes.

Die Vermuthung der Massi, dass das Relief Decoration eines
Triumphbogens war, ist nicht unwahrscheinlich; mit Recht lobt Pistolesi die Arbeit, namentlich ist der Kopf des Stiers von ungewöhnlicher Lebendigkeit.

36. Satyrherme.

Gesammth. 0,50. Gsl. 0,10. — Italischer Marmor.

Aus den Appartamenti Borgia. — Publ. von PISTOLESI il Vaticano descr. III tav. 26, 2
p. 83. Diese und die verwandte Herme no. 39 ist wahrscheinlich identisch mit den in
der Beschr. Roms II 2 p. 6 erwähnten zwei «Köpfen des bärtigen Bacchus».

Auf einem grossentheils erhaltenen Hermenschaft ohne Schamtheile ein epheubekränzter Kopf mit Lippen- und Backenbart, auf der
Stirn emporstehendem Haar, und langabstehenden spitzen Ohren. Der
lange Kinnbart ist in drei Stufen oder Reihen übereinander geordnet,
wie bei dem Kopf der Portraitfigur des Moschion, VISCONTI
icon. gr. pl. 7, und einem Kopf im Vatican Pio-Cl. VI t. 11, nach Visconti Hypnos. Zu beiden Seiten fallen Bänder herab, deren Enden als
Pfoten eines Thieres charakterisirt sind. Die Benennung Silen, welche
Pistolesi dieser Herme gab, ist unzutreffend; der Typus weicht von
den gewöhnlichen Silenbildungen ab und dürfte eher in die Klasse
der bärtigen Satyrn gehören. Die Arbeit ist unbedeutend, die Publication Pistolesi's ungenügend. Vgl. n. 39.

37. Fragment eines Hochreliefs.

H. 0,35. L. 0,80. D. d. Reliefplatte 0,15. — Griech Marmor.
Aufgemalt 45 und 158.

Erhalten ist nur die untere Hälfte von vier männlichen nackten,
wie es scheint jugendlichen Figuren, von denen drei in schreitender
Bewegung n. l. begriffen sind. Auf den Hüften der drei Figuren r.
liegt wagerecht ein Balken auf, um welchen der Mittelste seinen Unterarm gelegt hat. Die letzte Figur l., von den andern durch einen senkrechten Balken getrennt, scheint e. f. gestanden zu haben.

Man wird an Monumente erinnert, welche Processionen darstellen,
in denen ferculae (OTTO JAHN Ber. der s. Ges. d. Wiss. 1861 p. 313)
getragen werden Bullett. Nap. I. S. IV 1. GERHARD ant. Bildw. CXX 1.
MILLIN gal. myth. 62, 239. Vgl. ein Relief in villa Ludovisi Beschr.
Roms III 2 p. 585 n. 25. 29. Nur werden diese Bahren, wie natürlich, auf den Schultern getragen; am ehesten können die Figuren
etwas gezogen haben.

38. Bruchstück eines kleinen viereckigen Cippus.

H. 0,30. B. 0,20. T. 0,17.

Der Grundriss des Erhaltenen hat die Form eines Trapez; zwei Seiten sind
fragmentirt, die vierte ist weggebrochen. Abgeb. auf Taf. I Fig. 1.

Die eine Seite ist unbearbeitet; die beiden anderen erhaltenen
zeigen Relieffiguren. Auf der einen ist nur die fragmentirte Figur eines
Mannes sichtbar, welcher nach r. stark ausschreitet und mit dem Speer
ausgelegen zu haben scheint; er ist mit einem Chiton bekleidet, der

in seiner Gürtung fast an die Tracht der Wagenlenker erinnert. Auf
der andern Seite kniet nach r. eine unbärtige Figur in gebückter
Haltung mit dem r. Knie nieder; sie trägt einen spitzen Hut, einen
kurzen Aermelchiton und Hosen. Eine l. von ihr befindliche unbärtige
Figur (n. r.), welche ein Knie ihr in den Rücken stemmt, bindet ihre
Hände auf den Rücken zusammen; sie trägt eine runde helmartige
Kappe, und, wie es scheint, einen anliegenden Chiton oder Panzer.
Das Geschlecht dieser beiden Figuren ist nicht deutlich, die letztere
wahrscheinlich männlich. Hinter dieser eine Figur, welche der zuerst
beschriebenen ähnlich ist: ein bärtiger Mann (e. f.), den Kopf nach l.
gewandt, welcher die R. hoch erhoben hält wie im Kampfe, und an
der L. ein oblonges Schild trägt.

Das ganze Werk, welches den Eindruck einer späten Epoche gibt,
ist wahrscheinlich nicht fertig; nur abbozzirt ist die zuletzt beschriebene
Figur. Da die erhaltenen Reliefseiten an einander stossen, so ist es
im hohen Grade wahrscheinlich, dass das Monument auf drei Seiten
mit Reliefs versehen war.

39. Fragment einer Satyrherme.

H. 0,21. Gsl. 0,11.

Der Schaft der Herme ist nicht erhalten, die Bildung des Kopfes
entspricht derjenigen von n. 36. Wenn der Ausdruck in der Beschr.
Roms II 2 p. 6: «Zwei Köpfe des bärtigen Bacchus», wie es scheint,
richtig auf diese beiden Monumente bezogen ist, so befand sich auch
diese Herme in den Appartamenti Borgia.

40. Statuette eines Flussgottes.

H. 0,26. L. 0,37. — Italischer Marmor.

Ergänzt r. Unterarm, l. Hand mit dem untern Theil des Füllhorns, und die Nase.
Kopf gebrochen, aber zugehörig. — Roth aufgemalt 139.

Eine bärtige nackte Gestalt, einen Schilfkranz im Haar, bekleidet
mit einem Gewande, das auf der l. Schulter und über den Schenkeln
ruht, liegt ausgestreckt am Boden n. l., den Kopf n. r. gewendet; sie
stützt sich auf den l. Arm, in dem sie ein Fruchthorn hält, und lässt
die R. auf dem r. Schenkel ruhn.

NORDWAND.

41*. Torso eines Knäbchens mit Vogel.

H. 0,46. Torsol. 0,24. Gesl. 0,11. — Italischer Marmor.

Erg. Nasenspitze, ein Stück des Oberkopfes und der r. Hüfte. Fehlen r. Arm,
r. Achsel und ein Stück Brust, der l. Arm zum Theil, nebst der grössern Hälfte des
Vogels. Der erhaltene Theil des Vogels und der l. Arm endigt in glatter Fläche, es
muss also hier ein Stück angesetzt gewesen sein, so gut wie an der r. Achsel,
wo ein dem Anschein nach antikes Loch sich befindet, das für einen Zapfen bestimmt war. Der Bildhauer hatte sich also eines unzureichenden Blockes bedient.
Beispiele, dass Statuen aus zwei oder mehreren Stücken gearbeitet wurden, sind
nicht selten, vgl. no. 225. 398. 472. Harnisch- und Togastatuen sind in der Regel aus
verschiedenen Stücken zusammengesetzt, s. die Bemerkungen zu n. 204. Verhältnissmässig häufig ist die besondere Ansetzung von Ohren, Hörnern und Schamtheilen,
vgl. n. 335. 380. 388, Bullet. dell' inst. 1865. p. 227. Archäol. Zeitung 1863 p. 16.

Ein unbekleideter Knabe hält im l. Arm einen Vogel, welcher
nach den erhaltenen Theilen nur für einen Adler genommen werden
kann. Die Figur steht auf dem l. Bein, der Kopf sieht fast gerade vor
sich hin, der r. Arm ging wahrscheinlich am Körper nieder. So gleicht
die Figur in ihren Motiven einer Statue der Galleria de' candel. n. 213
CLARAC 878, 2233 Mon. dell' Inst. 1856 tav. 19, welche von WELCKER
annali dell' Inst. 1856 p. 94 mit grosser Wahrscheinlichkeit für Ganymed erklärt worden ist. STEPHANI Compte-Rendu 1863 p. 54 wandte
ein, dass die Handlung dieser vaticanischen Figur sowie der Krug, den
sie in der R. halte, nicht zu einem Ganymedes mit dem Adler stimme,
und dass der Restaurator, welcher dem Vogel einen Adlerkopf gegeben
habe, gar nicht auf diesen Gedanken gekommen wäre, wenn nicht die
Füsse des Thieres etwas roh ausgeführt zu sein schienen. Indessen ist
mit dem Vogel dieser vaticanischen Statue sicher ein Adler gemeint,
und der Krug, dessen Form für eine Brunnenmündung bequemer schien,
erklärt sich als Attribut für den Mundschenken des Zeus. Das häufige
und beliebte Spiel der Knaben mit Vögeln (OTTO JAHN Berichte 1854
p. 250) hat allerdings eine ganze Reihe verwandter Genremotive in der
alten Kunst hervorgerufen (K. F. HERMANN der Knabe mit dem Vogel
p. 13 folg. STEPHANI a. o. O.); aber bei dieser vaticanischen Statue
scheint ein mythologisches Motiv zu Grund zu liegen, vielleicht auch
bei der lateranensischen Figur, deren Gesichtszüge auf ein sehr jugend-
liches Alter, und wohl auf ein Portrait schliessen lassen.

42. Römische Portraitbüste.

Lebensgross. Griechischer Marmor. — Völlig erhalten, die Ohren
ein wenig gebrochen.

Ein unbärtiger Kopf mit kurzem Haupthaar, ein wenig nach r.
in die Höhe gewendet. Die Ausführung ist fein und zeichnet sich aus
vor derjenigen der gewöhnlichen römischen Portraits.

43. Reliefbruchstück.

Wegen Höhe der Aufstellung ist eine genaue Untersuchung und ein sicheres
Urtheil über alle Ergänzungen unmöglich.

R. sitzt, undeutlich worauf, eine männliche Gestalt (n. l.; es fehlen
Kopf und Arme) mit einem um die Beine geschlagenen Gewand und
einer Chlamys. R. unter ihr (n. r.) sind die Reste einer geflügelten
weiblichen Figur erhalten, wie es scheint, ohne Arme — vielleicht
eine Sphinx — , indess ist sie wahrscheinlich grossentheils ergänzt.
Vielleicht war unterhalb der sitzenden Figur ursprünglich ein Coelus.
Etwas weiter l. unterhalb des erstgenannten Jünglings die sichern Reste
einer n. l. knieenden männlichen Figur, die jetzt grossentheils ergänzt
ist. Auf sie und die obere Figur zu schwebt von l. eine Victoria (r. Arm
und der obere Theil der Flügel ergänzt) mit gegürtetem Chiton, das Haar
am Hinterkopf in einen Knoten gebunden, in der L. einen Palmenzweig.
L. von ihr sitzt n. r. eine weibliche ganz bekleidete Figur, welche die
L. wie zur Anrede ausstreckt und mit dem r. Arm sich auf einen Schild
stützt; erhalten scheint an ihr nur der l. Arm mit der Brust und dem
Rest einer Aegis. Ueber der ganzen Gruppe ragen zwei n. r. anspringende Pferde vor; l. von den (ergänzten) Pferdeköpfen wird der Rest
einer Jünglingsfigur mit fliegender Chlamys, wahrscheinlich einer der
Dioskuren sichtbar; zwischen den beiden Pferdeköpfen sieht ein Zeus-
kopf vor, während r. von ihnen ein Jüngling mit einer Chlamys, einem
Kerykeion in der R. und Flügeln am Kopf (Hermes) steht, den Kopf
n. r. gewandt.

Das Fragment erinnert in vielen Punkten an ein Sarkophagrelief
der villa Medici (BECKER spicilegium p. 131. SPENCE Polymetis pl. 34
p. 246. OTTO JAHN Berichte d. sächs. Gesell. d. W. 1849 IV p. 62 folg.),
welches nach Jahn's Erklärung das Urtheil des Paris und die Rückkehr
der Göttinnen in den Olymp darstellt. Vgl. ein Relieffragment der
via Latina Einl. zum XI. Zimmer.

44*. Torso eines Knaben.

H. 0,35. Torsol. 0,23. Ital. Marmor.
Fehlen beide Beine, l. Arm, Hals und Kopf.

Ein unbekleideter Knabe (r. Standbein) hält unter dem l. Arm einen Gegenstand, in dem wahrscheinlich der Rest eines Vogels zu erkennen ist. Um den Hals liegt ein starker, bandumwundener Kranz, welcher auf die Brust herabhängt. Die R. greift über die Brust herüber, um den Vogel zu packen. Ueber ähnliche Statuen STEPHANI Compte-Rendu 1863 p. 51.

45. Weiblicher Idealkopf.

Lebensgross. — Italischer Marmor.
Ergänzt Nase, Lippen und alles Uebrige vom Halse abwärts.

Im Haar, welches in künstlicher Anordnung kranzartig das Gesicht umgibt, ein Reif. Aufgeschrieben 151.

46. Jugendlich männlicher Torso, Replik der Figur des Stephanos.

H. 0,57. Torsol. 0,46. Brustwarzenentf. 0,21. Hüftenbreite 0,25. Schulternbreite 0,41. — Griech. Marmor.
Fehlen Kopf, Hals, beide Arme von der Mitte der Oberarme an, r. Unterbein, das l. von der Mitte des Schenkels an. Arme und Kopf scheinen angesetzt gewesen zu sein, ungewiss ob antik oder durch moderne wiederzerstörte Restauration.

Die Figur stand auf dem l. Bein, wo sich auch der Ansatz eines Baumstammes befindet. Der r. Arm ging nieder, während der l. im Ellenbogen gekrümmt, sich etwas nach vorn bewegt zu haben scheint. Der Torso entspricht in Bewegung und Stil der bekannten Figur von Stephanos in villa Albani, Marini iscriz. Alb. p. 173, Annali 1865 tav. d'agg. D, welche im Jahre 1769 (nicht 1789 wie Jahn Berichte 1861 p. 110 angibt) gefunden ist, Anecdota litteraria III p. 465. Auch die Maasse des Torso stimmen mit denen der Stephanosfigur genau überein: H. ohne Basis 1,16. Torsol. 0,45. Brustwarzenentfernung 0,21. Hüften-breite 0,25. Schulternbreite 0,40. Länge d. r. Schenkels 0,46, d. r. Unterschenkels 0,46. Fusslänge 0,21. Kopfhöhe 0,19.

47. Sarkophagrelief, Mars - Rhea Silvia und Selene - Endymion.

H. 0,78. B. 2,26. — Italischer Marmor.

Das Relief war vielfach gebrochen und beschädigt. Die wichtigsten Ergänzungen
sind: der r. und l. Unterarm mit einem Stück Keule des sogenannten Hercules; der
Hals des Mars, doch scheint der Kopf zugehörig; der Kopf des Eroten über dem Kopf
der Rhea Silvia; das ganze Obertheil des Schlafgottes mit einem Stück des Grundes und
dem Kopf des kleinen Eros über dem Kopf der Rhea, dagegen ist sein Kopf und
r. Unterarm mit dem Horn antik; der Oberkörper und mehreres an den Beinen von dem
Eroten unter den Pferden; mehreres an den Beinen der Pferde; Kopf, l. Arm und
bezügliches Gewandstück der Selene; das ganze äusserste Stück zur Rechten, Arme
und Obertheil des Endymion, und die geflügelte Figur über ihm auf dem Felsen.

Das Relief befand sich zur Zeit Winckelmanns im palazzo Rondinini, vgl. n. 443.
469. 477 (daher die Buchstaben auf dem Rade des Wagens der Selene: M·G·R·),
wurde im Anfang dieses Jahrhunderts, vor 1825, vom Camerlengato acquirirt (L. CAR-
DINALI memorie Romane II sez. 2 p. 300), und in den Appartamenti Borgia aufgestellt,
bis es später in den Lateran kam (daher ist in der Aufzählung der Selenereliefs bei
JAHN arch. Beitr. p. 52 K und V identisch). Bespr. von MASSI ind. antiqu. p. 24 n. 66.
Beschr. Roma II p. 7. NIBBY Roma nell' a. 1838 P. mod. II p. 250. PLATNER u. URLICHS
Beschr. Roms p. 206. WINCKELMANN mon. ined. II p. 124 n. 145. ZOEGA bass. II p. 206.
GERHARD Prodromus p. 285. PISTOLESI il Vaticano descr. III p. 77. RAOUL-ROCHETTE
mon. inéd. p. 33. BÖTTIGER Kunstmythol. II p. 536. CARDINALI atti d. accad. pont.
VIII p. 122. OTTO JAHN arch. Beitr. p. 61. WELCKER annali 1845 p. 196. LÜBBERT
memorie d. inst. II p. 148. REIFFERSCHEID ebend. p. 472. —. Publ. von GUATTANI
mon. ined. 1787 II p. 148, Febr. Tab. 2. GERHARD ant. Bildw. 40, 2. GARRUCCI
M. L. XXXIII pag. 54.

Die Darstellung dieses Reliefs zerfällt in zwei Theile, l. Mars die
schlafende Rhea Silvia überraschend, r. Selene und Endymion. Diese
letztere Scene nimmt etwas mehr Raum ein als die andere.

Am l. Ende ruht am Boden ein bärtiger Flussgott, wahrscheinlich
der Tiber, vom Rücken gesehen, mit dem l. Ellenbogen auf eine Urne
gestützt; er blickt wie verwundert empor und erhebt die r. Hand zum
Munde; ein Gewand bedeckt seine Beine. Ueber ihm erhebt sich ein
Felsen, auf welchem l. eine jugendliche weibliche Figur nach r. steht,
bekleidet mit einem Gewande, welches von ihrer l. Schulter herabfällt
und ihren Oberleib entblösst. Sie legt den l. Arm und die r. Hand auf
die Schultern eines r. von ihr e. f. sitzenden bärtigen Mannes mit langgelocktem Haupthaar, der den r. Arm auf den Felsen aufstemmt und
in der L. eine Keule erhebt; ein Löwenfell liegt über seinen Schenkeln.
Diese Figuren symbolisiren, wie die des Flussgottes, den Ort, an den
die Sage die Liebe des Mars und der Rhea Silvia versetzte. R. von
dem Flussgott liegt (u. l.) schlafend, doch die Augen nicht geschlossen,
Rhea Silvia, auf einer Felsenbank. Die gewellten Haare, welche der
Tracht des dritten Jahrhunderts entsprechen, und die individuellen

Züge ihres Gesichts verrathen ein Portrait. Sie hat den Arm über den Kopf gelegt und neigt das Haupt auf die l. Hand. Ein Amor, bekleidet mit einer flatternden Chlamys, die auf der r. Schulter durch eine Spange befestigt ist, steht auf ihrem r. Schenkel und ist im Begriff ihr das grosse Gewand vom Leibe zu ziehen, welches auf ihren Schenkeln und ihrem r. Arme aufliegt; dabei ist ihm ein anderer unbekleideter Amor (nach l.) hinter ihrem Haupte behülflich. Ueber die Füsse von Rhea Silvia schreitet, leise die Zehen aufsetzend, Mars nach r., indem er sich mit der R. auf den Felsen über dem Flussgott aufstützt. Er ist bärtig, trägt Helm, Lanze und Schild und ist mit einer Chlamys bekleidet, die auf seiner r. Schulter mit einer Spange zusammen gehalten wird. Im Hintergrunde zwischen Mars und Rhea Silvia steht Hypnos e. f., eine bärtige Gestalt mit Flügeln, die am Scheitel aus dem Haar emporstehen. Er trägt ein Gewand mit enganliegenden Aermeln, darüber ein Oberkleid, das auf der l. Schulter aufliegt. Seine l. Hand ist zeigend nach r. erhoben, mit vorstehendem zweiten Finger, zur Abwehr bösen Zaubers; in der gesenkten R. hält er ein Horn, aus welchem eine Flüssigkeit niederfliesst.

Am r. Ende liegt Endymion, auf einem felsigen ansteigenden Boden in gleicher, wohl richtig restaurirter Haltung, wie Rhea Silvia. Ein Amor mit lockigem Haar (Flügel abgebrochen) zieht ihm, wie bei Rhea Silvia, das Gewand vom Leib. L. von Endymion der zweiräderige Wagen (n. l.) der Selene, dessen Deichselkopf mit einem Widderkopfe verziert ist. Die beiden Pferde des Wagens bäumen in die Höhe, ihre Zügel hält ein Amor in der Hand, der auf dem Rücken des vordern Pferdes (n. l.) steht und in der erhobenen R. die Geissel schwingt. Ein anderer Eros steht am Boden unter dem Bauche des vordern Pferdes (n. r.) und legt die r. Hand an den Schenkel desselben, in der L. hält er eine Fackel. Selene steht mit dem r. Fuss noch auf dem Boden des Wagens, hat aber den l. schon, absteigend, auf den Felsen gesetzt. Sie trägt einen doppelt gegürteten ärmellosen Chiton und hält mit beiden Händen das Obergewand, das im Bogen hinter ihrem Rücken flattert. Zur Andeutung des Berges Latmos, wo Selene den Endymion besucht, steigt im Hintergrunde das felsige Terrain hochauf. Der Hypnos zu Häupten Endymions ist, wie bemerkt, moderne Restauration. Nach Analogien anderer Monumente ist es wahrscheinlich, dass auch der Kopf des Endymion Portraitzüge hatte, dass also der Sarkophag wohl ein Bisomus war.

Die richtige Deutung für die Darstellung der l. Hülfte gab Raoul-Rochette und wohl unabhängig von ihm Böttiger, während man sie

früher auf Thetis und Peleus bezog. Eine ausführliche nachträgliche
Wiederlegung dieser Ansicht bei Lübbert u. o. O. In den beiden Figuren
am l. Ende des Reliefs auf dem Felsen sah man früher Herakles und
Hebe; Zoega, Welcker, und Jahn erkannten in ihnen Ortsgottheiten,
Garrucci den «Ercole Aventinese» und «Acca Larentina viziata da
Ercole.» Gegen Herakles spricht das lange reiche Haar der männlichen
Figur.

48. Männlicher Torso.

Torsol. 0,50. — Italischer Marmor.

Fehlt Kopf und Hals, beide Beine von der Hüfte an, der r. Arm ganz und der
l. Unterarm. Im Rumpf oben eine Höhlung zum Einsetzen des Kopfes. Wahrscheinlich aus den Appartamenti Borgia, MASSI indic. antiqu. p. 15 no. 29. Beschr.
Roms II 2 p. 5, 1 (?).

Die Figur war vermuthlich ohne Gewand und stand auf dem r. Bein.
Die r. Schulter ist etwas gesenkt, so dass der Torso in der Mittellinie
sich ein wenig biegt. Der l. Arm ging ein wenig zurück. Die Rückseite zeigt eine gleichmässig gute Ausführung.

49. Meleagrostorso mit aufgesetztem Hermeskopf.

H. d. Fig. 1,47. Torsol. 0,52. Gesl. 0,15. — Italischer Marmor.

Fehlt der r. Arm mit Ausnahme der Hand, der l. vom Handgelenk an, der
l. Fuss mit einem Stück Unterschenkel, das r. Bein von der Mitte des Oberschenkels
an. Am Kopf ergänzt Nase, Kinn und Theile vom Hals. Schwarz aufgemalt 56.

Jugendlich männliche Figur, auf dem r. Bein ruhend, an welchem
der Ansatz eines Baumstammes sich befindet. Eine auf der r. Schulter
mit Spange zusammengehaltene Chlamys ist, ähnlich wie es die
Meleagrosfiguren zeigen, über die l. Schulter herunter, über den l. Unterarm gezogen und hängt in symmetrisch geordneten Falten bis zum
Unterschenkel herab, dort mit dem Bein durch eine Stütze verbunden.
Wo die l. Hand abgebrochen ist, befindet sich der Rest eines Stabes,
welcher an der l. Achsel eine Stütze hatte, von der noch ein Ansatz vorhanden ist. Der r. Arm war auf den Rücken gelegt, wo die Hand noch
erhalten ist. Schamhaare angegeben. Rückseite vernachlässigt.

Der Kopf, bedeckt mit Petasos, ist für die Proportionen des Körpers zu gross, und nicht zugehörig; er ist eine geringe Wiederholung
von dem Kopf des Hermes in villa Ludovisi (MAFFEI racc. di Statue
55. 59, BRAUN Vorschule XCVII, MÜLLER-WIES. Denkm. d. a. K.
II 29, KEKULÉ annali 1865 d. i. p. 65). Ueber die Meleagrosfiguren,
denen dieser Torso in der Bewegung gleicht, FEUERBACH ann. dell'
inst. 1843 p. 257 ff. R. KEKULÉ de fabula Meleagrea p. 54, Arch.

Zeit. 1865 p. 15 f. Ueber das Legen der Hand auf den Rücken STEPHANI ausr. Herakles p. 178. Ein ähnlich erhaltener Torso im Museum lapidarium zu Verona MAFFEI mus. Veron. CLVII 5.

50. Sarkophagplatte, Adonis.

H. 1,20. B. 2,50.

Die l. obere Ecke und ein grosser Theil der frei herausgearbeiteten Extremitäten abgebrochen. Die Arbeit spät, kaum vorconstantinisch. In den Augen Pupillen angedeutet. Aufgeführt von HIRZEL Ann. dell' Inst. 1864 p. 68 unter N; abgebildet auf Taf. XXI. XXII Fig. 1.

Die Composition theilt sich in zwei Scenen, welche den Abschied und die Verwundung des Adonis darstellen. L. auf einem mit Löwenfüssen verzierten Sessel sitzt Venus n. r., in doppeltem Gewand, auf dem Kopf ein Diadem. Sie hatte die (abgebrochene) L. erhoben und scheint die R. — der Unterarm fehlt — dem vor ihr e. f. stehenden Adonis gereicht zu haben, welcher gleichfalls ihr die R. entgegenstreckte. Er trägt Jagdstiefeln und eine Chlamys, die auf der r. Schulter geknüpft ist; der Kopf ist n. l. gegen Venus gerichtet, in der jetzt abgebrochenen L. wird er den Jagdspeer gehalten haben. Am Sessel der Venus steht, nach ihr aufschauend, ein kleiner Erot, welcher mit beiden Händen eine Fackel hielt; Reste davon noch am Schenkel der Venus. L. von Venus steht (n. r.) eine dem Anschein nach weibliche Figur (Kopf weggebrochen) in gegürtetem Chiton, welche die R. auf ihre r. Schulter legte. Zwischen Venus und Adonis zeigt sich im Grund ein alter, bärtiger Mann mit gegürteter Tunica, Chlamys und Jagdstiefeln, welcher sich gleichsam zwischen sie zu drängen scheint. Neben ihm, über dem Kopf der Venus, der Rest einer andern, jetzt unkenntlichen Figur.

Den Uebergang zu der folgenden Scene bildet die Figur eines Jünglings, welche der des Adonis genau entspricht. Er schreitet nach r., indem er den Kopf zurück nach l. wendet, hält in der L. einen Speer und führt mit der R. (Arm weggebrochen) ein aufgezäumtes Pferd am Zügel. Zwischen ihm und Adonis am Boden ein Hund (n. r.) mit einem Halsband, von dem aus eine Schlinge um das r. Schulterblatt geht. Die erste Figur der folgenden Scene (welche ähnlich nur Mus. di Mantova III 21. Gall. Giustin. II 116. Monum. d. Inst. VI VII 68 A und n. 387 erscheint) ist Venus, welche eilig nach r. ausschreitet, in doppeltem Gewand, das die r. Schulter und Brust frei lässt. Sie trägt auf dem Kopf ein Diadem, hält in der L. ein am untern Ende mit einem Knopf verziertes Scepter, dessen Spitze abgebrochen ist, und hatte den r. Arm erhoben —, vielleicht ein blosser Gestus des Erschreckens, denn

für einen Speer, den man in der r. Hand vermuthen könnte, fehlen die
Ansätze. Zwischen Venus und der vorhergehenden Figur sieht der
Obertheil eines Jünglings (?) hervor, welcher mit der R. nach der Scene
der Verwundung hinweist. Hier liegt Adonis (n. r.) am Boden, mit der
(jetzt abgebrochenen) R., welche den Speer hielt, auf den Boden aufgestemmt, mit der L. nach einer Wunde auf der Aussenseite des r.
Schenkels fassend. Hinter ihm l. steht ein Knabe, welcher nach den
erhaltenen Resten ihn unterstützt zu haben scheint, während von r. ein
kleiner Erot (anscheinend ohne Flügel) sich über ihn beugt. Er legt
ihm die L. auf die Brust und hat den Kopf nach dem Eber zurück gewendet, der von r. auf Adonis losstürmt, von einem Hunde am Kopfe
gepackt. Ueber Adonis wird ein Jüngling sichtbar, der einen Petasos
und eine Tunica trägt, welche die r. Schulter frei lässt; er erhebt die
R., wahrscheinlich zum Werfen, in der L. hält er vielleicht einen
Stein. Neben ihm r. ein Baum mit Blättern. Den Beschluss r. bildet
ein Jüngling n. l. in Tunica, mit vorgehaltenem Schild; er scheint gegen
den Eber auszuholen.

51. Porphyrrelief, Portrait.

Ein unbärtiger römischer Kopf in Profil n. l., aufgelegt auf ein Medaillon aus weissem Marmor. Früher in den Appartamenti Borgia, MASSI
indic. antiqu. p. 20 n. 43 (für Nero gehalten). Beschr. Roms II 2 p. 4 n. 74.

52. Fragment einer Statue, Artemis (?).

H. 0,50. — Griech. Marmor.

Aus den Appartamenti Borgia. MASSI ind. antiqu. p. 21 n. 48.

Erhalten ist nur der obere Theil des Rumpfes, in welchem antik der
r. Arm eingesetzt war; der linke, dem nur ein Stück des Vorderarmes fehlt,
ist im r. Winkel nach vorn gebogen und hält ein rittlings darauf sitzendes
Thier, von welchem nur Theile der beiden Hinterbeine mit einem Stück
des Körpers erhalten sind, wahrscheinlich ein Reh, nach dem Cat. Massi
ein Hase. Der ärmellose Chiton ist unter der Brust gegürtet. Die
Arbeit ist nicht sorgfältig, aber offenbar nach einem guten griechischen
Orginal. Dieser Torso stimmt in Grösse, in dem Attribute und in den
Motiven des Gewandes mit einer Statue im Caffeehaus der villa Albani
(GERHARD Ant. Bildw. XII. CLARAC 678 F, 1621 B), welche von WIN-
CKELMANN mon. ined. p. 84 für Juno, von GERHARD Prodromus p. 179
für Libera, von STEPHANI Compte-Rendu 1863 p. 221, 5 für Kora er-
klärt worden ist. Die Benennung dieser Figur ist unsicher, da der Kopf

nicht zugehörig ist und der r. Arm fehlt, welcher wahrscheinlich ein weiteres Attribut hielt. Aehnlich bekleidet und in ähnlicher Haltung ist die Figur einer Diana auf einem Medaillon des Antoninus Pius (LENORMANT nouv. gall. myth. 10, 2. MÜLLER-WIES. Denkm. d. a. K. II 5, 64 a. BUONAROTI medaglioni III n. 4. GERHARD Prodromus p. 182), welche in der R. einen Speer, in der L. ein Reh hält, nicht eine Gans wie Lenormant glaubt, vgl. STEPHANI Compte-Rendu 1863 p. 92.

53. Torso eines nackten Jünglings.

H. 0,87. Torsol. 0,42. — Griechischer Marmor.

Fehlen Kopf, Hals, l. Bein von der Mitte des Schenkels an, r. Unterschenkel, r. Unterarm und fast der ganze l. Arm. — Publ. von PISTOLESI il Vatic. descr. III 20 p. 65. NIBBY Mus. Chiaramonti XLVIII p. 106; beschr. von MASSI p. 17 n. 29.

Die Figur stand auf dem l. Bein, der l. Arm ging ein wenig zurück, der r. ist gesenkt. Die l. Achsel ist auffällig erhoben. Ueber der l. Hüfte Ansatz einer Stütze, am r. Schenkel der Rest eines Eisenstiftes. Der Torso, welcher sich durch ungewöhnlich schlanke Körperverhältnisse auszeichnet, entspricht dem sogenannten Hyakinthos des Museo Chiaramonti, n. 269 des gegenwärtigen Catalogs.

54. Fragmente eines Sarkophags, Selene und Endymion.

H 0,64. B. 1,50. — Ital. Marmor.

Vielfach gebrochen und lückenhaft erhalten; die einzelnen Theile wurden nach Maassgabe der verwandten Monumente zusammengefügt und eingemauert. Erhalten sind nur sieben Figuren und auch diese fragmentirt.

Publicirt von GARRUCCI M. I. XXXIV p. 58. In die Magazine des Vatican wird das Relief wohl wie n. 47. 469 aus dem Palazzo Rondinini gekommen sein, wo ZOEGA bass. II 206 ein Endymionrelief sah, das heute sich nicht mehr daselbst befindet. Es ist nicht identisch mit dem Endymionsarkophag, den BRAUN ant. Marmorwerke p. 16 aus den Magazinen des Vatican anführt, vgl. OTTO JAHN arch. Beitr. p. 59.

In der Mitte der zweirädrige Wagen (n. r.) der Selene, geschmückt mit dem Relief eines n. r. fliegenden Eroten, der mit beiden Händen eine aufrechte, brennende Fackel hält, bespannt mit zwei Hengsten (n. r.), deren Mähne nach griechischer Weise stilisirt ist. Auf dem Rücken des vordern steht ein Erot nach r., den Kopf zurück nach l. gewandt; er hielt wahrscheinlich die Zügel. R. von dem Gespann steht, vom Rücken gesehen, eine weibliche Figur in kurzem, doppelt gegürtetem Chiton, welche den Zaum der Pferde erfasst, gewöhnlich als Hore bezeichnet. Hinter den Pferden ein Feigen(?)baum mit Blättern. In der Wagenrundung in trauernder Haltung ein Eros nach r., auf die Antyx gelehnt;

3 *

ein anderer, nach l. gewendet, unterstützt die eben herabgestiegene
Selene (nach l.). Dieselbe trägt einen gegürteten ärmellosen Chiton
und ein über dem Kopf im Bogen flatterndes Obergewand, welches sie
mit der (abgebrochenen) R. hielt. Sie legt die L. an die Brust; über
ihrer Stirn ein Halbmond. L. von ihren Füssen ein Rest von dem l.
Fuss des Endymion. R. von der Wagenlenkerin sitzt auf einem Felsen
eine jugendlich männliche Gestalt (e. f.) mit reichem Haar, ein genius
loci; ein Fell mit gespaltenem Huf liegt auf seinen Schenkeln, unter
ihm eine gelagerte Ziege. Den Beschluss bildet r. ein auf die umgekehrte Fackel gestützter trauernder Erot (e. f.) in der bekannten Haltung,
mit geschlossenen Augen und überschlagenem l. Bein. Seine Proportionen sind doppelt so gross als die der andern Figuren; ohne Zweifel
entsprach ihm l. eine gleiche Figur.

Ein anderes von Garrucci publicirtes Fragment, das der r. Nebenseite desselben Sarkophags angehörte, ist nicht zur Aufstellung gekommen.

IN DER MITTE.

55. Athletenmosaik.

H. 2,94. B. 3,89. — Grösse der l. Fig. 1,99, Gesichtsl. 0,23. —
Vgl. PLATNER und URLICHS Beschr. Roms p. 325.

Drei e. f. stehende Athleten. Der l., in kurzem Haar, ist durch
den cirrus ausgezeichnet; der mittelste erhebt die vordern Arme zum
Stoss; der dritte, ein Faustkämpfer, hat die Arme mit dem Cestus umwunden und trägt unter den Riemen grau lederne Handschuhe.

Dies Fragment gehört zu jenem grossen buntfarbigen Mosaik,
welches 1824 in den Thermen des Caracalla (GERHARD Kunstblatt 1824
p. 222, hyperb. röm. St. I p. 117) gefunden wurde und jetzt den Fuss-
boden eines grossen Saales im obern Stocke des Lateran bedeckt.
Eine umfassende Erläuterung desselben gab SECCHI, il musaico Anto-
niniano Roma 1843.

II. ZIMMER.

Nr. 56—73.

SÜDWAND.

56. Kopf eines jungen Mohren.

H. 0,35. Gal. 0,15. — Italischer Marmor.

Büste und Nase neu. Früher im Vatican, Elenco degli oggetti esistenti nel Museo Vaticano 1821 I p. 283 n. 752 «testa di schiavo africano, forse di un servo de' bagni.» Beschr. Roms II 2 p. 111 n. 752.

In dem krausen Haar zahlreiche Bohrlöcher. Der Kopf rührt vermuthlich von der Statue eines Badesclaven her, vgl. Gall. de' candel. n. 240. Mus. Pio-Cl. 3, 35. CLARAC 883, 2250.

57. Portraitkopf einer Römerin.

H. 0,39. Gal. 0,18. — Griech. Marmor. — Ergänzt aus Marmor die Büste, aus Gips die Nase.

Das gewellte Haar geht am Hinterkopf tief herab. Pupillen und Augenbrauen sind angegeben.

57ª. Fragment eines korinthischen Capitäls.

Es ist die l. Ecke, unterstützt von einem weiblichen Kopf (Gal. 0, 11), zu dem vermuthlich noch eine ganze oder Halbfigur gehörte. Das Haar, um das ein Reif liegt, ist oben zu einer Schleife aufgebunden. Die Pupillen sind angegeben.

58. Bruchstück einer mit Reliefs verzierten Matratze.

H. 0,30. B. 0,75. — Italischer Marmor.

In der Mitte vier senkrechte glatte Streifen; dazwischen und daneben fünf Ornamentstreifen von Epheu-, Akanthus- und Weinranken. Links davon ein Seekentaur (n. r.), der in der erhobenen Linken ein Horn (?) in der Rechten einen Delphin am Schwanze hält. Er hat am Hals ein Fell geknüpft, welches hinter seinem Rücken herabfällt. Auf seinem gewundenen Schweif sitzt (n. r.) eine halbbekleidete weibliche Figur, welche sich mit der Rechten aufgestützt zu haben scheint (Kopf und Arm sind weggebrochen) und die Linke erhebt. Unter den Füssen des Kentauren ein Delphin. R. von den Ornamentstreifen Rest einer ähnlichen Darstellung von der Gegenseite.

Das Fragment, welches im Durchschnitt eine flache Curve zeigt, scheint der Seitenfläche einer Matratze angehört zu haben, wie sie zuweilen auf grossen Sarkophagen als Deckel und zugleich als Lager für die Figur des Verstorbenen vorkommen. Davon das bekannteste Beispiel der sog. Sarkophag des Al. Severus und der Jul. Mammaea im Capitol, Foggini Mus. Capit. IV tav. 1. Ann. dell' Inst. 1866 p. 247.

59. 68. Fragmente eines Frieses vom Trajansforum.

59. H. 1,12. B. 1,97. — Lunensischer Marmor.
Ergänzt an der untern Kante ein schmaler Streifen in der ganzen Breite.

In der Mitte eine Vase mit zwei gewundenen Henkeln, die in der Mitte der Windung je einen Knopf mit einem Widderkopf haben. Der Bauch der Vase ist mit drei bakchischen Figuren in Relief verziert: in der Mitte ein nach r. vorschreitender bärtiger Satyr, Dithyrsos und Thierfell über der l. Schulter, den Kantharos in der Rechten. R. davon eine rückblickende mit ärmellosem gegürtetem Chiton bekleidete Mänade, welche zum Tanz die Becken schlägt; l. eine entsprechende (n. l.), mit erhobener Linken, in der gesenkten Rechten eine Fackel (?). Von der Vase abgewandt nach r. und l. zwei Eroten, welche von den Lenden an in Pflanzenornament übergehen; sie schenken jeder aus einem gerieften Kantharos in eine Patera ein.

68. H. 1,12. B. 0,62. — Lunensischer Marmor.
Vielfach gebrochen; einiges nicht Bedeutende richtig ergänzt.

Ein Erot (n. r.), dessen Körper wie die obigen von den Hüften an in Pflanzenornament ausgeht, schenkt einem r. vor ihm stehenden Greifen (n. l.) in eine Patera ein, auf welche dieser seine r. Vorderpfote legt.

Die Reliefs ergänzen sich gegenseitig, da die Eroten auf 59 ohne Zweifel ebenfalls mit Greifen zu denken sind, und der Erot auf 68 Theil einer ebensolchen Zusammenstellung sein wird, wie sie 59 zeigt. Eine in diesem Sinn restaurirte Ansicht bei CANINA Edifizi di Roma II tav. 119, 3 dazu I p. 287. Dagegen n. 59 mit einer falschen Restauration (ohne Greife) bei PIRANESI Vasi e candelabri I 6 (vgl. unten über die Provenienz), ebenso n. 68 ib. II 61.

Die beiden Bruchstücke sind ferner abgebildet: PISTOLESI il Vaticano descr. III 19. NIBBY Mus. Chiar. II 49. 50. RICHTER il ristauro del Foro Trajano tav. V. GARRUCCI M. L. t. XLI. p. 76. Besprochen ausserdem von E. BRAUN Kunstblatt 1838 p. 366. Ruinen u. Mus. p. 843. vgl. STEPHANI Compte-Rendu 1861 p. 110 ff.

Die beiden Reliefs zusammen mit n. 20 (s. d.) und einem anderen Friesstück n. 64b sollen unter Clemens VIII Aldobrandini, Ende des 16. Jahrhunderts, beim Graben des Grundes von S. Eufemia in der Nähe des Trajansforums gefunden und damals an den Cardinal Aldobrandini gekommen sein, der sie in seiner benachbarten Villa aufgestellt habe. (So NIBBY ohne Angabe der Quellen; denn FANUCCI opere pie di Roma 1601 p. 152 f. welchen er anführt, erwähnt die Funde nicht.) Dort zeichnete sie Piranesi, 1812 erwarb sie Camuccini, aus dessen Besitz sie gegen 1825 (L. CARDINALI memorie Romane II p. 301) in die Appartamenti Borgia übergingen. MASSI indic. ant. p. 18 n. 33, p. 19 n. 39. Beschr. Roms II 2 p. 4 n. 11. 13.

Leider sind wir über die Auffindung einiger anderer Bruchstücke, die vermuthlich von demselben Fries herrühren, nicht mit Sicherheit unterrichtet: 1. CAVACEPPI Raccolta d'ant. statue III 30 (nach England gegangen) gehört mit 59 insofern sicher zusammen, als das Relief der Vase hier von der Gegenseite wiederholt ist. 2. SCHINKEL und BEUTH Vorbilder für Fabrikanten und Handwerker I t. 11, Friesstück ebenfalls mit einer Vase, welche in ihrem Reliefschmuck nur wenig von n. 59 abweicht, und mit einem brennenden Candelaber hinter dem Greif. Im Text I p. 72 ist angegeben, es sei »das Bruchstück eines Frieses, das in der Villa des Hadrian zu Tivoli gefunden wurde« (?). 3. Fragment in Berlin

(Catal. von 1861 n. 72. GERHARD Berlins ant. Bildw. n. 78) wahrscheinlich das in Gall. Giust. II 119 abgebildete, «vom Forum des Trajan, vormals in villa Aldobrandini». — Sicher vom Trajansforum stammt ein ähnliches Fragment im Caffeehaus der villa Albani (FEA indic. antiqu. p. 24 n. 214. Beschr. Roms III 2 p. 471), welches nach WINCKELMANN Discorso preliminare p. XCVI im J. 1765 bei Grundgrabungen im Palazzo Bonelli (= Imperiali, jetzt Valentini) gefunden ist (vgl. Storia delle arti I p. 372 ed. Fea = FEA miscell. p. 201), wo auch neuerdings wieder interessante Architecturfragmente zu Tage gekommen sind (vgl. zu n. 296ᵇ; über diese Funde ist ein Bericht von R. Bergau im Bullettino des Instituts zu erwarten). Dieses Fragment ist jedoch von kleineren Dimensionen und weniger guter Arbeit und kann mit n. 59. 68 wenigstens nicht unmittelbar zusammengehören.

Die Frage nach dem Ursprung des ornamentalen Motivs, wie es n. 59. 68 zeigen, d. i. das Auslaufen menschlicher in ornamentale Formen, ist nicht leicht mit Sicherheit zu entscheiden. Auf assyrischen Denkmälern scheint es nicht vorzukommen; aus der älteren griechischen Kunst ist uns nur ein Fragment vom Didymaion zu Milet bekannt: TEXIER descript. de l'Asie min. II 161; dasselbe oder ein damit zusammengehöriges soll bei Chandler und Revett abgebildet sein, woher es wiederholt ist bei Uggeri in den Effem. lett. 1822, 20 p. 207 ff. Mit Unrecht also bezweifelte LUETZOW Zur Geschichte des Ornaments an den griech. Thongef. p. 47 das Vorkommen dieser Verbindung in rein griechischer Tektonik, wie es BÖTTIGER griech. Vasengem. 1, 92 ff. vermuthet hatte. Auf den unteritalischen Vasen kommt Aehnliches häufig vor; das dem unsrigen entsprechendste Beispiel auf der Archemorosvase: GERHARD Archemoros und die Hesperiden tav. IV, Abh. der Berl. Akad. 1836. In der späteren griechisch-römischen Kunst ist das Motiv ganz eingebürgert; unter vielen Beispielen mögen die folgenden genügen. Ein Relief, damals im Besitz von Vescovali, bei Uggeri a. a. O.; ein anderes, stark ergänzt, mit demselben Motiv wie 59. 68 bei CLARAC 195, 53; ein Sarkophag, wahrscheinlich aus dem Anfang des zweiten Jahrhunderts Monum. dell' Inst. VII 15, 3; vgl. Ann. 1865 p. 229; ein anderer aus Ardea VULPI vetus Lat. V tav. 16.; ein cippus aus dem Theater zu Syracus SERRADIFALCO Antich. della Sic. IV 22 fig. 2. 3. Ein Friesfragment, wie die in Rede stehenden auf dem Trajansforum gefunden Mon. dell' Inst. V 30 = CANINA Edif. di R. 2, 120 A. RICHTER a. a. O. tav. V A; eine dreiseitige Ara in der Gall. de' candelabri des Vatican n. 93. Pio-Cl. 7 t. 39. 40. Eine Terracottenplatte Combe anc. terrac. in the Brit. Mus. XXXII 66. Campana opere di plastica t. XXVII. Müller-Wies. Denkm. d. a. K. II 40, 460. Vorbilder für Fabrik. u. Handw. 1, 33. Noch häufiger ist es in Geräth-verzierungen, z. B. an einer Bronzelampe, Piranesi Vasi e Candel. 1, 10 = Hope Specimens of anc. sculpt. 1, 50; und den vorliegenden Reliefs ganz entsprechend auf einem Bronzehelm des Museo Nazionale in Neapel Gerhard Neapels ant. Bildw. p. 214. Die zahlreichsten Beispiele schliesslich finden sich in den Wandmalereien. Aus den angeführten Monumenten geht soviel hervor, dass die Verwendung menschlicher Gestalt im Ornament zwar früh beginnt, aber erst gegen die Kaiserzeit um sich greift und zu einem beliebten, stehenden Motiv wird; und ge-wiss nicht zufällig ist es, dass eine Reihe der besten Exemplare gerade auf das Trajansforum und trajanische oder noch spätere Zeit hinweist.

60. Sarkophagfragment.

H. 0,40. B. 0,43. — Italischer Marmor.

In dem Felde über einer hängenden Fruchtguirlande eine Paus-maske mit eingegrabnen Pupillen n. l. mit hängendem langem Ohr u. hohen Bockshörnern; hinter ihr ein Pedum. Ueber der Guirlande r. Rest eines Erotenflügels. Höchst wahrscheinlich zusammengehörig mit

61. Sarkophagfragment.

H. 0,45. B. 0,60. — Ital. Marmor.

In einem entsprechenden Felde zwei Masken; r. eine weibliche (n. l.) mit Tuch auf dem Kopf; vor ihrer Stirn im Grund ein räthselhafter kleiner Gegenstand etwa wie der Knopf eines Schwertgriffs. L. daneben Satyrmaske (n. r.) mit Andeutung von Schnurrbart und Kinnbart, ge-schmückt mit einem Pinienkranz. R. an der Guirlande gleichfalls Rest von dem Flügel und r. Unterarm eines Eroten. Beide Masken haben eingegrabene Pupillen und Augenbrauen. Die Fragmente sind von einem Sarkophag derart wie n. 291. 306.

Ob das früher in den Appartamenti Borgia befindliche Relief Beschr. Roms II 2 p. 4 n. 3. Massi indic. ant. p. 12 n. 7 mit zwei Masken über einem Fruchtgewinde das vorliegende oder n. 63 sei, ist nicht zu entscheiden. Die vermuthliche Zusammengehörigkeit von n. 60 und 61 macht das letztere wahrscheinlicher.

61ª. Fragment eines Sarkophags mit Seethieren.

H. 0,20. B. 0,30. — Griechischer Marmor.

Erhalten ist nur der untere Theil einer Muschel mit dem Unterkörper einer bekleideten liegenden Figur. Unter der Muschel Andeutung von Meer, darin ein Delphin und r. ein menschlicher Fuss.

OSTWAND.

62. Grabcippus.

H. 0,31. B. 0,20. T. 0,13. — Ital. Marmor.

Auf der Vorderseite die Inschrift:

```
    D        M
   L·MFTTIVS ER      sic
   OSM·SENTI
   O FEL·CISSI
 5 MO AR AM
   · FEC·T
```

Ueber der Inschrift ein vorspringender Rand, darüber ein runder Giebel, mit Akroterien und Palmetten an den Ecken; auf der Vorderseite zwischen denselben in einer nischenartigen Vertiefung ein kleines undeutliches Brustbild en face. An den Nebenseiten r. eine Patera, l. ein Urceus.

Das Monument trägt die Bezeichnung 1825. C. C., ist also in jenem Jahr von dem Cardinal Camerlengo erworben worden. Einer Copie der Inschrift in den vaticanischen Scheden von Amati (Vat. 1408) ist beigeschrieben: «sig. Frediani alle tre Madonne». Ohne Zweifel hat sich danach der Cippus ursprünglich in der Osterie alle tre Madonne ausserhalb der Stadtmauer zwischen Porta del Popolo und P. Salara befunden, wo gegenwärtig noch eine Anzahl römischer Grabinschriften aufbewahrt werden. Diess letztere macht es wahrscheinlich, dass sie alle dort in der Nähe gefunden sind, zumal nicht weit von der Osterie Reste der antiken via Salaria zu Tage liegen. Neuerdings hat man dort ein antikes Grab und Theile christlicher Katakomben gefunden, vgl. DE ROSSI Bullettino di archeologia cristiana 1865 n. 1 p. 1 ff.

63. Sarkophagfragment.

H. 0,55. B. 0,82. — Griech. Marmor.

In dem Felde über einer bogenförmig hängenden Blumen- und Fruchtguirlande, auf einem formlosen Boden, zwei einander zugewendete Masken, l. eine jugendlich männliche, mit Weinblättern und Trauben bekränzt, r. eine weibliche (?), welche auf dem Kopfe ein Tuch hat, beide mit eingegrabenen Pupillen.

Ueber die Provenienz zu n. 61.

64. Fragment eines Sarkophagdeckels in Dachform.

H. 0,16. B. 0,41. T. 0,33. — Ital. Marmor.

An der Ecke r. eine Maske mit phrygischer Mütze und geraden steifen Locken, mit eingegrabnen Augensternen und Augenbrauen. Auf dem stehenden Rande der Vorderseite zwei symmetrisch componirte Eroten, die mit einer zwischen ihnen auf einem Postament liegenden Silenmaske spielen. Auf der Giebelseite das Bruchstück eines liegenden Greifen. Auf der Dachfläche zwei Eroten, beide verstümmelt, welche ein rund herabhängendes Feston von Lorbeer (?) halten; über diesem ein Gorgoneion mit fliegenden Haaren ohne Schlangen.

An allen Köpfen sind die Pupillen angedeutet.

64^b. Fragment eines Frieses mit Pflanzenornament.

Ueber die Provenienz zu n. 59. Beschr. Roms II 2 p. 7 n. 4. Massi indic. ant. p. 32 no. 91. Abgebildet bei Pistolesi il Vat. descr. III 26. Nibby Mus. Chiaram. II 51. Canina edif. di R. II 119 Fig. 1. Richter il Ristauro del Foro Trajano t. V. C.

Ein ähnliches Bruchstück an der torre di Nerone in Rom eingemauert, Annali dell' Inst. 1865 p. 229.

65. Fragment einer runden Aschenkiste.

H. 0,43. — Ital. Marmor. — Abgebildet auf T. 1 Fig. 2.

Vorn eine Tafel mit der Inschrift:

D   M
LVCIFERAE
ATTICIANVS
CONIVGI ꝫ
₅   CARISSIMAE
Q·VIXIT·ANN·XVIIII
EX HISPANIA
EV

L. davon: schreitende, jugendlich männliche Figur (n. r.) mit Chlamys auf dem Rücken, in den Händen eine Leier haltend, den Kopf zurück-gewendet. Die Gesichtszüge sind kindlich und erinnern an Eroten. R. neben der Tafel: Nackter Apollo en face, in der Linken die Leier, in der gesenkten Rechten das Plectrum. Der Kopf ist n. l. gewandt; aus dem Haar, das hinten in einen Schopf gebunden ist, fällt zu den Seiten je eine dünne Locke oder ein Band herab.

In der Inschrift ist die Bedeutung von vss. 7 und 8 unklar; «ex Hispania» könnte allenfalls eine nachschleppende Bezeichnung des Vaterlandes sein. Die naheliegende Deutung «ex Hispania ev[ectum]», wonach die Urne von Spanien weggebracht wäre, scheint der Sprach-gebrauch zu verbieten.

NORDWAND.

66. 67. Zwei Fragmente flacher Reliefs.

H. 0,38. B. 0,21. — Ital. Marmor.

Symmetrisch wiederholte Vorstellung des Angriffs einer Schlange auf einen Vogel, u. zwar 67 auf einen Kranich der neben einen Epheu-baum steht, 66 auf einen Raben neben einem Oelbaum.

Die Fragmente sind zu klein, um entscheiden zu können, wozu sie gehört haben. Aehnliche Vorstellungen sind häufig auf Grab-reliefs, besonders an Cippen, s. n. 189 und die dort angeführte Literatur. Vgl. 292. 320. Sehr verwandt sind die Reliefs einer Silber-schale Ann. dell' Inst. 1854 p. 90.

67ᵃ. Gebälkstück.

H. 0,30. B. 75.

Es gehörte vermuthlich zur Einfassung eines Bogens. In dem Ornamentenstreifen, mit dem es verziert ist, wechseln mit den Palmetten Gorgonenmasken von eigenthümlicher Bildung ab. Sie haben keine Schlangen und Flügel, nur welliges Haar, und sind von grinsendem Ausdruck. Vgl. n. 105.

67ᵇ. Gebälkstück.

H. 0,30. B. 0,55.

In dem Ornamentenstreifen wechseln Palmetten und männliche bärtige Masken mit Helmen ab, deren hohe Crista quer steht. Ein anderes Fragment desselben Gebälkes ist in S. Giorgio in Velabro eingemauert. Es muss schon längst bekannt sein, da es in den Stuccaturen der Decke einer der letzten Abtheilungen in den Rafaelischen Logen copirt ist.

67ᶜ. Fragment eines korinthischen Pilasterkapitäls.

H. 0,35. B. 0,25. — Ital. Marmor.

Es ist eine Ecke mit einer in eine Volute auslaufenden Stütze; die Volute hat in der Mitte das Relief eines Knabenköpfchens im Profil nach links.

68. Friesfragment. S. n. 59.

69. Sarkophagfragment.

H. 0,49. B. 0,30.

Unter einem Löwenkopf Fragment eines kleinen bocksfüssigen Pan.

70. Weiblicher Idealkopf.

H. 0,38. Ges. 0,16. — Italischer Marmor. — Ergänzt Büste und Nase.

Die Züge sind schlicht und ein wenig alterthümlich; die Arbeit besonders der Haare lässt an ein gutes Bronzeoriginal denken. Verwandt im Stil ist der Kopf der von BRAUN Vorschule t. 36 = CLARAC

762 C, 1906 C als Rhea publicirten Statue in villa Pamfili; nur giebt leider die Abbildung eine ganz verkehrte Vorstellung von dem Kopf. Einen im Typus ähnlichen Kopf besitzt der Bildhauer Prof. Steinhäuser; einen anderen das Mus. Chiaramonti n. 363.

71. Männlicher römischer Portraitkopf.

H. 0,47. Gal. 0,15. — Griech. Marmor.

Ergänzt Büste, ein Stück am r. Ohr, und Nase; das l. Ohr abgestossen.

Der Kopf, mit schwachem Schnurrbart und lockigem Backenbart, ist ein wenig n. l. gewendet, die Pupillen angegeben. Die Arbeit zeigt starke Anwendung des Bohrers, und mag dem zweiten Jahrhundert n. Chr. angehören.

71ᵃ. Aehnliches Fragment wie n. 67ᶜ.

71ᵇ. Gebälkstück.

H. 0,50. B. 0,35.

Fragment eines Frieses, der mit nebeneinander aufrecht e. f. stehenden Masken geziert war. Erhalten ist nur eine jugendlich-weibliche Maske.

IN DER MITTE.

72. Sarkophag.

H. 0,53. B. 1,85. T. 0,60. — Ital. Marmor.

Ganz erhalten, doch fehlt der Deckel. — Gefunden auf der Via Appia.

An der Vorderseite zwischen zwei korinthischen, cannelirten Pilastern eine Tafel mit der Inschrift:

```
        D  ☧  M
      MINVCIAE
    SEDATE · M · AVR
    ELIVS · AVG · LIB · PY
  5  THOCRITVS COI
    VGI SANCTISSIME
    BENEMERENTI
```

An den beiden Ecken der Vorderseite korinthische, cannelirte
Säulen. An diesen, wie an den Pilastern ist das untere Drittel der
Canneluren ausgefüllt. Die Felder zu Seiten der Inschrift sind spiralförmig cannelirt. Auf den Nebenseiten je zwei gekreuzte ovale Schilde,
darunter zwei gekreuzte mit den Spitzen nach oben gerichtete Lanzen.
Der Name dessen der den Sarkophag machen liess, verweist das Monument in das Ende des zweiten Jahrhunderts.

73, 73ª. Zwei Fragmente einer Balustrade.

Beide sehr verstümmelt. Das grössere (H. 0,72. B. 0,94) zeigt
einen grossen bärtigen Triton (n. r.), über dessen Leib der Rest einer
Lyra erhalten ist. Die Figur die sie gehalten, ist verloren. R. vor ihm
der Rest eines anderen Tritonenleibes (n. r.).

Das kleinere (H. 0,68. B. 0,50) ist in seiner ganzen Höhe erhalten;
darauf ein fliegender Erot (n. l.) mit Flügeln auch an den Fussgelenken;
unter ihm Reste von zwei Tritonenschweifen, deren einer n. l. gewandt scheint.

Bei beiden Figuren sind die Pupillen angegeben. Beide Reliefs
haben auf der Rückseite ein Ornament das einer aus halbkreisförmigen
Ziegeln aufgemauerten durchbrochenen Balustrade nachgebildet ist
(dasselbe z. B. auf einer Bronzethüre Ann. dell' Inst. 1853 p. 108
tav. 27 und einem dem unsrigen ähnlichen Fragment bei Garrucci
M. L. XLIX 4). Sie werden also einer Balustrade angehört haben,
und zwar so, dass die Figuren nach aussen gerichtet waren.

Ausserdem sind in dem Zimmer eine Reihe von Architecturfrag-
menten aufgestellt. In dem einen Fenster steht ein Friesfragment mit
einem Donnerkeil und Resten von Flügeln, wahrscheinlich aus via dei
Giubbonari, vgl. Notizie del giorno vom 26. Aug. 1824, Bullett. dell'
instit. 1866 p. 169. Ein Relief mit Delphinen, über der Ausgangsthür,
abgebildet bei Garrucci M. L. XI. 7. Unter diesen Fragmenten befinden sich auch einige Renaissancewerke, davon eines, früher in den
Appartamenti Borgia, bei Pistolesi il Vatic. descr. 3, 24 publicirt ist.

III. ZIMMER.

Nr. 74 — 85.

~~~~~~~~

SÜDWAND.

74. Fragment eines ovalen gerieften Sarkophags.

H. 0,42. B. 0,37. — Ital. Marmor.

Auf demselben in Relief ein Medusenhaupt; im Haare über der Stirn zwei Flügel, die Pupillen sind in schielender Stellung angedeutet, Schlangen fehlen. Die Arbeit weist auf die späteste Zeit hin.

75. Jugendlicher Satyrkopf.

H. 0,39. Gsl. 0,15. — Griech. Marmor. — Ergänzt Büste, Nase, l. Backe, Mund.

Der Kopf hat einen stark lachenden Ausdruck; über der Stirn Ansatz kleiner Hörner. Publicirt von Pistolesi il Vatic. descr. IV 58. Früher im Vatican d'Este elenco I n. 775 (?).

76. Relieffragment, Dionysos und Jahreszeiten.

H. 0,31. B. 0,60. — Griech. Marmor. — Abgebildet bei Garrucci M. I. tav. XLII 1 p. 79.

Man sieht in der Mitte die untere Hälfte einer jugendlich männlichen Figur (en face); sie ruht auf dem l. Bein und hat um das rechte ein Gewand geschlagen. Im Grund sind zu beiden Seiten Andeutungen von Pfeilern, so dass sie vielleicht in einer Nische oder einem Thor gestanden hat. R. von ihr am Boden liegen Gegenstände, in denen

man allenfalls Köcher und Bogen erkennen kann. Weiter rechts ist
das nackte rechte Bein einer lebhaft n. r. schreitenden jugendlichen
Figur (ungewiss ob weiblich oder männlich) erhalten; dahinter und
daneben ist ein fliegendes Gewand zu sehen, welches wohl der bezüglichen Figur angehörte, zu ihren Füssen am Boden r. Rest eines
Panthers (?). Von der Mittelfigur l. schreitet nach l. ein kleiner nackter
Erot (Kopf und l. Arm fehlen), welcher mit einem von l. auf ihn zukrie-
chenden Panther (? der Kopf fehlt) zu spielen scheint. Hinter diesem
sieht ein anderes Thier vor, anscheinend ein Rind (n. r.), welches den
Kopf nach einem auf dem Boden liegenden undeutlich gebildeten
Gegenstand senkt, der wie Wasser aussieht, mit dem aber wohl Heu
oder dergl. gemeint ist.

Was von der Darstellung erhalten ist, weist sie dem bakchischen
Kreise zu. In der Mittelfigur wird man mit Bestimmtheit Dionysos er-
kennen dürfen, der oft in ähnlicher Stellung und Gewandung vorkommt, ganz entsprechend auf einer antiken Paste MÜLLER-WIESELER
II 38, 450. Wahrscheinlich war das Relief eine Darstellung ähnlicher
Art wie die Sarkophage CLARAC 146, 770 = BOUILLON Mus. d'ant. III
Bas-rel. pl. V 1; MÜLLER-WIESELER II 75, 965; Gall. Giust. II 120 sie
zeigen, wo Dionysos von den Jahreszeiten umgeben ist. Wir würden
dann l. neben dem Rind den Sommer, rechts neben dem Panther den
Herbst zu denken haben s. PETERSEN Ann. dell' Inst. 1861 p. 208;
der am Boden liegende Bogen und Köcher, wenn diese Gegenstände
wirklich so zu erklären sind, können einem Eroten gehört haben, deren
hier wie auf den erwähnten Sarkophagen mehrere um die Füsse der
Jahreszeiten gespielt haben werden.

77. Jugendlicher Satyrkopf.

H. 0,33. Gal. 0,15. — Griechischer Marmor. — Ergänzt Büste, Nase, Kinn.

Auf der Stirn zwei kleine Buckel wie von hervorkeimenden Hörnern.
Der Gesichtstypus entspricht n. 75.

78. Asklepiosstatue.

H. 1,50. Gal. 0,16. — Griech. Marmor.

Ergänzt r. Unterarm und ein Theil der Schlange, ein Stück der l. Brust, Nasenspitze und einige Kleinigkeiten in Gewand und Haar. Die Basis ist alt.

Der Gott ist vorgestellt nach dem bekannten zeusähnlichen Typus, in
der gewöhnlichen Stellung und Gewandung vgl. MÜLLER Handb. p. 632.

4

Die Figur steht auf dem l. Bein; der gewundene Stab, um den sich eine
Schlange ringelt, ist unter die r. Achsel gestemmt; an den Füssen schuh-
ähnliche Sandalen. Im r. Auge Andeutung der Pupille, die vielleicht
aufgemalt war. Die Ränder des Gewandes sind durchgehend mit einer
eingegrabnen Linie gesäumt. In den Haaren, durch die eine Binde geht,
geringe Farbspuren. Die Arbeit zeichnet sich durch Lebendigkeit und
Frische aus.

Die Statue ist gefunden in unmittelbarer Nähe von Tivoli im October 1861. FR. BULGARINI im Giornale di Roma vom 16. Januar 1862:
«Nell' ottobre decorso 1861 Antonio Sestili lavorando un suo terreno
nella contrada Aquoria, poco distante dal fiume Aniene, alla profondità
di circa quattro palmi rinvenne una statua di Esculapio dell' altezza di
palmi sette (= 1,575) .... Giaceva dal lato destro ove si rinvenne senza
il braccio che teneva il serpente attortigliato trovato sotto in più pezzi.
Era la statua accostata ad un muro moderno di recinto, nè il luogo
presenta ruderi di fabbriche antiche eccetto un acquedotto di muro
retticolato che sembra di scolo proveniente dal colle superiore Il
terreno ... confina con il solo arco restato dell' antico ponte che acca-
vallava l'Aniene per dove passava la via Tiburtina proveniente dalle
terme delle Albule che terminava a Tibur. Tal arco di ponte viene denominato Ponticelli o Ponte Cellio dal sepolcro di questo poco distante.
Sotto il detto arco passa il canale dell' acqua aurea..., la sorgente della
quale sgorga poco distante ed ove a circa trenta palmi di distanza è rin-
venuta la statua.» Bulgarini zeigt, dass hier ein reicher Garten war,
der seit Ende des 16. Jahrh'.s. sich in Besitz der Familie Cesi befand
und in den beiden letzten Jahrhunderten wieder verfiel. Danach werde
die Statue dorthin im 16. Jahrh. zum Schmuck des Gartens gebracht
worden sein. Dass sie ursprünglich von den aquae Albulae stamme,
wo auch eine der vaticanischen Hygieia-Statuen gefunden worden (SE-
BASTIANI Viaggio a Tivoli I p. 204), ist eine nicht ganz unwahrschein-
liche Vermuthung desselben.

OSTWAND.

79. Antinousstatue.

H. 2,28. Gal. 0,20. — Ital. Marmor.

Erg. Kopf und Hals, die Finger beider Hände, der grösste Theil des Gewand-bausches mit den Blumen (den Nibby für antik genommen zu haben scheint), doch ist ein kleines Stück von diesen alt; verschiedene Stellen des Gewandes, besonders an dem Theile, der vom l. Vorderarm herabhängt. Die Arme waren gebrochen; ebenso die Füsse. Die Form der antiken Basis deutet auf Aufstellung in einer Nische; damit stimmt die mangelhafte Bearbeitung der Rückseite.

Abgebildet bei CLARAC 947, 2430. NIBBY Mus. Chiar. II t. 30 p. 54 f. PISTOLESI il Vat. descr. IV 8. Besprochen von LEVEZOW Antinous p. 112. BRAUN Kunst-blatt 1838 p. 365. Beschr. Roma II 2 p. 105 n. 123. Gefunden ist die Statue 1795 in Ostia bei Tor Bovacciana, FEA relazione di un viaggio ad Ostia p. 48. NIBBY a. a. O. p. 85, Viaggio antiquario ad Ostia p. 76 (= Atti dell' Acad. Pont. III p. 342. Roma nell'a. 1838 P. mod. II 569. Analisi 2 p. 469 und stand bis 1863 im Braccio Nuovo des Vatican, D'ESTE Nuovo braccio p. 42 n. 54. An seiner Stelle befand sich früher der Antinous Braschi (GARRUCCI M. L. t. V.), der jetzt in der Rotonda des Vatican steht.

Die Statue ruht auf dem l. Bein, doch ist die Last fast gleich-mässig auf beide Füsse vertheilt. Ein langes Gewand liegt auf dem halberhobenen l. Arm auf, ist hinter dem Rücken vorgenommen und wieder über den l. Arm geschlagen, so dass es den Oberkörper frei lässt, während es die Beine und Hüften ganz bedeckt. Vorn schlägt es sich am obern Rande zu einem Bausche um, der mit Blumen gefüllt ist und den die gesenkte Rechte leicht gefasst hält.

Dass die Statue als Antinous richtig ergänzt sei, ist wegen des be-sonderen, nur dem Antinous eigenen Charakters der Körperformen allge-mein angenommen worden und kaum zu bezweifeln, trotz der Bedenken von Levezow a. a. O., der Fea's Beschreibung dahin missverstanden hat, dass die Rechte einen Blumenstrauss halte. Schwieriger ist zu entscheiden, in welcher Eigenschaft Antinous hier dargestellt war; denn dass die Statue kein einfaches Portrait sei, lehrt der Augenschein. Fea's Deutung auf den «genio della primavera o sia del fiore della gioventù» bedarf keiner Widerlegung. Wahrscheinlicher ist die seit Pistolesi verbreitete Annahme eines Vertumnus. Eine sichere Dar-stellung des Vertumnus ist allerdings bis jetzt noch nicht nachge-wiesen: die von Welcker zu MÜLLER Handb. p. 660 angeführten Statuen sind durch Reifferscheid's Feststellung des Silvantypus Anuali dell' Inst. 1866 p. 210 ff. als Silvane erwiesen; mit Ausnahme

4 *

der Figur CLARAC 449, 816 A., welche ein Priap sein wird, s. zu
n. 166; die Kinderfigur ib. 446, 816 weist ebenfalls eher auf Silvan
hin und kann keinesfalls für Bestimmung eines Typus benutzt werden.
Wenn zugleich Vertumnus, wie REIFFERSCHEID a. a. O. p. 212 n.
2 mit Recht hervorhebt, «per la sua facoltà di poter assumere variate
sembianze, poco si prestò ad esser soggetto dell'arte», so haben wir doch
Kunde von der Statue des Vertumnus in Rom auf dem vicus Tuscus
(NIBBY Roma nell' anno 1838 P. a. II p. 102 ff. BECKER Alterth. I
p. 154. 308. 489; die Basis derselben MOMMSEN Arch. Zeit. 1846, 227),
in deren Sinne die Elegie des Properz V 2 gedichtet ist. Nach diesem
Gedicht aber muss man ihn jedenfalls als unbärtig und jugendlich
denken, wie er auch bei Ovid Metam. 14, 766 nach allen seinen Verwandlungen «in iuvenem rediit». Ein Bausch des Gewandes endlich
voll Blumen und Früchte ist ein Abzeichen, das sich für Vertumnus
zwar nicht nachweisen lässt, seiner Natur aber und den Gebräuchen
seiner Verehrung vollkommen entspricht. Dass auf den Münzen Antinous nicht als Vertumnus vorkommt, erklärt sich daraus, dass es
keine römischen mit seinem Bilde giebt.

Unter den bekannten Antinousdarstellungen entspricht dieser
Statue ziemlich genau eine, freilich stark restaurirte, Figur der Sammlung Smith-Barry CLARAC 946, 2430 A. Sonst liegt das Relief der Villa
Albani ZOEGA Bass. II 116 am nächsten. Indessen ist dort der Kranz,
den er in der Linken hält, ergänzt, und das Stück Band, das allein
davon alt ist, giebt keinen Anhalt; auch ist das Relief nur ein Stück
von einem grössern Ganzen.

NORDWAND.

80*. Grabcippus.

H. 0,99. B. 0,51 (desgl. der Basis 0,63). T. 0,43 (der Basis 0,50).
Abgebildet auf Taf. XVII Fig. 2.

Bezeichnet C. C. 1829, also in diesem Jahre von der Regierung erworben.
Gefunden bei Ostia: «Nell' anno 1824 avendo il sig. Cartoni intrapreso uno scavo ad
occidente di Ostia moderna, fuori però dell' antica città, molti sepolcri furono trovati, frai quali» etc. NIBBY Atti dell' Accad. Pontif. III p. 343 n. 1. Analisi II p. 470.
Vgl. CARDINALI Memorie rom. I 2, 97. Die Inschrift auch bei CARDINALI ib. 3, 72
n. 39. Diplom. 83. Antol. Fiorent. 1825. 18, 115. HENZEN 5962.

Der Cippus hat unten einen Ablauf; auf der oberen Fläche eine viereckige Vertiefung, die jedenfalls für die Asche bestimmt war, da ihr Rand eine Falze für Aufnahme eines Deckels zeigt. Auf der Vorderseite in einer Nische e. f. ein Mann in anliegenden Hosen, Schuhen und einer auf der r. Schulter genestelten Chlamys, unter der er einen langen gegürteten Chiton trägt; auf dem Kopf eine steife spitze Mütze. Er hat beide Hände zur Brusthöhe erhoben und hält in der L. eine Rolle (?), in der R. einen unerkennbaren Gegenstand, vielleicht einen Stab, der bis zum obern Rand der Nische ging, da dort ein entsprechender Ansatz ist. Von dort geht im Grunde der Nische eine schmale Erhöhung herab, etwa in der Form eines Geisselstricks, jedoch dicker. Ueber der l. Schulter des Mannes ist ein Katzen(?)kopf zu sehen, darüber ein unkenntlicher Gegenstand von der Form eines Büschels. L. von der Nische in Relief unten ein lotosblumenartiges Ornament, darüber zwei capsac (s. u.), über diesen eine Kanne; r. von der Nische unten dasselbe Ornament, darüber eine zweihenkelige Vase, auf dieser ein Hahn. Ueber dem Relief die Buchstaben:

d ///// ▼ M ▼ ///// s

Unter dem Relief folgende Inschrift:

```
L·VALERIVS·L·FIL·FYRMVS
SACERDOS·ISIDIS·OSTENS
ET·M·D·TRASTIB·FEC·SIBI
```

Auf den Nebenseiten r. patera, l. urceus.

Die Einzelheiten der Darstellung sind nicht ohne Schwierigkeit. Die Portraitfigur scheint als Priester nicht der Isis, sondern der Magna Mater dargestellt, obgleich die Abzeichen, corona und occabus (MARQUARDT 4 p. 342. MOMMSEN Berichte der sächs. Ges. d. Wiss. 1850 p. 65. 199) hier nicht zu erkennen sind. Der Kopf ist mit einer spitzen Mütze bedeckt, in der man wohl eine phrygische Mütze zu sehen hat, welche als Symbol des Rheadienstes z. B. auf dem Stein bei MOMMSEN I. R. N. 5204 vorkommt. Vgl. n. 29.

Ebenso zweifelhaft sind die Gegenstände zu Seiten der Nische. Die beiden Ornamente sind vielleicht nicht ohne Bezug auf die Lotosblume. Auf der l. Seite stehen über denselben zwei geschlossene capsac, welche auf den Dienst der Isis und Magna Mater gleicherweise Bezug haben können. Auf der linken ist ein Brustbild mit

Strahlenkranz zu erkennen, welches wieder für beide Culte gleicherweise gelten könnte, während auf der rechten vielleicht ein Phallus
dargestellt ist, welcher dann, wie die Kanne darüber, auf den Cultus
der Magna Mater zu beziehen wäre. Die Bedeutung der Vase r. von
der Nische bleibt zweifelhaft; der darauf stehende Hahn würde sie
am natürlichsten dem Magnamatercultus zuweisen, in welchem er
als Symbol vorkommt.

81*. Kindersarkophag mit athletischen Darstellungen.

H. 0,33. B. 1,24. T. 0,50. — Griech. Marmor.

Abgebildet bei GUATTANI monum. ined. 1785, Luglio tav. 2 (p. LIII) = Roma
descritta ed illustrata ed. II tom. II tav. no. 38 (p. 41 n. 5). GARRUCCI M. I.
XXXVI p. 61, welcher GUATTANI monumenti inediti und notizie sulle antichità
(wie Zoega citirt) für zwei verschiedene Werke hält. Vgl. ZOEGA Bassiril. II
p. 194, s. BRUNN Kunstblatt 1844 p. 327. HIRZEL Ann. dell'Inst. 1863 p. 400. Die
Provenienz des Sarkophags ist unbekannt; zu Guattani's Zeit diente er «di lavamano
nella sagrestia di S. Stefano in Piscinola» (GUATTANI a. a. O. vgl. ZOEGA a. a. O.).
Das Relief ist mannigfach verstümmelt; das Nähere darüber in der Beschreibung. Die
Abbildung bei Guattani zeigt es unversehrt, indess lehrt ein Vergleich des Stiches
mit dem Original, dass die Ergänzungen, die dieser bietet, z. Th. willkürlich und falsch
sind und dass der Sarkophag bereits damals in dem heutigen Zustande war.

Das Relief der Vorderseite hat zum Gegenstande verschiedene
Scenen athletischer Kämpfe. Rechts macht den Anfang ein Paar von
Faustkämpfern. Der rechte, dessen Kopf mit der ganzen obern r. Ecke
des Sarkophags weggebrochen ist, steht en face; seine Arme, jetzt freilich sehr ruinirt, waren fast bis zur Achsel mit Riemen umwunden; der
linke geht am Körper nieder, vom rechten fehlt der Unterarm, doch
ist von dem Palmzweig, den die r. Hand hielt, am Oberarm ein Stück
erhalten. Zu ihm wendet sich von l. ein bärtiger Mann (im Pallium,
das die r. Schulter frei lässt) und reicht ihm den Kranz; ein Stück von
diesem nebst dem r. Arm des Mannes ist abgebrochen. Während so der
erste als Sieger charakterisirt ist, sitzt l. am Boden der Ueberwundene,
augenscheinlich niedergeworfen. Die Arme dieses letzteren sind ebenfalls umschnürt, vielleicht auch die (stark ruinirten) Hände.

Nach l. folgt ein Paar von Ringern, beide im Profil. In symmetrischer Haltung, das l. Bein voran, gegeneinander ausgeschritten und
gebückt, haben sie sich gegenseitig mit der einen Hand im Nacken gefasst, während sie mit dem andern Arm, der jetzt bei beiden Figuren
abgebrochen ist, vermuthlich rangen. Zwischen ihnen am Boden ein
umgestürztes Gefäss mit weiter Mündung, aus dem etwas herausfliesst;

man hat darin richtig den Sand oder Staub erkannt, mit dem man
sich nach der Salbung bestreute und den man auch auf den für den
Kampf bestimmten Platz schüttete, z. B. wie aus GERHARD ant. Bildw.
t. LXXXIX 1 zu ersehen ist. Hinter dem zweiten Ringer sieht der bärtige
Kampfrichter vor (en face), ganz dem oben beschriebenen entsprechend;
in der Linken hält er einen Palmenzweig; seine R., die über dem Kopfe
des rechten Kämpfers sichtbar wird, ist wie zur Anweisung erhoben.
Ob in der Gruppe der Ringer, welche in allem wesentlichen derjenigen
bei VISCONTI Mus. Pio-Cl. 5, 37 (jetzt Galleria de' candel. bei n. 119,
übrigens stark ergänzt) entspricht, ein besonderes Schema des Ring-
kampfes zu erkennen sei, ist zweifelhaft; man könnte an das τραχηλί-
ζειν denken (KRAUSE Agonistik I p. 430) dessen Erklärung jedoch nicht
ganz sicher steht. Vielmehr wird hier der Anfang des Kampfes dargestellt sein (KRAUSE a. a. O. p. 409), wie ihn Lucian Anacharsis 1 schil-
dert: ὠθοῦσί τε ἀλλήλους συννενευκότες καὶ τὰ μέτωπα συναράττουσιν
ὥσπερ οἱ κριοί. Jeder zieht den Körper so weit er kann zurück, um dem
Gegner das Anfassen möglichst zu erschweren.

Weiter nach l. folgt ein drittes Kämpferpaar, in welchem HIRZEL
a. a. O. p. 410 richtig Pankratiasten erkannt hat. Sie stehen, beide im
Profil einander zugewendet, fest auf dem r. Fusse und haben das andere
Bein erhoben, während sie gegenseitig die eine Hand gefasst halten und
mit der andern, welche jedoch nur bei dem linken Kämpfer erhalten ist,
zu Stoss oder Schlag ausliegen. Sie sind demnach weder Faustkämpfer,
da ihnen die Waffnung der Arme fehlt, noch Ringer und werden in
einem Moment zu denken sein, der demjenigen unmittelbar vorhergeht,
welchen die a. a. O. von Hirzel erklärte Gruppe des Mosaiks von Tu-
sculum (Mon. d. inst. VI. VII t. 82) zeigt. Der Fuss ist erhoben, um damit
den Gegner zu stossen und womöglich zu Fall zu bringen. Vgl. die
Pankratiastengruppe Mus. Pio-Cl. t. 36, und für die Bewegung der Hände
CLARAC 184, 220. Der Aufseher, in derselben Kleidung wie die vorigen,
steht l. von der Gruppe im Profil; er ist kahlköpfig und hält einen
Palmenzweig in der Rechten. Die Kämpfer der bisher beschriebenen
Gruppen haben alle kurzgeschorenes Haar und auf dem Hinterkopf
den cirrus.

Abgeschlossen endlich ist das Relief links durch die Darstellung
der Bekränzung eines Siegers. Dieser, unbekleidet und en face stehend
hält in der gesenkten Linken (der Unterarm ist weggebrochen) einen
Palmenzweig und greift mit der Rechten nach dem Kranz den ihm ein
r. neben ihm stehender Kampfaufseher (nach l., in Aermeltunica, Toga

und hohen Stiefeln, oben auf den Kopf legt; derselbe hält in der gesenkten Linken einen zweiten Kranz. Links vom Sieger endlich steht
(n. r.) ein bärtiger Mann (in gegürteter Aermeltunica, Chlamys und
Schnürstiefeln), der die Tuba bläst; das untere Stück derselben, sammt
r. Hand und Unterarm des Mannes fehlen, am r. Knie des Siegers ist
aber noch ein Ansatz erhalten; sie hatte also die gewöhnliche Länge und
ist in der Zeichnung bei Guattani falsch ergänzt. Die Gruppe des
Siegers mit dem Tubabläser zur Seite kommt sehr ähnlich mehrfach
vor; z. B. Mus. Pio-Cl. 5 t. 36. 7, t. 43. CLARAC 187, 223. GERHARD ant.
Bildw. 119, 4. u. a. Die Art des Kampfes in welcher der Sieg errungen
worden, ist nicht näher angedeutet; sicher war es nicht der Faustkampf.
An den sämmtlichen Köpfen sind die Pupillen der Augen eingegraben.
Auf den beiden Nebenseiten je ein Greif, der die eine Tatze erhebt, nach
der Vorderseite gewandt; an der hintern Ecke, hinter den Greifen Andeutung von Felsen oder Berg. Auf der oberen, horinzontalen Fläche
der Sarkophagwände befinden sich in den vier Ecken Löcher für Zapfen,
um den Deckel zu befestigen. Im Innern des Sarkophags r. eine Erhöhung für den Kopf.

BRUNN a. a. O. erkennt in den vier Gruppen des Reliefs den Beginn,
die Mitte, die Entscheidung des Kampfes und die Belohnung des Siegers. Da indessen die Bekränzung zwei Mal vorkommt, so ist bei der
Zusammenstellung der Gruppen nicht dieses Princip, sondern die Rück-
sicht auf die verschiedenen Arten des Kampfes maassgebend gewesen.

82*. Sarkophagfragment.

H. 0,34. B. 0,44. — Ital. Marmor.

Abgebildet bei GERHARD ant. Bildw. XXX 2, Prodromus p. 274. GARRUCCI
M. L. XLIII 7 p. 84. Vgl. STEPHANI Ausr. Herakles p. 199 n. 7.

Ein trunkener Knabe, der nach Art des Hercules ein Löwenfell über
den Kopf gezogen und unter dem Kinn geknüpft hat, in der erhobenen
L. auf der Schulter die Keule, in der gesenkten R. den Skyphos trägt,
wird von zwei Eroten (der eine unbekleidet, der andere mit einer Chlamys) r. und l. unterstützt. Pupillen sind nur in den Augen der beiden
Eroten angedeutet.

Dass das vorliegende Fragment wahrscheinlich die Mitte der
Vorderseite eines Sarkophags eingenommen, hat STEPHANI a. a. O.
p. 198 richtig bemerkt. Es gehört zu einer Reihe von Darstellungen,
welche von Stephani ebenda näher untersucht worden sind. Vgl. auch

die von demselben zusammengestellten ganz verwandten Reliefs, in
denen dem trunkenen Knaben die Attribute des Herakles fehlen p. 101
ff. S. zu n. 125. 189. 195.

83. Bärtiger Kopf mit Widderhörnern.

H. 0,25. Gal. 0,15. — Griech. Marmor. — Ergänzt die Nase.

Die Züge haben einen entschieden satyresken Ausdruck; den
Widderhörnern entsprechen Widderohren, vom Hinterkopf nach den
Schultern fällt je ein Band herab. Der Kopf, welcher zum Einsetzen
in eine Statue bestimmt war, ist einer der schlagendsten Belege für
die bakchische Natur dieses früher auf Ammon bezogenen Typus,
über den zuletzt Otto Jahn Lauersforter Phalerae p. 10 ff. gehandelt hat.

84. Relieffragment, Weinlese.

H. 0,53. B. 0,37. — Ital. Marmor.
Alle Ecken ausser der obern rechten fehlen.

Ueber die ganze Fläche des Reliefs zieht sich arabeskenartig ein
Weinstock. L. ein Erot (n. r.) mit aufgebundenem Haar, welcher mit
einer Chlamys bekleidet ist, die den Rücken herabfällt. Er ist mit der
erhobenen R. beschäftigt, eine Traube zu pflücken, während er auf eine
andere mit den Füssen tritt. R. ein Knabe (e. f.) in gleicher Tracht,
welcher mit der gesenkten R. gleichfalls eine Traube zu pflücken scheint,
und mit der erhobenen L. auf der l. Schulter einen gefüllten Korb hält.
Zwischen beiden Figuren ringelt sich am Boden eine Schlange hin,
welche eine Beere frisst.

Die Arbeit ist sehr gering, das Ganze wahrscheinlich von einem
christlichen Sarkophage.

85. Kopf des Asklepios.

H. 0,30. Gal. 0,17. — Ital. Marmor.
Ergänzt Büste und Nase. Am Fuss ist die Nummer 884 aufgeklebt.

Die Züge des bärtigen Kopfes entsprechen denen des Asklepios;
ein Band geht durch das reiche Haar. Der Kopf war früher im Vatican,
wo er für Juppiter galt, d'Este Elenco I p. 297 n. 884. Beschr. Roms
II 2 p. 112 n. 884.

Ausserdem befinden sich in diesem Zimmer drei plattenförmige Tischfüsse von griechischem Marmor und griechischer Arbeit, an den Schmalseiten mit Greifenköpfen und Löwenfüssen, an den Breitseiten mit Palmetten verziert. Füsse von gleicher Arbeit und gleichem Material sind im Rom öfter zu Tage gekommen; vgl. mehrere Fragmente im II. Z. und bei n. 363. 365. Vgl. n. 376. Andere im Vatican Cortile del Belv. unter n. 37 und 61, in den Magazinen des Vatican, im 1. Saal der Gallerie Doria (aus Albano), in der Villa Albani (r. Seitengallerie), in S. Barbara bei S. Gregorio. Ganz entsprechende sind in Pompeji gefunden z. B. in der Casa di Cornelio Rufo und Casa del principe di Russia (Bull. Nap. 1856 t. XII 4; vgl. OVERBECK Pompeji 2. Aufl. II p. 51); die grosse Verwandtschaft der in so verschiedenen Orten gefundenen Exemplare deutet darauf, dass sie aus griechischen Fabriken stammen und von da in den Handel kamen. Eine ähnliche Bewandtniss mag es mit den augenscheinlich griechischen Marmorstühlen haben, deren es mehrere in Rom giebt: einer in S. Gregorio (SCHINKEL und BEUTH Vorbilder für Fabrik.u. Handw. t. 38), einer in SS. Quattro Coronati, zwei genau übereinstimmende im Klosterhof des Lateran und in S. Stefano rotondo, letzterer bei SCHINKEL u. BEUTH a. a. O. t. 37, 1.

IV. ZIMMER.

Nr. 86—174.

SÜDWAND.

86. Viereckige Aschenkiste.

H. 0,73. B. 0,43. T. 0,36. — Griechischer Marmor.

Am Deckel ein Giebel, der r. und l. in zwei Polster endigt; im Giebelfeld zwei langgeschwänzte Vögel, die sich schnäbeln. Auf dem vorderen Rand des Deckels die Inschrift:

DIS · MAN · S

Auf der Vorderseite der Aschenkiste oben in einer besondern oblongen Vertiefung die Inschrift:

ANTIOCHIDI · HICETES
L·VOLVSI·SATVRNINI·ET
ANTHYSA· MARI·B·M·

Darunter in einem besondern Rahmen in Hochrelief ein Kranz von Eichenblättern mit Eicheln, unten von einem flatternden Bande umwunden; auf ihm oben ein Adler mit ausgebreiteten Flügeln.

Die Nebenseiten sind als Quadermauern charakterisirt. L. urceus, r. patera. — Gefunden in Vigna Amendola s. zu n. 159. Die Todte ist als Sklavin des L. Volusius Saturninus bezeichnet, welcher 809 d. St. starb; die Kiste ist also sehr wahrscheinlich älter als dieses Jahr. vgl. zu n. 149.

86ª. Weiblicher Torso.

H. 0,25. — Italischer Marmor.

Der Torso ist mit einem dünnen, gegürteten überfallenden Chiton bekleidet, dessen Falten auf rasche Bewegung schliessen lassen. Am Leib l. ein Ansatz. Gute Arbeit.

87. Fragment eines römischen Sarkophagreliefs.

H. 0,55. B. 0,47. — Ital. geäderter Marmor. — Flachstes Relief.

Zu sehen ist nur ein (n. r.) anspringendes Zweigespann, darüber ein (n. r.) fliegender Eros, welcher die Arme ausbreitet und in der L. einen Palmenzweig, in der R. einen Kranz hält, offenbar für die auf dem Wagen stehende Figur, von welcher nur die vorgestreckte L., welche die Zügel fasst, und ein gebogenes Bein mit fliegendem Gewand erhalten ist. Unter den Vorderbeinen der Pferde liegt ein ovaler Schild. Der Rückseite nach, welche unten noch den Ansatz eines Bodens und auf der r. Seite einen schrägen Schnitt zeigt, ist das Relief Ueberrest eines Sarkophags, vielleicht eine l. Nebenseite. L. unten ein durch die Platte hindurchgehendes Loch, wie es an Sarkophagen häufig ist. Aehnlich werden Sol und Luna oft auf Sarkophagen, auch auf den Nebenseiten dargestellt, vergl. MILLIN voy. dans le midi 76, 3. HENZEN Bull. dell' Inst. 1858 p. 37, und Einl. zum XI Zimmer n. 37; Lucifer oder Hesperus pflegt mit einer Fackel vorauszufliegen. Ob aber derselbe Gegenstand hier zu erkennen sei, ist fraglich, da die Palme und der Kranz in den Händen des Eroten, und der Schild unter den Pferden schwer in passende Verbindung zu bringen sind. Vergl. BRAUN Dekaden I 7.

88. Matronaler römischer Portraitkopf.

H. 0,40. Gal. 0,18. — Ital. Marmor. — Ergänzt Nase, Büste und einige Stellen an den Ohren.

Der Kopf hat beinah männliches Aussehen. Das ungescheitelte Haar ist hoch und frei nach hinten aufgenommen und hat über Stirn und Schläfen eine Anordnung, welche an männliche Tracht erinnert. Die Arbeit ist vollendet realistisch, namentlich in den Partien der Augen, an denen die stark angeschwollenen Thränensäcke auffallen. Am Fuss war eine Papiernummer; danach früher im Vatican.

89. Männlicher nackter Torso.

Torsol. 0,56. Gal. 0,71. — Griech. Marmor.

R. Standbein. Im Rumpf oben ein Loch zum Einsetzen des Halses.
Antike Metallzapfen an der l. Schulter und unten an dem Ansatz der
Beine. Die Arbeit sorgfältig.

90. Diskos mit flachem Relief.

Durchm. 0,57. — Der Marmor scheint pentelisch zu sein.
Aus den Magazinen des Vatican aufgeführt von WELCKER alte Denkm. II p. 127
n. 16. — Publicirt von GARRUCCI M. I. XLIII 3 p. 62.

Die Peripherie ist mit einem bandumwundenen Oelkranz, einer
corona lemniscata, verziert. Innerhalb dieser Einrahmung tanzt eine
mit ärmellosem, gegürtetem Chiton bekleidete Bakchantin nach r. mit
zurückgeworfenem Kopf (ῤιψαύχην) und erhobenem linken Arm. Sie
hält in der hinterwärts gesenkten Rechten eine brennende Fackel aufrecht; von ihrer l. Schulter flattert ein Thierfell herab. Das Ganze
ist leider stark verwaschen, so dass sich über die Arbeit nicht
mehr urtheilen lässt. Die Figur ist gut in den Raum componirt, hat
aber übertrieben gestreckte Proportionen. Vgl. Arch. Anzeiger 1868
p. 279 n. 13.

91. Männlicher Portraitkopf.

H. 0,33. Gesl. 0,15. — Ital. Marmor. — Ergänzt Nase und beide Ohren.

Der Kopf ist unbärtig, ein wenig n. l. gewendet und sehr beschädigt. Gute römische Arbeit.

92. Griechisches Relief, Medea und die Peliaden.

H. 1,09. B. 0,96. Die Figur der Medea ist 1,02 hoch; ihr Kopf 0,15, ihr Fuss 0,14 lang.
Dicke der Reliefplatte 0,09. Grösste Erhebung des Reliefs 0,04. — Pentel. Marmor.
Alle Gesichter und sonst viele Stellen sind verstossen; ergänzt ist so gut wie nichts.

Publ. von HIRT in BÖTTIGER's Amalthea I p. 161 Taf. IV nach einer nicht durchgängig genauen Zeichnung der Gebrüder Riepenhausen; so fehlt am Gefässe der
untere Rand des Deckels, welcher wie ein Schachteldeckel übergreift. Bespr. von
BÖTTIGER ebendaselbst p. 169 und in der Vorrede p. XXXIII. Vgl. Beschr. Roms
III 3 p. 184, PYL de Medeae fabula Part. II p. 59.

Das Relief zeigt drei weibliche Figuren, die beiden r. en face, die dritte l. im Profil nach der Mitte gewendet. Die mittlere beugt sich nach l. nieder, zu einem Dreifuss mit Füssen die in Löwenklauen auslaufen, — der dritte Fuss ist nicht zu sehen — welchen sie an zwei kreisförmigen beweglichen Henkeln hält und eben hingesetzt zu haben scheint. Ihr Haar ist am Hinterkopfe zu einem Schopf aufgebunden; sie trägt dünne Sandalen und einen gegürteten ärmellosen Chiton, der von der r. Schulter herabgeglitten ist. R. steht, die eben beschriebene Figur zum Theil verdeckend, eine weibliche Gestalt, welche in Gedanken versunken den Kopf auf die erhobene r. Hand, und den r. Ellenbogen auf die l. Hand stützt. In der R. hält sie ein Schwert, in der L. die Scheide. Sie hat hohe Sandalen und ist mit einem ärmellosen, gegürteten Chiton bekleidet, der über dem r. Standbein in langen ruhigen Falten niedergeht. Das wellige, zurückgestrichene Haar sieht gesträubt und etwas wild aus. Von l. naht eine ältere weibliche Gestalt, in ungewöhnlichem Costüm. Sie trägt Schuhe, einen Reif im Haar, eine Art phrygischer Mütze, von der ein Schleier auf den Rücken herabgeht, und einen genestelten und gegürteten Aermelchiton mit einem langen Ueberschlag, der fast bis an die Füsse reicht; von der r. Achsel hängt ein runder Aermel aus steifem Zeuge herab, welcher an den Chiton besonders angenäht zu sein scheint. Sie hält in der L. ein Gefäss von eimerähnlicher Form, dessen Deckel sie mit der R. zu lüften beginnt, während ihre Augen beobachtend auf die dritte Figur r. gerichtet sind.

Die von Hirt zuerst gegebene einleuchtende Deutung auf Medea und die Peliaden hat sich unangefochten erhalten; sie wird in der That allen Eigenthümlichkeiten der Darstellung gerecht und eröffnet den richtigen Einblick nicht nur in die Bedeutung, sondern auch in die psychologisch feine und prägnante Auffassung des Gegenstandes. Die List der Medea ist geglückt, die Töchter des Pelias sind überredet. In ahnungsloser Einfalt setzt schon die eine von ihnen den Kessel zurecht, in welchem Pelias verjüngt werden soll. Die andere hatte bereits das Schwert gezogen, die That zu beginnen, als ihr Zweifel aufstiegen: so steht sie sinnend und noch zaudernd. Da naht Medea in feierlicher Ueberlegenheit, mit dem schlauen Ernst der Zauberin; und während sie prüfend die schwankende Peliade betrachtet, hebt sie schon, des Erfolgs sicher, den Deckel des Gefässes auf, welches den verhängnissvollen Zaubersaft enthält.

An dieser Deutung darf der Umstand nicht irre machen, dass Medea
in pompejanischen Wandgemälden (Museo Borbon. V 33, Antich. di
Ercolano II 13 p. 69) und auf geschnittenen Steinen (Ann. dell' inst. 1829
tav. d'agg. I) in der Stellung der schwerthaltenden Peliade erscheint.
Denn dieselbe Figur ist vielfach in verschiedenem Sinn verwandt worden,
so in einem Wandgemälde der vaticanischen Bibliothek (BIONDI mon.
Amaranziani tav. II) als Canace, in einem Relief des Constantinbogens
(ROSSINI archi trionfali tab. LIV); auch die sogenannte Thusnelda in
Florenz (Mon. dell' instit. III 26) ist verwandt, vgl. Memorie d. inst.
II p. 282. Medea ist überdies in der vorliegenden Composition auf das
deutlichste durch ihre ganze unheimliche Haltung, durch das Zauber-
gefäss und durch die barbarische Tracht charakterisirt. Böttiger erkannte in derselben, auf Grund von Strabo XI 13, 9, Xenoph. Cyrop.
VIII 3, 13 und andern Stellen, die medisch-persische, welche sich namentlich durch einen am Oberkleid angenähten Aermel ($\varkappa \acute{o} \varrho \eta$) aus-
zeichnete, und welche im Alterthum auf Medea zurückgeführt wurde.

Das Relief ist flach, der Reliefgrund nach griechischer Weise ungleich vertieft. Die Arbeit erinnert durch vorzügliche Feinheit und
Frische an die griechischen Werke der besten Zeit. Aber die Figuren
sind minder sorgfältig in den Raum componirt und die Führung der
Linien wirkt nicht immer günstig. So treffen an der Stelle, wo der
linke Arm der mittleren Figur mit den beiden Armen der r. stehenden
zusammenstösst, viele Linien in unschönen Winkeln aufeinander —
eine Häufung, durch welche sogar die Bewegung der l. Schulter und
des l. Armes der mittlern Figur undeutlich wird. Lehrreich ist in dieser
Hinsicht eine Vergleichung z. B. mit dem Relief des Orpheus und der
Eurydike in villa Albani, dessen Composition bis in das letzte Detail
auf das feinste abgewogen und zu schöner Klarheit geführt ist. Mit
diesem Relief, mit dem berühmten eleusinischen (Monum. d. inst. VI
VII 45) und vielen andern (vergl. n. 399) hat dieses lateranensische
das Grundschema der Composition gemein; daher die Annahme
unvollständiger Erhaltung, für die auch kein äusseres Merkmal spricht,
unwahrscheinlich ist.

Das Relief wurde 1814 im Hofe der alten französischen Akademie
am Corso, «bei Gelegenheit einer neuen Umpflasterung desselben, nicht
tief unter dem alten Pflaster entdeckt». «Die rohe Seite der Tafel
war nach oben gekehrt, so dass in dieser Lage die Figuren gegen eine
grössere Zerstörung ziemlich gesichert blieben». Es wurde in die Hof-
mauer daselbst eingesetzt; dort sah es Abeken noch im Jahre 1838.

Ein vollkommen ähnliches Relief befand sich einst im palazzo Strozzi in Rom; zuerst publicirt von SPON miscell. erud. antiqu. p. 118 «ex manuscripto D. de Bagarris, qui — Romae in palatio Strozzi deline-averat ex antiquo torcumate», danach von MONTFAUCON antiq. expl. II 1, 53 und in den Suppl. in GRONOVI et GRAEVI thesaur. IV p. 553. In dieser allerdings flüchtigen Publication hält die sinnende Peliade kein Schwert in der Hand; im übrigen aber ist die Uebereinstimmung mit dem lateranensischen Relief so gross, dass Böttiger Identität ver-muthete. Wie haltlos und unwahrscheinlich diese Annahme sei, braucht nicht dargelegt zu werden.

Eine zweite Replik kam, nach Abeken's Bericht (Kunstblatt 1838 p. 77), im Jahr 1838 bei dem Kunsthändler Giovanni Maldura in Rom, angeblich aus dem palazzo Niccolini in Florenz, zum Vorschein, und wurde von Waagen für das Berliner Museum acquirirt, wo sie jedoch nicht zur Aufstellung kam, da man sie für modern hielt. In diesem Relief fehlt, wie in dem Strozzi'schen, das Schwert in der Hand der Peliade; an der Stelle, wo dasselbe abgebrochen ist, ist in den Relief-grund ein Oelzweig in einer Manier eingearbeitet, welche eine ganz andere Hand als das Uebrige verräth. Die Angabe der Provenienz ist nicht glaublich, da man Marmorwerke wohl von Rom nach Florenz, aber schwerlich umgekehrt zum Verkauf bringt. Da nun das Strozzi'sche Relief in den palazzi Strozzi zu Florenz und Rom nicht mehr vor-handen ist, so liegt die Vermuthung nahe, dass das Berliner Relief mit dem Strozzi'schen identisch, und mithin antik sei. Indessen wird es trotzdem nach erneuter Untersuchung von Herrn Professor Frie-derichs (in brieflicher Mittheilung) für modern und zwar für eine Fälschung dieses Jahrhunderts erklärt.

93ᵃ. Männlicher Portraitkopf, römisch.

Gesammth. 0,46. Gesl. 0,19. — Ital. Marmor. — Erg. Nase und Büste, Kinn eingesetzt; Ohren bestossen.

Das Kopfhaar, der Schnurrbart und Backenbart ist in wenigen Meissel-Strichen eingegraben. Pupillen und Augenbrauen angedeutet. Die Gesichtszüge sind von vorzüglicher Lebendigkeit des Ausdrucks, die Haare mit ungewöhnlicher Sorgfalt angelegt.

93ᵇ. Aschenkiste.

! H. 1,19. B. 0,67. T. 0,44. — Ital. Marmor.

Der Deckel ist auf der Vorderseite mit einem halbkreisförmigen
Giebel verziert, welcher r. und l. in ein Polster ausläuft. In dem Giebel
ein Blätterkranz, um den sich unten ein zu einer Schleife gebundenes
flatterndes Band schlingt. Die Aschenkiste ist an drei Seiten mit Reliefs verziert, an der vierten unbearbeitet. An den vier Kanten sind
unten Adler angebracht, oben Widderköpfe (mit Pupillen), von deren
Hörnern in langem Bogen je eine Lorbeerguirlande herabhängt. Auf
der Vorderseite zwischen den Widderköpfen eine Tafel mit der Inschrift:

```
        DIIS·MANIBVS
          SACRVM
    L·VOLVSIO·HERACLAE
       CAPSARIO·IDEM
 5      A CVBICVLO L·N
    VOLVSIA·PRIMA·PATRON
      SVOPIISSIMO·IDEM
    CONIVGI·BENE·MERENT·FECIT
       ·ET·SIBI·P·L·N·
10  THYRSO·///////·ACELA
        V·A·XXXV
```

Vs. 9. 10. 11 in litura. Vs. 9 werden die Siglen P·L·N· nach
Analogie der andern Inschriften «permissu Lucii nostri» aufzulösen
sein, obgleich die Abkürzung nicht gewöhnlich ist.

In dem Felde unter der Inschriftentafel und über der Guirlande ein
Gorgoneion (die Pupillen eingegraben) mit zwei unter dem Kinn geknüpften Schlangen; r. und l. davon zwei langhalsige Vögel (Schwäne?)
mit ausgebreiteten Flügeln, die an den Schlangenhaaren fressen. Unter
der Guirlande zwei Vögel, die sich um ein Insect streiten.

Auf der l. Nebenseite oben urceus; unter und über der Guirlande
ein fressender Vogel. Auf der r. Nebenseite oben patera; unten ein
Vogel, der nach der Guirlande pickt; über ihr ein anderer mit einem
geflügelten Insect (Libelle?) im Schnabel.

Auf der r. und l. Nebenseite sind an Deckel und Aschenkiste
Löcher angebracht, welche offenbar zu der Befestigung des Deckels
dienten.

Die Aschenkiste stammt aus Vigna Amendola (vgl. zu n. 189) und ist wahrscheinlich älter als das Jahr 809 der Stadt, da in der Inschrift L. Volusius der Vater, wie es scheint, noch als lebend vorauszusetzen ist.

94. Weibliches Köpfchen von idealem Typus.

Gesammth. 0,25. Gesl. 0,105. — Ital. Marmor. — Erg. Büste und Nasenspitze.

Früher in den ägyptischen Zimmern des Vatican, D'ESTE Elenco degli oggetti d. mus. Vat. 1821 I p. 285 n. 771; die Nummer dieser frühern Catalogisirung klebt am Fusse.

95. Portraitkopf eines Knaben, römisch.

H. 0,28. Gesl. 0,11. — Ital. Marmor. — Nase und Büste ergänzt. Ohren abgestossen.

Andeutung von Augenbrauen und Pupillen. Späte römische Arbeit.

96. Kopf einer jugendlichen Bakchantin.

Zwei Drittel Lebensgrösse. — Griechischer Marmor. Ergänzt Nase; Backen bestossen; die hinteren Theile des Kopfes nur abbozzirt. Abgebildet Taf. III Fig. 1. — Papiernummer 762; früher im Vatican, D'ESTE Elenco I p. 284 n. 762.

Der Kopf ist nach r. gewendet. Ueber die Stirn geht eine Binde. Um die Haare liegt ein gewundener Reif, in welchem in gleichen Intervallen Beerenbüschel, wohl Korymben, eingebunden sind. Das Haar ist ungewöhnlich voll. Die überaus feinen Gesichtszüge haben den Ausdruck eines freundlichen Lachens. Gute griechische Arbeit.

Eine Replik befindet sich gegenwärtig im palazzo del ministero della publica istruzione zu Florenz. Ein ähnlicher Kopf aufgesetzt auf die Statue einer Bakchantin in gall. delle statue n. 254.

97. Männlicher Portraitkopf, römisch.

H. 0,36. Gesl. 0,16. — Ital. geäderter Marmor. — Erg. Nase und Büste.

Die Augenbrauen, der Lippen- und Backenbart nur schwach angedeutet. Harte bestimmte Arbeit.

98. Kopf eines jugendlichen Dionysos (?).

H. 0,33. Gesl. 0,15. — Ital. Marmor. — Erg. Nase und ein Stück am r. Ohr.
Das Haar bestossen.

Ueber die Stirn zieht sich ein schmales Band; ausserdem scheint im Haar, das in der Mitte gescheitelt ist und aus welchem hinten Locken auf die Schultern niederfallen, ein Kranz aufgelegen zu haben. Die ovale Form des Gesichts erinnert an den Satyr der Villa Ludovisi, BRAUN Ruinen und Museen p. 575. Der Mund ist leise geöffnet. Die Züge entsprechen dem mannweiblichen Dionysos-Typus; die Arbeit ist fein und streng.

99. Unbärtiger Idealkopf.

H. 0,33. Gesl. 0,15. — Ital. Marmor. — Erg. Nase, Büste und der ganze Hinterkopf.

Das Haar steht über der Stirn empor und wallt zu beiden Seiten des Gesichts nieder. Der Mund ist geöffnet. In den Augen scheinen Pupillen angedeutet zu sein.

Aehnlich ist ein Kopf im Museo Chiaramonti, welcher von GUATTANI und VISCONTI mus. Chiar. tab. 10 für einen Dioskuren, von MÜLLER-WIESELER D. a. K. II 11, 119 für Apollo erklärt wird. In den ägyptischen Zimmern des Vatican befanden sich früher zwei Köpfe, welche als «testa di Dioscuro» bezeichnet wurden, D'ESTE Elenco I p. 289 n. 798. 817; wahrscheinlich dieser Kopf und n. 107. Vgl. Beschr. Roms II 2 p. 212 n. 795. 817.

100. Portraitkopf eines Knaben, römisch.

H. 0,32. Gesl. 0,12. — Ital. Marmor. — Erg. Nase, Lippen und Büste.
Ohren gebrochen.

Pupillen und Augenbrauen angegeben. Gewöhnliche Arbeit.

101. Kopf einer Paniska.

H. 0,27. Gesl. 0,10. — Ital. Marmor. — Erg. Nasenspitze und Büste.

Die Ohren sind spitz; oberhalb der Stirn ziehen sich r. und l. von dem nur angedeuteten Scheitel zwei am Kopf aufliegende, nicht von ihm abstehende Hörner in die Höhe. Das Gesicht mit mürrisch vorgeschobenem Munde ist von feinem liebenswürdigem Ausdruck.

5 *

Befand sich früher in den ägyptischen Zimmern des Vatican,
D'ESTE Elenco etc. 1821 I p. 164 n. 758 (die Nummer klebt noch am
Fusse), dort als testa di Satiressa bezeichnet.

102. Vorderseite eines Sarkophags.

H. 0,39. L. 1,31. — Ital. Marmor.

In den Calixtcatacomben gefunden. Publ. von GARRUCCI M. L. tav. XLII
Fig. 5 p. 79; blos das Medaillon mit der Inschrift von DE ROSSI Roma sotterranea
I tav. XXX 4 p. 343.

An beiden Enden r. und l. zwei trauernde Eroten in der üblichen
Haltung. Sie halten Kränze in der gesenkten Hand, über der umgekehrten Fackel; ihre Augen sind halbgeschlossen.

In der Mitte ein Medaillon mit dem bekleideten Brustbild eines
römischen Knaben, welches von zwei symmetrisch schwebenden, mit
fliegender Chlamys bekleideten Eroten gehalten wird. Unter demselben
ein viereckiges Postament mit der Inschrift:

ANNIOC
KATOC

Auf dem Postament liegen drei Masken, die eine l. unbärtig mit
hochaufsteigendem langem Haar, die zweite r. weiblich mit künstlich
frisirtem Haar, die mittlere bärtig.

R. von dem Postament liegt eine halbbekleidete weibliche Figur,
Tellus, am Boden (n. r.), vor ihr r. ein Rind. L. von dem Postament
in symmetrisch entsprechender Lage (n. l.) eine halbbekleidete bärtige
Figur, Okeanos; vor ihm ein Seedrache mit geöffnetem Rachen. An
allen Köpfen sind Pupillen angegeben.

Späte römische Arbeit.

Die unter n. 102 und 104 befindlichen, von einem Rundbau her-
rührenden Marmorstücke mit Reliefs von Greifen und Vasen sind auf
der via Appia gefunden, CANINA Via Appia tav. XXXV.

103. Statue des Germanicus.

H. 1,97. Torsol. 0,61. Gesl. 0,165. — Ital. Marmor.

Erg. l. Arm von der Mitte des Oberarms an mit Theilen des Gewandes, r. Arm
ganz, l. Unterschenkel, r. Unterschenkel halb mit dem Baumstamm, Basis, die Füsse,
das l. Ohr und Einiges am rechten. Der Kopf gebrochen, aber zugehörig.

Die Figur ruht auf dem r. Bein, an welchem hinten wohl richtig
ein Baumstamm ergänzt ist. Ein grosses Gewand ist um Hüften und
Schenkel geschlungen und mit beiden Enden über den l. Arm geschlagen. Die Arme gehen nieder und sind ungefähr richtig ergänzt;
die L. hält einen kurzen Stab, eine Restauration, die durch erhaltene Reste geboten war. Der Kopf ist ein wenig n. l. geneigt.
Das Haar geht hinten am Halse tief herab. Rückseite vernachlässigt.
Gute römische Arbeit.

Die Figur hat grosse Aehnlichkeit mit der im Louvre befindlichen
Statue des Germanicus aus Gabii, VISCONTI Mon. Gab. 7. Icon. rom.
24, 1. 2. 3. BOUILLON II 36. CLARAC 301, 2362. MÜLLER-WIES.
I 67, 356.

Publicirt von GARRUCCI M. L. XIX p. 30. Die Figur ist 1819 in
Veji gefunden. Vgl. GUATTANI memorie enciel. VII p. 79. NIBBY
viaggio antiqu. ne'contorni di Roma I p. 60, AnalisiVIII p. 437. FEA repl.
antiqu. leg. p. 22: «Abbiamo la statua di Germanico; è al naturale, e
di un bel nudo fino al ginocchio. La sua testa è intatta ed assai bella:
la maggior parte dei piccoli pezzi che le mancavano sono trovati». Denselben Fund beschreibt C. CARDINALI memorie romane I sez. 2 p. 50 so:
« una statua seminuda di Germanico in marmo di Carrara, alta palmi 9
(= 2,025), mancante dei piedi, di una gamba, e di parte delle braccia.»
Diese zwei Berichte weichen in wesentlichen Punkten von einander ab;
da aber in der von CANINA descrizione di Vei p. 83 (vgl. Einleitung
zum XII. Zimmer) abgedruckten officiellen Aufzeichnung aller da-
maligen Veienter Funde eine Notiz gegeben ist, welche mit dem Bericht
Cardinali's stimmt, so wird die von Fea gegebene Beschreibung ungenau sein. Die meisten und wichtigsten Veienter Funde wurden damals
von der päbstlichen Regierung angekauft und sind theils im Vatican
theils im Lateran zur Aufstellung gekommen.

In Falerii wurde gefunden «una statua non malamente sculta di
un giovane romano, che credesi un Germanico» Bullett. dell' instit.
1829 p. 73.

104. Fragmentirtes Sarkophagrelief.

H. 0,23. L. 1,25. — Ital. Marmor.

Das Relief ist unten in der ganzen Länge und rechts gebrochen, so dass die
Füsse der Figuren und das r. Ende der Darstellung fehlen. — Gefunden in den
Callixtcatacomben; publicirt von DE ROSSI Roma sotterranea I tab. 30, 1 p. 343.

In der Mitte eine viereckige Tafel mit der Inschrift:

ANNIA
ΦΑΥCΤΕΙΝΑ
ΘΥΓΑΤΡΙ
ΙΙΛΤΛ

Die beiden letzten Zeilen weggemeisselt und sehr undeutlich. In dem Felde l. von der Inschrift, am l. Ende ein Baum (Weinstock), von dem ein nackter Knabe (n. r.) eine Traube in einen geflochtenen Korb pflückt, den er mit der L. trägt. Neben ihm l. am Boden ein eben solcher Korb gefüllt. R. von ihm ein nackter Knabe (n. r.), der einen gleichfalls gefüllten Korb auf den Boden setzt. Weiter r. eine Wanne voll Beeren, darin zwei kelternde Knaben (e. f.), welche Subligacula in Form von Badehosen (s. zu n. 310) tragen. Der zur L. hält ein Pedum in der R. und fasst den andern, welcher sein Pedum in der L. hält, mit der L. am r. Handgelenk an. Die Früchte in der Wanne und in dem Korb des Knaben l. von der Wanne haben die Grösse von Aepfeln.

R. von der Inschrift hält ein nackter Erot (n. r., Kopf n. l.) den Zipfel eines Gewandes, welches wie ein Parapetasma einem bekleideten weiblichen Brustbild zum Hintergrund dient. Wahrscheinlich entsprach ihm r. von dem Brustbild ein anderer Erot, welcher jetzt fehlt. In den Augen aller Figuren sind Pupillen angegeben. Späte schlechte Arbeit. Vgl. WELCKER a. Denkm. II p. 119. Ueber die Sitte und die Darstellungen der Subligacula STEPHANI C. R. 1864 p. 237.

105ᵃ. Männliches Portrait, römisch.

H. 0,51. Gesl. 0,19. — Ital. Marmor. — Erg. Nasenspitze, Ohren, Büste.

Das Gesicht ist unbärtig und ein wenig n. r. gewandt.

105ᵇ. Aschenkiste.

H. 1,08. B. 0,59. D. 0,50. — Ital. Marmor.

Die Kiste hat an allen vier Ecken Anten mit Compositcapitälen und Canneluren, deren unteres Drittel ausgefüllt ist. Zwischen den Anten der Vorderseite eine Tafel mit folgender Inschrift:

```
              D   ·   M
       Q·VOLVSSIO·Q·F·QN
       VELLINA·ANTIGONO
       TVRRANIA·EVFEMIA
   5   MARITO·OPTIMO. ET
       RARISSIMO · ITEM
       MARIVS · IVSTVS
       PRIVIGNO·HEREDES
```

Darüber, in der Mitte zwischen den Capitälen, ein Medusenhaupt mit gescheiteltem, ein wenig gewelltem Haare, aus welchem oberhalb zwei Flügel vorstehen, vgl. den Typus von n. 67ª. Ueber der Inschrifttafel ein Bauglied ähnlich einem ionischen Capitäl, aus dessen Voluten Köpfe von Löwinnen im Profil vorstehen, s. zu n. 149. Auf den Nebenseiten r. patera, l. urceus. Der Deckel hat einen runden Giebel, darin ein Adler; an den beiden hintern Ecken desselben Akroterien, an den beiden vordern unbärtige Masken mit phrygischer Mütze und langen Locken. Auf den Nebenseiten Löcher zur Befestigung des Deckels.

Das Monument stammt aus den Volusiergräbern (vgl. zu n. 159) und wird zu den spätesten dort gefundenen Cippen gehören. Denn der hier genannte Q. Volusius Antigonus ist sehr wahrscheinlich identisch mit dem in der Inschrift bei Amati Giorn. arcad. L p. 261, Cardinali dipl. 525:

```
       Q·VOLVSIO · ANTIGONO
       VOLVSIVS·ANTIGONVS
       F·PATRI · SVO · B.M·FEC
          L·D·A·Q·N
   5   ITEM·Q·VOLVSIVS·Q·F·VEL
       ANTIGONVS·PATRI·S·S
       SANCTISSIMO·ET·IVLIAE
       TRVPHE  ·  MATRI
             PIISSIMAE
  10  ET· SERVILIAE · SEVERAE
       CONIVGI · SANCTISSIMAE
```

v. 5 genannten, der Sohn des ebd. v. 2 und der Enkel des ebd. v. 1 genannten Q. Volusius Antigonus, welcher letztere jedenfalls schon in die

Zeit nach 809 gehört (vgl. zu n. 149). Q. Volusius Antigonus, der Enkel, hätte danach zwei Frauen gehabt: der ersten, Servilia Severa, setzte er die obengenannte Inschrift; die zweite, Turrania Eufemia, überlebte ihn.

106. Knabenkopf, römisches Portrait.

H. 0,31. Gesl. 0,12. — Feinkörn. ital. Marmor. — Nase und Büste ergänzt, Kinn eingesetzt, Ohren bestossen.

Pupillen stark angegeben. Früher im Vatican, D'ESTE Elenco 1621 I p. 291 n. 815; diese Nummer klebt am Fusse.

107. Jugendlich männlicher Idealkopf.

H. 0,28. Gesl. 0,12. — Feinkörn. ital. Marmor. — Nase und Büste ergänzt.

Das über der Stirn emporstehende wallende Haar bedeckt die Ohren. Sehr ähnlich dem Kopf n. 99 und wahrscheinlich identisch mit einem der früher im Vatican befindlichen, von D'ESTE Elenco I p. 291 no. 798. 817 als «testa di Dioscuro» bezeichneten Köpfe. Vgl. Beschr. Roms II 2 p. 212 n. 798. 877. vgl. n. 99.

108. Weiblicher Idealkopf.

H. 0,34. Gesl. 0,12. — Feinkörn. ital. Marmor. — Nase, Büste und Hals ergänzt.

Das reiche, leicht gewellte Haar ist hinten zu einem Wulste aufgenommen und über der Stirn zu einer Locke verschlungen; es ist mit einem Kranz von Oel-Blättern und Früchten geschmückt. Das Gesicht hat einen wehmüthigen Ausdruck. Vielleicht die früher im Vatican befindliche «testa di Apollo coronata di alloro» D'ESTE Elenco p. 296 n. 871.

109. Mädchenkopf, römisches Portrait.

H. 0,35. Gesl. 0,12. — Ital. Marmor.

Die Büste mit Gewand antik, doch ist ihre Zugehörigkeit zweifelhaft, da der Hals eingesetzt ist.

Das Haar ist in Zöpfe geflochten, welche am Hinterkopf spiralförmig zusammengelegt sind. Pupillen angegeben.

110. Männlicher Portraitkopf, römisch.

H. 0,36. Gesl. 0,12. — Ital. Marmor. — Nase und Büste ergänzt, Ohren bestossen.

Das volle, fleischige Gesicht ist bartlos. Vielleicht identisch mit einem früher im Vatican befindlichen Kopfe, D'ESTE Elenco I p. 262 n. 716 «testa che sembra Ottone».

111. Eroskopf.

H. 0,29. Gesl. 0,11. — Ital. Marmor. — Nase und Büste ergänzt.

Das reiche Haar, um welches ein Kranz liegt, geht rings um den Kopf in langen Locken nieder. Den Scheitel entlang eine Flechte. Es scheinen die Augenbrauen angegeben zu sein.

112. Frauenkopf, ideal.

H. 0,27. Gesl. 0,13. — Ital. Marmor. — Erg. Nase und Büste.

Der Kopf ist nach r. in die Höhe gewendet, und hat eine entfernte Aehnlichkeit mit dem Typus einer Niobide. Früher im Vatican. D'ESTE Elenco I p. 292 n. 527. Beschr. Roms II 2 p. 112 n. 527. Vgl. STARK Niobe p. 266 und KLÜGMANN bullettino d. inst. 1864 p. 127.

113. Unbärtiger männlicher Kopf.

H. 0,22. Gesl. 0,10. — Erg. Nase und Kinn.

Das Haar ist am Hinter- und Ober-Kopf kurz, und vorn in viele Löckchen gekräuselt. Um den Kopf zieht sich ein Blüthenkranz. Der Mund lächelt ein wenig. Arbeit römisch, wahrscheinlich eine Nachahmung des alterthümlichen Stiles.

114. Fragmentirte matronale Portraitstatue.

H. 0,72. Gesl. 0,16. — Ital. Marmor.

Die Figur zeigt das Motiv der sogenannten Pudicitia, BRAUN Ruinen und Museen p. 233, VISCONTI Mus. Pio-Clem. II 14. Die Arbeit ist unvollendet, im Gesicht lässt sich deutlich die Führung des Meissels erkennen.

OSTWAND.

115*. Vexillum, Relief eines Pilasters.

H. 1,47. B. 0,20. T. 0,22. — Ital. Marmor.

Der Pilaster ist oben und unten gebrochen, das Relief scheint jedoch oben vollständig zu sein. Die Darstellungen haben vielfach gelitten, die Köpfe sind ganz verwaschen. Bezeichnet 1823 C. C. 160.

Unten Medaillon mit dem Brustbild eines gepanzerten Mannes. Darüber ein Rundbau mit zwei Fenstern und zwei Pilastern, geschieden von dem Untern und Obern durch je einen Querstreifen, welcher als Blätterkranz charakterisirt ist. Auf dem obern Querstreifen steht eine männliche, halbbekleidete, unbärtige Figur, deren r. Unterarm fehlt, während der l. mit dem Attribut verstossen ist: etwa Dionysos. Darüber auf einem Kissen, von welchem Bänder herabhängen, ein Adler in einem Blattkranze; über diesem wiederum ein als Kranz charakterisirter horizontaler Streifen, auf den ein Tuch (vexillum) herabhängt. Vor und auf dem Vexillum ein ovaler Schild mit dem Relief eines Donnerkeils, dem Abzeichen der legio XII fulminata.

In Relief dargestellte Vexilla kommen öfters auf Grabsteinen vor, so an dem Cippus des Pomponius Asper in Villa Albani ZoEGA bassiril. 16. Annali 1846 tav. d'agg. D. OTTO JAHN Lauersforter Phalerae Taf. II 1. An einem Cippus der galleria lapidaria des Vatican (s. zu n. 151) bilden sie die Verzierung von Pilastern. Die Höhe des Pilasters spricht indess dafür, dass er von einem grössern Monumente, als Grabdenkmäler zu sein pflegen, etwa von einem Bogen herrühre, wie denn die Pilaster des Bogens der argentarii (ROSSINI archi trionfali LX. LXI) mit ähnlichen vexillis verziert sind.

116. Marmorcippus eines Negociator vinorum.

H. des Cippus 1,64. B. 1,04. T. ca. 0,55. B. des Reliefs 0,65.
H. in der Mitte 0,30. — Ital. Marmor.

Der Cippus ist auf der l. und r. Nebenseite stark fragmentirt, auch auf der Vorderseite quer durchgebrochen, doch so, dass über keinen Buchstaben der Inschrift Zweifel entstehen kann. Er wurde kurz vor 1845 in der Vigna Cremaschi bei der via Latina, nahe an der porta Latina, gefunden.

Bespr. von P. E. VISCONTI Giorn. Arcad. 1845, 103 p. 207, Atti d. accad. pontteficia XIII p. 257 ff. HENZEN bullett. d. inst. 1849 p. 57. ORELLI-HENZEN n. 5087. OTTO JAHN Berichte d. sächs. Ges. d. Wiss. 1861 p. 354.

Auf der Vorderseite folgende Inschrift:

C CLODIVS·C·L·EVPHEMVS
NEGOTIATOR·PENORIS
ET·VINORVM
DEVELABRO·AIIII·SCARIS
5   ARAM·POSVIT·SIBI
CONSECRAVIT
DEDICAVITQVE
LIBERISQVE·SVIS
POSTERISQVE·EORVM

Auf der r. Nebenseite patera, auf der l. urceus. Ueber der Inschrift ein Relief in einem runden Giebel, welchem zu beiden Seiten ionische Polster als Abschluss dienen. In der Mitte der jugendliche Dionysos en face, bekränzt, mit Stiefeln, die Nebris über der r. Achsel geknüpft; er stützt mit der erhobenen L. einen Dithyrsos auf und hält in der gesenkten R. einen Kantharos, aus dem er einen Panther tränkt, der nach ihm aufschaut. L. von ihm ein bocksfüssiger Pan (n. l.) mit einem Dithyrsos in der L., der mit einer Bandschleife verziert ist; eine kleine Bakchantin (n. r.) mit gegürtetem ärmellosem Chiton und fliegendem Obergewand, einen ebenso geschmückten Dithyrsos in der L., sucht ihm aus seiner R. die Syrinx zu entreissen. R. von Dionysos ein bekränzter Satyr, bekleidet mit einem Thierfell, das auf der l. Schulter geknüpft ist; er trägt über beiden Achseln einen Schlauch und hält mit der R. einen Dithyrsos. Daneben r. reitet auf einem Ziegenbocke ein kleiner Silen nach l., indem er sich mit der L. auf das Hintertheil des Bockes stützt, mit der R. an den Hörnern des Thieres festhält; er hat ein Gewand über den Kopf genommen, das sich um den l. Arm schlingt.

Die Ara steht jetzt auf zwei Marmorbalken, deren Köpfe mit Gorgoneien verziert sind. Die Gorgoncia haben Schlangen im Haar, die unter dem Kinn in der gewohnten Weise zusammengeschlungen sind; der Mund ist ein wenig geöffnet, die Pupillen angegeben.

Visconti wollte in den Worten «a IIII scaris» vs. 4 der Inschrift eine Bezeichnung des Budenschildes sehen. Indessen wird mit den Präpositionen de und a in allen ähnlichen Inschriften die Localität bezeichnet, wo solche Händler ihre Laden hatten. Henzen, welchem Jahn beistimmt, wies die in der Inschrift gegebene Ortsbestimmung in einer Stelle der Notitia und des Curiosum (8 Region) nach: aquam cernentem quattuor scaros. Vielmehr könnte man das Relief als eine Copie des Budenschildes ansehn.

117. Portraitkopf eines Knaben, römisch.

H. 0,26. Gesl. 0,12. — Bläulicher geäderter Marmor. — Erg. Nasenspitze, Büste, theilweis die Ohren.

Das dünne Haar ist durch eingemeisselte Striche angedeutet. Pupillen stark, Augenbrauen schwach angegeben. Die Ohren verhältnissmässig gross gebildet. Papiernummer 750, früher im Vatican, D'ESTE Elenco I p. 253 n. 750.

118. Jugendlich männlicher Portraitkopf.

H. 0,22. Gesl. 0,12. — Ital. Marmor. — Erg. Nasenspitze, Ohren und ein Stück des Vorderkopfs l. über der Stirn.

Das schlichte Haar geht am Hinterkopf weit in den Nacken herab; zwei Strehlen sind vor die Ohren gekämmt. Die Proportionen auffällig breit. Wohl aus der Zeit der Julier.

119. Kopf eines Knäbchens.

H. 0,26. Gesl. 0,12. — Grober ital. Marmor. — Nase und Büste ergänzt.

Späte schlechte Arbeit. Hatte Papiernummer, also früher im Vatican.

120. Knabenkopf.

H. 0,29. Gesl. 0,13. — Grosskörniger ital. Marmor. — Nase und Büste ergänzt.

Am Scheitel ist das Haar büschelförmig aufgenommen. Der Kopf hat einen ans Satyreske erinnernden Ausdruck.

121. Jugendlicher Satyrkopf.

H. 0,30. Gesl. 0,10. — Ital. Marmor. — Ergänzt Nase, Unterlippe und Büste.

Der Kopf gehörte zu einer verkleinerten Wiederholung des auf Praxiteles zurückgeführten capitolinischen Satyrs, vgl. n. 154. Früher im Vatican, D'ESTE Elenco I n. 815; publ. von PISTOLESI il Vatic. descr. IV 58.

122. Venuskopf.

H. 0,30. Gesl 0,13. — Griech. Marmor.

Erg. Nasenspitze und Büste. Papiernummer 799, früher im Vatican, D'ESTE Elenco I p. 259 n. 799, dort als »testa di Diana« bezeichnet.

Durch das gewellte Haar, welches hinten in einen Knoten endigt, und auf der Höhe des Kopfes zu einer Schleife geschlungen ist, zieht sich ein Band. Aehnlich ist in der Haartracht der Kopf der capitolinischen Venus.

123. Kopf eines Saturn.

H. 0,25. Gesl. 0,15. — Ital. Marmor. — Erg. Nase. Auf dem Fusse
steht mit Blei geschrieben $\frac{M}{373}$.

Der hintere Theil des Kopfes ist in glatter Fläche bearbeitet. Vielleicht war der Kopf die eine Hälfte einer Doppelherme. Wahrscheinlich früher im Vatican: D'ESTE Elenco I p. 295 n. 855: »maschera di Giove«. Vgl. Beschr. Roms II 2 p. 112 n. 855.

Der Kopf, welcher gewisse Grundzüge mit dem Zeusideal gemein hat, ist mit einem Gewande bedeckt, das zu beiden Seiten auf die Schultern herabfällt; er gleicht einem Kopfe des Vatican, welcher seit VISCONTI mus. Pio-Cl. VI 2, 1 den Namen Saturn führt, vgl. GERHARD ant. Bildw. VI 2 p. 4. 11.

124. Knabenkopf, römisches Portrait.

H. 0,26. Gesl. 0,11. — Ital. Marmor. —Erg. Nase und Büste.

Dünnes Haar; Augenbrauen und Pupillen angegeben.

125. Kindersarkophag.

L. 1,09. H. 0,28. T. 0,37. — Ital. Marmor.

Der Deckel fehlt. Die Darstellung gut erhalten. Abgebildet auf T. XXI. XXII. Fig. 2, ohne die Nebenseiten.

Der Boden des Sarkophags ist r. erhöht, als Unterlage für den Kopf des Leichnams. Auf den beiden Nebenseiten in flachstem Relief zwei Greife. Die Vorderseite ist mit einer Composition von elf Figuren geschmückt, welche sich in drei Scenen gliedert.

In der Mitte wird ein trunkener, mit einer sogen. corona tortilis bekränzter Knabe l. von einem andern ebenso bekränzten Knaben und r.
von einem ithyphallischen Panisken im Vorwärtsgehen n. r. unterstützt.
Er hält in der gesenkten Rechten einen Kranz; am Boden liegt eine
Pansmaske. Dieser Gruppe folgt von l. ein Erot mit zurückgeworfenem
Kopf, einen Schlauch auf der l. Schulter; er hat mit dem r. Fuss im
Tanz den Deckel einer Ciste aufgestossen, aus der sich eine Schlange her-
vorringelt. R. geht vorauf nach r. ein anderer Erot, welcher in der gesenkten R. eine Laterne und in der L. einen Thyrsos auf der Schulter
trägt. R. vor ihm galoppirt nach r. ein am Pferdeleib bekränzter junger
Kentaur, welcher auf einer drei(?)saitigen Lyra spielt. Eine auf der
r. Schulter mit Spange befestigte Chlamys flattert hinter seinem
Rücken; unter ihm ein Panther, welcher gleichfalls einen Kranz um
den Leib trägt.

An der l. Ecke des Sarkophags führt eine Bakchantin (r.) mit
einem Pan (l.) einen Tanz auf. Die erstere (n. l.), in einem ungegürteten ärmelosen Chiton und fliegendem Obergewand, schlägt die
Becken. Der letztere (n. r.) ist unbärtig, bocksfüssig und ithyphallisch;
er trägt in der L. ein Pedum und hat mit dem erhobenen r. Bein
den Deckel einer Ciste weggestossen, aus welcher eine Schlange
hervorkommt. Zwischen beiden eine vierseitige Ara; l. an der Ecke
eine Pinie.

R. eine Opferscene. Am r. Ende steht auf einer viereckigen Basis
die Statue eines mit langem Chiton und im Rücken herabfallendem
Obergewand bekleideten bärtigen Dionysos, der mit der L. einen
Thyrsos aufstützt und die R. nach dem Kopf des Widders streckt, wie
um das ihm dargebrachte Opfer in Empfang zu nehmen. L. von ihm
ein bekränzter, mit kurzem Chiton und Stiefeln bekleideter Jüngling
(n. r.), der im Begriff ist einem Widder die Kehle durchzuschneiden,
indem er von hinten auf dessen Rücken kniet. Hinter diesem l. hält
eine weibliche gleichfalls bekränzte (?) Figur mit der L. einen Fruchtkorb in die Höhe, während sie die R. wie zur Rede erhebt. R. neben
der Statue am Boden eine felsenartige Erhöhung, an der eine brennende
Fackel lehnt.

Die Scene r. kommt häufig auf Sarkophagen vor, vgl. die von
PETERSEN annali 1863 p. 385, 386 gesammelten Beispiele, so auch auf
einem kürzlich bei dem römischen Kunsthändler Marchesi befindlichen
sehr verstümmelten bakchischen Sarkophage. Ueber die mittlere Scene
vgl. n. 82. 189. 198 und STEPHANI ausruh. Herakles p. 100 ff.

126. Fragment eines Sarkophagdeckels, Sirenen.

H. 0,18. B. 0,84. — Ital. Marmor.

Gefunden in den Calixtcatacomben. Publ. von DE ROSSI Roma sotterranea
I p. 343 tav. XXX n. 5, Bullettino cristiano 1863 p. 35. Abgebildet Taf. XVIII
Fig. 1. Bespr. von BRUNN Ann. dell' inst. 1859 p. 416. Vgl. MICHAELIS arch. Zeit.
1864 p. 123.

An der r. Ecke eine unbärtige Maske mit phrygischer Mütze. In
der Mitte eine Tafel mit einem eingegrabenen Monogramm, welches de
Rossi TYRANIO liest. L. davon eine männliche Figur (n. l.) in
Tunica und Toga, welche auf einem Sessel sitzt, in der L. eine Rolle
hält und die R. perorirend erhebt. L. von ihr eine dreiseitige Ara, auf
welcher wahrscheinlich eine Maske lag; im Grunde ein Peripetasma.

R. von dem Felde Odysseus und die Sirenen. In einem Schiff mit
gerefftem Segel steht Odysseus (e. f.), in Chiton und Pileus, die Hände
hinter dem Rücken an den Mast gebunden; r. von ihm sitzt ein Ruderer
l. ein anderer Gefährte, wohl mit ihm im Gespräch. Unter dem Schiffe
Andeutung des Meeres; r. von demselben stehen e. f. auf (schlecht angedeuteten) Felsen zwei Sirenen. Die erste, mit einer Chlamys bekleidet,
hält ein mandolinenartiges Saiteninstrument und ein Plektron; die zweite
nimmt ein weites Gewand auf die l. Seite zusammen, und hält in der
L. eine Rolle(?). L. von dem Schiff eine dritte unbekleidete Sirene mit
zwei Klappflöten in den Händen. Alle drei sind geflügelt und haben
Vogelbeine von den Hüften an.

Die Bedeutung dieses Gegenstandes auf einem christlichen Grab-
denkmale erklärt De Rossi durch folgende Stelle des S. Maximus homil.
I de cruce domini: «ex quo enim Christus Dominus religatus in cruce
est, ex eo nos mundi illecebrosa discrimina velut clausa aure transimus;
nec pernicioso sacculi detinemus auditu, nec cursum melioris vitae de-
flectimus in scopulos voluptatis.» Die Scene l. von der Tafel ist häufig
auf Sarkophagen, vgl. zu n. 16. Brunn glaubt die Darstellung des
Odysseus mit den Sirenen habe die symbolische Bedeutung «di accen-
nare la dolce suada dell' uomo posto dall' altra parte.»

127. Marsstatue.

H. 2,07. Torsol. 0,57. Von der Hüfte bis zur Mitte der Kniescheibe 0,63. Von da
bis zum Fersenansatz 0,54. L. des l. Fusses 0,25. Kopfl. ohne Helmbusch 0,28.
Gesichtsl. 0,19. Abstand der innern Augenwinkel 0,034, der äussern 0,099. Nasen-
länge 0,067. Ohrenlänge 0,065. Mundbreite 0,053. Breite des Gesichts von einem
Ohransatz zum andern 0,158. Vgl. die Maasse des Doryphoroskopfs bei KEKULÉ
Hebe p. 68. — Griech. Marmor.

Erg. r. Arm, l. Arm und Schulter mit dem betreffenden Gewande; ein Stück Hals und im Nacken ein Stück Helm eingesetzt; die ganze Nase, die Lippen, doch war der Mund sicher ein wenig geöffnet; ein Stück am r. Augenknochen und Jochbein, der Helmrand an derselben Seite und ein Stück der r. Hüfte (Kopf und Figur müssen auf die r. Seite gefallen sein); der Theil des Gewandes, der auf der Brust liegt, einschliesslich der Spange auf der r. Schulter, und ein Stück des Gewandes hinter dem r. Arm. Ohren bestossen. Beide Beine über den Knöcheln gebrochen. Plinthe grossentheils antik. Ueber die Zugehörigkeit des Kopfes kann kein Zweifel sein; also zu berichtigen OVERBECK Berichte der sächs. Ges. d. Wiss. 1861 p. 80. Die Restaurationen sind geschickt, ja täuschend ausgeführt, nur ist der Helmbusch unverhältnissmässig gross, das Gewand auf der Brust und der l. Schulter zu breit und schwer; über den l. Arm s. unten.

Die Statue befand sich früher in der Sammlung Marconi zu Frascati (GUATTANI mem. enciclop. IV p. 3 n. 1), wohin sie aus dem Museum Hamilton's gekommen war. Publ. von CLARAC 635, 1435. GARRUCCI M. L. tav. XXVII p. 41. Bespr. von BRAUN Ruinen und Museen p. 731 n. 2.

Die Figur ruht auf dem r. Bein. Ein langes Gewand, das auf der r. Achsel durch Spange zusammengehalten und über die l. Achsel zurückgeschlagen ist, fällt hinten bis in die Mitte der Unterschenkel in ruhigen Falten herab. Am r. Bein befindet sich ein derber Stamm, über den ein Panzer gehängt ist. Am Helm über der Stirn ein Adler in Relief. An Helm und Haaren Spuren röthlicher Bemalung, vielleicht der Unterlage einer Vergoldung. Die Basis ist nach vorn ein wenig gesenkt. Auf der Rückseite ist das Gewand etwas vernachlässigt.

Der Kopf gehört in eine Reihe von Typen, welche mit dem Doryphoros des Polyklet (FRIEDERICHS der Doryphoros des Polyklet Berlin 1863 vgl. Bullett. 1864 p. 29. 155) grosse Aehnlichkeit haben und weicht von diesem nur in der Behandlung des Haares ab, welches tiefer ausgearbeitet ist, und über den Ohren voller auf die Backen niedergeht. In dieser Eigenthümlichkeit besteht eine auffallende Verwandtschaft mit dem Kopfe der früher im palazzo Farnese, jetzt im British Museum befindlichen Statue eines Diadumenos, welche auf Polyklet zurückgeführt worden ist: Insigniores statuarum urbis Romae icones n. 74. J. BAPT. DE CAVALLERIS antiqu. stat. urbis Romae n. 97. WINCKELMANN Werke VI Taf. 2. GUATTANI memorie enciclop. V p. 81 Tab. I. GERHARD ant. Bildw. Taf. 69. CLARAC 856 C. 2189 A. MÜLLER-WIES. Denkm. d. a. K. I 31, 136. OVERBECK Gesch. der griech. Plastik I p. 308 n. 57. LÜBKE Gesch. d. Plastik p. 146 Fig. 61. Dieselbe Eigenthümlichkeit wiederholt sich an einigen Werken, welche mit der genannten farnesischen Statue auf dasselbe Original zurückgehen: in dem Relief eines vaticanischen Cippus (Beschr. Roms II 2 p. 122) mit der Beischrift Diadumeni, an einer offenbar falsch ergänzten und deswegen verkannten Statue in Madrid

[CLARAC 802 F, 2020, HÜBNER antike Bildwerke in Madrid u. 65], an einem Marmorkopf im Louvre (BOUILLON III Bustes 3, 2, vgl. CAYLUS recueil II 48, 2] und auf einer Gemme in Florenz (GORI mus. Flor. II 97, 4].

Bei dieser Aehnlichkeit des Kopftypus bleibt es befremdlich, dass der Körper mit den genannten, auf Polyklet zurückgeführten Statuen nichts gemein hat. Es fehlt ihm die jenen Figuren in hohem Grad eigene, wirkungsvolle Bestimmtheit der Formen, welche hauptsächlich auf einer starken Unterordnung des Details beruht; und in den Proportionen fällt die ungewöhnliche Länge des Oberkörpers im Verhältniss zu den Beinen, des Oberschenkels im Verhältniss zu dem Unterschenkel ungünstig auf. Auch wird eine gewisse Unsicherheit der Bewegung in der Figur fühlbar, welche indess nicht blos auf Rechnung des Künstlers, sondern auch des Ergänzers kommt, der bei der Herstellung des l. Armes vermuthlich fehlgriff. Zwei Wiederholungen der Figur, die eine, in palazzo Mattei, mit modernem Kopfe VENUTI mon. Matth. I 10. CLARAC 634 A, 1436 A, die andere in der Sammlung Landsdowne in London mit einem aufgesetzten Kopf des Marc Aurel CLARAC 950, 2415 A, stützen mit der nicht niedergehenden, sondern seitwärts erhobenen L. eine Lanze auf. Dieses Motiv würde der unruhigen Bewegung des Torso einen gewissen Halt, der ganzen Figur einen bessern Stand geben, und den bei den jetzigen Ergänzungen auffälligen Umstand erklären, dass das Gewand ganz auf den Rücken zurückgeschlagen ist. Ob die L. das Schwert gehalten habe, ist ohnehin fraglich, da an einer so sorgfältig gearbeiteten Statue der Schwertgurt schwerlich gefehlt haben würde.

Die Verzierung des Helmes durch einen Adler brachte Garrucci auf die Vermuthung, dass die Figur einen Ptolemäer darstelle. Die Benennung Mars ist, von andern Gründen zu schweigen, durch eine verwandte in Ostia gefundene (FEA viaggio ad Ostia p. 36] Figur mit der antiken Aufschrift «Marti» (GUATTANI mon. ined. 1805 tab. XVIII. CLARAC 807, 2074], wie durch die bekannten Gruppen von Mars und Venus (OTTO JAHN Berichte 1861 p. 126) hinreichend begründet.

128 Kindersarkophag, Amor und Psyche.

L. 1,25. H. 0,4. T. 0,45. — Ital. Marmor. — Völlig erhalten

Der Sarkophag hat auf der Vorderseite spiralförmige Cannelluren und ist an den beiden Enden der Langseite abgerundet. Inwendig r. eine Erhöhung des Bodens für den Kopf des Leichnams.

Am r. Ende der Vorderseite sitzt auf einem Felsen Eros nach l., welcher die l. Hand auf die r. Achsel legt, und darauf den Kopf lehnt. In der gesenkten R. hält er einen Kranz. Unter ihm in einer kleinen Höhle liegt ein Hase(?), welcher von Früchten frisst. Vgl. n. 28.

An der l. Ecke sitzt, in symmetrisch entsprechender Haltung, Psyche, welche im Schoosse eine Taube(?) hält, die nach ihr aufsieht. Sie trägt an beiden Handgelenken Spangen, einen gegürteten Chiton, und ein Obergewand, das um die Beine geschlagen ist. Von den Schmetterlingsflügeln sind nur noch Spuren im Gewande erhalten. In den Augen beider Figuren sind Pupillen eingebohrt.

129. Obertheil einer weiblichen Gewandfigur.

H. 0,75. Entfernung der Brüste 0,37. — Ital. Marmor.

Erhalten ist nur die obere Hälfte des Körpers mit den Oberarmen, ohne Kopf und Hals.

Die Motive dieser colossalen Figur entsprechen denen der sogenannten pietà im Vatican, VISCONTI Mus. Pio-Clem. II tav. 47, vgl. BRUNN annali 1856 p. 112, Mon. dell' Inst. 1856 tab. XXVII 3. Rückseite sehr vernachlässigt.

130. Knabenkopf.

H. 0,25. Gesl. 0,9. — Ital. Marmor. — Erg. Nase, Kinn, Büste.

Das Haar ist ein wenig gelockt und von der Stirn nach hinten in einen Zopf geflochten.

131. Portraitkopf eines Römers.

H. 0,27. Gesl. 0,13. — Ital. Marmor. — Erg. Nase, Hals, Büste.

Im krausen Haar deutliche Bohrerarbeit. Pupillen stark angegeben. Papiernummer 747, also früher im Vatican, D'ESTE Elenco I p. 252, n. 747.

132. Portraitkopf eines Römers.

H. 0,27. Gesl. 0,11. — Ital. Marmor. — Erg. Nase, Kinn, Hals, Büste.

Der Kopf ist etwas n. r. gewendet. Das dünne Haar ist mit Meisselstrichen, der Bart nur unter dem Kinn, hauptsächlich durch Bohrlöcher angegeben. Pupillen angedeutet. Nicht ohne Ausdruck, aber spät. Papiernummer 783, also früher im Vatican, D'ESTE Elenco I p. 286 n. 783.

133. Harpokrateskopf auf dem Torso eines Amor.

H. 0,37. Gesl. 0,12. — Kopf aus italischem, Brust aus griechischem Marmor. — Erg. Nase, Lippen, Kinn und ein Stück Hals. — Mit Bleistift aufgeschrieben $\frac{M}{207}$.

Auf der Brust geht von der r. Schulter ein Köcherband nieder. Gesicht und Haartracht entspricht den Typen der Harpokratesfiguren.

134. Portraitkopf einer Römerin.

H. 0,31. Gesl. 0,12. — Ital. Marmor. — Erg. Nase, Büste und ein Stück vom Hinterkopfe. Mit Bleistift aufgeschrieben auf der einen Seite $\frac{M}{28}$, auf der andern $\frac{M}{340}$.

Künstliche Frisur am Vorderkopfe. Vielleicht identisch mit dem früher vaticanischen Kopfe D'ESTE Elenco I p. 296 n. 869, Beschr. Roms II 2 p. 113 n. 869.

135. Jugendlich männlicher Idealkopf.

H. 0,27. Gesl. 0,13. — Griech. Marmor. — Erg. Nase und Büste, bestossen Mund und Ohren.

Das kurze Haar ist mit einem hinten zusammengeknüpften starken Pinienkranze geschmückt. Wahrscheinlich identisch mit einem früher im Vatican befindlichen Kopfe D'ESTE Elenco I p. 285 n. 770 «testa del dio Silvano o di Vertumno.» Beschr. Roms II 2 p. 111 n. 770 «Kleiner Kopf des Silvan oder Hercules.»

136. Isiskopf.

H. 0,32. Gesl. 0,11. — Ital. Marmor. — Erg. Nase und Büste. — Früher im Vatican, D'ESTE Elenco p. 284 n. 761.

Durch das Haar, das in langen steifen Locken rings um den Kopf fällt, geht ein Band. Ueber der Stirn in der Mitte ergänzt eine Lotosblume, wozu wahrscheinlich ein Ansatz vorhanden war. Auf der Stirn zwei kleine Hörner unterhalb des Haares. Der Blick etwas abwärts gewendet. Pupillen angegeben. Sehr geringe Arbeit.

137. Bärtiger Kopf, römisches Portrait.

H. 0,23. Gesl. 0,10. — Ital. Marmor. — Der Kopf ist quer durchgebrochen gewesen.

Die Proportionen dieses Kopfes, welcher im Haar einen Lorberkranz trägt, sind sehr ins Breite gezogen. Die Bohrerarbeit ist stehn geblieben. Der hintere Theil ist unbearbeitet.

NORDWAND.

138. Hermenbasis.

Erhalten nur ein fragmentirter Marmorwürfel, darauf der vordere Theil zweier
Füsse und der Ansatz eines Hermenschaftes. Auf dem Würfel die Inschrift
AYKOYPΓOY.

Gefunden in der Nähe von Tivoli, zusammen mit dem Apollo Citha-
roedus und den meisten Musenstatuen der Rotonda des Vatican. VISCONTI
Mus.Pio-Cl. I t. 8, SEBASTIANI viaggio a Tivoli p. 230 und NIBBY Analisi
I p. 398 geben als Ort der Ausgrabung den fundus Cassianus an, jetzt
Carciano an der via Cassia, in der Nähe des sogenannten Casino Salerno.
Es scheint diess jedoch auf einer Verwechslung zu beruhen; BULGARINI
Notizie storiche antiquarie statistiche ed agronomiche intorno all' anti-
chissima città di Tivoli Roma 1848 p. 109 ff. weist auf Grund authen-
tischer Nachrichten den Fund vielmehr einer etwas weiter entfernten Stelle zu, bei der sogenannten voltata delle carozze an derselben Strasse: « poco al disotto (d. i. della voltata delle carozze) si
rinviene la villa di M. Bruto il giurista, padre di M. Bruto l'ora-
tore ...... La costruzione della villa è a tre grandi ripiani con so-
struzioni bellissime di reticolato in pietra di monte. Racchiudea magni-
fiche fabbriche, acquedotti fontane, peschiere ed un superbo museo tutto
scelto per sì sapienti padroni, posto nella seconda spianata ove nell' oliveto del dottor Mattias l'anno 1774 Domenico De Angelis patrizio tibur-
tino scavando trovò le seguenti statue ed ermi vendute al museo Vaticano per scudi 5000. Apollo Citaredo mancante due mezze braccia
(in der Sala delle Muse n. 516 VISCONTI Mus. Pio-Cl. 1, 15), sette
muse rotte in più parti (n. 499. 502. 506. 508. 511. 514. 518. Pio-Cl.
1, 15. 19. 18. 16. 23. 21. 26. 20). Bacco giacente mancante di più pezzi
(Gall. delle statue no. 397. Pio-Cl. 1, 42. CLARAC 651, 1594) una Pallade (n. 533? Pio-Cl. 1, 8.) il sonno rotto in più pezzi (Mus. Chiaram.
n. 62. Pio-Cl. 1, 28) la dea Igia (une déesse avec un serpent qui peut
être Hygie ou la Santé Visc.) un torso femminile panneggiato. L'ermi
con ritratti etc. etc. (genauer bei Visconti). Un gruppo al nudo di Si-
leno con Baccante lo comprò l'inglese Penchins per scudi 600 che fattolo
in qualche parte ristaurare stante la straordinaria bellezza lo rivendè ad
un Milord Inglese per scudi 1000 ed il De Angelis che ha lasciato tal
memoria, dice che si presentò a lui e volle il conducesse nel sito ove lo

ritrovò per aver la compiacenza d'idolatrare il luogo che lo conteneva. Fu proseguito poco dopo lo scavo per ordine di Pio VI. e fu ritrovata l'ottava musa Urania (Gall. delle statue n. 270. Pio-Cl. 1, 25) due ermi singolarissimi galeati di Pericle (n. 525. Pio-Cl. 6, 29 die andere Stuart u. Revett Antiq. of Ath. II p. 42) due frammenti d'ermi con piedi di Fidia e di Bacchilide, diverse statue egizie di marmo nero, un bellissimo Cocodrillo di paragone, un rosone di nobile architettura, ed un' ara dedicata al buon genio (Gall. de' Candel n. 217l Orelli 1786 C. I. Gr. 3,5967). Uno scavo fatto nell' oliveto alla spianata sottoposta all' anzi detta nel 1846 fece riconoscere fontane e peschiere e si rinvenne l'erma senza testa di Platone con iscrizione greca (Monatsber. der Berl. Akad. 1846 p. 273. Archäol. Zeitung 1846 p. 343. C. I. Gr. 6103).» Von diesem Bericht beruht das was die Ausgrabungen Pius VI betrifft, ganz auf Visconti; dagegen scheinen die Nachrichten über den frühern Fund auf Originalzeichnungen des De Angelis zurückzugehen. Das Geschichtchen von dem Engländer Penchins degegen, von dem auch Sebastiani weiss (a.a.O. p.230 «il gruppo del fauno che ora è in Londra, acquistato da Lord Jennings») löst sich dadurch auf, dass die betreffende Gruppe höchst wahrscheinlich identisch ist mit der vaticanischen Pio-Cl. I t. 49, von welcher Visconti sagt, sie sei auf Befehl Clemens XIV (bis 1775) dem Thomas Jengkins abgekauft worden. Vgl. Beschr. Roms II 2 p. 168 Anm. ***.

Von den bei jenen Ausgrabungen gefundenen Hermen gehören mit der des Lykurg am engsten zusammen die des Phidias (Sala delle Muse n. 526. C. I. Gr. 6119. ΦΘΙΔΙΑC sic), Bakchylides (ib. n. 497 C. I. Gr. 6034 ΒΑΧΧΥΛΙΔΟΥ sic), Pindar (n. 527 C. I. Gr. 6100 ΠΙΝΔΑΡΟC), Diogenes (n. 489. C.I. Gr. 6040 ΔΙΟΓΕΝΟΣ sic), Pisistratus (in der Galleria geografica rechts n. 196 C. I. Gr. 6094 ΠΕΙCΙCΤΡΑΤΟC), Archytas (jetzt nicht zu finden C. I. Gr. 6031 ΑΡΧΥΤΑC) und Hermarchos (jetzt nicht zu finden C. I. Gr. 6046 ΕΡΜΑΡΧΟΥ), von denen allen nur ein Stück Schaft mit den Füssen und der Inschrift an der Basis erhalten ist. Vgl. Pio-Cl. 6 t. XXII. XXIIᵃ wo aber die Lykurgoshermen und einige andere fehlen. Ein bestimmtes Princip in der Zusammenstellung dieser Männer wird kaum zu erkennen sein.

138ᵃ⁻*. Torso einer Selene (?).

H. 0,53. Entfernung der Brustwarzen 0,21. — Griech. Marmor. —
Erhalten nur der Oberkörper ohne Arme und Kopf.

Das Fragment rührt her von einer bekleideten weiblichen Figur mit vorgebeugtem Oberkörper. Beide Arme waren vorgestreckt, der r. nach unten, der l. höher. Der Chiton ist dicht unter der Brust gegürtet und auf den Achseln mit zwei breiten Schnallen zusammengehalten. Bemerkenswerth ist eine in sich zurücklaufende Schnur, welche in Form einer 8, unter beiden Armen durchgezogen sich im Nacken kreuzt. Sie ist von den bei STEPHANI Compte-rendu 1860 p. 80 behandelten Kreuzbändern wesentlich verschieden, und kann wohl nur gedient haben, das Herabgleiten des Chitons von den Schultern zu verhindern. Die Bewegung der Figur erinnert an die Selene des Braccio nuovo (n. 50 Mus. Chiar. 11, 7), würde aber etwa auch zu einer Wagenlenkerin passen. Vgl. auch CLARAC 570 B. 1239 B, und einen ähnlich erhaltenen Torso im Capitol. Am Genausten entspricht ein Fragment, an dem auch dieselbe Schnur wiederkehrt, bei Lloyd the eastern Pediment of the Parthenon pl. III.

139*. Portraitkopf eines vollbärtigen Römers.

H. 0,45. Gesl. 0,19.
Ergänzt: Büste, ein Stück am Hinterkopf und in den Haaren über der Stirn; Nase.

Der Kopf hat kurzes Haupt- und Barthaar und eine nach oben vorragende Stirn, die Pupillen sind eingegraben. Er wird nicht viel älter als constantinische Zeit sein.

140. Jugendliches Satyraköpfchen.

H. 0,26. Gesl. 0,12. — Griech. Marmor. — Ergänzt Büste, Nase, Kinn. — Abgebildet auf T. III Fig. 3, 2.

Auf der Stirn Buckel von vorbrechenden Hörnchen. Die Züge erinnern einigermassen an die Paniskin der Villa Albani (CLARAC 727, 1732). Das am Hinterkopf vollere Haar, der kleine Mund, die zierlichen und weichen Formen machen den Eindruck der Weiblichkeit. Am Fuss mit Bleistift M. 339.

Die Angabe O. Müller's im Handbuch § 366, 2, dass weibliche Satyrbildungen selten vorkämen, ist sehr zu beschränken. Vgl. n. 174. 273. 373 in diesem Museum. Unter den kleinen Marmorn im Museo nazionale zu Neapel eine Doppelherme eines Silen mit einer jugendlichen Satyra. Eine Doppelbüste eines Satyrs und einer Satyra in Bronze ebendaselbst Mus. Borb. X 13. GARGIULO I 66, MÜLLER-WIES. II 45. 561. Weiblich scheint auch der Kopf zu sein, den L. GERLACH Wörlitzer Antiken Heft 1 Titelblatt als Satyr publicirt hat. Ein schöner weiblicher Satyrkopf im Museum Kircherianum.

141. Silvanskopf.

H. 0,30. Gesl. 0,11. — Ital. Marmor. — Ergänzt Büste, Nase, Einiges an Bart und Kranz.

Der Kopf ist vollbärtig; um das lockig herabwallende Haar liegt ein Pinienkranz. Vermuthlich identisch mit dem früher im Vatican befindlichen D'ESTE Elenco p. 285 n. 770. Beschr. Roms II, 2 p. 111 n. 770.

142. Jugendlich männlicher Idealkopf.

H. 0,33. Gesl. 0,14. — Ital. Marmor.

Ergänzt Büste, Nase, ein Stück am Kinn und von dem um das Haar liegenden Wulst. Es fehlen die Augen, welche eingesetzt waren, und der Haarknoten am Hinterkopf.

Der Kopf hat grosse Verwandschaft mit denen der Stephanos-Pasitelesstatuen, s. KEKULÉ Ann. dell' Inst. 1865 p. 55 ff. Die Ohren stehen hoch; der Hinterkopf ist hoch und fällt steil gegen den Nacken ab. Das Haar geht vom Scheitel aus nach allen Seiten glatt nieder und ist im Nacken in einen Knoten gebunden. Um dasselbe ist ein Wulst gelegt, unter dem es am Vorderkopf in einzelnen Strählen vorgezogen, und um den es dann herumgewunden ist. Auf der Höhe des Kopfes ist ein 0,035 tiefes Loch, um welches rings das Haar etwas abgeplattet ist, vielleicht für einen Meniskos.

Eine sichere Deutung des Kopfes ist schwer, vielleicht unmöglich, da, wie bei allen Werken dieser Schule, der gemeinsame Typus vorwaltet und das Charakteristische zurücktritt. Er erinnert an den alterthümlichen Apollo der Galleria delle Statue (n. 395. GERHARD ant. Bildw. t. 84, 1. 2. Prodromus p. 322). Die Haartracht ist sehr ähnlich bei der Elektra der Orest-Elektragruppe in Neapel (CLARAC 836, 2093. OVERBECK Gall. her. Bildw. 28, 6. JAHN Berichte 1861 p. 103 ff.). Der Kopf befand sich früher im Vatican D'ESTE Elenco 1 p. 298 n. 889. Beschr. Roms 2, 2 p. 113 n. 889 und galt, wie die meisten dieser Köpfe, für einen Ptolemäer.

143. Athenekopf.

H. 0,39. Gesl. 0,12. — Griech. Marmor.

Ergänzt Büste, Nase, Unterlippe (der Mund war sicher geöffnet), der grössere Theil des Helms.

Der Kopf ist eine späte Wiederholung des bekannten behelmten Atheneköpfchens (Mon. dell' Inst. IV 1. MÜLLER-WIES. Denkm. d. a. K.

2, 19, 195². Die Pupillen sind schwach angegeben; um den Helm ist ein Oelkranz geschlungen. Am Fuss mit Bleistift M. 122. Vielleicht der früher im Vatican befindliche D'ESTE Elenco I p. 283 u. 751 «Testa di Pallade con elmo.» Beschr. Roms II 2 p. 111 u. 751.

144. Jugendlich römischer Portraitkopf.

H. 0,34. Gesl. 0,13. — Ital. Marmor.

Ergänzt Büste, Nase, ein Stück der Stirn auf der r. Seite, mit einem Theil der Haare, Einiges an Ohren und Kinn.

Die Züge erinnern an die der Julier. Wahrscheinlich identisch mit dem früher im Vatican befindlichen «busto rappresentante qualche soggetto di famiglia augusta» D'ESTE Elenco I p. 288 u. 795.

145. Knabenkopf.

H. 0,31. Gesl. 0,12. — Ital. Marmor.

Aufgesetzt auf einem Knabentorso mit Köcherband aus Paonazzetto. — Ergänzt Nase, Oberlippe, Kinn.

Das gelockte, aber platt anliegende Haar ist längs des Scheitels zu einer Flechte eingeflochten. Früher im Vatican D'ESTE Elenco I p. 285 u. 774 «piccolo busto di amorino in marmo paonazzetto con testa inserita di altro marmo.»

146. Portraitkopf eines römischen Knaben.

H. 0,29. Gesl. 0,11. — Ital. Marmor. — Ergänzt Büste und Nase.

Um das schlichte Haar liegt ein Pinienkranz, von dem auf beide Schultern Bänder herabfallen. Späte geringe Arbeit.

147. Venusköpfchen.

H. 0,25. Gesl. 0,105. — Griech. Marmor. — Ergänzt: Nase.

Aus dem einfach gescheitelten Haar fallen vor den Ohren zwei Locken herab, die wie Backenbart aussehen. In den Ohrläppchen Löcher für Geschmeide. Der Kopf ist ein wenig n. l. in die Höhe gewendet. Am Fuss die Papiernummer 776. Danach früher im Vatican D'ESTE Elenco I p. 286, n. 776. KLÜGMANN bullett. 1864 p. 124 glaubt, der Kopf sei identisch mit dem von D'ESTE Elenco n. 772 und in der Beschr. Roms II 2 p. 111 n. 772 aufgeführten Kopf eines Niobiden. Vgl. STARK Niobe

p. 261. — Können die eigenthümlichen Spuren von Backenbart wohl eine Reminiscenz an die bärtige Venus sein? Vgl. PRELLER röm. Myth. p. 393. GERHARD gr. Myth. § 376, 3 a.

148. Grabcippus.

H. 0,85. B. 0,68. T. 0,55. — Ital. Marmor.

Abgebildet bei CANINA la prima parte della Via Appia II t. 28 (I p. 119). = Edifizi di Roma VI t. 30 (V p. 32). Vgl. Annali dell' Inst. 1852 p. 267 n. XXX. Gefunden auf der Via Appia kurz vor dem 5. Miglienstein.

Auf der Vorderseite in schönen Buchstaben die Inschrift:

OSSA
M·CONSI
CERDONIS

Auf jeder der beiden Nebenseiten ein schreitender aufgezäumter afrikanischer Elephant mit grossen Zähnen. Beide tragen auf dem Rücken einen Kasten, aus dem eigenthümlich geformte, etwa rüben-ähnliche Gegenstände hervorstehen, die vielleicht mit Canina für Elephantenzähne zu nehmen sind. In dem Relief der l. Seite ist dieser Kasten durch einen Bruch verstümmelt. Beide Elephanten sind wie häufig auf antiken Reliefs, mit netzförmig eingegrabenen Strichen überzogen.

149. Aschenkiste.

H. 0,55. B. 0,38. T. 0,29. — Ital. Marmor.

Auf der Vorderseite eine Tafel mit der Inschrift:

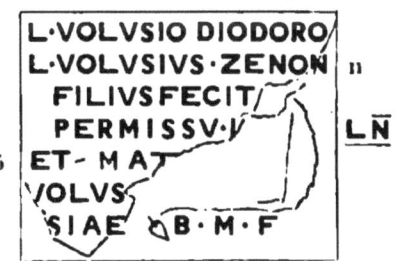

Ueber der Inschrift ein Bauglied ähnlich einem ionischen Capitäl, die beiden Voluten in der Mitte mit Widderköpfen, vgl. n. 105ᵇ. 152. Gall. Giust. 2, 147. VALENTINELLI Marmi scolp. della Marciana n. 219

t. 37; zwischen diesem Glied und der Tafel in der Mitte ein Gorgoneion mit Flügeln und unter dem Kinn geknüpften Schlangen. Zu beiden Seiten zwei Vögel (Schwäne oder Gänse?, welche nach den Haaren des Gorgoneion picken. Zu beiden Seiten der Inschrift hängt eine Frucht-guirlande herab. Unter der Inschrift befindet sich eine männliche bart-lose Portraitbüste in einer Muschel die von zwei stehenden unbeklei-deten Eroten gehalten wird. Ihre Haare sind an den Schläfen in eine grosse Locke gedreht. Abgeschlossen ist die Vorderseite l. und r. von einer spiralförmig cannelirten korinthischen Säule mit Delphinen am Capitäl. Die beiden hinteren Ecken der Kiste werden von entspre-chenden mit Blätterornament verzierten Pilastern gebildet. Die Seiten-wände sind als Quader-Mauer charakterisirt. In ihrer Mitte ist an einer Wollbinde je ein Amazonenschild (Schildz. Delphin) aufgehängt, den man jedesfalls marmorn zu denken hat. Derselbe Schmuck findet sich auf einem Aschengefäss des Sex. Caesonius Apollonius (seine Inschrift bei Amati im Giorn. Arcad. 1822 XIII 39 p. 385. MELCHIORRI u. VISCONTI in den Memorie Rom. 1, 88 n. XXX) in der Galleria lapidaria des Vatican, auf einem Cippus, der zu Zoegas Zeit im Palazzo Albani war (Bassiril. I p. 80 n. XXIX tav. A) und einem andern bei PISTOLESI il Vaticano descr. III t. 47. Näheres darüber WELCKER a. D. II p. 142.

Der Deckel hat Dachform; im Giebel ein Oelkranz mit fliegenden Bändern. Auf den Nebenseiten in Deckel und Kiste einander entspre-chende Löcher für durchzuziehenden Draht zur Befestigung des Deckels. Die Aschenkiste, auf der l. Nebenseite bezeichnet C. C. 1827, ist ge-funden in der Vigna Ammendola s. zu n. 189. Die Inschrift (bei AMATI Giornale Arcadico 1831. L p. 258 no. 5, danach CARDINALI Dipl. 106) ist nach MOMMSEN zu Borghesi Oeuvres III p. 333 wahrscheinlich älter als 809 d. St. Vs. 3 am Ende scheint noch eine Hasta gestanden zu haben; sie könnte der Rest eines E sein, da die Formel auch zuweilen lautet «e permissu»; vgl. unter den Volusierinschriften CARDINALI Dipl. 27 (wo vs. 6 am Ende für L zu lesen ist E). Vs. 4 ist zu ergänzen L· N; von dem Strich über N ist noch ein Rest sichtbar.

150. Replik des praxitelischen Satyrs.

Ital. Marm. — Ergänzt Nase, r. Arm von der Mitte des Oberarms an, l. Arm mit Ausnahme weniger Finger, beide Unterschenkel, ein Stück vom Thierfell, der Stamm. Der Kopf war abgebrochen. — Abgebildet bei GARRUCCI M. L. t. 25 p. 39. — Die An-gabe Garrucci's, dass diese Figur zusammen mit dem Satyr n. 225 auf dem Esquilin gefunden sei, ist falsch; dort wurde allerdings eine Replik des praxitelischen Satyrs gefunden, dieselbe findet sich jedoch gegenwärtig in Petersburg, vgl. zu n. 225.

Die Arbeit ist nicht ausgezeichnet; die Rückseite vernachlässigt.
Die Figur entspricht vollkommen in Grösse und im Stil jenen überaus
zahlreichen Statuen, welche man für Copien des berühmten praxitelischen Satyrs hält. Dieselben sind, mit Ausnahme einiger Verklei-
nerungen, vermittelst des Punktirsystems (vgl. zu n. 492) genau in
derselben Grösse, sogar mit demselben Fehler des l. Fusses, ausgeführt,
wie die folgende Tabelle an einigen Exemplaren veranschaulichen mag:

	Lateran	Capitol	Braccio nuovo	Gal. d.Statue	Berlin n. 10	Berlin n. 9	Gal.lapid.	Accad. S. Luca	Palatin
Von der l. Achsel bis zur Scham-linie	0,57	0,55	0,555	0,57	0,56	0,55	0,555	0,56	0,57
Torsolänge	0,55	0,53	0,52	0,54	0,53	0,52	0,52	0,53	0,55
Länge d. rechten Schenkels	0,56	0,54	0,55	0,55	0,55				
Länge d.r.Unter-schenkels	0,56	0,56	...	...	0,52				
Länge d. r.Ober-arms	0,40	0,38	...	...	0,39	0,38			
Länge d.l.Fusses	0,27	0,26	...	...	0,25				
Länge d.Gesichts	0,16	0,16	0,168	0,165	0,17				
Länge der Stirn	0,050	0,049	0,052	0,050	0,055				
Länge der Nase	0,055	0,052	0,057	0,055	0,052				
Länge des Unter-gesichts	0,064	0,062	0,065	0,065	0,072				
Abstand der äus-seren Augen-winkel	0,090	0,095	0,091	0,092	0,087				
Abstand der in-neren Augen-winkel	0,038	0,034	0,033	0,033	0,031				
Breite d. Mundes	0,040	0,040	0,040	0,042	0,041				

Die Zahlenangaben würden noch genauer übereinstimmen, wenn
die Maasse nicht von verschiedenen Händen und mit Instrumenten
genommen wären, welche eine volle Präcision nicht erlauben. Diese
Uebereinstimmung der Grösse und der Umstand, dass die überwiegende
Zahl der bekannten Repliken dem römischen Boden entstammt, erklärt
sich befriedigend nur unter der Voraussetzung, dass das offenbar sehr
beliebte und populäre Original sich in Rom befand. Und aus der be-
merkenswerthen Thatsache, die an diesem Ort nur angedeutet werden
kann, dass eine beträchtliche Reihe von Copien, z. B. die Doryphoros-

statuen, die Repliken des Bogenspanners, des kleinen flöteblasenden
Satyrs, des liegenden Hermaphroditen, der Stephanosfigur (CONZE
Berichte d. sächs. Ges. d. Wiss. 1861 p. 111 Beiblatt A) etc. eine gleiche
strenge Uebereinstimmung der Proportionen zeigen, scheint sich die
Regel zu ergeben, dass man nur dann Ein Original voraussetzen dürfe,
wenn Repliken von derselben Grösse und den nämlichen Verhältnissen
vorliegen.

151. Grabcippus.

H. 0,90. B. 0,61. T. 0,52. — Pentelischer Marmor. — Abgebildet auf T. XVII, 3.

Es fehlen an beiden Figuren die r. Unterarme und der grösste Theil der Köpfe. —
Gefunden auf der Via Appia zwischen dem 4. und 5. Meilenstein. CANINA Annali dell'
Inst. 1852 p. 265 n. XXIII. La prima parte della via Appia 1 p. 116. Besprochen
von HENZEN Ann. 1862 p. 307. Die Inschrift ebd. p. 311 n. 8. = Or. Henzen n. 6695.

Auf den Nebenseiten l. urceus, r. patera.

Auf der Vorderseite folgende Inschrift:

DIS·MANIBVS

Q.FLAVIO·CRITONI·CONIVGI·BENE

MERENTI·ET·Q·FLAVIO PROCVLO

MILITI·COH·XII·VRB⁊

5   BASSI·FILIO·PIENTISSIMO

IVNIA·PROCVLA·FECIT

Vs. 4 ist das Centurienzeichen, welches Henzen a. a. O. angiebt, nicht
mehr zu erkennen.

Darunter ein Relief: l. ein stehender unbärtiger Mann (n. r.) in
Tunica und Toga, der in der L. einen kleinen undeutlichen Gegenstand
(Rolle?) hält, und die R. einem ihm zugewendeten jüngeren Mann
reicht; dieser stützt mit der erhobenen L. eine Lanze auf und ist durch
seine ganze Kleidung als Soldat kenntlich, also der vs. 3. 4 der Inschrift
genannte Soldat der 12. städtischen Cohorte, während der andere sein
Vater ist. Bekleidet ist er mit gegürteter Tunica, ohne dass ein Gürtel
sichtbar wäre, und darüber mit einer vermuthlich rund geschnittenen
paenula mit cucullus, welche jedoch vorn nicht geschlitzt ist. An den
Füssen trägt er Sandalen von der bei Soldaten gewöhnlichen Art. Die
Lanze scheint von der eigentlichen Kriegswaffe durch die Zierlichkeit
ihrer Spitze unterschieden; etwas unterhalb der Mitte ist daran ein Band
(amentum) sichtbar. An seiner r. Hüfte das Schwert. Ueber die einzelnen Stücke der Tracht s. das Nähere bei E. HÜBNER Relief eines

römischen Kriegers. Berliner Winckelmannsprogr. 1866. Eine ganz entsprechende Tracht zeigt der Prätorianer auf dem Cippus bei BOUILLON III
Cippes et inscr. sepulcr. t. 3 n. 49. CLARAC 148, 319, nur dass er eine
Lanze von schwererer Form hat; ferner ein Soldat auf einem unpubli-
cirten Cippus im Vatican (Gall. lapid. l. bei der ersten Thür der Bibliothek, Zeichnung beim Institut). Er libirt mit der R. und hält in der
L. einen (Centurionen?) Stab, seine paenula ist vorn geschlitzt. Eingefasst ist die Darstellung mit zwei Vexillen (s. n. 115). Genau entsprechend ist ferner ein Soldat auf einem Relieffragment in Mus. Chiar.
Risqu. XIII, links, unter n. 342.

152. Aschenkiste.

H. 0,54.   B. 0,43.   T. 0,35.

Auf den Nebenseiten l. patera, r. urceus. Auf der Vorderseite an
den Ecken zwei cannelirte Pilaster, die ein Gesims tragen; dazwischen
eine Flügelthür mit acht Feldern, deren jedes in der Mitte einen Ring
hat. Inmitten der Thür Tafel mit der Inschrift:

Unter der Thür eine Predelle mit zwei Guirlanden zwischen drei
Bukranien. Ueber der Thür ein Bauglied ähnlich einem ionischen Capitäl, in den Voluten mit einem Widderkopf s. zu n. 149. Der Deckel
hat die Form eines Daches, das mit Epheu-Blättern und -trauben gedeckt
ist. Im Giebel eine zweihenklige Vase; zu beiden Seiten ein Vogel der
danach pickt. Auf der l. Nebenseite die Bezeichnung: C. C. 1827, also
in diesem Jahr von der Regierung erworben.

Das Monument gehört nicht zu dem columbarium der Volusier
(zu 189); bei einer Abschrift der Inschrift in Amati's Papieren (in der
vat. Bibl.) ist bemerkt: «Sr. Capranesi V. Appia;» also vermuthlich bei
den Ausgrabungen gefunden, welche 1823 Fr. Capranesi dort zwischen dem 4. und 5. Miglienstein vornehmen liess, P. VISCONTI Atti
dell' Acad. Pont. II p. 668. CANINA La prima parte della Via Appia I
p. 108 n. 13. A. PELLEGRINI Descr. della V. Appia p. 72. Doch sind die
hier genannten wahrscheinlich Freigelassene derselben Familie, entweder

des Q. Volusius Saturninus Consul 809 oder seines gleichnamigen Sohnes, Consul 845, vgl. Borghesi Oeuvres III p.315 und dazu Mommsen p.334. In der Inschrift fehlt vs. 3. der Anfang eines weiblichen Cognomen auf -ris oder -pis. Vs. 5 kann die erste hasta ein **T**, vielleicht aber auch nur ein **I** oder der Rest eines **H, L, N** sein. Könnte man vielleicht lesen: **HONoRI!** Vgl. die Inschrift einer Aschenkiste aus Villa Pamfili (jetzt in Pal. Doria) /ᒣ**HONORI**⟋ **P·CARVILIO·FELICI·PATRONO·IN-CONPARABI LI·FECIT·P·CARVI LIVS·VICTOR·**⟋**LIBER-TVS**⟋ Doch ist der Raum zwischen **N** und **R** vielleicht zu gross für nur einen Buchstaben.

153. Jugendlich männlicher Portraitkopf.

H. 0,56. Gsl. 0,14. — Ital. Marmor. — Ergänzt Büste, Nase, der obere Theil der Ohren.

Der unbärtige, sehr jugendliche Kopf erinnert, mehr durch den Ausdruck und die Arbeit als durch die Formen, an den jugendlichen Augustuskopf des Museo Chiaramonti (n. 416. Beschr. Roms II 2 p. 65 n. 415) und ist vermuthlich identisch mit dem früher im Vatican befindlichen Kopf d'Este Elenco I p. 285 n. 768. «Testa di Augusto in età giovanile». Beschr. Roms II, 2 p. 111 n. 768. «Jünglingskopf dem August in jugendlichem Alter entfernt ähnlich.» Mit mehr Recht kann man darin Tiber erkennen.

154. Jugendlicher Satyrkopf.

H. 0,25. Gesl. 0,10. — Ital. Marmor. — Ergänzt Büste und ein grosser Theil des Untergesichts.

Der Kopf ist eine kleinere Replik von dem des sog. praxitelischen Satyrs. Vgl. n. 121.

Am Fuss die Nummer 780; danach früher im Vatican, wo er für weiblich galt d'Este Elenco I p. 286 n. 780.

155. Lachender Satyrkopf.

H. 0,30. Gesl. 0,12. — Ital. Marmor. — Ergänzt Büste, Hals, Nasenspitze. Ohren und Haar mehrfach bestossen.

Um das Haar geht ein Band mit einigen Epheutrauben. Der Ausdruck ist der eines starken Lachens. Die Ohren sind wenig spitz. Die Arbeit ist roh, aber wirksam. Am Fuss die Nummer 812. Danach früher im Vatican d'Este Elenco I p. 290 n. 812. Beschr. Roms II 2 p. 112 n. 812.

156. Weiblicher Idealkopf.

H. 0,25. Gesl. 0,13. — Ital. Marmor. — Ergänzt Nase, ein Stück des r. Augenknochens, Kinn, Hals; überdies mehrfach gebrochen.

Das einfach gescheitelte Haar ist sehr schlicht behandelt. Früher
im Vatican D'ESTE Elenco p. 295 n. 892.

157. Replik des Kopfes der Stephanosfigur.

Als solcher erkannt von KEKULÉ Ann. dell' Inst. 1865 p. 62. Ergänzt die
Hälfte der Nase, Hals, Büste. Griech. Marmor. Die Maasse u. s. w. zu n. 46.

158. Jugendlich männlicher Portraitkopf.

H. 0,25. Gesl. 0,15. — Bläulich schieferfarbiger Marmor. — Ergänzt
Nase, Ohren, Hals, Büste.

Der unbärtige Kopf ist leise n. l. gewendet; das Haupthaar ist nur
mit eingegrabnen Meisselstrichen angedeutet; die Pupillen und Augenbrauen sind angegeben. Späte, rohe Arbeit.

159. Jugendlich weiblicher Portraitkopf.

H. 0,25. Gesl. 0,13. — Ital. Marmor. — Ergänzt Büste und Nase, die Ohren
und der Hinterkopf verstossen; der ganze Kopf sehr verputzt.

Die Züge sind die einer Römerin, das wellige Haar zierlich und
künstlich frisirt. Am Fuss die Nummer 880. Danach früher im Vatican
D'ESTE Elenco I p. 297 n. 880.

160. Jugendlich männlicher Idealkopf.

H. 0,25. Gesl. 0,12. — Ergänzt Nase und Büste.

Mit reichen Locken, durch die ein Band geht. Vielleicht der
früher im Vatican befindliche Kopf, der D'ESTE Elenco I p. 294 n. 849.
Beschr. Roms II 2 p. 112 n. 849 als Paris bezeichnet ist.

161. Kinderköpfchen.

H. 0,24. Gesl. 0,11. — Ital. Marmor.

Neu die Büste. Beide Ohren bestossen. Am Fuss undeutliche Nummer 8/////;
danach aus dem Vatican, vielleicht = D'ESTE Elenco I p. 294 n. 852 «busto di putto».

162. Grabrelief (?).

H. 0,90. B. 0,75. — Griech. Marmor. — Abgebildet auf T. XVI, 1. 2.

Das Ganze dessen Form fig. 2 veranschaulicht, bildete die Einfassung einer nicht mehr vorhandenen Tafel, welche eingesetzt war und
in der man am einfachsten eine Inschrifttafel vermuthet. Von der
Umrahmung ist nur das l. Stück ganz erhalten, das obere und untere
grossentheils, während das r. ganz fehlt. In dem linken Seitenrelief r.
und l. zwei korinthische, spiralförmig cannelirte Säulen, deren Capitäle
eine Blattguirlande mit fliegenden Bändern (an deren Enden Troddeln)
verbindet. Zwischen ihnen am Boden steht ein unbärtiger, bejahrter
Mann (e. f.) mit spärlichem Haupthaar und einer Warze auf der r. Backe.
Er ist bekleidet mit Tunica, Toga und einer Art Stiefeln, und hält in
der l. halberhobenen Hand über dem Feuer eines r. neben ihm stehenden
Dreifusses ein kleines rundes Büchschen mit offenem Deckel und Kör-
nern darin (acerra mit Weihrauch), während die R. auf dem Leib ruht.

Auf dem unteren Stück der Einfassung gleichfalls ein Relief. In
einer auf allen Seiten angedeuteten Felsenhöhle liegt, den Kopf n. r.,
ein schlafender Mann, mit einer Tunica bekleidet; um Beine und Leib
ist ein gefranztes Gewand geschlagen. Der Kopf ruht auf einer von dem
Felsen gebildeten Erhöhung und lässt, trotz starker Verzeichnung, die
Züge des opfernden Mannes wieder erkennen; doch fehlt die Warze auf der
Backe. Seine R. hält lose einen unförmlich grossen Mohnkopf. — Ueber
dem von den Säulen des ersten Reliefs getragenen Architrav und dem
oberen Rande der Mitteltafel, welche beide in Einer Linie liegen, zieht sich
ein Fries hin. In dem Theil über dem ersten Relief ist ein Hahnenkampf
dargestellt. L. auf einem Sessel mit Fussschemel und Kissen sitzt n. r.
im Profil ein Erot, und stösst in eine Trompete, die er, wie es scheint,
mit beiden Händen erhebt; r. von ihm im Grunde zwei stehende Palmenzweige. Weiter r. zwei gegen einander gerichtete, sich duckende Hähne
mit gesträubten Halsfedern, die sich gegenseitig mit den Schnäbeln gepackt halten. Hinter ihnen in der Mitte steht ein zweiter Erot (e. f.),
der in der R. seitwärts einen Kranz erhebt und mit der L. den r. Hahn
anzutreiben scheint. Den Schluss der Darstellung bildet r. ein dritter
Erot (n. l.), welcher mit einem Stäbchen, das er in der L. hält, den r.
Hahn anzutreiben scheint, während er mit der R. einen Palmenzweig
erhebt. In dem Theil des Frieses über der Mitteltafel sieht man zwei
Eroten als Träger von Fruchtgewinden mit flatternden Bändern, die
an den Enden Troddeln haben. L. steht im Profil ein Erot (n. r., der

mit der R. eines der Bänder gefasst hat; der andere steht en face und fasst mit der R. gleichfalls nach einem Band, mit der L. nach einer Frucht. R. ist ein dem ersten symmetrisch entsprechender Erot weggebrochen. Dass nicht noch mehr fehlt, wird dadurch wahrscheinlich, dass in der obern Leiste der Mitteltafel r. ein Stück von einer runden Vertiefung (wie um eine Rosette einzusetzen) erhalten ist, das sich l. in der Ecke wiederfindet, also wol auch hier die Ecke wird bezeichnet haben. Danach wäre auch das untere Relief des schlafenden Mannes nahezu vollständig.

Pupillen sind nirgends angegeben. Die Kindergesichter haben einen greisenhaften Ausdruck und die Proportionen des Mannes, besonders in dem ersten Relief, sind völlig verfehlt. Danach kann man das Ganze gewiss nicht früher als in das dritte Jahrhundert setzen.

Ob die vorliegenden Reste zu einer Grabausschmückung gehört haben, wie Hahnenkampf und Opfer vermuthen lassen, ist nicht sicher, da es für die Darstellung des auf dem Felsen schlafenden Mannes auf römischen Grabsteinen an Analogieen fehlt. Vielleicht ist an eine Incubation zu denken, vor welcher man regelmässig opferte, um sich dann auf blosser Erde niederzulegen s. WELCKER über Incubation Kl. Schr. 3 p. 59 ff.

163. Gewandbüste ohne Kopf.

H. 0,33. Etwa natürliche Grösse. — Ital. Marmor. — Es fehlt der Kopf.

Ueber die Tunica ist ein Obergewand geschlungen. Die Büste mag für einen jugendlichen männlichen Kopf bestimmt gewesen sein, da die Brust keine Spur von weiblichen Formen zeigt. Vergl. CANINA descriz. di Vei p. 86 n. 158.

164. Männlicher Portraitkopf.

H. 0,35. Gesl. 0,18. — Griech. Marmor. — Ergänzt Büste und Nase.

Dünnes Haupt- und Barthaar, Andeutung von Schnurrbart. Pupillen und Augenbrauen angegeben. Die Arbeit weist etwa auf constantinische Zeit hin.

165. Cylindrische Aschenkiste.

H. 0,32. — Es fehlt der Deckel. — Die Reliefs mehrfach bestossen.

Vorn in umrahmtem Felde die Inschrift:

```
D M
C·VALERI
SYNTRO
PHICON
IVGIS·DVL
CISSIMI
ARRVNIA
HILARA
EXVVIAS FEC
```

L. von der Inschrift auf einem nach r. anspringenden Zweigespann ein Erot, die Zügel um den Leib gebunden, der in der jetzt verstümmelten Rechten die Geissel geschwungen zu haben scheint. Unter den Pferden ziemlich horizontal liegend oder fliegend ein Erot, der eine Kanne nach unten ausgiesst. R. von der Inschrift ein anderer Erot auf einem nach l. anspringenden Zweigespann. Er hat die Zügel gleichfalls um den Leib geschlungen und scheint beide Arme vorgestreckt zu haben. Unter den Thieren ein kauernder Erot, der, wie der andere, eine Kanne nach unten ausgiesst.

Die beiden Zweigespanne sind als Sonne und Mond, die Eroten unter den Zweigespannen als Spender des Thaus zu fassen. Vgl. RAOUL-ROCHETTE Mon. inéd. p. 396 ff. ant. chrét. III p. 186 f. JAHN Archäol. Beiträge p. 91 f. STEPHANI Compte-rendu 1860 p. 67 f.

Einer Copie der Inschrift in Amati's Papieren (Vatic. Bibl.) ist beigeschrieben: «Cinerario rot° presso il Sr. d'Este», womit vermuthlich Alessandro d'Este, Schüler Canova's gemeint ist. Später war das Monument bei dem Kunsthändler Fossati.

166. Priapustorso.

H. 0,43. — Ital. Marmor. — Es fehlen Kopf, beide Unterarme und beide Unterschenkel.

Priap ist wie gewöhnlich dargestellt mit weichen Körperformen, in einem weiblichen gegürteten Aermelchiton; diesen hat er bis zu den Hüften zu einem Sinus aufgenommen, in dem sich Früchte und Weintrauben befinden. Unter den Früchten unterscheidet man Mandeln, Datteln, Birnen, Feigen (?). Die Figur ruht auf dem r. Bein und scheint, einigen Spuren an der Unterseite des Sinus zufolge, ithyphallisch gewesen zu sein.

Dass die Figur ein Priap sei, ist nach den Untersuchungen von JAHN Berichte der sächs. Ges. d W. 1855 p. 234 ff. Rhein. Jahrbb. 27 p. 45 ff. unzweifelhaft. Eine ähnliche Statue wurde in den Ausgrabungen der Herzogin von Chablais bei Tor Marancio gefunden: Notizie del giorno 7 Genn. 1819 «una statuetta di 3 palmi acefala di un Vertunno o Priapo con i frutti nella veste.» Eine andere ähnliche lag im Institut vor 13. Januar 1813 Bull. 1843 p. 51. Arch. Zeit. 1843 n. 5 p. 137; vermuthlich dieselbe, welche jetzt im Vorhof der Institutsbibliothek steht. Wahrscheinlich ebenfalls ein Priap ist die Berliner Statue mit nichtzugehörigem Kopfe n. 768 Berlins ant. Bildw. p. 99 n. 163. CAVACEPPI Raccolta 1, 57. CLARAC 698, 1656, welche zuerst für eine Bacchantin, dann für eine männliche Hore und Genius des Herbstes, neuerlich für Bacchus erklärt worden ist.

167. Fragment einer Marmorvase.

H. 0,37. — Griech. Marmor. -- Abgebildet bei GARRUCCI M. I. t. XLIII n. 4 p. 82.

Darauf in Relief zwei n. r. tanzende Satyrn, der r. mit Bockshörnern und Schwanz, langfliegendem Haar, ein Löwenfell über dem l. Arm, den Kopf zurückgeworfen und die Becken schlagend; der l. gleichfalls mit einem Löwenfell, in der erhobenen Linken den Thyrsos, den Kopf zurückgewendet. Um den Hals der Vase ging ein Kranz von Weinblättern. Vortreffliche, lebendige Arbeit.

168. Portraitkopf einer Römerin.

H. 0,35. Gesl. 0,16. — Ital. Marmor. — Ergänzt Büste, Nase, Kinn, ein Stück des r. Augenknochens und r. Ohres.

Das Haar, welches das Gesicht in künstlicher Anordnung umgiebt, ist hinten in ein hohes Nest geflochten.

169. Fragment einer Statue.

H. 0,47. L. d. Fusses 0,26. — Ital. Marmor.

Erhalten ist auf einer antiken Plinthe das r. Unterbein und der l. Fuss einer männlichen Statue. Die Plinthe hat beinahe oblonge Form, die r. und l. Seite ist ganz, die vordere zum Theil erhalten. Hinter

7 *

dem r. Bein befindet sich das Fragment eines Baumstammes. Vollständig erhalten ist der reich geschmückte Stiefel am r. Bein, dessen
oberer Umschlag als Thier- (Löwen?) Fell charakterisirt ist. Die Arbeit
der Ornamente entspricht derjenigen der besten römischen Harnische.
Am Baumstamm oben Rest eines befranzten Gewandstückes.

170*. Portraitkopf eines Römers.

H. 0,37. Gesl. 0,18. — Ital. Marmor. — Ergänzt Nase, beide Ohren, Büste.

Das schwache Kopf- und Bart-Haar ist mit wenig Strichen eingemeisselt. Pupillen und Augenbrauen sind angegeben. Arbeit unbedeutend, vielleicht aus constantinischer Zeit.
Hatte Papiernummer, also früher im Vatican.

171*. Portraitkopf einer Römerin.

H. 0,15. Gesl. 0,14. — Ital. Marmor. — Erg. Nase und Hals.

Der Kopf, der sich durch ungewöhnliche Schönheit der Formen
auszeichnet, ist etwas nach r. gewandt. Das gescheitelte Haar ist künstlich angeordnet und geht bis tief in den Hals herab. Pupillen und
Augenbrauen angegeben.

172*. Portraitkopf einer römischen Matrone.

H. 0,4. Gesl. 0,17. — Ital. Marmor. — Erg. Nasenspitze und Büste.

Die gewellten Haare sind hinter dem Ohre herunter gezogen und
am Hinterkopfe in breiter Flechte wieder aufgenommen. Hinter den
Ohren fallen ein paar Locken herab. Etwas nach l. gewendet. Pupillen
und Augenbrauen angegeben.

173. Knabenkopf.

H. 0,48. Gesl. 0,14. — Ital. Marmor. — Erg. Nase, Lippen, Kinn, Büste.

Längs des Scheitels ziehen sich auf der Höhe des Kopfes zwei
Haarflechten hin, welche vorn wie bei den Harpokratesköpfen in einen
Büschel enden. Um den ganzen Kopf fallen reiche künstliche Locken
nieder.

174. Weiblicher Satyrkopf.

H. 0,32. Gesl. 0,15. — Ital. Marmor. — Erg. der grösste Theil des Gesichts, ausser den Augen, Theile des Haars und Büste.

Das Haar fiel hinten in breiter Masse lang herab, und steht über der Stirn in einem starken Büschel empor; neben diesem r. und l. kleine Ausätze von Hörnern.

Papiernummer 853, also früher im Vatican, D'ESTE Elenco I p. 294 n. 853 «testa di faunessa», Beschr. Roms II 2 p. 112 n. 853 «Kopf eines Satyrweibes.»

Vor dem Fenster Fragment einer 1853 in der basilica Julia gefundenen Säulenbasis. An der Wand eine fragmentirte Platte mit Kränzen, und griechischen Inschriften darin. (Gefunden am 6. Meilenstein der via Appia, abgebildet von CANINA via Appia tav. 35, edifizi di Roma antica I 38. Vgl. HENZEN annali 1863 p. 96 ff. tav. d'agg. G.

V. ZIMMER.

Nr. 175—201.

SÜDWAND.

175. Aschenkiste.

B. 0,35. H. 0,31. T. 0,30. — Ital. Marmor.

Gefunden 1552 in der Vigna Manenti an der Via Latina; von da bei Aloisio Arduino, dann in den Magazinen des Lateran, vgl. n. 33. (So die Scheden des Corp. Inscr.)

Der Deckel hat die Form eines mit blattförmigen Ziegeln gedeckten Tempeldaches; auf seinen vier Ecken Akroterien mit Palmetten, im Vordergiebel ein umgestürzter Korb mit Früchten, an denen ein Vogel pickt. An der Kiste selbst in der Mitte der Vorderseite oben eine Tafel mit der Inschrift:

DIS·MANIBVS
L·CORNELIVS
LAMYRVS
VIX·ANN·LXV
5 CORNELIA EVTYCHIA
CONIVGI SVO BENE·ME
RITO·FECIT

Auf den beiden oberen Ecken der Vorderseite Widderköpfe, von deren Hörnern unter der Inschriftentafel weg eine Guirlande von Blumen und Früchten herabhängt. Ueber dieser und unter der Tafel zwei Vögel, die sich um eine Frucht streiten; unter der Guirlande zwei an ihr pickende Vögel. An den beiden unteren Ecken der Vorderseite je ein Greif, der den Kopf nach oben zurückwendet; sein Leib ist auch auf der Nebenseite sichtbar. Auf beiden Nebenseiten je ein runder Schild, mit zwei darunter gekreuzten Lanzen, deren Spitzen nach oben gerichtet sind. Auf den Nebenseiten sind in der Mitte im obern Rande der Kiste und dem Rand des Deckels mehrere einander entsprechende kleine Löcher, vermuthlich um Draht durchzuziehen und so die Kiste zu schliessen. Vgl. zu n. 159.

176. Fragment einer Statue, schlafender Eros.

H. 0,32. B. 0,44. — Ital. Marmor. — Die untere Hälfte der Statue, von der Hüfte an, fehlt. Nase abgebrochen. — Abgebildet bei GARRUCCI M. I. XI. n. 2 p. 77 f.

Eros ist mit seiner l. Seite auf einen schlafenden Löwen gelagert; er liegt auf dem l. Arm, der r. ist über die Brust auf die l. Schulter gelegt, unter welcher der Kopf des Löwen hervorsieht; in der l. Hand hält er zwei Mohnköpfe. Das Haar ist, wie gewöhnlich, über der Stirn in einen Knoten gebunden. Ueber diese Erosdarstellungen s. zu n. 370 Das vorliegende Fragment unterscheidet sich von den meisten anderen dadurch, dass hier der Eros nicht auf einem Löwenfell, sondern auf einem schlafenden Löwen ruht. Unter den a. a. O. zusammengestellten Beispielen scheint dem unsrigen nur n. 247 MAFFEI Racc. di statue t. 151 und Augusteum t. 152 zu entsprechen.

177. Portraitkopf eines älteren Mannes.

H. 0,34. Gesl. 0,18. — Bläul. ital. Marmor. — Ganz erhalten.

Die Pupillen sind angegeben. Der Kopf war zum Einsetzen bestimmt.

177[b]. Aschenkiste.

H. 0,25. B. 0,32. T. 0,27. — Ital. Marmor.

Der Deckel hat die Form eines Daches, das mit blattförmigen Ziegeln gedeckt und r. und l. mit einem Polster abgeschlossen ist.
An der Ciste auf der Vorderseite oben eine Tafel mit der Inschrift:

```
L·CAECILIVS·ISIO
FECITSE·VIVO·SIBI·ARCA
HEDERACIA·IN QVO·
SE·PONI·IVBET·V·A·L
```

Unter der Tafel eine zweihenklige Vase, aus der zwei Epheuranken
mit Trauben in die Höhe wachsen, welche den ganzen übrigen Raum
ausfüllen. Oben, r. und l. von der Inschrift, sitzt auf den Ranken je ein
Vogel, der an einer Traube frisst. Die Nebenseiten sind identisch
decorirt: zwei Epheuzweige mit Trauben sind in den oberen Ecken
mit Bändern an Knöpfen festgebunden und unten, wo sie sich kreuzen,
mit einem Band zusammengeknüpft.

Auf den Nebenseiten Löcher zur Befestigung des Deckels, in
denen noch Reste von Metall erhalten sind. In der Inschrift ist die
Kiste hederacia genannt, mit Beziehung auf ihre Ausschmückung.
Gefunden 1552 in Vigna Manenti (s. zu n. 33), dann bei Alois Arduini.
Die Inschrift bei ORELLI-HENZEN 7359.

178. Fragment einer Statue, schlafender Eros.

L. 0,27. B. 0,36. — Ital. Marmor. — Die untere Hälfte von den Hüften an fehlt;
der Kopf bestossen; das Ganze sehr verwittert.

Eros liegt auf einem Löwenfell wie gewöhnlich auf dem l. Arm
und hält in der Linken einen undeutlichen Gegenstand. Ueber die
Darstellung s. zu n. 370.

179. Männliche Portraitbüste.

H. 0,34. Gesl. 0,18? — Paonazetto. — Ganz erhalten.

Der Typus dieses vollständigen Kopfes ist römisch; die Pupillen
eingegraben. Am Fuss die Nummer 852, früher im Vatican, D'ESTE
Elenco I p. 297 n. 852: «testa incognita di paonazetto.»

OSTWAND.

179ᵇ. Aschenkiste.

H. 0,20. B. 0,30. T. 0,29. — Bezeichnet C. C. 1827. — Der Deckel ist nicht
zugehörig: H. 0,07. B. 0,35. T. 0,26.

Der Deckel ist flach und hat vorn ein Tympanon, r. und l. Akroterien mit Palmetten; darin zwei Vögel, welche nach einer Frucht (?)
picken. An der Kiste selbst an beiden oberen Ecken der Vorderseite

Bocksköpfe von denen zwei sich kreuzende Weinzweige mit Trauben herabgehn. Nach den Trauben picken mehrere Vögel; auch eine Maus frisst daran. An beiden Nebenseiten eine Rosette.

180. Portraitbüste eines Römers.

H. 0,59. Gesl. 0,18. — Griech. Marmor. — Ergänzt Nase und beide Ohren
zum Theil.

Das Ganze hat die auch jetzt gewöhnliche Büstenform. Der Kopf ist beinahe kahl, mit ganz schwachem Haar. Auf der l. Schulter liegt ein Gewandstück mit Spange auf. Von der r. Schulter geht quer über die Brust der Schwertgurt.

Ohne eigentliche Aehnlichkeit mit Scipio Africanus zu haben, erinnert der Kopf an diesen im ganzen Charakter: jedenfalls ist er auf einen Römer der republikanischen Zeit zu beziehen. Vielleicht ist diess die Büste, die früher im Vatican war, D'ESTE Elenco I p. 259 n. 501. «Testa con qualche simiglianza a Scipione, rinvenuto a porto Trajano.» Vgl. Beschr. Roms II 2 p. 112 n. 501. Ueber verschiedene dortige Ausgrabungen s. NIBBY Analisi 2, 650. 652.

181. 188. Männliche und weibliche Pansherme.

181. H. 0,87. Gesl. 0,11. — Griech. Marmor.

Der Kopf ist angesetzt, aber sicher zugehörig; an ihm ergänzt der grösste Theil der Hörner und beider Ohren, letztere nach sicheren Spuren als Thierohren. Ergänzt ferner das l. Band am Hals, Obertheil und r. Unterschenkel des Knäbchens, unwesentliche Theile vom Korb', l. Arm von der Mitte des Oberarms an; der Fuss der Herme vom Ende des Gewandes abwärts. Auch ist ein kleines Stück in den Falten, welche über die Geschlechtstheile weggehen, eingesetzt; es ist aber sicher, dass kein stehender Phallus vorhanden gewesen ist, wie Garrucci anzunehmen scheint, und Conze behauptet (s. u.). — Abgebildet bei GARRUCCI M. I. XXVI 1.

Die Herme ist mit einem ärmellosen gefranzten dünnen Gewand bekleidet, unter welchem die männlichen Schamtheile discret angedeutet sind. Ueber dasselbe fällt von der l. Schulter ein zottiges Thierfell (die Pfoten mit gespaltnem Huf, der Kopf ohne Hörner mit langen ziegenähnlichen Ohren', welches in der Mitte der Herme zugleich mit dem Gewande eingegürtet ist. Der Kopf ist leise gegen die r. Schulter geneigt, auf der ein kleines nacktes Knäbchen sitzt; er hat einen kleinen Ziegenbart und auch an den Kinnladen spärliches Barthaar; noch spärlicher ist das Haupthaar. Rings um den Kopf ist ein geflochtenes Band gelegt, das mit sechs Blüthen geschmückt ist; am Hinterkopf in eine

Schleife geknüpft fällt es von da r. und l. in zwei Enden auf die Schultern herab. Die Arme stehen beide vom Körper etwas ab; im r. hält
er eine Fruchtschwinge von künstlichem Flechtwerk mit Früchten, unter
denen ein Pinienapfel und ein stehender Phallus erkennbar sind. Die
Schwinge ist grösstentheils mit einem Fell bedeckt. Die Linke ist mit
einer Traube ergänzt, ohne Anlass; denn an der Stelle ist nur eine antike
Stütze bemerkbar.

188. H. 0,59. — Griech. Marmor.

Ergänzt Kopf und Hals, das Knäbchen auf der l. Achsel, von dem dort nur ein
Ansatz und sonst ein Theil des l. Fusses erhalten ist, l. Hand, r. Arm von der Mitte
des Oberarms an sammt der Fruchtschwinge, Fuss der Herme mit einem Stück des
Gewandes. Unter dem r. Arm an der Seite der Herme Rest einer Stütze für die
Schwinge und ein Loch mit Ueberbleibsel eines Metallstifts.
        Abgebildet bei Garrucci M. L. XXVI, 2.

In Grösse und allem wesentlichen der vorigen Herme gleich. Das
feine Gewand, mit kurzen Aermeln, welche am Oberarm mehrmals genestelt sind, ist in der Gegend der Hüften mit dem Fell eingegürtet;
dieses ist auf der r. Schulter geknüpft, und kurzhaariger als das von 181;
und hat Klauen etwa wie bei Löwen- oder Pantherfell. Unter demselben
kommt in der Gegend der Schaamtheile ein Band oder eine Schnur mit
mehreren Früchten von der Form kleiner Feigen hervor, das schon auf
der l. Schulter sichtbar ist. Im Nacken ist das Ende eines vom Kopf
herabfallenden zopfartigen Bandes erhalten. Auf der r. Schulter den
Oberarm hinab und auf der l. Seite der Brust sind die Enden von je
einer dünnen Locke sichtbar. Die runderen und zarteren Formen der
Arme, die Art des Gewandes, der Zopf und das Fehlen jeder Andeutung
von Geschlechtstheilen, wie sie doch bei n. 181 vorhanden ist, zeigen,
dass die Herme weiblich ist. — Beide Hermen sind nach Garrucci und
der Aussage des Custoden in Nettuno gefunden; nähere Angaben fehlen.
Besprochen von Garrucci M. L. p. 40. Stephani Compte-rendu 1861
p. 24, der sie für Priape erklärt; ebenso Conze Gött. gel. Anzeigen 1862
p. 1315. Auf eben diese Deutung scheinen Garrucci's nicht bestimmte Aeusserungen zu zielen. Dieselbe ist jedoch gegenüber Jahn's
Untersuchungen über die Bildung des Priap (Berichte der sächs. Ges.
d. W. 1855 p. 235. Rhein. Jahrbb. XXVII p. 45 ff.) unhaltbar; es fehlt
diesen Hermen jedes charakteristische Kennzeichen des Gottes. Denn
dass man als ein solches nicht die weibliche Kleidung von 188 ansehen
darf, sondern dass dort an ein wirklich weibliches Wesen gedacht
werden muss, ist oben gezeigt. Die allgemeine Bezeichnung «Fauni»,

welche ihnen Garrucci in der Ueberschrift giebt, fördert nichts; denn wenn damit Satyrn gemeint sein sollen, so wäre erst nachzuweisen, dass diese in solcher Bildung je vorkommen. Näher liegt die Deutung auf Pan und Panin; Bockshörner, Ziegenbart, Thierohren und das umgebundene Fell kommen diesen zu, und der kleine Dionysos, den wir in dem Knäbchen (ohne Satyrschwänzchen) zu erkennen haben werden, kehrt auf einer Münze von Zakynthos auf den Armen des Pan wieder (Müller-Wirs. II 35 n. 410). Vgl. zu 432. 435.

Sehr eigenthümlich ist die Bildung des Kopfes, für die sich ganz zutreffende Analogieen kaum finden; hervorgegangen ist sie sicher aus dem Typus des bocksbeinigen Pan, aber in einer Art ausgebildet, die an den modernen Teufel erinnert. Die Ausführung des Ganzen ist fein und geschmackvoll.

182. Asklepiosstatue.

H. 1,40. Fusslänge 0,22. — Griech. Marmor

Der Kopf ist antik, aber aufgesetzt; er scheint von anderem Marmor und anderer Arbeit zu sein als die Statue.

Ergänzt die Nase, der r. Arm mit dem Schlangenstab, von dem nur der Ansatz am r. Schenkel nebst dem Schwanz der Schlange auf der Plinthe antik ist; ferner Einiges an den Füssen und dem unteren Theil des Gewandes, doch ist der grösste Theil der Plinthe antik.

Abgebildet bei CLARAC 545, 1147. GARRUCCI M. L. XXVIII p. 41.

Die Figur entspricht in Tracht und Haltung den gewöhnlichen Statuen des Asklepios. Sie ruht auf dem l. Bein, an welchem unten ein Baumstamm sichtbar ist. Ein Zipfel des Gewandes ist mit einer Troddel verziert. An den Füssen schuhartige Sandalen, im Haar ein Reif. Der Stab war nicht unter der Achsel eingestemmt, sondern von der Rechten gehalten, wie der Ergänzer richtig erkannte. Der unter dem Gewand verborgene l. Arm ist auf den Rücken gelegt.

Die Statue befand sich früher in der Sammlung Marconi zu Frascati, GUATTANI memorie enciclopediche IV p. 6.

183. Silen auf einem Panther (?) reitend.

H. ohne Basis 0,55; mit Basis 0,67. — Griech. Marmor.

Ergänzt am Panther beide Ohren, die Mittelstücke von allen vier Beinen, der Schwanz, die Stütze unter dem Leib. Der Kopf war gebrochen. Von dem Silen fehlen: der ganze Oberkörper, die Zehen des r. Fusses, ein Stück des l. Unterschenkels mit dem daranstossenden Gewand. Die früher vorhandenen modernen Ergänzungen des Silen sind fast alle wieder entfernt. Die Basis ist antik.

Besprochen von BRUNN Kunstbl. 1844 p. 318. — Abgebildet auf Taf. II Fig. 1.

Ein n. l. schreitender Panther (od. Tiger), ohne deutliche Kennzeichen des Geschlechts, hat seine l. Vorderpfote auf einen am Boden
aufrecht stehenden Ziegenkopf gelegt; er wendet seinen Kopf, der mit
drei schmalen Riemen aufgezäumt ist, n. l. dem Beschauer zu. In den
Augen sind Pupillen eingegraben. Auf seinem Rücken sitzt quer,
gegen den Beschauer en face, ein dicker Silen, von der Hüfte an mit
einem einfachen Schurz bekleidet; auf seinem l. Schenkel ist der Rest
einer Stütze sichtbar. Der allein erhaltene r. Fuss ist mit einer Sandale
versehen. Der ganzen Composition und der Form der Basis nach,
welche nur auf drei Seiten eine architektonische Gliederung hat, war
das Werk bestimmt, nur von vorn, nicht von der Rückseite gesehen
zu werden. Die Ausführung ist sehr geschickt und lebendig.

Die Vorstellung ist nicht gewöhnlich, da Silen meist auf Bock
oder Maulthier reitet, vgl. n. 116. 293. Das eigenthümliche Motiv, dass
der Panther die Pfote auf einen 'wie Brunn erklärt, beim Opfer er-
haschten) Bockskopf legt, kehrt öfters wieder, z. B. neben einer Statue
des Dionysos im Vatican Gall. dei candelabri n. 141. CLARAC 682, 1595.
Mus. Chiaramonti III 44, und neben einer Gruppe des Dionysos und
eines Satyrn im Museo Chiaramonti n. 558 Mus. Pio-Clem. I 41.
CLARAC 694, 1633.

184. 185. Grabcippus und Grabrelief.

184. H. 0,97. B. 0,45. T. 0,31. — Ital. Marmor.

Auf der Vorderseite unten die Inschrift:

DIIS·MAÑIBVS
TI·CLAVDI·DIONYSI
FECIT·CLAVDIA·PREPONTIS
PATRONO·BENE·MERENTI
5   ET·SIBI

Ueber derselben ein Relief: l. ein bartloser Mann in Schuhen, Tunica
und Toga (n. r.) reicht einer vor ihm (r.) stehenden weiblichen Figur
die Rechte; dieselbe hat gewelltes Haar, das am Hinterkopf in einen
Knoten gebunden ist und trägt Schuhe, ein gegürtetes Untergewand
und ein über den l. Arm geschlagenes Obergewand. Beide Figuren
kehren in dem folgenden Relief(185), nur in etwas grösserem Maassstab,
wieder. Auf der l. Nebenseite urceus, auf der r. patera. Oben hat der
Cippus eine Art halbkreisförmiges Tympanon, an den vier Ecken Akroterien mit Palmetten; darin ein Blattkranz mit flatternden Bändern.

185. H. 0,62. B. 0,89. T. 0,15 — Griech. Marmor.

Den Raum des Reliefs nimmt eine lange Kline ein, welche mit ungewöhnlich kurzen Füssen, mit zwei Kopfkissen, einer grossen quer gestreiften Matratze und von drei Seiten mit Lehnen versehen ist, die oben mit einer Art von Geländer verziert sind. Auf der Kline liegt, den l. Oberarm aufgestüzt, die r. Hand auf die l. Schulter gelegt, ein bartloser, wie es scheint mit Tunica und Toga bekleideter Mann (nach l.), der, mit schmerzlichem Ausdruck und geschlossenen Augen, den Kopf nach der l. Schulter neigt. Zu seinen Füssen sitzt auf der Kline in trauernder Haltung eine weibliche Figur (nach r.), welche den auf dem l. Schenkel ruhenden l. Ellnbogen mit der R. unterstützt. Sie trägt Schuhe und ein doppeltes Gewand; ihr Haar ist gewellt und im Nacken in einen dicken Zopf aufgenommen. An ihr springt von r. ein Hündchen mit Halsband in die Höhe. Unter dem Relief die folgende Inschrift:

```
DIS·MANIBVS·TI·CLAVDI·DIONYSI
FECIT·CLAVDIA·PREPONTIS·PATRONO
BENE MERENTI SIBI·ET SVIS
POSTERISQVE EORVM
```

Das Relief ist auf den Seitenflächen nur roh behauen und war danach bestimmt, irgendwo eingesetzt zu werden. Es ist kein Zweifel dass die beiden Monumente zu demselben Grabe gehörten und dass auf beiden die in den Inschriften genannten Persönlichkeiten dargestellt sind, deren Namen mit Wahrscheinlichkeit auf das erste Jahrhundert hinweisen.

186*. Fragment eines Bocksreiters.

H. 0,50. B. 0,60. — Etwa lebensgross. — Graulicher griech. Marmor.

Auf einem n. r. anspringenden Bock, der den Kopf wie zum Stosse senkt, sass ein Knabe, der mit den Händen in die zottigen Haare am Halse des Bockes fasste und die Beine ängstlich heraufgezogen hatte. Von dem Knaben fehlt der ganze Oberkörper und die Füsse, von dem Bock Schnauze, Hörner, Hintertheil und Beine. Gute griechische Arbeit.

187. Statue einer Muse (?).

H. 0,40. — Griech. Marmor.

Ergänzt Hals und ein Stück des Nackens, r. Arm von der Mitte des Oberarms
an, l. Hand mit einem anstossenden Stück Gewand, ausserdem einzelne Stücke im
Gewand, beide Füsse; die viereckige Plinthe ist alt. Der Kopf ist antik, aber von
anderem (ital.) Marmor und nicht zugehörig; daran ergänzt Kinn, l. Backe, l. Augenknochen, ein Theil der Haarlocken am Hals.

Abgebildet bei CLARAC 507, 1017. III p. 259. GARRUCCI M. I. XXVIII p. 41.

Die Figur ruht auf dem l. Bein; sie ist bekleidet mit einem langen
dünnen dicht unter der Brust gegürteten Chiton, welcher auf Schulter
und Oberarm genestelt ist, und mit einem Obergewand, das die r. Schulter
frei lässt, und über die l. zurückgeschlagen ist. Der l. Arm ist gesenkt,
die ebenfalls gesenkte Rechte willkürlich mit einer Flöte ergänzt. Im
Haar, das hinten zu einem Schopf aufgenommen ist und in einigen
Locken am Hals herabfällt, ein Band. Der Typus etwa der einer Venus.
Die Rückseite der Statue ist vernachlässigt.

Garrucci macht richtig darauf aufmerksam, dass die Statue der
von Visconti Mus. Pio-Cl. 1, 24 publicirten und unter Vergleichung
einer Statue des Capitols (im Treppenhaus des Conservatorenpalastes,
Righetti Campid. II 209) als Urania erklärten Muse entspricht. Nur
muss bemerkt werden, dass die Benennung wenigstens durch die capi-
tolinische Statue nicht als richtig erwiesen wird, da die Inschrift an
ihrer Basis, die Visconti für antik hielt, sicher modern ist, wie bereits
Righetti erkannt hat. Garrucci nennt die Statue tuscolana, ohne
einen Gewährsmann anzuführen. Sie befand sich allerdings nach GUAT-
TANI Mem. encicl. IV p. 9 und CLARAC a. a. O. früher in der Sammlung
Marconi zu Frascati.

189. Aschenkiste.

H. 0,69. B. 0,41. T. 0,34.   Ital. Marmor.

Abgebildet bei GARRUCCI M. I. XXXV 1. 2. 3 p. 59 ff., danach Arch. Zeit.
1866 t. CCVII, mit einer ausführlichen Erläuterung von MICHAELIS p. 137 ff. Sonst
besprochen von GERHARD Kunstbl. 1825 p. 231 ff. = hyperb. röm. Studien I p. 144.
BRUNN Kunstblatt 1844 p. 327. OTTO JAHN arch. Beitr. p. 439. STEPHANI Bull.
hist.-philol. de l'acad. de Pétersb. IX. p. 220 = mélanges greco-rom. I p. 186.
ausruh. Herakles p. 104 n. 20. BRAUN Museen und Ruinen Roms p. 731. CONZE
Gött. gel. Anz. 1862 p. 1317.

Die Rückseite ist unbearbeitet. Auf der Vorderseite oben eine
viereckige Tafel, leer bis auf die Buchstaben D· M· woraus man richtig
geschlossen hat, dass das Gefäss auf Vorrath gearbeitet war. Die bei-

den Ecken der Vorderseite werden von zwei Candelabern, die beiden
andern Ecken von zwei brennenden Fackeln gebildet. Auf allen drei
Seiten hängen zwischen diesen in tiefem Bogen Fruchtgewinde (darin
Aehren, Pinienäpfel, Granatäpfel, Eicheln(?), Weintrauben, Mohnköpfe)
herab, welche an den Fackeln und Candelabern mit flatternden Bändern
befestigt sind. Auf der Vorderseite unter der Inschrifttafel und über
dem Fruchtgewinde ein Gorgoneion mit Flügeln und unter dem Kinn
geknüpften Schlangen; l. und r. davon die Reste zweier Vögel mit ausgebreiteten Flügeln (der rechte fehlt fast ganz), die augenscheinlich
beschäftigt waren, die Schlangen des Medusenhauptes abzupicken.
Unter dem Feston ist die Schlussscene eines Hahnenkampfes dargestellt. R. ein dreibeiniger Tisch, auf dem zwei Kränze aufrecht an
einer dahinterstehenden bärtigen Herme (e. f.) mit χεῖρες und Phallus
lehnen, und von welchem im Grund zu Seiten der Herme nach
l. und r. fünf Palmenzweige (nur schwach angedeutet) emporstehen,
zu demselben hat ein Knäbchen in vorgebückter Haltung von l.
einen Hahn getrieben, der bereits in der l. Kralle einen Kranz hält,
welchen er augenscheinlich von dem Tisch genommen hat. L. von
dieser Gruppe steht ein anderes Knäbchen (n. l.), das weinend einen
todten Hahn unter dem Arm fortträgt. Auf den beiden Nebenseiten in den Feldern über den Festons je ein Nest junger Vögel
mit den beiden Alten. Auf der rechten füttert der eine von diesen
die kleinen, der andere ist beschäftigt, eine Schlange, die sich um
seine Beine und seinen Leib heraufgeringelt hat, mit dem Schnabel
zu fassen. Auf der linken Seite ist eine ähnliche jetzt sehr verstümmelte Darstellung zu erkennen. Für die Vögel mit Schlangen
vgl. n. 66. 67. Auf den Feldern unter den Festons sind links zwei
Eroten (n. l.) dargestellt, welche eine Pantherin quälen. Der vordere
hat sie mit beiden Händen an Schwanz und Hinterpfoten in die Höhe
gezogen; der andere schlägt sie mit einem Pedum. Auf dem entsprechenden Felde der r. Nebenseite die bekannte Darstellung eines tau-
melnden trunkenen Knaben (n. r.) der von einem anderen im Fallen aufgehalten und fortgeführt wird. Sein Haar ist bekränzt, ein Gewand sinkt
ihm von der Schulter; sein Begleiter hat einen Kranz um den Hals.
Die verwandten Darstellungen sind zusammengestellt bei STEPHANI
ausr. Herakl. p. 101 ff. Vgl. auch n. 82. 125. 198. An den Cande-
laberbasen, welche Thierfüsse und an den oberen drei Ecken Widderköpfe haben, ist auf der Vorderseite je eine tanzende und krotalenschla-
gende Mänade in gegürtetem Chiton mit Obergewand in symmetrischer

Bewegung dargestellt; auf den Nebenseiten je eine Sirene mit Flügeln, Vogelschwanz und Krallen, welche die Doppelflöte bläst. An dem l. Candelaber ist oben noch eine kauernde Sphinx erhalten.

Auf beiden Nebenseiten sind im obern Rand der Kiste und im unteren des Deckels einander entsprechende Löcher angebracht vgl. n. 175. Nach den Inschriften auf der l. Seitenkante des Deckels: P· S· AMMENDOLA IN VIA · APPIA IN 1825, und auf der Tafel der Vorderseite C· C· 1827 ist das Monument in der Vigna Ammendola (an der via Appia diesseits S. Sebastiano) 1825 gefunden, vgl. GER-HARDS Bericht a. a. O.), und 1827 durch den Cardinal Camerlengo er-worben. Diese sämmtlichen Funde der Vigna Ammendola, welche später in den Magazinen des Vatican waren (AMATI Giorn. Accad. 1830 L. p. 251), gehören zu einem Begräbnissplatz der Volusier, der durch viele zugleich gefundene Inschriften bezeichnet ist (vgl. n. 298). Allerdings geben für diese letzteren AMATI a. a. O. und nach ihm CARDINALI Dipl. p. 136, welche diese Inschriften publicirt haben, das Jahr 1826 als Zeit der Auffindung an und man könnte danach zweifeln, ob der in Rede stehende Cippus, den sie unerwähnt lassen, derselben Ausgrabung an-gehört, wie z. B. auch 1820 in der Nähe derselben Stelle gegraben wor-den war s. FEA Varietà di notizie p. 170. Indessen steht durch den noch 1825 geschriebenen Bericht von Gerhard fest, dass die Haupt-masse der anderen Cippen, darunter n. 298 (AMATI a. a. O. p. 266 n. 16. CARDINALI n. 260) mit dem unsrigen zusammengefunden worden und dass Amati's Angabe ungenau ist. Dieser Umstand ist wichtig, weil sich daraus eine Zeitbestimmung für den Cippus ergiebt, indem die übrigen ihren Inschriften nach mit Sicherheit etwa der Mitte des ersten Jahr-hunderts n. Ch. zuzuweisen sind. S. MOMMSEN zu BORGHESI Oeuvres III p. 332 ff. Damit stimmt die frische und sorgfältige Eleganz der Arbeit, welcher Braun nicht mit Recht Trockenheit vorwirft vgl. CONZE a. a. O. p. 1317. MICHAELIS a. a. O. p. 138.

NORDWAND.

190. Grabrelief.

H. 0,31. B. 0,29. — Ital. Marmor. — Mitten durchgebrochen; die l. untere Ecke fehlt.

Das Ganze ist l. und r. durch eine gekantete Säule, oben durch einen flachen Bogen geschlossen. In der Mitte steht ein bartloser Mann

en face in Tunica und Toga (2). zu seiner Rechten en face eine ähnlich
bekleidete etwas kleinere Figur (1) die allenfalls auch männlich sein
kann, zu seiner Linken en face ein kleines Mädchen (3) denen er die r.
und l. Hand reicht. Das kleine Mädchen hält mit der Linken einen
unkenntlichen Gegenstand (vielleicht einen kleinen Vogel) an die Brust
gedrückt.

Unter der Gruppe die Inschrift, unter die drei Figuren vertheilt:

1   2   3

ROS · P. FANNIVS ASIA
DAMA

Die Arbeit ist roh und nachlässig. In den Buchstaben der Inschrift
Spuren von Roth.

191. Portraitkopf eines unbärtigen Römers.

H. 0,33. Gesl. 0,18. — Ital. Marmor. — Ergänzt die Brust von der Mitte des Halses
an, die Hälfte der Nase, r. Ohr, Kinn. An der Basis mit Blei geschrieben M. 382.

Der Kopf ist voll Leben und Ausdruck; die Augenbrauen angegeben (aber nicht Pupillen), das Haar dünn und schlicht.

192. Relieffragment.

H. 0,39. B. 0,29. — Ital. Marmor. — Auf allen Seiten gebrochen.

Das Relief hatte ursprünglich mehrere Streifen mit Darstellungen
übereinander. Oben ein horizontales Ornamentband, oberhalb dessen
noch Reste von Füssen zu sehen sind. In dem Reliefstreifen darunter
im Grund drei bartlose männliche Figuren, wie es scheint in Togen,
die Köpfe n. l. gewandt. Der äusserste l. erhebt seine Rechte mit allein
gestrecktem Zeigefinger. In kleinerem Maassstab, vor diesen Figuren
und sie grösstentheils verdeckend, zwei andere gleichfalls männliche,
beide in Paludamentum und Panzer, der zur R. hat um den Panzer eine
Binde; die Körper en face, die Köpfe n. l. gewendet. Die l. dieser
Figuren scheint mit beiden Händen ein Feldzeichen getragen zu haben.
In allen Köpfen sind die Pupillen eingebohrt. Die Arbeit weist auf
späte, vielleicht constantinische Zeit hin. Der Gegenstand ist aus den
wenigen Resten der Darstellung nicht mehr zu erkennen; es scheint
ein Aufzug gewesen zu sein.

8

193. Portraitkopf einer Römerin.

H. 0,33. Gesl. 0,16. — Ital. Marmor. — Ergänzt Büste, Nase, l. Ohr,
Kinn, ein Theil des Haars.

Die gewellten Haare gehen nach hinten hinab und sind vom
Nacken in einem geflochtenen (?) Streifen wieder nach oben bis zur
Höhe des Kopfes heraufgenommen.

WESTWAND.

194. Sarkophag.

B. 1,74. Deckel H. 0,21. T. 0,54. Sarkophag H. 0,51. T. 0,51. — Griech. Marmor.

Der Deckel scheint nicht zugehörig, obwohl er in der Grösse
ziemlich passend ist. An seiner Vorderseite in der Mitte Tafel für eine
Inschrift, von der Buchstaben ausgekratzt sind. Man erkennt noch

D   M
AELI I//////E//////
C//////////////////////////

An den Ecken je eine männliche unbärtige Maske mit langem Haar.
In den Zwischenfeldern je zwei von einander abgewendete Seethiere
und zwar r. von der Inschrift ein Seegreif (n. l.) und ein Seewidder
(n. r.); l. von ihr ein Seepferd (n. r.) und ein Seetiger (n. l.). Am
Sarkophag selbst in der Mitte rundes Medaillon (clipeus), aus dem
ein Potraitrelief abgearbeitet ist. Darunter zwei gekreuzte, mit einer
Schleife zusammengebundene Füllhörner mit Früchten (Pinienapfel,
Weintraube, Aehren u. s. w.). An den beiden Ecken die symmetrisch wiederholte Figur eines derben Knaben, mit einem Schurz um
die Hüften, der über dem Nabel geknüpft ist und von dem vorn ein
die Schamtheile bedeckender Zipfel herabfällt. Um Hals und Brust
liegt ein dicker Kranz; die eine gesenkte Hand hält einen Todtenkranz, die andere stützt eine stehende brennende Fackel auf. Die
Zwischenfelder zu Seiten des Clipeus sind spiralförmig cannelirt. —
Die Nebenseiten sind unbearbeitet.

Ueber Seethiere auf Sarkophagen zuletzt PETERSEN Ann. dell'
Inst. 1860 p. 396 ff.

Der eine der beiden Knaben an den Ecken ist nicht deutlich; während gewöhnlich die Fackel umgekehrt, der Knabe schlafend vorgestellt ist, scheint hier eine willkürliche Variante vorzuliegen, da der Kranz in der Hand des Knaben und um den Hals beibehalten ist. Vgl. STEPHANI ausr. Herakl. p. 35. J. LESSING de mortis apud veteres figura p. 70 ff. wo auch von der übrigen Litteratur das Wichtige berücksichtigt ist. Interessant ist das Gewand der beiden Knabenfiguren als eines der seltenen Beispiele absichtlich decenter Verhüllung. Vgl. STEPHANI C. R. 1864 p. 234.

195. Kindersarkophag.

H. 0,22. B. 0,68. T. 0,35. — Ital. Marmor. — Der Deckel fehlt.

Zwei nackte symmetrisch schwebende Eroten halten in der Mitte eine viereckige Tafel, welche ohne Inschrift geblieben ist. In den Köpfen sind die Pupillen eingegraben. Das Ganze scheint nicht fertig geworden. Ueber die hier vorliegende Verwendung von Eroten vgl. J. LESSING de mortis apud veteres figura p. 73. — Die Nebenseiten unbearbeitet; auf der r. Rest eines Metallstiftes zur Befestigung des Deckels. Im Innern r. Erhöhung für den Kopf des Todten.

196. Fragment eines Kindersarkophags.

H. 0,31. B. 0,60. — Griech. Marmor.

Erhalten nur der grösste Theil der Vorderseite. In der Mitte Clipeus mit dem bekleideten Brustbild eines Knaben (mit eingebohrten Pupillen). Darunter zwei gekreuzte, mit einer Schleife zusammengebundene Füllhörner, an der r. Ecke trauernder Erot (n. l.) in der bekannten Haltung auf die umgekehrte Fackel gestützt, den Todtenkranz in der Rechten. Der Raum zwischen dem Medaillon und der Ecke ist mit senkrechten Canneluren verziert, deren unteres Drittel in der bei Säulen häufigen Weise ausgefüllt ist. Die Decoration entspricht im ganzen der von n. 194.

197. Sarkophag.

H. 0,62. B. 2,16. T. 0,62. — Ital. Marmor. — Der Deckel fehlt. — Gefunden an der Via Latina, s. Einleitung zum XI. Zimmer n. 50.

In dem beinahe quadratischen Mittelfeld der Vorderseite vor einem Parapetasma männliches Brustbild in Tunica und Toga, in der Linken

5 *

eine Rolle. Unter demselben ein Kelch von Akanthosblättern, wie er öfter, auch bei rund gearbeiteten Büsten vorkommt. Vgl. z. B. LASINIO Sculture del Campo Santo 75. Der Kopf ist nur in den allgemeinsten Zügen angelegt, der Sarkophag war also auf Vorrath gearbeitet. An beiden Ecken die Figur des trauernden Eros, in den beiden Zwischenfeldern senkrechte, zu einem Drittel ausgefüllte Canneluren, wie bei n. 196. Auf jeder Nebenseite ein hoher, nach unten verjüngter Korb mit Früchten, unter denen man deutlich Pinienapfel Limone, Orange und Aepfel unterscheidet. Aus dem Korb hängt ein unkenntlicher Streifen herab; ebenso liegt neben ihm am Boden ein unkenntlicher Gegenstand. Der obere Rand der ganzen Vorderseite ist mit einem Kymation verziert.

Die l. Seitenwand des Sarkophags war gesprungen und ist antik mit einer Eisenklammer ausgebessert.

198. Fragmentirter Sarkophag.

H. 0,41. B. 1,88. T. 0,37. — Ital. Marmor. — Fehlt: Deckel, die hintere und ein Theil der l. Nebenwand. — Gefunden an der Via Latina, s. Einleitung zum XI. Zimmer n. 67. Zeichnung beim Institut.

Die Mitte der Vorderseite nimmt ein ziemlich quadratisches Relief von drei Figuren ein. Die mittlere ist Eros (nach r.), welcher, den Kopf nach der r. Schulter geneigt, zu taumeln scheint. In der gesenkten Rechten hält er eine Traube(?); über die l. Schulter geht ein Gewand, das den Leib frei lässt; von der r. Schulter zieht sich nach der l. Hüfte ein Kranz herab, das lockige Haar ist über der Stirn in einen Knoten gebunden. Ihn unterstützt r. ein anderer gleichfalls nackter Erot (im Haar ein Band), der die Linke an seine l. Hüfte gestemmt hat und mit der Rechten ihn im Rücken fasst. Links hinter der Hauptfigur ein ithyphallischer Panisk mit einem Bocks(?)-Fell über dem l. Arm, welcher nach l. tanzend die Syrinx bläst. Sehr verwandt die Darstellung des Dionysos Mus. Borb. X, 28. MÜLLER-WIES. a. D. II, 42, 508. An der l. Ecke ein nach l. schreitender nackter Erot, den Kopf zurückgewandt, das Haar über der Stirn in einen Knoten gebunden. Er hält in der gesenkten Linken einen todten Hasen an den Hinterläufen, in der Rechten ein Pedum. R. ist dieselbe Figur symmetrisch wiederholt, nur dass sie mit der l. Hand ein Gewand fasst, das von der l. Achsel nach vorn und hinten herabhängt. Die Räume zwischen den Eckfiguren und dem Mittelfeld

sind spiralförmig cannelirt; die Nebenseiten ohne Decoration. Im
Innern des Sarkophags r. das äusserste Stück des Bodens ein wenig
erhöht, für den Kopf des Todten. In dem cannelirten Feld der Vorderseite ein antikes (?) Loch.

Die Darstellung des Mittelfeldes hat Aehnlichkeit mit der des
Sarkophages im Theseion bei STEPHANI ausr. Herakl. t. II, 1, nur
fehlt dort der Panisk. Uebrigens s. zu n. 82. 189. Die beiden Eckfiguren erinnern an Darstellungen der Jahreszeiten, da der Hase als
Attribut des Winters vorkommt (PETERSEN Ann. dell' Inst. 1861 p. 208);
hier wo er bei beiden Eroten erscheint, liegt eine jener willkürlichen
verflachten Darstellungen vor, welche von den Jahreszeiten Züge
entlehnen, ohne damit eine bestimmte Absicht zu verbinden. Vgl.
PETERSEN ib. p. 219.

IN DER MITTE.

199. Mithrasopfer, statuarische Gruppe.

H. ohne Basis 1,09, mit Basis 1,29. Breite der Basis 1,30.

Die Oberfläche sehr angegriffen, aber das Ganze vortrefflich erhalten. Nach
BRAUN Museen und Ruinen p. 749 kurz vor 1853 an der Scala Santa gefunden; dieselbe Angabe bei VASI e NIBBY Itinerario di Roma n. 366.

Die Gruppe zeigt die bekannte Composition ohne besondere Abweichungen. Mithras trägt wie gewöhnlich die volle phrygische Tracht:
die spitze Mütze, eine doppelt gegürtete Tunica mit langen, anliegenden Aermeln, eine hinterwärts fliegende Chlamys, enge Hosen,
anliegende Stiefeln, und ausserdem am r. Schenkel die geschmückte
Scheide des Opfermessers. Er kniet, den Kopf nach oben r. etwas
zurückgewendet, von hinten auf den niedergestürzten Stier, dessen
Kopf er nach oben zurückbiegt, indem er mit zwei Fingern der
l. Hand in seine Nüstern fasst; mit der Rechten stösst er ihm das
Opfermesser zwischen Hals und r. Schulterblatt in die Brust. Ein
an dem Stier nach der Wunde von r. anspringender Hund und eine
eben dahin sich in die Höhe windende Schlange sind im Begriff das
Blut zu lecken. Am Einsatz des r. Hinterbeins ist am Bauch des
Stiers ein Skorpion sichtbar. Der erhobene Schwanz des Stiers endigt in einen Büschel von fünf Aehren. Die Rückseite der Gruppe
ist vernachlässigt.

In Bezug auf die Symbole vgl. ZOEGA Abhandl. p. 89 ff., die Schriften von Lajard (bes. Introduction à l'étude du culte public et des mystères de Mithra Par. 1847) und die neueste Schrift: STARK zwei Mithraeen (Festschrift von KÖCHLY STARK und CADENBACH zur Heidelberger Philologenversammlung 1865). Die ältere Litteratur bei MARQUARDT Handb. der röm. Alterth. IV p. 93 ff. Vgl. MÜLLER-WIES. a. D. I, LXXII 406.

200. Hirsch von Basalt.

H. mit Basis 1,93, ohne Basis 1,83 (das Geweih excl.). H. des Rückens über der Basis 1,28. L. der Basis 1,38. B. der Basis 0,52. H. der Stütze unter dem Bauch 0,76.

Ergänzt das ganze l. Vorderbein, von den übrigen die Unterbeine, mit Ausnahme des r. Vorderfusses, der mit einem Stück der Basis (bis zur Stütze unter dem Bauch) antik ist; beide Ohren, Vorderkopf, Geweih, ein Stück des Schwanzes und der Basis; abgebrochen der Pinsel; die Augen modern eingesetzt. — Besprochen von P. VISCONTI Atti dell'Acad. Pontif. II p. 266. BRUNN Kunstblatt 1844 p. 318. BRAUN Ruinen und Museen p. 731. PLATNER und URLICHS Beschr. Roms p. 324.

Ein Hirsch in ruhiger Stellung, den Kopf erhoben und ein wenig zur Seite u. r. (vom Thier aus) gewendet, wohl richtig als schreiend ergänzt. Unter dem Bauch eine viereckige architektonisch gegliederte Stütze, die auf der Seite nach den Vorderbeinen zu einen bei der Restauration unbenutzt gebliebenen Ansatz zeigt. Vermuthlich setzte dort eine Stütze an, die nach dem r. Vorderbein ging. Der l. Vorderfuss ruht auf einem aus der Basis hervorstehenden Stein. An der r. Seite des Leibes ein viereckiges tiefes Loch und unter diesem ein vorstehendes wenig bearbeitetes Stück, — deutliche Anzeichen, dass dort irgend Etwas auf- oder angesessen habe. Ob auf dieser Seite, wie vermuthet worden ist, neben dem Hirsch eine Kolossalfigur gestanden habe, muss wegen der Form der Basis sehr bezweifelt werden; dagegen liegt es nahe, sich auf dem Hirsch eine quersitzende Figur zu denken. Die Arbeit ist nicht sehr ausführlich, aber gut. Manches Detail ist nur mittelst eingegrabener Linien angedeutet ähnlich der Ciselirung, eine Art von Arbeit, wie man sie häufig von Bronze auf dunkles Steinmaterial übertrug.

Brunn a. a. O. dachte sich den Hirsch mit Artemis gruppirt, zu der er aufgeblickt habe; Braun a. a. O. meint, an seiner Seite werde ein colossaler leierspielender Apoll gestanden haben (vgl. WELCKER a. D. III p. 51). So lange ein weiterer Anhalt fehlt, wie ihn die Vergleichung eines entsprechenden Monumentes bieten würde, kann

man gleicherweise an Apoll und Artemis, ja auch an Dionysos denken
(Stephani Compte-rendu 1863 p. 216 n. 2.). Vgl. die beiden auf
dem Palatin gefundenen (Fea miscellanea I p. 125) Kolossalfiguren
des Herakles (H. 3, 40) und des Dionysos (H. 3, 50) aus Basalt im
Museum zu Parma. Jeder Wahrscheinlichkeit dagegen entbehrt die
Annahme P. Visconti's, dass auf dem Hirsch «alcun genietto» gesessen habe.

Nach P. Visconti a. a. O. ist der Hirsch gefunden 1823 in der
Vigna de' Signori della Missione, r. vor Porta Portese, wo man allgemein die horti Caesaris annimmt (vgl. Becker Alt. I Anm. 998.
Nibby Roma nel 1838 Parte ant. II 310 ff.); zugleich mit ihm: «una
picciola statua di Platone e il torso e qualche altro membro d'una
Venere.» Von demselben Fund berichtet Nibby a. a. O. p. 313 (danach Pellegrini Bullett. dell' Inst. 1858 p. 98) und giebt als Ertrag
der Ausgrabung, die er übrigens ins Jahr 1822 setzt, folgendes an:
1. una statua intiera di Diana; 2. una quasi intiera di Nettuno, che
dal foro esistente appariva aver fatto ornamento ad una fonte; 3. un
cervo più grande del naturale; 4. un putto bellissimo ma frammentato,
in mezzo a molti pezzi di marmi preziosi. Vermuthlich ist hier die
Diana mit der Venus, der Neptun mit dem Pluto bei Visconti
identisch.

201. Kuh.

H. am Kopf mit Basis 1,29. H. der Basis 0,15. L. 1,40. T. 0,53. —
Ital. Marmor.

Ergänzt beide Hörner und Ohren, alle vier Beine, Schwanz, Zitzen des Euters.
Kopf und Hals waren gebrochen; sonst Manches verstossen und z. Th. wiederher-
gestellt. Die Stütze unter dem Bauch antik, war aber oben und unten abgebrochen,
und ist wieder eingefügt. Bei der Ergänzung der Beine sind die Spuren der antiken
Aufsätze auf der Basis nicht benutzt worden, wodurch die Stellung verfehlt ist. —
Besprochen von Brunn Kunstblatt 1844 p. 318. Braun Ruinen und Museen p. 732.

Die Kuh ist ruhig in schreitender Stellung mit wenig gesenktem
Kopfe dargestellt; unter dem Bauch eine sechsseitige architektonisch
gegliederte Stütze. Die Pupillen im Auge stark angegeben, so dass
das Thier deutlich niederblickt. Das wenigst gelungene an dem
Ganzen ist der Kopf, der verhältnissmässig klein und stumpf in den
Formen ist. Im übrigen ist die Arbeit gut, die Formen sind wahr
und dem Wesen der Natur entsprechend.

Zwei Kuhköpfe von ähnlicher Grösse, vermuthlich von Statuen, in der Sala degli animali des Vatican n. 208. 242. «Eine schöne Kuh von Marmor in Lebensgrösse» in Villa Aldobrandini erwähnt WINCKEL-MANN IX § 37 (VI, I p. 65 ed. Meyer) vgl. FICORONI vestigia di Roma libr. II p. 57; sie soll jedoch «schon in den siebziger Jahren des vorigen Jahrhunderts nach England gewandert sein» VI, 2 p. 115. Eine in Genzano gefundene Kuh aus Bigio, wenig unter Lebensgrösse in der Sala degli animali des Vatican n. 209.

VI. ZIMMER.

Nr. 202 — 217.

Die in diesem Zimmer befindlichen Sculpturen sind zusammen mit einigen anderen, die im folgenden Zimmer stehen (n. 222? 233? 243?), in den Jahren 1840 und 1846 bei Cerveteri gefunden worden. Ueber die erstere Ausgrabung berichtet L. CANINA Bullett. dell' Inst. 1840 p. 5 8 nach Briefen des Arciprete Regolini, GRIFI Giorn. Arcadico 1846, CIX p. 277 — 292 und mit einem Zusatz in den Atti dell' Accad. pont. Rom. tom. XIII p. 323 — 337, nachträglich und selbständig das Kunstblatt 1840 p. 123. 148. 351. 1841 p. 216. 271; über die zweite GRIFI a. a. O., und L. CANINA Bullett. dell' Inst. 1846 p. 129 — 130, Etruria maritima I p. 151. 152.

Bei Arbeiten, die P. Calabresi in seiner bei dem heutigen Cerveteri gelegenen Vigna vornehmen liess, in der Gegend wo Canina das alte Caere nachgewiesen hatte, stiess man auf einen in Kalkmauer aufgeführten Bau, eine «bocca di pozzo», nach der Notiz des Kunstblattes eine Grabkammer (?), und fand darin über einander geworfen sieben Statuen, ohne Köpfe und auch sonst verstümmelt: drei weibliche Gewandfiguren (n. 207. 213 und wohl n. 233 s. unter n. 222. 233), zwei Togastatuen (n. 205. 209) und zwei im Harnisch (n. 204. 210). Zu dreien fanden sich nachträglich die zugehörigen Köpfe (n. 207. 209. 210) zugleich mit einem kolossalen Claudiuskopfe (n 208). Nicht weit von dem erwähnten pozzo grub man einen kolossalen Kopf des Tiberius aus (n. 206), den man für einen Augustus hielt; ferner einen kolossalen Arm, wohl denselben der jetzt in dem einen Fenster dieses Zimmers liegt, und die Torsen von zwei sitzenden Colossalfiguren (n. 206. 205). Auf den einen von diesen passte der Kopf des Tiberius, dem andern setzte man später den des Claudius auf. Nach Grifi stammt aus diesen Ausgrabungen auch das Relief mit Darstellungen etruskischer Städtegottheiten (n. 212). Darauf fand man im J. 1846 bei Ausgrabungen, welche der Arcipr. Regolini im Boden der Arcipretura, nicht weit von Calabresi's Besitzthum veranstaltete, die Ara des Manlius (n. 216), und die runde Ara (n. 202), ferner einen kolossalen Kopf des Augustus (wohl n. 203) mit einer Hand und einigen Fragmenten von Beinen, zwei liegende Silene (n. 214. 215), einen bekränzten Knabenkopf (n. 217) und eine Büste des Caligula (n. 211). Unter den Funden wird ausserdem eine Statue des Apollon Sauroktonos (s. zu n. 243) und ein Kopf des Hercules genannt.

Aus der Art aller dieser Funde, welche sich gegenseitig auch dadurch ergänzen, dass mehrere 1846 gewonnene Inschriften sich auf Portraitstatuen beziehen, die 1840 ans Licht kamen, und aus der Beschaffenheit der Mauerreste erhellte, dass beide Ausgrabungen in den Bereich Eines grossen Gebäudes gehörten. Dass dieses ein Theater gewesen, wurde dadurch zur Gewissheit, dass man unter bedeutenden Architektur-fragmenten aus Cipollin und anderm Marmor einen grossen Block fand, auf welchem in hohen Buchstaben

THEATRVM SC̣

eingehauen war. Zwei andere Fragmente derselben Inschrift lauten:

por **|TICVS** und **|AE|**

Canina setzt die Erbauung dieses Theaters, wohl wegen der Art der Bautrümmer, in die erste Kaiserzeit; die Ueberreste sind noch jetzt deutlich zu erkennen, ihre Wiedergabe jedoch im Grundriss bei CANINA Etruria maritima I Taf. 42 scheint nicht treu zu sein.

Die Statuen sind durchgängig auf der Hinterseite flüchtig bearbeitet und standen also in Nischen oder an Wänden, vielleicht theilweise an der Skenewand. (Ueber die vermuthliche Aufstellung der Silene s. zu n. 214. 215.) Sie kamen erst nach und nach zur Aufstellung im Lateran: 1844 befanden sich daselbst nur vier, n. 207—210. 212 vgl. PLATNER und URLICHS Beschr. Roms p. 321, und erst 1846 wurden alle vereinigt, GRIFI Atti XIII p. 323 n. 1 vgl. Kunstblatt 1845 p. 360. Die Ergänzungen rühren zum Theil von Tenerani selbst her, so die vortrefflichen von n. 204, zum Theil sind sie unter seiner Leitung gearbeitet. Ausser den zu n. 207. 213 angeführten Inschriften befinden sich in diesem Zimmer noch folgende mit den Statuen zusammengefundene Fragmente:

1.

IMP · CAES
AVGVST C
EX   S
HANC· STAT uam in
5 CENDIO · AB · V

GRIFI Giorn. Arc. 1846, 109 p. 280; Atti XIII p. 325, 5. vgl. GRUTER 226, 4

2.

trib.
...POTEST· II· CO
SENATVS· POPVLVSQ
CAERES·

Den Buchstaben nach muss diese Inschrift in eine wesentlich spätere Zeit gehören. Public. von CANINA Bull. dell' Inst. 1846 p. 129.

3.

OSIT· CVM· TI· CA
AVGVSTO· P
D· PROD
· C

GRIFI Giorn. Arcad. 1846, 109 p. 260, Atti XIII p. 325, 6.

SÜDWAND.

202. Runde Ara, Pan und zwei Horen.

H. 0,97. Durchm. 0,47. H. der Figuren 0,67. — Pentel. (?) Marmor.
Die beiden Tänzerinnen sind wohl erhalten, der Pan sehr beschädigt. Einzelne
Stücke sind an der Ara abgestossen. — Abgebildet auf Taf. IV Fig. 3. Bespr.
von GARRUCCI M. I. p. 58.

Die Ara ist oben und unten architektonisch gegliedert und zeigt
auf der einen Hälfte der Schaftfläche drei Figuren in mässig erhobenem
Relief. Zur Rechten tanzt eine jugendliche weibliche Gestalt n. l., den
Oberkörper n. r. gewendet, indem sie beide Arme rechtwinklig erhebt.
Links von ihr tanzt n. l. eine andere, wie es scheint, etwas ältere, durch
deren Haar ein Band geht. Sie wirft den Kopf zurück und stemmt die
Linke in die Seite, während sie die unter dem Gewande verborgene
Rechte vorstreckt. Beide Figuren haben ein dünnes Gewand, welches die
Bewegungen des Tanzes in einer Fülle von Falten begleitet; bei der zwei-
ten liegt es wie ein Schleier auf dem Kopfe auf. Links folgt in ruhiger,
steifer Haltung ein vollbärtiger Pan n. l., den Oberkörper n. r. zurückgewendet; er hält eine breite, zehnröhrige Syrinx mit beiden Händen
zum Blasen bereit. Ein Pantherfell, das hinter seinem Kopfe flattert,
ist unter seinem Halse geknüpft. Er ist geschwänzt und über dem Kopf
ist der Rest von Bockshörnern zu sehen; seine steifen Beine, deren
Schenkel zottig behaart sind, haben menschliche Bildung bis zu den
Knöcheln, wo sie in gespaltene Hufe auslaufen. Auf der andern Seite,
zwischen Pan und der erstbeschriebenen Tänzerin ist ein grosser freier
Raum.

Eine sehr ähnliche Bildung des Pan findet sich auf dem bekannten
Marmorkrater in Neapel GERHARD ant. Bildw. 45,1. GARGIULO racc. 143,
MÜLLER-WIES. a. D. II 44,549, auf einer Marmorvase im Campo Santo
zu Pisa LASINIO 45, 3 und öfters auf gemalten Vasen WELCKER a. Denkm.
III p. 63. STEPHANI Compte-rendu 1860 Taf. II. OTTO JAHN, bemalte
Vasen mit Goldschmuck p. 12. GERHARD del dio Fauno p. 16 n. 2.

Die beiden tanzenden Figuren obgleich ohne nähere Abzeichen,
sind wahrscheinlich als Horen zu fassen. Pan mit zwei Horen auf einem
Relief in Megalopolis. PAUS. 8, 31, 3 vgl. MICHAELIS Ann. dell' Inst. 1863
p. 304 ff. tav. d'agg. L.

203. Kolossaler Portraitkopf.

H. 0,88. Ges. 0,35. — Griech. Marmor.

Erg. Nasenspitze, ein Stück vom Hinterkopf und Büste. — Bespr. von BRAUN
Ruinen p. 734. CANINA Etruria marit. 1 p. 152.

Das Gesicht ist genau und sorgfältig, die Haare allgemein behandelt, und am Hinterkopf vernachlässigt. Die Augenbrauen sind
angegeben. Der Hals ist unten rund gearbeitet, zum Einlassen in eine
Statue bestimmt.

Grifi, Canina und Braun benennen den Kopf Augustus, von
dessen Zügen er weniger in den einzelnen Formen, als in den grossen
Proportionen abweicht. Unter den verschiedenen Portraitköpfen des
Augustus würden am nächsten stehn n. 123 im Lateran, n. 101 im Mus.
Chiaramonti.

204. Portraitstatue eines Imperators.

H. 2,30. — Griech. Marmor.

Erg. aus Gips: Kopf, r. Arm, ein grosser Theil des Gewandes, einige Theile
der Panzerklappen und ein Stück des r. Fusses. Die l. Hand angesetzt, aber alt.
Publ. von CLARAC 936 F, 2362 A. GARRUCCI M. L. XIII p. 25. Bespr. von BRUNN
Kunstbl. 1841 p. 318, BRAUN Ruinen p. 733.

Die Statue ruht auf dem l. Bein, welches ein Palmenstamm stützt.
Ueber der Tunica, die oberhalb der Knice und am r. Oberarm zum Vorschein kommt, trägt sie einen reich geschmückten Panzer; über diesem
ruht, auf der l. Achsel mit einer Spange zusammengeheftet, ein grosses
Paludamentum, das in langen schönen Falten niederfällt, zum Theil
durch den vorgestreckten l. Arm aufgehalten. Die l. Hand hält den
Griff des Schwertes, welches unter dem Paludamentum verborgen ist.
Der r. Arm ging in der Höhe der Schulter n. l. vor, seiner Bewegung
folgt diese ganze Seite des Körpers. Das Motiv der Statue ist das bekannte der adlocutio cohortium; vgl. z. B. die Figur des Germanicus
auf einer Bronzemünze, die sich auf die Besiegung der Germanen bezieht COHEN monn. imp. I pl. VIII 5. MÜLLER-WIES. I 67, 356. ECKHEL
doctr. numm. I p. 209.

Der Panzer, welcher sich allen Körperformen anschmiegt, ist mit
Figuren in verschieden erhobenem Relief geschmückt. Auf der Brust
unter dem Hals zeigt sich Sol, e. f., ein Jüngling mit Tunica und Chlamys, die mit einer Spange auf der r. Schulter befestigt ist. Von seinem,
nur wenig sichtbaren Wagen springen nach r. und l. je ein paar Pferde

mit fliegenden Mähnen an, von denen nur die Vordertheile (mit Zügel
und Leibgurt) sichtbar sind. Unterwärts ist durch eine querlaufende
Wellenlinie das Meer angedeutet. Ueber dem Nabel ein Pflanzenornament. Auf den Ranken desselben knien r. und l. im Profil zwei bärtige
Barbaren mit phrygischer Mütze, zweimal gegürtetem Chiton und Hosen)
in symmetrischer Haltung auf ein Knie nieder und geben zwei ebenfalls
symmetrischen Greifen (e. p.) mit der einen Hand aus einer Schale zu
trinken. Auf den Schulterriemen, die den Panzer tragen, stylisirte Don-
nerkeile. Die Platten des Harnisches am Unterleibe (πτέρυγες liegen
auf langen befranzten Lederstreifen in doppelter Reihe auf; auf denen
der untern Reihe sind Schilde mit Helmen, schlangenumwundene Me-
dusenhäupter und ein Löwenkopf angebracht; auf denen der oberen
Reihe, welche durch querliegende fascesartige Bündel nach oben abgeschlossen sind, ist dreimal ein Löwenkopf wiederholt und dreimal ein
anderer Thierkopf, dessen Haar nach allen Seiten in Arabesken ausläuft.

Die Ausführung dieser richtig und schön stehenden Figur ist
durchaus geschmackvoll, der Gesammteindruck steht dem der Augustus-
statue im Braccio nuovo Mon. dell' Inst. VII 84 kaum nach.

Garrucci hält den aufgesetzten Kopf für Britannicus(!), während
er von Tenerani und zwar frei nach Münztypen des Germanicus gemacht
ist, und will der Statue ohne Grund und gegen die Fundberichte den
Kopf von n. 210 vindiciren, den er für Germanicus nimmt.

Die in grosser Zahl erhaltenen Harnischstatuen (aus allen Theilen
Italiens, auch aus Sicilien vgl. Serra di Falco Antich. della Sic. IV, t. 30,
3; und aus Griechenland Mus. Naniano 221. 222.) zeigen unter sich eine
auffällige Verwandtschaft der Ornamentirung und ganzen Arbeit; dazu
sind sie fast ausnahmslos so eingerichtet dass der Kopf, oft auch die
Beine eingesetzt werden konnten. Vermuthlich wurden die Torsen mit
oder ohne Beine fabrikmässig auf Vorrath gearbeitet, kamen in den
Handel und wurden dann an Ort und Stelle durch Portraitköpfe ver-
vollständigt. Ein handgreifliches Beispiel dieses Verfahrens bietet die
in Pompeji gefundene Statue des M. Holconius (jetzt im Mus. Nazionale
zu Neapel s. Minervini Bull. Nap. N. S. II p. 10. FIORELLI Ant. Pomp. Hist.
II p. 563 ff.) bei der auf einen geharnischten Torso der gewöhnlichen,
vortrefflichen Arbeit ein Kopf von schlechterem Material, unpassender
Grösse und roher, ungeschickter Arbeit aufgesetzt ist. Ein ähnliches
Verfahren wandte man bei zahlreichen Togastatuen an, an denen Köpfe
und Arme angesetzt zu werden pflegten. (Ueber beide Arten von Portraitstatuen Plin. 34, 15.) So erklärt sich auch die häufig erwähnte

Vertauschung der Köpfe an Portraitstatuen vgl. Plin. H. N. 35, 4 surdo
figurarum discrimine statuarum capita permutantur (nach JAHNS Inter-
punction Arch. Zeit. 1856 p. 220) und dort Urlichs.

OSTWAND.

205. Römische Togastatue.

H. 0,80. Gesl. 0,20. — Griech. Marmor.

Erg. Nase, beide Ohren, l. Hand mit einem Stück des Unterarmes, Füsse, Basis,
Baumstamm und das unterste Stück Gewand. Der eingesetzte Kopf ist antik, aber
nicht aus Cerveteri bezeugt. — Publ. von GARRUCCI M. L. tav. XVIII p. 18.

Die Figur stand auf dem l. Bein, der r. Arm bewegte sich frei vom
Körper, wie in der Rede; in demselben Sinn ist die Linke mit einer
Schriftrolle ergänzt. Die Behandlung des Gewandes erhebt sich nicht
über das Verdienst der gewöhnlichen Togafiguren. Hals und Kopf,
den Garrucci fälschlich für Augustus hält, erscheinen im Verhältniss
zum Körper zu klein.

Nach Garrucci rührt diese Statue nicht aus Cerveteri her, sondern
aus Isola Farnese; aus FEA Reppl. Antiqu. legale p. 33, den er anführt,
geht aber nur hervor, dass daselbst eine kolossale Togastatue ohne Kopf
gefunden worden ist.

206. Kolossale Statue des Tiberius.

H. 0,39. Gesl. 0,29. Torsol. 0,72. — Griech. Marmor.

Erg. Nase, mehreres im Eichenkranz und Gewand. Fehlen beide Arme, r. Bein
ganz, l. Bein bis über die Mitte des Oberschenkels; Kopf gebrochen, aber zugehörig.
Publ. von GARRUCCI M. L. tav. VI p. 16. Bespr. von BRUNN Kunstblatt p. 314.
BRAUN Ruinen p. 734.

Tiberius ist sitzend dargestellt, im Typus des Zeus. Ein grosses
Gewand liegt auf der l. Achsel und den Schenkeln auf, indem es die
Brust entblösst lässt. Ein reicher doppelter Eichenkranz, die corona
civica, umgiebt den Kopf. Der l. Arm ging etwas zur Seite. Von
gleichem Typus ist eine in Piperno vecchio (FEA relazione di un viaggio
ad Ostia p. 7) gefundene kolossale Statue des Tiberius im Museo Chiaramonti n. 494. Mus. Chiaramonti II 25. MÜLLER-WIES. I 66, 355.
Vgl. GUATTANI memorie enciclop. VII tav. XIII. Mus. Borbonico IV
36. 37. SERRA DI FALCO antich. di Sicilia V 17 u. A.

Den Irrthum Garrucci's, der in dieser Figur Augustus sieht, berichtigt Köhler Annali 1863 p. 437 n. 1. Richtig hatten ihn schon Braun, Grifi und der Berichterstatter im Kunstblatt benannt. Auf eine Statue des Tiberius in Caere bezieht Canina Bullett. dell' Inst. 1840 p. 7 eine Inschrift bei Gruter p. 235 n. 9, welche jedoch gefälscht ist.

207. Portraitstatue der jüngern Agrippina.

H. 1,90. H. der Basis 0,05. Gesl. 0,17. — Griech. Marmor.

Erg. Nase, l. Ohr, beide Unterarme und einiges im Gewand. Kopf gebrochen, aber zugehörig. — Publ. von Clarac 936 E. 2367 B. Garrucci M. L. tav. XII p. 24. Bespr. von Brunn Kunstblatt p. 314. Braun Ruinen p. 734. Urlichs und Platner Beschr. Roms p. 324.

Die Figur ruht auf dem l. Bein und ist mit einem langen, gegürteten Aermelchiton, welcher die beschuhten Füsse grösstentheils bedeckt, darüber mit einem Obergewande bekleidet, das auf der l. Schulter aufliegt, an der r. Hüfte hinter dem Rücken vorgezogen ist und, an der l. Seite von dem angedrückten Ellnbogen festgehalten, einen Ueberschlag bildet, dessen Spitze bis in die Gegend der Kniee herabfällt. Das Haar, um welches eine wollene Binde geht, ist gewellt und rings um das Gesicht in eine Reihe von Löckchen geringelt; zwei lange dünne Locken gehen zu beiden Seiten auf die Schultern nieder. Der Restaurator gab der Linken eine Schale, der Rechten ein Skeptron.

Nach Grifi wurde mit dieser Statue zusammen folgende Inschrift gefunden:

IVLIAE·AVGVSTAE·
GERMANICI·CAISARIS
AGRIPPINAI·
t i claudi   c a i s a ris aug.

wozu Henzen-Orelli 5357 noch Germanici ergänzt, Garrucci p. 24 ein anderes Fragment (Canina Bull. 1846 p. 129) vermuthungsweise setzt:

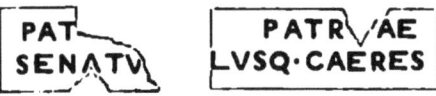

PAT·
SENATV   PATRVAE
LVSQ·CAERES

Die Statue wurde früher allgemein für die ältere Agrippina gehalten. Die Inschrift aber und einige Münztypen (vgl. namentlich Cohen monn. imp. I 11, 3. 4. Visconti iconogr. rom. tav. XVII 8)

machen es wahrscheinlich, dass man vielmehr die jüngere Agrippina zu
erkennen habe. Eine genaue Wiederholung des Kopfes im Mus. Chiar.
n. 608, daselbst als jüngere Agrippina aufgeführt; ein sehr verwandter
Kopf im grossen Saal des ersten Stocks in Villa Albani und im Thor der
Villa Doria Pamfili; auch der Kopf einer venetianischen Statue bei ZA-
NETTI I 9, CLARAC 930, und einer gefundenen Statue (Relazione intorno
gli scavi del teatro Berga Vicenza 1836), welche sich jetzt im Museum
zu Vicenza befindet. Die Arbeit der ganzen Statue ist mittelmässig.

208. Kolossale Statue des Claudius.

H. 1,50. Gsl. 0,23. — Griech. Marmor.

Fehlen beide Arme und die Beine von der Mitte der Oberschenkel an. Kopf,
an welchem Nase und die herabfallenden Bänder fast ganz neu sind, aufgesetzt vermittelst eines eingelegten Mittelstücks. — Publ. von CLARAC 936 E. 2356 B. GAR-
RUCCI M. L. tav. XI p. 23. Bespr von BRUNN Kunstblatt p. 314. BRAUN Ruinen
p. 734. PLATNER und URLICHS Beschr. Roms p. 329.

Die Figur ist im Typus der sitzenden Zeusbilder dargestellt. Ein
Gewand, das auf dem l. Arm auflag, zieht sich den Rücken herunter
und ruht auf den Schenkeln. Der l. Arm ging, wohl in der Höhe der
Schulter, frei vom Körper ab, der r. ruhte auf dem r. Schenkel, wie
deutliche Spuren zeigen. Aus dem Haar, welches ein doppelter Kranz
von Eichenblättern umgibt, fallen auf die Schultern die Enden einer
Binde herab. Das Haupt ist in charakteristischer Weise nieder- und vorgeneigt. Vom l. Schulterblatt zum Glutaeus geht eine lange gerade Fläche
herab, vielleicht die Spur von der Lehne des Sessels, vgl. zu n. 212.

Der Kopf ist sehr individuell und lebendig und, wie der Körper,
mit vielem Geschick für das Kolossale behandelt. Eine Restitution der
Statue gibt CANINA Etruria marit. I tav. II vgl. n. 212.

209. Togastatue des ältern Drusus (?).

H. 2,00. Gesl. 0,20. — Griech. Marmor.

Erg. r. Unterarm, l. Hand, Nasenspitze, ein Theil an beiden Ohren, r. Fuss,
vorderer Theil des l. Fusses, ein Stück am untern Gewandsaum, Basis. — Publ. von
CLARAC 936 F. 2357 B. GARRUCCI M. L. tav. VIII p. 18. Bespr. von BRUNN Kunstbl.
p. 314. BRAUN Ruinen p. 733. PLATNER und URLICHS Beschr. Roms p. 324.

Die Figur steht auf dem l. Bein, wo ein Baumstamm zur Stütze
dient. Der r. Arm bewegte sich frei vom Körper n. l. unten, die l. Hand
ist wohl richtig mit einer Rolle ergänzt. Die Füsse waren beschuht,
wie das vom l. Fuss erhaltene Stück zeigt, wo von der Höhe des Schuhs
zwei Bänder auf den Boden herabfallen.

Man hat die Statue allgemein für ein Portrait des ältern Drusus genommen, ohne dass die Münzen und Marmorportraits hiefür genügenden Anhalt bieten. Der Augenschein und die Fundberichte lehren, dass der Kopf zugehörig ist; woher GARRUCCI weiss, dass er nicht in Cerveteri gefunden sei, ist nicht abzusehen. Das Gesicht lebendig, die Anlage der Toga besser als bei n. 205.

210. Portraitstatue des jüngern Drusus (?).

H. 2,3. — Griech. Marmor.

An dem aufgesetzten, aber zugehörigen Kopfe Nase und l. Ohr ergänzt. Neu r. Arm von der Schulter an, l. Unterarm sammt Gewand, ein Stück der r. Wade, l. Fuss mit einem Stück des Unterschenkels, Baumstamm und Basis. — Publ. von GARRUCCI M. L. tav. IX p. 19. Vgl. PLATNER und UHLICHS Beschr. Roms p. 324.

Die Statue ruht auf dem l. Bein, an dem sie durch einen auf der Rückseite angebrachten Baumstamm gestützt ist. Der l. Arm ist passend mit dem Schwert ergänzt, ebenso der r., der frei vom Körper nach unten bewegt ist. Ueber der Tunica, welche auf den Schenkeln und den Oberarmen zu sehen ist, liegt der Harnisch eng an. Ueber demselben ruht das Paludamentum mit dem einen Ende auf der l. Schulter und fiel wahrscheinlich um den l. Arm geschlungen nieder. Der Harnisch ist mit Reliefs geziert. Ueber dem Nabel ein Pflanzenornament, auf dessen Ranken r. und l., symmetrisch einander zugewendet, zwei gehörnte Greifen stehen, welche eine Tatze erheben. Ueber den Greifen, unter dem Halse, ein breites Gorgoneion, unter dessen Kinn zwei Schlangen zusammengeknüpft sind. Auf dem r. Schulterriemen, der den Panzer trägt, ein dreifach gespitzter, wie es scheint, geflügelter Donnerkeil. Die Platten des Harnisches am Unterleibe (πτέρυγες) liegen in doppelter Reihe übereinander. Auf der untern sind in flachem Relief Ornamente, auf der obern in höherm Relief Greifen- und Löwen-Köpfe angebracht. Die reichen geschnürten Schuhe haben unter den Waden einen Umschlag, der als Thierfell charakterisirt ist, und durch ein Band mit Knoten am Bein festgehalten wird.

Grifi hält den Kopf für ein Portrait des jüngern Drusus, Garrucci für Germanicus. Letzterer behauptet, ohne ersichtlichen Grund und im Widerspruch mit den Fundberichten, er gehöre auf die Statue n. 204, und glaubt die Statue sei ein Portrait des Caligula gewesen, weil die von VISCONTI Mon. Gab. n. 38. BOUILLON II publicirte Statue des Caligula einen mit denselben Reliefs geschmückten Harnisch truge. Aber

9

VISCONTI a. o. O. bemerkt ausdrücklich, dass der Kopf des Caligula
dieser Statue nicht gehöre. Gleiche Panzerdecorationen finden sich
übrigens an zahlreichen andern Exemplaren und kehren sogar als bestimmter Typus in der Renaissance wieder.
Die Figur steht in Anlage und Ausführung n. 204 bedeutend nach.

211. Portraitbüste des Caligula.

H. 0,41. Gal. 0,17. — Griech. Marmor.

Völlig erhalten mit Ausnahme der Nasenspitze und einiger Stücke an beiden Ohren.

Die Haare gehen tief in den Nacken wie bei den meisten Portraitköpfen jener Zeit, und sind über der Stirn quer abgeschnitten.

212. Fragment eines Reliefs mit Darstellung etrurischer Städtegottheiten.

H. 0,78. B. bis 0,75. T. 0,15. — Griech. Marmor.

Vielfach bestossen, so alle Köpfe und der Erot. — Publ. von BRAUN Ann. dell'
Inst. 1842 tav. d'agg. C p. 37—40. CANINA Etruria maritima I auf dem Titelblatt
und tav. II p. 28 ff. GARRUCCI M. I. tav. X p. 19; bespr. ausserdem von CANINA
Bullett. dell'Inst. 1840 p. 92—94. CAVEDONI ebend. 1843 p. 174. PLATNER u. URLICHS
Beschr. Roms p. 324. BRUNN Kunstblatt p. 326. BRAUN Ruinen p. 735—736. OTTO
JAHN Berichte d. sächs. Gesellsch. d. Wiss. 1851 p. 127.

Diese fragmentirte Platte zeigt, auch auf einem Theil der Rückseite, Reliefschmuck und ist auf der r. Nebenseite mit einem Ornamentstreifen verziert, von dem jedoch nur ein Stück unversehrt geblieben ist.
Die Vorderseite der Platte, l. von oben bis unten gebrochen, ist
auf den andern Seiten mit einem vorspringenden Rand umgeben, der
oben verstümmelt, unten glatt gearbeitet, auf der r. Seite ornamentirt
ist. Unter dem obern Rande schwebt in der Mitte der Relieffläche ein
Erot n. l. Auf seinem Nacken liegt von r. eine Epheu-, von l. eine
Eichen-Guirlande auf, von denen Bänder flattern, und deren Enden
jedenfalls von ähnlichen Figuren wieder aufgenommen waren. Unten
am r. Ende der Relieffläche steht auf einem viereckigen Postament mit
der Inschrift:

TARQVINIENSES//

eine bärtige Figur e. f. in Tunica und einer, wie bei den opfernden
Figuren, über den Kopf gezogenen Toga; sie hat die R. nach dem Hals
erhoben und hielt in der L. einen Gegenstand, der nach den vorhan-

denen Spuren für eine Schriftrolle gehalten wurde. Daneben l. auf
einem gleichen Postament mit der Inschrift:

vul//////CENTANI

sitzt auf einem thronartigen Sessel (mit Armlehne und Fussschemel)
eine weibliche Figur n. l. halb e. p., bekleidet mit einem gegürteten
Aermelchiton und einem Obergewande, das auf dem Kopfe und dem
Schosse aufruht. In der vorgestreckten R. hält sie eine Blume (oder
einen Vogel?), die L. und ein Stück Gewand ist mit der Seitenlehne
des Thrones abgebrochen. L. von ihr, am l. Ende des Reliefs, steht in
einer thorförmigen Vertiefung des Reliefgrundes neben und unter
einem Pinienbaum ein nackter bärtiger Mann e. f. in etwas grösseren
Verhältnissen gebildet als die andern Figuren. Er scheint aufwärts zu
blicken und hält in der gesenkten L. ein Ruder, während er die R. n. l.
in der Höhe des Kopfes seitwärts erhebt. Unter ihm auf dem Rande des
Reliefs die Inschrift:

VETVLONENSES

Die Rückseite ist zu einer glatten Fläche abgearbeitet; nur an ihrer
l. Seite ist ein schmaler, senkrechter Streifen vertieft, in welchem man
auf einer Ara ein stehendes Schwein(?) sieht. Dahinter wächst ein Oel-
und ein Lorbeer-Baum in die Höhe.

Braun erkennt in den einzelnen Figuren nicht Personificationen
der betreffenden etrurischen Städte, sondern deren Schutzgottheiten
als ihre Repräsentanten: Neptun für Vetulonia, Venus für Vulci,
den etruskischen Heros Tarchon für Tarquinii. Ganz im Sinne altgrie-
chischer Kunst, vgl. die beiden von STEPHANI Compte-rendu 1860
p. 84 folg. besprochenen athenischen Reliefs (RANGABÉ Ant. hellén. I
p. 113. SCHOELL arch. Mittheil. p. 53. 61). Canina sieht in der männlichen Gestalt mit Ruder Telamon, in der sitzenden weiblichen eine
Priesterin, die aus Vogelflug weissagt, in der letzten mit Braun Tarchon, und in der Darstellung der Hinterseite eine Anspielung auf die
Muttersau als Sinnbild des latinischen Bundes. Garrucci weicht nur
darin von ihm ab, dass er in der letztberührten Vorstellung das Abzeichen von Laurentum erkennt und die Figur für Vetulonia als den
Hafengott Portunus, den latinisirten Palaimon erklärt.

Canina vermuthete anfangs, wohl als die Darstellung der Rück-
seite noch nicht bekannt war, das Fragment habe zu der vierseitigen
Basis einer Statue gehört, welche die Zwölfstädte Etruriens dem Kaiser
Claudius, dem Verfasser der Τὐῤῥηνικά, errichtet hätten; später modi-

ficirte er seine Ansicht dahin, dass er einen viereckigen Thron voraussetzte, auf dessen drei Seiten je vier etrurische Städte repräsentirt gewesen wären, s. seine Reconstruction in Etruria marit. I tav. II. Diese ansprechende Vermuthung erklärt nicht nur die Art der Darstellung, sondern auch die ganze Form des doppelseitigen Reliefs. Analogien bieten das Ehrendenkmal, welches kleinasiatische Städte dem Tiberius beim Tempel der Venus genetrix setzten (Phlegon mir. 13), und welchem die puteolanische Basis (JAHN a. a. O.) nachgebildet ist, und die Ara des Augustus in Lyon (Strabo IV p. 792).

Ueber Charakter und Stil der Darstellung urtheilt sehr richtig BRAUN a. o. O. p. 736.

213. Weibliche Portraitstatue.

H. 2,00. Gesl 0,18. — Griech. Marmor.

Erg. r. Unterarm und am eingesetzten, nicht zugehörigen Kopfe die Nasenspitze. L. Hand gebrochen. — Publ. von GARRUCCI M. I.. tav. VII p. 77. Bespr. von BRAUN Ruinen p. 733.

Ueber der feinfaltigen Stola, welche bis zum Boden reicht, ist eine grosse schwere Palla von der l. Schulter unter dem r. Arm hervor bis wieder auf die l. Schulter geschlagen. Sie lässt dem r. Unterarm, der (nach richtiger Ergänzung) erhoben ist, freie Bewegung und fällt auf der l. Seite, wo sie von dem angelegten l. Ellnbogen leicht gehalten wird, in langen Falten herab. Den Kopf krönt eine hohe, ornamentirte Stephane, um welche unten ein bandumwundener Blatt- (Oel?) Kranz gelegt ist. Die vorgehende L. (mit einem Ring am ersten Glied des vierten Fingers) hält die acerra.

Die Statue ist grundlos Livia benannt worden. Wahrscheinlicher ist, dass sich auf sie eine gleichzeitig und am selben Orte gefundene Inschrift GRIFI atti XIII p. 335, ORELLI-HENZEN n. 5369 bezieht:

und dass sie somit eine Portraitstatue der Drusilla ist.

Die acerra hat genau so in der l. Hand eine in Vellisa gefundene weibliche Gewandfigur des Museums zu Parma (PIETRO DE LAMA guida al museo di Parma p. 135) und die im sogen. Augusteum zu Pompeji

gefundene Statue der Livia Mus. Borbon. III tav. 37. AVELLINO atti d.
accad. Ercol. II p. 1 — 25. MÜLLER-WIES. I 65, 370. ASCHBACH Livia
Taf. 1; wahrscheinlich auch die Statue n. 90 in den Uffizien GORI
mus. florent. III 95. Eine genaue Wiederholung der ganzen Figur
(mit der acerra) ist eine weibliche Gewandstatue bei BIONDI Mon. Am-
maranz. tav. XXXIII, welcher ebenfalls der Kopf fehlte; ähnlich eine
Statue der Münchner Glyptothek CLARAC 935, 2350. KLENZE u. SCHORN
n. 234 mit der Inschrift: Augustae Juliae Drusi filiae.

214. 215. Schlafende Silene, Brunnenfiguren.

L. der Basis 1,35. T. 0,62. Gesl. 0,18. — Griech. (?) Marmor.

Der eine von ihnen ist völlig erhalten, auch mit der (viereckigen) Basis, bis auf
das l. Ohr, die Nase und das Vordertheil des l. Fusses. Der andere hat das r. Ohr,
die Nase, den r. Fuss und kleinere Stücke der Basis ergänzt.

Beide Figuren sind von gleicher Grösse und haben symmetrische
Lage. Sie sind nackt und liegen mit dem Rücken auf einem Thierfell,
mit dem Kopf, den sie mit der einen Hand unterstützen, auf einem
Schlauch. Die andere Hand geht über den Leib herab und hat das
Fell erfasst. Ein Kranz von Epheu-Blättern und -Trauben liegt um
den Hals. Das eine Bein liegt platt auf der Basis auf, während das
andere im Knie etwas gebogen und aufgestemmt ist. Beide Schläuche
haben Oeffnungen, woraus erhellt, dass die Figuren zu einem Brunnen
gehörten.

Die Köpfe scheinen auf ältere Typen zurückzugehen; die Arbeit
ist unbedeutend. Sehr verwandt, auch im Stil, sind zwei im Museum
zu Arles befindliche, unter den Ruinen des dortigen Theaters gefundene
Silene, welche ebenfalls Pendants und Brunnenfiguren waren (MILLIN
voy. dans le midi tav. LXIX n. 7. STARK Städteleben p. 591. ESTRANGIN
descr. de la ville d'Arles p. 244 n. 67. 68) und zwei andere Exemplare,
welche bei Ausgrabungen des Conte Lazzano und Hrn. Paterni in der Nähe
von Civitacastellana, im Theater der colonia Junonia Faliscorum gefunden
sind (Notizie del giorno 23/7 1829, Bullettino 1829 p. 73; das eine
abgebildet CLARAC 713, 1699 vgl. Mus. de sculpt. ant. Petersburg 1865
p. 2 n. 7. Ueber Silene an Quellen O. JAHN Ficoron. Cista p. 25.

216. Vierseitige Ara des Manlius.

H. 0,88. B. 0,74. T. 0,61. — Griech. Marmor.

Die Vorderseite ist mannigfach verletzt, so fehlen dem Flötenbläser die Flöten und der r. Arm. Weniger bestossen sind die Nebenseiten, bis zur Unkenntlichkeit verwaschen dagegen die Rückseite. Publ. von GARRUCCI M. I. tav. XVI p. 27—29. HENZEN Mon. dell'Inst. VI 13. Annali 1858 p. 1—17, vgl. ORELLI-HENZEN n. 7085. Arch. Anz. 1858, 241 f. Bespr. ausserdem von CAVEDONI Bullett. dell'Inst. 1859 p. 172—174 und JORDAN Annali 1862 p. 309.

Die Ara ist unten und oben mit einem architektonischen Gliede abgeschlossen; auf ihrer obern Fläche zwei den Nebenseiten parallele Polster.

Die Vorderseite zeigt oben r. und l. in den Ecken zwei Bukranien, zwischen denen eine Guirlande von Oel-Blättern und -Früchten in flachem Bogen herabhängt. Ueber dieser Guirlande die Inschrift:

C·MANLIO·C·F·CENS·PERPET
CLIENTES·PATRONO

Unter der Guirlande die Darstellung eines Stieropfers. In der r. Ecke des Reliefs, r. von einer mit Guirlanden und Bukranien verzierten Ara, auf welcher Früchte liegen, welche vom Feuer verzehrt zu werden scheinen, steht ein unbärtiger Römer c. f. in Tunica, dem die Toga, die er mit der L. gefasst hält, auf dem Kopfe aufliegt. Er libirt mit der Patera auf die Früchte des Altars. Alle übrigen Figuren des Reliefs sind bekränzt. L. von ihm, hinter der Ara, steht ein unbärtiger Jüngling c. f. (Camillus) in gegürteter Aermeltunica, dem von der l. Schulter ein, wie es scheint, gefranztes Gewand (ricinium nach Henzen) niedergeht; er hält in der gesenkten R. ein Praefericulum. Zwischen den Köpfen dieser beiden Figuren erscheint im Hintergrunde ein anderer nur wenig angedeutet c. f. (nach Henzen vielleicht der praeco, nach Garrucci der monitor oder praecentor). L. von der Ara wird ein Stier (ohne Opferschmuck) von zwei schurzfellbekleideten Knaben (cultrarii), welche r. und l. von ihm niederknieen an den Hörnern niedergehalten. Zum Schlag auf ihn holt l. mit dem in beiden Händen erhobenen Beile ein unbärtiger, mit Schurz (limus) bekleideter Mann (popa aus, der den Kopf n. r. gewandt, n. l. weit ausschreitet. Hinter dem Kopfe des Stiers, in der Mitte des Reliefs steht ein mit Tunica und Toga bekleideter Flötenbläser n. r. L. von ihm, ebenfalls hinter dem Stier, n. r. gewandt, steht ein zweiter Popa oder Victimarius (FABRETTI 450,

XIII. HENZEN Bullett. 1857 p. 65; von gleicher Bildung, der in der erhobenen L. eine Opferschüssel, in der R. den malleus über der Schulter trägt.

Auf der l. und r. Nebenseite befindet sich dieselbe Darstellung in symmetrischer Wiederholung. Zwischen zwei starkstämmigen Oelzweigen, welche l. und r. längs der ganzen Seite des Raumes aufrecht in die Höhe wachsen, steht in der Mitte auf einem besondern Boden ein unbärtiger Jüngling c. f. (Lar, welcher über der Tunica auf der Brust eine bulla, im langlockigen Haar einen Kranz trägt. Ueber seine l. Schulter fällt ein Gewand nieder, das um die Hüften geschlungen ist und in Zipfeln zu beiden Seiten r. und l. herabflattert. An den Füssen trägt er hohe Stiefeln mit Ueberschlag. In der einen hocherhobenen Hand (beide Male ist es die Linke) hat er ein an seinem Ende verziertes Rhyton, in der andern (beide Male ist es die Rechte) eine Patera.

Auf der Hinterseite, in der Mitte des Reliefs befindet sich eine Art Felsen. Auf diesem sitzt in einem Sessel (mit hoher verzierter Rückenlehne und Fussschemel) eine weibliche Figur, welche über dem gegürteten Aermelchiton ein Obergewand trägt, das über den Kopf gezogen ist. Sie hält in der R. eine Patera, in der L. ein Fruchthorn. R. vom Felsen stehen drei männliche Figuren in doppeltem Gewand, wie es scheint untereinander im Gespräch begriffen. L. vom Felsen drei weibliche Figuren, denen das Obergewand auf dem Kopfe aufliegt. Die dem Felsen zunächst befindliche legt ihre erhobene R. an das r. Knie der sitzenden Figur, die beiden andern erheben anbetend beide Hände. Die Köpfe der stehenden Figuren erreichen die Höhe des Sitzpolsters der thronenden.

Das Stieropfer bezieht sich wahrscheinlich auf die thronende Göttin der Hinterseite. Man wird in ihr eine Fortuna erkennen können, welche häufig genug in analoger Bildung vorkommt, und wie sie ähnlich, nur stehend statt thronend, zwischen Laren auf einem capuanischen und einem pompejanischen Wandgemälde erscheint Bullett. Nap. VIII tav. 5 p. 173. Pitture d'Ercolano IV 13. MILLIN gal. myth. 59, 290, vgl. Annali dell' Inst. 1862 tav. d'agg. R 4. Von einem Censor perpetuus findet sich nur ein zweites Beispiel, ebenfalls aus Caere ORELLI-HENZEN 7054, ein M. Manlius C. F. Pollio, nach HENZEN der Sohn dieses C. Manlius. Vgl. GUATTANI mon. ined. II Maggio tab. 1—3, III Dicembre tab. 1—3; Galleria di Firenze IV 114. Ueber die beiden Lorbeerzweige auf den Nebenseiten vgl. VISCONTI Mus. Pio-Clem. IV 45 p. 341.

217. Portraitkopf eines Knaben.

H. 0,30. Gesl. 0,11. — Griech. Marmor.

Erg. Nasenspitze und Einiges an der antiken, aber zum Kopf nicht
gehörigen Büste.

Der Kopf, welcher im Haar einen Kranz von Oel- oder Lorbeer-
Blättern hat, ist ein wenig n. r. gewendet und hat einen freundlichen
Ausdruck. Ueber die Büste fällt ein auf der r. Schulter geknüpftes
Thierfell, als solches nur durch ein Pfötchen mit gespaltenem Huf
kenntlich. GRIFI giorn. arcad. 1846 p. 279 will in dem Kopfe Britan-
nicus erkennen.

VII. ZIMMER.

Nr. 218 — 243.

SÜDWAND.

218. Sarkophagdeckel, Fragment.

H. 0,36. B. 0,80. — Ital. Marmor.

Der untere Rand und das l. Ende des Reliefs abgebrochen, das Erhaltene
vielfach bestossen.

An der r. Ecke jugendlich männliche Maske mit reichem Haupthaar. Links davon durch einen Streifen getrennt, ein Relief: Auf
einer Kline mit geschwungener Seitenlehne liegen halb aufgerichtet ein
bärtiger Mann und eine mit Blüthenkranz geschmückte Frau, beide in
doppeltem Gewand. Der Mann legt seine Rechte auf die r. Schulter
der Frau und hält in der Linken ein zweihenkliges Gefäss, die Frau in
der Rechten einen Kranz; vor ihnen auf einem kleinen, anscheinend
runden Tisch ein Fisch. Von r. bringt ein kleiner Knabe (sein Kopf
abgestossen) in kurzer Aermeltunica eine Schüssel mit Speise. L. hinter
der Frau steht auf der Kline ein Knabe (Kopf abgebrochen) mit einer
Chlamys, ein Füllhorn in Händen. Ueber den beiden Lagernden
schweben zwei nackte ungeflügelte Knaben, welche über den Häuptern
derselben eine nach oben flach gebogene steife Guirlande halten, von
welcher r. und l. Bänder herabflattern.

Die Arbeit spätrömisch.

219ª. Jugendlicher Satyrkopf.

H. 0,46. Gesl. 0,17. — Griech. Marmor.

Erg. Nase, Oberlippe, Kinn, einiges an den Haaren über der Stirn, Büste mit dem Gewandstück. Am obern Vorderkopf ein Stück gebrochen, die Ohren bestossen.

Die edlen und feinen Züge des Kopfes haben, obwohl länglicher in den Proportionen, einige Verwandschaft mit denen des capitolinischen Satyrs. Das schön componirte Haar steigt in reicher Masse von der Stirn auf und wallt über den ganzen Kopf zurück, durch einen Reif unterbrochen und zusammengehalten. Die Behandlung des Haars ist in den echten Theilen sehr lebendig und frisch. Aehnlich ein Kopf im Museum zu Leyden: Monum. dell' Inst. II, XLI B. MÜLLER-WIES. a. D. II 31, 345.

219ᵇ. Aschenkiste.

H. 0,27. B. 0,30. T. 0,25. — Ital. Marmor.

Der mehrfach gebrochene Deckel besteht aus einer Platte mit einem senkrechten Giebel an der Vorderseite und zwei Polstern längs der Nebenseiten. In dem Giebelfeld ein Vogel, der ein Insect frisst; ein anderer pickt ihm nach der Brust.

Auf der Vorderseite der Kiste oben in der Mitte eine Tafel mit der Inschrift:

OSSA

C·PVPILLI·C·F·COL

RVFI

An beiden oberen Ecken Widderköpfe, von deren Hörnern im Bogen ein Fruchtgewinde mit flatternden Bändern herabhängt. Unter demselben zwei Vögel, die daran fressen. Auf den Nebenseiten zwei gekreuzte Epheuzweige mit Trauben, welche mit einem Band an der vorderen Ecke an dem Horn des Widderkopfes, an der hinteren an einem Knopfe befestigt, und mit einer Bandschleife zusammengebunden sind. Vgl. die arca hederacea n. 177ᵇ.

220. Sarkophagdeckel, Fragment.

H. 0,29. B. 0,68. — Ital. Marmor.

Die Köpfe fehlen oder sind bis zur Unkenntlichkeit verstossen; das ganze
Relief sehr ruinirt.

Links eine jugendlich männliche Eckmaske mit einer eigenthümlich geformten (phrygischen?) Mütze. R. ein eingerahmtes Relief:
Ein Mann in Tunica und Toga sitzt n. r. auf einem Sessel ohne Lehne,
auf den er sich mit dem r. Arm aufstützt, während er die L. redend
oder staunend erhebt, die Innenseite der Hand dem Beschauer zuge-
kehrt. R. davon stehen zwei weibliche Figuren, e. f.; die rechts
stehende scheint von der anderen mit der Rechten an der Rechten
gefasst und widerwillig vorwärts geführt zu werden; beide sind mit
einem langen gegürteten Chiton bekleidet; die zur Rechten hat ausserdem ein Obergewand und trägt in dem erhobenen l. Arm einen undeutlichen Gegenstand etwa von der Form eines Korbes, den man
jedoch allenfalls auch für einen Harnisch nehmen könnte. Weiter r.
sitzt n. l. auf einem zweirädrigen Wagen eine nur halberhaltene weibliche Figur, welche mit der erhobenen Rechten ein hinter ihr im
Bogen flatterndes Gewand hält.

221*. Männlicher bärtiger Portraitkopf.

H. 0,36 Ges. 0,19. — Griech. Marmor.

Erg. Nase, r. Seite des Hinterkopfes bis zum r. Ohr, ein Stück vom l. und r. Ohr.
Abgebildet Taf. IV Fig. 2.

Die Züge und die Art der Behandlung lassen in dem Kopf das
Portrait eines Griechen aus guter Zeit erkennen. Haupt- und Barthaar
sind gut gegliedert; der Mund geöffnet, so dass die obere Zahnreihe
sichtbar wird. Der Hals ist, wie es scheint, antik, rund abgearbeitet
zum Behuf der Einsetzung in eine Statue.

Ein zweites, weniger gut gearbeitetes Exemplar dieses Kopfes im
Kaffeehaus der Villa Albani n. 462. Beschr. Roms III, 2, 519 Ark. VIII.
Fea ind. ant. n. 462.

222. Jugendlich weibliche Portraitstatue.

H. 1,73. Ges. 0,16. — Ital. Marmor.

Der Kopf ist eingesetzt und im Hals gebrochen; er zeigt andere Arbeit als der Rest
der Statue und ist vielleicht nicht zugehörig. Erg. Nase und einiges unbedeutende
am Kopf, beide Unterarme und das am Körper l. vom Arm herabfallende Gewandstück; die Füsse und der grösste Theil der Plinthe. Ausserdem mehrfache Brüche.
Abgebildet Garrucci M. I. t. XIV S. 26.

Das Gewand und die Stellung gleicht der sog. Pietà des Vatican
Gall. delle Statue n. 350. Mus. Pio-Cl. 2, 47, nur ist das Gewand
nicht über den Kopf gezogen. Der herabgehende l. Unterarm ist
vielleicht falsch ergänzt; nach den Resten konnte er recht wohl nach
oben gehen. Die Rückseite ist wenig ausgearbeitet. Garrucci giebt
an, die Statue gehöre zu den Funden von Cerveteri; indessen wurde
die dort zu Tage gekommene Statue einer «ragazza» nach dem Bericht
im Bull. 1804 p. 6 keineswegs mit Kopf gefunden, wie er meint. Dazu
wäre auffällig, dass die Statue am Postament die Inschrift hat:
MVNIFICENTIA · PII · IX · PONT · MAX , welche die sicheren Caeretaner-
Statuen des sechsten Zimmers nicht haben. Doppelt unsicher also
ist es, wenn Garrucci die unter n. 213 erwähnte Inschrift auf die
vorliegende bezieht. Eine sehr ähnliche Figur in «S. Jean de Latran»
bei Clarac 939, 2402; sie ist 1827 zusammen mit dem Titus des
Vatican (Braccio nuovo n. 26.) in einer Vigna beim Lateran gefunden
(Notizie del giorno 27 Oct. 1831. Diario di Roma 1831 n. 6) und
mit der in Rede stehenden nicht identisch. Bei Vasi e Nibby
Itinerario di Roma ist angegeben, dass eine Statue einer Römerin in
diesem Zimmer aus den Magazinen des Vatican stamme; ob aber
damit diese oder n. 233 gemeint sei, ist nicht zu entscheiden.

223. Fragment einer kolossalen Reliefgruppe.

H. 1,75. H. der grössern Figur 1,61. Dicke der Platte ca. 0,30. —
Ital. Marmor.

Eine männliche Figur in Tunica, Toga und Schuhen, welcher
Kopf, Brust, l. Arm und r. Unterarm fehlen, steht in ruhiger Haltung (n. r.). Vor ihr r. eine andere, gebeugt im Profil, auf einer mit
einem Gewand bedeckten Erhöhung sitzende männliche Figur, welche
halbbekleidet und von der nur ein Theil des Torso mit dem l. Oberarm erhalten ist. L. von der stehenden Figur im Grund ein hän-
gendes faltiges Gewand, Parapetasma oder zu einer dritten Figur
gehörig. Das Relief scheint l. vollständig und mit einem vorstehenden
jetzt abgebrochenen Rand abgeschlossen gewesen zu sein. Es ist von
guter wirksamer Arbeit, und kann kaum jünger als die trajanische
Zeit sein. Ohne Zweifel hat es zu einem öffentlichen Monument
gehört.

OSTWAND.

224. Fragment des sog. Bogenspanners.

H. 0,95. Torsol. 0,30. — Ital. Marmor.

Es fehlen Kopf, r. Arm, r. Bein, l. Vorderarm, die Zehen des l. Fusses und der grösste Theil der Basis. Von den Flügeln sind Ansätze erhalten. Wahrscheinlich aus den Appartamenti Borgia: Beschr. Roms II 2 S. 5 n. 2 »Sturz eines bogenspannenden Amor«, wofür bei MANSI indic. ant. p. 23 n. 57 nur steht »torsetto di putto«.

Das Fragment rührt von einer Replik des bekannten Bogenspanners her. MÜLLER Handb. § 391, 3. MÜLLER-WIEN. a. D. II 51, 631. Am l. Bein, wie gewöhnlich, ein Baumstamm, an dem ein geschlossener Köcher aufgehängt ist. Oben im Torso ist ein viereckiges Loch, zum Ansetzen des Kopfes.

In der neusten Zusammenstellung der bekannten Exemplare bei USSING Oversigt over det Kgl. Danske Vidensk. etc. Apr. 1863 S. 1 ff. des Separatabdrucks fehlt dieses und ein anderes Exemplar von ähnlicher Erhaltung im Pal. Patrizi (PIAZZA di S. Luigi de' Francesi) zu Rom.

225. Satyr.

H. ohne Basis 1,59. Torsol. (ungef.) 0,52. Hüftenbreite 0,30. Schenkellänge 0,49 (= Unterschenkellänge). Entfernung der Brustwarzen 0,26. Fusslänge 0,25. Gal. 0,19. Nasenl. 0,045. Nasenbr. 0,045. Stirnhöhe 0,09. Innere Augenweite 0,037. Äussere 0,095. Entfernung der Ohren 0,145. Ergänzt: beide Ohren, beide Arme von den Schultern an, diese jedoch ganz erhalten; l. Unterschenkel vom Knie an (dieses erhalten) bis zum Knöchel, vordere Hälfte des r. Fusses; von der Basis antik nur das Stück, welches zum l. Fuss gehört; doch scheint auch der Baumstamm alt. Gebrochen ist der Hals, l. Oberschenkel unter der Hüfte, der r. Unterschenkel am Knie, der Schweif. Die Geschlechtstheile mit Ausnahme des Gliedes (welches jedoch VISCONTI Atti II p. 650 als antik restaurirt angiebt) erhalten. An der Basis eingegraben: 624 C. C. 31. Publicirt von P. VISCONTI Atti dell' Acad. Pontif. II, tav. 1 p. 643 ff. (1823). CLARAC 730, 1755; beide ohne die Restaurationen der Arme. BRUNN Monum. dell' Inst. V, 23, Ann. 1858 p. 374—383 vgl. Arch Anz. 1858, 142. Besprochen ausserdem von BRUNN Bull. dell' Inst. 1853 p. 145 ff. vgl. Arch. Anz. 1853 p. 377 mit einer Bemerkung von Gerhard. MICHAELIS Ann. dell' Inst. 1858 p. 317. HIRZEL Ann. 1864, 235 ff. tav. d'agg. Q. STEPHANI C. R. 1862, p. 88 ff. BURSIAN in Ersch u. Gruber s. v. Griech. Kunst p. 23. 435. E. PETERSEN Arch. Zeit. 1865 p. 86 ff.

Ueber die Auffindung ausser VISCONTI a. a. O. GERHARD Kunstblatt 1823 p. 209 = Hyperb. röm. Stud. 1 p. 95 f. Notizie del giorno 24. Luglio 1823. L. CARDINALI memorie romane II 2 p. 297. AMATI giorn. arcad. XVIII 1 p. 98. Die Statue wurde gefunden im April 1823 auf dem Esquilin via de' quattro Cantoni 46. 47. 48 in einem Raum, der durch die übrigen Funde als Werkstatt eines Bildhauers kenntlich wurde. Die Mauern waren mit Marmor verkleidet und hatten Ziegel mit dem Stempel ex. fig. q. a. m. o. d. servi graphici|serviano III et varo|cos. 887|134). Visconti zweifelte freilich ob die Werkstatt nicht erst im 16. Jahrh. verlassen worden sei, wie auch CANINA Bull. dell'Inst. 1853 p. 112 in via della Scrofa und vicolo del Vaccaro in Trastevere ähnliche mittelalterliche Werkstätten entdeckt zu haben glaubt. Dagegen macht PELLEGRINI Bull. 1859 p. 68 ff. nach Sante Bartoli und Ficoroni die Existenz antiker Ateliers in der Nähe von Chiesa nuova wahrscheinlich, vgl. zu n. 492. Ein anderes hat man in Folge mehrer Funde hinter der Constantinsbasilica im giardino delle Mendicanti angenommen. S. Catalog des Mus. Pio-Cl. n. 35. 622.

Die Statue wurde gefunden ohne Kopf, der einige Tage später zu Tage kam; ausserdem werden von Visconti die Arme u. ein Theil des l. Beins als fehlend, das Glied und der r. Arm als restaurirt angegeben «come dà a divedere la traccia di una grande spranga di ferro e la recisione del marmo.» Indess zeigt das bloss, dass der Arm angesetzt war, wie häufig gelöste Theile einer Statue (vgl. n. 41), und bekräftigt was ohnehin wahrscheinlich ist, dass der Arm in die Höhe ging, da man alsdann um Marmor zu sparen am ehesten Veranlassung hatte zu diesem Hilfsmittel zu greifen. Zugleich gefunden wurden ausser einigen Fragmenten 'einen Arm und eine Hand publicirt Visconti a. a. O.) sechs Statuen: 1. 2. Zwei Nymphen mit einer Muschel, die eine jetzt im Vatican Gall. de' candel. n. 89, die andere abgebildet bei CLARAC 754, 1838 A. 3. Eine Replik des capitolinischen Satyrs, jetzt in der Eremitage zu Petersburg Musée de sculpt. ant. Petersb. 1865 p. 42, n. 159. 4. 5. Zwei tanzende jugendliche Satyrn von identischer Composition, der eine jetzt im Vatican gall. de' candel. n. 259, publicirt von Visconti a. a. O., der andere in Petersburg Musée etc. p. 5 n. 14. CLARAC 722, 1734. 6. Obere Hälfte eines männlichen Torso «cui fa riconoscere per un Bacco l'indizio de' capelli sparsi sulle clavicole» (Visconti a. a. O. p. 653). Wenn GERHARD a. a. O. p. 99 Anm. sagt, zwei der bezüglichen Satyrstatuen seien in der Rotunde des königl. Museums zu Berlin aufgestellt, so beruht diese Notiz, gegenüber den genauen Angaben, die er später in Berlins antiken Bildwerken gegeben, auf einer augenscheinlichen Verwechslung. Ebenso kann es nur ein Versehen sein, wenn Brunn von einem Funde von elf Statuen spricht.

Die Statue ist mit einer wichtigen, aber in einigen Punkten unsichern kunstgeschichtlichen Combination in Verbindung gebracht worden, und hat durch dieselbe ein so eigenthümliches Interesse gewonnen, dass eine nähere Darlegung und Prüfung der bisherigen Untersuchungen unumgänglich ist.

Die Bewegung der Figur soweit sie antik ist, hat Aehnlichkeit mit der Stellung eines mit Athene gruppirten Marsyas auf einem athenischen Relief (STUART ant. of Athens II chap. 3 p. 27. MÜLLER-WIES. D. a. K. II 22, 239. Mon. dell'Instit. VI 23 d) und auf einer athenischen Münze (WICZAY Mus. Hederv. I tab. 4 n. 57 p. 46 n. 1280. GERHARD Venere Proserpina p. 10. BRÖNDSTED voyage en Grèce II p. 188. GUIGNAUT relig. de l'antiq. t. 86 n. 310 a. Mon. dell' Inst. VI 23 c. BEULÉ

monn. d'Athènes p. 393. — Bei SESTINI Descriz. delle med. a. gr. del
Mus. Hederv. P. Europ. II p. 73 n. 63 scheint eine Verwechslung vorzuliegen). Das Relief stellt Athene dar, wie sie die Flöten wegwirft,
und im Fortgehen begriffen, sich abwehrend gegen Marsyas zurückwendet, welcher in einer sonderbaren Haltung vor ihr steht, mit gesenktem Kopf, den linken Arm hoch erhoben, das linke Bein vorgesetzt.
Diese Darstellung des Reliefs, mit welcher diejenige der Münze über-
einzustimmen schien, haben OTFR. MÜLLER Handb. § 371, 6 und RAOUL-
ROCHETTE Mém. de numism. et d'antiqu. p. 141 folg. auf ein von Pausanias I 24, 1 auf der Akropolis von Athen erwähntes, von ihnen als
Gruppe aufgefasstes Werk, Athene und Marsyas, und zugleich auf eine
Stelle des Plinius 34, 57 bezogen, in welcher unter den Broncewerken
des Myron eine Athene und ein Satyr neben einander aufgeführt werden.
Brunn aber hat auf Grund dieser Vermuthungen angenommen, dass
die Statue auf jene, für das Relief und die Münze als Original voraus-
gesetzte, myronische Gruppe zurückgehe, eine Ansicht, die er durch
den Nachweis zu stützen suchte, dass der Charakter der Statue Allem
was von myronischer Kunst überliefert und erhalten sei, durchaus
entspreche.

Diese Combination hat einige nicht unbedenkliche Schwierigkeiten.
Zunächst ist die Münze nur in zwei offenbar stark beschädigten Exemplaren, und zwar nur in Abbildungen bekannt, welche in vielen wesentlichen Dingen bedeutend von einander abweichen. Marsyas hat
z. B. in der jüngsten Publication von Beulé, welche selbständig zu sein
scheint, eine völlig verschiedene Haltung. Wo die Originale sich gegenwärtig befinden ist unbekannt, wie Dr. J. Friedländer brieflich
mitzutheilen die Güte hatte. So lange dieselben also nicht wieder aufgefunden und einer sorgfältigen, zuverlässigen Prüfung unterzogen
wurden, ist ein genügend sicherer Schluss auf die Darstellung der Münze
nicht zu gründen. — Ferner stimmt die Beschreibung des Pausanias,
in welcher zwar nicht ausdrücklich, aber wahrscheinlich von runden
Figuren die Rede ist: Ἐνταῦθα Ἀθηνᾶ πεποίηται τὸν Σιληνὸν Μαρσύαν
παίουσα, ὅτι δὴ τοὺς αὐλοὺς ἀνέλοιτο, ἐρρίφθαι σφᾶς τῆς θεοῦ βουλο-
μένης mit jener Darstellung nicht überein. Deshalb hatte Brunn
ἐπιοῦσα, Wieseler πτέουσα an die Stelle von παίουσα setzen wollen,
indessen sind beide Conjecturen von Stephani überzeugend wider-
legt, und Hirzel selbst konnte seinem eignen Besserungsvorschlag
πτοοῦσα oder παραινοῦσα μή keine Ueberzeugungskraft beimessen. Die
Stelle des Pausanias ist, wie Stephani und Petersen dargethan

haben, an sich betrachtet ohne Anstoss, trifft aber eben mit dem Relief
blos dem Gegenstande, nicht der Auffassung des Gegenstandes nach
zusammen: in der Gruppe hat Athene die Flöten weggeworfen und
bedroht oder straft den Marsyas, dass er dieselben aufgehoben habe —
in dem Relief wirft Athene die Flöten weg und scheint dem Marsyas das
Aufheben derselben zu verbieten. — Ebenso knüpft sich an die Stelle
des Plinius ein Bedenken: «(Myron) fecit et canem et discobolon et
Perseum et pristas et Satyrum admirantem tibias et Minervam, Delphicos
pentathlos etc.» Dieses Polysyndeton kann man nur von Werken verstehen, welche untereinander alle entweder gleich verbunden, was hier
unmöglich ist, oder gleich unverbunden, also selbständig waren. Wie
leicht aber auch bei Plinius eine Ungenauigkeit vorausgesetzt werden
kann, so hält es immerhin schwer, den Ausdruck «Satyrum admirantem
tibias», welcher auf die Darstellung des Reliefs passt, mit der Stelle des
Pausanias oder mit der Statue in Einklang zu bringen, in welcher ein
solcher Affect nicht ausgedrückt ist. — Ebenso misslich ist es, dass das
Motiv der Statue demjenigen des Marsyas auf dem athenischen Relief
nicht genau entspricht. Man vermisst auf dem Relief das charakteristische Schweben auf beiden Fussspitzen, das ausdrucksvolle Zurück-
beugen des Oberkörpers; auch setzt Marsyas das linke Bein vor, erhebt
den linken Arm, nicht wie in der Statue das rechte Bein, den rechten
Arm, eine Verschiedenheit, die man nicht, wie sonst häufig, durch eine
Reproduction von der Gegenseite erklären kann, da Athene dann den
Schild gegen Regel und Schicklichkeit am rechten Arme tragen würde.
Die wichtigste Abweichung besteht indessen darin, dass die Statue den
entschiedenen Eindruck des Tanzes gibt. Nur bei der Annahme eines
Tanzes erklärt sich befriedigend die ganze, heftige Bewegung des Kör-
pers, insbesondere die straffe Haltung des rechten Beins, der mit einer
Art von Zierlichkeit auswärts gesetzte rechte Fuss und die völlig eigen-
thümliche Weise des Schwebens auf beiden Fussspitzen, welche mit der
Manier archaistischer Reliefs oder mit einem Schleichen auf den Zehen,
woran erinnert worden ist, nichts gemein hat. Die zahlreichen, leicht
zu vermehrenden Beispiele von Satyrn in ähnlicher Haltung auf Reliefs
und Vasen, welche Petersen als Copien oder Reminiscenzen an die
Statue zusammengestellt hat, beweisen zwar weiter nichts als dass das
Motiv natürlich und der Kunst geläufig war, würden aber, wenn sie
mit der Statue zusammenhingen, dieselbe nur um so entschiedener als
einen Tänzer erkennen lassen, da es grösstentheils sichere Beispiele
von Tänzern sind ¡so namentlich die am meisten ähnliche Figur in den

Innenbild der Münchner Schule; die uns nicht zugängliche Publication
von RUBEIS insign. stat. urbis R. 41 wird wahrscheinlich den tanzenden
Satyr im grossen Saal der Villa Borghese darstellen). Schliesslich giebt
die Statue, obwohl sie durch Ungleichheiten der Arbeit z. B. in der
Behandlung des rechten Schenkels gegenüber dem Körper sich deutlich
als eine Copie bekundet, an sich keinen Grund zu der Vermuthung,
dass sie mit einer andern eine Gruppe gebildet habe, so wenig als sich
aus ihr irgend ein Anlass entnehmen lässt zu behaupten oder zu ver-
neinen, dass ihr Original aus Bronze gewesen sei.

Wer diese Schwierigkeiten anerkennt, kann der Hypothese Brunn's
nur unter der Voraussetzung zustimmen, dass Plinius einen Irrthum
oder ein Versehen begangen, Pausanias eine unzutreffende, missver-
ständliche Beschreibung gegeben habe, und dass die Statue nicht in
dem ursprünglichen Sinn, sondern mit Veränderungen des Motivs aus
der Originalgruppe allein copirt worden sei. Eine Veranlassung, die
Darstellung des Reliefs, die Stelle des Pausanias und des Plinius auf
einander zu beziehen, liegt dann wesentlich nur in der Uebereinstimmung und Seltenheit des Gegenstandes als solchen, und einen bestimmten Grund, die Statue mit dieser Combination in Verbindung zu
bringen, könnte nur ein überzeugender Nachweis darbieten, dass ihr
Kunstcharakter auf keinen andern Meister als Myron schliessen lasse.

Mit wie grossem Recht Brunn das Original in Myronische Zeit
setzt, lehrt eine Betrachtung ihrer künstlerischen Eigenthümlichkeiten.
Fehlt ihr gleich jene Liebenswürdigkeit, welche den besondern Reiz
vieler selbst untergeordneter Werke des Alterthums ausmacht, oder das
unwiderstehlich Imponirende eines Monuments wie die Portraitfigur
des Sophokles, so überrascht an ihr schon beim ersten Anblick die
ungewöhnliche klare Bestimmtheit der Formen und eine Eigenart
der ganzen Bildung, welche auch mit den verwandtesten Darstellungen
kaum mehr als die Grundzüge des mythologischen Gegenstandes gemein
zu haben scheint. Und wenn sie immerhin den griechischen Sinn für
Maass und Einfachheit nicht verleugnet, so tritt zunächst die seltene
Schärfe und Klarheit der Charakteristik auffälliger als Vorzug hervor:
mit einer Deutlichkeit, welche die äusserlichen, gewissermassen symbo-
lischen Mittel des Ausdrucks fast überflüssig macht, ist Natur und Wesen
eines Satyrn in der Bewegung und den Formen des Körpers ausgeprägt.

Wie man auch das Motiv deuten, das Vorher und Nachher der Handlung auffassen möge, so stellt sich die Figur in einer Bewegung dar,
deren Stärke und Energie auch unter den bewegten Werken der grie-

chischen Kunst hervorsticht. Durch eine kühne Abweichung der Kör-
perhaltung vom senkrechten Stande sind alle Extremitäten in Thätigkeit
versetzt. Das linke Bein ist stark gebogen, das rechte nach vorn gestreckt, die Arme sind weit vom Körper gelöst, die ganze Last wird auf
den Fussspitzen, vornehmlich der linken, balancirt. Während so,
nicht zum geringsten durch die straffe Anspannung des Torso, der
Ausdruck höchster Kraftanstrengung aufgeboten ist, wurde trotz aller
Gegensätze mit fühlbarer Feinheit ein Gleichgewicht der Bewegung und
damit der Eindruck eines festen, sichern Standes gewahrt. In dieser
Hinsicht wirkt es hauptsächlich bedeutungsvoll, dass der Kopf, durch
den anliegenden nicht unterarbeiteten Bart mit der Masse des Körpers
vereinigt, nach links gewendet ist und somit seine Bewegung wieder
zurückzuleiten scheint — eine Wirkung, welche wahrscheinlich durch
den erhobenen rechten Arm bedeutend gesteigert wurde.

Der heftigen, ungeschmeidigen Bewegung entspricht der Charakter
der Körperformen. Im Unterschied selbst von den verwandten Gestalten
des bakchischen Kreises fällt hier, namentlich an Schultern und Hüften,
eine sehr bezeichnende Hagerkeit des Leibes auf. Der ganze Bau des
sehnigen Körpers ist kräftig markirt, seine Formen zu einer gewissen
Kantigkeit verschärft. Durch eine starke Unterordnung der Details
sind dieselben überall, am sichtlichsten aber auf der ganzen linken Seite,
in grosse Hauptflächen vereinigt und bilden in ihrem Aufeinandertreffen
Contouren, welche in augenscheinlicher Absicht nicht gemildert, sondern
mit einer an Härte gränzenden Präcision ausgeführt sind. Ebenso
fern von jeder Gefälligkeit der Form ist die Bildung des Kopfes: durch
eine wenig vermittelte Vereinigung menschlicher und thierischer Elemente haben die Züge des Gesichts eine von jeder Regel abweichende
wunderliche Gestaltung erhalten. Die unverhältnissmässig hohe Stirn,
noch vergrössert durch das Emporstehen der Haare, die schiefe Stellung
der Augen, welcher die nach aussen hoch aufsteigenden Augenbrauen
und starren Furchen der Stirn entsprechen, die eingedrückte seltsam
breite Stumpfnase, der eigenthümlich geformte Schnurrbart, welcher zu
beiden Seiten auf der Oberlippe durch eine Art von übergreifender Flosse
bedeckt wird, endlich selbst die geduckte Haltung des Kopfes, welche
unwillkürlich an das Stossen der Böcke erinnert, diese Besonderheiten
sind alle, gleichviel ob überliefert oder neu geschaffen, mit rücksichts-
loser Unbefangenheit vorgetragen und als Momente der Charakteristik
verwerthet.

Dass solche Mittel und in so herber, strenger Weise angewandt
sind, verräth eine Kunst, der noch kein Reichthum, keine Freiheit der
Wahl zu Gebot steht, sondern welche mit der Form ringend vor allem
darauf ausgeht, sich überhaupt auszudrücken, und darum das was sie
weiss noch mit unerbittlicher Schärfe ausdrückt. Erst diese Erkenntniss
erklärt vollkommen befriedigend den Charakter der Bewegung. Es ist
augenfällig, wie ihr jene Harmonie fehlt, die eine spätere Zeit überall,
auch mit flüchtiger Hand herstellt: der angespannte straffe Leib erscheint
als eine ungefüge Masse, welche durch die starke Bewegung des Kopfes
und der Extremitäten nicht berührt ist. Ganz besonders bezeichnend
aber ist es, dass die Bildung des Kopfes noch hinter der lebendigen
Wahrheit der übrigen Theile zurückgeblieben ist. Wie sichtlich auch das
Bestreben vorhanden ist, den Ausdruck der Gesichtszüge in Uebereinstimmung
mit dem Charakter angespannter Erregung zu bringen, der im
Körper gelang — er erscheint statt lebendig und momentan vielmehr
wie bei einer Maske fixirt und starr, und die unumgängliche thierische
Hässlichkeit der Züge, welche die ausgebildete Kunst mit überlegener
Sicherheit bis zu leisen Andeutungen mildert oder mit spielendem
Humor behandelt, ist hier noch mit gewissenhafter Ausführlichkeit und
mit einem beinahe trockenen Ernst vorgetragen. Damit ist unzweideutig
eine Stufe der Kunst bezeichnet, welche sich mit dem Alterthümlichen
eben noch berührt, und für dieses Verhältniss scheint der Name des
Myron sich allerdings zu empfehlen. Wie bei dem Diskobolen so liegt
auch bei dieser Figur der Hauptreiz und Hauptvorzug in der knappen
Darstellung einer im höchsten Moment erfassten körperlichen Bewegung;
beide Figuren erscheinen als die Frucht eines künstlerischen
Ringens, welches in energischem Kampf die letzte Herrschaft über die
Form erobert. Ob aber die grössere, ideale Ruhe der Formen und die
gleichmässigere Durchführung des Motivs, wodurch sich der Diskobol
unleugbar vor dem Satyr auszeichnet, blos dem Unterschiede des Gegenstandes
und der verschiedenen Güte der Copie beizumessen sei, dies
ist eine Frage die mit Zuversicht nur dann zu beantworten wäre, wenn
wir eine genügende Anschauung von der stilistischen Vielseitigkeit eines
griechischen Künstlers besässen. Jedenfalls darf man behaupten, dass
die Kunstrichtung, die sich in dieser ältesten statuarischen Bildung
eines Satyrs ausspricht, und die in dem berühmten flötenblasenden Satyr
der Villa Borghese den höchsten bewunderungswürdigsten Grad der
Vollendung erreicht, der Myronischen Kunst, soweit wir sie kennen, in
wesentlichen Dingen verwandt sei.

226. Fragment einer jugendlichen Dionysosstatue.

H. 0,57. Torsol. 0,40. — Griech. Marmor.

Es fehlt Kopf und Hals, beide Arme von der Mitte der Oberarme an, l. Bein von der Mitte des Oberschenkels, r. Unterschenkel. Die Rückseite vernachlässigt.

Die Statue ruhte auf dem l. Bein; beide Arme scheinen niedergegangen zu sein; am r. Oberschenkel sind Ansätze erhalten, vermuthlich von einem Gegenstand, den die Rechte hielt. Auf den Schultern ruhen die Enden eines Thierfells, das auf den Rücken herabfällt. Der weiche, zarte Charakter des Körpers weist auf Dionysos hin.

Auf der l. Schulter erkennt man den Rest eines Bandes oder einer Locke; es könnte danach vielleicht der früher in den Appartamenti Borgia befindliche Torso sein, den Massi ind. ant. p. 33 n. 96 so beschreibt: Bacco, piccolo torso. Dalle forme del nudo non meno che d'alcuni avanzi di bende restatigli sulle spalle par che si assicuri una tale denominazione.

227. Fragment eines Reliefs.

H. 0,32. B. 0,60. — Grobkörn. griech. Marmor.

Abgebildet bei Garrucci M. I. XLII n. 3 p. 79. Einige Löcher in den Bruchflächen deuten darauf, dass das Relief modern ergänzt worden ist.

In der Mitte des Reliefs das Untertheil einer nach l. ausschreitenden weiblichen Figur in langem Gewand; r. von ihr ein gelagerter Stier, vor diesem zwei nackte Unterbeine einer wenig n. l. ausschreitenden Figur, anscheinend eines Kindes; r. von dieser Rest eines Vogels (n. r.) mit langem Schweif (Pfau?). L. von der Mittelfigur zwei zusammengespannte Rinder mit dem Rest eines Pflugs; an demselben, jedoch sehr undeutlich, der Rest eines darauf gesetzten Fusses mit einem Stück Unterschenkel, und einer Hand die den Pflug gelenkt zu haben scheint. Das Fragment rührt von der Vorderseite eines Sarkophags her, welche in der Mitte ein von zwei weiblichen Figuren gehaltenes Medaillon hatte; unter demselben war ein Pflüger, zu beiden Seiten die Jahreszeiten dargestellt. Vgl. Jahn Arch. Zeit. 1861 p. 146 Anm. 6. Spon miscell. p. 308 n. IX.

228. Idealer Jünglingskopf.

H. 0,42. Gesl. 0,18. — Griech. Marmor.

Ergänzt Nasenspitze, ein Theil der Unterlippe, Büste, Hals. — Abgebildet auf Taf. IX Fig. 2.

Das Haar fällt vom Scheitel nach allen Seiten in dünnen Strehlen herab, die überall in kleine geringelte Löckchen auslaufen und vorn von einem Band zusammengehalten werden. Ueber der Mitte der Stirn theilen sich die Löckchen, wodurch dieselbe dort auf eine unangenehme Weise verlängert wird.

In den Haaren ist die Bohrerarbeit vielfach unverwischt stehen gelassen. Die Behandlung des Haares im übrigen, die scharfe Conturirung der Lippen und eine an Ciselirung erinnernde Zeichnung der Augenlider lassen ein Bronzeoriginal vermuthen, das mit grosser Sorgfalt und Feinheit copirt scheint. Von vorzüglicher Schönheit sind die Augen.

229*. Fragment einer jugendlichen Dionysosstatue.

H. 0,79. Torsol. 0,33. — Griech. Marmor.

Es fehlen beide Unterschenkel, l. Arm, Oberkopf (in glatter Fläche, war also antik angestückt, obgleich kein Zapfenloch da ist); der grösste Theil der Nase, Untertheil der Säule. Ergänzt die Nase. Die Rückseite etwas vernachlässigt.

Die Statue ruht auf dem r. Bein; der Kopf, mit einem Kranz von Epheu und Wein (Blätter und Trauben), aus welchem auf die r. Schulter ein Band herabfällt, geschmückt, ist leise nach der r. Schulter geneigt. Das über der Stirn gescheitelte Haar fällt im Nacken lang herab. Die r. Hand geht nieder und hält den Henkel eines gerieften Kantharos, der von unten durch eine spiralförmig cannelirte Säule unterstützt war. Der l. Arm scheint zur Seite im rechten Winkel erhoben gewesen zu sein und wird einen Thyrsos aufgestützt haben. Ueber der l. Schulter liegt das Ende eines Thierfells, das den Rücken hinabhängt und über den r. Unterarm vorgezogen ist.

Das Motiv ist in einer grossen Reihe von Statuen erhalten. Vgl. Müller-Wies. a. D. II 32. 354. Ein ähnlicher Torso, dem jedoch der Kopf fehlte, war in den Appartamenti Borgia, s. Massi Ind. ant. p. 12 n. 5. Das vorliegende Exemplar ist von guter Arbeit, fein und anmuthig in Bewegung und Formen; der Kopf, obgleich an attische Typen erinnernd, hat einen etwas leeren Ausdruck.

230*. Relieffragment.

H. 0,30. B. 0,89.

Sehr verstossen und verstümmelt. — Abgeb. bei Garrucci M. I. XLII 2 p. 79.

Rechts sind drei gelagerte Figuren erhalten über denen im Grund ein flatterndes (?) Gewand sichtbar wird. Die eine, sicher männlich

(Kopf fehlt, aber ein Stück Bart erhalten) ist vom Rücken sichtbar; sie ist auf den l. Arm gestützt und hat um diesen und die Beine ein Gewand geschlagen; links neben ihr Andeutung von Wasser und darüber ein Seedrache. Die zweite, r. von dieser ihr entgegengelagerte Figur, gleichfalls mit einem um die Beine geschlagenen Gewand, ist nur bis zur Hüfte erhalten, scheint aber männlich zu sein. Hinter ihr, d. i. über ihren Beinen wird der Oberkörper (Kopf fehlt) der dritten Figur sichtbar, welche unbekleidet und sicher weiblich ist; auf ihren Schultern Enden je einer Locke; in der Linken hielt sie einen Stab (der erhaltene Rest könnte auch das Ende eines Füllhorns sein). Links von dieser Gruppe ist der Rest einer n. r. weit ausschreitenden Figur in langem Gewand erhalten, und weiter links am Boden Köcher und Bogen; daneben ein r. Kinderfuss, dahinter Rest von zwei Unterbeinen.

Garrucci a. a. O. will in der ersten und dritten der gelagerten Figuren «la terra e l'oceano» erkennen, vielleicht mit Recht. Wenigstens ist sicher richtig damit die Art dieser Figuren bezeichnet, wie sie auf Sarkophagdarstellungen des Koraraubes etc. gewöhnlich sind. vgl. z. B. den Sarkophag Mus. Cap. 4, 55.

231*. Portraitkopf eines Barbarenkönigs.

H. 0,45. Gesl. 0,2. — Griech. Marmor.

Erg. Büste, Hälfte der Nase. Der Kopf war hinten gebrochen. — Abgebildet auf Taf. IV Fig. 1. Vielleicht ist der Kopf identisch mit dem früher im Vatican befindlichen bei D'ESTE Elenco 1 p. 292 n. 529 «testa virile barbata diademata».

Der Kopf ist etwas zur Seite nach r. geneigt. Auf dem reichen Haar ruht ein mondförmig gezacktes Diadem. Die Augenbrauen sind angegeben. Der Mund ist leise geöffnet, der Ausdruck des Kopfes schmerzlich und klagend. Die Züge, welche weder einen Römer noch einen Griechen erkennen lassen, sind portraitartig individuell. Vielleicht gehörte der Kopf der Statue eines überwundenen Barbarenkönigs an; wenigstens ist der Art seines Ausdrucks nach nicht glaublich, dass er von einer Büste oder Herme herrühre. Jedesfalls aber steht er ausser der Reihe der Barbarenköpfe trajanischer Zeit und gehört einer älteren Kunst an. Ueber die Form der Zackenkrone und die Zeit ihres Aufkommens s. STEPHANI Nimbus u. Strahlenkranz p. 100 ff.

NORDWAND.

232*. Fragment eines grossen Sarkophags.

H. 1,25. B. 1,55. — Griech. Marmor. — Der obere Rand erhalten, auf den übrigen Seiten gebrochen.

Das Fragment rührt von einem grossen ovalen Sarkophag her. Am r. Ende, wo die Biegung der Grundfläche am schärfsten ist, steht in nachdenklicher Haltung ein bärtiger halbbekleideter Mann (n. r.) mit dem l. Ellnbogen wahrscheinlich auf einen Pfeiler, der unten sichtbar geworden wäre, gestützt; der r. Ellnbogen ist auf das l. Handgelenk, die r. Hand unter das Kinn gestemmt. Von ihm r. ist erhalten die r. Hand einer bekleideten Figur, in demonstrirender Bewegung (mit gestrecktem Zeigefinger) erhoben, und eine andere etwas kleinere gleichfalls r. Hand mit dem (nackten) Unterarm, etwas unterhalb der ersten, die eine halbentwickelte Schriftrolle hält, auf der in der Länge vier parallele Linien eingeritzt sind. Unterhalb dieses Armes ein im Knie gebogenes, wahrscheinlich erhöht gestütztes nacktes Bein von etwas kleineren Verhältnissen. Links von dieser Gruppe Rest der Darstellung einer Löwenjagd. Ueber einem Löwen, der n. l.) mit geöffnetem Rachen und eingezogenem Schweif zum Sprung ansetzt, sieht man zwei galoppirende unbärtige Reiter (n. r.) in gegürtetem Chiton und fliegender Chlamys, die in heftiger Bewegung sich n. l. zurückwenden; der r. hat kurzes, der l. gelocktes Haupthaar. Unter dem Bauch des Löwen kommt der Kopf eines todten Pferdes zum Vorschein.

Der obere Rand des Sarkophags ist mit zwei Ornamentstreifen geziert. In den Augen der Menschen und Thiere sind die Pupillen eingegraben; an vielen Stellen ist Bohrerarbeit stehen geblieben. Die erst beschriebene Gruppe wird einer der Darstellungen angehört haben, von denen n. 16 ein Beispiel ist.

233. Portraitstatue einer Römerin, als Ceres restaurirt.

H. 1,73. — Grobkörn. griech. (?) Marmor.

Der Kopf aufgesetzt und von anderem Marmor. Ergänzt Nase und Lippen, r. und l. Unterarm, letzterer mit einem Stück Gewand, der vordere Theil des l., die erste Zehe des r. Fusses. Die viereckige Plinthe antik. Ueber die Provenienz s. zu n. 222.

Die Figur deren Rückseite nur flüchtig bearbeitet ist, ruht auf dem
l. Bein; der l. Arm ist halbgesenkt, der r. halb erhoben. Ein einfacher
Aermelchiton, an Schulter und Oberarm genestelt, ist unter der Brust
mit einem künstlich verschlungenen Band gegürtet, und geht auf die
Füsse in langen dünnen Falten herab. Ueber die l. Schulter geht den
Rücken hinab ein Obergewand, welches auf der r. Seite wieder vorge-
zogen, auf dem l. Unterarm auflag und über ihn in langen geraden
Falten herabfiel; an einem Zipfel desselben eine kleine Troddel. An den
Füssen Sandalen; in den Augen sind Pupillen angedeutet. Das ge-
wellte Haar ist am Hinterkopf in einen Zopf geflochten und aufgebunden.

234. Bekleideter männlicher Torso.

H. 0,54. Torsol. 0,34.

Es fehlen Kopf, r. Unterarm, l. Arm, beide Unterschenkel, Untertheil und Kopf
des Thieres. — Abgebildet auf Taf. V Fig. 2ª.

Die Figur ruhte auf dem r. Bein und ist bekleidet mit einer Aermeltunica, ähnlich derjenigen der Camilli, welche um die Hüften mit einem
Band gegürtet ist, das sich vorn zu einem nodus Herculeus schürzt und
in zwei langen gefranzten Enden herabfällt. Beide Arme gingen nieder;
nach einem Ansatz auf der l. Seite über dem Gürtel zu schliessen, hielt
der l. Arm etwas; ausserdem ist die l. Schulter oben flach gearbeitet
und an ihrer Vorderseite ein Loch, so dass dort wohl etwas aufgelegen
und befestigt gewesen sein muss. Die erhaltene r. Hand fasst die Vorderpfoten eines Thieres, welches auf den Hinterbeinen aufrecht stand,
und am ehesten einem Hunde gleicht. Am r. Schenkel Rest eines
Baumstammes, der mit dem Thier zusammenhängt.

Die Deutung ist in Folge der starken Verstümmelung schwierig.
Man könnte an einen Opferdiener denken, in der Art wie der Camillus
des Capitols (MAFFEI Racc. di Statue 24. RIGHETTI Descr. del Campid.
I 33), der Opferdiener der Ceres (Specim. of anc. sc. I 65. CLARAC 769,
1910) und eine andere verwandte Figur (PIROLI PETIT RADEL PIRANESI
Musée Napoléon 4, 69) mit einem Schweinchen in Händen. Sehr verwandt ist auch eine Figur des Vatican (Gall. de' candelabri n. 150),
welche in der gesenkten R. einen Vogel hält. Gegen eine solche
Deutung spricht nur die feierliche, strenge, fast alterthümliche Haltung
des Torso und die Abweichung des Costüms von den erwähnten Werken,
während die Deutung etwa auf Apollo gleichfalls wegen der Art der
Bekleidung unmöglich ist.

Ueber den nodus Herculeus, den Migliarini Ann. dell' Inst. 1852 p. 105. mit Wahrscheinlichkeit in der Schlingung erkannt hat, die der Gürtel unserer Statue zeigt, vgl. Müller zu Fest. p. 63, 6. v. Jan zu Macrob. Sat. 1, 19, 16.

235*. Reliefportrait eines unbärtigen Römers.

H. 0,46. Gesl. 0,17. — Griech. Marmor. —

Ergänzt der ganze Reliefgrund, Hals, ein Stück von Nase und Stirn; das Ohr bestossen.

Im Profil n. l., von nicht ungewöhnlicher Arbeit aber charakteristisch bestimmten Formen. Die Züge und die Haartracht erinnern an die erste Kaiserzeit. Vgl. Suet. Tib. 68 colore erat candido (Tib.), capillo pone occipitium summissiore ut cervicem etiam obtegeret, quod gentile in illo videbatur.

236*. Kopf eines gehörnten Dionysos.

H. 0,42. Gesl. 0,18. Ohrenabstand 0,148. Innere Augenweite 0,036, Aussere 0,099. — Ital. Marmor.

Ergänzt Büste, Nase, Oberlippe, Theil der Unterlippe, bestossen l. Ohr.

Aus dem Haar, um welches ein Reif liegt, stehen vorn zwei kleine Hörner hervor. Die Augen sind verhältnissmässig gross und weit geöffnet; der ganze Kopf ein wenig nach l. gewendet. Die Züge des Kopfes, der vermuthlich einer Statue angehört hat, tragen einen dem Apoxyomenos verwandten Typus.

237. Statue des Sophokles.

H. 0,24. Ungef. Torsolänge 0,65. Ungef. Schenkellänge 0,55. Kopfhöhe 0,255. Gesichtslänge ungef. 0,20. Innerer Augenwinkelabstand 0.033, Ausserer 0,10. Nasenlänge 0,059. Mundbreite 0,047. Ohrengrösse 0,069. Ohrenabstand 0,17.

Ergänzt im Kopf: Nase, r. Augenknochen bis zum Schlaf; vom l. Augenknochen nur die Hälfte von der Nase aus; die r. Hälfte des Schnurrbarts und einige Locken des Backenbarts auf derselben Seite, ein grosser Theil der r. Backe (ganz erhalten dagegen die l.); die Haare über dem r. Theil der Stirn (ganz erhalten dagegen beide Ohren, beide Lippen, der Bart bis auf Kleinigkeiten); verstossen das r. Augenlid. In der übrigen Figur: die r. Hand beinahe ganz, doch ist der Ansatz, bis wo der Daumen einsetzt, erhalten. Sie ist vielleicht ein wenig mehr nach oben gerichtet gewesen, namentlich scheint der Daumen auf dem Gewand etwas weiter oben auf-

gelegen zu haben; rings um dieselbe ist das Gewand gebrochen. Ergänzt ferner die
Basis, beide Fösse, das Gewand auf der Rückseite bis zur halben Höhe der Unterschenkel, das Scrinium. Von dem freien l. Unterschenkel ist noch ein Stück erhalten; die Art des Bruches am r. Bein macht es wahrscheinlich, dass hier ein
Scrinium stand. Auf der Rückseite der Statue sind nur die Hauptmotive angelegt,
der Kopf aber etwas weiter geführt. — Die vorzüglichen Restaurationen, welche
nicht leicht ihres Gleichen haben, rühren von Tenerani her.

   Publicirt ist die Statue: von WELCKER Ann. 1846 p. 129. Monum. IV tav. 27
= a. D. I 454 ff. Taf. 5 (recensirt von WIESELER Gött. gel. Anz. 1848 S. 1220 ff.);
CLARAC 840 C. 2098 F. V p. 80; GARRUCCI Mus. Lat. tav. IV p. 14; eine neue Abbildung nach einer Zeichnung von Prof. Grosse, auf Taf. XXIV. — Besprochen
ausserdem von MELCHIORRI Bull. 1839 p. 173 ff. BRUNN Kunstblatt 1844 p. 313.
PLATNER und URLICHS Beschr. Roma p. 324. BRAUN Ruinen und Museen p. 736.
WIESELER Gött. Festrede 1865.

   Die erste Nachricht von der Statue gab MELCHIORRI a. a. O.; nach ihm ist sie
wenig Jahre vor 1839 «fra i ruderi dell'antico Anxur» gefunden und im Frühling 1839
von den Grafen Antonelli an Gregor XVI geschenkt.[*] Dass sie zuerst von Melchiorri beachtet und gewürdigt worden sei, sagt auch BRAUN Ann. 1849 p. 95,
während Garrucci dieses Verdienst Vescovali zuschreibt, welcher in der Statue
Sophokles erkannt habe, als sie noch umgestürzt in einem Privathaus zu Terracina
lag. Mündlichen, wohlverbürgten Nachrichten zufolge hat der Bildhauer Tenerani
zuerst auf das Werk aufmerksam gemacht. Bereits 1839 war die Statue nach dem
Lateran gebracht und erhielt nach ihrer Aufstellung den gegenwärtigen Platz.

   Die unnachahmliche Vollendung, mit der die Statue bis in alle
Feinheiten durchgeführt ist, wird es entschuldigen, wenn wir es ver-
suchen diese Durchführung in ein Detail zu verfolgen, auf welches
man sonst mit Recht nicht einzugehen pflegt. Besser aber als durch
jede Analyse wird dieselbe dem, der das Original nicht kennt, durch
die beigegebene Zeichnung verständlich werden, welche wir als die
erste würdige Wiedergabe des Werkes bezeichnen dürfen.

   Wenn eines der hauptsächlichsten Kennzeichen wahrhaft monu-
mentaler Plastik darin liegt, dass die wesentliche Wirkung ihrer Werke
auf jede Entfernung empfunden wird, in welcher sie überhaupt mit
einiger Deutlichkeit wahrzunehmen sind, und dass das was erst bei
grösserer Annäherung hervortritt, nichts giebt als eine immer reichere
und immer feinere Bestätigung des grossen Gesammteindrucks, so ist
schon unter diesem Gesichtspunkt die Statue des Sophokles ein Meister-
werk ersten Ranges.   In dem Dichter das «Muster des volkommenen

---

[*] Die Inschrift am Postament der Statue lautet:
   FAMILIA·ANTONELLIA | TARRACINENSIS | DONAVIT | ANNO·MDCCCXXXIX

Manns», die Sicherheit hoher geistiger Bedeutung, den Adel un-
getrübter männlicher Schönheit *) zu gestalten: das ist es augenscheinlich was der Künstler in seinem Werke erstrebte und was ihm
schon in den grossen Zügen der Hauptanlage zu erreichen gelang. Die
schlichte Stellung des Körpers, welcher fast genau in der Linie des
Standbeins ruht, die natürliche Bewegung des anderen vorgesetzten
Beines, die bequeme Ruhe des rechten Armes und der kräftig einge-
stemmte linke Arm, die bedeutungsvolle Haltung des wenig erhobenen
Kopfes, die edlen Verhältnisse endlich der in jeder Hinsicht völligen
Gestalt vollenden das Bild eines Mannes, der weder schüchtern noch
anspruchsvoll, in ruhigem Selbstbewusstsein, in der edelsten Mischung
von Stolz und Bescheidenheit sich darstellt als der frei und harmonisch
durchgebildete καλὸς κἀγαθός.

In dieser Wirkung bleibt das Werk sich treu, auch wenn wir ihm
näher treten und dem Einzelnen nachgehen.

Mit der ganzen Meisterschaft einer vollendeten Kunst hat der Bildhauer vor allem das Gewand behandelt, um das, was bereits in der
Grundconception des Werkes angedeutet lag, zu völliger Erscheinung
zu bringen: er hat damit ein Gleichgewicht von Massen und ein System
von Linien hergestellt welches, indem es nur der Charakteristik zu
dienen und den Bewegungen des Körpers einfach zu gehorchen scheint,
zugleich zu einem harmonisch durchgebildeten Ganzen sich vereinigt.
Geistvoll ist dazu das einfachst denkbare Mittel benutzt. Ein grosses
Stück Zeug, auf der einen Seite rund geschnitten, ist mit dem einen
Ende über die linke Schulter und den linken Arm gehängt und fällt
von da auf den Rücken bis zur Hüfte des Unterschenkels herab, ist
alsdann um die ganze rechte Seite des Körpers über Schulter und Arm
herumgezogen und über die linke Schulter wiederum so zurückgeschlagen, dass am oberen Theile ein breiter Umschlag entsteht.

Ohne auf diese Weise an den Apparat des täglichen Lebens unmittelbar zu erinnern, macht das Gewand doch den Eindruck völliger
Bekleidung, und entspricht seinem Zwecke, dem Schutz und der züch-
tigen Verhüllung des Körpers durchaus, während dabei die Möglichkeit
blieb, es mit voller Freiheit für die künstlerischen Zwecke der Charakteristik und der geschmackvollen Abrundung des Werkes zu verwerthen.
Für das Verhältniss des Gewandes zu den Formen und Bewegungen
des Körpers handelte es sich einerseits darum, diese ohne Peinlichkeit

---

*) Athen. 1 p. 20 E Σοφοκλῆς δὲ πρὸς τῷ καλὸς γεγενῆσθαι ὥραν κτλ.

unter der Hülle zur Erscheinung zu bringen und doch dem Gewand das
freie Spiel seiner Formen zu wahren, ohne welches es eben kein Gewand,
keine selbstständige, in ihrer Textur eigenartigen Gesetzen der Bewegung
folgende Hülle sein würde. Ohne in eine kleinliche Nachahmung der
«sogenannten Natur» zu verfallen, hat der Künstler völlige Einheit wie
völlige Trennung von Gewand und Körper erstrebt; er erreichte sie
durch den ausnahmslos folgerichtigen Zusammenhang der Motive,
welche überall die beiden Factoren, denen sie entspringen, die Natur
des Gewebes und die darunter liegenden Körperformen mit gleicher
Deutlichkeit erkennen lassen, so dass das Gewand auch wo es fest sich
anschmiegt, doch immer als solches, als ein Selbstständiges empfunden wird.

Auf der anderen Seite galt es, das Gleichgewicht der Massen im
grossen und kleinen zu wahren, wenn nicht die Ruhe und Sicherheit
der Stellung für den Eindruck gestört, vielleicht aufgehoben werden
sollte. Hier lag eine entschiedene Gefahr in dem oberen Theile der
Figur, wo durch den Reichthum des Gewandes am leichtesten die Bewegung undeutlich, das Lineament unharmonisch, das Ganze zu massig
werden konnte. Sie ist überwunden durch eine starke Hervorhebung
von Hauptgliederungen, welche in Folge tiefer, z. Th. unterarbeiteter
Einschnitte in scharfen Schatten sich lossetzen. So stellt sich der obere
Theil der Figur dem Auge sofort in einem Organismus von einzelnen
Theilen dar, während der Körper von der Brust abwärts durch das
Gewand zu Einer grossen Masse vereinigt ist.

Die eine der erwähnten Hauptlinien beginnt, wo der rechte in das
straff angezogene Gewand eingehüllte Arm am Körper anliegt, und
setzt sich oberhalb fort in dem bestimmten und kräftigen Schatten,
welcher das Gewand zwischen der rechten Hand und rechten Schulter
von der blossen Brust trennt. Nach einer anderen Seite lässt sich die
Gliederung des Gewandes verfolgen in jener Linie, welche den untern
Rand des Umschlags von der rechten Hand bis in die Mitte des linken
Oberarms bezeichnet. Sie ist nach oben und unten durch zahlreiche
Falten von grösserer und geringerer Schärfe vermittelt, welche, indem
sie ihre Form variiren und dabei in ihrer Gesammtheit den Gang der
darunterliegenden Körperformen verrathen, zugleich verhüten, dass
sie zerschneidend wirke. Besonders bedeutsam unter den Falten des
Umschlags ist eine von denen, welche sich an der Achsel bilden, indem
sie die Höhlung zwischen Achsel und Brust andeutet und zugleich den
Contour des Rippenkastens vorbereitet, welcher gleich unterhalb des Um-

schlags in Folge der Anziehung des Gewandes und der Einstemmung des l. Armes scharf zu Tage tritt. Mit grosser Feinheit ist ferner die durch das Einstemmen des l. Armes ohne weiteres sich bildende Masse nach unten vermittelt, indem das Gewand, ohne die Formen des Armes unangedeutet zu lassen, ein Stück über ihn hinabfällt, und sich an jenes andere anschliesst, welches am linken Bein, doch von diesem durch eine scharfe Linie losgesetzt, hinabgeht. Damit ist zugleich die Härte der Silhouette vermieden, welche ohne dieses Motiv die untere Linie des eingestemmten linken Armes in ihrem Zusammentreffen mit der des linken Beines hervorrufen müsste. Gerade an dieser Stelle, wo in dem Berührungspunkte der linken Hüfte mit der linken Hand die Falten von vier Seiten aufeinander treffen, ist durch eine besonders meisterhafte Anordnung des Details der an sich peinliche Eindruck von vielen in Einem Punkte zusammenlaufenden Linien aufgehoben. Ein kleiner Umschlag des auf dem Arm aufliegenden Gewands verhütet, dass der obere Contour des Unterarms unmittelbar auf den Contour des Körpers trifft. Zu demselben Zwecke ist dieser hier vermöge eben jenes Umschlags und einiger kleiner am Schenkel hinablaufenden Falten zwar nicht verdeckt, aber weniger scharf vorgetragen und tritt erst etwas tiefer heraus, wo die Falten des über den linken Arm herabhängenden und weiterhin des am Bein niederfallenden Gewands bestimmt losgesetzt sind. So ist ohne einer einzigen Linie Gewalt anzuthun oder die Energie irgend einer Faltenbewegung zu brechen, eine durchgängig geschmackvolle Anordnung des Lineaments erreicht.

Um dem an sich mächtigeren oberen Theile das Gleichgewicht zu halten musste in dem Gewand von der Brust abwärts Eine breite und zusammenhängende Masse hergestellt werden. Indem der Künstler somit hier tiefe und scharfe Linien vermied, hatte er zugleich den Vortheil, den Körper ungeschnitten in seinem Zusammenhang entwickeln und seiner Bewegung eine unmittelbare Klarheit geben zu können.

Die ganze Stellung und das Grundmotiv des Gewands bringen es ohne weiteres mit sich, dass dieses nach der linken Hüfte hinaufgezogen wird. So motiviren sich unmittelbar auch die langgezogenen Falten, welche von da nach dem rechten Schenkel und Knie hinabgehn und die Wölbung des Unterleibes sowie den Einsatz des linken Schenkels mit Klarheit durchscheinen lassen. Andrerseits ist durch eine von der rechten Hüfte nach der Gegend der Schaamtheile herabgehende Falte und einige verwandte die Modellirung des Körpers nach dieser Seite deutlich ausgesprochen; etwas tiefer aber dient die gelinde Anspannung des Gewandes zwischen linkem Knie und rechtem Unterschenkel, um auch hier das Hervortreten der wichtigsten Körperformen zu motiviren. Es erscheint ferner in Folge des Heraufziehens der Falten nach der linken Hüfte vollkommen natürlich, wenn das Gewand am Standbein tiefer herabfällt, während es die reichliche Hälfte des linken Unterschenkels frei lässt, so dass die rechte Seite, welche oben gegen die linke an Masse zurücksteht, unten der linken gegenüber an Masse gewinnt. Diese für das Gleichgewicht der ganzen Stellung bedeutsame Wirkung wird unterstützt durch die am rechten Fusse stehende Rollenkapsel, welche, auf Grund von Spuren im Bruch ergänzt, im Zusammenhange des Ganzen so günstig wirkt, dass man schon aus diesem Grund an ihrem ursprünglichen Vorhandensein nicht zweifeln würde. Von glücklichster Wirkung endlich ist es, wenn zwischen den Beinen das Gewand hinten noch tiefer herabgeht als vorn, so dass von den Unterbeinen, auf denen die ganze Masse der Statue ruht, ohne Hintergrund und Verbindung möglichst kurze, also möglichst tragfähige Stücke erscheinen. Auch hier sind wichtige Theile ergänzt, aber nachweislich richtig.

Auf diese Weise dient die ungekünstelte Anmuth, die Freiheit und Klarheit in allen Theilen des Gewandes eben jenem Ausdruck, welcher schon aus der Grundconception der Statue spricht. Seine Vollendung findet derselbe in der Bildung des Kopfes, welcher neben der unverkennbaren Portraitähnlichkeit nicht minder deutlich die schöpferisch reproducirende Thätigkeit des Künstlers erkennen lässt. Eine hohe und breite Stirn gemildert durch das etwas vorfallende Haar, trägt die Spuren reicher Erfahrung auch des Schmerzes; milde und phantasievoll schauen unter ihr die Augen hervor, welche von Bildern nicht der Aussen- sondern der Innenwelt beschäftigt scheinen; durch den tief herabgehenden, deutlich eingeschnittenen Augenknochen eng umschrieben und von den Schläfen scharf getrennt, gewinnen sie einen hohen Ernst und eine ruhige Würde. Den kräftigen Backen entspricht die Breite des Untergesichts, auch diese gemildert durch die Anordnung des Bartes, der in scharf gezeichneten Locken nach der Mitte vorgelegt ist. Von hoher Anmuth endlich ist der Mund, in dem der Ausdruck reinen Wohlwollens und einer schönen Sinnlichkeit lebt; doch auch hier ist der Weichheit ein eigener Ernst verliehen durch die scharfen und strengen Linien, in denen der Bart von den Mundwinkeln herabgeht.

Wie in der Figur so im Kopf sind die Hauptzüge, welche die Physiognomie bestimmen, möglichst deutlich und präcis gebildet: in den

Augenhöhlen, an den Augenlidern, am Schnurrbart und Mund ist eine
scharfe Art von Unterarbeitung angewandt, welche mit voller Bestimmtheit auch auf eine Entfernung wirksam bleibt, in der alles
fernere Detail verschwindet.

So ragt über dieser in sich gegründeten und gerundeten Gestalt
das Antlitz eines Mannes herauf, in welchem liebenswürdige Anmuth
der Natur neben dem Ernst der Arbeit und der Erfahrung, Tiefe der
Phantasie und das freieste Wohlwollen neben der Energie männlicher
Kraft und männlichen Willens steht — und alle diese reichen Elemente
in der Durchdringung und dem Einklang, wie es nur dem ganzen
Manne auf der glücklichen Höhe eines reichen Lebens gegönnt ist.

Die Statue an sich macht völlig den Eindruck eines Originals; sie
scheint durchaus für das Material gedacht, in dem sie ausgeführt ist,
und das Werk eines freien griechischen Meissels. Am wenigsten würde
man hinter ihr ein Bronzevorbild vermuthen. Nicht unmöglich jedoch
ist, dass sie dennoch auf die Erzstatue des Sophokles zurückgeht, deren
Aufstellung im Theater zu Athen der Redner Lykurg beantragte (Vitae X
orat. p. 841 F), und welche vermuthlich identisch ist mit der, welche
Pausanias (1, 21, 1) dort sah. Denn sie trägt «den entschiedenen Charakter eines öffentlichen Monuments» (JAHN Darst. griech. Dichter
Abhh. der sächs. Ges. III, 720) und, wie Welcker a. a. O. p. 468 mit
Recht betont, ist «die Composition sowohl als der Styl und die Kunst
dieser Zeit vollkommen angemessen.» Nur haben wir es hier wol kaum
mit einer Copie, sondern mit dem Werke eines selbstständig nachschaf-
fenden Künstlers zu thun, der sich mit seiner Arbeit an das beste und
berühmteste Vorbild anschloss. Wir kennen aus litterarischer Ueber-
lieferung sonst nur noch zwei Portraits des Sophokles: die Statue,
welche ihm Iophon setzte (Vita Soph. 6), vermuthlich im Heiligthum
des Halon aufgestellt (WELCKER a. D. I 463 Anm. 14, der, wie Bergk,
im Text eine Lücke annimmt und die Wieselersche Conjectur ἱδρυνϑεὶς
ὑπὸ Φαλήρου zurückweist), und das Bild in der Poikile, wo Sophokles
mit der Cither gemalt war, mit Beziehung auf sein Citherspiel in der
Rolle des Thamyris (Vita Soph. 4). Dass mit diesen Portraits die Statue
nichts zu thun habe, ist für das zweite selbstverständlich, für das erste
schon um desswillen wahrscheinlich, weil dasselbe vermuthlich prie-
sterlichen Schmuck trug. S. WELCKER a. a. O., der auch RITTER zu
Didym. opusc. p. 148 anführt.

238. Grabcippus.

H. 0,67. B. 0,45. T. 0,37. Gesl. der kleinen Büste 0,10. — Ital. Marmor.

Auf der r. Seite patera, in deren Mitte in Hochrelief ein Gorgoneion mit Flügeln und unter dem Kinn geknüpften Schlangen, ferner im Kreis umlaufend in flachem Relief drei Seegreife und ein Delphin gearbeitet sind. Auf der l. Seite urceus, gleichfalls mit Reliefs verziert, die jedoch unkenntlich geworden sind; am Bauch der Kanne scheint ein Delphin gearbeitet gewesen zu sein. Auf der Vorderseite en face Brustbild eines Knaben mit einem Stück Gewand auf der l. Schulter, auf einer nischenförmig in den Cippus hineingearbeiteten Grundfläche. Darunter die Inschrift:

```
       ·  D   ·   M  ·
     T· FLAVIVS · HER
     MES · ET FLAVIA ·
     EDONE · FECERVNT
  5  ALCIDE · FILIO ·
     PIENTISSIMO
     QVI VIXIT · ANNIS
     VI · MENS · VI
     DIEBVS · XVI
```

Der Cippus hatte ursprünglich oben einen runden Giebel mit zwei Polstern längs der Nebenseiten; durch Einarbeitung der Nische wurde der Giebel zerstört.

239. Artemistorso.

H. 0,68. Torsol. 0,38. — Griech. Marmor.

Es fehlen Kopf und Hals, r. Arm mit einem Stück Schulter und Rücken, l. Arm von der Mitte des Oberarms an, beide Beine ungefähr von den Knieen an.

Die Figur war in lebhaftem Ausschreiten mit dem r. Bein begriffen und hatte den l. Arm seitwärts vorgestreckt; von dem r. Arm lässt sich nur erkennen, dass er vom Körper gelöst war. Unmittelbar unter der Brust ist der dünne Aermelchiton mit langem Ueberschlag mit einer dicken Schnur gegürtet, und schmiegt sich, bei der lebhaften Bewegung nach hinten flatternd, eng an die Körperformen an. Von der r. Schulter zieht sich über die Brust das Band des Köchers, von dem auf dem Rücken ein Stück erhalten ist. Um den l. Oberarm ist ausserdem ein Gewandstück geschlungen, das vom Rücken vorkommt und wieder nach dem Rücken zurückflattert.

Der Torso rührt von einer Statue her, die der vaticanischen (Sala della biga n. 622 MÜLLER-WIES. a. D. 2, 15, 159. M. Pio-Cl. 1, 30) zum mindesten nahe verwandt war. Die Arbeit ist frisch und frei.

240*. Portraitrelief im Typus des Dionysos.

H. 0,55. B. 0,42. Gesl. 0,23.

Erhalten nur die r. Seite des Vorderkopfs, Stirn, r. Auge, der grösste Theil des linken, r. Backe. Die Platte ist ganz modern, doch ist der Kopf ungefähr richtig aufgelegt.

Der Kopf ist in Dreiviertel-Ansicht (n. r.) in Hoch-Relief ausgearbeitet, worüber kein Zweifel obwalten kann, obgleich der ovale Reliefgrund neu ist. Durch das lockige Haar, aus welchem über der Stirn zwei Ansätze zu Hörnern hervorsehen, zieht sich ein starker Pinienkranz. Die mangelhafte Erhaltung erlaubt kein sicheres Urtheil über die Züge; doch deuten die Formen eher auf ein idealisirtes Portrait als auf einen Götterkopf.

241*. Portraitkopf eines vollbärtigen Römers.

H. 0,42. Gesl. 0,18. — Ital. Marmor. — Ergänzt: Büste vom Bart an, Nase.

Augenbrauen und Pupillen stark ausgedrückt. In dem oberflächlich behandelten Haar deutlich sichtbare Bohrerarbeit. Der Kopf wird etwa dem Ende des dritten Jahrhunderts zuzuweisen sein.

WESTWAND.

242. Fragment einer Satyrstatue.

H. 0,61. Wenig unter Lebensgrösse. — Ital. Marmor. — Mit rother Farbe bezeichnet 169.

Es ist nur ein l. Bein, anscheinend das Standbein, erhalten, zur Seite ein Baumstamm, über den ein Bocksfell herabhängt. Das Bein ist sehnig und muskulös und lässt auf einen alten Satyr schliessen. Die Arbeit ist klar und lebendig.

243. Nackte jugendlich männliche Statue, als Apollo ergänzt.

H. 1,56. Torsol. 0,46. — Griech. Marmor.

Der Kopf antik, aber nicht zugehörig, weil zu klein und von anderem, weisserem Marmor. An ihm ergänzt: das Haar im Nacken, der Haarknoten auf dem Scheitel, die Nasenspitze. An der mehrfach gebrochenen Statue ist ergänzt: die Finger beider Hände, l. Oberschenkel, ein Stück des r. Glutäus, ein Theil der Plinthe, ein kleines Stück unten am Baumstamm und am Gewand; in beiden Oberarmen ein Stück eingesetzt. — Abgebildet bei GARRUCCI M. L. XVII p. 29.

Die Figur ist nackt; die Last des Körpers vertheilt sich auf das r. Standbein und den l. Ellnbogen, welcher auf einen mit einem Gewand bedeckten Baumstamm gestützt ist. Der r. Unterarm ist nach vorn halb erhoben. Die Formen des Körpers sind sehr weichlich; namentlich nähert sich die Brust weiblicher Bildung. Der aufgesetzte Kopf ist der eines Apollo; doch ist nach der Composition nicht wahrscheinlich, dass die Figur einen solchen vorstelle. Eher würde die Bewegung sich für einen Ganymed schicken.

GRIFI Giorn. Arcad. 1846 CIX p. 278, Atti dell'Accad. Pont. XIII p. 324 erwähnt unter den Funden von Cervetri «una statua di un Apollo Saurottono» (s. oben Einl. zum VI. Zimmer). GARRUCCI a. a. O. bezieht diese Notiz auf die vorliegende Statue, was nur dann richtig sein kann, wenn Grifi sich mit seiner Beziehung irrte; denn mit dem A. Sauroktonos hat die Statue nur eine flüchtige Aehnlichkeit in der Bewegung des Torso. Die Provenienz bleibt also ungewiss. Bei VASI e NIBBY Itinerario di Roma ist angegeben, dass die Statue aus den Magazinen des Vatican stamme, was mit Garrucci's Meinung nicht stimmen würde, da von den Ceretaner Funden nichts dorthin gekommen ist.

VIII. ZIMMER.

Nr. 244—287.

WESTWAND.

244. Statue eines schlafenden Eroten.

L. 0,53. — Ital. Marmor.

Fehlt der r. Fuss, grosse Fusszehe des l. Nase verstossen. Erg. aus Gips das ganze Stück der Basis l. von den Füssen. — Publ. von GARRUCCI M. I., tav. XI, n. 3 p. 77.

Ein Erot liegt schlafend in der bekannten Haltung auf einem Löwenfell, das über felsigen Boden gebreitet ist. Sein Kopf ruht auf der r. Hand, die er auf die l. Achsel gelegt hat. Die l. Hand hält zwei Mohnköpfe. Die Haare sind dem Scheitel entlang zu einer Flechte vereinigt.

Geringe Arbeit. Vgl. zu n. 370.

245*. Votiv-(?) Relief, Schauspieler und Muse.

H. 0,40. B. 0,56. — Griech. Marmor.

Das Relief ist zweimal gebrochen und mehrfach beschädigt; es fehlen die untere und obere r. Ecke, die beiden Vorderbeine des Stuhls mit dem betreffenden Theil des Bodens, das l. vordere Bein des Tisches, die r. Hälfte der Lesetafel, die r. Hand der weiblichen Figur. Unbedeutendes ergänzt, die Nase der männlichen Figur. Zweifelhaft bleibt, ob das Relief vollständig erhalten ist. Die Ränder rechts und links sind glatt, können aber, wie der Bruch der Lesetafel, abgearbeitet sein. Dass das Relief sich nach l. fortsetzt, dafür scheint der Umstand zu sprechen, dass die Guirlande der Wand dort mitten durchschnitten ist.

11 *

Publ. von BELLORI veterum philosoph. imagines (uns nicht zugänglich). GRONOV thesaurus II 19. WINCKELMANN mon. ined. II p. 252 n. 192. GARRUCCI M. I. tav. XLII n. 4 p. 79. Bespr. von BRUNN Kunstblatt 1844 p. 326. BRAUN Ruinen und Museen p. 740. Vgl. Pitt. d'Ercolano IV p. 153, 4. ZOEGA bass. I p. 155.

Auf der l. Seite des Reliefs sitzt auf einem vierbeinigen Lehnstuhl (mit aufliegendem dünnen Kissen) ein unbärtiger Mann (n. r.). Ein Gewand liegt auf seinen Beinen, seine Füsse, die mit Sandalen bekleidet sind, ruhen auf einem rautenförmigen Fussschemel, welcher übereck vor dem Stuhle steht. Er hält in der erhobenen Linken eine unbärtige Maske, der r. Unterarm liegt auf dem r. Schenkel, der Kopf ist etwas erhoben. Vor ihm r. ein vierbeiniger Tisch, auf welchem eine halb aufgewickelte Schriftrolle liegt, daneben eine bärtige Maske mit breiter Stumpfnase und eine weibliche, deren Haar über der Stirn und am Hinterkopf aufgebunden ist. Hinter diesen Masken geht eine Stange in die Höhe, an welcher oben eine viereckige Tafel befestigt ist, in der dem Manne zugewandt eine Schriftrolle, wie es scheint quer aufge- rollt ist. Rechts vom Tische auf der r. Seite des Reliefs steht eine weibliche Figur (e. f.), welche sich mit dem Kopf und dem wie decla- mirend erhobenen r. Arm gegen den sitzenden Mann wendet, indem sie die Linke ruhig in die Seite stemmt. Sie trägt im Haar, welches zierlich zu einer Schleife aufgebunden ist, ein Band; ferner Sandalen an den Füssen, einen Aermelchiton und darüber ein Gewand, welches von der l. Schulter hinter den Rücken und unter dem r. Arm hervor auf die l. Schulter zurückgeschlagen ist. Der Boden, auf dem die weibliche Figur steht, ist von demjenigen, auf welchem der Tisch steht, durch einen Einschnitt getrennt, und kann ein besonderes Po- stament gewesen sein.

Im Hintergrunde des Reliefs ist r. hinter der weiblichen Figur ein kleines Gebäude angedeutet, mit spitz zulaufendem Dach — etwa wie ein Zeltdach — und einer Thür, deren Flügel nach aussen, d. i. gegen den Beschauer geschlagen sind. Links vom diesem Gebäude, hinter dem Tisch und der sitzenden männlichen Figur eine hohe Mauer, auf welcher zwei Disken und zwei Gefässe mit Deckel stehen. Sie ist mit hängenden Lorbeer(?)guirlanden geschmückt, von denen Bänder herunterflattern.

Die Arbeit ist sorgfältig und lebendig und zeigt in vieler Hinsicht Verwandschaft mit griechischen Werken. Die Masken sind wohl aus- gearbeitet. Eine, wie es heisst moderne, Replik in der Collect. Lans- downe in London, MICHAELIS arch. Zeit. 1862 p. 347.

Winckelmann sah in der männlichen Figur das Portrait eines Dichters oder Schauspielers, in der weiblichen eine allegorische Figur, «che figurasse il talento del poeta o dell'attore tragico». Die späteren Erklärungen sind blosse Variationen dieser Winckelmannschen Deutung. Am meisten empfiehlt sich die von Brunn (ausdrücklich als ihm nicht angehörig) mitgetheilte Auffassung, wonach der Schauspieler — hinter der Bühne, welche durch die Wand angedeutet sei — in Gegenwart einer Muse seine Rolle lerne und durch Anschauen seiner Maske auch den Charakter derselben sich einzuprägen suche. Diese Deutung wird ansprechender und lässt sich durch Analogien stützen, wenn man das Monument als Votivrelief auffasst.

Dichter kommen öfters in ähnlicher Weise mit Musen vor, so British Mus. X 79 und dazu WELCKER a. Denkm. I p. 482. Das Portrait der männlichen Figur hat Aehnlichkeit mit dem des Menander.

246*. Junokopf.

H. 0,44. Gesl. 0,19. — Italischer, ein wenig geäderter Marmor.

Erg. Nasenspitze, Büste, der ganze Oberkopf sammt Diadem, ein Theil der Stirn über dem r. Auge und der Haarknoten am Hinterkopf.

Die Proportionen des Kopfes sind auffällig breit, der leise geöffnete Mund hat einen lächelnden Ausdruck. Das Diadem ist ungeschickt ergänzt. Der Kopf verräth wenig Verständniss des dargestellten Typus.

247. Statue eines schlafenden Eroten.

L. 0,44. — Ital. Marmor.

Die Grundfläche ist stark fragmentirt. Fehlt der Kopf des Löwen, der l. Arm, Nase, r. Knie und das Vordertheil des r. Fusses des Eroten. Die Figur ist einmal gebrochen. — Publ. von GARRUCCI M. I. tav. XL n. 5 p. 77.

Ein schlafender Erot, in gleicher Bewegung und Haartracht wie n. 214 ruht ausgestreckt auf einem felsigen Boden, den Kopf auf einen liegenden Löwen gelegt. Schlechte Arbeit. Vgl. zu n. 176. 370.

248. 280. Zwei Fragmente eines ovalen Sarkophags.

248. H. 0,38. B. 0,59. — Griech. Marmor. — Publ. von GARRUCCI M. I. XLIII 5 p. 62.

Erhalten sind nur die Reste von zwei Figuren. R. eine tanzende Maenade (n. l.) in gegürtetem Chiton und fliegendem Obergewand,

welche in der erhobenen Rechten an einer Schleife ein Tympanon mit zwei
Schellen hält (vgl. n. 350); ihre Linke ist n. r. zurückgestreckt, wohin
sie auch den Kopf wendet. Von r. greift eine r. Hand in die Falten
ihres Gewandes. Links ein n. l. vorschreitender Satyrknabe, der in
der Linken das Pedum hält und mit der Rechten nach dem Kopf greift.
Ueber beide Arme hat er ein Gewand geschlagen, das hinter dem Rücken
weggezogen ist. Links vor ihm der Rest einer Pinie. Pupillen angegeben. Eine Bakchantin in ähnlicher Bewegung bei ZOEGA Bass. I 5
und auf der l. Nebenseite des Sarkophags n. 408, Mon. d. Inst. VI.
VII, 50.

280. H. 0,44. — Griech. Marmor.

Vollständig erhalten ist nur der obere Rand des Reliefs, der sich nach aussen
vorbiegt. — Publ. von GARRUCCI M. L. XLIII n. 6 p. 81.

In der Mitte ein Baum, wahrscheinlich eine Pinie. R. davon der
Rest von dem Chiton und fliegenden Obergewand einer Maenade (n. r.);
l. Fragment eines tanzenden Satyrn (n. l.) mit Pedum in der Linken
und Thierfell über dem l. Arm. Seine r. Hand und seine Beine fehlen.

N. 248 befand sich früher im dritten Zimmer, wo jetzt n. 84 steht.
Es wurde auf unsern Antrieb vertauscht, um die Zusammengehörigkeit
mit n. 280 zu constatiren. In der That sind beide Fragmente aus demselben Marmor gearbeitet, haben beide eine gebogene Grundfläche,
dieselbe Dicke der Platte, welche zwischen 0,05 und 0,09 variirt, und
dieselbe Art der Ausführung. Das Gewand der Maenade auf n. 248
entspricht in der Anordnung demjenigen der Maenade auf n. 280. Ent-
scheidend ist der Umstand, dass die r. Hand des Satyrs von n. 280 sich
im Gewand der Maenade von n. 248 befindet, und dass der Bruch von
n. 280 mit demjenigen von n. 248 genau zusammenstösst.

Die Grösse der Fragmente und die zwar lebendige, aber sehr flüchtige und untergeordnete Arbeit machen es wahrscheinlich, dass dieselben nicht von einer Vase, sondern von einem ovalen Sarkophage
herrühren. Mit ähnlichen Figuren geschmückt ist der grosse ovale
Sarkophag im cortile di Belvedere, Beschr. Roms II 2 p. 133. VISCONTI
mus. Pio-Cl. IV. 29. MILLIN gal. 63, 268.

249. Männlicher Portraitkopf, römisch.

H. 0,37. Gesl. 0,17. — Griech. Marmor. — Erg. Nase, ein Stück vom Kinn
und Büste. R. Backe bestossen.

Der Kopf ist unbärtig und hat dünnes Haar. Die Art, wie der
Hals erhalten ist, lässt vermuthen, dass der Kopf zum Einlassen in

eine Büste oder eine Statue bestimmt war. Gute Arbeit. Papiernummer 890; früher im Vatican, D'ESTE Elenco I p. 296, n. 890 «testa incognita.»

250. Fragmentirte Sarkophagplatte, Meleager.

L. 1,63. H. 0,53. — Griech. Marmor.

Das Relief ist unten quer gebrochen. Das l. Ende fehlt. Die Oberfläche des Marmors hat durchgängig gelitten. Die Figuren sind bis auf Kleinigkeiten wohl erhalten, die der Erklärung keine Schwierigkeiten bereiten. Spuren von Tünche an allen Kanten und moderne Löcher in der Platte zeigen an, dass das Relief früher in eine Wand eingelassen war. — Publ. von GARRUCCI M. I. XXXIV 2 p. 57. Bespr. von HELBIG Annali 1863 p. 81 (in seinem Verzeichniss unter B aufgeführt).

Dem mächtigen Eber (n. l., mit eingegrabenen Pupillen), der eben einen Hund niedertritt, stellt sich (n. r.) weitausschreitend Meleager mit der Lanze entgegen, die er in beiden Händen hält (Xenoph. Cyneg. I 10). Eine Chlamys, die auf der r. Schulter mit einer Spange befestigt ist, fällt über l. Schulter und Oberarm und hinter dem Rücken herab; um sein krauses Haar liegt eine schmale Binde. Zu seinen Füssen zwei Hunde (n. r.) mit Halsband, von welchen der eine den Eber anbellt, der andere den Kopf wie lauernd senkt. Zwischen ihm und dem Eber im Hintergrunde (n. r.) auf etwas höherem Boden Atalante, in Jagdstiefeln, kurzem, zweimal gegürteten Chiton, den Köcher im Nacken, das Haar auf dem Scheitel von allen Seiten aufgebunden. Sie hält in der Linken den (grossentheils weggebrochenen) Bogen, in der Rechten einen Stab, der die Stirn des Ebers trifft. Er scheint für einen Pfeil zu lang und ist als solcher nicht deutlich charakterisirt, kann aber kaum für etwas anderes genommen werden, da die Linke mit dem Bogen wie zum Schuss vorgehalten ist. Im Hintergrund hinter dem Eber ein Mann (n. l.) mit Lippen- und Backen-Bart, mit Petasos und Chlamys, die mit einer Spange auf der r. Schulter geknüpft ist; er hält in der erhobenen Rechten einen undeutlich gebildeten Gegenstand, wahrscheinlich einen Stein. Zwischen ihm und Atalante Rest eines Baumstammes mit Blätterkrone. Rechts vor dem Eber ein unbärtiger Mann (vom Rücken gesehen), welcher mit einem Speer in der Rechten weit ausholt, um den Eber von hinten zu treffen und in der Linken einen zweiten Speer bereit hält, er trägt hohe Stiefeln, eine Chlamys und im Haar einen Reif. Rechts von ihm, am Fusse eines Baumes sitzt ein verwundeter bärtiger Krieger am Boden, ein anderer steht neben ihm r. am Ende des Reliefs: beide tragen Stiefeln, ein Schwert mit

Gurt und eine Chlamys, von der nur ein Ende sammt Spange auf der l. Schulter sichtbar ist, und greifen mit der Rechten nach ihrer Wunde; der stehende hält ausserdem in der Linken einen Speer, von dem uns ein Stück erhalten ist. (Ancaeus nach der Erklärung von KEKULÉ de fab. Mel. p. 49, vgl. auch HELBIG a. a. O.) Links von Meleager führt ein Dioskur (e. f.) ein anspringendes Pferd am Zügel, von dem blos der Kopf ausgeführt, das Uebrige anzulegen vergessen worden ist. Er trägt gelocktes Haupthaar — das Gesicht ist weggestossen — wahrscheinlich einen Hut, und eine Lanze in der Rechten; das Ende einer auf der r. Schulter geknüpften Chlamys ist über den r. Unterarm vorgenommen. Links von ihm kommt eilig Artemis (n. r.) herbei; sie ist bekleidet mit Stiefeln, doppelt gegürtetem Chiton und einem Obergewand, das wie bei der Artemis von Versailles shawlartig um die Brust geschlungen ist. Sie hielt in der Linken wahrscheinlich den Bogen, von welchem noch Ansätze erhalten sind, und hat die Rechte erhoben, vermuthlich um einen Pfeil aus dem Köcher zu nehmen. — Kopf und beide Unterarme fehlen. Rechts und l. von ihr je ein (n. r.) laufender Hund mit Halsband. Am l. stark fragmentirten Ende des Reliefs die Reste zweier lebhaft (n. r.) ausschreitenden männlichen Figuren; von der einen (wahrscheinlich der andere Dioskur) ist nur der l. Arm mit Lanze, von der andern nur das l. Bein erhalten; die letztere scheint mit einem Felle bekleidet gewesen zu sein und den einen der erwähnten Hunde (n. r.) mit einer Leine am Halsband zurückgehalten zu haben.

Das Relief hat oben und unten einen über die Grundfläche vorspringenden Leisten, über dessen Fläche sich die Figuren noch erheben. Die im ganzen ruhige und gleichmässige Ausführung steht derjenigen der bessern Sarkophagarbeiten nicht viel nach.

251. Vorderseite eines Kindersarkophags.

L. 0,88. H. 0,25. — Graulicher, theilweise blau geäderter Marmor.

Die Platte ist am r. und l. Ende abgeschrägt; sie war wie n. 250 früher in eine Wand eingelassen.

Zwei geflügelte, mit ärmellosem gegürtetem Chiton, der an den Beinen geschlitzt ist, bekleidete weibliche Figuren in schwebender horizontaler Stellung halten mit beiden Händen einen undeutlich charakterisirten Blattkranz mit Beeren, der wohl bestimmt war, eine Inschrift einzurahmen. Unter demselben r. und l. symmetrisch zwei geriefte henkellose Vasen, welche umgestürzt sind; aus ihnen fallen runde Früchte heraus. Unter jeder der weiblichen Figuren liegt ein Palmzweig. An der l. und r. Ecke des Reliefs steht eine Art Candelaber in Form einer Renaissancedogge.

252. Bruchstück einer schlafenden Nymphe.

H. 0,73. Gesl. 0,11. — Ital. Marmor.

Erhalten ist nur Kopf, ein Stück Brust, l. Achsel mit einem Theil des Oberarms, r. Hand mit einem Theil des Unterarms. Erg. Nasenspitze, welche wieder bestossen ist, und Hinterkopf.

Wahrscheinlich früher im Vatican, Beschr. Roms II 2 p. 111 I, dort als eine Bakchantin bezeichnet.

Die Nymphe, charakterisirt durch das gelöste fliessende Haar neigt den Kopf im Schlaf mit geschlossenen Augen auf die l. Achsel und unterstützt ihn durch die dort aufliegende r. Hand. Am l. abwärts gehenden Oberarm eine Spange, in die ein Oval als Verzierung eingegraben ist. Im Haar ein Band.

Ueber das Motiv vgl. zu n. 367. Die Arbeit ist ungleichmässig, aber fein und elegant.

253. Jugendlich männlicher Idealkopf.

H. 0,30. Gesl. 0,10. — Griech. Marmor.

Erg. Nasenspitze und Büste. — Wahrscheinlich früher im Vatican, Beschr. Roms II 2 p. 111 n. I »Jugendlicher Bacchuskopf mit der Corona tortilis und Epheubekränzung.«

Der Kopf ist ein wenig nach r. gewendet. Auf dem schlicht sich lockenden, kurzen Haar liegt ein bandumwundener dicker Reif, aus welchem einige Epheublätter hervorsehen. Die Züge des Gesichts sind ausserordentlich fein und durchaus ideal. Von den gewöhnlichen Bildungen des jugendlichen Bacchus weicht die Form der frischen, gerade ausschauenden Augen, der energisch geformte Mund und das kurze Haar ab. Ohne die eigenthümliche Bekränzung würde man etwa an einen nicht ikonischen Siegerkopf denken. Die Arbeit ist von grosser Feinheit und Präcision; besonders schön ist das Haar behandelt.

254. Jugendlich männlicher Idealkopf.

Gesl. 0, 14. — Griech. Marmor. — Aus Gips ergänzt Büste, Nasenspitze, Lippen und einige kleine Stellen im Gesicht.

Das schlicht sich lockende, anliegende Haar ist wie an den Köpfen der auf Polyklet zurückgeführten Doryphorosstatuen gebildet, hat auch dieselbe symmetrische Anordnung zweier Locken im Haaransatz auf der Höhe der Stirn. Die Züge des Gesichts stimmen ebenfalls mit jenem Typus in gewissen Grundformen überein, doch sind sie im ganzen feiner und haben einen trüben, beinahe schwermüthigen Ausdruck; insbesondere sind die Backen voller, die Augen weniger offen. Der Kopf ist ein wenig nach l. geneigt.

255. Lachender Knabenkopf.

H. 0,26. Gesl. 0,11. — Griech. Marmor.
Erg. Nase, Lippen, Kinn und die Büste mit Köcherband.

Das Gesicht ist n. r. gewendet, das gelockte, hinten lang herabfallende Haar über der Stirn in einen Knoten gebunden. Der Kopf rührt wahrscheinlich aus einer Genredarstellung her.

256. Mädchenkopf, römisches Portrait.

H. 0,26. Gesl. 0,12. — Griech. Marmor. — Erg. Nase und Büste. —
Linkes Ohr bestossen.

Das Portrait hat die Züge eines Kindes von drei bis vier Jahren. Das Haar ist über den Scheitel in eine Flechte gelegt und am Hinterkopf zurückgebunden.

257. Lächelnder Kinderkopf.

H. 0,24. Gesl. 0,10. — Griech. Marmor. — Erg. Nase, Kinn, Ohren, Büste.

Der Kopf ist stark nach r. geneigt.

258. 266. Fragmente eines Hochreliefs.

Beide Fragmente sind aus demselben (ital.?) Marmor (Dicke der Platte circa 0,20), in demselben Stil und in gleichen Verhältnissen gearbeitet und zeigen dieselbe auf decorative Wirkung berechnete unverputzte Meisselführung, daher es wahrscheinlich ist, dass sie Theile eines und desselben Ganzen sind, vermuthlich von einem Triumphbogen oder irgend einem andern öffentlichen Monumente.

258. H. 0,48. Gesl. 0,20.

Nase verstossen. Fehlt ein Theil des Halses und der Hinterkopf.

Die Platte ist nach allen Seiten fragmentirt, erhalten ist nur ein fast rund gearbeiteter, männlicher Kopf (n. r.) mit lockigem Haupthaar, Backenbart, Schnurrbart und spitzem Kinnbart. Unter Kinn und Hals ein Stück Gewand. Pupillen leise angedeutet.

266. H. 0,43. Gesl. 0,19. — Nasenspitze fehlt, Ohr bestossen.

Die Platte ist überall fragmentirt, ausser links, wo der Rand des Reliefs noch vorhanden ist. Erhalten ist ein unbärtiger Kopf mit hinten tief herabgehendem Haar.

259. Fragment eines Hochreliefs, Asklepios.

H. 0,39. H. d. Basis 0,5. — Griech. Marmor.

Erhalten ist nur die untere Hälfte einer Figur, welche vollkommen dem bekannten Typus der Asklepiosstatuen entspricht (l. Standbein). Die r. noch erhaltene Hand stützt sich auf den Schlangenstab. In der viereckigen Basis zwischen den beiden Füssen ein von oben schief nach hinten durchgehendes Loch. Rechts vom l. Fuss der Figur am Boden ein Omphalos, vgl. MÜLLER Handbuch § 394, 1. WIESELER annali dell' Inst. 1857 p. 168.

260. Vollbärtiger Kopf, griechisches Portrait.

H. 0,34. Gesl. 0,14. — Ital. Marmor.

Erg. Nase, Augenknochen, Theile des Barts und Büste. Ohren verstossen. Abgebildet Taf. IX Fig. 1.

Hoch aufsteigender Hinterkopf, starke Ausladung der Stirn, kleiner Mund mit eingezogener Unterlippe sind die charakteristischesten Eigenthümlichkeiten dieses Portraits. Die Ohren sind auffällig gross; die Augen, in denen Pupillen angegeben sind, ein wenig n. l. in die Höhe gewendet. Das Haupthaar dicht und kraus.

SÜDWAND.

260ᵇ. Viereckige Aschenkiste.

H. 0,55. B. 0,37. T. 0,29. — Ital. Marmor. — Deckel und Kiste mehrfach
gebrochen, doch so, dass nichts wesentliches verloren gegangen ist.

Auf der Vorderseite an beiden Ecken zwei Säulen, die als starke
spiralförmig gewundene Ranken oder Stämme gebildet sind, welche
unten an der Stelle der Basis aus einer Art von Blätterkelch hervor-
gehen und oben an der Stelle des Capitäls in einen Büschel von Pinienäpfeln und Blüthen endigen. In der Mitte oben eine Tafel mit der
Inschrift:

C·VOLTILIO
DOMESTICO
PATER·FILIO
FECIT·ET SIBI
V· A· VII

Unter der Tafel eine Flügelthür, jeder Flügel mit zwei Feldern, in
jedem Feld ein Ring. Ueber der Thür ein flacher Giebel, darin ein
Kranz mit fliegenden Bändern. Zu beiden Seiten der Thür je ein
Candelaber.

An den beiden vordern Ecken des Deckels, welcher die Form
eines Daches hat, unbärtige Masken mit phrygischer Mütze, geringelten
Locken und ausgehöhlten Augen. In der Mitte des Tympanon in
einer Muschel das unbekleidete Brustbild eines Knaben; zu beiden
Seiten eine Ente (?).

260ᶜ. Viereckige Aschenkiste.

H. 0,37. B. 0,38. T. 0,28. — Ital. Marmor. — Ein Stück der l. Nebenseite
mit Gips ergänzt.

Auf der Vorderseite an den beiden untern Ecken ein sitzender Adler.
Darüber je ein nackter Erot, der die eine Hand über den Kopf erhebt
und damit eine Blumen- und Fruchtguirlande hält, welche in der Mitte
niederfällt. Zwischen den Eroten über der Guirlande oben eine Tafel
mit der Inschrift:

```
     DIS·MANIBVS
   PORCIAE GRAPTE
  V·A·XXXIIII M·XI·D·VI
 T·FLAVIVS · ET OEMVS
CONIVGI CARISSIMAE·B·M·F
```

Unter dieser Tafel und über der Guirlande zwei einander zugewandte Vögel, welche an einem vierfüssigen langgeschwänzten kleinen Thier (Wiesel?) picken.

Der Deckel hat die Form eines Dachs, an den hintern Ecken unverzierte Akroterien, an den vordern unbärtige Masken mit phrygischer Mütze und gelocktem Haar. Im Tympanon ein Kranz von Blättern und Beeren mit flatternden Bändern. Am Deckel und in der Mitte der r. Nebenseite Reste von Metallstiften zur Befestigung des Deckels. Oben im Dach ein durchgehendes Loch.

261*. 262*. Zwei Fragmente einer Sarkophagvorderseite.

H. 0,52. — Griech. Marmor.

Zwei unbekleidete Eroten, in symmetrischer Haltung ausschreitend, welche Guirlanden mit fliegenden Bändern halten. Die Fragmente rühren von der r. und l. Ecke eines Sarkophages her.

263. Bärtiger Kopf, römisches Portrait.

H. 0,35. Gesl. 0,14. — Griech. Marmor.

Erg. Nasenspitze und Büste. Papiernummer 885, früher im Vatican, D' ESTE Elenco p. 298 n. 885 «molto simile a Mitridate di Ponto», Beschr. Roms II p. 115 n. 885.

Das Haar umgibt ein dicker mit einem Band umwundener Reif; das Band ist am Hinterkopf in eine Schleife gebunden und hängt in zwei Enden herab. Der Kopf gehört etwa in die Zeit der Antonine.

264. Viereckige Aschenkiste.

H. 0,79. B. 0,44. T. 0,32. — Ital. Marmor.

Aus Gips ergänzt l. obere Ecke der Vorderseite und die obere Hälfte der l. Nebenseite. Mehrfach bestossen und gebrochen.

Auf der Vorderseite oben r. und l. zwei nackte Eroten (e. f.), der Kopf des l. abgebrochen, der Kopf des r. mit eingegrabenen Pupillen.

Sie halten ein Medaillon mit dem bekleideten Brustbild eines römischen Knaben. Unter jedem r. und l. ein Adler. Unter dem Medaillon eine Tafel mit der Inschrift:

DIS·MANIBVS
L·POSTVMII
IVLIANI

Unter der Tafel zwei kleine Vögel (e. p.), welche zu fressen scheinen.

Auf der l. Nebenseite ein urceus, auf der r. eine mit einem Blätterkranze in Relief geschmückte patera; sonst sind die Vorstellungen der beiden Nebenseiten gleich, die der l. Nebenseite ist schlechter erhalten. Der Erot an der betreffenden Ecke der Vorderseite hält mit der einen Hand eine Lorbeerguirlande, deren anderes Ende gegenüber am Horne eines an der hintern Ecke aufgehängten Widderkopfes (der l. fehlt) mit eingegrabenen Pupillen befestigt ist. Oberhalb der Guirlande zwei kleine Vögel, die an ihr herunterklettern und um eine Grille oder Heuschrecke sich streiten. Unter der Guirlande ein dritter, welcher gleichfalls ein Insect zu picken scheint. An der hintern Ecke unten ein grösserer Vogel mit langem Halse, welcher an der Guirlande frisst. Vgl. n. 179ᵇ.

Der Deckel besteht aus einer ebenen Platte, welche r. und l. in zwei Voluten endigt; zwischen dieser steht am Rande der hintern Seite ein halbrunder Giebel empor, welchem am Rande der Vorderseite ein Relief von gleicher Form entspricht: ein mit rundem Ansatz versehener, mit wollenen Binden verzierter Dreifuss, an welchem r. und l. zwei Raben picken.

265. Jugendlicher Herakleskopf.

H. 0,36. GesL 0,15. — Griech. Marmor. — Erg. Büste, ein Stück Hinterkopf; zahlreiche Brüche.

Das unbärtige Gesicht hat eine gewisse Aehnlichkeit mit lysippischen Kopftypen. Pupillen stark angegeben.

OSTWAND.

266. Siehe oben n. 258.

267*. Weiblicher Torso.

H. 0,41. Torsol. 0,24. — Griech. Marmor. —
Fehlen Kopf sammt Hals, beide Unterschenkel und r. Vorderarm.

Die Figur ruhte auf dem l. Bein, sie ist mit einem genestelten
Aermelchiton und einem Obergewande bekleidet, welches von der
l. Schulter, den Rücken herunter, über die Brust bis wieder auf die
l. Schulter geschlagen ist, und dessen unteres Ende von der in die Seite
gestemmten Linken in die Höhe genommen wird. Der Torso entspricht
in der Bewegung und der Bekleidung durchaus der Muse auf dem
Schauspielerrelief n. 245, mit dem einzigen Unterschied, dass dort die
l. Hand sichtbar ist.

268. Kopf des Trajan.

H. 0,30. Gel. 0,15. — Italischer, etwas geäderter Marmor.
Erg. Nasenspitze und Büste. — Früher im Vatican, D'ESTE Elenco I p. 289 n. 797.
Beschr. Roms II 2 p. 112 n. 797.

Die Eigenthümlichkeiten des Portraits, namentlich der niedere
Oberkopf, sind stark übertrieben.

269. Weiblicher Kopf, römisches Portrait.

H. 0,44. Gesl. 0,73. — Griech. Marmor.
Büste ergänzt, r. Ohr bestossen. Mit Blei aufgeschrieben M. 33. Früher im
Vatican, D'ESTE Elenco I p. 290 n. 514 «molto simile a Domizia Longina», Beschr.
Roms II 2 p. 112 n. 514, wo diese Aehnlichkeit geleugnet wird.

Die Stirn ist ungewöhnlich breit und niedrig, das Ohr auffällig
gross. Vor dem Ohr gehen aus dem Haar zwei Locken heraus. Im
Haar kranzartig sieben eingearbeitete Löcher, je eines hinter der Locke
vor dem Ohr, zum Theil mit Resten von Metallstiften, welche dazu
dienten einen aufgesetzten Kranz zu halten. Die Formen des Kopfes
sind sehr allgemein gehalten, der Marmor ist ungeglättet geblieben.

270. Linke Nebenseite eines Sarkophags.

H. 0,76. B. 1,05. — Griech. Marmor.
Fehlen beide obere Ecken und ein Streifen unten, mit welchem drei Füsse weggebrochen sind. Roth aufgemalt 49, schwarz 823. — Abgebildet Taf. II Fig. 2.

Zwischen zwei Baumstämmen, welche l. und r. die Vorstellung
einrahmen, zwei unbärtige männliche Figuren, einander zugewandt.
Der r. von beiden ist unbekleidet; er trägt einen mit hoher Crista verzierten Helm und hält in der gesenkten Rechten ein Schwert am Riemen, in der erhobenen Linken ein Schild, auf welchem ein Gorgoneion

mit Andeutung von Flügeln und unter dem Kinn zusammengeknüpften
Schlangen in Relief gebildet ist. Er steht lässig oder wie ermüdet da,
mit geneigtem Kopf und gesenktem Auge. Eiligen Schritts dringt auf
ihn von l. Apollo ein, welcher im reichen wallenden Haar einen Lor-
beerkranz, und eine auf der r. Schulter mit Spange befestigte, flatternde
Chlamys trägt. Er erhebt gegen ihn den Bogen, um einen auf ihn gerichteten Pfeil abzudrücken. Das obere Ende des Bogens ist als Greifenkopf verziert, die Verzierung des untern ist unkenntlich. Hinter
den Köpfen beider Figuren je ein Loch mit Resten von Metall, die
wahrscheinlich von einer spätern Verwendung des Sarkophags herrühren.

Von der Vorstellung der Vorderseite ist an der l. Ecke nur das
Fragment einer männlichen (?) mit gegürtetem, wie es scheint kurzärmligem Chiton bekleideten Figur erhalten, welche auf einem Wagen
(n. r.) steht und den r. Arm etwas erhoben hält; Kopf verstossen, fast
der ganze Unterarm fehlt. Für Dionysos oder Sol ist die Figur zu breit
und schwer, am meisten entspricht diese Figur derjenigen des Wagenlenkers in den Sarkophagdarstellungen der Heimtragung des Meleager
vgl. KEKULÉ de fabula Meleagrea p. 52. BOURLIER recherches sur la
monnaie romaine p. 1; und man könnte dann vielleicht für die Darstellung der Nebenseiten an jene epische Tradition denken, welche
Meleager durch Apollon sterben lässt, vgl. KEKULÉ a. a. O. p. 7. ZOEGA
bassir. I p. 219.

Unter den Darstellungen von Sarkophagen zeigt sonst, so viel bekannt, keine eine Verwandschaft mit diesem Relief. Unter den Mythen,
welche Apollon in ähnlicher Situation vorführen, ist bis jetzt noch
keiner gefunden worden, welcher alle Eigenthümlichkeiten dieser Scene
befriedigend aufklärte. Besonders auffallend ist die ganze Haltung des
bewaffneten Kriegers und der schwer zu erklärende Umstand, dass er
das Schwert müssig in der Rechten am Riemen hält, als ob er sich in
den drohenden Tod ergäbe.

271. Weiblicher Idealkopf.

H. 0,45. Gesl. 0,115.

Der Kopf, an welchem die Nase ergänzt ist, von griechischem Marmor; die
Büste, welche sammt der Basis antik, aber nicht zugehörig ist, von italischem.

Der Kopf ist ein wenig n. l. gewandt; er erinnert in Form und
Ausdruck an die Typen der Schule des Stephanos. Die Augen sind
wenig geöffnet, die Ohren klein und stehen ziemlich hoch, die Stirn

niedrig, das Untertheil des Gesichts ist breit und schwer. Das Haar theilt sich auf der Höhe der Stirn und ist um einen Reif, der um den Kopf geht, rings zurückgeschlagen. An der Büste Andeutung von doppeltem Gewand.

Ein ähnlicher Kopf in der Glyptothek n. 49, ein anderer im Berliner Museum.

272. Knabenkopf.

H. 0,33. Gesl. 0,12. — Ital. Marmor. — Erg. Nase, Büste und ein Stück Hinterkopf.

Die Haare sind über der Stirn zu einem starken Knoten aufgebunden und fallen in Locken zu allen Seiten nieder. Der Mund ist ein wenig geöffnet, von freundlichem Ausdruck.

273. Kopf einer Satyra.

H. 0,34. Gesl. 0,15. — Ital. Marmor. — Erg. ein Stück vom l. Backen, Kinn, Büste und Kleinigkeiten.

Der Kopf, welcher einen entschieden weiblichen Satyrtypus zeigt, ist ein wenig nach r. geneigt. Das Haar, welches in ziemlich langen und reichen Locken um den Kopf wallt und auf der Höhe des Scheitels in einen Zopf gebunden ist, wird durch ein Band zusammengehalten, über dem ein Pinienkranz sichtbar wird. In diesem befinden sich eine Anzahl Löcher für Metallstifte. Ueber der Stirn ein kleiner Haarknoten und zwei kleine Hörner. Die Ohren sind gespitzt, der Mund weit zum Lachen geöffnet, so dass beide Zahnreihen, in der oberen einzelne Zähne, zu sehen sind.

274. Jugendlich weiblicher Kopf.

H. 0,30. Gesl. 0,13. — Ital. Marmor.
Erg. Büste, r. Hälfte des Gesichts, Nase, Mund, l. und r. Augenknochen.

Das gewellte Haar ist am Hinterkopf in einen Knoten zusammengenommen, welcher abgestossen oder abgearbeitet ist.

275. Lachender Satyrkopf.

H. 0,33. Gesl. 0,16. — Ital. Marmor. — Erg. Nasenspitze, Kranz, Büste und Hinterkopf. Aufgeschrieben mit Blei M. 288.

Der Kopf ist ein wenig n. l. geneigt, in dem zum Lachen geöffneten Munde sind Zähne angedeutet. Der Pinienkranz scheint nach erhaltenen Resten richtig ergänzt zu sein.

276. Lachender Mädchenkopf.

H. 0,31. Gesl. 0,15. — Griech. Marmor. — Ergänzt Nase, Unterlippe,
Kinn und Büste.

Der Kopf blickt in die Höhe. Die Haare sind von vorn nach hinten
gestrichen und am Scheitel zu einem Knoten aufgenommen. Die Ohren
sind auffällig klein.

277. Panskopf.

H. 0,30. Gesl. 0,10. — Ital. Marmor. — Erg. Nase und Büste.

Der Kopf hat über der Stirn zwei lange Hörner, die aufwärts sich
dem schlichtlockigen, anliegenden Haar anschmiegen, nicht wie sonst
vom Haar abstehen, so dass sie nur bei aufmerksamer Betrachtung gesehen werden. Auch die spitzen Ohren sind mit dem sichtlichen Bestreben gebildet, das Auffällige zu vermeiden, und die durchaus menschlich gebildeten Züge des Gesichts enthalten nur feine Andeutungen
der thierischen Natur. Die Stellung der Augen, welche der leisen
Neigung des Kopfes nach r. entspricht, und der ein wenig geöffnete
Mund geben dem Kopfe einen wehmüthigen Ausdruck.

Durchaus verwandt sind die Köpfe von zwei in Città Lavigna gefundenen, jetzt im britischen Museum befindlichen Pansstatuen (British.
Mus. II 43. HOPE specimens I 71. CLARAC 712, 1697; descr. of anc.
marbl. in the brit. Mus. II 33), welche von einem sonst unbekannten
Künstler Μάρκος Κοσσούτιος Κέρδων gearbeitet sind (BRUNN künstlerg. I p. 609, C. I. G. III n. 6155. 6156). Vgl. den schönen, früher
im Besitz Winckelmanns (mon. ined. I n. 59), jetzt in der Münchner
Glyptothek (SCHORN Beschr. d. Gl. n. 103) befindlichen Kopf, welcher
sicher keinen Satyr darstellt, und andere von GERHARD del dio Fauno
p. 42 n. 51 angeführte Beispiele.

278. Knabenkopf.

H. 0,25. Gesl. 0,12. — Ital. Marmor. — Erg. Nasenspitze und Büste.
Mit Blei aufgeschrieben M. 100.

Das Haar, welches bekränzt gewesen zu sein scheint, ist über
der Stirn in einen Knoten gebunden und fällt nach hinten in Locken
nieder.

279*. Trophäe, Fragment eines römischen Reliefs.

H. 0,77. B. 0,53. Dicke der Reliefplatte 0,09. — Ital. Marmor. — Ueberall gebrochen, ausser auf der r. Seite, wo ein vorspringender Rand erhalten ist.

Ueber einem bärtigen Kopf (n. r.) ist an einem Baumstamm ein zottiges Fell aufgehängt; auf denselben ist ein mit zwei abstehenden Hörnern versehener runder Helm gestülpt. Rechts davon ein mit Arabesken verzierter ovaler Schild mit einem Buckel in der Mitte. Hinter und über ihm ein glatt herabhängendes Stück Tuch mit Franzen, wahrscheinlich ein vexillum.

Vielleicht das in Vei gefundene «frammento di trofeo alto palmi 3», CANINA descrizione di Vei p. 84, vgl. Einl. zum 12. Zimmer.

280. Vgl. oben n. 248.

281*. Bärtiger Kopf, römisches Portrait.

H. 0,40. Gesl. 0,17. — Ital. Marmor. — Erg. Nase, Büste und Einiges am Hinterkopfe.

Der Kopf ist ein wenig nach l. gewendet, der dünne Lippen- und Backenbart ist nur mit dem Meissel angegeben. Augenbrauen und Pupillen sind angedeutet. Nicht vor dem dritten Jahrhundert.

282. Fragment eines christlichen Sarkophags.

H. 0,57. B. 0,75. — Ital. Marmor. — Ueberall ausser oben gebrochen.

Im Grunde drei Bäume, l. und r. eine Pinie, in der Mitte ein Lorbeer- oder Oel-Baum. In jedem sitzt ein Vogel. Ihre Zweige gehen ineinander über, so dass zwischen den Stämmen nischenartige Räume entstehen. Rechts zwischen dem zweiten und dritten Baum ein bärtiger Mann in doppeltem Gewand, welcher nach l. schreitet. indem er beide Arme vorstreckt und auf dem l. einen Gegenstand zu tragen scheint, von welchem undeutliche Reste erhalten sind.

Zwischen dem ersten und zweiten Baum ein Gestell in Form eines T, über dessen Querbalken ein Tuch gehängt ist. Auf diesem steht in der Mitte ein grosser Vogel, vielleicht ein Pfau, l. neben ihm ein kleinerer, ebenso wohl rechts, wo jedoch nur undeutliche Reste vorhanden sind, vielleicht zwei Tauben. L. in der Höhe des Querbalkens der Rest zweier Hände, welche einen Kranz halten, der mit einem Band

12*

umwunden ist. Rechts von dem Stamm des Gestelles Ueberrest von einem abgebrochenen Gegenstand.

Das Relief ist sehr hoch erhoben, das Laub der Bäume durchbrochen, die ganze Arbeit gering und spät, wahrscheinlich von einem christlichen Sarkophag. Vgl. die ähnlichen Darstellungen auf Sarkophagen bei ARINGHI Roma Subterranea I 311 und MILLIN voyage dans le Midi de la France LXVI.

283. Fragment eines Sarkophagreliefs.

H. 0,58. B. bis 0,51. — Griech. Marmor.

Das Fragment ist die r. obere Ecke der Vorderseite eines Sarkophags. Die glatt behauene Rückseite zeigt eine gebogene Fläche. Das Relief besteht aus zwei Stücken, welche getrennt in diesem Museum aufgestellt waren, und erst neuerdings zusammengefügt worden sind. Vgl. n. 31. Es muss noch ein drittes zugehöriges Stück vorhanden gewesen sein, wie einige in die Bruchflächen eingearbeitete Löcher anzeigen; dasselbe ist jedoch weder in den Magazinen des Vatican noch im Museum Chiaramonti zu finden gewesen. Abgebildet auf Taf. XXIII Fig. 1.

Ein Feigenbaum zur Rechten an der Ecke. Unter ihm eine jugendliche weibliche Figur (n. l.) in doppeltem Gewand, nur bis zu den Knieen erhalten, welche die Hände erhebt. Sie scheint vor dem Anblick einer andern weiblichen Gestalt zurückzuschrecken. Diese, nur bis zu den Hüften erhalten und soweit unbekleidet, muss, nach den Höhenverhältnissen zu schliessen, gesessen oder halb gelegen haben. Ihr Körper ist en face gebildet, ihr Kopf mit aufgelöstem Haar und wenig geöffneten Augen nach r. gewandt — nach r. ist auch ihr l. Arm gestreckt, der r. fehlt — unter ihrer r. Brust ein Einschnitt, den man für nichts anderes als eine Wunde halten kann. Ihr l. Arm wird am Ellnbogen von der l. Hand einer über ihr sichtbaren jugendlich weiblichen Figur unterstützt, welche anscheinlich höher steht als die zuerst beschriebene. Sie ist mit einem gegürteten Chiton bekleidet, welcher von der r. Schulter und Brust herabgeglitten ist, und scheint n. l. auszuschreiten. Ihr Kopf hat gleichfalls gelöstes Haar und ist nach r. gegen die zuerst beschriebene Figur geneigt. Der Gesichtsausdruck ist klagend. Ihr r. Arm scheint seitwärts erhoben gewesen zu sein. An der r. Schulter der zweiten Figur ist noch eine rechte Hand von einer vierten, wahrscheinlich ebenfalls weiblichen Figur erhalten.

Das Relief erinnert einigermassen an Niobidendarstellungen, so besonders an ein Fragment im museo Chiaramonti, Beschr. Roms II 2 p. 68 n. 455, STARK Niobe p. 192; indessen fehlt das Charakteristische derselben, dass die Niobiden gleichzeitig vom Tode ereilt werden. Der Schreck, welchen die Figur r. ausdrückt, scheint vielmehr darauf zu führen, dass die sterbende Frau sich selbst getödtet hat. Ob es gelingen wird in derselben eine der von Hygin CCXLIII aufgeführten Heroinnen, die sich selbst den Tod gegeben, mit Wahrscheinlichkeit zu erkennen, steht dahin, solange schlagende Analogieen von Sarkophagdarstellungen fehlen. Am meisten Aehnlichkeit haben noch diejenigen des Selbstmords der Althäa.

284. Weiblicher Kopf (Ariadne?).

H. 0,36. Gesl. 0,14. — Ital. Marmor. — Erg. Nase, Büste, die hintere Hälfte des Kopfes und die Bänder.

Das Haar dieses archaistischen Kopfes ist über der Stirn in eine dreifache Reihe von Löckchen geordnet; darüber sieht ein Diadem hervor, von dem hinter beiden Ohren (richtig ergänzte) Bänder herabfallen. Der Mund ist ein wenig geöffnet und hat einen leise lächelnden Ausdruck. Pupillen angegeben. Möglicher Weise rührt der Kopf von einer Doppelherme her. Er gleicht einigen archaistischen Hermenköpfen, welche Ariadne benannt werden, so Brit. Mus. II 17. MÜLLER-WIESELER D. a. K. II 36, 429.

285. Statue eines bogenschiessenden Herakles.

H. 1,12. Torsol. 0,29. — Griech. Marmor.

Erg. Kopf und Hals, die Hälfte des r. Unterarms, l. Hand, r. Bein von der Kugel an mit Ausnahme des Fusses. Basis alt.

Herakles schreitet mit dem l. Fuss weit aus. Der l. Arm ist nach r. ausgestreckt, der r. ist im Ellnbogen scharf gebogen und an den Leib angezogen. In der l. Hand ist der Bogen zu denken, dessen Sehne die Rechte anspannte. Von der Schulter geht über die Brust ein Band nieder, an dem unter der l. Achsel auf dem Rücken der Köcher befestigt ist. Das Löwenfell liegt auf dem l. Arm auf und hängt über einen Baumstamm herab, welcher dem l. Bein zur Stütze dient. An der Basis die Inschrift:

MVNIFICENTIA·PII·IX·PONT·MAX.

Die Statue, welche mündlichen Aussagen zufolge vor einigen Jahren auf der piazza Pia in der Nähe des Castel S. Angelo gefunden ist, gleicht in Grösse und Stil vier vaticanischen Figuren des Herakles (VISCONTI mus. Pio-Cl. II 5 — 8. Höhe 1,38 — 1,45), welche offenbar einem grösseren Cyclus von Heraklesarbeiten angehörten, BRUNN bullett. 1857 p. 67.

286. Fragment eines Hochreliefs.

H. 0,45. B. 0,51. — Ital. Marmor.

Fehlen die Beine von der Mitte der Schenkel an, l. Unterarm, r. Hand, Hals und Kopf.

Erhalten ist blos das obere Stück einer männlichen sitzenden Figur (n. l.), welcher ein Gewand Schooss, Rücken und l. Achsel bedeckt. Ihre Rechte geht in die Gegend des r. Schenkels nieder, während der l. Arm etwas gekrümmt und zurückgebogen ist. An dem kleinen Stück, welches vom Sitz erhalten ist, der Rest vielleicht von einem Stabe, den die Linke hielt.

287. Kolossale Poseidonstatue.

H. 2,01. Torsol. 0,52. L. des r. Oberschenkels 0,62. H. des Kopfs mit Bart 0,34. Gesichtsl. 0,22. Entfernung der Brustwarzen 0,30. — Griech. Marmor.

Erg. Nase, einiges am Bart und Haupthaar, l. Arm von den Schultern an, r. von der Mitte des Unterarms an, beide Unterschenkel, Schiff, Delphin, ein Stück vom l. Glutäus und l. Oberschenkel, wo der Schwanz des Delphin ansetzt, Dreizack, Aplustre und Basis.

Bespr. von BRAUN Ruinen u. Museen p. 739. Publ. von CLARAC 744, 1797 (ohne Ergänzungen, aus den Magazinen des Vatican) und GARRUCCI M. L. XXII p. 33.

Die Statue ist 1824 von Panfilo di Pietro in Porto im Bereiche eines grösseren Gebäudes gefunden worden, welches P. E. VISCONTI mem. romane di antichità 1 2 p. 22 für eine Thermenanlage hielt. Vgl. über den Fund ausserdem Notizie del giorno vom 7. Mai 1829. GERHARD im Kunstblatt 1824 p. 223, hyperboräisch-römische Studien p. 120.

Die Ergänzungen der Figur sind im ganzen richtig ausgeführt, und so vortrefflich im Charakter der erhaltenen Theile gearbeitet, dass man den Eindruck eines vollkommenen und unversehrten Werkes hat. Das rechtwinklig gebogene l. Bein ist auf das Vordertheil eines Schiffes gesetzt, der r. Ellnbogen auf den r. Schenkel gestützt, so dass der ganze Oberleib sich ein wenig nach l. vereinigt. Die erhobene Linke stützt den Dreizack auf. Die r. Hand hält das Aplustre. Der r. Schenkel ist durch einen Delphin gestützt. Dass hier eine Stütze sich befand, ist durch die Art der Verstümmelung des l. Schenkels wahrscheinlich; ob es ein Delphin gewesen, lässt sich aus den erhaltenen Theilen nicht entscheiden. An der l. Hüfte ist der Ansatz einer Stütze abgearbeitet worden. Dass die r. Hand das Aplustre hielt, ist durch nichts indicirt; der schönen Einfachheit des ganzen Motivs würde es besser entsprochen haben, dasselbe wegzulassen, vgl. z. B. die durchaus ähnliche Figur auf dem Revers einer Silbermünze des Demetrios Poliorketes, MIONNET VII 7010, MÜLLER-WIESELER I 50, 2216.

Die Musculatur des Leibes ist überaus kräftig, die Proportionen kurz, fast untersetzt, die Schultern breit, die Brust stark und kräftig. Der Typus des Kopfes entspricht den Grundformen des Zeusideales und steht diesem weit näher als der bekannte Kopf des Poseidon im Museo Chiaramonti, NIBBY mus. Chiar. I 24. PISTOLESI il Vat. descr. IV 57. BRAUN Vorschule 16. MÜLLER-WIESELER II 6, 67 vgl. KEKULÉ Hebe p. 60. Das Haar, welches rings um den Kopf in stärker geringelten Locken herabfällt, wächst nicht gleichmässig aus der Stirn und theilt sich nicht in der Mitte wie bei Zeus. Von der Haarmasse l. oben ist eine Locke in die r. herübergeführt; ihr Contour vereinigt sich mit dem des Haaransatzes bis zum Schlaf herab in eine gerade Linie. Die Nase ist zu weit vorspringend ergänzt. Der Mund ist ein wenig geöffnet und von ernstem Ausdruck. Die innern Augenwinkel liegen höher als die äussern.

Die Oberfläche ist rauh, aber lebendig behandelt, die ganze Arbeit zeigt eine Beschränkung auf das wesentlichste wie sie die Colossalität verlangt. Die durch Unterarbeitung erreichte Schärfe der bedeutendsten Contoure des Kopfes ist auf eine Wirkung in die Ferne berechnet. Die gedrungenen Verhältnisse, die vorgeneigte Haltung des Körpers und die Richtung des Blicks deuten auf eine hohe Aufstellung.

Statuen des Neptun sind überhaupt selten (BRUNN annali 1857 p. 188. WINCKELMANN trattato preliminare IV 23 kannte nur eine einzige Neptunstatue in Rom'; den Typus dieser Statue, welcher auf Münzen und Gemmen häufig ist, VISCONTI opere varie II p. 198, wiederholt, soviel ersichtlich, nur eine Statue in Dresden, BECKER Augusteum II 47, ein falsch restaurirter Torso in palazzo Altemps und mit Vertauschung von Links und Rechts eine unpublicirte Statuette im Caffeehaus der Villa Albani Beschreib. Roms III 2 p. 348 n. 450, welche wahrscheinlich in Nettuno gefunden ist, Bullett. 1834 p. 106.

WESTWAND.

288. Doppelte Aschenkiste.

H. 0,39. B. 0,18. T. 0,34. — Ital. Marmor. — Mehrfach gebrochen, doch fast alles erhalten.

Auf der Vorderseite zwei Tafeln für Inschriften, die r. leer, die l. mit der Inschrift:

C·OCTAVI
RESTITVII

An den oberen Ecken der Vorderseite zwei bärtige Köpfe mit Widderhörnern (vgl. zu n. 83. MICHAELIS Arch. Zeit. 1866 p. 141 Anm. 11). Zwischen den Inschrifttafeln in derselben Höhe ein langhalsiger Vogel mit ausgebreiteten Flügeln, der auf einem undeutlichen Boden (Nest?) sitzt. Von diesem hängen zwei Guirlanden, die l. und r. an den Hörnern der Eckköpfe befestigt sind, im Bogen unter den Inschrifttafeln herab. Innerhalb der Rundung unter den Tafeln je zwei Vögel die zwei Junge füttern. An den beiden untern Ecken der Vorderseite zwei Adler in symmetrischer Bewegung. Unter den beiden Guirlanden je ein grösserer und ein kleinerer Vogel, welche nach ihnen hinaufpicken. Der Deckel, eine ebene mit Blattornament verzierte Platte, hat auf der Vorderseite, den beiden Inschrifttafeln entsprechend, zwei flache Giebel mit Akroterien; in diesen zwei Paare fressender Vögel. Die Nebenseiten sind in flachstem Relief mit einem

Kelch verziert, aus dem Ranken mit Blüthen hervorwachsen. In den Seitenrändern des Deckels und der Kiste sind einander entsprechende Löcher angebracht und in einem ein Rest der Metallstifte noch erhalten deren man sich zur Schliessung der Kisten bediente. Vgl. zu n. 175. 189.

289. Portraitkopf eines unbärtigen Römers.

H. 0,43. Gesl. 0,17. — Ital. Marmor. — Beide Ohren verstossen.

Der Kopf ein wenig n. r. gewandt; die Nase verhältnissmässig kurz und wenig ausladend, die Oberlippe sehr lang, das Haar schlicht. Die Augen stehen auffällig nahe aneinander. Unten an der (antiken), rund abgearbeiteten Büste ist der Zapfen erhalten, mit dem sie in die Basis, vielleicht einem ähnlichen Stein mit Inschrift, eingelassen war, wie der in welchem der Kopf jetzt steht.

290. Portraitkopf einer römischen Frau.

H. 0,38. Gesl. 0,16. — Griech. Marmor. — Ergänzt Nasenspitze und Büste.

Das wellige Haar geht einfach nach dem Hinterkopfe herab und ist von da nach dem Scheitel wieder aufgenommen. Dort ist der Kopf, der vielleicht überhaupt nicht vollendet ist, beinahe unbearbeitet. Die Pupillen angegeben.

291. Portraitkopf einer römischen Matrone.

H. 0,41. Gesl. 0,16. — Ergänzt Nase und Büste, ein grosser Theil vom Hinterkopf.

Das Haar ist wellig, und künstlich angeordnet, und vom Hinterkopf in einem platten Streifen wieder nach vorn aufgenommen. Die Pupillen und Augenbrauen angegeben. Der ganze Kopf ist ein wenig n. r. in die Höhe gewendet.

292 a b c d. Vier Fragmente eines Hochreliefs.

Durchschnittliche Dicke der Platte 0,20. — Ital. Marmor. — Die Köpfe etwa zwei Drittel Lebensgrösse.

a. Links unbärtiger Kopf eines Lictors im Profil n. r.; auf der l. Schulter Rest der Fasces. Rechts davon Hals und Brustansatz einer zweiten bekleideten Figur.

b. Links oben, vom l. Rand durchschnitten, ein jugendlich männlicher, unbärtiger Kopf von trübem Ausdruck, mit wenig geöffneten Augen. Rechts daneben, im Profil n. r. ein ebensolcher
Kopf. Zwischen und unter beiden scheint ein dritter Kopf weggebrochen zu sein.

c. Zwei jugendlich männliche Köpfe, fast rund ausgearbeitet; in
Dreiviertelwendung, der r. (n. r.) unbärtig, der l. (n. l.) mit
schwachem Backenbart; die Hinterköpfe stossen aneinander.
Nasen, Lippen und Kinn verstossen. Bei beiden ein Stück Gewand unter der Halsgrube, und ein Rest der fasces zu sehen, die
sie auf der l. Schulter trugen.

d. Erhalten nur ein Kahlkopf, im Profil n. l. Die Nase fehlt.

Alle vier Fragmente zeigen in der Dicke oben eine glatte Fläche,
b. auch l., c auch r.; sie stammen daher wohl vom obern Rand eines
Reliefs, b von dem l., c von dem r. Ende, wenn nicht des ganzen Reliefs, so doch einer Platte desselben. Jedesfalls stellte dasselbe eine
Procession vor, ähnlich wie n. 20. und rührt von einem Gebäude der
früheren Kaiserzeit her. Zweifelhaft ist ob

292ᵉ

dazu gehört: Bruchstück einer Togafigur, gleichfalls von einem Relief.
Es scheint etwas kleiner in den Verhältnissen zu sein als die andern
Fragmente.

293ᵗ. 818ᵇ*. Zwei Fragmente ornamentirter Marmor- tafeln.

Wahrscheinlich von einer Wandbekleidung. — Abgebildet bei GARRUCCI M. I.
t. XLIV p. 82, welcher angiebt, dass sie zugleich mit den Reliefs der Haterier-
gräber (zu n. 343) gefunden seien. Vgl. BRUNN Ann. 1849 p. 409.

293. H. 0,95. B. 2,29.

Das Ganze ist durch rechtwinklig sich schneidende Leisten in verschiedene Felder von ungleicher Grösse getheilt.

In dem l. unteren quadratischen Felde (H. 0,30. B. 0,32) ein
Knäbchen, im Haar einen Kranz (?), auf einem Ziegenbock reitend
(n. l.), an dessen Hörnern er sich mit der Rechten anhält, während er
in der Linken einen nicht geraden sondern unregelmässig geschlängelten
Thyrsus hält der mit einem Band verziert ist. L. daneben ein Pinien-
bäumchen (daran ein Pinienapfel), r. auf einer felsenartigen Erhöhung
ein Kandelaber. Das Ganze hat Aehnlichkeit mit einigen Darstellungen

römischer Münzen, weniger der Münzen der Fonteier mit dem Genius
des Juppiter oder Veiovis (PRELLER röm. Mythol. p. 236) bei COHEN
Méd. cons. t. XVIII Font. 4 — 8. MOMMSEN Gesch. des röm. Münzw.
p. 591 n. 221 (vgl. MÜLLER-WIES. a. D. 2, 51, 645 nach Morelli, doch ist
der Thyrsus wohl ein Missverständniss), als vielmehr der Münzen des Sa-
loninus mit der Umschrift «Jovi crescenti» COHEN Monn. imp. 4 p. 452,
17 ff. pl. XIX. und «Jovi exorienti» ib. p. 459 n. 68. pl. XX. Indess
fehlt auf den Münzen der Thyrsus, welcher das Knäbchen als kleinen
Dionysos charakterisirt, da von Satyrabzeichen nichts zu sehen ist. Vgl.
n. 350. In einem langen und schmalen Felde r. daneben zwei Epheuranken mit Träubchen, welche aus einem Akanthoskelch hervorwachsen.
Unmittelbar oberhalb des ersten Reliefs ist ein anderes Fragment eingemauert: darauf unter Weinranken der Rest einer männlichen bärtigen
Figur, die mit der Bipennis in beiden erhobenen Händen zum Schlag
ausholt. GARRUCCI erklärt sie nach Apollod. bibl. 3, 5, 1, 4 wahrscheinlich richtig für Lykurg. Erhalten nur der Kopf, welcher an Herakles-
typen erinnert, und die beiden Arme; die Weinranken zogen sich als
Ornament durch ein grösseres Feld. Andere Fragmente zeigen nur
Pflanzenornament mit einem Frosch und einem Vogel, der eine Schlange
angreift vgl. n. 66. 67. 320. In einem andern Felde zwei Oelbäume
durch die sich ein Weinstock mit kleinen Trauben schlingt; zwischen
ihnen ein kleiner ländlicher Felsenaltar mit brennendem Fruchttopfer;
r. davon ein in einen dünnen ornamentirten Schaft endigender Priap
(n. l. im Profil) mit zurückgeworfenem Kopf, im l. Arm einen Korb mit
Früchten, in der erhobenen Rechten ein krummes Messer, als ob er im
Begriff wäre von den Trauben der Weinreben über ihm zu schneiden.
Er war stark ithyphallisch; doch ist der Phallus in neuen Zeiten abgearbeitet und auf der Abbildung weggelassen. Am Boden Pflanzen, oben
mit Blüthenkolben, etwa Mais, der noch jetzt in ähnlicher Weise mit
Oel und Wein zugleich gebaut wird; an dem l. Baum ein fliegenartiges
Insect und eine Schlange, in der Nähe des rechten ein Skorpion. Die
Figur stellt eines der rohen Priapbilder vor wie sie in den Gärten aufgestellt zu werden pflegten, zugleich als Vogelscheuche, meist aus Holz
geschnitzt. S. z. B. Hor. Sat. 1,8. Vgl. Georg. 4,110, Tibull. 1,4,4 ff.,
wo er nackt und als «armatus curva falce» erscheint.

318ᵇ. H. 0,85. B. 1,90.

Fragment einer ebensolchen Tafel, welches dem anderen symmetrisch entspricht. In dem oberen oblongen Feld ein Akanthoskelch, aus

dem Wein- und Epheuranken hervorkommen, in der Mitte ein geschlün-
gelter Thyrsus. In den Ranken eine Maus, die nach einer Traube klet-
tert und ein Vogel, welcher an einer Weintraube frisst; unten am Boden
eine Eidechse, die ein Insekt frisst. Unter diesem ein anderes gleichfalls
oblonges Feld mit einem Akanthoskelch, aus dem Epheuranken mit
Trauben entspringen. In der r. unteren Ecke endlich ein quadratisches
Relief (H. 0,30. B. 0,29): Silenopappos auf einem Esel (n. l.) quer-
sitzend, bekleidet mit Rock und Hosen von zottigem Fell und Schuhen.
Mit der Linken fasst er hinter dem Hals des Esels weg nach dessen Kopf
(vielleicht nach dem l. Ohr?), in der R. hält er einen Dithyrsos. Im
Haar hat er ein Band mit zwei Epheuträubchen(?) über der Stirn. Rechts
und l. ein Bäumchen mit länglicher Krone (Cypresse?).

294. Vorderwand eines Sarkophags.

H. 0,54. B. 1,96. — Griech. Marmor. — Ergänzt die obere Hälfte der l. Eckfigur;
die ganze Oberfläche hat gelitten, die Köpfe sind sehr verwaschen.

An den beiden Ecken und in der Mitte je ein Erot, welche mit
erhobenen Armen die beiden mit fliegenden Bändern verzierten Fruchtgewinde halten, die von der Mitte nach den Ecken gehen. Man unterscheidet darin verschiedene Blüthen, Citronen (?), Birnen, Granatäpfel,
Weintrauben. In den halbrunden Feldern über den Festons liegen auf
einem besondern Boden je zwei einander zugewendete Masken: l. ein
pinienbekränzter Satyr (n. r.) und eine weibliche Maske mit Band im
Haar, r. eine eben solche (n. l.) mit einem Kopftuch und ein Silen mit
Epheukranz. In den Augen sind durchgehends Pupillen eingegraben,
im Munde die Zahnreihen sichtbar. Vgl. n. 60. 61. 308.

Die Arbeit ist frisch, die Erfindung vortrefflich; besonders der mittelste Erot ist sehr schön in der Bewegung.

295*. Weiblicher Idealkopf (Venus?).

Etwas über Lebensgrösse. Ergänzt Hinterkopf und Nasenspitze.

Genauere Untersuchung wegen der hohen Aufstellung auf einer
ornamentirten Säule unmöglich. Der Form des Halses nach scheint er
bestimmt gewesen zu sein in eine Statue eingelassen zu werden.

295b*. Fragment eines Reliefs.

Wohl von einem Sarkophagdeckel. — H. 0,16. B. 0,28. — Griech. Marmor.

Es scheint von einer liegenden Gruppe von Mann und Frau herzurühren wie sie auf etruskischen Sarkophagen vorkommen s. Mon.

dell' Inst. VIII, 20. Links im Profil n. r. ein bärtiger Kopf, im Nacken
eine weibliche r. Hand, die ihn umfasst. Der Bewegung der verstümmelten Schulter nach scheint der Mann die r. im Profil n. l. liegende
(weibliche) Figur, von der ein kleiner Rest erhalten ist, mit dem r. Arm
umfasst zu haben. Mittelmässige, römische Arbeit.

296*. Vorderwand eines Sarkophags mit Meergottheiten.

H. 0,75. B. 1,54. — Griech. Marmor.

Vielfach gebrochen, aber alles wesentliche erhalten; über die jetzt entfernten
modernen Ergänzungen s. u. — Abgebildet bei GERHARD ant. Bildw. t. 100, 1.
Prodromus p. 342. Vgl. CLARAC 207, 196.

In der ganzen Breite des Reliefs ist unten Meer angedeutet. In
der Mitte eine gereifte runde Muschel, das Schloss nach unten. In derselben sitzt n. l. Aprodite, in dem aufgebundenen Haar, aus dem auf
die Schultern zwei Locken herabfallen, einen Kranz oder ein Band;
sie ist halb nackt, nur um die Beine ein Gewand geschlagen, dessen
einer Zipfel auf ihrer l. Schulter liegt. Mit der Rechten fasst sie eine
Locke ihres Haars; in der jetzt abgebrochenen Linken hielt sie einen
Gegenstand, wahrscheinlich einen Spiegel, in die Höhe; den Kopf
wendet sie, wohl um in den Spiegel zu sehen, nach r., wo, zu ihrer
Linken, ein ungeflügelter Erot steht, den Kopf ihr zugewandt; in der
Linken hat er einen Apfel; die Bewegung seiner (abgebrochenen)
Rechten ist nicht mehr zu errathen. Zu ihrer Rechten schwebt, etwas
höher, ein gleichfalls ungeflügelter Erot, der in beiden Händen einen
dicken Kranz mit Bändern an den Enden hielt, von dem jetzt der grösste
Theil weggebrochen ist. Gehalten wird die Muschel von zwei symmetrisch componirten bärtigen Seecentauren mit spitzen Ohren, die in der
anderen erhobenen Hand ein Ruder tragen; den Kopf wenden sie
zurück nach der nackten weiblichen Figur, mit rund über dem Kopf
flatterndem Schleier, welche auf jedem von ihnen sitzt. Auch die
weitere Composition ist symmetrisch: an den Enden je ein Seestier,
von der Mitte abgewendet, den eine nackte weibliche Figur mit Brust-
band zum Kusse umarmt. Diese schwebt beinahe horizontal anmuthig
vom Wasser aus an ihm herauf, das eine Bein gestreckt, das andere
rechtwinklig gebogen; ein Schleier flattert über ihr in grossem Bogen,
dessen ein Ende sie mit erhobener Hand fasst, während das andere
sich um das gestreckte Bein schlingt. Unter der Muschel zwei mit
den Schwänzen zusammengeknüpfte Delphine; weiterhin, unterhalb

der Centauren, schwimmt je ein flügelloser Erot (nach der Mitte), wahrscheinlich getragen zu denken von dem Delphin, dessen Kopf unter seinem vorgestreckten Arm aus dem Wasser vorsieht. Ebenso in den Ecken unter dem Seestier je ein flügelloser Erot (n. aussen gewandt), der auf dem Rücken einer Seeschlange liegt. Endlich in der Höhe, zwischen den Schwänzen des Seestiers und Seecentauren, oberhalb des emporgestreckten Fusses der weiblichen Gestalt sitzt auf einem nicht näher charakterisirten Boden je ein geflügelter Erot; der linke hält mit der Linken eine Leier; seine Rechte und beide Hände des andern sind weggebrochen. Die Ergänzungen, welche hier und an einigen andern Stellen Gerhards Abbildung bietet, rührten von moderner Restauration her und sind jetzt wieder entfernt.

Ebenso kannte Gerhard die Nebenseiten des Sarkophags, die jetzt fehlen; sie waren mit je einer kauernder Sphinx geziert. Ueber die Darstellung der Venus in einer Muschel s. JAHN Berichte der sächs. Ges. 1853 p. 16 ff. 1854 p. 182 ff., der auch das vorliegende Relief bespricht.

296^b.

Ein grosses ornamentirtes Gebälkstück, welches unter n. 296 aufgestellt ist, rührt wahrscheinlich vom Trajansforum her; bei neuerdings veranstalteten Ausgrabungen in Pal. Valentini sind genau entsprechende Fragmente gefunden worden vgl. zu n. 59. 68.

297. Kassettenförmiges Relief.

H. 0,36. B. 0,31. — Ital. Marmor. — Besprochen von BRUNN Kunstblatt 1844 p. 318. — Abgebildet auf T. VII Fig. 6.

Das Relief ist ausser auf der Grundseite mit einer ornamentirte Leiste eingefasst. Auf der Grundseite steht eine perspectivisch verkürzte, vermuthlich vierseitig gedachte Ara mit Akroterien auf den Ecken, welche mehr als die Hälfte des ganzen Feldes einnimmt. Auf ihrer Vorderseite auf einer vertieften Fläche in Relief ein krummes (Silvans-) Messer; auf der oberen Fläche der Ara ringelt sich eine männliche Schlange (mit Kamm und Bart, in die Höhe.

Brunn erklärt das gekrümmte Messer und die Schlange als Attribute des Saturn; für die Schlange scheint es an Beweisen zu fehlen. Auch können Messer und Schlange hier keinesfalls als coordinirt behandelt werden; das erstere ist als Verzierung an der Ara, die letztere

als wirklich auf demselben vorhanden gedacht, und wird deshalb viel
eher als Vertreterin des Genius zu nehmen sein. Vielleicht deutet das
angebrachte Attribut auf den Genius des Saturn oder Silvan. Vgl.
PRELLER röm. Myth. p. 74.

Die ursprüngliche Verwendung der Reliefplatte lässt sich nicht be-
stimmen, da sie überall eingelassen sein konnte, in ähnlicher Ver-
wendung wie die gemalten, den Genius symbolisirenden Schlangen.
Ein ganz entsprechendes Monument mit den Attributen der Aphrodite:
Taube, Spiegel und Diadem befindet sich im Louvre, CLARAC 254, 614.
Obgleich die Maasse nicht ganz stimmen (0,27 + 0,34), so werden
beide Monumente doch wohl Pendants gewesen sein, da sie sich in der
Anordnung des Détails und selbst in den Ornamenten entsprechen.

298. Aschenkiste.

H. 0,51. B. 0,29. T. 0,26. — Ital. Marmor. — Mehrfach gebrochen. Einiges
verstümmelt. — Bezeichnet C. C. 1627. — Abgebildet auf T. VI Fig. 1.

Der dachförmige Deckel mit Akroterien auf den Ecken, hat im
Giebel einen Blattkranz mit flatternden Bändern.

An der Vorderseite der Kiste selbst oben in einem Rahmen die
Inschrift:

```
      DIS·MANIB
      IANVARIAE
      CORN ⌐//////I A⌐         corneliae
      ///////////////////////////////
      L·\volu_____/I
    5 EVTYCHES CONIVGI
      BENE·MERENTI
        ET·SIBI
      L·D·D   D
```

Rechts und l. von der Inschrift stehen auf je einer Kugel, um die in
der Mitte ein horizontaler Einschnitt läuft, zwei jugendlich männliche
Gestalten (c. f.) nackt, symmetrisch als Gebälkträger angebracht. Sie
unterstützen mit dem einen erhobenen Arm die auf dem Kopf ruhende
Last des Gesimses, welches den oberen Abschluss der ganzen Vorderseite bildet; in der andern herabgehenden Hand halten sie einen undeutlichen Gegenstand, der einer Weintraube ähnelt. Die Kugeln setzen
sich nach unten in walzenförmige Stützen fort, vor denen an den unteren Ecken zwei Adler sitzen. In dem so r. und l. abgeschlossenen
Felde unter der Inschrift r. Hermes (n. l.) nackt, mit geflügeltem Petasus,

das Kerykeion l. geschultert, den r. Fuss auf eine Erhöhung gestemmt
und den r. Unterarm auf das r. Knie gestützt. Vor ihm steht auf derselben Erhöhung eine Ziege die an einem l. befindlichen Baum (mit
Blätterkrone) frisst. — Auf beiden Nebenseiten ein aufrecht stehender
Lorbeerzweig mit Früchten.

Eine analoge Darstellung auf einem von KEKULÉ Nuove Memorie
p. 123 ff. tav. IV, 2 publicirten und als Erziehung des Aesculap nach-
gewiesenen Relief; nur fehlt hier auf dem vorliegenden die Hauptsache,
der kleine Aesculap. Da sich für Hermes als einfachen Ziegenhüter
schwerlich Beispiele nachweisen lassen, so ist man versucht in der vorliegenden Darstellung eine gedankenlos abgekürzte Wiederholung jenes
anderen Gegenstandes zu sehen.

Die in der Inschrift genannte Januaria war Sklavin der Cornelia,
Gattin des als praefectus urbis 809 d. St. gestorbenen L. Volusius Satur-
ninus. Plin. VII, 62. S. MOMMSEN zu Borghesi Oeuvres III p. 333. Die
Inschrift bei Amati im Giorn. Arcad. 1831 L p. 266. CARDINALI Di-
plom. 260. Die Kiste stammt von dem Begräbniss der Volusier in Vigna
Ammendola s. zu n. 189.

299. Weiblicher Idealkopf.

H. 0,95. Gesl. 0,20. — Ital. Marmor. — Ergänzt Nase, Kinn, ein Stück vom
Diadem; der Hals gebrochen, die Oberlippe verstossen.

Der Kopf ist dem Typus der Juno verwandt. Im Haar, das hinten
aufgenommen ist und aus dem hinten am Hals Löckchen herabfallen,
ein Diadem; in dem geöffneten Mund sind die Zahnreihen angedeutet.

SÜDWAND.

300. Apollokopf.

H. des ganzen Fragments 0,40. Gesl. 0,20. — Griech. Marmor. — Nase, Kinn,
Lippen, Haare verstossen.

Der Kopf, welcher von einem Hochrelief herzurühren scheint,
ähnelt am ehesten dem jetzt im Brittischen Museum befindlichen Apoll
Pourtalès MÜLLER-WIES. a. D. II 11, 123. Das über der Stirn gescheitelte Haar, durch das sich ein Band zieht, ist auf beiden Seiten
nach hinten aufgenommen.

301. Friesfragment.

H. des Ganzen 0,74. B. 0,51. H. des Reliefs 0,37. — Grobkörniger griech. Marmor.

Erhalten ist nur ein Erot, der sich auf das l. Knie niedergelassen hat, und mit erhobener Rechten ein Feston mit fliegenden Bändern am Nacken hält. Darunter läuft ein dreifach gegliederter Epistyl-balken. Das Fragment mag etwa zu dem Fries eines grossen Grabmals gehört haben.

302. Griechische Portrait (?) herme.

H. 0,75. Gesl. 0,25. — Ital. grauer Marmor. — Ergänzt ein grosses Stück des Schaftes; verstossen Nase, Bart.

Der Kopf erinnert sehr an die Hermentypen des bärtigen Dionysos. Das lockige Haupthaar geht vom Scheitel nach allen Seiten herab und umgiebt die hohe gewölbte wenig gerunzelte Stirn in sorgfältiger An-ordnung. Die Augen liegen sehr tief; der volle Bart, der die Ohren z. Th. verdeckt, ist fliegender als an den Dionysosköpfen.

303. Relieffragment.

H. 0,48. B. 0,93. — Grauer ital. Marmor.

Erhalten ist nur der Obertheil eines Eroten (en face) mit ausgebrei-teten Flügeln, der mit einer augenscheinlichen Geberde der An-strengung ein Feston hielt. Rechts von ihm flatternde Bänder, und weiter hin ein Stück von einem Gegenstand, den man allenfalls für das obere Ende einer Lyra halten kann. Das Relief war eingefasst mit einem Eierstab und einem andern Ornamentstreifen, welche nur oben und l. erhalten sind. Ein ohne Zweifel zu diesem gehöriges Fragment steht über n. 308. Es hat unten das gleiche Ornament; darüber ein schweres Feston, und l. von demselben am Boden ein l. Kinderfuss, der zu dem Eroten auf n. 303 passen würde.

304. Behelmter römischer Portraitkopf.

H. 0,54. Gesl. 0,24. — Ital. Marmor. — Ergänzt die halbe Nase, einiges am l. Ohr; bestossen die Crista, deren unteres (hinteres) Ende fehlt.

Das schlichte Haupthaar fällt auf die Stirn herein und verdeckt sie beinahe ganz; schwacher Vollbart und leise Andeutung von Pupillen und Augenbrauen. Der einfache Helm mit einer schweren, ungünstig wirkenden Crista ist auf beiden Seiten mit dem Relief eines Greifen geschmückt und zeigt mehrfache Farbenspuren. In der l. Ohrmuschel ein Loch. Der Kopf hat etwas von dem trüben dumpfen Ausdruck der Portraits später Zeit, der er doch wegen der Sorgfalt und Feinheit der Arbeit nicht angehören kann. Die Vermuthung liegt nahe, dass das Portrait im Typus eines Heros oder des Mars dargestellt gewesen sei.

305. Weiblicher Portraitkopf (Livia?).

Zu hoch aufgestellt, um ihn messen zu können; etwa lebensgross. — Weisser Marmor. — Ergänzt Büste, Nase, l. Backe, Theile des Gewandes. Der Kopf war mehrfach gebrochen.

Ein Gewand bedeckt schleierartig das wellige Haar, um das ein Oelkranz mit Oliven liegt, und das über der Stirn einen eigenthümlichen Wulst bildet. Dieselbe Frisur an der Livia, bei VISCONTI Iconogr. rom. pl. 19 fig. 1. 2.; der auch die Züge gleichen. Der Kopf früher im Vatican, D'ESTE Elenco I p. 295 n. 854. Beschr. Roms II 2 p. 112 n. 854. «Weiblicher Kopf mit Lorbeeren [?] bekränzt, mit einiger Aehnlichkeit der Livia.»

305b*. Grosser Cippus.

H. 2,37. Ursprüngliche grösste B. 1,40. Ursprüngliche grösste T. 1,20. — Es fehlt die hintere und beinahe die ganze r. Hälfte.

Der Cippus hat oben eine Art von rundem Giebel; darin zu beiden Seiten eines Candelabers zwei einander entsprechende Greife, deren Schwänze in Ornament auslaufen. Darunter auf der Vorderseite eine grosse freie von Ornamentstreifen umrahmte Fläche, wie für eine Inschrift. Auf der l. Nebenseite ein reich belaubter Lorbeerbaum, um den sich eine Schlange ringelt; r. daneben am Boden ein Vogel (Taube?), welcher eine Schlange bekämpft, s. zu n. 320.

Was jetzt als Vorderseite erscheint, ist die ursprüngliche Rückseite; von jener sind zwei zusammenpassende Fragmente erhalten, die daneben stehen, von ganz der gleichen Anordnung und folgenden Resten einer Inschrift:

```
AT
CHI
MAT
DA
A
TRO
```

Die Fragmente zeigen durchgängig die Ueberladung mit Ornament, die etwa mit der Zeit des Septimius Severus gewöhnlich wird. Einer Abschrift der Inschrift in Amati's Papieren (Vatic. Bibl.) ist beigeschrieben: «Sig. Poletti. Dagli scassi della Via Valeria incontro Castel Madama.» Die Fragmente sind also zwischen Tivoli und Vicovaro an der Strasse gefunden.

306. Reichverziertes Consol.

Etwa der Schlussstein eines Bogens. Wegen zu hoher Aufstellung nicht gemessen. — Gelblicher Marmor.

Auf der Vorderseite e. f. eine schwebende Victoria, in doppelt gegürtetem ärmellosem Chiton, den Kopf n. l. gewendt. Die jetzt abgebrochenen Arme gingen seitwärts nieder; in der Linken hielt sie eine Trophäe (Panzer, Schild, Helm und drei Lanzenspitzen), die r. neben ihrer Schulter sichtbar ist. An den Kanten Akanthosblätter. Sehr ähnlich sind die meisten Schlusssteine der römischen Triumphbögen verziert. Aehnliche Console an der s. g. Casa di Rienzi oder di Pilato bei Ponte Rotto. Andere Exemplare im Magazin Guidi bei den Caracallathermen, das eine mit einem Merkur, ein zweites mit einem Satyr, der in der Linken eine Amphora hält. Vgl. Mon. dell' Inst. II. 4. Arch. Anzeiger 1866 p. 275 *.

306ᵇ. Bärtiger Portraitkopf.

Zu hoch aufgestellt, um ihn messen zu können; etwas über lebensgross. Ergänzt Buste und Nase; die Ohren abgestossen.

Der vollbärtige Kopf mit spärlichem Haupthaar ist ein wenig n. r. gewendet, und gehört in nachhadrianische Zeit. Die Pupillen sind angegeben. Es sieht aus als ob mitten über die Stirn ein aufgesetztes (metallnes?) Band gelegen habe.

307. Männlicher unbärtiger Portraitkopf.

Von ähnlicher Aufstellung wie n. 305. — Ital. Marmor. — Ergänzt Buste, Hals, Nase, Kinn, l. Augenknochen und einige Kleinigkeiten.

Der Kopf ist ein wenig nach oben gewendet und, wie bei Opfernden, mit einem Gewand dedeckt.

308. Fragment der Vorderwand eines Sarkophags.

H. 0,60. B. 1,17. — Griech. Marmor. — In der Mitte gebrochen.

In dem runden Feld über einer hängenden Lorbeerguirlande mit flatternden Bändern, die r. an einer stehenden brennenden Fackel befestigt ist, zwei einander zugewendete, weinbekränzte jugendliche Masken mit angedeuteten Pupillen vgl. 60. 61. 294. Links davon ist bei späterer anderweitiger Benutzung des Sarkophags die Mitte des Reliefs glatt gearbeitet und dort eine verkehrt stehende Inschrift mit Buchstaben des 13. — 14. Jahrhunderts eingehauen, von der eine Zeichnung auf Taf. XX Fig. 4.

309. Apollokopf.

H. 0,30. Gesl. 0,19. — Ital. Marmor. — Nase, Lippen, Kinn und Theile des Haars abgestossen.

Das Haar, durch das ein Band geht, ist auf dem Scheitel zu einem starken Knoten geschürzt, vgl. n. 300. 312.

310. Aschenkiste.

H. 0,61., der Kiste allein 0,41. B. 0,49. T. 0,33.

Die Kiste und die besonders gearbeitete Basis, in welche sie eingelassen ist, sind von bläulich geädertem grobkörnigem Marmor, der Deckel von weissem. — Abgebildet auf Taf. XIX Fig. 3. 4. 5.

Das Relief der Vorderseite wird r. und l. von zwei jugendlichen, unbärtigen aber anscheinend männlichen Hermen mit krausem Haar abgeschlossen, die den r. Arm in einem umgeschlagenen Gewand tragen, die l. Hand am Schaft eingestemmt haben. Ihre Köpfe tragen ein quer über das ganze Relief gehendes Ziegeldach; ihre Schäfte (ohne Schamtheile) stehen auf kleinen würfelförmigen Basen. In dem zwischenliegenden Raum steht auf dem Boden, eine grosse nach oben ausladende Wanne, mit einem Löwenkopf (mit eingegrabnen Pupillen) als Mündung in der Mitte. In ihr keltern zwei bartlose Männer (mit eingebohrten Pupillen), welche bis auf eine Art von Schwimmhosen (subligacula s. STEPHANI Compte-rendu 1864 p. 237 vgl. n. 104) nackt sind, Wein aus. Beide in symmetrisch entsprechender Bewegung, haben sie sich mit der einen Hand gefasst und schwingen mit der andern einen keulenartigen Stock.

Auf der l. Nebenseite r. ein Weinstock, zu dem von l. ein Mann mit einem Korb auf dem Rücken eine Leiter hinauf steigt; er trägt eine haubenartige Kopfbedeckung und ist sonst mit gegürteter Aermeltunica und Hosen bekleidet. Links in der Ecke ein gerader Stock, um den sich eine Weinranke schlingt.

Auf der r. Nebenseite l. unter einer oben angedeuteten Weinranke zwei Männer (mit eingegrabnen Pupillen), welche um einen am Boden stehenden Korb voll Beeren beschäftigt sind, etwa um ihn dem Einen auf den Rücken zu heben. Von dem l. stehenden ist die untere Hälfte, von dem r. das r. Bein anzugeben vergessen worden. Rechts von ihnen steht ein dritter (n. l.) vielleicht ein Aufseher, der in der Linken einen kurzen Stock, in der Rechten einen Stab hält, an welchem oben eine kleine Glocke(?) hängt. Alle drei sind unbärtig und tragen kurze gegürtete Aermeltuniken, der letzte auch Schuhe. Das Geräth in dessen r. Hand dient vielleicht um Lärm zu machen und die Vögel zu verscheuchen.

In dem halbkreisförmigen Giebelfelde des Deckels, welcher Form und Verzierung eines tonnengewölbten Dachs mit Polstern auf beiden Seiten hat, in der Mitte ein Candelaber; l. und r. davon zwei einander zugewendete Greife. Ueber Greife als Apotropaien an Grabdenkmalen Stephani Compte-rendu 1864 p. 100.

311. Portraitkopf einer römischen Matrone.

H. 0,38. Gesl. 0,15. — Griech. Marmor. — Ergänzt Hals und Büste.

Der Kopf rührt vermuthlich von einem Grabrelief der Art her, wie n. 23; die Hinterseite ist abgearbeitet. Das Haar ist wellig, von ähnlicher Frisur wie bei n. 345; in den Augen die Pupillen tief eingegraben. Lebendige Arbeit.

312. Kolossaler Apollokopf.

H. 0,39. Gesl. 0,23. — Ital. Marmor. — Nase, Stirn und Haar bestossen;
     Hinterkopf und ein Stück der l. Seite fehlen.

Das in der Mitte gescheitelte Haar, durch das ein doppeltes Band geht, ist hoch aufgebunden zu einem starken Knoten, vgl. n. 300. 309.

312^b. Viereckige Aschenkiste.

H. 0,28. B. 0,40. T. 0,34. — Griech. Marmor.

Der Deckel hat die Form eines mit Blättern gedeckten Daches, mit Polstern an beiden Nebenseiten. Das Ornament des Giebels verwaschen. — An den vier oberen Ecken der Kiste Bukranien, an deren Hörnern auf den drei sichtbaren Seiten je zwei Epheuzweige mit flatternden Bändern befestigt sind. Auf der Vorderseite zwei kleine Vögel, die nach den Epheutrauben picken.

313. Weiblicher Idealkopf.

H. 0,37. Gesl. 0,22. — Griech. Marmor. — Ergänzt die Nase, die wieder abgestossen ist, ein Theil des r. Ohrs, der Lippen und des Kinnes.

Der Kopf ist von schöner Arbeit, leider sehr verputzt und dadurch stumpf in den Formen geworden. Im allgemeinen erinnern die Züge des Gesichts und die Anordnung der Haare an Hera, während Anderes, besonders die Form der Augen, der Ausdruck des Mundes, die kleinen Löckchen vor den Ohren eher auf den Kreis der Aphrodite hinweisen. Der Hals ist stark und kräftig, Kopf und Blick geradeaus gerichtet. Aus dem welligen Haar fallen hinter den Ohren zwei Locken herab. Hinter der vordersten Haarpartie im Halbkreis mehrere kleine Löcher, jedenfalls für ein einzusetzendes metallnes Diadem, das oben dem Gesicht einen wünschenswerthen Abschluss gegeben haben würde. So erklärt sich, warum man sich erlaubt hat den Hinterkopf viel zu niedrig zu machen; in demselben am Scheitel ein viereckiges Loch mit dem Rest eines Bleieingusses (für einen Meniskos?). In dem allein erhaltenen l. Ohrläppchen ein kleines Loch, wohl zur Befestigung von Ohrschmuck.

OSTWAND.

314. 315. 316. Fragmente eines Frieses.

Durchschnittshöhe der theilweis sehr verstümmelten Fragmente 0,46. 314. B. 2,14. 315. B. 1,68. 316. B. 1,21. Das erste noch an der Südwand.

Das Grundmotiv der Verzierung bildet ein schön geschwungenes Pflanzenornament mit grossen Blumen und wenig vom Schaft sich lösenden Akanthosblättern. Durch dasselbe galoppiren Pferde, meist mit einem Thierfell auf dem Rücken, und Eroten, welche sie eilend zu verfolgen scheinen; einer derselben hat ein Gewand.

Ein Fragment von demselben oder einem ähnlichen Fries eingemauert an der Torre di Nerone.

317. Weiblicher Idealkopf.

Aufgestellt wie n. 295 auf einer ornamentirten Säule, zu hoch um ihn messen zu können; er ist etwa lebensgross. Ergänzt Büste, Nase, l. Backe; er scheint mehrfach gebrochen.

In dem Haar, das am Hinterkopf in einen Knoten gebunden ist, ein Diadem; der Mund geöffnet, in den Augen Pupillen angedeutet. Die Züge entsprechen denen der gewöhnlichen Heraköpfe.

318. Bakchische Doppelherme (Dionysos und Ariadne?).

H. 0,25. Gesl. 0,16. — Griech. Marmor. — An beiden Köpfen Haar, Nase, Lippen und Kinn bestossen. Der Hals fehlt von der Mitte an.

Beide Köpfe sind jugendlich und haben das Haar, das auf beiden Seiten hinter den Ohren in vier Locken niedergeht, mit Wein-Blättern und -Trauben geschmückt. Der eine ist weiblich und hat das Haar über der Mitte der Stirn gescheitelt; der andere, der Haartracht und den etwas kräftigeren Zügen nach, männlich. Die beiden Kränze sind über den Ohren zusammengebunden. Beide Köpfe sind von edlen Formen, und besonders der männliche, lebendig und ausdrucksvoll.

318ᵇ. Marmortafel, zu 292 gehörig; s. ebd.

319. Römischer Portraitkopf.

H. 0,39. Gesl. 0,16. — Ital. Marmor. — Ergänzt Nase, Büste, der vordere Theil des Halses.

Unter dem vollen welligen Haar kommen kleinere gerade herabfallende Löckchen vor; das Ganze macht danach den Eindruck einer Perücke. Pupillen und Augenbrauen angegeben; der Hinterkopf fast unbearbeitet. Der Ausdruck des Kopfes ist stark, die Arbeit spät.

320. 320ᵃ. Pilasterreliefs.

Vielleicht ursprünglich zusammengehörig. Beide sind l. und r. von senkrechten Ornamentleisten eingefasst.

320. H. 1,83. B. 0,50.

Unten zunächst eine mit Weinranken in Relief bedeckte Urne, r. daneben ein Vogel, der eine Schlange bekämpft; vgl. 66. 67. 189. 293. 305ᵇ. etc.; l. der Rest eines vierfüssigen Thieres (Pferd?), welches zusammengesunken scheint. Aus der Urne wächst eine Weinranke, welche in mannigfacher Verschlingung das Relieffeld dicht ausfüllt. Durch die Ranken geht eine lange Leiter, auf welcher, erhaltenen Spuren nach, ein Knabe (?) mit einem Korb voll Beeren auf der l. Schulter hinaufstieg. Die Figur scheint mit Absicht weggemeisselt. In den Ranken ferner ein Nest mit jungen Vögeln, welche von einem alten gefüttert werden; verschiedene andere Vögel, ein Haase, eine Maus, welche meist beschäftigt sind an den Beeren zu fressen.

320ᴬ. H. 1,94. B. 0,50.

Unten gebrochen, wie 320 oben; also vielleicht eine Fortsetzung von 320.

In den Weinranken, welche den Streifen ebenfalls ganz ausfüllen, sind ähnlich wie im ersten kleine Thiere angebracht, u. a. ein Vogel, welcher ein Heupferd aufpickt; bemerkenswerth sind zwei deutliche Eichhörnchen. Die Leiter fehlt hier, doch sind Spuren von zwei kelternden Knaben (?) erhalten, welche wie der obige abgearbeitet sind.

Das Relief zeigt die vielfache Anwendung tiefer Unterarbeitung, welche an christlichen Sarkophagen oft begegnet und an chinesische Specksteinarbeiten und byzantinische Elfenbeinsculptur erinnert.

321. Römischer weiblicher Portraitkopf.

H. 0,38. Gesl. 0,16. — Ital. Marmor. — Ergänzt Büste, Hälfte der Nase.

Unter dem gewellten Haar, welches aussieht als habe es wie eine Perücke abgenommen werden können, sehen von den Ohren nur die Ohrläppchen vor. Pupillen und Augenbrauen sind angegeben. Vielleicht der früher im Vatican befindliche Kopf Beschr. Roms 2, 2 p. 112 n. 545 «Frauenkopf mit falschem Haaraufsatze; der jüngeren Faustina nicht entsprechend», wie er bei D'ESTE Elenco I p. 294 n. 545 bezeichnet ist.

322. Victoriaköpfchen.

H. 0,19. Gesl. 0,12. — Ital. Marmor. — Nase verstossen.

Das gewellte Haar ist oben zu einer unverhältnissmässig grossen Haarschleife geschürzt und am Hinterkopf zu einem starken Knoten zusammengebunden. Der Mund ist leise geöffnet, die Stirn auffällig hoch, das ganze Gesicht von grosser Feinheit in Ausdruck und Arbeit, während die Behandlung des Haares, das am Hinterkopf unvollendet geblieben, nicht glücklich ist. Der Kopf rührt augenscheinlich von einer Statue her und gehört unter die aus dem Venusideal abgeleiteten Typen, unter denen man am ehesten an Victoria denken kann; vgl. z. B. die Victoria der Trajanssäule.

IN DER MITTE.

323. Dreiseitige Ara.

H. 0,77. — Pentelischer Marmor. — Die drei oberen Ecken und Eckkanten abgestossen; sonst vielfach beschädigt. — Abgebildet bei Garrucci M. I. XLVII p. 87. — Besprochen von Brunn Kunstblatt 1844 p. 318. Platner und Urlichs Beschr. Roms p. 325. Braun Ruinen und Museen p. 742. Conze Gött. gel. Anz. 1862 p. 1319. — Gefunden vor 1844 auf dem Forum «tra il tempio posto ai piedi del Campidoglio del quale rimangono otto colonne ioniche e la colonna di Foca.» Canina Ann. dell' Inst. 1846 p. 245 n. 1. Bei Mommsen ib. 1844 p. 289 ist die vorliegende mit der in Veji gefundenen Ara n. 440 verwechselt.

Die Reliefs hatten ursprünglich auf allen Seiten vorspringende Ränder, welche jetzt grossentheils fehlen. Auf der einen Seite (Garrucci fig. 1. B. 1, 23) steht in der Mitte (n. r.) eine Leierspielerin nach der gewöhnlichen Art dieser Figuren ausschreitend. Sie ruht auf dem l. Fuss und hat über den langen ärmellosen Chiton das Obergewand so geschlagen, dass der r. Arm frei bleibt und das eine Ende über die l. Schulter nach hinten hinabfällt. An den Füssen trägt sie Sandalen mit hohen Sohlen; ihr Haar ist hinten in einen Schopf gebunden mit einem Band, das dort eine Schleife bildet und in zwei Enden gerade herabhängt. Im l. Arm hält sie die sechssaitige Leier, an welcher r. eine Schleife des Bandes sichtbar wird, mit der dieselbe auf der l. Schulter angehangen ist; mit der Linken greift sie in die Saiten, mit dem Plektron in der Rechten spielt sie. Rechts von ihr, ihr zugewendet eine weibliche augenscheinlich rückwärts tanzende Figur, von der Kopf und Oberkörper fehlen. Sie hat ein reiches doppeltes Gewand, an den Füssen dünnsohlige Sandalen und ruht auf dem r. Bein, während sie das l. tanzend erhebt. Die Linke stemmt sie in die Hüfte und hält in der Rechten einen unerkennbaren länglichen Gegenstand, sicher keine Krotalen, wofür Brunn ihn hielt. Der Mittelfigur folgt von l. eine dritte weibliche Figur, in doppeltem Gewand (n. r.) mit nackten Füssen. Ihr r. Arm ist ganz, ihr l. bis zur Handwurzel unter dem Obergewand verborgen, das über die l. Schulter zurückgeschlagen ist. Mit der L. hat sie den über den Rücken herabfallenden Gewandzipfel der Mittelfigur gefasst; den Kopf wendet sie über die r. Schulter zurück, so dass er en face sichtbar wird. Sie hat einige Aehnlichkeit in der Bewegung mit der Hore auf der Ara bei Zoega Bassiril. II 96, worauf Garrucci aufmerksam macht; mehr noch mit einer Hore auf einem griechischen

Relief Ann. dell' Inst. 1863 t. d'agg. L. f. 2, wo Michaelis über das Motiv des Gewandanfassens und Umsehens gehandelt hat p. 295 ff.

Auf der r. folgenden Seite (B. 1,25. GARRUCCI fig. 2) wiederum drei tanzende weibliche Figuren in doppeltem Gewand, von denen das obere bei der r. Figur auch über den Kopf gezogen ist, anscheinend alle drei beschuht. Von der linken und mittleren fehlen Kopf und Schultern, bei der ersteren weggebrochen, bei der letzteren ist an der Stelle ein grosses eingearbeitetes, Loch nach Brunns wahrscheinlicher Vermuthung um eine unbrauchbare Stelle im Marmor durch ein besseres Stück zu ersetzen. Die beiden nach der Mitte gewendeten Seitenfiguren stehen auf den Fussspitzen und scheinen am Ort zu tanzen, in dem sie ihre Gewänder flattern lassen, die mittelste tanzt auf die zur Linken los. Ohne Zweifel ist hier, wie auf den andern Seiten, ein bestimmtes Schema des Tanzes dargestellt, von dem Analogieen in den heutigen italienischen Tänzen erhalten sind: die Mittelfigur tanzt bald zu der einen bald zu der andern Mittänzerin hin, um in diesem Solotanz dann von einer andern abgelöst zu werden, und selbst deren Rolle zu übernehmen. Darum ist es gefährlich, diese Figuren, wenn sie anderwärts ähnlich wiederkehren, ohne Weiteres auf gemeinsame berühmte Originale zurückführen zu wollen, wie J. LESSING in der 7. These hinter De Mortis apud veteres figura p. 80 mit der r. Figur thut, unter Vergleich von Pitt. Ercol. III, 29. MÜLLER-WIES. a. D. II 45, 564. Collection des pierres antiques de la chasse des Ss. trois rois mages à Cologne n. 109 (uns unzugänglich).

Auf der dritten Seite (B. 1,30. GARRUCCI fig. 3) in der Mitte ein tanzender jugendlicher Satyr. Diese Figur würde unverständlich sein ohne ein von Garrucci zum Vergleich herbeigezogenes mantuanisches Relief Mus. Mantov. 3,47, wo sie genau und unverstümmelt wiederkehrt. Der Satyr, an dem spitze Ohren nicht zu erkennen sind, während er am Rücken unverkennbare Reste eines Schwanzes und am Kopf Spuren von Bockshörnern hat, tanzt in lebhafter Bewegung n. r., den Kopf mit vollem Haar zurückgeworfen; mit der zurückgreifenden Linken hält er ein Thierfell, das die vorgestreckte Rechte zugleich mit einem Thyrsos fasst und das um die Figur im Bogen flatternd zu denken ist. Das r. Bein ist weggebrochen, der Thyrsos verletzt; ebenso fehlen der r. Unterarm und ganze l. Arm. Die Arme sind vermuthlich gebrochen gewesen und dann abgearbeitet worden, so dass man ihren früheren Gang nur mit Mühe erkennen kann und die ganze Bewegung sinnlos geworden ist, zumal im Grunde r. von der Figur ein l. Unterarm

schwach eingearbeitet worden, welcher der ganzen Stellung widerspricht. Rechts von dem Satyr eine im Tanz anstürmende weibliche
Figur (n. l.) in doppeltem Gewand; beide tanzen augenscheinlich aneinander vorüber. Links eine zweite weibliche Figur (n. r.) in gleichem
Gewand, das Haar am Hinterkopf in einen Knoten gebunden, in ganz
ruhiger Haltung; sie wartet um die andere abzulösen. In der Linken
scheint sie denselben Gegenstand zu halten, den die r. Figur der ersten
Seite trägt; ihr l. Unterarm aber ist wohl abgebrochen; an der Stelle
ist ein kleines Loch, vermuthlich um ihn mittels eines Zapfens an-
zusetzen.

Die einzelnen Darstellungen auf bestimmte mythologische Figuren
zu deuten liegt kein Grund vor; man wird darin einfach bakchische
Tänze zu erkennen haben. Eine Leierspielerin unter bakchischen Tänzerinnen auch auf der Meta in Villa Albani Zoega Bassir. I t. 34. Beschr.
Roms 3, 2, 458. Wozu die Basis gedient haben könne bleibt ungewiss;
Garrucci scheint sich für eine Candelaberbasis zu entscheiden, indess
ist schwer zu glauben, dass eine solche an der Stelle des Forums, wo
das Monument zu Tage gekommen ist, Platz gefunden habe.

Brunn hebt den echt griechischen, Conze den attischen Charakter der Kunst an dem Werk hervor, gewiss mit Recht; es gehört
unter die besten und frischesten Reliefarbeiten der römischen Museen,
anmuthig fein und lebendig in allen Zügen, dem Medearelief (n. 92)
nicht weit nachstehend. Die Gleichmässigkeit der Decoration aller drei
Seiten in Bezug auf die Grösse, Zahl und allgemeine Anordnung der
Figuren gibt ihr einen glücklich architektonischen Charakter, der
auch in der Art der Relieferhebung und in den einzelnen Figuren durch
das Hervorheben der Silhouette gegenüber der Innenzeichnung gewahrt
ist, und auf gute Zeit zurückweist.

324'. Fragment einer Säule.

H. 1,55. Umfang 0,91. — Ital. Marmor. — Oben und unten verstümmelt.

Um die Säule geht, vermuthlich ursprünglich in der Mitte ihrer
Höhe, ein Reliefstreifen (H. 0,29.)

Ein Silen mit Schurz, n. r., hält in der gesenkten Rechten hinter
sich eine brennende Fackel nach unten, in der erhobenen Linken ein
Bret mit Früchten, unter denen sich ein Phallus zu befinden scheint.
Auf ihn zu taumelt von r. ein bärtiger Satyr mit grossen Bockshörnern,
den Thyrsos in der Rechten, in der erhobenen Linken ein flatterndes

Thierfell. Links von dem Silen die verstossene Figur eines Satyrs; weit ausschreitend hält er in der Rechten rückwärts ein Pedum, während er den l. Arm, von dem ein Thierfell herabhängt, vorstreckt; ihm vorauf springt eine Pantherkatze.

Der Schaft der Säule ist verziert mit einer Decke von Epheublättern, zwischen deren Spitzen Epheuträubchen; unterhalb des Reliefs stehen die Blattspitzen nach unten, oberhalb nach oben. Eine sehr ähnliche Säule steht im Klosterhof des Laterans.

Einige kleinere Fragmente, am Boden untergebracht, haben öfters den Ort gewechselt und werden hier nachträglich zusammen aufgeführt:

325. Untertheil einer jugendlich-männlichen stehenden Figur, mit übergeschlagenem l. Bein, etwa von einem Eros. Ueber dem Nabel eine Erhöhung, vielleicht Rest eines herabhängenden Kranzes. Relief von mittlerer Höhe. H. 0,53. Ital. Marmor.

326. Weiblicher Kopf mit gewelltem Haar, das Gewand über den Kopf gezogen, das sie mit der Rechten hält, nach Art der s. g. Pudicitia. Auf einer Platte rund herausgearbeitet. Gsl. 0.15. Ital. Marmor. Nase, Lippen, Kinn, Hand verstossen.

327. Knäbchen, die Hände auf dem Rücken, das von den Hüften an in einen Löwenfuss übergeht; vermuthlich ein Tischfuss wie deren drei eine runde Platte zu tragen pflegen. H. 0,30. Grauer ital. Marmor.

328. Linkes männliches Bein mit einem Theil der hängenden Lederstreifen eines römischen Harnischs und der darunter vorsehenden Tunica, sowie den oberen Riemen eines Schuhs. Etwa Lebensgross; grauer ital. Marmor.

329. Basis mit zwei l. männlichen, beschuhten Füssen. Länge des grösseren 0,28, des kleineren 0,24. Grauer ital. Marmor. Vielleicht gehört diess Fragment mit n. 328 zusammen.

329ᵇ. Auf einem andern Fragment einer Plinthe ist nur ein l. männlicher Fuss erhalten; dessen grösste Breite 0,16.

X. ZIMMER.

Nr. 335 — 366.

WESTWAND.

335. Liegende Kuh.

H. 0,21. B. 0,23. — Ital. Marmor. — Es fehlen Hörner, Ohren, Vorderbeine;
letztere waren besonders angesetzt.

Durch den Kopf nach der jetzt gebrochenen Schnauze geht vom
Nacken aus ein Loch, woraus hervorgeht, dass die Kuh als Brunnenfigur
gedient hat.

336. 337. 338. 341. 352. Fünf Fragmente eines Reliefs von den Hateriergräbern.

Ital. (?) Marmor. — Abgebildet auf T. VII Fig. 1—5. — BRUNN Ann. 1849 p. 400. —
Grossentheils unvollendet.

Bei Ausbesserungsarbeiten an der Via Labicana i. J. 1848 gerieth
man in der Nähe der Tenuta von Centocelle (NIBBY Analisi I p. 116)
auf Fragmente von Marmorsculpturen; das Capitel des Laterans als
Eigenthümer des Bodens liess weiter graben, und dabei kamen eine
Reihe von Monumenten zu Tage, die augenscheinlich meist in dieselbe
Zeit gehören. Das dort Gefundene wurde zuerst nach dem Kloster des
Lateran, dann nach dem Museum gebracht; die erste Notiz gab BRAUN
Bull. dell' Inst. 1848 p. 97 ff. Kunstblatt 1849 p. 31. Ausführlich er-
läutert und herausgegeben wurden die wichtigsten Dinge von BRUNN
Annali dell' Inst. 1849 p. 363 ff. Monum. V t. 6 ff. mit näheren Nach-
richten über die Auffindung des Ganzen. Sicher gehören dazu folgende

Nummern dieses Zimmers: 336. 337. 338. 341. 345 — 345. 346?) 348. 350 — 352. 355. 358. 359; ausserdem n. 293. 318ᵇ.

Aus den Inschriften n. 355 und auf einem Cippus in diesem Zimmer D ⚭ M | Q·HATERIVS ANTIGONVS FECIT·SIBI·II ist leider keine Zeitbestimmung für die Monumente zu gewinnen. In den Magazinen des Laterans ist noch eine dritte HATERIA·Q·F·SVPERA | VIX·AN·IIII, welche vielleicht von denselben Ausgrabungen stammt. Mit den Hateriern der ersten Kaiserzeit (Borghesi Ann. dell' Inst. 1848 p. 230 ff. vgl. dens. ib. 1816 p. 319) lässt sich kein anderer Zusammenhang feststellen, als die Identität des Vornamens.

336. H. 0,45. B. 0,55. — Auf allen Seiten gebrochen; nur l. ein Stück des oberen Randes erhalten, an dem sich Fels in die Höhe zieht.

In einer felsigen Höhle sitzt ein Flussgott (en face, l. Unterarm und der Theil vom Bauch abwärts weggebrochen) die Rechte auf eine henkellose Vase gestützt, aus welcher Wasser fliesst. Er erinnert im Ausdruck und Haltung an den Flussgott des Reliefs bei S. Bartoli Sepolcri t. 57. Müller-Wies. a. D. 2, 69, 872. Hinter dem Torso ist in mehreren Windungen ein Fischleib zu sehen, ohne Zweifel von einer andern Figur. Ueber ihm auf dem Felsen ist die untere Hälfte einer weiblichen Gestalt (n. l.) erhalten, um deren Hüften in bauschenden Falten ein Gewand flattert. Ihre Stellung ist die einer sitzenden, ohne dass angedeutet wäre, worauf sie sässe; vielleicht also ist sie stehend und ihre Haltung anders, z. B. durch ein Gegenstemmen, motivirt zu denken. Links neben ihr windet sich eine grosse Schlange; r. von ihr im Grund der Rest von fünf Pferdehinterbeinen, jedesfalls von einem galoppirenden Gespann.

341. H. 0,52. B. 0,33. Bruchstück mit einem Theile des r. Seitenrandes.

Drei weibliche Gestalten, in doppelt gegürtetem Chiton und mit hinten aufgebundenem Haar, stehen in bewegter Haltung auf einem felsigen Terrain. Eine von ihnen scheint mit dem Fuss einen mit Früchten gefüllten Korb in die Tiefe (das Meer?) zu stossen. Eine andere hält in der gesenkten Rechten einen ebensolchen Korb, vielleicht um ihn gleichfalls hinabzuwerfen. Unterhalb am Felsen ist ein Gesicht e. f. angedeutet; die dazu gehörige Figur, wie das ganze Bruchstück unvollendet.

337. 352. 338.

Diese drei Bruchstücke gehören aneinander und zwar in dieser Reihenfolge, wie leider erst constatirt werden konnte nachdem die Tafel bereits hergestellt war. An n. 337 ist ein Stück des l. Seitenrandes er-

halten, an dem sich Fels in die Höhe zieht, eine Fortsetzung nach oben
von dem Theile des Randes an n. 336; während n. 352. 338 oben glatte
Fläche haben und deutlich dem obern Rand des Reliefs angehörten.

337. H. 0,28. B. 0,19.

Man sieht das Obertheil eines Hermes, den Kopf n. l. gewendet,
in einer nach oben flatternden Chlamys, in der Linken das Kerykeion,
auf dem Hinterkopf den Petasus, welcher wie ein Nimbus aussieht. Sein
l. Arm ist seitwärts erhoben; die Linke wird undeutlich auf

352. H. 0,21. B. 0,32.

sichtbar; sie hält den Zügel eines aufgezäumten Pferdekopfes, auf dessen
Hals ein Thyrsosähnlicher Stab (das Joch!) aufliegt. R. von demselben
Selene en face, in doppelt gegürtetem Aermelchiton, das bauschende
Obergewand, das sie mit beiden Händen fasst, über den Kopf gezogen;
sie scheint mit vorgeneigtem Kopf und niederwärts gerichtetem Blick
herabzuschweben; hinter ihr auf dem glatten Grund sind Wolken an-
gedeutet (vgl. z. B. die Ara des Augustus NIBBY Mus. Chiar. 3,19.
RAOUL-ROCHETTE Mon. inéd. t. 69 p. 389). Ihre Linke kommt auf

338. H. 0,15. B. 0,13.

zum Vorschein; dieselbe hält einen Stab (Fackel?). Rechts davon, in
wesentlich kleinerem Maassstab und nur flüchtig abbozzirt eine männliche Figur (Sol!) mit Chlamys auf einer Biga mit galoppirenden Pferden (n. r.).

Es ist deutlich, dass Hermes die Pferde der Selene führte, welche
vom Wagen herabstieg. Die übrigen Darstellungen sind räthselhaft;
die verschiedenen Elemente derselben, der Flussgott, die Schlange,
welche vielleicht einem Schlangenwagen angehörte, endlich die Mädchen
mit Blumenkörben kommen auf Reliefs mit dem Koraraube vor; obgleich
es an ganz entsprechenden Analogieen für die Mädchengruppe fehlt.
Möglich, dass die Fragmente von einer reichen Darstellung des Kora-
mythus herrühren.

339. Portraitkopf eines bartlosen Römers.

H. 0,38. Gesl. 0,18. — Ital. Marmor. — Ergänzt Büste, Nase, Unterlippe, Kinn, ein
Theil der Ohren und der Augenknochen. — Mit Bleistift bez. M. 158. — Vgl. n. 362.

340. Fragmentirtes Relief (Verkaufscene?).

H. 0,30. B. 28. — Ital. Marmor. — Abgebildet und erläutert bei JAHN Berichte
der S. Ges. d. Wiss. 1861 t. XIII 5 p. 367.

Auf dem oberen Rande die fragmentirte Inschrift:

////AE·CORSICA\

Den Hintergrund bildet ein viereckiger Quaderbau, darauf ein umlaufendes Geländer, und darüber ein von Säulen getragenes Giebeldach, deren nur zwei erhalten sind. Vor der Quadermauer ein Mann (n. l.) in gegürteter Aermeltunica; er bückt sich zu einem zweibeinigen Tisch, auf welchem in zwei Reihen über einander sieben Aepfel liegen, deren einen er mit der Rechten nimmt. Zwischen den Beinen des Tisches steht am Boden ein Korb mit Aepfeln. Links vom Tisch (n. r.) steht ein Mann (fehlen Füsse, r. Unterbein; vom r. Arm nur die Hand erhalten) e. f., den Kopf n. l. gewandt. Er erhebt den l. Unterarm und hält in der Rechten einen stockähnlichen Gegenstand. Bekleidet ist er mit einer auf dem Bauch mit drei breiten Riemen gegürteten Aermeltunica; sein Haar ist am Hinterkopf in einen Schopf (cirrus) zusammengenommen; doch ist nicht zweifelhaft, dass die Figur männlich ist; ihr Costüm ähnelt dem der Wagenlenker.

341. S. unter n. 336.

342. Matronaler Portraitkopf.

H. 0,34. Gesl. 0,16. — Ital. Marmor. — Ergänzt Nasenspitze und Büste.

Das Haar ist wellig, geht hinter dem Ohr herab und ist hinten in breiter Fläche wieder aufgenommen, eine Tracht des dritten Jahrhunderts Im Haar Farbspuren; die Pupillen und Augenbrauen sind angegeben. Der hintere Theil des Kopfes scheint unvollendet.

343. 345. Portraitbüsten eines unbärtigen Römers und einer Römerin.

Augenscheinlich zusammengehörig. Mit dem Ueberbau H. 0,65. B. 0,56. — Abgebildet, aber ohne Portraitähnlichkeit Monum. dell'Inst. V t. 7. BRUNN Ann. 1849 p. 407 f. Vgl. BRAUN Bull. 1849 p. 100.

345. Der weibliche Kopf (Gsl. 0,15), an dem nur die Nasenspitze ergänzt, ist hat welliges Haar, dessen Zöpfe am Hinterkopf zu einem Neste zusammengelegt sind (3. Jhrdt.?). Um die Büste ist doppeltes Gewand geschlungen. Sie steht in einem kleinen tempelartigen Ueberbau mit einer Rückwand, auf der nur ein Bogen angegeben ist, vielleicht als Andeutung einer für den Kopf bestimmten Nische. Die

Decke, vorn mit einem flachen Giebel, ist an der Rückwand durch
zwei Pilaster, vorn durch zwei ionische (?) Säulen gestützt, von denen
die r. weggebrochen, die l. mit einem schuppenförmigen Ornament verziert ist, um das spiralförmig ein Band läuft.

343. Ohne Zweifel ebenso oder ganz ähnlich war der Ueberbau
der männlichen Büste (Gsl. 0,18), von dem jedoch das Meiste weggebrochen ist; nur die Hinterwand und die Basis der l. Säule ist erhalten;
von der r. ein Stück ergänzt. An dem Kopf sind die Augenbrauen, auf
der Brust Haare angegeben; auf der l. Schulter liegt ein Gewand auf;
um die Büste ringelt sich unten eine Schlange, welche Brunn als eine
Andeutung davon nimmt, dass der Dargestellte ein Arzt sei. Die beiden
Büsten haben ein besonderes Interesse, insofern sie wahrscheinlich ein
Bild von der Aufstellung der imagines geben; vgl. n. 535. 567. Bereits
Visconti hat darauf aufmerksam gemacht, dass die Büste, die specifisch
römische Form des Portraits, vermuthlich von den imagines im engern
Sinn abzuleiten sei (Pio-Cl. Vorrede zu vol. VI). Ihre ganze äussere
Form schon weist darauf hin, dass sie ursprünglich nicht für Marmor,
sondern für einen Stoff erfunden ist, der «getrieben» werden kann.
Das grössere oder kleinere Stück Brust, das dem Kopf angefügt ist, wird
dünn gearbeitet und unterhöhlt, und inwendig bleibt eine Stütze, die
zuweilen ganz frei losgearbeitet wird (ein solches Exemplar im Capitol
im obern Gang l. am Ende). All diess wäre in Marmor eine grosse und
unnöthige Arbeit gewesen, hätte man nicht ein Interesse daran gehabt,
der Büste gerade diese traditionelle Form zu geben. Das zwischen Büste
und Fuss oft völlig unvermittelt angebrachte Täfelchen für eine Inschrift
— die jedoch selten wirklich vorhanden ist' —, entspricht gleichfalls
dem titulus (index, elogium) der imagines, s. die Stellen bei MARQUARDT
V, 1 p. 247 Anm. 1540 (der nur bei Polyb. 6,53 ὑπογραφή fälschlich
für Titel statt für Bemalung nimmt), und wenn das Relief in Villa Albani
(ZOEGA Bass. I 23), dessen schon Visconti gedenkt, nicht völlig un-
natürlich sein soll, so kann die kleine Büste, welche dort der Mann in
der Hand hält, nur von leichtem Material gedacht werden, vielleicht
auch eine Art imago des verstorbenen Knaben; noch deutlicher macht
diess der berühmte Cameo von Wien 'KÖHLER ges. Schr. V p. 21 ff),
wo Livia die Büste des Augustus in der Hand hält; und ferner die Statue
eines Römers, der in jeder Hand eine Büste hält, im Pal. Barberini Beschr.
Roms III 2 p. 431. Vgl. auch das Relief bei DONI Iscr. tab. IX 1 (vgl.
Praef. p. LXXIII, mit zwei Profilköpfen, welche ganz in der Art von
Masken aufgestellt sind. Schliesslich spricht für einen solchen Zu-

sammenhang auch der Gebrauch des Wortes imago in dem deutlichen
Sinn von Büste, s. HENZEN Bull. dell' Inst. 1866 p. 100, und die gewöhnliche Verbindung «imagines et statuae» Suet. Tib. 4. 13. Ner. 24.
Oth. 7 (vgl. Veget. 2, 7 imaginarii vel imaginiferi qui imperatoris imagines ferunt und andere Stellen bei JAHN Berichte 1861 p. 299 Anm. 29),
Diess Alles macht wahrscheinlich, dass die Büstenform (über Ableitung
des Wortes DIEZ Wörterbuch p. 96 ff.) von den imagines hergenommen
ist. Dass dem die Sitte, Masken der Verstorbenen beim Leichenbe-
gängniss spielen zu lassen, nicht widerspricht, dass man dafür vielmehr
gewiss immer neue Wachsabdrücke brauchte, hat QUATREMÈRE DE
QUINCY Jup. Ol. p. 36 ff. richtig bemerkt; zumal im südlichen Clima
würden die imagines, wenn man zu den Leichenbegängnissen sich der
Originale bedient hatte, in kurzer Zeit haben zu Grunde gehen müssen.
— Ist nun aber die Form der Büsten und imagines dieselbe, so ist
auch wahrscheinlich, dass die Aufstellung der beiden in Rede stehenden Büsten der der imagines entlehnt ist. Die «armaria», in denen
diese standen (Plin. 35, 6), nennt Polyb. 6, 53 ξύλινα ναΐδια, ein Ausdruck, dem die Form der Gehäuse, welche die Büsten umgeben, vollkommen entspricht. Doch scheinen diese ναΐδια irgend welchen Verschluss gehabt zu haben (vgl. Polyb. a. a. O. ταύτας δὲ τὰς εἰκόνας ἔν
τε ταῖς δημοτελέσι θυσίαις ἀνοίγοντες κοσμοῦσι φιλοτίμως BECKER
Alterth. 2 I p. 222) von dem an diesen Monumenten nichts zu sehen
ist. Man könnte einwenden, dass die Sitte der imagines zu früh abgekommen sei, um in dieser Zeit noch Nachahmung zu finden. Indessen
hat MARQUARDT V p. 249 Anm. 1551 selbst eine für das Ende des dritten
Jhrbdts. beweisende Stelle beigebracht, und wenn er sagt, dass Plinius
behaupte, die Wachsmasken seien ganz ausser Gebrauch gekommen,
so kann das wohl nur auf einem Missverständniss der Stelle Plin. 35,4
beruhen. Dort klagt Plinius allerdings über das Einreissen neuer Moden
der aerei clipei u. s. w., aber ohne das Fortdauern der alten Sitte ganz
auszuschliessen; und die Worte ebend. «imaginum quidem pictura, qua
maxume similes in aevom propagabantur figurae, in totum exolevit» sind
entweder von Portraitmalerei zu verstehen (so JAHN Ber. der sächs.
Ges. 1861 p. 299 Anm. 29) oder davon, dass die «Bemalung» der imagines abgekommen sei. Das letztere hat einige Wahrscheinlichkeit für
sich. Denn obgleich vorher (§ 2) von Malerei die Rede ist, geht hier
Plinius doch wie das Kommende zeigt, auf das Portrait im allgemeinen
über und der in den folgenden Worten liegende Gegensatz «aerei po-
nuntur clipei, argenteae facies etc.» ist weit sprechender und genauer,

wenn man «imaginum pictura» nicht auf bloss gemalte, sondern auf
bemalte plastische Portraits bezieht.

344. Relief mit Darstellung eines Grabes.

H. 1,31. B. 1,04. — Einige Brüche abgerechnet ganz erhalten. — Abgebildet und
erläutert von BRUNN Mon. dell'Inst. V t. 8. Ann. 1849 p. 352 ff. GARRUCCI M. I.
XXXVIII p. 69 ff. Vgl. BRAUN Bull. dell'Inst. 1848 p. 97. Ruinen u. Museen p. 743.

Den Hauptgegenstand des Reliefs bildet ein reichgeschmücktes
tempelförmiges Grab mit seinem Unterbau. Die Ansicht ist übereck
gewählt, so dass man Langseite und Façade, freilich in falscher Perspective, gleicherweise übersicht. Auf einem Unterbau, an der Vorderseite mit einer Treppe von acht Stufen, welche die ganze Breite einnimmt, erhebt sich ein Tempel (πρόστυλος) mit vier korinthischen
Säulen an der Façade, welche statt der Canneluren ein spiralförmig umlaufendes Ornament von Weinranken zeigen. An der Langseite der
Cella entsprechen ihnen vier korinthische Pilaster, deren Basen an den
Wandstücken sich als ein Ablauf fortsetzen, und zwischen deren Capitälen Festons mit flatternden Bändern herabhängen, die ersten drei von
l. haben ornamentirte Schäfte: in den beiden ersten eine Ranke mit
Blättern und Blüthen, die aus einem Kelch hervorwächst und oben eine
zweihenklige Vase trägt (aus der zweiten sehen drei Aepfel [?] und eine
Flamme vor); im dritten unten ein Bukranion, darüber ein Ornament
von Aehren. Das Epistyl ist auf der Vorderseite glatt, nur über jeder
Säule mit einem sitzenden Adler geschmückt; auf der Langseite ist es
in verschiedene Ornamentstreifen gegliedert; über diesen liegt dann
das gleichfalls reich verzierte Geison, das auf der Vorderseite nur angedeutet ist. Im Tympanon vor einem Grunde mit Blüthenranken eine
weibliche Büste, den Kopf mit einem Gewand bedeckt, das sie in der
Höhe des Halses mit beiden Händen gefasst hält. Das Dach zeigt die
gewöhnliche Deckung mit imbrices und tegulae. Zwischen den Säulen
der Vorderseite wird die Cellamauer sichtbar; in der Mitte eine nach
oben verjüngte Thür von acht Feldern, welche Garrucci ohne Grund
für «univalva» erklärt; die Streifen zwischen diesen sind mit starken
Nägeln beschlagen. In halber Höhe der Mauer läuft ein Fries hin;
darauf in Relief drei Darstellungen von Jahreszeiten; l. zwischen der
ersten und zweiten Säule ein Knäbchen n. r., in der Linken einen
Aehrenbüschel, in der Rechten eine Sichel (Sommer); dann zwischen
der dritten und vierten Säule: Knäbchen n. l., in der erhobenen Linken
einen flachen Korb (?) mit Früchten, in der Rechten einen Zweig

(Herbst?); zwischen der vierten Säule und dem Eckpilaster: Knäbchen
n. r., in ein zottiges Gewand eingehüllt, in der Linken einen Zweig,
von dem ein mit den Beinen angebundener Vogel (fehlt in den Abbildungen) herabhängt (Winter). Vielleicht sind die drei Knäbchen bekränzt. Die vierte Jahreszeit wird, wie Brunn wohl mit Recht annimmt, nur aus Mangel an Platz weggelassen sein; wäre in dem zweiten
Knäbchen statt des Herbstes der Frühling zu erkennen — was wenigstens nicht unmöglich ist —, so könnte die Zusammenstellung allenfalls
für vollständig gelten, vgl. MICHAELIS Ann. dell' Inst. 1863 p. 298. Dieser
Fries setzt sich auf der Langseite in den drei Zwischenräumen der Pilaster fort; hier folgen von l. nach r. ein Erot auf einem aufgezäumten
Seewidder (n. l.), den er mit der Rechten zu lenken scheint; dann zwei
Eroten als Träger eines Festons mit flatternden Bändern, über diesem
ein fliegender langhalsiger Vogel; ein Erot auf einem Seebock, den er
mit Zügeln lenkt. Brunn hat nach einer Vermuthung de Rossi's die
erste und dritte Darstellung auf Widder und Steinbock bezogen, welche
im Thierkreis Winters- und Frühlingsanfang bezeichnen und vermuthet,
dass die beiden andern entsprechenden, Wage und Scorpion, auf der
andern Langseite des Gebäudes zu denken seien; dagegen habe man in
der mittelsten Gruppe nicht die Zwillinge, welche mit dem Anfang der
Jahreszeiten nichts zu thun haben, sondern ein blosses Decorationsmotiv
zu suchen. Diese Vermuthung bleibt jedoch schon darum zweifelhaft,
weil das Relief schwerlich ein wirklich vorhandenes Grabmal in allen
einzelnen Theilen treu widergiebt. Darauf deutet wenigstens die von
Brunn beobachtete Uebereinstimmung der gleich zu erwähnenden drei
Kinderbüsten mit den drei Kindern am Fusse des Lagers der Todten;
was sollte man an ihrer Stelle auf der andern Langseite denken?

Ueber den drei Friesstücken der Langseite drei runde Nischen, die
mittelste als Muschel charakterisirt, die beiden andern mit einem Blattkranz eingerahmt. In denselben drei Portraitbüsten mit eingegrabnen
Pupillen, von verschiedenem Maassstab: l. Knabe von etwa zehn Jahren,
mit Gewand; in der Mitte ein kleines Mädchen mit Gewand, das Haar
den Scheitel entlang in einen Zopf geflochten; rechts ein Knäbchen von
4 — 5 Jahren ohne Gewand. Unter dem Fries in den drei Pilasterin-
tervallen die drei Parzen (en face), und zwar wie BRUNN (p. 395 ff.) gezeigt hat, l. Atropos (n. r.) in gegürtetem Chiton, in der Linken eine
Schriftrolle, auf welche sie mit der Rechten hinzuweisen scheint. In
der Mitte Lachesis in gegürtetem Aermelchiton und Obergewand, den
Kopf n. r. etwas hinaufgewandt, in der Linken gleichfalls eine halb-

entwickelte Schriftrolle, in der gesenkten Rechten den Griffel, wie im
Begriff einer Eingebung folgend zu schreiben; l. neben ihr steht auf
einer von dem Pilaster vorspringenden Console eine zweihenklige Urne
und über dieser schwebt (n. r.) eine geflügelte weibliche Gestallt (anscheinend in gegürtetem Chiton) auf die Hauptfigur zu, in der Linken
ein Gefäss; die jetzt abgebrochene Rechte ging zurück. Die Urne bezieht
Brunn gewiss richtig auf das Loosen, das Gefäss in den Händen der
Victoria vermuthungsweise auf ein Dintenfass und erinnert für die Victoria
selbst an die Darstellung dreier weiblicher Figuren mit Füllhörnern und
der Umschrift «Fatis victricibus» auf Münzen des Diocletian (COHEN V
pl. XI p. 376 n. 20. 21) und Maximian (vgl. RASCHE Lex. num. s. v.
ECKHEL doctr. VIII p. 6 ff.). Vgl. auch die Berliner Gemme. Nemesis
mit Nike MÜLLER-WIES. a. D. 2, 74, 953, wo Müller die Nemesis
Victrix Grut. LXXX, 5 anführt. Endlich r. Klotho, in gegürtetem
Aermelchiton, den Kopf n. l. gewendet, in der Rechten eine Wage,
in der Linken einen Gegenstand, den Brunn für ein Gewicht hält,
der aber auch ein Knäuel sein kann. Ueber Darstellung der Parzen im
allgemeinen MÜLLER Handbuch 3 Aufl. p. 644 f.

Der Unterbau des Grabes hat auf der Langseite unten einen Ablauf, oben ein Gesims, an beiden Ecken korinthische Pilaster; die Schäfte
derselben sind mit Ranken verziert, durch welche kleine Thiere nach
oben galoppiren; man erkennt Hase, Schwein, Panther und Reh. In
der Mauer zwischen den Pilastern eine Thür, von reichlich der halben
Höhe des ganzen Unterbaus, deren ein Flügel geöffnet und zwar
nach innen geschlagen ist. Der andere ist in drei Felder getheilt, deren
Rahmen mit Nägeln beschlagen sind; in dem untersten ein Ring, im
mittelsten ein Löwenkopf mit Ring im Maule, im obersten eine weibliche Büste mit Gewand. Durch die offene Thür sieht man, nur abbozzirt, eine sitzende weibliche (?) Figur n. r. im Profil. Der Raum
oberhalb der Thür ist in der ganzen Breite zwischen den Pilastern von
zwei Friesstreifen eingenommen. Im Obersten drei in Ornamentranken
auslaufende Eroten, von denen die beiden linken, einander zugewandt,
zwischen sich einen Korb mit Früchten halten. In dem zweiten, unmittelbar über der Thür drei Eroten als Träger zweier Festons mit fliegenden Bändern; über diesen je ein fliegender langhalsiger Vogel (n. r.)
vgl. STEPHANI Compte-rendu 1864 p. 203 Anm. 2. Von den beiden
übrigbleibenden Räumen zwischen der Thür und den beiden Eckpilastern
ist der l. von einer kleinen Tempelfront eingenommen: zwei uncannelirte korinthische (?) Säulen tragen ein Epistyl und Tympanon. In

diesem ein Skyphos; in den beiden kleinen dreieckigen Räumen die oberhalb des Giebels übrig bleiben, l. Bogen, r. Keule (?). Diese drei Gegenstände werden als Attribute des Herakles zu fassen sein, den Brunn in der zwischen den Säulen sitzenden bärtigen Figur erkannt hat. Er sitzt e. f. auf einem umgestürzten Korb (von der Form eines Omphalos), unbekleidet, den l. Arm, mit dem er den nach l. oben gewandten Kopf unterstützt, auf das l. Knie gestemmt; mit der herabgehenden Rechten stützt er einen kleinen Stab (?) auf. Was er hier bedeuten solle, lässt Brunn mit Recht unentschieden. Braun hält den Stab für einen Hammer, woran auch Brunn gedacht hatte, und meint, er sehe nach dem Krahn (s. u.) hinauf. STEPHANI ausruh. Herakles p. 135 hält ihn für ein Abbild des lysippischen Colosses (BRUNN Gesch. der gr. Künstler I p. 361). Im Felde r. von der Thür ein kleines Tempelchen, das Dach von vier korinthischen uncannelirten Säulen mit ihrem Epistyl getragen, von denen drei sichtbar sind. Von einer Cella ist nichts angedeutet; im Tympanon ein Kranz mit fliegenden Bändern.

Die Wange der Treppe an der Vorderseite des Grabmals ist als Quaderbau charakterisirt. Von dieser Treppenwange springt unten ein eigenthümlicher Bau vor: sechs prismatische oder übereck gestellte viereckige Pfeiler tragen ein dreitheiliges Epistyl, auf dem dann eine nach vorn etwas abgerundete, wahrscheinlich gewölbt zu denkende, Decke ruht. Links und rechts scheint der Bau durch Stirnmauern geschlossen, welche das Dach um etwas überragen. Auf diesem Bau steht r. ein übereck gestellter, jedenfalls vierseitiger Altar. Seine Ecken werden von Pilastern gebildet die mit Ornamentranken verziert sind: in den beiden Feldern zwischen denselben je ein schwebender Knabe, welcher einen Donnerkeil auf dem Nacken trägt; danach wird der Altar dem Juppiter geweiht zu denken sein. Auf der oberen Fläche des Altars auf zwei gegenüberliegenden Seiten Polster; zwischen denselben brennt ein Feuer, soviel man sehen kann ein Fruchtopfer. Darüber ist schirmähnlich ein kuppelförmiges, mit Schuppen gedecktes Dach gespannt, dessen drei Stützen (eine vierte ist nicht sichtbar aber vorauszusetzen) als brennende Fackeln gebildet sind. Brunn vergleicht n. 358. CLARAC 217, 314. Mus. Mantov. 3, t. 14. In dem ganzen Bau erkennt er jedenfalls mit Recht eine Vorrichtung, um der Grabkammer des Unterbaues Luft zuzuführen, ohne sie zugleich allen Blicken bloss zu stellen. Dass die Stellung des Altars auf diesem Vorbau der Wirklichkeit nachgebildet sei, ist nicht wahrscheinlich; er gehört wohl vielmehr vor die

Treppe in die Axe des Grabes. Ueber dem Grabbau und nur äusserlich
damit verbunden ist eine weitere figürliche Darstellung. Auf dem First
des Daches nämlich erhebt sich ein neues Podium; auf dessen Vorderseite fünf auf dem First sitzende Adler, die von den Hälsen herabhängende Festons mit fliegenden Bändern tragen. In den Feldern über
den Festons von l. nach r.: aspergillum, bucranium, patera, urceus.
Oben auf dem Podium in der Mitte eine hohe Kline mit Seitenlehnen,
Polster und Kissen, auf der n. r. eine weibliche Figur liegt, in doppeltem Gewand, auf den l. Arm gestützt; in der auf dem r. Knie ruhenden Rechten hält sie einen kleinen Vogel. Hinter und über dieser
Kline ein Parapetasma; vor und unter ihr eine Gruppe von drei spie-
lenden Kindern: l. ein n. r. kauerndes Knäbchen, hinter welchem ein
zweites Knäbchen (?) vorsieht mit einem nach Art der bekannten Heraklesfiguren über den Kopf gezogenen Felle; ein drittes r. nackt, sitzt
am Boden (n. l.), stemmt sich mit der Linken auf und erhebt die Rechte
wie in lebhafter Rede. Rechts von dieser Gruppe übereck ein kleiner
Altar; auf seinen sichtbaren beiden Seiten zwei Reliefs: links ein
nacktes Knäbchen mit einem Vogelnest in der erhobenen Linken, r. ein
anderer, der einen n. l. anspringenden Hund zu hetzen scheint. Auf
dem Altar, dessen obere Fläche auf zwei parallelen Kanten mit Polstern
versehen ist, brennt ein Feuer, augenscheinlich ein Fruchtopfer, in
welches eine gebückte alte Frau (n. l.) in doppelt gegürtetem Aermelchiton, die in der Linken eine kleine Schale (wahrscheinlich acerra)
hält, mit der erhobenen Rechten etwas zu schütten oder zu streuen
scheint. L. von der Kline steht ein hoher brennender Candelaber mit
Thierfüssen, die oberen Ecken des untersten Theiles mit Widderköpfen
verziert; l. von demselben wachsen einige Lorbeer (?) zweige in die Höhe.
Rechts von der Kline dagegen steht ein Bau, der in seiner Anordnung
einem einfachen Triumphbogen gleicht. Vier uncannelirte Säulen,
deren Capitäle die Form von Blumenkörben haben, tragen ein starkes,
über den Säulen vorgekröpftes Gebälk. Ihre Basen sind in den Intercolumnien als Ablauf der Wand durchgeführt. An Stelle des Durch-
gangs, in der Mitte eine Nische, mit einer nackten weiblichen Figur
en face. Unter der Brust geht ein Band um den Leib; der Bewegung
der Hände nach scheint es, dass sie aus einem Balsamarium etwas in
die Linke giesst. Oben auf dem Bau stehen drei grosse Masken, nur
abbozzirt, von denen die mittelste die grösste und sicher weiblich ist,
wie allenfalls auch die beiden andern. Brunn glaubt in diesem Bau
die innere Rückwand der Cella angedeutet, mit einer Statue der Ver-

storbenen als Venus: und bezieht die drei Masken auf die drei Kinder vor
der Kline, die er auch in den an der äusseren Cellenwand angebrachten
Brustbildern wiedererkennt; ebenso identificirt er die in der Nische
als Venus gebildete Frau mit der auf der Kline gelagerten und der im
Tympanon des Grabes als Brustbild dargestellten. Auch die gelagerte
hält er für ein Portrait in idealer Gestalt (Leda?) und glaubt darin eine
sonst nicht bezeugte Sitte angedeutet, wonach bei den Leichenmahlen
eine gelagerte Portraitfigur des Todten gegenwärtig gewesen wäre. Indess entspricht die Darstellung im wesentlichen den häufigen Grabreliefs
vgl. n. 185. 451. 528. In dem Vogel, welchen die gelagerte Figur hält,
ein Attribut zu erkennen, ist kein Grund vorhanden; es wird ein Lieb-
lingsthier der Verstorbenen sein, vgl. das Hündchen n. 448.

Links von dem Grab und ohne sichtbaren Zusammenhang mit
demselben ist schliesslich eine grosse Hebemaschine mit Tretrad dargestellt, welche bereits Brunn p. 363 ff. unter Zugrundelegung von
Vitruv X 2 ausführlich erläutert hat. Doch kann nicht umgangen
werden, dieselbe nochmals zu untersuchen, wobei die Vorschriften,
welche Vitruv giebt, als Leitfaden dienen.

Nach der nicht sehr systematischen Eintheilung, welche Vitruv X
1 von den Maschinen giebt, würde die vorliegende zu zwei Classen gehören, den scansoriae, welche so eingerichtet sind, «dass man an aufgerichteten und durch Querhölzer verbundenen Balken ohne Gefahr
hinaufsteigen kann, um die ganze Vorrichtung zu übersehen»; und zu
dem genus tractorium, welches man zu erkennen hat, «wenn Lasten
mit Maschinen vorwärts gezogen [d. i. horizontal bewegt] oder, in die
Höhe gehoben, versetzt werden.» Das Ganze ist ein Krahn mit zwei
Bewegungen, wie Vitruv X 2 deren mehrere beschreibt. Zwei Balken
mit ihrem obern Ende verklammert, mit dem anderen divergirend, sind
in einem schiefen Winkel aufgerichtet. Obgleich sie im Profil sichtbar sind, kann man jeden von beiden deutlich erkennen. Auf der
Vorder- und Rückseite sind sie durch starke Querhölzer verbunden;
ausserdem scheinen auf der Rückseite des Vorderen kleine Latten auf-
genagelt, jedesfalls für das Hinaufsteigen bestimmt. Aufgerichtet sind
die Balken mittelst Flaschenzügen, und zwar werden sie r., wohin sie
geneigt sind, mit zwei (funes antarii), links mit fünf (retinacula) Flaschenzügen gehalten. Jede der Flaschen hat die gewöhnlichen zwei
Rollen, und drei Seile, welche r. hinter dem Tempel, l. im Reliefrande
verschwinden, so dass man die an den unteren Enden entsprechenden

Flaschen und die ganze Vorrichtung bei Vitruv X 2, 3 ff. nicht sehen
kann. Die beiden Flaschen r. sind in gleicher Höhe je eine an einem
Balken angebunden zu denken; von den fünf Flaschen l. werden
vier ebenso paarweis je in gleicher Höhe an den beiden Balken, die
fünfte allein, tiefer, und an dem vordersten Balken befestigt sein. Die
Flaschenzüge der l. Seite dienen zum Anziehn, die der rechten nur zum
langsamen Nachlassen und um zu verhüten, dass die Balken über den
rechten Winkel überschlagen. Wohin die Zugseile der letzteren gehen,
ist nicht zu sehen; nicht unmöglich wäre, dass es dieselben sind, welche
zwei oben auf der Maschine stehende Männer eben beschäftigt sind fest
zu binden, dass man also den Krahn in der Stellung die er hat zu erhalten wünsche. Die Zugseile der linken Flaschenzüge sind am Original alle sichtbar (die Publicationen sind hier ungenau) und zwar gehen
sie zwischen den beiden Balken durch und auf der andern (r.) Seite
längs derselben straff herab. Man kann darnach nur voraussetzen, dass
der Künstler sie sich dachte als um die Welle des Rades gehend, welches
am untern Theil der Maschine angebracht ist. Vor dem vordersten
Balken nämlich ist ein grosses Tretrad befestigt und zwar so, dass seine
Axe auf der einen Seite in dem vordersten Balken, an der Vorderseite
in einer besonderen, am Original deutlich erkennbaren, Gabel sich
dreht; sie ist ohne Zweifel fortgesetzt zu denken in einer zwischen den
beiden Hauptbalken sich drehenden Welle (sucula), welche bestimmt
ist, daran die Seile aufzuwickeln und so die Maschine aufzurichten.
Eine solche Vorrichtung, wie sie der Bildhauer sich gedacht zu haben
scheint, ist jedoch nur möglich, wenn alle Flaschenzüge in gleicher
Höhe an den Balken angebracht sind, wie diess auch Vitruv X 2, 4
voraussetzt. In dem vorliegenden Falle aber würde von den fünf angebrachten Flaschenzügen nur einer, der unterste, wirken, wenn die
Zugseile gemeinsam angezogen würden. Da es nun aber an sich ganz
praktisch ist, die Flaschen in verschiedener Höhe anzubringen, so ist
vorauszusetzen, dass bei einer Maschine wie die vorliegende jedes Seil
(d. i. je die in gleicher Höhe wirkenden) eine besondere Welle hatte
und mit einer besonderen Winde (ergata) besonders angezogen wurde;
hier würde es deren drei bedurft haben. Der Bildhauer scheint die
Vorrichtung missverstanden und geglaubt zu haben, dass die fünf Zugseile an derselben Welle, der Axe des Rades, aufgewickelt werden
könnten. Wenigstens wird das Rad in der hiefür passenden Richtung
von r. oben nach l. unten gedreht und zwar durch fünf Männer in Tu-
niken (nur abbozzirt), welche darin in die Höhe klettern und von denen

der letzte eben beschäftigt scheint hinein zu steigen, unterstützt dabei durch seinen Vormann. Aussen helfen zwei unterhalb des Rades stehende Männer der Bewegung nach, indem sie an Seilen ziehen, welche von dem Rad herabhängen und aussen, wo die Speichen in die Felgen eingreifen, befestigt zu sein scheinen. Brunn hatte geglaubt sie möchten zur Regulirung der Bewegung dienen, etwa um das Rad nöthigen Falles anzuhalten; das Richtige hat hier Garrucci erkannt. Zum Anhalten des Rades gebraucht man vielmehr eine Sperre, welche hier jedoch nicht sichtbar ist; denn das augenscheinlich mit kleinen Querlatten benagelte Bret, welches vom Rade aus nach dem vordern Balken auf dessen l. Seite gelehnt ist, kann dem Orte nach, wo es liegt, keine Sperre sein, sondern ist vermuthlich eine Art Steg oder Leiter. Der ganzen Construction nach kann somit das Tretrad nur dazu benutzt werden, den Flaschenzug in Bewegung zu setzen, welcher für die eigentliche Hebung der Last bestimmt ist. Von diesem ist wiederum nur eine Flasche sichtbar, welche oben an der Spitze der Balken auf deren r. Seite angebunden ist. Sie hat augenscheinlich die Einrichtung, welche Vitruv X 2, 6 ff. beschreibt, und von der das Monument nur in unwesentlichen Dingen abweicht. Das Zugseil nämlich, welches wesentlich stärker ist als die bisher erwähnten, ist doppelt genommen, und sonach sind in den Flaschen je zwei Rollen nebeneinander (duplices ordines orbiculorum) vorauszusetzen. Das Seil ist nun hier nicht an der unteren Flasche, wie bei Vitruv (X 2, 6) und an den übrigen Flaschenzügen dieser Maschine, sondern an der oberen befestigt, wie das Vitruv bei einer andern Maschine mit dreifachen Rollen (X 2, 8) vorschreibt. Auch ist nichts davon zu bemerken, dass das Seil in der von Vitruv angegebenen Weise (X 2, 6 secundum inferiorem trochleam resticula circumdata et contenta utraeque partes funis continentur) festgemacht wäre, wie es ja auch nicht nöthig ist, dass die beiden Seile aus einem Stück bestehen. Undeutlich ist die Darstellung im Original nur insofern, als statt acht Seile (d. i. 4 × 2) nur sieben erkennbar sind. Sie laufen von innen nach aussen um zwei Rollenreihen, und von den obersten Rollen des obersten Flaschenzuges sieht man sie l. nach den Balken gehen, ohne dass sie wieder sichtbar würden. Es ist klar, dass auch diese Darstellung ungenau ist; das doppelte Zugseil müsste diesseits, d. i. r. von den Balken herab nach der Welle des Tretrades gehen, und um diese von r. nach l. sich schlingen, um durch die Bewegung des Rades angespannt zu werden, und so die Last zu heben, die an der unteren Flasche hängend zu denken ist.

Die grossen Hauptbalken kommen unterhalb des Rades wieder zum Vorschein und dort scheinen auch die Klötze angedeutet, auf welche man solche Maschinen zu stellen pflegt. Endlich ist auf den Gipfel der Maschine, d. i. auf die beiden verklammerten Enden der Hauptbalken, ein umgedrehter Korb oder wenigstens ein Geflecht von der Form eines solchen aufgestülpt, welchen die oben erwähnten beiden unbärtigen Männer (in gegürtetem Tunica, der r. nur abbozzirt), die zu beiden Seiten je auf einer Flasche stehen, mit einem Seil festbinden (wenn dieses letztere nicht vielmehr dem oben angedeuteten Zwecke dient). Der Korb ist vermuthlich bestimmt die zahlreichen dort oben zusammenlaufenden Stricke gegen Regen u. s. w. zu schützen, wie man zu gleichem Zwecke jetzt Seile mit Tüchern und dgl. behängt. Einige Palmenzweige und ein Lorbeerzweig sehen hinter dem Korb hervor, wobei Brunn an die deutsche Bausitte erinnert, das gehobene Dach in ähnlicher Weise zu schmücken.

Nach der ganzen Einrichtung der Maschine ist klar, dass sie nur dienen kann, um Lasten zu heben, und, indem man die ganze Maschine aufrichtet, sie in eine Richtung zu versetzen, wie diess bei Krahnen nöthig ist (Vitruv X 2, 10). Für Bauten ist sie also sehr schwerfällig; doch müssen derartige Maschinen nach Vitruvs ausdrücklichen Worten (X 2, 1) dabei angewendet worden sein. Auch entspricht die Maschine zur Versetzung von Säulen auf dem Relief in Capua (MILLIN gall. myth. 36, 139. JAHN Berichte der sächs. Ges. 1861 p. 302 ff. Tfl. IX 2, der die übrigen Publicationen aufführt) der unsrigen in allem wesentlichen. In wie weit eine solche Maschine für ein Bauwerk von so mässigen Dimensionen nöthig sein konnte, wie jedenfalls das dargestellte Grab zu denken ist, und was sie neben dem augenscheinlich bereits vollendeten Bau überhaupt bedeute, ist nicht zu erkennen; vielleicht ist sie mit demselben nur in äusserer Verbindung.

————————

344ª. Unterhalb dieses Reliefs stehen mehrere grosse Architekturglieder von einem Rundbau; darauf in einzelnen Feldern Delphine, Bukranien mit Wollbinden, Festons, Palmetten u. s. w. Sie sind nach URLICHS und PLATNER Beschreibung Roms p. 325 bei Vicovaro gefunden. Vgl. 448ª.

345. s. unter 343.

SÜDWAND.

346. Dreiseitiger, oben verjüngter Pfeiler.

H. 1,48. B. der r. vordern Seite 0,43, der l. 0,33; der unbearbeiteten Rückseite 0,33.

Er hat auf zwei Seiten Reliefschmuck, und zwar je einen von Rosen umrankten Candelaber, auf dem oben zwei eigenthümliche Vögel mit auffällig langen und am Ende gebogenen Schwanzfedern sitzen. Interessant ist die sorgfältige und ungewöhnlich naturwahre Darstellung der Rosen. Die Ecken zwischen den beiden Vorderseiten und zwischen der r. Vorderseite und der Rückseite sind zu Flächen von 0,16 und 0,17 Breite abgestumpft; die letztere unbearbeitet, nur oben ein architektonisches Profil ausgearbeitet.

Wahrscheinlich gehört der Pfeiler unter die von BRUNN Ann. dell' Inst. 1849 p. 409 angedeuteten Bauglieder vom Hateriermonument s. zu n. 336.

346ᵇ. Relieffragment.

H. 0,25. B. 0,23. — Ital. Marmor. — Auf allen Seiten gebrochen.

Erhalten nur das Untertheil eines nackten Knäbchens und der Rest eines Festons mit Bändern.

347. Statuette einer sitzenden Göttin.

H. ohne Basis 0,23; mit Basis 0,27. — Ital. Marmor. — Abgebildet auf Taf. V Fig. 1. — Fehlen beide Unterarme der Göttin, die Köpfe beider Figuren.

Die Göttin sitzt auf einem viereckigen Sessel mit Polster, welcher unterhöhlt ist; ihre beschuhten Füsse ruhen auf einem Schemel. Bekleidet ist sie mit einem langen, unter der Brust gegürteten Aermelchiton und einem Peplos der von der l. Achsel nach vorn herabfällt und um die Beine geschlungen ist. Im l. Arm hielt sie ein Füllhorn, von dem noch schwache Reste erhalten sind. Der r. ging nieder, wie ein Ansatz am r. Schenkel vermuthen lässt. Zu ihrer Rechten steht eine kleinere weibliche Figur, wie es scheint in doppeltem Gewand, die in der gesenkten Linken einen undeutlichen Gegenstand (eine situla?) hält. Auf der r. Seite ist aus der Basis und oberhalb bis in die Höhe der Schenkel der sitzenden Figur ein viereckiges Stück Marmor herausgearbeitet; wahrscheinlich war hier etwas eingesetzt, vielleicht eine zweite kleine Figur. Die Basis ist, ausser hinten, auf allen Seiten gegliedert. Die Stellung und die vermuthlichen Attribute würden einer Fortuna entsprechen, vgl. z. B. MÜLLER-WIES. a. D. II 73. 928. 929. 930. 935.

348. Relief, Ausstellung eines Leichnams.

B. 0,88. H. 0,75. T. der r. Nebenseite 0,46. — Ital. Marmor. — Publ. von BRUNN Annali d. Inst. 1849 p. 365 ff. Mon. d. Inst. V 6. GARRUCCI M. L. XXXVII p. 65ff. — Besprochen von BRAUN Ruinen und Museen p. 744. STEPHANI ausruhender Herakles p. 35. Vgl. KIRCHMANN de funeribus Romanorum I 12. BECKER Gallus III p. 351 ff.

Das Relief ist auf zwei dicken, nicht mit einander verbundenen, aber zusammengehörigen Stücken ausgearbeitet, welche im Grundriss

so aussehen: 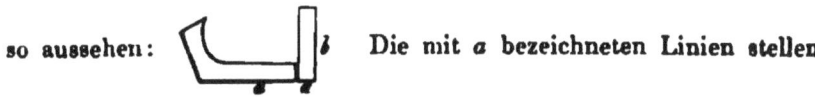 Die mit a bezeichneten Linien stellen

die Reliefseite vor. Auf beiden Stücken oben scheint, nach Spuren von Kalk und einigen für Metallklammern bestimmten Löchern zu schliessen, ein architektonisches Glied aufgesessen zu haben. Auf der r. Nebenseite b ist in die roh gelassene Fläche ein oblonger Rahmen eingehauen.

Das Relief stellt die collocatio einer Leiche dar. Das Haus, in welchem dieselbe statt findet, ist durch ein Ziegeldach mit imbrices und tegulae angedeutet, welches dem obern Rand entlang sich hinzieht. R. springt ein schmaler Flügel des Hauses vor, welcher auf der Vorderseite als Quadermauer charakterisirt ist und ein besonderes, weniger steiles Dach trägt. Auch am l. Ende ladet der Reliefgrund etwas vor und ist dort mit einem grossen, von unten aufwachsenden Akanthosblatte abgeschlossen, über welchem ein Widderkopf (nach r.) hervorsieht. Man würde an dieser Stelle eine Andeutung der Kiefer oder Cypresse suchen, welche vor dem Hause des Todten aufgerichtet zu werden pflegte. Vielleicht soll hier das kolossale Akanthosblatt eine ähnliche Bedeutung haben; jedenfalls bildete es eine Vermittelung für die Decoration eines dritten Stückes, welches auf der l. Seite ansetzte.

In dem Raum zwischen den erwähnten beiden Vorsprüngen ist auf einem Unterbau eine grosse Kline (lectus funebris) aufgestellt, welche gedrechselte Füsse, hohe Seiten- und Rückenlehnen, zwei

übereinander liegende, quer gestreifte Matratzen und ein Kopfkissen
hat. Auf derselben liegt, steif ausgestreckt, mit geschlossenen Augen
und gerade herabgehenden Armen, ein Leichnam, den man nach der
Tracht des welligen Haars nur für eine Frau nehmen kann. Die Todte
ist, gegen die römische Sitte, bekränzt; ihre Bekleidung besteht in
einer dünnen langärmeligen Tunica und einem Obergewand, welches
schleierartig am Hinterkopf befestigt zu sein scheint, dem Oberkörper
als Unterlage dient und erst an den Hüften vorgenommen um Beine
und Füsse geschlagen ist. Unter ihrem Kopf hervor kommt eine in
zwei Streifen gelegte Binde mit Fransen, welche über das Kopfkissen
und die obere Matratze herabhängt; nach Garrucci das ricinium.
Sie trägt am ersten Glied des vierten und fünften Fingers der l. Hand
zwei Ringe. Zu ihren Füssen liegen auf der Matratze, übereinander,
drei grössere und ein kleinerer tafelförmiger Gegenstand, vielleicht
pugillares.

Hinter der Kline im Grunde drei Figuren en face nebeneinander,
die nur mit dem Oberleib zu sehen sind. Links zwei praeficae mit
ungegürteter Tunica und aufgelöstem Haar, die Hände auf die Brüste
gelegt. Rechts ein unbärtiger Mann mit gekräuseltem Haar in Tunica
und cucullus (?), welcher mit beiden erhobenen Händen eine Guirlande erhebt, im Begriff die Leiche selbst oder das Leichenbett (vgl.
Dionys. Hal. XI 39) zu bekränzen. In dieser Figur hat Brunn mit
Wahrscheinlichkeit den Pollinctor, einen Sklaven des libitinarius erkannt, welcher die Herrichtung der Leiche zu besorgen hatte. Zu
Häupten und Füssen der Leiche im Grunde je eine brennende Fackel.
Zwei andere, grössere stehen l. und r. von der Kline; die zur L.
ist mit einer Guirlande (?) umwunden. Zwischen den beiden Klage-
weibern, und r. von dem Pollinctor, erheben sich im Grunde zwei
mit Blättern verzierte Candelaber; ein dritter ist von der Fackel, die
zu Füssen der Todten steht, verdeckt zu denken. Dieselben sind
durch zwei hängende Fruchtgewinde mit flatternden Bändern verbunden. Der Raum über den zwei Festons ist mit je einer Muschel
decorirt — wahrscheinlich eine blosse Raumausfüllung, obwohl man
nicht unpassend in den Muscheln eine Anspielung auf die Salb-
gefässe des pollinctor vermuthen könnte, vgl. Otto Jahn Ber. d. sächs.
Ges. d. Wiss. 1861 p. 332 n. 149. Hirzel annali d. Inst. 1863 p. 402.

Links vor der Kline vorn sitzt auf einem polygonen Block eine
Frau nach r., welche auf einer Doppelflöte mit Klappen bläst. Ihre
Füsse, mit Sandalen, ruhen auf einem Schemel; sie trägt eine

ungegürtete Aermeltunica und ein Band in dem Haar, dessen hohe
Anordnung über der Stirn an die Tracht der Iulia Titi erinnert.
Hinter ihr sieht eine zweite weibliche Figur in Aermeltunica und
schleierartig aufliegendem Obergewand vor, welche nach r. gewandt
die gefalteten Hände erhebt. R. am Fusse der Kline und auf zwei
Absätzen des Unterbaues derselben sitzen drei Frauen (funerae), die
beiden unteren nach l., die obere en face, auf drei Sesseln von
eigenthümlicher korbähnlicher Form. Sie haben aufgelöstes Haar,
tragen eine ungegürtete Tunica und einen Pileus, und halten die
Hände über dem r. Knie. Vielleicht hat der Künstler durch den
Pileus, welcher Frauen nie zukommt, diese Figuren als drei von
der Verstorbenen testamentarisch freigelassene Sklavinnen bezeichnen
wollen, da das Aufsetzen des Pileus ein Zeichen der Freigelassenen
war, vgl. BECKER Handb. d. röm. Alterth. II 1 p. 61. Vor dem
Unterbau der Kline, der mit einem Parapetasma verhangen ist, sieht
man die Familie der Todten: vier im Profil nach r. stehende oder
langsam schreitende Figuren, welche beide Hände auf die Brust legen.
Rechts zuerst ein unbärtiger Mann mit krausem Haar, in kurzer ungegürteter Tunica und einem cucullus (?). Die zweite ist weiblich,
in Schuhen und langer ungegürteter Tunica, mit gelöstem Haar;
die dritte ist etwas älter, sonst ganz wie die zweite. Die vierte entspricht der ersten bis auf den cucullus. R. von der Flötenbläserin
und r. von der untersten Figur mit dem Pileus steht am Boden
eine kleine acerra mit brennendem Feuer. Zu der r. kommt von r.
im Profil ein gebückter unbärtiger Mann in kurzer gegürteter Tunica,
welcher mit vorgestreckten Händen etwas herbeizutragen scheint.
Unmittelbar r. neben ihm am Ende und l. von der Flötenbläserin
stehen zwei metallene Candelaber, deren Schäfte mit vorspringenden
Blättern, deren Capitäle mit einem Blätterkelch verziert sind. Der
r. von beiden hat einen runden Fuss; oben eine brennende Lampe,
auf welcher eine weibliche Figur in gegürteter Tunica mit Ueberfall
nach l. steht, welche einen Beutel in der L. an der Brust hält.
Der l. Candelaber hat drei undeutlich verzierte Füsse; oben eine
brennende Lampe, auf welcher ein Mädchen in langer, ungegürteter
Aermeltunica steht, welches in der gesenkten Rechten eine Kanne
dem Feuer nahe bringt, als wollte sie Oel nachgiessen.

Es bleiben einige Nebenvorstellungen zu erwähnen, welche augenscheinlich keinen Bezug zu der Hauptscene haben. Oberhalb des
Akanthosblattes, r. neben dem Widderkopfe, sitzt nach l. in einer

Felsenhöhle (!) ein unbärtiger Mann mit kurzem Haupthaar, in einfacher gegürteter Tunica. In der L. hält er das Pedum, die R. hat er wie erstaunt auf den Kopf gelegt. Dicht unter ihm sitzt gleichfalls nach l. ein nacktes Knäbchen. Ueber ihm, in der Höhe des Daches, befindet sich ein eingerahmtes Feld mit einem Relief, welches wahrscheinlich (wie rechts) unter einem besondern, jetzt weggebrochenen Dache stand. Links ein Knabe e. f., vermuthlich Eros, welcher nach r. ausschreitet und mit einem r. von ihm stehenden bocksfüssigen Pan zu ringen scheint; von Eros und Pan fehlt die obere Hälfte. Auch die Vorderseite und l. Nebenseite des r. vorspringenden Flügels ist oben unter dem Dache mit Reliefs verziert. Auf der Nebenseite eine auf einer Erhöhung sitzende Figur nach r., welche mit beiden Händen das Gesicht bedeckt. Auf der Vorderseite eine weibliche bekleidete Figur mit gelöstem Haar, welche nach l. in einem Sessel mit kurzer Rückenlehne sitzt und mit beiden Händen vor sich etwas zu halten scheint.

Die beiden letzten Vorstellungen und der Mann bei der acerra r. sind nur roh abbozzirt und daher wenig deutlich. Die Pupillen sind nirgends angegeben. Die Relieferhebung ist so stark, dass man von oben den r. Arm der Leiche sieht.

349. Sitzende Statuette der Kybele.

H. 0,31. — Griech. Marmor. — Es fehlen Kopf, r. Unterarm, ein Theil des linken; beide vordere Beine des Stuhls. Auf der r. Seite ist von der Basis und von den Stuhlbeinen ein Stück abgearbeitet. — Abgebildet auf Taf. V Fig. 3.

Die Göttin (bekleidet mit einem ärmellosen (?), wie es scheint nicht gegürtetem Chiton, und einem Peplos, der über die l. Schulter nach hinten herabfällt und unter dem r. Arm wieder vorgenommen und über die Schenkel gelegt ist) sitzt auf einem Sessel mit Armlehnen und hoher runder Rückenlehne; die beschuhten Füsse stehen auf einem übereck gestellten viereckigen Schemel. Auf ihrem Schooss liegt ein Löwe (n. l.), welcher undeutlich gebildet und sehr verwaschen ist. In der niedergehenden Rechten hat sie, nach zwei Löchern am Oberarm zu schliessen, etwas gehalten. Ebenso ruht die Linke auf einer runden auf der hohen Kante stehenden Platte, vermuthlich der Handpauke, welche als Attribut der Kybele bekannt ist (s. MÜLLER Handb. p. 635) und im Verein mit dem Löwen die Deutung dieser Statuette auf Kybele sehr wahrscheinlich macht. Sie

scheint den Kybelestatuetten der attischen Reliefs sehr ähnlich zu
sein, welche STEPHANI ausr. Herakl. p. 68 ff. verzeichnet; auf vielen
derselben ruht der Löwe auch auf dem Schoosse der Göttin.

350. Marmorpilaster.

H. 2,40. B. 0,70. T. 0,20. — Das Ganze, obwohl mehrfach bestossen und einmal
gebrochen, doch wohl erhalten. Dem untersten Satyr fehlt das l. Bein. — Gefunden
mit den Hateriermonumenten, s. zu 336. BRUNN Ann. dell' Inst. 1849 p. 408 f.

Der Pilaster ist aus vier Blöcken zusammengesetzt. Auf der
Vorderseite, welche rings einen erhobenen Rand hat, Reliefschmuck,
zu beiden Seiten begrenzt von zwei Dithyrsen, welche mit Epheu-
blättern und -Träubchen in schuppenartiger Anordnung ganz bedeckt
sind und nur in der Mitte einen freien Raum zum Anfassen haben.
Zwischen diesen Thyrsen steigen von unten aus einem Akanthoskelch eine Epheu- und eine Wein-Ranke wellenförmig auf und
bilden, viermal sich kreuzend, vier medaillonartige Felder, in deren
jedem eine Figur en face steht. Hinter diesen Figuren läuft, die
Mitte bezeichnend, ein Stab in die Höhe, auf welchem oben eine
dreiarmige brennende Lampe steht, deren Arme mit drei bärtigen
Pansköpfen mit Bockshörnern geschmückt sind.

In dem obersten Medaillon eine jugendliche Bakchantin, einen
Kranz im Haar, mit doppeltgegürtetem Chiton und einer Nebris, die
auf der l. Schulter geknüpft ist; ihr Gesicht stark verstossen. Mit
der erhobenen Linken stützt sie einen Stab (Thyrsos!) auf; in der
gesenkten Rechten hält sie vermuthlich ein Tympanon, an einem
Band wie auf n. 84. Darunter Silen mit deutlichen grossen Men-
schenohren, behaarter Brust und Schenkeln, um den kahlen Kopf
einen Traubenkranz, an den Füssen Sandalen, das l. Bein über das
rechte geschlagen; ein Gewand, das auf der l. Schulter aufliegt,
fällt den Rücken entlang herab. Mit der erhobenen Linken stützt
er einen oben mit Bändern geschmückten (?) Dithyrsos auf; mit der
herabgehenden Rechten tränkt er aus einem Kantharos einen l. kau-
ernden Panther. Im dritten Medaillon in einer tanzenden Bewegung
Bakchantin in einfachem, fliegendem Gewand, das den ganzen Oberkörper frei lässt, im Haar einen Kranz, an beiden Oberarmen Spangen; in der erhobenen Linken hält sie ein Tympanon, in der gesenkten Rechten einen Dithyrsos; ihr Gesicht stark verstossen. In
dem untersten Feld ein nackter jugendlicher Satyr, mit Pinienkranz

15

im Haar und einem auf der l. Schulter geknüpften Thierfell; in der Linken hat er ein Pedum (fragmentirt); mit der gesenkten Rechten hält er einen Hasen an den Hinterläufen.

Im Laub der beiden Ranken sind allerlei Thiere angebracht: eine Maus (?), Schnecken, Vögel, Eidechsen, Insecten.

Die übrigen Seiten des Pilasters sind roh behauen; nur auf der r. Nebenseite unten ein kleines Relief: ein Erot, der auf einem Bock (n. l.) reitet. Er hält sich mit der Linken am Horn an und erhebt in der Rechten einen kleinen Stock(?). Ueber diese Darstellung s. zu n. 292.

351. Viereckiges Marmorgefäss.

H. 0,55. B. 0,48. T. 0,52. — Ital. Marmor. — Gefunden mit den Haterier-monumenten, s. zu 336. BRUNN Ann. dell'Inst. 1849 p. 409.

Die Hinterseite unbearbeitet, die übrigen drei identisch ornamentirt. Auf der oberen Fläche ist eine Höhlung von der Form eines Gefässes eingearbeitet, deren Rand etwas hervorsteht. An den vier obern Ecken der senkrechten Seiten vier Bocksköpfe deren Hörner auf der obersten Fläche um den Gefässrand sichtbar werden. Unter jedem dieser Köpfe ein Korb mit Weintrauben, von denen sie zu fressen scheinen. Zwischen je zweien unterhalb des obern Randes eine Muschel; die ganze übrige Fläche ist als Wasser charakterisirt, das aus den Muscheln fliesst. Um den untern Rand der Muschel immer je sechs mit den Köpfen nach oben gerichtete Fische, welche von dem herabfliessenden Wasser zu trinken scheinen; unterhalb der Fische je vier Enten, die Köpfe in die Höhe gereckt; und unterhalb deren, als Abschluss, je zwei symmetrisch einander zugewendete Delphine.

Wenn das Gefäss auch, wie Brunn annimmt, als Aschengefäss verwendet worden sein kann, ist es doch ohne Zweifel gewissen Brunnenverzierungen nachgebildet, vielleicht ursprünglich als solche gedacht, da auf der Vorderseite oben zwei Löcher, wie für Ablauf des Wassers, gebohrt sind.

352. s. unter 336.

353. Pfeiler mit korinthischem Capitäl.

H. 1,78. B. 0,25. T. 0,23. — Ital. Marmor. — Erg. ein kleines Stück der Vorderseite.

Der Pfeiler, der auf allen vier Seiten ornamentirt ist, verjüngt sich nach oben. Auf der Vorderseite allein sind Figuren in die

Ornamente verflochten; doch ist gerade diese sehr undeutlich, vielleicht unvollendet. Unten, unmittelbar über der Basis ein bärtiger, bekränzter Satyr und ein bocksfüssiger Pan beschäftigt, in einer Wanne mit einer dreieckigen Mündung an der Vorderseite Trauben zu keltern. Hinter ihnen steigt eine Weinranke in ornamentaler Anordnung den ganzen Pilaster in die Höhe. In derselben steht über der kelternden Gruppe eine Bakchantin mit ziemlich individuellen Zügen, vielleicht ein Portrait. Ihr Gewand, welches den ganzen Oberkörper frei lässt, ist über der Schaam in einen Knoten gebunden und liegt auf der l. Achsel auf; am r. Oberarm hat sie eine Spange. In der gesenkten Rechten hält sie einen Thyrsos, mit der erhobenen Linken fasst sie nach einer Traube, welche an der Weinranke hängt. Weiter oben steht in den Ranken (im Profil n. r.) eine bekränzte traubenlesende Figur (Knabe?), sonst einige Vögel, die nach Trauben picken.

Auf der unvollendeten r. Nebenseite eine Ornamentranke, oben mit zwei Füllhörnern und drei Vögeln, von denen zwei eine Eidechse anpicken; auf der linken von unten nach oben der Reihe nach ein Lorbeer- (oder Oel-), Apfel- (?) und Dattel-Baum, auf welchem letzteren oben ein Kantharos mit Blättern und Früchten darin steht. Zwischen dem Apfelbaum und der Dattelpalme eine Muschel.

Das Ornament der Hinterseite zu erkennen ist bei der gegenwärtigen Aufstellung unmöglich. Das Capitäl ist nur auf der Vorderseite ausgearbeitet.

OSTWAND.

354. Aschenkiste.

H. 0,26. B. 0,27. T. 0,21. — Ital. Marmor.

Auf der Vorderseite der Kiste an beiden Ecken je ein Dreifuss mit einem bindenumwundenen Omphalos; dazwischen in einem Rahmen die Inschrift:

```
    DIS·MANIBVS
    CLAVDIAE PREPVSÆ
    TI CLAVDIVS AMPLIA
    TVS CONIVGI BENE
  5 MERITAE·FECIT
```

Unter derselben in einer Muschel ein weibliches bekleidetes Brustbild en face; r. und l. davon ein Delphin. Der Deckel hat die
Form eines Tempeldaches mit Akroterien an den vorderen Ecken.
Im Giebel zwei fressende Vögel. Die ganze Aschenkiste ist hinten
rund.

355. Fragment einer Grabinschrift.

H. 0,47. B. 0,98. — Gefunden mit n. 336 w. s. Vgl. Brunn Ann. dell' Inst.
1849 p. 365.

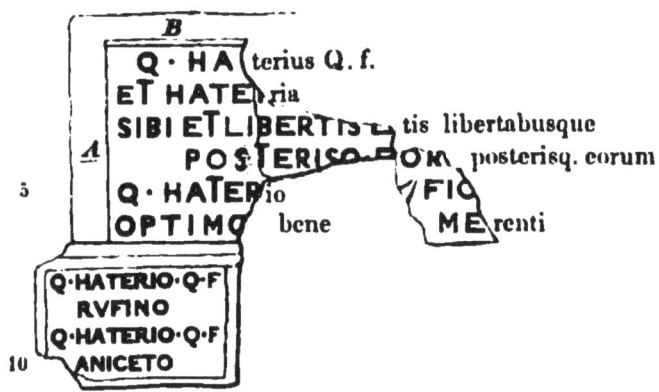

Die Inschrift war rings mit Ornamentstreifen eingefasst. In dem
Streifen *A* ein candelaberartiger Aufbau mit flammendem Feuer oben;
auf seiner Basis zwei unkenntliche Figuren in Relief. Oben unmittelbar unter der Feuerschaale ein bocksfüssiger Pan (?). In dem Streifen
B ein Feston mit Bändern, und eine Maske — Alles sehr verwaschen.

355ᵇ. Relieffragment, Opferschüssel.

H. 0,27. B. 0,27. — Griech. Marmor. — Rings gebrochen.

Erhalten nur die r. Hälfte einer Schüssel oder eines Beckens mit
brennendem Feuer, in dem man eine runde Frucht, und Kopf und
Hintertheil eines kleinen Thieres (etwa Zicklein) erkennt; r. unter
der Schüssel ein Stück Ornament (Palmette?). Sie steht auf einem horizontalen Boden, wohl Rest eines Altars oder dergl. An der Schüssel
die Inschrift: PATRIS

vermuthlich Liberi patris oder ähnlich zu ergänzen. Stand nur diess
an der Schüssel, wie sehr wahrscheinlich ist, so liessen sich die Pocola
Volcani, Salutes, Saturni C. I. L. I n. 43—50 vergleichen.

356. Ovales überhöhtes Relief.

H. 0,47. B. 0,32. — Ital. Marmor.

Das untere Drittel ist von dem oberen in gerader Linie abgetheilt. Auf dieser steht in der Mitte eine runde Ara, auf deren Vorderseite in Relief zwei auf den Hinterfüssen sitzende Greife, die zwischen sich mit den Vordertatzen das Portraitmedaillon eines unbärtigen gepanzerten Römers halten. Auf der Ara stehen zwei Victorien, die mit erhobenen Händen einen zwischen ihnen stehenden grossen Omphalos bekränzen. Auf diesem wiederum steht oben ein kreisrundes Gesicht rings mit Strahlenkranz. Zu beiden Seiten der Ara je ein Candelaber mit loderndem Feuer in der Pfanne; der l. ist mit undeutlichen Figuren geschmückt; auf dem r. sind drgl. abgearbeitet. — Das untere Drittel der Platte zeigt ein erst angelegtes Relief in viereckigem Felde, dessen Gegenstand kaum mit Sicherheit zu erkennen ist. Man sieht Athene (n. r.) in der Linken eine Lanze, die Rechte, auf oder in der sie etwas gehalten haben mag, vorgestreckt; r. von ihr ein schief angelehnter grosser Panzer, den sie vielleicht bekränzte. Zwischen ihr und dem Panzer im Grunde ein behelmter bärtiger Mann (n. r.); l. von ihr ein anderer, wohl auch mit Helm (n. r.), der in den erhobenen Händen einen Helm trägt. Zu beiden Seiten dieses Feldes in den Zwickeln Bukranien mit Festons.

Form, Ausführung und Gegenstand des Reliefs, namentlich die aufgerichteten Greife und der vollmondartige Kopf mit Strahlenkranz machen sehr wahrscheinlich, dass es modern sei; obgleich die Arbeit an sich keinen Verdacht erregen würde.

357. Doppelstatue eines Gottes und einer Göttin.

H. mit Basis 0,25. H. der Basis 0,05. B. 0,34. — Abgebildet auf Taf. VI Fig. 2. — Fehlen beide Oberkörper.

Auf einem zweisitzigen Thron ohne Lehne sitzen l. eine männliche, r. eine wahrscheinlich weibliche Figur, beide mit einem um Beine und Hüften geschlagenen Gewand und Sandalen an den Füssen, welche auf je einem rautenförmigen Sessel ruhen. Die r., weibliche (?) Figur scheint ausserdem mit einem dünnen Chiton bekleidet gewesen zu sein.

Wahrscheinlich sind die beiden Figuren Pluton und Persephone, s. die Darstellungen bei MÜLLER-WIESELER a. D. II t. LXVIII, bes. 856.

L. neben Pluton fehlt ein Stück Basis, auf dem der Kerberos gesessen haben könnte.

358. Relief mit Darstellung der Sacra via (?).

H. 0,43. B. 1,59. — Griech. Marmor. — Abgebildet Monum. dell'Inst. V 7, BRUNN Ann. 1849 p. 370 ff. CASINA Edif. di Rom. ant. IV t. 257 (III p. 120 ff.). GARRUCCI M. L. XXXIX p. 76 f. Vgl. BRAUN Bull. 1848 p. 97, Museen und Ruinen Rom p. 744. — Gefunden mit n. 336 w. s.

Auf dem Relief sind fünf Gebäude dargestellt, die von rechts nach links so auf einander folgen:

A. Tempelartiger Bau mit sechs Compositasäulen in der Front; darauf ein mit Opferinstrumenten verziertes Epistyl (von l. nach r.: Bukranion, Opfermesser in der Scheide, Adler, Beil, acerra, Bukranion, aspergillum, patera, Adler, urceus, Bukranion, darüber ein Giebel, darin ein Kranz mit fliegenden Bändern. Oberhalb desselben eine Attica, auf der r. und l. neben dem Giebel je ein geflügelter Donnerkeil mit Blitzen dargestellt ist. Auf dieser Attica oben eine zweite (eine Balustrade?) mit vier niedrigen Pfeilern mit Volutencapitälen. In der Mitte der Vorderseite zwischen der dritten und vierten Säule, welche etwas weiteren Abstand haben, eine oben rund abgeschlossene Nische; darin en face eine Jupiterstatue, in der Rechten den Donnerkeil, mit der Linken ein Scepter aufstützend. Von der l. Schulter nach hinten hängt ein Gewand herab; vor der Statue eine übereck gestellte Ara mit brennendem Opfer. L. und r. von dem Tempel perspectivische Andeutung eines Säulengangs, r. deutlich mit doppelter Säulenstellung übereinander.

B. Ein Triumphbogen von der gewöhnlichen Anordnung mit einem gewölbten Durchgang in der Mitte und vier Compositasäulen mit vorgekröpftem Gebälk; über diesem doppelte Attica, die untere mit einem Giebel (darin undeutliche Waffen) über dem Durchgang; in der oberen zwischen zwei Kränzen die Inschrift:

ARCVS · IN SACRA VIA · SVMMA

Die Mauern l. und r. vom Durchgang zwischen je zwei Säulen sind mit zwei stehenden Figuren geschmückt: l. Mars, nackt bis auf ein Gewand, das von der l. Schulter nach hinten hinab fällt; den behelmten Kopf n. r. gewendet. Mit der Rechten stützt er eine Lanze auf; was er in der Linken hält, ist nicht mehr zu erkennen. Gegenüber r. zwischen der dritten und vierten Säule eine Victoria (n. l.)

in einem Chiton, der die r. Brust freilässt, die Rechte erhoben, als
wolle sie Mars bekränzen, in der Linken einen Palmenzweig. Auf
der untern Attica ausserdem in dem Feld über dem Mars eine fliegende Eule, über dem Giebel l. und r. zwei langhalsige Vögel,
(Schwäne), über der Victoria ein Adler. An den Eckpilastern der
untern Attica ein stehender Zweig, an denen der oberen ein Schild
mit dahintergekreuzten Lanzen. In dem Durchgang eine sitzende
Statue der Roma en face. Sie ist bekleidet mit kurzer gegürteter Tunica, welche die r. Brust frei lässt, und einem Obergewand, das von der l. Schulter nach hinten fällt und um die Hüften
geschlagen ist; an den Füssen Halbstiefeln, auf dem Kopf Helm
mit Crista. Mit der Rechten stützt sie eine Lanze auf, im l. Arm
hält sie ein in die Scheide gestecktes Schwert. Mit dem r. Fuss
tritt sie auf einen Panzer, neben dem zwei Schilde und andere Waffen.

C. Triumphbogen von auffälliger Schmalheit, so dass man mehrfach darin die Seitenansicht eines solchen hat erkennen wollen. Im
Uebrigen hat er dieselbe architektonische Anordnung mit B, nur
fehlt der Giebel über dem Durchgang; am Epistyl Kränze und Bukranien. Auf dem Bogen im Profil n. l. eine Quadriga; auf dem
Wagen steht ein Mann (in Toga) in der Linken ein Scepter mit
Knopf, in der Rechten einen Zweig oder Blattkranz; eine r. hinter
ihm stehende Victoria, die in der Linken eine Palme hält, setzt ihm
mit der Rechten einen Kranz auf. Links von der Quadriga im Grund
ist eine Trophäe angedeutet. In dem Durchgang sitzt erhöht, d. i.
etwas höher als die Säulenbasen, Kybele en face, auf einem Sessel
mit Armlehnen, die Füsse auf einem übereckgestellten Schemel; l.
und r. am Boden neben ihr je ein kauernder Löwe (undeutlich). Sie
hat ein Diadem im Haar, und das Obergewand über den Kopf gezogen. Zu der erhöhten Basis des Sessels führt eine Treppe, von
vorn gesehen, hinauf; am Fusse steht übereck eine Ara mit brennendem Feuer, mit einem kuppelförmigen, schirmähnlichen Dach
überspannt, s. zu n. 344. BRUNN Ann. dell' Inst. 1849 p. 391.

D. Andeutung eines Rundbaus, welcher ungefähr dem Colosseum entspricht: Erdgeschoss und zwei Stockwerke zu je drei
Bogen, an deren Pfeilern Halbsäulen stehen; die zwei untersten Reihen
scheinen ionisch, die oberste korinthisch oder composita sein zu
sollen. Gekrönt ist der ganze Bau mit einer Art oben zugespitzter
Zinnen. An das Erdgeschoss, in dessen mittelstem Bogen eine Treppe
hinaufführt, schliesst sich l. ein gewölbtes Portal an mit zwei korin-

thischen Säulen und einer Attica; auf dieser oben vier n. l. schreitende Pferde. In den drei Bogen des ersten Geschosses drei Statuen:
l. Herakles, nackt, n. r. schreitend, den Kopf n. l. gewandt, in der
Linken die Keule, über dem l. Arm das Löwenfell, die Rechte an die
Hüfte gelegt. In der Mitte Apollo en face, nackt, den l. Ellnbogen
auf einen neben ihm stehenden Dreifuss mit Omphalos gestützt; die
Rechte geht herab, die Linke ist abgebrochen und scheint etwas gehalten zu haben. Rechts Aesculap, vielleicht unbärtig, in der bekannten Haltung und Kleidung, die Linke eingestemmt, mit der
Rechten auf den Schlangenstab gestützt. In den obersten drei Bogen
je ein sitzender Adler.

E. Triumphbogen mit einem Haupt- und zwei Nebendurch-
gängen, im übrigen von gleicher architektonischer Anordnung wie
B. C. In der Mitte der ziemlich niedrigen Attica die Inschrift:

ARCVS·AD·ISIS

Das Epistyl ist an den Ecken der vorgekröpften Theile mit Bukranien
und Widderköpfen, sonst mit Schilden und einigen andern unkenntlichen Waffen verziert. Im mittelsten Durchgang, nur abbozzirt, eine
Statue der Minerva en face. Sie trägt einen doppelt gegürteten Chiton,
eine Aegis mit Gorgoneion, einen Helm mit Crista, am gesenkten
l. Arm den Schild; mit der Rechten stützt sie die Lanze auf. In
den beiden Zwickeln des Durchgangsbogens je eine Eule. Im l.
Durchgang eine so schwach angedeutete Figur, dass nichts daran
mit Sicherheit zu erkennen ist. Braun glaubte hier und in der
entsprechenden r. Figur Aeonen wahrzunehmen, dem Brunn wie-
derspricht, in Bezug auf die letztere gewiss mit Recht; ob auch
in Bezug auf die erstere, bleibt zweifelhaft, denn allerdings könnte
der Kopf recht wohl ein Löwen- oder Hundskopf en face und
der Körper mit Schlangen umwunden gewesen sein. Ueber dem
Schlussstein des Bogens mystischer Korb mit wenig gelüpftem Deckel,
unter dem eine Schlange hervorzukommen scheint. Die Statue im
r. Durchgang scheint weiblich, vielleicht in einem Chiton mit Ueberfall. Ihre Kopfbedeckung ähnelt am ehesten einem niedrigen Helm.
In der Rechten hält sie unter der Brust einen Gegenstand von Form
und Grösse einer Bücherrolle. Ueber dem Schlussstein des Bogens
eine Balustre (Candelaber!); l. und r. davon zwei einander zugewendete Vögel, etwa Habichte. Auf der Höhe des ganzen Baus
wiederum undeutliche Darstellungen: auf den äussersten Enden r.

und l. standen Trophäen, von denen die l. weggebrochen ist. Dann
folgt nach innen auf beiden Seiten die Gruppe eines Knaben (?), der
einen andern mit den Händen auf dem Rücken an eine Palme bindet.
In der Mitte scheinen en face vier Pferde (Quadriga?) gestanden zu
haben; vor ihnen am Boden liegen mehrere Schilde.

Abgeschlossen ist das Relief l. durch einen korinthischen Pilaster
von der ganzen Höhe der Relieffläche. Er ist mit einem Ranken-
ornament verziert, seine Basis hängt mit derjenigen der Säulen des
Bogens zusammen. Brunn hat, indem er von der «sacra via summa»
und dem trotz der compendiösen Andeutung allgemein wiederer-
kannten Colosseum als festen Punkten ausging, wahrscheinlich gemacht, dass das Relief eine Darstellung der wichtigsten an der sacra
via gelegenen Gebäude ist, vom Ende des Forums an bis hinter das
Colosseum, und darin stimmen ihm im ganzen Canina und Garrucci bei. Obgleich sich diese Deutung nicht zu unmittelbarer
Evidenz bringen lässt, erscheint sie doch als die einzig mögliche und
annehmbare. Brunn erkennt, unter jener Voraussetzung, in A gewiss
mit Recht den Tempel des Juppiter Stator, den auch P. Rosa an den
Abhang des Palatin nach dem Forum zu setzt Ann. dell' Inst. 1865
p. 360. Schwieriger ist die Bestimmung der folgenden Gebäude, für
die es vor allem wichtig ist die Bedeutung der Decoration festzustellen. In den drei Bögen B. C. E stehen in dem mittelsten Durchgang, bei E auch in den Nebenthoren, Statuen, und zwar ausser bei
C, ohne Basen, einfach auf die platte Thorsohle hingestellt. Schon
hieraus geht hervor, was auch Canina annahm, dass diese Statuen
eine Zuthat des Künstlers sind und unmöglich wirklich da gestanden
haben können: jeder Bogen, wenn man in dieser Weise ihn decorirte,
würde für seinen eigentlichen Zweck, dem Durchgang zu dienen,
unbrauchbar werden. Indess ist nicht glaublich, dass diese Zuthat
eine rein willkürliche sei; vielmehr, wenn die Gebäude der sacra via
hier dargestellt sind als diejenigen, an denen vorüber die pompa funebris sich bewegte, liegt der Gedanke nahe, es möchten die ihnen
eingereihten Götter diejenigen sein, welche in unmittelbarer Nähe der
Strasse ihre Heiligthümer hatten und so gewissermaassen als Zuschauer
anwesend sein konnten, nach einer ähnlichen Anschauungsweise wie
die. welche Reifferscheid Nuove Memorie dell' Inst. p. 463 näher
entwickelt hat. Für die drei Hauptstatuen lässt sich dieses Princip
nahezu als passend erweisen: die Roma in B würde an den Tempel
der Venus und Roma erinnern, BECKER Topogr. p. 445, von dem wir

ausserdem wissen, dass die Göttinnen darin sitzend gebildet waren. Unsicherer ist die Beziehung der Magna Mater in C, da der alte Tempel dieser Göttin, nicht wie BECKER p. 421 annimmt, an der hier in Frage kommenden Seite des Palatin gelegen zu haben scheint (vgl. PRELLER Regionen p. 152) und der T. der M. M. in der XI. Region vermuthlich am Aventin lag. Jedenfalls kann man die Treppe vor dem Bild als eine Andeutung davon nehmen, dass der Tempel hoch lag.

In Bezug auf E dagegen hat Brunn selbst (p. 377) nachgewiesen, dass ebendort, wo mit Wahrscheinlichkeit dieser arcus ad Isis angesetzt werden kann (s. u.), ein Minervium stand. Von den beiden anderen Statuen desselben Gebäudes würde die l., falls darin wirklich ein Aeon zu erkennen wäre, auf ein Mithraeum zu beziehen sein; vielleicht darf man damit die neuerliche Auffindung eines Mythras-reliefs bei S. Clemente in Verbindung bringen s. Bull. 1667 p. 33 f. Der mystische Korb über dem Bogen würde freilich besser auf Isis passen, welche man in der Statue r. vermuthen kann; die Existenz eines Isisheiligthums an diesem Theil der sacra via hat Brunn a. a. O. p. 377 nachgewiesen. Es bleiben nur noch Mars und Victoria übrig, die an B zu Seiten der Roma erscheinen. Die Victoria könnte man auf ein Heiligthum derselben «sub Velia» beziehen, BECKER p. 251, wenn nicht wahrscheinlicher wäre, dass sie nur um des Mars willen dargestellt sei; von einem Heiligthum dieses Gottes aber in der Nähe der summa sacra via ist, soviel wir wissen, nichts bekannt. Ob man endlich in den Statuen des mittleren Geschosses am Colosseum eine ähnliche Beziehung suchen darf, ist fraglich, da dort in Wirklichkeit Statuen standen. Wie man aber auch den Statuenschmuck an B. C. E deuten mag, jedesfalls steht er ausser Bezug zu der eigentlichen Bestimmung der Gebäude und kann für ihre Identificirung nur in-direct dienen.

Die meiste Schwierigkeit machen B und C, deren architektonische Disposition wenig mehr erkennen lässt, als dass es Bögen sind. Ihr Grössenverhältniss berechtigt schwerlich zu einem Rückschluss auf die Wirklichkeit; denn wenn C niedriger gebildet wurde als B, so geschah diess jedenfalls nur, weil C oben eine Quadriga hat, die bei B fehlt und vermuthlich auch dem wirklichen Gebäude fehlte. Die geringere Breite aber von C wird ebenso einen äusseren Grund haben; mit der Seitenansicht eines Triumphbogens wenigstens, welche Canina und Garrucci darin erkennen wollen, hat es eben nicht viel mehr gemein als die Schmalheit. Die ungefähre Lage der beiden

Bögen in der Gegend des Titusbogens ist durch die Inschrift von B
(in sacra via summa s. BECKER p. 101. 226) und das folgende Colosseum bestimmt, und es fragt sich nur, ob sie sich mit erhaltenen Monumenten in Verbindung bringen lassen. Dass einer von beiden der
Titusbogen sei, ist von vornherein mehr als wahrscheinlich, da es
ein eigenthümlicher Zufall wäre, wenn bei einer Darstellung von zwei
Bögen zwischen dem Tempel des Juppiter Stator und dem Colosseum gerade der uns allein erhaltene Bogen übergangen worden wäre.
Canina hält B für den Titusbogen, C für den des Constantin, letz-
teres gewiss falsch, da das ganze Relief keinesfalls nachconstantinisch
ist. In Bezug auf B ist die Einwendung Brunns, dass der über dem
Durchgang angebrachte Giebel eine zu starke Abweichung von der
Wirklichkeit sei, bei der ganzen Art der Reproduction dieser Bau-
werke an sich nicht durchschlagend, zumal dieser Giebel öfter an
andern Monumenten vorkommt, z. B. am Drususbogen in Rom, an
dem des Augustus in Rimini und an dem in Orange; ebensowenig
zwingend ist das Fehlen der Quadriga oder eines ähnlichen Schmucks,
ohne den allerdings Triumphbögen gewiss selten waren, noch auch
die topographische Benennung des Bogens, von der man freilich nicht
absieht, warum sie für den eigentlichen Namen eingetreten wäre. Die
Frage ist sonach nicht mit Sicherheit zu entscheiden: nimmt man C
für den Titusbogen, was allerdings aus mehreren Gründen sich empfiehlt, so hätten wir B diesseits desselben (vom Forum aus) zu suchen.
Dem würde weder die Bezeichnung «in sacra via summa» wider-
sprechen, da dieselbe nicht einem bestimmten Punkt der Strasse,
sondern einer grösseren Strecke gilt (s. BECKER a. a. O.), noch der
Umstand, dass diesseits des Titusbogens keine Reste eines solchen
Monuments gefunden sind; denn gerade der bezügliche Theil der
Strasse wurde beim Einzug Carls V. stark gesäubert, wobei leicht auch
solche Trümmer verschwinden konnten s. DE ROSSI Ann. dell' Inst. 1859
p. 322 ff. Nimmt man B für den Titusbogen, dann wäre C vielleicht
in eben den Trümmern jenseits desselben wiederzuerkennen, welche
Brunn, dem Garrucci beistimmt, auf B bezieht, und für eine Art
Janus quadrifrons hält (vgl. FEA della casa aurea di Nerone p. 3). Für
diese letztere Annahme spricht auch der Umstand, dass die neugefun-
denen Tempelreste in den Farnesischen Gärten, welche P. Rosa für
den Juppiter Stator hält, zu nahe am Titusbogen sind, als dass dazwischen noch ein Bogen angenommen werden könnte. Den Arcus
ad Isis (E) hat Brunn mit grosser Wahrscheinlichkeit in die Gegend

des Caput Africae, zwischen Colosseum und SS. Quattro Coronati gesetzt; eine nähere Nachricht davon existirt nicht. Canina erklärt ihn
für die Porta Querquetulana, während er A als «il portico che ador-
nava il vestibolo di accesso al palazzo dei Cesari» nimmt, beides gleich
unwahrscheinlich.

Brunn p. 382 macht darauf aufmerksam, dass der Pilaster am
l. Ende des Reliefs seinen Schluss bezeichne, während er am r. Ende
fehle; danach werde das Relief wahrscheinlich r. zwar nicht unmittelbar (denn es ist r. nicht gebrochen) aber mittelbar eine Fortsetzung gehabt haben. Auf der Rückseite hat die Platte eine nach
unten stark vorspringende reiche Gliederung: wie es scheint, hatte
der Verfertiger des Reliefs sich eines unbrauchbar gewordenen Bau-
gliedes bedient.

359. Relief mit vier Götterbildern.

B. 1,61. H. 0,64. — Ital. Marmor. — Abgebildet Monum. dell'Inst. V 7. Brunn
Ann. 1849 p. 405. Besprochen von Braun Museen u. Ruinen p. 744. — Gefunden
mit n. 336 w. s.

Die vier Brustbilder sind beinahe rund von der Grundfläche losgearbeitet; unten läuft quer ein glatter Streifen.

Links ist das Relief gebrochen; doch ist dort noch Brust und Hals
eines Mercur sichtbar mit einer auf der r. Schulter genestelten Chlamys; über der l. Schulter im Grunde das geflügelte Kerykeion, dessen
Schlangen im nodus Herculeus geknüpft sind. Rechts von ihm eine
Göttin, in einer Chlamys, im Haar ein Diadem, das Hinterhaupt mit
dem Obergewand verhüllt, das sie vorn mit der Rechten zu einem
Bausch aufnimmt; in demselben Früchte, unter denen ein Mohnkopf,
eine Citrone, Feigen, eine Mandel zu unterscheiden sind; die Linke
scheint nach eben dem Bausch zu fassen. Ein dichter Blüthenkranz
fällt von ihrer r. Schulter auf die Brust herab. Rechts von ihr Pluto,
vollbärtig, in dem wallenden Haar ein Band. Der Kopf ist ein wenig
n. r. gewendet, die an Juppiter erinnernden Züge von mürrischem, fin-
sterem Ausdrucke; die Augenbrauen angedeutet. Ueber dem Chiton
liegt auf der l. Schulter ein Obergewand, welches nach hinten hinabfällt und um den Rücken nach der l. Schulter herumgezogen zu sein
scheint. Neben ihm r. an seiner l. Schulter ein Scepter. Weiter r. eine
zweite Göttin ein wenig n. l. gewendet, in Chiton und Peplos, welcher
schleierartig über den Hinterkopf gezogen ist; im Haar ein Diadem. In
der erhobenen Linken hält sie eine brennende Fackel; die Rechte,

welche ein Aehrenbüschel trägt, ruht auf der l. Schulter des Pluto. Hier scheint das Relief geschlossen zu sein; wenigstens ist die r. Seitenfläche glatt abgearbeitet; ebenso ist l. an der r. Schulter des Mercur ein Stück einer glatten Fläche erhalten, wonach auch dort keine weitere Figur gefolgt wäre. Brunn und mit ihm Braun hielten die r. Hand der zweiten Göttin für den Rest einer fünften Figur und erklärten daher diese für Proserpina, die erste für eine Hore. Es ist jedoch unzweifelhaft, dass die Hand, welche auf der Publication nicht ganz treu wiedergegeben ist, der zweiten Göttin gehört.

Die Brunn'sche Deutung lässt überhaupt manchen Zweifel übrig. Allerdings ist die Darstellung der zweiten der beiden Göttinnen für Proserpina ganz angemessen; kaum dagegen die der ersten für eine Hore, welche hier mit Proserpina ganz coordinirt erscheine und der weder die Stephane noch die Verhüllung des Hauptes zukommt. Dazu ist es überhaupt nicht wahrscheinlich, dass man in einer Zusammenstellung von vier Brustbildern auf eine Handlung angespielt habe, dass also Mercur hier als derjenige erscheine, welcher Proserpina zur Oberwelt zurückführen solle. Reliefs mit ganzen Figuren, welche die Handlung wirklich vorstellen (MÜLLER-WIES. Denkm. d. a. K. II 68, 857), können hier kaum als Anhalt und Richtschnur der Erklärung dienen. Vielmehr macht das Relief durchaus den Eindruck einer einfachen Zusammenstellung zusammengehöriger Gottheiten; aber auch bei einer solchen Deutung, nach der man Hermes als ψυχοπομπός zu fassen haben würde, machen die beiden Göttinnen Schwierigkeiten. Wollte man die erste für Proserpina nehmen, der als der Göttin der hervorkeimenden Saat (PRELLER röm. Myth. p. 443. 591. GERHARD griech. Myth. § 955, 4) das Attribut der Blumen recht wohl zukäme, so könnte die zweite nur Demeter sein, und es ist nicht abzusehen wie diese zu der engen, gewissermaassen vertraulichen Verbindung mit Pluto käme (Inschriften wie HENZEN-OR. 5711 «Plutoni et Cereri sac.» geben dafür noch keinen Anhalt), während derselbe sich von Proserpina abwendete. Eine ähnliche Zusammenstellung von Pluto, Proserpina und Mercur in ganzen Figuren, bei der auch durch nichts auf Rückführung hingewiesen wird, auf einer Ara Gall. Giust. II 126, wo der Dreizack des Pluto auf einem Versehen des Zeichners beruhen wird. — Dem vorliegenden Monument haben augenscheinlich die gewöhnlichen Portraitreliefs von Familien zum Vorbild gedient und es ist wohl möglich, dass für Wahl und Anordnung der Köpfe Beziehungen auf die Familie, der das Grab gehörte, maassgebend waren. So würde sich am ehesten die

Schwierigkeit lösen, welche in der Deutung der vierten Figur auf Demeter liegt.

360. Sarkophagfragment, als Gruppe ergänzt.

H. 0,51. — Ital. Marmor. — Ergänzt Kopf und l. Schulter der bekleideten Figur;
der Kopf der nackten Figur ist aufgesetzt, vielleicht antik, aber nicht zugehörig; s. u.
Es fehlen an ersterer l. Arm und der r. mit Ausnahme der Hand; an letzterer l. Unterarm, r. Arm und Bein fast ganz.

Auf einem Felsen sitzt eine männliche bärtige Figur mit kurzem
Haupthaar; von der l. Schulter fällt den Rücken hinab ein Gewand,
das vorn über den r. Schenkel herabgeht. Der starke und musculöse
Körper und der Typus des Kopfes legen es nahe, an Hercules zu denken.
Er wendet sich mit dem Kopfe n. l., zu der l. hinter ihm befindlichen
Figur, die nur mit der Hälfte des Körpers aus dem Felsen hervorragt.
Sie ist mit doppeltem Gewand bekleidet, davon das untere gegürtet,
und mit weiblichem Kopf ergänzt, vielleicht richtig, obgleich von
Brüsten nichts zu sehen ist. In der Rechten hält sie, nahe an der
r. Schulter des Herakles einen unbestimmbaren kleinen Gegenstand;
hinter ihrem r. Oberarm befindet sich ein Gegenstand der sicher kein
Köcher, vielleicht nur ein zusammengenommener Zipfel ihres Gewands
ist. Der l. Arm fehlt und ist vielleicht aus dem Gewand in die Höhe
gestreckt gewesen.

Der Felsen ist unten und an der Rückseite mit anderen Marmorstücken überkleidet; das Fragment gehörte ursprünglich zu einem sehr
erhobenen Relief. Dieselbe Gruppe kehrt wieder auf Sarkophagen,
z. B. l. oben auf n. 47.

361. Portraitkopf einer Römerin.

H. 0,36. Gesl. 0,16. — Ital. Marmor. — Ergänzt Büste, Nasenspitze.

Das schlichte Haar ist im Nacken in breiter Flechte aufgenommen;
darin ein als Flechtwerk charakterisirtes Diadem, vielleicht eine Haar-
flechte von dieser Form.

362. Portraitkopf eines unbärtigen Römers.

H. 0,34. Gesl. 0,17. — Ital. Marmor. — Ergänzt die Nasenspitze, die hintere
Hälfte und ein Stück der r. Seite des Kopfes.

Der Kopf scheint derselbe mit n. 339, nur etwas älter; er war vermuthlich in eine Statue eingesetzt.

363. Jugendliches Köpfchen.

H. 0,19. Gesl. 0,11. — Griech. Marmor.

Fast das ganze Haar ist nach Art von Heraklesfiguren bedeckt mit dem Kopf eines Löwenfells, das unter dem Kinn geknüpft war. Das Köpfchen hat stark lachenden Ausdruck und ist von vorzüglicher, freier Arbeit.

363ª.

Im Fenster daneben Fragment eines griechischen Tischfusses vgl. S. 58.

NORDWAND.

364. Fragment eines Tympanon mit Geison.

H. 0,56. B. 1,17. — Ital. Marmor.

Erhalten nur die Spitze des Tympanon. Darin in Relief Kerberos (n. r.), der auf den Hinterfüssen sitzt, die l. Vorderpfote erhoben, an den Hälsen der drei Köpfe Halsbänder; der Schwanz scheint in einen Schlangenkopf auszulaufen. Zu beiden Seiten Felsen.

365. Fragment eines bunten Mosaiks.

H. 0,34. B. 0,40.

Auf weissem Grund ein liegendes Reh n. l., welches eine rothe Blume frisst. Ueber seinem Rücken Rest von den Beinen eines Vogels (Pfau?) und vor demselben ein Blatt.

365ª.

Im Fenster steht ausserdem das Fragment eines griechischen, mit einem Greif verzierten Tischfusses. S. n. 363ª und oben S. 58.

IN DER MITTE.

366. Erot mit einem Delphin.

H. 0,77. B. 1,27. Torsol. 0,39. — Griech. Marmor. — Ergänzt am Eros: Kopf, beide Arme, beide Flügel, ein Stück vom r. Schenkel, der r. Fuss, ein Theil des l. Fusses; am Delphin: Oberkiefer und ein Theil des Schwanzes; am Vogel: Kopf, Hals und l. Flügel. An demselben ist ein Stück von der l. Hand des Eros erhalten. — Ueber die Auffindung s. zu n. 199.

Die Basis der Gruppe ist als Wasser charakterisirt, in dem Fische und ein Seekrebs zum Vorschein kommen. Darauf, in seiner ganzen Länge sichtbar ein Delphin n. r. mit geöffnetem Rachen. An ihm hin streckt sich in anmuthiger Bewegung ein Eros, halb und halb von ihm getragen, indem er sich mit der l. Seite des Körpers und mit dem l. Arm an und auf ihn lehnt. Die Ergänzung dieses Arms ist wahrscheinlich unrichtig; die Ausdehnung der alten Ansatzfläche lässt schliessen, dass der Eros nicht den Arm freihielt und bloss mit der Hand sich aufstützte, sondern dass der ganze Unterarm auf dem Delphin auflag, wodurch auch die Composition sehr gewinnen würde. Mit der ein wenig vorgestreckten Rechten scheint der Eros im Spiel eine Ente wegzustossen. Die Rückseite der Gruppe ist vernachlässigt. Die schlechten Ergänzungen stören den Eindruck der an sich nicht schlechten Arbeit. Ueber das Motiv s. STEPHANI Compte-rendu 1864 p. 217 ff.

XI. ZIMMER.

Nr. 367—408.

Die bedeutendsten Sculpturen dieses Zimmers rühren von Ausgrabungen her,
welche der bekannte römische Scavatore Lorenzo Fortunati vom October 1857
bis zum October 1858 auf einem Grundstück der Fürsten Barberini am dritten Meilenstein der Via Latina unternommen hat. Da nur ein Theil der gewonnenen Funde von
der päpstlichen Regierung angekauft und im Lateran aufgestellt wurde, eine ansehnliche Zahl hingegen in verschiedene Hände und in den Kunsthandel gekommen ist,
so schien es wünschenswerth, alle erreichbaren wichtigen Notizen über die Resultate
jener Ausgrabungen kurz zusammenzustellen. Hiefür sind ausser mündlichen Nachrichten und den Zeichnungen im Apparat des archäologischen Instituts als Quellen
benutzt die werthvollen Berichte von HENZEN (H. I) im Bullettino d. Inst. 1857
p. 177—182. (H II) 1858 p. 17—21. (H III) p. 36—42, vgl. Augsburg. Allgem.
Zeitung 1858 n. 139, von BRUNN (B) Bullett. d. Inst. 1858 p. 81—89, eine anonyme
Mittheilung im Giornale di Roma vom 1. Mai 1858 und der ausführliche Bericht (F)
von L. Fortunati selbst, betitelt Relazione generale degli scavi lungo la via Latina etc.
Roma 1859 — ein Werk, dem ein Atlas von dreissig Tafeln mit Abbildungen aller
Funde und Erläuterungen von Garrucci nachfolgen sollte, der aber nicht er-
schienen ist. In dem folgenden Verzeichniss der gefundenen Gegenstände sind die
Nachweisungen der Quellen durch die leicht verständlichen Zeichen H I. H II.
H III. B. F gegeben. Ueber die Basilica di S. Stefano protomartire, welche bei
dieser Gelegenheit entdeckt wurde, vgl. Felice Can. Profili im Giorn. di Roma
vom 16. Februar und 22. Juni 1858 (mit lithographischen Abbildungen) und ALFR.
REUMONT Archivio Storico VII disp. 1 p. 176.

Die Ausgrabungen begannen auf der l. Seite der Via Latina mit der Aufdeckung
eines grösseren mit Mosaiken und bunten Stuccaturen verzierten Backsteingebäudes,
in welchem sich Bolli vorfanden aus der Zeit Domitians, aus den Jahren 123 oder 124,
134, 136 oder 137, 144 etc. und Bleiröhren von Wasserleitungen mit den Stempeln
VALERIA·C·F·PAVLINA und M·SERVILI·SILANI, ein Name, der (nach
Henzen) in Rom vor dem gleichnamigen Consul d. J. 188 nicht nachzuweisen ist.
In einem Raume dieses Gebäudes, welches für eine Villa angesehen wurde, kamen
unter der eingestürzten Decke **N. 1. Arme und Beine einer kolossalen Figur** (F)
mit einem Baumstamm, der als Stütze diente, zum Vorschein, und am Eingang des-

selben lagen, nach innen gestürzt **N. 2., zwei Hermen des bärtigen Dionysos**
(n. 390. 391. H I; F. gibt wohl irrthümlich an, dass der Kopf der einen gefehlt
habe). — An einem andern Ort desselben Gebäudes fanden sich zugleich mit einer
Menge Stücke von buntem und weissem Marmor folgende Gegenstände auf einem
Haufen: **N. 3. 4. 5. drei andere Hermen** (n. 374. 375. 397 F; H I 5 bakchische
bärtige Hermenköpfe und ein weiblicher n. 374). — **N. 6. Torso einer Minerva** (H I. F.
Zeichnung beim Instit.) in genesteltem doppeltem Chiton, Aigis mit Gorgoneion auf
der Brust und einem Obergewand, das auf der l. Schulter aufliegt; der l. Arm
war erhoben, der r. gesenkt; später von Castellani restaurirt und verkauft. —
N. 7. Viereckige Marmorbasis (F. H II), gegenwärtig im Museo Kircheriano. Dieselbe trug wahrscheinlich eine Aedicula oder dergl., da auf der obern Seite von der
vordern Kante aus mehrere Stufen in die Höhe führen. Auf der vordern senkrechten
Seite in der Mitte ein Candelaber, l. davon eine männliche Togafigur, r. eine weibliche in doppeltem Gewand, beide einander zugewendet; l. von dem Mann und r. von
der Frau je eine Flötenbläserin. Auf der l. Nebenseite von l. nach r. urceus, lituus,
acerra, aspergillum; auf der rechten aspergillum, bukranion mit Taenien, patera, urceus und lituus. — **N. 8. Fragment einer weiblichen bekleideten Kolossalstatue** aus
bigio morato (F. H II). — **N. 9.** Mehrere **Büsten ohne Köpfe** (F). — **N. 10. 11. 12.
Drei weibliche Portraitköpfe** (F), der eine verschleiert, der zweite der Crispina
Augusta (H II?), der dritte der Julia Titi ähnlich. — **N. 13. Trapezophor,** von zwei
Sphinxen gebildet (n. 376. F. H I).

An verschiedenen anderen Stellen wurden ferner entdeckt: **N. 14. caldaja** di figura
elittica, ancora ingombra di ceneri, per l'uso de' sacrificj (F). — **N. 15.** Ein **Kerberos**
(F. H I). — **N. 16.** Verschiedene kleine **Köpfe und Fragmente von dem Leib einer Hydra**
(F). — **N. 17.** Eine **Figur des Herakles,** in viele Stücke gebrochen (H I). — **N. 18.** Kopf
und Torso eines **Jupiter-Serapis** oder **Pluton** (H I). — **N. 19.** Vielfach gebrochene **Statue
eines unbärtigen nackten Satyrn** (H I, Zeichnung beim Institut), welche, nach
vier Ansätzen an den Schenkeln zu schliessen, mit einer andern Figur gruppirt war.
Der r. Fuss ist etwas erhoben und vorgesetzt, Kopf und Leib etwas vorgeneigt.
Es fehlen die Arme, welche am Leib nach vorn niedergingen, der l. Unterschenkel
und r. Fuss. BRUNN Bullet. d. Inst. 1861 p. 65 erklärte sehr wahrscheinlich « un
Satiro che abbevera un Satiretto », vgl. Plin. 36, 29 « quartus (Satyr) cratere alterius
sitim sedat » und die Reminiscenzen auf Sarkophagen PETERSEN Annali d. Inst.
1863 p. 383. — **N. 20. Torso einer Statuette** ohne Kopf und Arme, an den Narciss
des Museo Chiaramonti erinnernd (H I); der Kopf scheint erhoben gewesen zu sein
und der r. Arm auf ihm aufgelegen zu haben. — **N. 21. Weiblicher Kopf** in halber
Lebensgrösse (H I) mit einem Band im Haar, ähnlich wie die sogenannten Sappho-
köpfe, und leeren Augenhöhlen. — **N. 22.** Eine **Mühle** (F. H II). — **N. 23. Acht
Werkzeuge aus Eisen,** abgebildet bei FORTUNATI p. 10. — **N. 24. Fragmentirtes
Basrelief,** « Ercole portante sulle spalle la cerva ed Apolline che cerca di ricu-
perarla »; erhalten bloss « la cerva, due teste d'uomini e qualche braccio » (H I). —
N. 25. Fragmentirtes Basrelief eines Diskos, Hermes und der junge Asklepios von
der Ziege genährt, gegenwärtig eingemauert an dem Hause Via S. Niccolò Tolentino
14 B, besprochen von BRUNN Bullett. d. Inst. 1862 p. 5, publicirt von KEKULÉ
memorie d. Inst. II t. IV 2 p. 123.

Im Bereich der Basilica di S. Stefano protomartire, welche an die mehrfach
erwähnten Anlagen anstösst, kamen zu Tage: **N. 26.** ein **cannellirter Sarkophag**
(H II? F), an den beiden Enden der Vorderseite Eroten mit einem Hasen in der

Hand, nach dem ein Hund anspringt; die Hinterwand zerstört. — **N. 27. Kinder-sarkophag** (H II?, F), n 406 in diesem Zimmer. — **N. 28. un enorme Grifo** con testa dintaccata (F). — **N. 29. due Erme ed alcuni torsi** di minor conto (F); unter den beiden Hermen ist vielleicht die Doppelherme einer jugendlichen, weinbekränzten Ariadne gemeint, die sich gegenwärtig bei dem Kunsthändler Depoletti befindet. — **N. 30. un Priapo** (F). Die beiden Sarkophage n. 26. 27 befanden sich an ihrem ursprünglichen Platz; n. 28. 29. 30 wurden unter einem Schutt von Marmorstücken und Architekturfragmenten gefunden.

Auf der r. Seite der Via Latina wurde eine ganze Reihe grösserer und geringerer Grabanlagen blossgelegt. In einer kleinen, von der Strasse ziemlich entfernten Kammer fand man **N. 31. zwei Sarkophage** mit einer Darstellung des **indischen Triumphzuges** (F. H III. B), publ. in den Monum. d. Inst. VI 80, 1; in diesem Zimmer n. 408. — **N. 32. Sarkophag mit Darstellung eines Opfers** (F, Zeichnung beim Institut), in diesem Zimmer n. 408. — In anderen Gräbern **N. 33.** verschiedene **Fragmente von Sarkophagen** (F), zum Theil mit Inschriften. — **N. 34. Ein goldener Ring** (F) mit ciselirtem Blumenornament. — **N. 35.** auf einem Mosaikfussboden, in dessen Mitte sich eine Fontaine befand, eine **kleine Gruppe, Darstellung des Nils** (F). — **N. 36. «elegante acefala statuetta di putto** che stringeva un fiore» (F), wahrscheinlich identisch mit « torso di statuetta con l'attributo d'un ramoscello di papavero al braccio », welchen BRUNN Bullett. 1862 p. 5 für Hypnos erklärte (Zeichnung beim Institut). — Der grösste Theil dieser Gräber ist wieder verschüttet worden, nur das bedeutendste Grabmal, welches auf der r. Seite der Via Latina entdeckt wurde, ist zugänglich erhalten geblieben, ein viereckiger Backsteinbau in zwei Etagen mit zwei Treppen, einem Atrium und zwei Grabkammern, in architektonischem Grund- und Aufriss publicirt in den Annali d. Inst. 1860 tav. d'agg. O. P. Q. In der einen Grabkammer desselben stand **N. 37. ein grosser Sarkophag** (F), dessen Vorderseite zertrümmert war; auf der einen Nebenseite « donna rapita sopra un carro », auf der andern « le traccie di altro carro » (H III). Dieser Sarkophag befand sich später bei dem Kunsthändler Marchese in Via Condotti und ist verkauft worden. Das Tonnengewölbe der zweiten Grabkammer ist mit vorzüglichen Stuckreliefs decorirt, welche in den Monum. d. Inst. VI tab. XLIII. XLIV abgebildet worden sind; der Stempel eines Ziegels, der aus einer schon beschädigten Stelle des Gewölbes auf das ausdrückliche Geheiss von Fortunati hervorgezogen wurde, ergab das Jahr 159 n. Christus. An den drei Wänden der Kammern, die mit verde antico bekleidet waren, wurden die Fragmente von drei Sarkophagen gefunden (F. H III): **N. 38.** ein Fragment mit mehreren Thaten des Herakles (H III, Zeichnung beim Institut) n. 396 in diesem Zimmer. — **N. 39.** ein Fragment, das für den Rest einer Darstellung des Achill unter den Töchtern des Lykomedes angesehen wurde (H III, Zeichnung beim Institut): Odysseus, in der gewöhnlichen Tracht, nach l. eilend, im Begriff das Schwert zu ziehen, r. von ihm ein Jüngling in Chlamys e. f., nach r. ausschreitend. — **No. 40.** ein Fragment, «che avrà forse relazione alla favola di Meleagro» (H III), vermuthlich dasjenige, das gegenwärtig in einem Keller bei dem Tabaccaro der Piazza Barberini steht. Dasselbe ist stark verstümmelt, 0,80 hoch, 0,35 breit. Unten Obertheil eines bärtigen Coelus (e. f.); das Gesicht ist verstossen, von den erhobenen Armen fehlen die Hände. Ueber seinem bauschigen Gewand eine grosse Himmelskugel, um die sich quer ein Reliefstreifen zieht, der Zodiacus, mit Darstellung des Stiers, Steinbocks, Scorpions (?) und der Fische. Ueber der Himmelskugel sitzt eine jugendlich männliche Figur in Chlamys, die auf der r. Schulter mit einer Spange befestigt ist

16 *

und den Rücken herabfällt, Kopf und Brust verstossen. Der r. Arm war erhoben, die Bewegung des l. ist nicht mehr ersichtlich. Hinter ihr oben r. und l. zwei Knaben (e. f.), bloss mit dem Obertheil zu sehen; hinter ihrem r. Knie Torso eines Eroten mit einem Gewand auf der l. Schulter, der sich auf ihren r. Oberschenkel aufgestützt zu haben scheint. L. oben (e. f.) Hermes, unbärtig, mit Petasos und Chlamys, ein Kerykeion im l. Arm. Aehnliche Vorstellungen s. zu n. 43 im ersten Zimmer.

Von der r. Seite der Via Latina wandten sich die Ausgrabungen wieder zurück auf die l. Seite und führten zur Entdeckung des bedeutendsten und zugleich an Monumenten reichhaltigsten Baues, dessen Inneres noch gegenwärtig betrachtet werden kann. Derselbe besteht aus zwei unterirdischen Kammern; Grund- und Aufriss publicirt in den Annali d. Inst. 1861 tav. d'agg. I. Die grössere, einst durch 9 Lampen erhellt — die grösste in der Mitte allein erhalten, in der Bibliothek des Palazzo Barberini — hat ein Kreuzgewölbe, welches mit Stuckreliefs auf farbigem Grunde verziert ist, publ. Mon. d. Inst. VI 49—53, die ungefähr in dieselbe Zeit zu setzen sind wie diejenigen des grossen Grabmals auf der r. Seite der Strasse. In der Mitte dieser Kammer steht noch jetzt **N. 40ᵇ** ein kolossaler schmuckloser **Sarkophag**; in buntem Durcheinander wurden mit und um denselben nach Fortunati 7, nach Brunn 5 oder 6, nach dem Giorn. di Roma 9 **Sarkophage** gefunden: **N. 41. Adonis und Venus** (F. B), n. 387 in diesem Zimmer. — **N. 42. Pompe des Dionysos und der Ariadne** (F. B), n. 373 in diesem Zimmer. — **N. 43. Sarcofago privo** di scultura e d'importanza (F). — **N. 44. Cannellirter Sarkophag** mit Brustbild; am Deckel Tafel für eine Inschrift (F). — **N. 45. ein Kindersarkophag** (F). — **N. 46. Hippolyt und Phaedra** (F. B), n. 394 in diesem Zimmer. **N. 47. ein Sarkophag aus Terracotta** (F).

In der zweiten Kammer, die sich als späterer Anbau ergab, standen folgende Sarkophage: **N. 48.** Vorderseite eines **cannellirten Kindersarkophags** mit der Inschrift (F):

ANTHIANILLE·FI
LIAE·DVLCISSIMAE

und dem Brustbild eines Mädchens. — **N. 49. Cannellirter Sarkophag**, der noch an Ort und Stelle steht, mit einem männlichen und weiblichen Brustbild in einem Medaillon; auf dem Deckel in Relief eine weidende Heerde mit zwei Hirten (F, Zeichnung beim Institut). Unter dem Medaillon die Inschrift:

C·SERVIENIVS·DEMETRIVS·
MAR·F·VIVIAE·SEVERAE·
VXORI·SANTISSIMAE·ET· (sic)
MIHI·Q·BIXIT·MECVM·AN
5 NIS·XXII·MENS·VIIII·DIES·V
IN·QVIBVS·SEMPER·MIHI·
BENE·FVIT·CVM·ILLA
PANCRATI·HIC

Die letzte Zeile dieser Inschrift erklärt sich durch eine andere, die in diesem Grabe gefunden wurde (F):

PANCRATIO
RVM

N. 59. Sarkophag (F), n. 197 im fünften Zimmer, Zeichnuug beim Institut. — **N. 60. Sarkophag** mit Darstellung der Jahreszeiten (F. B), n. 381 in diesem Zimmer; Zeichnung beim Institut. — **N. 61. Grosser elliptischer Sarkophag** ohne Deckel (F) mit Cannelluren, in der Mitte der Vorderseite ein Fass (bariletto), an den beiden Enden zwei Löwen, die ein Pferd zerreissen. In diesem Sarkophag wurden «filamenti di oro quasi residui di drappo» gefunden.

In der Nähe dieses Grabes und an anderen Stellen, immer auf der l. Seite der Via Latina, wurde entdeckt: **N. 62.** «piccolo caldaje di rame del diametro di un palmo» (F), nach Aussage des Kunsthändlers Depoletti identisch mit dem «scaldaletto», welches Brunn in der Adunanz vom 24. März 1865 vorlegte, Bullet. 1865 p. 57. — **N. 63. Ein Sieb** aus Kupfer (F). — **N. 64. Lebensgrosse sitzende weibliche Statue** (F, Zeichnung beim Institut), ohne Kopf, in gegürtetem Aermelchiton, Sandalen und einem Obergewand, das auf den Beinen aufliegt; der l. Arm war erhoben, der r. gesenkt. Die Figur kam in den Besitz Castellani's und wurde, als Agrippina restaurirt, ohnlängst verkauft. — **N. 65. Sarkophag** von schöner Form mit vorstehendem Rand (F). — **N. 66. Aschenkiste** (F), gegenwärtig im Palazzo Massimi alle colonne. Gesammthöhe 1,00. H. der Kiste 0,81. B. 0,50. T. 0,39. Der Deckel hat die Form eines Tonnengewölbes; im Giebel ein Seepferd nach rechts. R. vorn ein Akroterion mit einem Delphin; das l. ist weggebrochen. Auf der l. Nebenseite der Kiste urceus, auf der r. patera. Auf der Vorderseite oben in einer viereckigen Tafel die Inschrift:

Unter der Inschrift ein Relief von drei unbärtigen Männern. In der Mitte (n. 2) steht en face ein Mann mit welligem anliegendem Haar auf einem niedrigen besondern Podium. Er trägt Schuhe, Hosen (?), eine bis zu den Knieen reichende ungegürtete Aermeltunica und am Hals einen Cucullus (?). Er hält in der Linken an der Brust ein oblonges Kästchen mit geöffnetem Deckel, in der gesenkten R. einen Fisch. — Der Mann l. von ihm (n. 1) steht en face nach r.; er ist bekleidet mit Schuhen, über den Kopf gezogenem Cucullus und einer gegürteten Aermeltunica und trägt auf Kopf und r. Achsel einen viereckigen Korb, dessen aufgehäuften Inhalt ein Tuch mit eingegrabenen, gekreuzten Linien bedeckt (Fische? über die ein Netz gebreitet ist). Im Grund eine Schleife, die wohl zum Korb gehört. Er unterstützt den Korb mit

der L. und hält in der gesenkten R. eine Schnur mit Fischen. — Dieser Figur entspricht die dritte (n. 3), welche gleichfalls der Mittelfigur zugewendet ist; nur unterstützt sie den Korb mit beiden Händen und hält keine Schnur mit Fischen in der
Hand. — Die Mittelfigur ist offenbar der Herr, der von den beiden Dienern die
Fische in Empfang nimmt und sie dafür zu bezahlen scheint; auf ihn beziehen sich
die Worte Da pisces. Es liegt nahe, nach zahlreichen Analogien, den Verstorbenen mit dieser Figur zu identificiren; diess ist indessen unwahrscheinlich, da er in
der Toga hätte dargestellt werden müssen. Vielleicht sollte mit dem Relief bloss der
Standort seines Geschäfts angedeutet werden. Vergl. BECKER Handbuch I p. 502.
Plautus Aulul. II 8, 3 Venio ad macellum, rogito pisces etc. Sonderbar bleibt diese
Darstellung immer; auffällig ist auch die Bezeichnung des Standorts durch den
Genitiv statt der gewöhnlichen Weise durch die Präpositionen ab oder de. Die
beiden identischen Inschriften über n. 1 und 3 scheinen Stossseufzer der Lastträger
zu sein.

Schliesslich rühren folgende in dem Keller des tabaccaro der Piazza Barberini
befindliche Monumente aus diesen Ausgrabungen her: **N. 67. Torso einer Diana** in
ärmellosem kurzem Chiton und einem Gewande, das gürtelartig um den Leib geschlungen ist. Ein Köcherband geht von der r. Schulter über die Brust; der l. Arm
war gesenkt, der r. erhoben, der Stand ist ruhig. Fehlen Kopf und Füsse. H. 0,82,
Zeichnung beim Institut. — **N. 68. Fragment eines Sarkophags,** auf der Nebenseite ein Greif, auf der Vorderseite eine stehende weibliche Figur ohne Kopf und
Füsse in gegürtetem Chiton und einem Obergewande das auf dem Kopf auflag; der
r. Ellnbogen ist auf die l. Hand gestützt, die am Leib liegt und Mohn und Aehren
hält. H. 0,85. — **N. 69. Torso einer tanzenden jugendlich weiblichen Figur** von gra-
ziöser Haltung, in gegürtetem Chiton. Fehlen Kopf, Füsse und Arme, welche besonders angesetzt waren. H. 0,55. — **N. 70. Statue einer sitzenden Fortuna,** H. incl.
Basis 0,48, in einem Chiton, der unter den Brüsten gegürtet ist, und mit einem
Obergewand, das auf der l. Achsel, dem l. Arm und dem Schoosse aufliegt. Im l. Arm
ein Fruchthorn, am r. Knie eine Stütze. Fehlt Kopf, l. Hand, r. Arm; vielfach
bestossen.

Die bedeutendsten Monumente, die aus diesen Ausgrabungen herrühren, wurden
im Sommer 1863 von der päpstlichen Regierung angekauft und im Lateran aufgestellt, s. P. E. Visconti im Protocoll der Akademiesitzung vom 3. December 1863:
Giornale di Roma vom 10. December 1863.

WESTWAND.

367⁴. Viereckige doppelte Aschenkiste.

H. 0,38. B. 0,67. T. 0,29. — Ital. Marmor.

Die oblonge Vorderseite der Aschenkiste ist rings mit einer Orna-
mentleiste eingefasst. Innerhalb derselben erheben sich zwei kleinere
Rahmen von Feldern für zwei Inschriften:

```
                        SERGIA PRISCA HANC IN
                        HONORE L CACI REBVRRI F
        A               II VIR ET DECVRIONES OSTESES
                        FVNERE PVB STATVAMQ ET
                        TVRIS PL CENSVERLLACIVS    5
                        REBVRRVS HV FVNERIS IM
                        PENSAM REMISIT
```

Der Deckel besteht aus einer Platte, welche r. und l. durch ein Polster abgeschlossen ist. Auf der Vorderseite steht ein Rand empor, in Form von zwei dreieckigen Giebeln, über jeder Inschrift einer. Wo sie zusammentreffen befindet sich, den beiden Rosetten der Voluten entsprechend, eine Rundung mit einem Gorgoneion (ohne Schlangen) als Verzierung. In jedem Giebel zwei einander zugewandte Vögel mit krummem Schnabel, welche nach dem Rande eines gerieften, henkellosen Gefässes picken.

Das Monument ist in Ostia gefunden. Der Sinn der äusserst nachlässig abgefassten Inschrift (G. Amati Giorn. Arcad. t. XXXIX 1828 p. 231. Cardinali dipl. 341 und Henzen sylloge 7178) ist etwa folgender: Sergia Prisca. Hanc in honore(m) L. Caci Reburri f(ilii) duumviri et decuriones Ost(i)e(n)ses funere publico efferendam) statuamque (ponendam) et turis p(ondo) L (offerendum) censuerunt. L. Kacius Reburrus h(onore) u(sus) funeris impensam remisit.

367ᵃ·. Ruhende Nymphe, Brunnenstatue.

H. 0,32. L. 0,90. — Griech. Marmor. — Fehlen Kopf, Hals, beide Hände und r. Fuss. Mehrfach verstossen, namentlich der l. Arm.

Eine jugendliche weibliche Gestalt mit wenig entwickelten Brüsten ruht ausgestreckt auf dem Boden, indem sie sich auf den l. Ellnbogen stützt, die r. Hand zur Unterstützung des geneigten Kopfes auf die l. Schulter legt und das l. Bein über das r. schlägt. Sie ist mit einem Gewande bekleidet, welches den untern Theil ihres Körpers bedeckt und von der l. Schulter auf den Arm herabgeglitten ist. Von dem Haar sind im Nacken und auf der r. Schulter lange, feine Locken erhalten. Unter ihrem l. Arm ein Gefäss mit weiter Oeffnung, welches als Brunnenmündung diente. Im l. Unterarm steckt ein grosser antiker Metall-

stift, dessen Bestimmung nicht ersichtlich ist. Aehnliche Statuen sind
häufig. 1. 2. im Belvedere des Vatican (CLARAC 752, 1826). 3. 4. im
giardino della Pigna. 5. in den Magazinen des Vatican. 6. in villa
Albani an der Eingangsmauer. 7. 8. in villa Borghese. 9. in casa di
M. Domenico de Nigris presso a S. Marco beschrieben von ALDOVRANDI
statue p. 260. 10. im Museum zu Aix. 11. gegenwärtig beim Kunsthändler Andreoli. 12. in collection Landsdowne CLARAC 750, 1829 A.
13. im Museo Biscari zu Catania. vgl. n. 252 im achten Zimmer. Auf
eine solche Figur bezieht sich das hübsche, aber schwerlich antike
Epigramm, BURMANN anthol. lat. I 81:

> Huius nympha loci, sacri custodia fontis,
>   Dormio, dum blandae sentio murmur aquae.
> Parce meum, quisquis tangis cava marmora, somnum
>   Rumpere. Sive bibas, sive lavere, tace.

368. 371*. Zwei Reliefs, wahrscheinlich Nebenseiten eines Sarkophags.

368. H. 0,46. B. 0,56. Dicke der Platte 0,07. — Schwarz aufgemalt 1824 CC 314. —
Griech. Marmor. — Abgebildet auf Taf. XIX, fig. 2.

Links sitzt eine weibliche Figur n. r. in trauernder Haltung auf
einem Felsen, den Kopf auf die r. Hand gestützt. Sie trägt Schuhe(?),
einen Chiton und ein Obergewand, in welches die ganze Figur, auch
der Kopf, eingehüllt ist. Rechts von ihr ein Quaderbau, wahrscheinlich
ein Grabmal, mit grossem Thor und einem pyramidalen Giebel, um
welchen zwei Vögel fliegen. Oben r. neben der Pyramide eine Vase
auf einem Untersatz.

371. H. 0,45. B. 0,51. Dicke der Platte 0,07. — Griech. Marmor. —
Abgebildet auf Taf. XIX, fig. 1.

Links am Ende ein Pfeiler mit dem Ansatz eines aus Quadern aufgeführten Bogens. Rechts davon steht (n. r.) ein Jüngling, mit Sandalen, in Chlamys, die auf der r. Schulter geknüpft ist und nach der
l. Seite des Körpers niederfällt. Er hält mit der Linken eine Fackel
aufrecht und verhüllt mit einem Ende der Chlamys in der Rechten das
Gesicht. Rechts von ihm steht eine weibliche Figur e. f., den Kopf
nach r. gewandt, bekleidet mit einem Chiton, Schuhen und einem
Obergewand, das auf dem Kopf aufliegt. Ihre herabgehende Linke
hält einen Zipfel desselben, ihre Rechte ist darin verborgen. Rechts
am Ende ein Baumstamm, der durch eine Abarbeitung der r. Kante

der Platte theilweise weggeschnitten ist; an seinem Fuss sind Köcher und Bogen angelehnt oder aufgehängt.

Beide Reliefs sind r. und l. auf beiden Seiten abgearbeitet, zeigen dieselbe Qualität und Dicke des Marmors, dieselbe Grösse und dieselbe flache Art der Arbeit. Sonach ist es wahrscheinlich, dass sie Fragmente eines Monuments, und zwar die beiden Nebenseiten eines Sarkophags sind. Aehnliche Figuren kommen auf Sarkophagen vor, welche die Heimtragung des todten Meleager vorstellen z.B. BARTOLI Admiranda 72. BRAUN Ant. Marmorwerke II 6.

369. Weiblicher Idealkopf, vermuthlich Venus.

H. 0,42. Gesl. 0,17. — Ital. Marmor.

Nase, Oberlippe und Büste ergänzt. — Hatte Papiernummer, also wahrscheinlich früher in den ägyptischen Zimmern des Vatican.

Der Kopf ist etwas nach l. gewendet. Das Haar, oben mit einem Diadem verziert, ist in welligen Streifen nach hinten geführt, wo es durch ein Band zusammengehalten wird. Auf der Höhe der Stirn und auf beiden Backen fallen aus dem Haar kleine Löckchen heraus. Die Formen des Gesichts sind für Venus ungewöhnlich voll. Der Mund ist leise geöffnet, Pupillen angegeben.

369ª*. Vierseitige doppelte Aschenkiste.

H. 0,27. B. 0,52. T. 0,29. — Ital. Marmor. — Fehlt Deckel und ein grosses Stück der Vorderseite l. und der l. Nebenseite.

Auf der Vorderseite rechts, links und in der Mitte drei cannellirte korinthische Pilaster, darüber ein Zahngesims. Rechts und l. von dem mittleren Pilaster je eine Tafel mit Inschrift. Von der Linken sind r. unten nur die Buchstaben erhalten: IANI. Die Inschrift r. lautet:

```
IVLIAE
CALLITYCHES
LIBERTA·IDEM
VXOR
```

Unter beiden Inschrifttafeln dieselbe Vorstellung: in der Mitte eine reichgeschmückte Henkelvase. r. und l. davon ein Vogel, der auf einer Epheurebe sitzt, welche die ganze Inschrifttafel umrankt. Auf den Nebenseiten Palmetten.

370. Schlafender Erot, Brunnenfigur.

H. 0,32. L. 0,72. — Griech. Marmor. —
Fehlen Nase, l. Ellnbogen, r. Fuss ganz, l. halb. Mehrfach gebrochen und
bestossen. — Publ. von GARRUCCI M. L. tav. XL n. 6 p. 77 - 79.

Mit ausgespreizten Beinen liegt, ausgestreckt auf seinem Gewande,
ein schlafender Erot, dessen Kopf auf einem Vogel, vermuthlich einer
Ente, ruht, welcher nach einem zweihenkligen Gefäss mit breiter Oeffnung den Hals zum Trinken reckt. Die l. Hand hat er nach dem
Hinterkopf zurückgelegt, in der Rechten hält er zwei Mohnköpfe. Am
Boden zwei Eidechsen. Die Oeffnung des Gefässes diente als Brunnenmündung.

Erot als Brunnenstatue in einem Epigramm des Zenodot Anth.
Plan. 14 vgl. 211. 212 und des Plato Anth. Pal. IX 826. BERGK p. lyr.
Gr. II p. 624 n 22. Ueber das Motiv dieses schlafenden Eros haben
gehandelt: VISCONTI Pio-Clem. 3, 44. ZOEGA Bassiril. II p. 205. MÜLLER
Handb. p. 625, 6. STEPHANI ausruh. Herakl. p. 125 Anm. 1, wo noch
andere Litteratur angeführt ist. KEKULÉ Arch. Zeit. 1862 p. 310 ff.
BACHOFEN ib. p. 328. USSING Bemaerkninger etc. (in K. DanskeVidensk.
Selsk. Forhandl. 1863) p. 7 des Separatabdr. J. LESSING de mortis apud
vett. fig. p. 63 ff.

370ᵃ. Fragment eines Sarkophagdeckels.

L. 0,66. H. 0,11. — Griech. Marmor.

Der Deckel besteht aus einer Platte, an welcher vorn sich ein Rand
erhebt, der oben und unten eine vorspringende Leiste hat. Auf der
oberen steht die im C. I. G. nicht enthaltene Inschrift:

AMAPANTOC

Der Rand ist mit drei hängenden Festons verziert, welche auf zwei
Masken liegen, l. ein lockiger bärtiger Panskopf (n. r.) mit zwei Hörnern über der Stirn und einem Band im Haar; ein jugendlich r. weiblicher Kopf n. l. mit Weintrauben im Haar.

371. S. unter n. 368.

372ˣ. Portraitkopf eines bejahrten Römers.

H. 0,57. Gesl. 0,15. — Ital. Marmor. — Erg. Nase, beide Ohren und Büste.
Mehrfach bestossen.

Dünner, schlichter und gleichmässiger Haarwuchs. Pupillen angegeben. Das faltenreiche, bartlose Gesicht ist lebendig ausgeführt.
Das ganze Werk scheint spät.

373. Bakchischer Sarkophag.

S. S. 244. N. 42. — H. ohne Deckel 0,49, mit Deckel 0,67. B. 2,07. T. 0,32.
Griech. Marmor.

Ergänzt nichts, das Ganze, bis auf einige unbedeutende Theile, vortrefflich erhalten. — Besprochen von BRUNN bullett. 1856 p. 87. Publ. von PETERSEN Mon.
d. Inst. VI. VII. 80, 2 annali 1863 p. 387 – 396.

Auf der Mitte der Vorderseite halten zwei symmetrisch componirte
nackte Satyrn, welche ausschreiten und den Kopf zurückwenden, mit
beiden Händen ein rundes Schild, dessen Grundfläche glatt ist. Unter
demselben einander zugewendet zwei Pantherkatzen die sich umsehen.
Rechts und l. von den Satyrn, symmetrisch nach der Mitte schreitend,
zwei Mainaden in gegürtetem ärmellosem Chiton mit Ueberschlag und
in fliegendem, um den Leib geschlungenem Obergewand; in dem sorgfältig geordneten Haar tragen sie ein Band. Die r. von beiden hält
ein Tympanon in der Linken, auf das sie mit der Rechten schlägt, die
l. schlägt zwei Becken zusammen. Den übrigen Raum nach r. und l.
füllen zwei im wesentlichen symmetrisch angeordnete, grössere Gruppen: l. fährt Dionysos, r. Ariadne nach der Mitte zu auf zweirädrigen
Wagen.

Dionysos steht im Wagen, indem er seinen r. Arm auf einen
nackten Satyr lehnt, der ihn unterstützt, und mit der erhobenen Linken
einen mit einer Bandschleife verzierten Thyrsos aufstützt, dessen Spitze
fehlt. Ueber die Stirn und durch das mit Wein-Laub und -Trauben
geschmückte Haar, aus dem eine Locke auf die Schulter fällt, geht ein
Band; über die Brust zieht sich ein Bocksfell, das auf der l. Schulter
zusammengeknüpft ist. Sein Blick ist gerade aus nach r., vermuthlich
gegen Ariadne gerichtet. Der Wagen, dessen Deichsel am vordern
Ende mit einem Pantherkopf, dessen Achse mit einem Löwenkopf verziert ist, wird von einem bärtigen Kentauren und einer Kentaurin gezogen. Der erstere, welcher mit den Fingern der Linken in eine fünfsaitige Lyra greift und in der Rechten an der Brust das Plektron hält,
ist mit zwei Riemen, die um den Pferde- und den menschlichen Leib
gehen, an die Deichsel geschirrt. Auf seinem Rücken steht (n. r.) ein
Erot, der in der Linken ein Pedum, auf dem Kopf eine grosse Pansmaske trägt; er berührt mit den Fingern der Linken die r. Schulter
des Kentauren, vielleicht um ihn anzutreiben. Die Kentaurin, die in
der Rechten einen Pinienzweig hält, wendet das Gesicht nach dem
Eroten zurück. Sie trägt im Haar ein Band, die Bildung der Ohren
ist undeutlich.

Auf dem Wagen r. steht Ariadne (e. f.), epheubekränzt, bekleidet mit einem doppelt gegürteten Chiton mit langen Aermeln und einem Obergewande, das auf der l. Achsel aufliegt und über den Rücken nach vorn auf den l. Arm geschlagen ist. Sie stützte mit der Linken einen langen Stab, wahrscheinlich einen Thyrsos auf, welcher bis auf geringe Reste mit dem Unterarm weggebrochen ist. Der Wagen (u. l.), dessen Deichsel in einen Widderkopf ausläuft — der verzierte Kopf der Achse ist verstossen —, wird gleichfalls von einem Kentaurenpaar gezogen. Der hintere ist bärtig, er trägt auf dem Kopf ein mit einem Tuch umwickeltes Bret, das er mit den Händen unterstützt; der vordere ist unbärtig, er bläst, ohne Backenband, auf einer mit Klappen versehenen Doppelflöte. Auf dem Rücken des letzteren, welcher ebenso wie der oben beschriebene angeschirrt ist, kniet ein Erot (e. f.), der ein Pedum in der Linken trägt; mit der Rechten greift er nach einer epheubekränzten Silensmaske, die ihm Ariadne mit der Rechten reicht, wendet aber dabei den Kopf n. l., wie interessirt durch das Flötenspiel des Kentauren.

Auf der r. Nebenseite sitzt auf einem Felsen (n. l.) ein nackter Satyr, welcher mit der Linken einen Thyrsos aufstützt und mit der Rechten einen von r. anspringenden Panther aus einer runden Schale tränkt. Links hinter ihm wird das Obertheil einer mit einem gegürteten ärmellosen Chiton bekleideten Satyra sichtbar, welche ihre Rechte auf die r. Schulter des Satyrn legt und über seine Achsel dem Tränken zusieht. Links am Ende eine Pinie.

Auf der l. Nebenseite ein bärtiger Kentaur n. r., welcher die flache l. Hand vorstreckt und mit der Rechten einen auf seiner l. Achsel stehenden Krater hält, dessen Henkel mit Voluten verziert sind. Er hat einen kleinen Schwanz, wo der menschliche Rücken mit dem Pferderücken zusammentrifft. Links ein Pinienbaum.

Den Deckel des Sarkophags bildet eine Platte, welche vorn einen aufrecht stehenden mit Reliefs verzierten Rand hat, an dessen Enden l. und r. zwei bartlose Satyrmasken angebracht sind. Links am Ende ein kleiner Ofen, auf dem ein runder Kessel mit Deckel steht, und aus welchem Feuer herausschlägt. Rechts davor kniet ein mit Schurzfell bekleideter junger Satyr (n. l.), welcher ein Stück Holz ins Feuer nachlegt und dasselbe anzublasen scheint. Rechts von ihm im Hintergrund ein Parapetasma, das sich bis ans andere Ende des Reliefs hinzieht; vor demselben ein bakchisches Gelage von sieben Figuren, welche auf dem Boden ruhen. Den Beginn macht l. ein Silen (n. l.), welcher sich auf

den l. Ellnbogen stützt, und in der erhobenen Rechten ein Trinkhorn
hält; um seine Beine ist ein Bocksfell geschlungen. Darauf folgt ein
jugendlicher Satyr (n. l.), in gleicher Lage, welcher den Kopf n..r.
wendet, und in der Linken ein Trinkhorn hält; ein Thierfell, das auf
der l. Schulter zusammengeknüpft ist, geht über seine Brust, seine
r. Hand ruht am l. Knie. Weiter r. ein Erot (n. l.), der einen n. l.
springenden Panther mit der Rechten am Ohr, mit der Linken an der
Unterkiefer anfasst. Den Mittelpunkt des Gelages, über dem Schilde
des untern Reliefs, bilden die Figuren des Dionysos und der Ariadne,
welche mit dem Rücken gegeneinander gekehrt, sich rückwärts küssen.
Dionysos auf den l. Ellnbogen gestützt, hält einen Dithyrsos in der L.
am Boden, ein Gewand bedeckt seine Beine und den l. Arm. Ariadne
scheint mit Epheu bekränzt und ist mit einem ärmellosen gegürteten Chiton bekleidet, der von der l. Schulter auf den Arm herabgeglitten ist.
Rechts von dieser Gruppe schreitet ein Erot n. l., den Kopf nach r. gewandt, der in der Rechten eine Sileusmaske, in der Linken ein Pedum
hält; dessen krummes Ende ergreift eine r. von ihm (n. l.) gelagerte
Satyra, die sich mit dem l. Arm auf ein kleines Tympanon stützt. Sie
trägt ein Band im Haar, einen gegürteten, ärmellosen Chiton mit
Ueberschlag und ein Obergewand, das auf den Beinen liegt. Weiter
n. r. ein epheubekränzter Silen, mit dem l. Ellnbogen auf einen Schlauch
gestützt, dessen Oeffnung er mit der Linken erfasst. Er legt die Rechte
auf einen hinter ihm stehenden zweihenkligen Krater; ein Gewand bedeckt seine Beine und den l. Unterarm. Weiter folgt eine mit einem
Chiton(?) bekleidete Mainade (oder Satyra, man sieht die Ohren nicht),
zur Hälfte verdeckt durch die Figur des Silen. Sie liegt auf der l. Seite
des Körpers und ist nach r. gewendet, indem sie den l. Ellnbogen auf
den Boden, den r. auf den l. Unterarm und die r. Hand gegen die
Backe stützt. Sie scheint einem bocksfüssigen, unbärtigen r. von ihr
gelagerten Pan zuzuhören, welcher die l. Hand auf den Boden stemmt
und mit der Rechten die Syrinx an den Mund führt.

Sämmtliche Figuren haben die Pupillen angegeben. Die Composition des Reliefs an dem Sarkophag wie am Deckel zeichnet sich vor
vielen andern durch Einfachheit und Klarheit aus; die Arbeit ist frisch
und verhältnissmässig correct. Auf beiden Nebenseiten Vertiefungen
für Metallbeschläge, um den Deckel zu befestigen.

Ein interessanter, leider sehr verstümmelter Sarkophag mit bakchischen Darstellungen im ersten Klosterhof von S. Scolastica bei
Subiaco scheint noch nicht beachtet worden zu sein. Er ist aus grie-

chischem Marmor 0,43 hoch, 1,50 breit, 0,70 tief, und hat unten einen
breitornamentirten Ablauf. Auf der Vorderseite l. an der Ecke eine
bärtige Herme, dann (von l. nach r.) ein nackter Satyr, dann auf einem
vierrädrigen von zwei Panthern gezogenen Wagen (Tetrakyklos) Dionysos
und Ariadne liegend, ein bocksfüssiger Pan, eine Mainade mit langem
Gewand, ein Satyr (?) und Herakles trunken: die meisten Figuren so
beschädigt, dass sich ein sicheres Urtheil über die Bewegungen nicht
gewinnen lässt. Besser erhalten sind die Nebenseiten. Auf der linken
hält l. ein unbärtiger Satyr ein grosses Tuch, dessen anderes Ende
rechts ein bärtiger Satyr (im Profil nach r.) auf der r. Achsel trägt. In
dem Tuche liegt ein nackter bärtiger Silen. Auf der r. Nebenseite steht
ungefähr in der Mitte ein nackter unbärtiger Satyr aufrecht en face und
hält mit beiden Händen einen bocksfüssigen Pan, der von zwei Eroten
getragen wird, mit der l. Hand am l. Bein, mit der rechten im Rücken.
Weiter r. eine Pinie, am r. Ende steht en face ein unbärtiger nackter
Satyr, der auf der r. Schulter einen Satyr(?)knaben trägt. Für die
Darstellungen der Nebenseiten scheint es an Analogien zu fehlen. Sollte
die Sitte der αἰώρα zu Grund liegen? vgl. Otto Jahn archäol. Beiträge
p. 324, 66.

374. Herme des bärtigen Dionysos.

S. S. 242. N. 3. — H. 0,60. Gesl. 0,22. — Griech. Marmor. — Der grösste Theil des
Schaftes aus Gips ergänzt, die Nase abgestossen.

Das volle Haar geht hinten auf den Nacken nieder. Hinter jedem
Ohr fällt eine Locke auf die Brust. Um den Kopf zieht sich ein schmales
Band; vor demselben theilt sich das Haar auf der Höhe der Stirn in
Locken, deren Enden zum Theil um das Band geschlungen sind. Der
Lippen- und Backenbart ist voll und leise gelockt. Quer über die ganze
Stirn läuft eine Furche, welche wahrscheinlich den untern Rand eines
Bandes bezeichnen sollte. Scharfe, bestimmte Arbeit, wie nach Bronce.
Vgl. Clarac 749 B. 1799 B. Zeichn. beim Institut vgl. n. 376. 380. 391.

375. Eckmaske.

H. 0,30. Br. 0,22. — Griech. Marmor. — Das Untergesicht fehlt.

Die Maske bildete die r. Ecke eines Sarkophagdeckels; sie ist unbärtig, hat gelocktes Haar, aus welchem auf die Backe ein kleines
Löckchen herausfällt und eine phrygische Mütze. Pupillen und Augenbrauen angegeben.

376. Fragment einer Tischstütze, zwei Sphinxe.

S. S. 242. N. 13. — Br. 0,98. H. 0,47. — Griech. Marmor. — Fehlen die Nase, Vorderbeine und die hintere Hälfte des Thierleibes an beiden Sphinxen.

Zwei Sphinxe kauern den Rücken einander zugewendet, und tragen mit Rücken und Kopf eine senkrechtstehende Marmorplatte, welche unten schmal ist, sich auf beiden Seiten nach oben im Bogen erweitert, und oben, wo sie an die Tischplatte stiess, einen gegliederten Rand hat. Bloss die Köpfe der Sphinxe sind menschlich; ihre Flügel sind zurückgeschlagen, die beiden Seiten der Platte einfassend und verdeckend. Vorzüglich schöne Arbeit.

377. Silensmaske.

H. 0,37. — Griech. Marmor.

Die Formen des Gesichts sind ins komische übertrieben, die runden Augen, die fleischige, gerunzelte Stirn, der dicke Lippen- und der breite, massige Backenbart. Die Ohren hängen herab und haben die Bildung von Schweinsohren. Die Mundöffnung ist sehr weit und gross; in den Augen Löcher. Die ganze Maske ist hohl, ihr hinterer Rand in glatter Fläche abgearbeitet; sie diente vielleicht an einer Wand als Brunnenmündung. Vgl. VISCONTI Museo Pio-Cl. VI 9. PISTOLESI il Vatic. descr. V 53. FICORONI de larvis 49.

378. Herme der Ariadne.

S. S. 242. N. 4. — H. 0,55. Gesl. 0,22. — Griech. Marmor.

Nase fehlt, Lippen bestossen, der vordere Theil des Hermenschafts aus Gips ergänzt.

Das volle, wenig gewellte Haar ist nach hinten geführt, wo es in breiter Lage auf den Schaft niedergeht; die vorderen Partien sind über einen dicken Wulst geschlungen, unter dem sie hinter den Ohren in Form von je zwei steifen dicken Locken auf die Brust herabfallen. Diese Herme ist aus demselben Marmor und in derselben Grösse, wie die Herme des Bakchos n. 374 gearbeitet und war zweifelsohne bestimmt, derselben als Gegenstück zu dienen. Zeichnung beim Institut.

379. Schlafender Erot, Statue.

L. 0,62. — Ital. Marmor. — Erg. beide Fusse; mehrfach bestossen.

Eros, dessen Haar längs dem Scheitel geflochten ist, ruht auf einem Löwenfell, das Haupt auf den l. Unterarm gelehnt. Der r. Arm geht über den Leib auf den Boden; aus der verwendeten r. Hand ist ihm die Fackel entglitten, welche daneben liegt. Vgl. zu n. 370.

SÜDWAND.

380. Herme des bärtigen Dionysos.

S. S. 242. N. 2. H. 2,09. Ges. 0,27. — Griech. Marmor.
Vortrefflich erhalten; es fehlen nur die Genitalien, welche besonders angesetzt waren.

Der Gesichtstypus und die Anordnung des Haares entspricht bis in das kleinste Detail der Herme n. 374. Mund halb geöffnet. Löcher für χεῖρες auf beiden Seiten. Gute griechische Arbeit. Zeichnung beim Institut.

381. Sarkophag, Jahreszeiten.

S. S. 245. N. 60. H. des Sark. 0,62, des Deckels 0,32. Br. 2,16. T. 0,61. —
Griech. Marmor.
Der Sarkophag ist fast unversehrt erhalten; vom Deckel fehlen einige Stücke.

In der Mitte der Vorderseite halten zwei symmetrisch nach der Mitte ausschreitende Eroten mit einer Hand (e. f.) ein Medaillon, in der andern einen Korb mit Früchten(?). Sie sind mit Schilf(?) bekränzt und mit einer fliegenden Chlamys bekleidet, die mit einer Spange auf der Brust zusammengenommen ist. Zwischen ihren Beinen je ein kleiner nackter Knabe, nach der Mitte gebückt auf einen Korb mit Früchten, den er mit den Händen ergreift. Im Medaillon ein bekleidetes Brustbild, dessen Kopf, mit weiblicher Frisur, blos abbozzirt ist. Unter demselben (n. r.) ein Knabe, der durch eine vors Gesicht gehaltene grosse Silensmaske einen andern, r. von ihm so erschreckt hat, dass er zu Boden gefallen ist und den r. Arm und das r. Bein in die Höhe streckt. Im Hintergrund zwei andere Knaben mit Pedum, welche dem Scherz zusehen und ein Altar, darauf ein unkenntlicher Gegenstand.

Rechts und l. von den Trägern des Clipeus folgen je zwei Eroten (e. f.), welche die vier Jahreszeiten symbolisiren. Sie tragen alle eine Chlamys mit Spange auf der r. Schulter (nur der äusserste r. hat sie auf der Brust gebunden) und haben das lockige Haar über der Stirn aufgenommen. Der äusserste Erot l. (der Winter) hat zu seinen Füssen einen Korb mit Früchten stehen; er fasst mit der Rechten die Chlamys an und hält mit der erhobenen Linken einen Hasen an den Hinter-

läufen, nach welchem ein Hund in die Höhe springt. Der folgende
Erot (vermuthlich der Herbst) hält in der Linken ein Pedum, in der
Rechten einen Korb mit Blumen; zwischen seinen Beinen am Boden
ein umgestürzter Korb mit Früchten. Der dritte Erot (der Sommer),
r. vom Medaillon, hat einen Pinienkranz(?) im Haar, trägt mit der Linken einen geflochtenen Korb mit Aehren — ein gleicher liegt umgestürzt
zwischen seinen Beinen — und hielt mit der Rechten wahrscheinlich
eine Sichel, deren unteres Ende mit dem Unterarm weggebrochen ist.
Links von seinen Füssen ein Hase vor einer Kohlstaude(?). Der vierte
Erot (wahrscheinlich der Frühling) hat einen dichten Kranz im Haar,
und hält in der Rechten einen Pinienzweig; in der gesenkten Linken
hielt er einen unkenntlichen Gegenstand, der zum grössten Theil sammt
dem Unterarm weggebrochen ist.

An den Enden der Vorderseite symmetrisch wiederholt eine weibliche Figur (Hore) in gegürtetem Chiton mit Ueberschlag, einem flatternden Obergewand und Sandalen, das Haar über der Stirn aufgebunden. Sie hat einen Arm erhoben, den andern gesenkt und hält mit
beiden Händen eine Blatt-Guirlande; neben ihr ein Pfau(?). Die
Köpfe der Eroten sind nach der Ecke, die der Horen nach der Mitte
gewandt.

Auf den beiden Nebenseiten je ein Greif, mit dickem Beutel auf
der Brust. Der Deckel besteht aus einer stark fragmentirten Platte,
vorn mit einen aufrechtstehenden Rand, in dessen Mitte sich eine viereckige Tafel für eine Inschrift befindet. An dem l. Ende desselben eine
unbärtige männliche Maske mit lockigem Haar, die entsprechende
rechts fehlt. Links von der Tafel liegen zwei Eroten auf dem Boden
einander zugewandt und mit dem Oberleib aufgerichtet; sie tragen
Schuhe, einen gegürteten kurzärmligen Chiton und eine Chlamys. Der
l. von beiden (Winter) hat eine phrygische Mütze, hält im r. Arm eine
Canna (?) und legt die l. auf einen Korb mit Früchten, welcher auf
seinem l. Knie steht. Der r. (Sommer) hält in der gesenkten Linken
eine Sichel und legt die Rechte auf einen Korb mit Aehren, welcher
auf seinem r. Knie steht. Zwischen ihnen steht eine Vase mit Früchten
und Aehren. Zwei ebenso angeordnete Figuren r. von der Inschrift,
stark fragmentirt, ihre Attribute sind weggebrochen. Ein sehr ähnlich
decorirter Sarkophagdeckel in der Vorhalle des Instituto delle Mendicanti in via del Coliseo.

In den Augen aller Figuren sind die Pupillen angegeben. Die
Arbeit gering, etwa drittes Jahrhundert. Sehr bezeichnend für die

Sarkophagdecoration der späteren Zeit ist der hier besonders auffällige
Mangel an Verständniss in der Wiedergabe der überlieferten Typen:
zwei verschiedene Darstellungsweisen eines Gegenstandes, der Jahreszeiten, und zwei verschiedene mythologische Formen desselben sind
auf Einem Monumente in lediglich decorativem Sinn vereinigt.

382*. Herme des bärtigen Dionysos.

H. 0,34. Gesl. 0,12. — Griech. Marmor. — Erg. Nasenspitze und der grösste Theil
des Hermenschafts.

Das reiche, wellige Haar ist gescheitelt und rings um die Stirn
und am Hinterkopf aufgenommen. Lippen- und Backenbart nicht so
voll wie gewöhnlich. Die Augen halb gesenkt und wenig geöffnet. Hinter
beiden Ohren Löcher, welche nicht dazu gedient haben können, einen
über dem Haar liegenden Schmuck zu halten; vielleicht um Bänder
aufzuhängen?

383*. Kopf des bärtigen Dionysos.

H. 0,40. Gesl. 0,13. — Griech. Marmor. — Der Kopf ist auf einen Hermenschaft
gesetzt, die Nase fast ganz, und ein Stück des Hinterkopfes ergänzt.

Nach der Bildung der vordern Halstheile und der bewegten, schiefen Züge des Gesichts zu urtheilen, ist es wahrscheinlicher, dass der
Kopf nicht von einer Herme, sondern von einer Statue herrührt. Das
reiche Haar ist rings um die Stirn und am Hinterkopf zu einem Zopf
aufgenommen, von wo es in reichen Locken niederfällt. Der Mund ist
halb geöffnet, der Bart läuft unten spitz zu.

384*. Friesfragment mit agonistischen Darstellungen.

H. 0,84. B. 0,85. — Griech. Marmor. — Eingemeisselt 1823 C. C. 158. —
Publicirt von GARRUCCI M. I. tav. XXXVI 4 p. 61—64.

Die Reliefplatte ist mehrmals gebrochen und r. und l. fragmentirt,
die fehlenden Stücke sind ergänzt. Sie ist oben mit einer Perlenschnur,
einem Eierstab und zwei andern laufenden Ornamenten verziert, während am untern Rand sich ein einfaches Ornament hinzieht.

Links zwei nackte, unbärtige Männer in einem Kampf, wahrscheinlich dem Pankration begriffen. Der r. von ihnen (n. l.) steht fest
auf dem r. Bein und stösst den Gegner, welcher von l. auf ihn zuge-
schritten ist, mit dem l. Knie in die Gegend der Schamtheile. Er hat

mit der Linken dessen r. Unterarm erfasst und parirt mit der geballten Rechten dessen geballte Linke.

Rechts von dieser Gruppe schreitet nach l. ein Faustkämpfer (e. f.) mit geringem Backenbart weit aus und scheint seinem vor ihm auf die Erde gefallenen Antagonisten, von dem nur das l. Bein und der wohl zur Abwehr erhobene r. Arm erhalten ist, den letzten Schlag zu geben. Sein l. Arm ruht auf dem Rücken. Seine beiden Arme sind bis zu den Achseln kreuzweis mit Riemen umzogen, die Finger seiner r. Hand mit Ausnahme des Daumens mit einem besonderen, jedenfalls metallnen Geräth umschlossen, wahrscheinlich die σφαῖραι vgl. KRAUSE Gymnastik und Agonistik p. 505. Ein solches Instrument aus Bronce befindet sich im Museum Kircherianum. Rechts von ihm oben zeigt sich noch der Ueberrest des r. Armes von einer andern Figur. Im Auge des Faustkämpfers Pupillen angegeben.

Das Monument ist ohne Zweifel identisch mit «alcuni bellissimi frammenti di un fregio scoperti non ha gnari 150 passi al di là del sepolcro di Cecilia Metella nel farsi la strada», welche GUATTANI memorie enciel. VI p. 76 1817 in dem Atelier Canova's sah und folgendermassen beschreibt: «Vi si figurano degli Atleti. — Sono essi in gran parte Cestiarj (con il cesto) che loro cuopre il braccio fin sopra il gomito — uno di essi è caduto a terra e in altro si ravvisa di più che avea nella mano qualche istromento offensivo di piombo o altra maniera. Vi si scorgono dei Lottatori, e in appresso altre figure dell' istesso carattere — i quali fanno altri esercizi da non potersi ben determinare per la mutilazione del marmo; ma che sembrano diversi dai conosciuti, cioè da quelli che formavano il Quinquerzio de' Latini, il Pentatlon dei Greci.» Vgl. oben n. 81.

385*. Satyr, Fragment eines Atlanten.

H. 0,67. Gesl. 0,17. — Griech. Marmor. — Erhalten blos bis zur Mitte der Brust; Gesicht fast ganz, beide Oberarme stark verstossen.

Auf dem Kopf und den in der üblichen Weise erhobenen Armen liegt ein Polster auf, von welchem zu beiden Seiten ein Thierfell herabhängt. In den Achselhöhlen sind Haare angedeutet. Rückseite glatt.

Befand sich höchst wahrscheinlich früher in den Appartamenti Borgia: MASSI indic. antiq. p. 27 n. 73 «Telamone mezza figura in sembianze di Ercole a motivo di una pelle leonina che ha aggruppata sul capo e colle braccia all' indietro in atto di sostenere.» PISTOLESI il Vatic.

deser. III p. 77 und Beschr. Roms II 2 p. 5 n. 15 «Kopf und Oberleib eines Atlanten mit einem zum Kissen zurecht gelegten Gewande auf dem Haupte.»

Eine ähnliche Figur ist zwischen dem sechsten und siebenten Meilenstein der Via Appia gefunden worden CANINA Annali 1852 p. 188 n. XX. Vgl. z. B. die Gebälkträger im Zeustempel von Girgenti OVERBECK Gesch. der Plastik I p. 276. MÜLLER-WIESELER D. a. K. I 20, 102, und die Gebälkträger in den Pompeianischen Thermen BRETON Pompeia p. 141.

386*. Statue der ephesischen Artemis.

H. 1,75, mit der Plinthe 1,88. Gesl. 0,16. — Ital. Marmor.
Erg. Nase, Theile des Kopftuchs, l. Hand, vier Finger der r. und mehrere Brüste. Die Figur ist über den Knöcheln, an den Armen und Händen, am Halse und der Brust gebrochen. In den Feldern der ersten Querreihe scheint ein Stück antik eingesetzt zu sein. Bespr. von BRUNN Kunstblatt 1844 p. 317. Publ. von MENETREIUS Symbolica Dianae Ephesiae statua expos. in ORONOV. thesaur. VII p. 364 n. 2, wiederholt in MONTFAUCON ant. expl. I pl. XCIV p. 155; und von GARRUCCI M. L. tav. XXIII p. 33.

Die Figur steht auf einer viereckigen Plinthe, fest auf beiden Beinen, indem die Fersen an einander geschlossen sind. Die Oberarme liegen am Leib an, die Unterarme sind im rechten Winkel vorgestreckt; der Kopf und der durch die angegebenen Pupillen markirte Blick der Augen ist geradeaus gerichtet.

Das Haar ist über der Stirn getheilt und zu beiden Seiten in je vier übereinander liegende Partien zusammengenommen, welche einzeln nach hinten geführt sind. Der Kopf ist halb bedeckt mit einem Schleiertuche, welches bis auf die Achseln niedergeht, und trägt darüber eine eigenthümlich geformte Mauerkrone, einen mit Zinnen verzierten Thurm, an dessen vier Seiten kleinere, gleichfalls mit Zinnen verzierte, nach oben sich erweiternde, halbrunde Thürme ansetzen, deren vorderster ein rundes Thor mit Doppelflügeln zeigt. Um den Hals liegt ein Halsband, an welchem abwechselnd Perlen und Eicheln herabhängen.

Die Figur ist mit doppeltem Gewande bekleidet. Von dem unteren sieht man bloss die engen Aermel an den Unterarmen und den untersten Theil, welcher die Füsse bedeckt und sich dort faltenreich nach allen Seiten ausbreitet. Das obere, welches in der bekannten Weise eng die Beine umschliesst, ist an den Hüften gegürtet — der Gürtel ist nur hinten und auf den Seiten zu sehen — hat weitere, kürzere Aermel und über der Brust einen aigisartigen, runden Ueberschlag. Längs dem untern Rande desselben liegt eine nach Art einer Wollenbinde gebildete Schnur auf, von welcher abwechselnd längliche Perlen und Eicheln herabhängen. Ueber dieser Schnur, auf dem Umschlag, zieht sich gleichfalls im Halbkreis von den Schultern ein schwerer dichter Kranz nieder, in welchem Blüthe dicht an Blüthe sitzt. Innerhalb der Rundung dieses Kranzes, auf der Fläche des Umschlags, in Relief, einander symmetrisch zugewendet, zwei geflügelte männliche Figuren im Panzer, welche in beiden Händen Garben halten. Unter dem Ueberschlag hängen achtzehn eiförmige Brüste hervor, in drei Reihen übereinander geordnet.

Der untere straff angezogene Theil des Gewandes, welches nur sehr allgemein die Körperformen andeutet, ist vorn durch zwei verticale und vier horizontale Streifen in fünzehn Vierecke getheilt. In den fünf Feldern der mittleren senkrechten Reihe je drei Greife (c. f.). In der ersten und dritten senkrechten Reihe l. und r. zeigen die obersten Felder die Halbfigur eines Eroten, welcher unter den Hüften in ein Ornament ausläuft; je das zweite und vierte eine Rosette, je das dritte und fünfte ein Insect, wahrscheinlich die der ephesischen Artemis heilige Biene. Oberhalb der Knöchel ist das Gewand von einem viereckigen Rahmen umschlossen, dessen vier Seiten mit denen der Plinthe parallel laufen. An den Füssen Sandalen. Auf jedem Unterarm sitzt ein Löwe.

Die Rückseite der Figur ist bloss angelegt. Auf den Nebenseiten der Plinthe zwei Löcher, vermuthlich für Metallklammern zur Befestigung auf einer Basis.

Ueber die Symbole der ephesischen Artemis GUHL Ephesiaca p. 90 folg. CREUZER Symbolik und Mythol. II p. 176. Vgl. STEPHANI mélanges Gréco-romains I p. 1 folg.

387. Sarkophag, Schicksale des Adonis und Oidipus.

S. S. 244. N. 41. — H. des Sarkophags 0,72, des Deckels 0,23. B. 2,15. T. 0,71. — Griech. Marmor.

Vortrefflich erhalten, nichts ergänzt. Bespr. von BRUNN bullett. dell. Inst. 1858 p. 87. HIRZEL annali 1864 p. 68 folg. n. O. — Publ. von PETERSEN Mon. d. Inst. VI VII 68 A B. annali 1862 p. 161 folg.

Die Darstellungen der Vorderseite des Sarkophags zerfallen in drei Scenen, l. Abschied, r. Verwundung, in der Mitte Tod des Adonis. Dass in der Aneinanderreihung der Scenen die Zeitfolge nicht gewahrt ist, erklärt sich aus der Absicht des Künstlers, die Figuren des Adonis und der Aphrodite, welche die Portraitzüge der Verstorbenen tragen, als das Hauptsächliche auszuzeichnen und sie gepaart, gewissermassen statt der sonst üblichen Medaillons, in die Mitte zu bringen.

Am l. Ende der Vorderseite sitzt Aphrodite (n. r.) auf einem Sessel mit hoher Rückenlehne und gefranztem Polster, die Füsse auf einen Schemel setzend. Sie trägt Sandalen an den Füssen, im Haar ein Diadem und ist mit einem doppelt gegürteten ärmellosen Chiton und einem Obergewand bekleidet, welches auf der l. Schulter und im Schoosse aufliegt. Links hinter ihrem Rücken ist ein schwebender Erot (n. r.) mit zierlich aufgebundenem Haar — sein r. Flügel ist weggebrochen — mit der Ordnung ihrer Locken beschäftigt; ein anderer (e. f.) steht l. unter dem Stuhle am Boden, das r. Bein über das l. geschlagen, mit beiden Armen auf eine umgekehrte brennende Fackel gestützt, nach r. aufschauend zu Aphrodite und Adonis. Dieser (e. f.) steht r. von Aphrodite, welche ihre Rechte redend bis zur Höhe seiner Brust erhebt, und legt, indem er sie ansieht, seine Rechte, in der er einen Zweig hält, auf ihren r. Schenkel. Sein langes reiches Haar, aus welchem auf die Backe eine lange Locke fällt, ist über der Stirn aufgebunden, seine Chlamys, welche den Rücken hinabfällt, auf der r. Achsel mit einer Spange zusammengehalten; mit der erhobenen Linken stützt er einen Speer auf, dessen grössere Hälfte weggebrochen ist. Zwischen ihm und Aphrodite ist im Hintergrund eine jugendliche weibliche Figur (n. r.) mit hinten aufgebundenem lockigem Haar und ärmellosem Chiton, bloss bis zur Brust sichtbar, wahrscheinlich als Dienerin der Aphrodite zu denken. Rechts von Adonis schreitet nach r. ein Diener (e. f.) mit geringem Bart, welcher in der Linken einen nur zur Hälfte erhaltenen Speer hält und mit der Rechten hinter sich das aufgezäumte Jagdpferd des Adonis führt. Er trägt Jagdstiefeln, eine gegürtete Aermeltunica und eine Chlamys, welche auf der r. Schulter mit einer Spange zusammengehalten ist. Ueber seiner Schulter sieht der bärtige, mit einem kleinen Petasos bedeckte Kopf eines zweiten älteren Dieners hervor (n. r. im Profil). Vor dem Pferd sitzt am Boden nach l. ein Hund mit einem Halsband, der sich nach der Mittelgruppe umsieht.

Hinter den drei Figuren der folgenden Scene im Grunde ein Peripetasma. Rechts sitzt Aphrodite (n. l.) auf einem Schemel mit befranztem Polster, von dem nur ein Bein gesehen wird, welches reich mit Blattornamenten verziert ist. Ihre Füsse (mit Sandalen) ruhen auf

einem Schemel; sie hält in der Linken ein oben und unten mit einem
Knauf verziertes Scepter und ist mit einem gegürteten Chiton und
einem Obergewande bekleidet, welches auf der l. Achsel und dem
Schoosse aufliegt. Links von ihr sitzt Adonis (e. f.), wahrscheinlich
auf einem besonderen Sessel, dessen Beine nicht zu sehen sind. Sein
r. Arm geht steif am Körper nieder, sein l. ruht auf Aphrodite's Schultern; die Chlamys liegt mit dem einen Ende sammt Spange auf der
l. Schulter, mit dem andern auf dem l. Schenkel auf. Sein verwundetes
r. Bein hält er über ein rundes Becken, vor welchem l. Eros kniet,
welcher vorgebeugt dasselbe mit einem Schwamm wäscht. Links von
Adonis ist ein bärtiger Diener (n. r.) in einem Gewande, das die
r. Schulter und Brust freilässt, beschäftigt eine Wunde des Adonis an
dessen r. Schenkel mit einem Schwamme zu waschen. In seinem Gesicht drückt sich Trauer aus. Die Figuren des Adonis und der Aphrodite haben Portraitköpfe, wahrscheinlich nicht Mann und Frau, sondern
Mutter und Sohn.

Die Scene ist von der folgenden dritten durch einen cannellirten
Pilaster getrennt, auf welchem ein Bogen aufsetzt, der mit dem Relief
eines Eberkopfs verziert ist, vgl. BRAUN zwölf Basreliefs Taf. 2. Der
Ort der dritten Scene ist durch einen r. am Ende befindlichen Eichbaum
und durch einen r. oben auf einem Felsen sitzenden Berggott als freie
Natur bezeichnet. Der Berggott ist bärtig, nicht gehörnt wie in der
Publication des Instituts, und trägt ein auf der l. Schulter und den
Beinen liegendes Gewand. Seine Rechte ist wie erstaunt erhoben; die
Linke ist sammt dem l. Unterarm grossentheils weggebrochen und hielt
ein Attribut, welches nach dem erhaltenen Theil und zwei oberhalb
befindlichen Ansätzen zu schliessen, ein Baumstamm mit zwei Aesten
gewesen zu sein scheint, vgl. n. 394. Unter ihm bricht ein colossaler
Eber aus einer felsigen Höhle (n. l.) hervor, angebellt von zwei mit
Halsbändern versehenen Hunden. Links von ihm ist Adonis (e. f.),
ganz wie in der ersten Scene gebildet, auf das r. Knie niedergefallen
und erhebt erschreckt die l. Hand; in der R. hält er eine Lanze mit
derbem, astigem Schaft gegen den Eber. Ueber ihm fliegt Eros, den
Bogen in der Linken, herbei und holt mit der Rechten weit aus, wie um
das Thier zurückzuscheuchen. Hinter ihm steht ein bärtiger Jagd-
genosse (e. f.) mit langem Haupthaar, in Aermelchiton und Chlamys,
welche auf der r. Schulter mit Spange zusammengeknüpft ist. Er hält
in der erhobenen Rechten einen Stein, in der Linken ein Fell, das wie
eine Tasche aussieht; die merkwürdige Wendung seines Kopfes nach

oben legt den Gedanken nahe, dass er verwundet sei. Rechts von ihm das Obertheil eines unbärtigen Jünglings in Aermeltunica und Chlamys (Spange auf der r. Schulter), welcher mit einer Lanze in der erhobenen Rechten gegen den Eber ausholt; dieselbe ist wie die des Adonis gebildet. Hinter dem Kopf des bärtigen Jägers l. kommt ein dritter zum Vorschein, mit geringem Lippen- und Backenbart, nach l. gegen Aphrodite gewendet, welche aus dem Thor hervor nach r. eilt, erschreckt die Rechte erhebend. Sie trägt in der Linken ein Scepter, wie in der zweiten Scene, einen gegürteten ärmellosen Chiton und ein in grossem Bogen flatterndes Obergewand. Ihr Haar ist über der Stirn in eine Schleife, im Nacken in einen Knoten gebunden. Der Zeigefinger der r. Hand ist mit der r. Achsel durch eine Stütze verbunden, welche spiralförmig verziert ist. In den Augen der Figuren haben sich mehrfach Reste rother Farbe erhalten.

Auf der l. Nebenseite ein unbärtiger Jüngling (n. r.) in Chlamys, die auf der r. Schulter mit Spange zusammengehalten ist, und Lanze in der l. Hand. Er eilt nach rechts, indem er sich n. l. umsieht und mit der Rechten einen Hund hinter sich an einer Leine führt. Auf der r. Nebenseite eine ähnliche Figur; sie eilt n. l., der Hund springt voraus.

Der Deckel des Sarkophags besteht aus einer Platte, an deren Vorderseite ein Rand in die Höhe steht. An den beiden Ecken desselben eine unbärtige Maske mit langem Haar und einer helmartigen Kappe, an der zwei hörnerartige Verzierungen angebracht sind. Die Darstellung zwischen den Masken zerfällt in sieben von einander getrennte Scenen aus dem Leben des Oidipus, deren räumliche Aneinanderreihung nicht mit ihrer zeitlichen Abfolge zusammentrifft. Die drei ersten Scenen vom l. Ende an sind durch drei Baumstämme mit Blätterzweigen abgegränzt; die r. von diesen dreien ist die erste in dem ganzen Cyclus.

Auf dem Rücken liegt der ausgesetzte kleine Oidipus am Boden, die Beine an den Leib gezogen, die Hände vors Gesicht gelegt. Rechts von ihm der Hirte (n. l.), der ihn findet, ein unbärtiger Jüngling in kurzer Aermeltunica mit einer Tasche, welche an der Hüfte (nicht auf der Achsel wie in der Publication) befestigt zu sein scheint. Er hält in der Linken eine Lanze mit der Spitze nach unten und führt die r. Hand wie erstaunt gegen die Stirn. Links von ihm, über Oidipus eine Ziege (n. l.), die sich nach ihm umsieht.

In der l. folgenden Scene sitzt Oidipus, zum Jüngling herangewachsen, in nachdenklicher Haltung auf einem Felsen (n. l.). Er hat den r. Ellnbogen auf den r. Schenkel gestützt, den Kopf auf die r. Hand geneigt, und legt den l. Arm auf den r. von ihm befindlichen Baum. In dem Haar ein Band. Die Situation bezeichnet deutlich jene von Sophokles Oed. R. angedeutete Gemüthsstimmung des Oidipus, als ihm Zweifel aufstiegen, ob er der ächte Sohn des Polybos sei.

In der dritten Scene l. am Ende befragt er das delphische Orakel. Links steht auf einem runden Postament die unbekleidete Statue des Apollo (n. r.), den Bogen in der Linken, in der gesenkten Rechten einen Zweig; im Haar, das über der Stirn aufgebunden ist, ein Band. Rechts davor ein viereckiger Altar mit brennendem Feuer, vor welchem r. Oidipus (n. l.) steht, mit einem Gewand bekleidet, das von der l. Schulter den Rücken herab und wieder zurück auf die l. Schulter geschlagen ist, so dass der r. Arm sammt Schulter und Brust frei bleiben. Er hält die Rechte über das Feuer des Altars, offenbar im Opfern begriffen. Rechts von ihm steht ein unbärtiger Begleiter (n. l.) in kurzärmligem gegürtetem Chiton, welcher mit beiden Händen eine Opferschüssel bereit hält, auf welcher sich undeutliche Gegenstände befinden, vielleicht zwei Brote. Die vierte Scene, der Mord des Laios durch Oidipus, befindet sich am r. Ende des Sarkophagdeckels. Rechts auf einem Wagen mit zwei undurchbrochenen Rädern, welcher von zwei nach r. galoppirenden Pferden gezogen wird, steht (e. f.) der greise, bärtige Laios, bekleidet mit einem gegürteten langen, wie es scheint langärmeligen Chiton. Oidipus hat ihn von l. mit der Linken bei den Haaren gefasst und holt mit dem Schwert in der Rechten zum Todesstreiche aus. Seine Chlamys liegt mit einem Ende sammt Spange lose auf der l. Schulter und fällt den Rücken hinab. Laios greift mit der Linken nach dem Kopf (nach Oidipus Hand?) und streckt die Rechte wie flehend aus. Hinter den Pferden das Obertheil eines unbärtigen Dieners in Aermelchiton und fliegender Chlamys; er hält die Rechte erschreckt vors Gesicht und scheint mit der Linken die Pferde am Zügel festhalten zu wollen. Unter den Pferden, offenbar zur blossen Ausfüllung des Raumes, am Boden ein Helm mit Crista und Backenklappen.

Links folgt die fünfte Scene, Oidipus vor der Sphinx. Diese (n. l.) sitzt r. auf einem (n. l.) überhängenden Felsen; sie ist geflügelt, ihr Haar ist zierlich am Hinterkopf in einen Knauf zusammengebunden, der Schweif ringelt sich in die Höhe, sie erhebt die r. Tatze. Unter dem überhängenden Felsen ein unbärtiger männlicher Kopf und ein Unterarm. L. vom Felsen steht Oidipus (n. r.) in langer Chlamys; er hält in der Linken eine Lanze mit der Spitze nach unten und erhebt die Rechte, wie im Gespräche mit der Sphinx. Links von Oidipus ein Baum mit Blättern.

Die l. folgende Scene, Oidipus den Hirten verhörend, ist nach l. von der letzten durch einen Pilaster abgegränzt, auf welchem ein Bogen aufsetzt; es ist ein Thor gemeint wie auf der Vorderseite des Sarkophags (S. 263) und wie bei n. 394. Rechts von diesem Pilaster sitzt Oidipus (n. r.), mit einer Chlamys bekleidet, welche auf der rechten Schulter mit einer Spange befestigt ist, auf einem Sitz ohne Lehne. Er stemmt sich mit der l. Hand auf und stützt mit der Linken eine Lanze auf. Vor ihm r. steht der bärtige Hirt (n. l.) in gebückter Haltung, die Rechte, wie zur Rede, vorstreckend; er trägt einen gegürteten kurzärmligen Chiton und hält in der Linken einen derben Stab.

Auf das angedeutete Thor von l. schreitet ein Diener, welcher den zweiten Hirten herbeiholt; beide schreiten lebhaft nach r. aus. Links der Hirt, bärtig, mit gegürteter Exomis, welche die r. Schulter freilässt, in der Linken einen Stock, die geballte Rechte vorstreckend. Rechts der königliche Diener, unbärtig, mit einer Chlamys bekleidet, die um den l. Arm geschlungen ist, mit der r. Hand an das Kinn fassend; er sieht sich nach dem Diener um.

Die Composition des Deckels ist einfacher und wirksamer als die des Sarkophags, die Arbeit gering, etwa dem Ende des zweiten Jahrhunderts oder dem Anfang des dritten angehörig. Es kann nur ein Irrthum sein, wenn im Giornale di Roma vom 1. Mai 1855 der Deckel dieses Sarkophags als dem Sarkophag n. 394 zugehörig beschrieben wird; der gründliche Bericht Braun's im bullett. 1855 p. 67, mit welchem die Angaben Fortunati's übereinstimmen, und die Verschiedenheit der Maasse lassen keinen Zweifel darüber aufkommen.

388*. Bärtiger Kopf mit Widderhörnern.

H. 0,42. Gesl. 0,16. — Griech. Marmor. — Die Nase, der Hermenschaft und ein Stück Hinterkopf ergänzt.

Im Haar ein bandumwundener Reif und hinter den Schläfen zwei Löcher für besonders einzusetzende Ohren(?). Der Kopf gehört in jene Classe von Typen, die man früher Jupiter-Ammon benannte, was schon der Anordnung des Haars wegen unmöglich ist.

389*. Bärtiger Kopf des Dionysos.

H. 0,39. Gesl. 0,13. — Griechischer Marmor. — Erg. Nase, Hinterkopf und der Hermenschaft.

Augen wenig geöffnet, Lippen- und Backenbart voll. Im Haar, welches in einzelnen, an ihren Enden gelockten Striemen vom Scheitel niedergeht, ein bandumwundener Reif, an welchem über den Ohren je eine Blüthe(?) vorsteht.

390*. Sarkophagfragment, Jahreszeiten.

H. circa 0,80. — Griech. Marmor. — Bezeichnet C. C. 1827.

Das Relief ist auf allen Seiten fragmentirt, nur oben r. ist ein Stück des vorladenden Randes erhalten. Rechts ein Erot (e. f.) nach r. anschreitend, mit aufgebundenem Haar, in einem Gewand, das auf der r. Schulter aufliegt. — Nase, l. Arm ganz, r. Unterarm und beide Unterbeine fehlen. Seine r. Hand liegt am r. Schenkel und hält ein Attribut, das man nach den erhaltenen Resten für eine Fackel nehmen kann. Weiter l. ein zweiter Erot (e. f.) in gleicher Bewegung, ein Gewand auf beiden Schultern; r. und l. Unterarm, fast das ganze l. Bein und das r. Unterbein fehlen. Der r. Arm ist erhoben und hielt einen Vogel(?). Von einer dritten Figur in gleicher Grösse ist bloss der l. Arm und die l. Hand erhalten, welche einen zum grössten Theil abgebrochenen Stab hält. — Aehnlich in Costüm und Proportionen sind die Figuren des Casseler Sarkophags bei BOUILLON mus. d. Ant. III 37, 2. MÜLLER-WIESELER D. a. K. II 75, 965.

391. Herme des bärtigen Dionysos.

S. S. 242. N. 2. — H. 2,19. Gesl. 0,20. — Griech. Marmor.
Ein Stück der Nase und des Barts verstossen, sonst intact. Löcher für χεῖρες auf beiden Nebenseiten.

Die Schamtheile sind mit Gips überkleidet. Der Typus des Kopfes und die Anordnung des Haars stimmen im allgemeinen mit der Herme n. 374 überein, nur sind die Formen des Gesichts voller und breiter. Zeichnung beim Institut.

OSTWAND.

392. Viereckige, doppelte Aschenkiste.

H. 0,26. B. 0,58. H. 0,31. — Griech. Marmor.

Deckel fehlt. Auf der Vorderseite mehrere Löcher, welche bei späterem, anderartigem Gebrauch des Gefässes eingearbeitet worden zu sein scheinen.

Auf der Vorderseite, welche r. und l. durch zwei senkrecht herabhängende Lorbeerguirlanden geschlossen ist, in der Mitte auf einer besondern Plinthe ein Dreifuss mit aufliegendem Deckel. Unter demselben ein Adler (?) (durch ein Loch fast ganz zerstört) mit ausgebreiteten Flügeln, welcher eine Schlange frisst; r. und l. vom Dreifuss je eine Tafel für Inschriften. Unter der l. Tafel zwei einander zugekehrte auf felsigem Boden liegende Pansmasken mit langen Ziegenhörnern, die l. bärtige mit Eselsohren, die r. unbärtige mit Satyrohren. Zwischen ihnen zwei Bäume, an denen eine Syrinx und ein Tuch (?) mit Weintrauben hängt.

Unter der r. Tafel gleichfalls zwei einander zugewendete auf felsigem Boden liegende Masken, l. eines jugendlichen unbärtigen Satyrn, r. eines bärtigen Silen (?), die letztere sehr verstümmelt. Zwischen ihnen wieder zwei Bäume, an denen undeutliche Gegenstände (Krotalen?) hängen.

Auf den beiden Nebenseiten symmetrisch wiederholt zwei Masken (e. p.), nach der Vorderseite gewendet, ein unbärtiger Satyr und ein bärtiger Silen. Vor dem Satyr ein Pedum, hinter dem Silen ein Baum.

393. Schlafender Erot.

L. 0,58. — Griech. Marmor.

Fehlen beide Füsse. Erg. aus Gips ein Stück des r. Flügels und der Basis unter den Füssen. — Publ. von GARRUCCI M. I. tav. XI. fig. 1 p. 77.

Eros schläft ausgestreckt, das l. Bein über das r. geschlagen, auf einem Löwenfell, dessen Kopf über seinen Kopf heraufgezogen ist. Er hat die Linke gegen den Kopf gestemmt und hält in der Rechten, welche über die Brust geht, eine Keule. Hinter seinem Kopfe ein Köcher mit Band und ein Bogen. Auf dem Boden läuft eine Eidechse. S. zu n. 370.

394. Sarkophag, Hippolyt und Phaidra.

S. S. 244. N. 46. — H. des Sarkophags 0,63, des Deckels 0,29. B. 1,91. T. 0,69.

Der Deckel, welcher von FORTUNATI a. a. O. p. 58 als zugehörig bezeichnet wird, aus kleinkörnigem, der Sarkophag aus etwas grosskörnigerem griech. Marmor. — Der Sarkophag wird, ohne den Deckel, im Jahrgang 1867 der Monumenti inediti dell' Inst. publicirt und von Dr. H. Hink in den Annali erläutert werden.

Die Darstellung der Vorderseite des Sarkophags zerfällt in zwei Theile, r. Hippolyt auf der Jagd, l. Phaidra und Hippolyt wie er den Antrag der Amme zurückweist.

Am l. Ende sitzt Phaidra (n. r.) auf einem Thron, den Blick in die Weite (n. l.) gerichtet. Ihre Füsse ruhen auf einem vierfüssigen Schemel. Der Thron hat reich verzierte Füsse, ein Polster mit Franzen, eine hohe, oben spitzzulaufende Rückenlehne und eine Armlehne, die von einer geflügelten Sphinx (n. r.) getragen wird. Phaidra trägt Sandalen an den Füssen, ein Diadem im Haar, einen gegürteten ärmellosen Chiton, welcher von der r. Schulter auf den r. Arm herabgeglitten ist und ein Obergewand, welches schleierartig den Kopf bedeckt und auf dem l. Arm und dem r. Schenkel aufliegt. Ihre l. Hand hat sie an das l. Knie gelegt, in der Rechten hält sie einen Kranz. Derselbe hat genau dieselbe Form wie die Kränze, welche die trauernden Eroten auf den Sarkophagen halten und wie das Attribut in der Hand der Aphrodite auf zwei Reliefs der Villa Albani, in welchem HELBIG arch. Zeit. 1866 p. 261 den Kestos erkennen will. Vor dem Stuhl, unter der Sphinx, steht l. Eros (n. r.), r. Psyche (n. l.) das gewellte Haar am Scheitel aufgebunden, in einem langen, gegürteten, ärmellosen Chiton. Eros legt die Rechte an die Backe der Psyche, als ob er sie küssen wollte, Psyche scheint ihren r. Arm um ihn zu schlingen und legt die l. Hand an seinen Leib. Links vom Stuhle der Phaidra steht ein Mädchen (n. r.), ein Band im aufgebundenen Haar, in gegürtetem und genesteltem Aermelchiton und einem Obergewand, welches von der l. Schulter den Rücken hinab und vorn wieder zurück auf die linke Achsel geschlagen ist. Sie legt die r. Hand an die Lehne des Sessels und scheint nicht auf Phaidra, sondern hinüber nach einer Gefährtin zu schauen, welche, anscheinend in einfachem Gewand, r. vom Thron nach l. steht, und nachdenklich das Gesicht auf die r. Hand stützt. Dieselbe ist bloss zu einem kleinen Theil zu sehen; ihr Haar ist in Zöpfe geflochten, welche spiralförmig am Kopfe anliegen und am Hinterkopf in ein Nest zusammengenommen sind. Rechts von den Füssen Phai-

dra's steht Eros (n. l.), die l. Hand und den r. Ellnbogen auf eine umgekehrte brennende Fackel gestützt; er legt die Rechte an die Wange
und schaut zu Phaidra auf. Ueber ihm die Halbfigur der alten Amme
(n. r., welche gegen Hippolyt gewandt, die l. Hand wie zur Rede
vorstreckt und die r. vor den Mund führt. Sie trägt ein eng um den
Kopf geschlungenes Tuch, von dem ein langes Ende im Nacken herabhängt, einen Chiton, der von der r. Achsel auf den Arm herabgefallen
ist und ein um den Rücken und über beide Arme geschlungenes Obergewand. Hinter ihr Andeutung eines Tempels; ein Unterbau, worauf
korinthische Pilaster stehen — bloss einer ist zu sehen — welche
einen dreieckigen Giebel tragen. Rechts von ihr steht Hippolytos
(n. l.) mit gesenktem Kopf, indem er abwehrend die r. Hand erhebt; er trägt in der Linken eine Lanze und ist mit einer Chlamys
bekleidet, die auf der rechten Schulter mit Chlamys zusammengehalten ist. Rechts steht Hippolyt's Jagdpferd (n. r.) mit geflich-
tenem Zügel und einer Panther(?)decke. Darüber im Grund kommt
der bärtige Kopf eines Dieners (nach l.) zum Vorschein, welcher
wahrscheinlich als Hüter des Pferdes zu denken ist. Rechts von dem
Pferde steht ein anderer Diener mit schwachem Backen- und Schnurrbart, mit verbrämten Jagdstiefeln und einem gegürteten Aermelchiton,
welcher den l. Arm und die l. Brust freilässt. Er hält in der Linken den
derben knotigen Schaft einer umgekehrten Lanze, in der Rechten eine
Leine, die um den Hals eines l. von ihm stehenden (n. r.) und nach
ihm ausschauenden Hundes geschlungen ist. Ein zweiter Hund daneben (n. r.) kratzt sich mit der r. Hinterpfote am Kopf. Rechts von
der zuletzt beschriebenen Figur ist die Scene von der folgenden durch
zwei hintereinander stehenden Pilaster abgegränzt, welche durch einen
Bogen verbunden sind. S. S. 263. 266.

In der zweiten Scene sitzt zur äussersten Rechten oben auf einem
Felsen ein nackter unbärtiger Berggott, welcher in der Linken einen
Pinienzweig hält und die Rechte in die Blätterkrone eines l. neben ihm
in die Höhe gewachsenen Baumes zu legen scheint. Der Felsen bildet
hinter dem Baum eine Höhle, aus welcher (n. l.) ein Eber hervorbricht,
der mit der r. Tatze einen Hund niedertritt. Links galoppirt Hippolytos (n. r.) und greift ihn mit erhobener Lanze an. Ihre untere Hälfte
fehlt; das Pferd hat, wie oben, geflochtene Zügel und eine Pantherdecke;
die Chlamys fliegt im Winde. Unter dem Pferde ein Hund mit Halsband
(n. r.), welcher den Eber anbellt. Links von Hippolytos eilt (n. r.)
Virtus herbei, indem sie die Rechte lebhaft vorstreckt; eine jugendliche

weibliche Figur mit langem Haar, welche einen Helm mit Crista und
einer Blüthe als Verzierung, in der Linken einen runden Schild, einen
doppelt gegürteten Chiton, ein um den Leib geschlungenes flatterndes
Obergewand und Jagdstiefeln trägt. Hinter dem Eber, Hippolytos
vorauf, reitet ein Jüngling (n. r.) mit langem Haar und einer flatternden
Chlamys, welche auf der r. Schulter mit Spange zusammengeknüpft
ist; er hält in der Rechten den Zügel des Pferdes.

Eine ähnliche Figur, nur nach l. gewandt, auf der r. Nebenseite
des Sarkophags; sie hält mit der Linken die Zügel des Pferdes und
erhebt rückwärts den r. Arm zum Wurf mit einem Stein(?), den sie in
der r. Hand hält.

Auf der l. Nebenseite des Sarkophags steht r. auf einem hohen
viereckigen Piedestal eine Statue der Artemis (im Profil nach r.) in
doppelt gegürtetem ärmellosem Chiton, in Jagdstiefeln, den Bogen in
der Linken, die Rechte erhoben, wie um einen Pfeil aus dem Köcher
zu nehmen. Vor dem Piedestal l. steht ein hoher, schmaler und runder
Altar, auf welchem Feuer brennt. Links davor steht Hippolyt (n. r.)
mit Chlamys und Lanze wie oben in der zuerst beschriebenen Scene,
mit einer Patera in der Rechten libirend. Hinter ihm l. ein anderer
Jüngling, zum Theil verdeckt durch die Figur des Hippolyt, der nach
l. auschreitet und die Rechte vor den Mund führt; auf seiner l. Schulter
und Brust ein undeutliches Gewand, in seiner Linken eine Lanze, die
Spitze nach unten. Am äussersten Ende l. ein uncannellirter Pilaster,
auf welchem ein gemauerter Bogen aufsetzt.

Die beiden Fragmente, welche von dem Deckelrande erhalten sind,
sind mit Jagdscenen verziert. Auf dem Fragmente der l. Ecke
l. ein unbärtiger Reiter (n. r.), welcher hinterrücks von seinem sich
bäumenden Pferde stürzt, in dessen Mähne er sich mit der Linken anhält. Er trägt eine Exomis und ein Obergewand, welches lose vom
l. Arm flattert, Hosen(?) und Schuh. Eine Panther(?)katze ist gegen das
Pferd angesprungen und packt dessen Vordertheil mit den beiden
Tatzen. Rechts davon ein Reiter (n. r.) in gegürtetem Chiton und
fliegender Chlamys, der sich zurückwendet und das Thier mit der
Lanze in den Rücken trifft. Rechts ein Stück fliegendes Gewand und
der Rest einer Lanze von einer dritten Figur, wahrscheinlich einem
ähnlichen Reiter.

Auf dem zweiten Fragment l. oben ein Pferdekopf, vielleicht von
dem Pferde des zuletzt beschriebenen Reiters, darunter das Hintertheil
eines Ebers (n. l.), welcher denselben angegriffen haben kann. Rechts

davon drei Bäume mit Blättern. Vor dem zweiten und dritten eine
Panther(?)katze (n. r.), mit der Lanze angegriffen von einem nach l. ausschreitenden, unbärtigen Mann, welcher Stiefel, Chlamys und einen
gegürteten Aermelchiton trägt. Rechts von ihm ein ruhender Löwe
nach r., dahinter ein Dam(?)hirsch. Die l. Eckmaske des Deckels
fehlt, die r. ist unbärtig und hat lange Locken. In den Augen sind
Pupillen eingegraben.

395. Heraklesherme.

H. 0,62. Ges.l. 0,20. — Griech. Marmor.

Nase fehlt, Lippen und Ohren bestossen. Hals und ein Stück des Hinterkopfs
aus Gips ergänzt.

Um das kurze sich kräuselnde Haar liegt ein Reif, von dem am
Hinterkopf zwei Bänder nach dem Nacken niederfallen. Das unbärtige
Gesicht hat Aehnlichkeit mit dem Typus des lysippischen Apoxyomenos
In den Nebenseiten der Herme Löcher für χεῖρες.

396. Sarkophagfragment, Arbeiten des Herakles.

S. S. 243. N. 38. — H. 0,63. B. bis 0,60. T. 0,44. — Ital. Marmor.

Erhalten ist von dem Sarkophage nur die r. Ecke der Vorder- und r. Nebenseite.
Bespr. von KLÜGMANN annali 1864 p. 319. Zeichnung beim Institut.

Auf der Vorderseite sind dichtgedrängt, nach Art der späten Sarkophage, drei Thaten des Herakles dargestellt, das Abenteuer mit
Geryon, mit den Stuten des Diomedes und mit dem kretischen Stier.
Am r. Ende steht Herakles (e. f.) n. l. vorschreitend, das Fell auf der
l. Schulter, die Keule in der Rechten, einen bandumwundenen Reif
im Haar. Zu seinen Füssen die Oberleiber von drei mit Panzer und
Helm bewaffneten Männern, welche todt niedergesunken sind. Zwei
von ihnen befinden sich auf der Nebenseite; der auf der Vorderseite hat
einen Schild, der erste auf der Nebenseite ein Schwert in der Rechten.
Weiter l. schreitet Herakles (e. p.) lebhaft nach r. aus und schwingt
die Keule gegen zwei Pferde, deren Köpfe im Hintergrunde sichtbar
werden; Kopf eines dritten und Vordertheil eines vierten zu seinen
Füssen am Boden. Im Haar hat er einen bandumwundenen Reif. Weiter
l. schreitet Herakles nach r., indem er einen anspringenden Stier, von
dem nur das Vordertheil erhalten ist, mit der Linken am Horn, mit
der Rechten an der Schnauze fasst. Von einer vierten Heraklesfigur
ist l. oben die l. Hand, welche die grossentheils weggebrochene Keule

hält, und das Ende eines Löwenfells erhalten, welches auf dem rechten
Schenkel der zuletzt beschriebenen Figur aufliegt. Herakles ist bärtig
in allen drei Scenen. Auf der r. Nebenseite r. neben den beiden Leibern
des Geryon der dreiköpfige Kerberos, um jeden Hals ein Halsband.
Im Hintergrund ein Baum mit Blättern.

397. Herme des bärtigen Dionysos.

S. S. 242. N. 5. — H. 0,53. Gesl. circa 0,23. — Griech. Marmor.

Fehlt Nase und der Bart sammt Kinn von der Unterlippe an. Lippen bestossen.
Der grösste Theil des Hermenschaftes aus Gips ergänzt.

Der Typus des Gesichts und die Anordnung des Haars entsprechen
der Herme n. 374, nur sind die Formen breiter und voller. Ueber die
Stirn geht ein Band. Zeichnung beim Institut.

398*. Fragment einer Nereide.

H. circa 0,90. — Griech. Marmor.

Fehlen von der Nereide das Oberteil, der vordere Theil des l. Fusses, der r.
Fuss ganz und einzelne Theile des Gewandes; das Schwanzende und der Leib des
Seethiers.

Auf der Krümmung eines Fischschwanzes sitzt eine bekleidete
weibliche Figur. Der Leib des Seethiers und der Nereide war aus besondern Stücken angesetzt. Für den Leib eines Tritonen scheint die
Ansatzfläche zu klein und schmal; wahrscheinlicher ist, dass ein Pferdeleib aufsass, wie in einer Gruppe zu Florenz (s. unten n. 1), mit welcher dieses Fragment auch sonst Aehnlichkeit hat.

Nereiden auf Seethieren kehren öfters statuarisch wieder (O. JAHN
Berichte 1854 p. 177): 1. in den Uffizien MONTFAUCON ant. expl. 1 pl. 24
(aus le Brun). Gall. di Firenze IV 19. MEYER Kunstgesch. Taf. 10.
CLARAC 746, 1804; 2. 3 im Braccio nuovo des Vatican PISTOLESI IV 12.
CLARAC 747, 1805; 4. im Museum zu Venedig ZANETTI stat. ant. II 38.
CLARAC 746, 1802. VALENTINELLI catalogo d. M. arch. d. Marciana
tab. IV; 5. im Museo Nazionale zu Neapel Memorie d. accad. Erco-
lanese V 5; 6. im Hof des Mus. Nazionale, ein sehr fragmentirtes
Exemplar; 7. eine kleine Bronce in den Uffizien; 8. in Villa Albani
Beschr. Roms III 2 p. 527.

399*. Griechisches Grabrelief.

H. 0,57. B. 0,70. — Griech. Marmor.

Publ. von GARRUCCI M. L. tav. XLVI fig. 1 p. 85; vgl. BRUNN Kunstblatt 1844
p. 326. CONZE Gött. gel. Anz. 1862 p. 1319.

Die Platte ist auf allen vier Seiten mit einem erhobenen Rande
versehen. Links steht (n. r.) ein bärtiger Mann, die Rechte in die
Hüfte gestemmt, in der herabgehenden Linken eine gesenkte Lanze.
Ihm zugewendet in der Mitte ein Jüngling mit leise gekräuseltem Haar
dessen Linke am Körper niedergeht, während die Rechte wie zur Rede
erhoben ist (der Ring, von dem Garrucci spricht, ist nicht vorhanden).
Rechts von ihm (n. l.) ein unbärtiger Mann, welcher mit der Rechten
eine Lanze (?) aufstemmt und die Linke an die Hüfte legt. Die mittlere
Figur ist kleiner als die beiden andern; alle drei sind mit einem Gewande bekleidet, welches um die Hüften und über die l. Achsel geschlagen ist, so dass der grösste Theil des Oberkörpers frei bleibt.

Die Composition ist einfach und voll Empfindung, das Relief flach,
indessen nicht nach strenger griechischer Weise behandelt. Der Reliefgrund bildet eine gleichmässige Fläche, auf welcher die Contouren nicht
scharf abstehen, sondern in welche sie in allmäligem Uebergang ver-
laufen. Am Kopf der mittelsten Figur ist eine Correctur zu sehen; er
hatte in der Anlage übergrosse Tiefe; um diess zu verbessern, musste
das Profil eingerückt werden. Die Augen stehn en face.

Die Composition, welche mythologisch zu deuten kein Anlass
und kaum eine Möglichkeit gegeben ist, erinnert an gewisse Sche-
mata griechischer Grabreliefs vgl. z. B. STACKELBERG Gräber der Hel-
lenen Titelkupfer. Nur ist kein Abschied ausgedrückt, da so viel bekannt der Abschied immer durch Händereichen dargestellt wurde, und
schwerlich auch eine Begrüssung, wie Garrucci anzunehmen geneigt
war, sondern eine einfache Unterredung.

400*. Kopf eines Serapis.

H. 0,143. Gesl. 0,15. — Griech. Marmor. — Erg. Nase, Unterlippe, Büste. —
Bezeichnet M. 95.

Der Kopf zeigt die bekannten Abweichungen von dem Zeustypus:
das Gesicht ist breiter, das Barthaar mehr gelockt, das Haupthaar
dünner und in einzelnen Locken auf die Stirn fallend. Im Haar ein
dünner Reif. Auf der Höhe des Scheitels ein tiefes grosses Loch für
den Modius.

401*. Fragment einer Gruppe, Eros und Psyche.

H. mit Basis 1,05. — Der Unterschenkel des Eros ist circa 0,55, der der Psyche circa
0,25 lang. — Griech. Marmor.

Mehrfach gebrochen. Fehlen Kopf, r. Hand und r. Fuss der Psyche; ein Stück
der Basis l. und der Fackel. R. Knie und r. Schulter der Psyche, sowie andere kleine
Theile aus Gips ergänzt. Die Plinthe ist viereckig.

Publicirt von RAOUL-ROCHETTE mon. inéd. pl. 42 n. 1 p. 226 (vgl. PANOFKA
annali 1830 p. 139). GERHARD ant. Bildw. 77, 3 p. 317. MÜLLER-WIESELER Denkm.
a. K. II 54, 686. GARRUCCI M. I. XLV 2 p. 84. — Bespr. von BRUNN Kunstblatt
1844 p. 318. MÜLLER Handbuch § 397, 3. OTTO JAHN arch. Beitr. p. 318.

Auf dem Boden liegt Psyche (n. l.) auf den l. Ellnbogen gestützt
in ärmellosem gegürtetem Chiton und einem Obergewande, welches um
die Beine geschlungen ist. Auf ihren Leib gesetzt ist das (allein erhaltene) l. Unterbein einer ungleich grösseren männlichen Figur, welche
weit ausschritt. Psyche erhebt den r. Arm, ihre Flügel sind aneinander
geschlagen; in der l. Hand hält sie einen Kranz von Blüthen. Hinter
dem Bein ein Baumstamm, an demselben das Fragment einer nieder-
gekehrten Fackel, welche höchst wahrscheinlich bis zu den Flügeln
der Psyche reichte.

Das Fragment befand sich früher im Besitz des Bildhauers Canova
(vgl. n. 384) und kam dann in die Magazine des Vatican.

Raoul-Rochette erkannte das «génie de la mort triomphant
de l'âme humaine», eine Deutung, die im wesentlichen von Gerhard,
Müller und Garrucci angenommen wurde; Brunn und Jahn erkennen ohne Nebenbezug die durch Eros gequälte Psyche. Ein ähnliches Motiv zeigt das Fragment einer statuarischen Gruppe in Toulouse
CLARAC 654, 1504.

Die in diesen Werken auffällige Grösse des Eros im Verhältniss
zu Psyche erklärt sich aus den Gesetzen statuarischer Gruppirung. In
einer fragmentirten Gruppe bei dem Kunsthändler Andreoli, welche
gleichfalls die Peinigung der Psyche durch Eros darstellt, sind umgekehrt die Proportionen der Psyche gross, die des Eros klein gehalten.
Dieses Monument misst sammt Basis 0,72 und entspricht in der äussern
Form und in der Bestimmung als Untersatz einer Leuchte zu dienen,
genau einer griechischen runden Skulptur bei PACIAUDI Monum. Pelop. I
p. 235. GERHARD ant. Bildw. 113, 2, vgl. OTTO JAHN Telephos und
Troilos p. 61. Auf einer viereckigen Plinthe steht Psyche — Kopf und
beide Unterarme fehlen — nackt bis auf ein Gewand, das sie mit den
geschlossenen Schenkeln vor dem Sinken bewahrt, an einem viereckigen, über ihr hinten in die Höhe ragenden Pfeiler, welcher als
Lichthalter diente. Von Eros ist auf der l. Nebenseite des Pfeilers
nur das l. Bein, der l. Unterarm und ein Stück der Fackel erhalten; er

war augenscheinlich um die Hälfte kleiner als Psyche gebildet und
hob die Fackel weit in die Höhe, um ihre Flügel zu erreichen. Die
Ausführung ist gering, das ganze, für eine solche Bestimmung passend gewählte Motiv ansprechend ausgedrückt.

402. Relief, Heraklesarbeiten.

H. 0,41. Br. 0,80. — Griech. Marmor. — Bezeichnet C. C. 1827.
Erg. der ganze l. Rand, der r. Vorderlauf und halbe Kopf des Hirsches, die
untere Hälfte der zweiten und das r. Bein der dritten Heraklesfigur, der untere Theil
des Oelbaums sammt einem Stück des untern Randes, der grösste Theil von zwei
Vögeln sammt einem Stück des obern Randes. Bespr. von BRUNN Kunstblatt 1844
p. 321. KECGMANN annali 1864 p. 317.

Am l. Ende sieht man das Obertheil einer nackten weiblichen
Figur mit gelöstem Haar und emporgestreckten Armen aus einem am
Boden stehenden Dolium hervorragen, wohl Rest einer Darstellung des
Abenteuers mit dem erymantischen Eber. Weiter r. Herakles (n. r.) und
der Hirsch (n. r.) in der Composition der bekannten pompejanischen
Gruppe, Monum. d. Instit. IV 6. Herakles kniet mit dem l. Knie auf den
Rücken des Hirsches, tritt mit dem r. Fuss auf seinen r. Hinterlauf und
erfasst mit den Händen sein Geweih. Weiter r. Herakles, vom Rücken ge-
sehen (n. l.) zielt mit gespanntem Bogen nach drei stymphalischen Vö-
geln, welche l. über ihm fliegen; der eine fällt getroffen herab. Ueber den
erhobenen l. Arm hängt das Löwenfell, über den Rücken zieht sich das
Köcherband. Den Beschluss bildet die Reinigung des Augiasstalles.
Herakles (e. f.) nach l. ausschreitend, schwingt in beiden erhobenen
Händen eine Hacke; vor ihm l. ein Oelbaum. In allen Scenen ist Herakles bärtig.

Das Relief befand sich früher bei dem Kupferstecher Volpato, wo
E. Q. VISCONTI Mus. Pio-Clem. IV p. 320, 4 es sah, der Folgendes darüber sagt: «L'ancien sculpteur qui fut chargé de le copier d'après quel-
que modèle, sans en avoir compris la fable, a donné à Euristhée, qui
est dans le tonneau, les formes d'une jeune fille. Je crois cela plus
probable, que de dire que cette femme qui se cache est Admète, fille
d'Euristhée.»

403*. Idealer weiblicher Kopf mit Mauerkrone.

H. 0,48. Gesl. 0,16. · Griech. Marmor. — Mit Blei aufgeschrieben M. 126.
Ergänzt Nasenspitze, Kinn, Hals, Büste, ein Stück des Diadems und der
Mauerkrone.

Das leise gewellte Haar ist nach hinten geführt und dort in einen Schopf zusammengenommen. Im Haar ein Diadem, darüber eine Mauerkrone mit fünf Thürmen und einem Thor zwischen jedem Thurm. Die idealen Züge des Gesichts erinnern an den Typus der Venus. In den Augen sind Pupillen angedeutet.

NORDWAND.

404. Sarkophag, opfernde Eroten.

S. S. 243. N. 32. — H. 0,53. B. 2,06. T. 0,47. — Ital. Marmor. — Deckel fehlt.

In der Mitte der Vorderseite ein Medaillon mit dem bekleideten Brustbild eines Mannes, welcher in der Linken eine Rolle hält. Der Kopf desselben ist bloss angelegt. Das Medaillon wird r. und l. von zwei symmetrischen, ausschreitenden Victorien gehalten, welche einen ärmellosen Chiton mit gegürtetem Ueberschlag tragen und in der freien Hand eine Art Trophäe halten, einen langen Stab, an welchem oben, wahrscheinlich über einen Querstab, eine gegürtete Tunica gehängt ist. Unter dem Medaillon liegt nach l., auf den l. Ellnbogen gestützt, eine weibliche Figur (Ariadne, vgl. BUONAROTTI Medaglioni p. 382. OTTO JAHN arch. Beitr. p. 195), welche den r. Arm über dem Kopf, und den Kopf auf der l. Hand ruhen lässt; ein Gewand liegt über ihren Beinen. Ein Knabe in Chlamys schreitet zu ihren Häupten von hinten heran; er hält in der Linken eine Fackel aufrecht und giesst mit der Rechten ein Horn über sie aus. Zu ihren Füssen von links kommt ein Erot herzu, welcher sich über sie beugt und mit einer brennenden Fackel in der Rechten ihren Kopf zu beleuchten scheint.

Rechts und l. von den Victorien ist ziemlich genau symmetrisch eine Darstellung wiederholt: vier Eroten in Chlamys, das Haar über der Stirn aufgebunden, welche in einer Opferhandlung begriffen sind. Am r. Ende der Vorderseite stehen drei Eroten gruppirt um einen kleinen, guirlandengeschmückten, runden Altar, auf welchem im flammenden Feuer Früchte, darunter ein Pinienapfel liegen, und hinter welchem am Boden ein todter Hahn liegt. Der eine, r. vom Altar am äussersten Ende der Darstellung (e. f.), hält in der Linken einen Stab, dessen oberes Ende fehlt und giesst mit der Rechten eine Patera über das Feuer aus. Der zweite, l. von diesem hinter dem Altar (e. f.) bläst (ohne Backenband) eine Doppelflöte, die grösstentheils abgebrochen ist.

Der dritte, l. vom Altar vom Rücken gesehen nach r., hält in der Linken
hinterwärts einen Stab, der nur zum kleineren Theile erhalten ist, und
scheint mit der Rechten gleichfalls etwas in das Feuer zu legen. Der
vierte Erot, l. von dem dritten e. p. nach r., erhebt die Rechte wie
zur Rede.

Die Wiederholung dieser Darstellung auf der andern Seite enthält
nur geringe, irrelevante Aenderungen. Der recitirende Erot hält dort
in der Linken eine Weihrauchbüchse (acerra) mit geöffnetem Deckel. —
Auf den Nebenseiten je ein Greif im Profil nach der Vorderseite zugewandt, mit einem starken Beutel auf der Brust. — Die Pupillen sind
überall angegeben. Geringe, späte Arbeit. Zeichnung beim Institut.

Da Frucht- und Rauchopfer öfters mit Thieropfern verbunden
werden (Hermann's gottesdienstl. Alterth. von STARK p. 141, vgl.
n. 355[b]), so hat es den Anschein, als ob der todte Hahn für das Opfer
bestimmt sei, und dieses liesse sich, im Sinn des Sokrates — auf einem
Grabdenkmal ansprechend genug — als ein Opfer an Asklepios denken.
Vgl. die ähnliche Darstellung eines Sarkophags im Louvre BOUILLON III
basrel. 12. CLARAC 191, 223, wo in der Mitte unter dem Medaillon ein
Hahnenkampf aufgeführt wird, dagegen die todten Hähne fehlen. Ein
anderer ähnlicher Sarkophag befindet sich im Hof des Hauses via di
Araceli 51, gleichfalls ohne die todten Hähne, mit einer starkver-
waschenen Inschrift im Medaillon. Dieselbe lautet nach Dr. E. Bormann's Lesung:

Von dieser Inschrift fand Dr. Bormann eine vollständige Copie in dem
Cod. Marucell. A 79, 1 fol. 22v, wo sie als »apud sanctum Eustachium«
befindlich angegeben wird:

```
ΛΟΝΓΙΝШ
ΚΟΠΙΑCΑΝ
ΤΙΙCΤΑΥΤΑ
ΤΑΧШΡΙΑ ΕΠΕ
5 ΓΡΑΨΕΝΧΡΥCΗC
ΗCΥΝΒΙΟCΑΥ
ΤΟΥ
```

Λογγίνῳ | κοπιάσαν|τι ἰς ταῦτα | τὰ χωρία ἐπέγραψεν Χρυση[ί]ς ἡ σύμβιος αὐτοῦ. — Die Worte *ἰς ταῦτα τὰ χωρία* sind zu *κοπιάσαντι* zu beziehen und bezeichnen den Verstorbenen als dem collegium der fossores angehörig. Die Inschrift ist christlich; die Darstellung, wie auf manchen anderen von Christen verwendeten Sarkophagen, heidnisch.

405*. Doppelherme des Serapis.

H. 0,41. Gesichtsl. 0,12—0,13. — Ital. Marmor.

Ergänzt beide Nasen, einige andere unbedeutende Stücke und der Hermenschaft.

Die Bildung beider Köpfe ist identisch. Das Haar, um welches ein Eichenkranz gelegt ist, geht in der bekannten Weise in dünnen langen Locken auf die Stirn und rings um den Kopf nieder. Der Backenbart ist gekräuselt. Der oben flache Modius ist mit Oelblättern verziert.

Vgl. GERHARD ant. Bildw. Taf. CCCXX 3; DE WITTE annali 1856 p. 52. British Mus. X, 2. — Die Tafel XCIX des zu Grund gegangenen Theils von GERHARD's antiken Bildwerken enthielt eine Abbildung dieses Monuments, wie wir aus einem Abdruck derselben im Apparat des Instituts entnehmen.

406. Kindersarkophag.

S. S. 243. N. 27. — H. 0,32. B. 1,25. T. 0,33. — Ital. Marmor.

Der Deckel und einige unbedeutende Stücke der l. Nebenseite und der Rückwand fehlen. Mehrfach gebrochen.

Zwei symmetrisch schwebende nackte Eroten mit über der Stirn aufgebundenem Haar halten mit beiden Händen in der Mitte der Vorderseite einen Lorbeer(?)kranz mit unten flatternden Bändern. In diesem das bekleidete Brustbild einer Frau(?), deren Kopf nur abbozzirt ist. Rechts und l. am Ende symmetrisch wiederholt Eros und Psyche, die sich küssen. Psyche trägt einen ärmellosen gegürteten Chiton und

gewelltes Haar, das am Hinterkopf aufgebunden ist, Eros eine Chlamys
und hat das Haar über der Stirn aufgebunden. Die Pupillen sind angedeutet.

Auf den Nebenseiten nach vorn gewandt je ein Greif. Im Innern
r. eine Erhöhung des Bodens als Kissen für den Kopf des Leichnams.
Geringe, späte Arbeit. — Der Sarkophag ist christlich, da er in der
basilica di S. Stefano gefunden wurde.

407. Archaistische Doppelherme der Ariadne.

H. 0,38. Gesichtsl. 0,13. — Ital. geäderter Marmor.
Ergänzt beide Nasen, und die Hermenschäfte von der Mitte des Halses an.

Die Bildung der beiden Köpfe ist identisch. Durch das Haar zieht
sich ein Band, das hinter den Ohren auf die Brust herabfällt. Das
Haar ist leise gewellt und geht vom Scheitel in regelmässigen Strehlen
nieder; über der Stirn und vor den Ohren ist es in breiten Streifen aufgenommen und unter das Band gesteckt.

Vgl. z. B. CREUZER Symbolik Taf. 48, 2. Mus. Chiaramonti I 32.
MÜLLER-WIESELER D. a. K. II 36, 429.

408. Bakchischer Sarkophag, Triumph des Dionysos.

S. S. 243. N. 31. — H. 0,92. B. 2,05. T. 1,13. — Ital. Marmor.
Der Deckel fehlt. Viele vorstehende Theile auf der Vorderseite sind abgebrochen bei dem Einsturz der Decke des Grabmals, in welchem der Sarkophag gefunden wurde. In dem Sarkophag fand sich ein Skelett, FORTUNATI p. 39; nicht
vier wie Henzen a. a. O. angibt. — Bespr. von BRUNN bullett. 1859 p. 40, vgl.
Arch. Anz. 1859 p. 171*, Bullett. 1859 p. 173. — Publ. von PETERSEN Mon. dell'
Instit. VI tab. 80, 1, annali 1863 p. 372—387.

Von l. fährt Dionysos auf in einem zweirädrigen von zwei afrikanischen Elephanten gezogenen Wagen. Die Seitenfläche des Wagens
ist mit Ornamenten und einer jugendlichen unbärtigen Satyrmaske
(n. r.), die Achse des Rades mit einem Löwenkopf, die Spitze der
Deichsel mit einem Widderkopfe (?) verziert. Dionysos steht e. f. auf
dem Boden des Wagens, den Kopf ein wenig nach l. zurück gewandt
und hält in der Linken einen Kantharos, in der Rechten einen (oben
abgebrochenen) Dithyrsos. Ein breites Band geht über die Stirn und
das lockige Haar, das mit Weinblättern und Trauben geschmückt ist;
er trägt einen bis zu den Füssen reichenden Chiton mit langen engen
Aermeln, darüber ein Panther- oder Tigerfell und ein im Bogen frei
flatterndes Obergewand, Alles unter der Brust mit einem breiten orna-

mentirten Gürtel zusammengehalten. Rechts von ihm im Hintergrund
eine Nike (e. f.) mit gegürtetem ärmellosem Chiton, der die r. Brust
frei lässt; sie hält in der Linken einen Palmenzweig und ist im Begriff
ihm einen Kranz mit der erhobenen Rechten auf den Kopf zu setzen.

Ueber den Rücken der vordersten Elephanten liegt eine gefranzte
Decke, auf dieser sitzt ein nackter Jüngling (Satyr?), dessen Kopf und
r. Arm fehlt; er trägt ein Halsband in Form einer Schlange, unter
seinem r. Knie hängt an einem Bande ein grosser Elephantenzahn herab,
welcher nicht als Trinkhorn gedient haben kann, wie Brunn erklärte,
da der obere Rand desselben zackig ist, unten aber sich keine Andeutung eines Mundstücks befindet. Unter dem Elephanten hervor kommt
ein Panther nach r., der mit geöffnetem Rachen und vorgestreckter
Zunge den Kopf nach oben erhebt. Der Jüngling greift mit der Linken
nach dem r. (etwas verstossenen) Ohr des Elephanten und wird in der
erhobenen Rechten vermuthlich einen Stock zum Regieren des Elephanten gehalten haben. An seinem Leib befindet sich noch der Ansatz
einer abgebrochenen Stütze. Auf dem hintern Elephanten reitet ein
Jüngling mit lockigem Haupthaar (kein Satyr), der eine hinter dem
Rücken fliegende Chlamys trägt; seine Linke ist erhoben, in der gesenkten Rechten hielt er einen langen Stab. Zwischen und vor dem
Elephantengespann schreitet ein Löwe nach r.; r. von ihm liegt am
Boden ein Knäbchen mit einem um den aufgestützten l. Arm gewundenen Gewande, welches furchtsam sich von ihm abwendet und die
r. Hand an die Backe legt.

Dem Gespann voraus geht ein mit einer Epheuranke bekränzter
trunkener Silen (e. p. nach r.), welcher in den abgebrochenen Händen
ein Füllhorn (?) getragen zu haben scheint; er trägt Schuhe, einen
Chiton mit langen engen Aermeln und ein weites Obergewand. Hinter
ihm am Boden ein kleiner Altar; zwischen ihm und dem Elephanten
zeigt sich das Obertheil einer epheubekränzten Satyra, welche über
dem Kopf mit beiden Händen die Becken zusammenschlägt; sie ist mit
einem gegürteten ärmellosen Chiton bekleidet, welcher die r. Brust
frei lässt. Hinter dem Silen im Grund Hals und Kopf einer Giraffe
nach l. Rechts von ihm galoppirt (nach r.) ein bärtiger mit Pinien-
zweigen bekränzter Kentaur, welcher in der Linken eine fünfsaitige
Lyra hält, auf der er mit der abgebrochenen Rechten gespielt zu haben
scheint. Von seinem l. Arm fällt nach hinten auf den Pferderücken
ein Panther(?)fell, auf dem quer ein junger nackter Satyr (e. f.) sitzt,
der auf einer Querflöte bläst; ein Theil der Flöte und fast der ganze

r. Arm fehlt. Hinter dem Kentaur im Grunde die Halbfigur einer mit
einem Band und Epheu bekränzten Bakchantin (nach r., Kopf nach l.)
in ärmellosem Chiton und einem hinter ihr im Bogen flatternden Obergewand: sie schlägt ein Tympanon, an dem Schellen bemerkbar sind.
Unter dem Kentauren ist ein kleiner ziegenfüssiger Pan gelagert (n. l.),
der das Pedum in der Linken aufstützt und mit der Rechten den
Deckel einer geflochtenen Cista abhebt, aus der eine Schlange hervor-
geringelt ist. Hinter seinem Rücken flattert ein Thierfell mit gespaltenem Hufe; sein Kopf und ein Theil seines r. Armes fehlt.

Rechts von dem Kentauren tanzt nach r., den Oberkörper nach l.
zurückgewendet, eine mit Epheu bekränzte Satyra in ärmellosem ge-
schlitztem Chiton mit gegürtetem Ueberschlag und einem Obergewand,
das im Bogen über ihren Kopf flattert. Beide Hände fehlen, doch ist
aus der Haltung der Arme, einem Ansatz am Munde und den auf-
geblasenen Backen ersichtlich, dass sie die Doppelflöte spielte. Weiter
rechts ein jugendlicher Satyr (nach r.) mit einem Ziegenfell über dem
l. Arm und dem l. Schenkel, welcher den l. Fuss auf einen kleinen übereck stehenden Altar setzt, der mit Guirlanden in Relief verziert ist, und
aus einem Krater einen r. vor ihm (n. l.) auf den Fussspitzen stehenden
Satyrknaben trinken lässt. Der Kopf, der l. Arm und beide Unterschenkel des letzteren, sowie der r. Arm des ersteren und ein Theil des
Kraters fehlen. Gegen den Satyrknaben springt von l. ein Ziegenbock
an. Hinter dem Satyr l. im Grunde eine Satyra (e. f.) in gegürtetem
Chiton, eine Haube auf dem Kopf; sie hält mit beiden Händen eine
brennende Fackel aufrecht. Rechts an der Ecke ein Pinienbaum.

Auf der r. Nebenseite in der Mitte ein Baum mit Blättern und
runden Früchten, vielleicht Aepfeln. Links von ihm tanzt ein Satyr,
der ein Pedum in der Linken und ein Ziegenfell über dem l. Arm trägt,
lebhaft nach rechts. Rechts von ihm tanzt eine Satyra gleichfalls n. r.,
den Kopf dem Satyr zugewendet; sie trägt das Haar am Hinterkopf
zusammengebunden und ist mit einem ärmellosen gegürteten Chiton
und einem Obergewande bekleidet, das sie zierlich in der Rechten erhebt. Satyr und Satyra umtanzen vermuthlich den Baum, hinter welchem ein Panther nach links galoppirt.

Am r. Ende der l. Nebenseite steht ein Feigen(?)baum, zu welchem
von l. eine Mainade herantanzt; sie hat das Haar hinten aufgebunden und
trägt einen ärmellosen Chiton mit gegürtetem Ueberschlag und ein Obergewand, das über ihrem Kopf im Bogen flattert. In der gesenkten
Rechten hält sie einen Dithyrsos und ist im Begriff mit der Rechten ein

Tympanon (ohne Schellen) mit einem Band an dem Baume aufzuhängen. Ihr nach tanzt von l. ein Satyr, welcher lüstern die r. Hand nach ihr ausstreckt; er hält im l. Arm ein Thierfell und Pedum, zwischen seinen Füssen galoppirt nach r. ein Panther.

An beiden Ecken der Rückseite Anten; die übrige Fläche ist mit senkrechten Cannelluren verziert. In ihrer Mitte eine viereckige Tafel; sie wird r. und l. mit beiden Händen von zwei Eroten gehalten, welche auf einer einfachen, architektonisch nicht gegliederten viereckigen Basis stehen. Die Pupillen sind durchgängig angegeben.

Die gegenwärtige Aufstellung des Sarkophags, in einem nicht stark erhellten Zimmer, bei welcher das Hauptlicht von oben auf die Vorderseite fällt, zeigt deutlich, wie geschickt die Arbeit der Reliefs, durch Unterarbeitung oder Lösung der Contoure, auf eine Wirkung in mässigem Lichte berechnet ist. Die Reliefs der Nebenseiten, obwohl vom Lichte bloss gestreift, markiren sich in voller Deutlichkeit, weil sie flach gehalten sind; ähnlich wie die Schriftzüge eines Papierabklatsches, wenn seitliches Licht darauf fällt. Einer solchen Berechnung wird es vielleicht zuzuschreiben sein, dass die Nebenseiten der Sarkophage fast durchgängig flach verziert sind.

Die Composition der Hauptseite ist überfüllt, die Arbeit mittelmässig. Die Halbfiguren der obern oder hintern Reihe sind unten nicht angedeutet worden.

XII. ZIMMER.

Nr. 409 — 441.

―――――

WESTWAND.

409*. Eros als Herakles.

H. 0,89. Ges. 0,11. Torsol. 0,26. H. d. Basis 0,08. — Griech. Marmor.
Schwarz aufgemalt C C 412. — Nase, l. Knie und l. Unterschenkel mit Ausnahme des Fusses ergänzt. Fehlen l. Hand mit einem Theil des Fells, r. Arm fast
ganz und das grösste Stück der Keule. Stamm und r. Schenkel gebrochen.

Die Figur ruht auf dem r. Bein, wo sie durch einen Baumstamm
gestützt ist. Eros ist mit einem Löwenfell bekleidet, dessen Kopf über
seinen Kopf gezogen ist; auf der Brust ist es in der bekannten Weise
geknüpft und von hinten über den l. Arm herübergezogen. Mit der
vorgestreckten Linken hielt er vielleicht den Bogen — der Köcher
hängt am Baumstamm —, und mit der erhobenen Rechten die Keule,
von der noch Reste auf der r. Schulter vorhanden sind. Der Kopf hat
Portraitzüge, die Pupillen sind angegeben.

Die Statue ist in Veji gefunden worden, bei Ausgrabungen, welche
daselbst in den Jahren 1811 — 1821 von Privatleuten unternommen
wurden. Die zahlreichen damals entdeckten Monumente sind von der
päpstlichen Regierung für 25000 Scudi angekauft und grösstentheils im
Vatican, seit 1846 zu einem Theile im Lateran aufgestellt worden.
Canina 1846 p. 215. Nibby Analisi 3, p. 438. Einen kurzen Katalog
derselben, welcher beim Ankauf angefertigt wurde, veröffentlichte
Canina descriz. di Vei p. 83 Anmerkung 1. Berichte über die Ausgrabungen gaben C. Cardinali memorie romane di antichità I 2
p. 50 folg. Guattani memorie enciclop. VII p. 73 folg. vgl. Fea replica

antiqua. legale p. 22. NIBBY Viaggio antiquario nei contorni di Roma
I p. 57 folg. — CANINA descr. di Vei p. 83 Anm. 1 n. 12 «Statua in
marmo di Carrara, representante il genio di Ercole alto palmi 4»
(= 0,90); C. CARDINALI Memorie romane I 2 p. 50. Vgl. GERHARD
ant. Bildw. XXXI. CLARAC 781, 1956; 650 A, 1478 B.

410. Relieffragment, Kentaurenkampf.

H. 0,33. B. 0,72. — Ital. Marmor. — Das Relief ist auf allen Seiten fragmentirt,
ausser unten, wo ein Stück der Leiste erhalten ist.

Von r. galoppirt ein bärtiger Kentaur heran, der beide Arme über
den Kopf erhebt und in den (fehlenden) Händen vermuthlich ein Felsstück oder einen Baumstamm hielt. Das Bart- und lange Haupthaar
ist gesträubt, die Ohren scheinen menschliche Bildung zu haben, an
dem untersten Theil des menschlichen Rückens ein Schwanz. Auf ihn
zu eilt von l. weit ausschreitend ein Mann (e. f.), dem die Chlamys
über den l. Arm fällt. Sein Kopf und r. Arm fehlen, letzterer wird zum
Angriff erhoben gewesen sein. L. von ihm der unbestimmbare Rest
eines andern Gegenstandes oder einer andern Figur.

Das Relief ist flach und von sorgfältiger Arbeit; die Reliefbehand-
lung ist nicht griechisch, sondern ähnlich wie bei n. 399. An allen
Rändern haben sich Spuren von Tünche erhalten, das Relief scheint
also früher in einer Wand eingemauert gewesen zu sein.

411. Portraitkopf einer römischen Matrone.

Der Kopf hat Lebensgrösse. — Ital. Marmor. — Ergänzt Hals, Büste, ein Stück vom
Haarzopf über der Stirn und l. Augenknochen.

Die Formen und der Ausdruck des Gesichts sind männlich. Die
Haare sind längs des Scheitels und am Hinterkopf in Flechten aufgenommen. Pupillen angegeben. Frisur des ersten Jahrhunderts.

412*. Nackte Jünglingsstatue.

H. 1,11. H. der Basis 0,04. — Griech. Marmor. — Erg. beide Unterschenkel, Basis
und Baumstamm; Nase, Lippen, Kinn und Hals aus Gips ergänzt. Beide Arme fehlen.

Die Figur ruht auf dem r. Bein. An der l. Hüfte ein Ansatz. Beide
Arme waren gesenkt. Ein nicht zugehöriger, mit Lorbeer (?) bekränzter Portraitkopf ist aufgesetzt. Schwacher Backenbart ist angedeutet.

413. Fragment eines Sarkophagdeckels.

H. 0,33. — Ital. Marmor. — Das Relief ist r. und l. fragmentirt, oben und unten ist
der Rand erhalten.

Ein weibliches Brustbild mit doppeltem Gewand und bloss ange-
legtem Kopfe vor einem Parapetasma, welches l. von einem nach r.
ausschreitenden Eroten in Chlamys (Kopf nach l.) mit beiden Händen
gehalten wird. Ihm entsprach höchst wahrscheinlich auf der andern
Seite eine gleiche Figur. L. von ihm ein anderer Erot mit Chlamys,
welcher nach l. ausschreitet und den Kopf nach r. wendet; nach der
Bewegung seiner nur zur Hälfte erhaltenen Arme hielt er vielleicht das
Parapetasma eines zweiten Portraits. — Dass das Fragment nicht von
einem Sarkophag, sondern von dem Deckel eines Sarkophags herrühre,
wird durch das Profil der Rückseite wahrscheinlich, welches demjenigen
eines übergreifenden Deckels entspricht.

414*. Männlicher römischer Portraitkopf.

Der Kopf ist lebensgross. — Erg. Nase, Oberlippe, beide Ohren und Hals. —
Ital. Marmor.

Das schwache Haupt- und Barthaar ist mit Meisselhieben angegeben. Die Pupillen sind deutlich bezeichnet. Der Kopf stammt etwa
aus constantinischer Zeit. An der Basis befand sich eine Papiernummer, also war er früher im Vatican aufgestellt. Mit Blei bezeichnet
M. 180.

415*. Orestessarkophag.

B. 2,15. T. 0,80. H. des Sarkophags 0,66, der Füsse 0,35, des Deckels 0,23. —
Griech. Marmor.

Publ. von GRIFI atti d. accad. pontef. Tom. X tab. 3. PRELLER Berichte der
sächs. Gesellsch. d. Wiss. 1850 Taf. II. GARRUCCI M. L. tav II. — Bespr. ausserdem
von BRUNN Kunstblatt 1844 p. 78. BRAUN Ruinen und Museen p. 746. STEPHANI
Compte-rendu 1861 p. 103. STARK Niobe p. 185, vgl. Annali 1865 p. 230—233,
p. 337—339.

Dieser Sarkophag wurde mit zwei andern in diesem Zimmer be-
findlichen n. 421 und n. 427 in einem Grabmal gefunden, welches am
19. Januar 1839 in der Vigna Lozano Argoli, in der Nähe der porta
Viminalis entdeckt wurde. Durch einen Inschriftstempel, welchen
MELCHIORRI Bullett. 1839 p. 2 C·COMVNI·PROCVLI EX·PRAE·
DOMIT·LVCILL auf einem Ziegel der Wölbung las und welcher nach

Borghesi's Untersuchung Oeuvres complètes I p. 33 folg. in die Zeit von 123—155 gehört, genauer noch durch einen andern Ziegelstempel mit den Consuln des Jahres 134, ist ein sicheres Datum für den Bau des Grabes gegeben. Die in demselben gefundenen Sarkophage werden wegen der Vortrefflichkeit ihrer Sculpturen als gleichzeitig oder nicht viel später anzunehmen sein.

Der Sarkophag steht wie n. 427 auf zwei Marmorbalken, deren Köpfe mit dem Relief eines nackten bärtigen Atlanten verziert sind, welcher, auf das eine Knie niedergesunken, beide Arme zum Tragen erhebt und mit beiden Händen Vorsprünge des Balkens hält, welche wohl als Köpfe von Tragstangen gedacht sind.

Die Vorderseite des Sarkophags ist dicht ausgefüllt mit Figuren in hohem Relief, welche sich zum grossen Theil von rechts nach links bewegen. Umgekehrt ist die Abfolge der vier Scenen, in welche offenbar die ganze Composition zerfällt.

In der ersten Scene ist das Gelübde der Rache dargestellt, welches Orest dem Schatten Agamemnons leistet. Dieser steht am l. Ende (nach r.) unter einem Portal, eingehüllt in ein grosses Gewand, eine greise bärtige Gestalt mit eingefallenen Zügen und gesenktem Haupte. R. von ihm schreitet Orestes, in Chlamys mit Spange auf der r. Schulter, lebhaft nach l. aus, den Blick emporgerichtet ohne Agamemnon zu sehen, und beide Arme ausbreitend. Zwischen seinen Beinen liegt am Boden das Schwert in der Scheide. Hinter ihm r. steht Pylades, in gleicher Tracht nach l. gewandt; er erhebt die r. Hand, während er in der Linken das Schwert am Griff erfasst. Im Vordergrund l. sitzt am Boden eine Erinnys, eine jugendlich weibliche Gestalt (nach r.) in ärmellosem gegürtetem Chiton, Schnürstiefeln und einem Obergewand, das um die Beine geschlagen ist; sie neigt den Kopf schlafend auf die erhobene l. Hand und hat die r. auf das Knie gelegt. Hinter ihr eine Bipennis. Nach Preller ist sie die Erinnys des Atridenhauses, nach Garrucci symbolisirt sie den Tod Agamemnons.

In der folgenden Scene ist die Rache an Aigisthos vollendet. Dieser, eine bärtige Gestalt, im Haar ein Band, ist von dem Thron, von dem nur ein Theil sammt Fussbank zu sehen ist, rücklings herabgestürzt, und Orestes (hinter ihm, ohne Gewand), welcher in der Rechten noch das Schwert hält, zieht ihm mit der Linken das Gewand vom Leibe, indem er den Kopf nach l. zu seiner alten Amme wendet, welche mit dem Ausdruck des Entsetzens beide Hände vorstreckt und das Gesicht (nach l.) abwendet. Dieselbe hat die gewöhnliche Ammentracht, ein Kopftuch, einen ärmellosen gegürteten Chiton und ein Obergewand, das auf dem l. Arm aufliegt.

Die dritte Scene, die figurenreichste, nimmt einen grössern Raum ein. Klytaimnestra, eine jugendliche Gestalt, liegt entseelt am Boden (nach l.), den Kopf zurückgeworfen, den l. Arm starr (nach r.) ausgestreckt. Ein einfaches Gewand bedeckt ihre Kniee und lässt den Oberkörper entblösst. Orestes (e. f.), eine Chlamys auf dem l. Arm, die Schwertscheide in der Linken, steht hinter ihr und wehrt, sich nach l. abwendend, mit dem Schwert in der erhobenen Rechten die schon auf ihn eindringenden Erinnyen ab. Vor einem Parapetasma, welches sich r. von Orestes im Grunde ausbreitet, stürmt die eine, in ärmellosem gegürtetem Chiton, von r. auf ihn los und hält ihm in der vorgestreckten Linken eine grosse Schlange entgegen. Von der zweiten Erinnys hinter dem Parapetasma sieht man bloss den Kopf, und eine grosse brennende Fackel, beides nach l. gewandt. Die Erinnyen haben gesträubtes Haar. Zwischen Klytaimnestra und der ersten Erinnys kauert am Boden (nach l.) eine unbärtige, männliche Figur in gegürteter Exomis, ein Sklave, welcher furchtsam einen Fussschemel sich vor das Haupt hält.

Die letzte Scene r. ist am äussersten Ende durch einen auf einem viereckigen Piedestal stehenden Dreifuss abgeschlossen. Durch einen l. vom Dreifuss auf dem Piedestal sichtbaren, mit einer Binde umwundenen Omphalos und durch einen Lorbeerast, der sich um den Dreifuss windet, ist das apollinische Heiligthum in Delphi angedeutet. L. am Boden liegt nach r., auf den rechten Ellnbogen gestützt, Kopf und Oberleib aufrecht, eine schlafende jugendlich weibliche Gestalt in Sandalen und ärmellosem gegürtetem Chiton, der die r. Brust und Schulter bloss lässt; eine Schlange ringelt sich in ihrem Schooss, in der Rechten hält sie einen Stab (?). Ueber sie hinweg schreitet nach l. Orestes, das gezückte Schwert in der Rechten, mit der Linken noch den Rand des schützenden Dreifusses fassend. Eine Chlamys hängt an seinem l. Arm nieder.

Die Darstellung der r. Nebenseite ist wohl mit dieser Scene in Verbindung zu setzen. R. ein knorriger, vielästiger Pinienbaum. Unter ihm liegt l. eine Erinnys (nach l.) mit gesträubtem Haar, in ärmellosem gegürtetem Chiton und einem Obergewand, das auf den Schenkeln und der l. Achsel aufliegt. Sie stützt ihre Linke auf eine vom Boden sich emporringelnde grosse Schlange, und hält in der Rechten eine brennende Fackel aufrecht.

Auf der l. Nebenseite stehen r. zwei bis auf das Gesicht verhüllte Figuren (nach l.), die Schatten von Aigisthos und Klytaimnestra. Links von ihnen sitzt der bärtige Charon (nach r.), bekleidet mit einer gegürteten Exomis, in einem Nachen, unter dem sich Wellen hinziehen. Er hält ihnen die Linke wie im Gespräch entgegen, während er mit der Rechten das Ruder fasst. Der Schnabel des Schiffs ist mit einem Vogelkopf verziert. Am l. Ende ein Felsen, der nach r. oben im Bogen vorladet.

Der Deckel des Sarkophags hat die Form eines nach vorn ansteigenden Daches; an den vordern Ecken desselben sind unbärtige Masken in phrygischer Mütze, in den Seitengiebeln je eine liegende brennende Fackel angebracht.

Das Relief des Sarkophagdeckels gibt in drei Scenen eine Darstellung des Orestes in Tauris. Am l. Ende sieht man zwischen zwei dickstämmigen Oel(?)bäumen einen Tempel in Form eines viereckigen Quaderbaus mit Giebel und geschlossener Doppelthüre, r. von dem zweiten Oelbaum einen grossen runden Altar mit brennendem Feuer. R. von dem Altar steht Iphigeneia (nach r.) in Aermelchiton und Obergewand; sie streckt die Rechte den beiden Gefangenen Orest und Pylades entgegen, welche, beide in gleicher Bewegung und Tracht (Chlamys), auf sie zu nach l. schreiten. Der erste, wohl Orestes, führt die r. Hand vor das Gesicht und hält den andern, wohl Pylades, mit der Linken am r. Handgelenk. Hinter ihnen r. steht ein bärtiger Skythe, (nach l.), in Schuhen, Anaxyriden, gegürteter Aermeltunica und phrygischer Mütze; er hält in der Linken einen ovalen Schild (Schildzeichen ein spulenartiges Ornament). Den Abschluss der Scene r. bildet ein dritter Oelbaum. S t e p h a n i erkennt in dieser Darstellung den Moment, wo beide Freunde, als solche durch das Anfassen am Handgelenk charakterisirt, vor Iphigeneia treten und die Erkennung erfolgt.

R. von dem Oelbaum schreitet Iphigeneia nach l., den Kopf nach r. zurückgewandt. Sie ist mit einem doppelten Gewand bekleidet und trägt im l. Arm das Götterbild. R. von ihr vermuthlich Orestes, von hinten gesehen, die Hände auf den Rücken zusammengebunden, in Chlamys; weiter vermuthlich Pylades in Chlamys (e. f.), die Hände gleichfalls auf dem Rücken; ferner die Figur des Skythen aus der vorigen Scene, nur ohne Schild; zum Schluss eine bärtige Figur in gegürtetem Chiton mit langen Aermeln, einem Obergewande, und mit einem Stab in der Linken, vielleicht Thoas. R. von dieser Figur ein cannellirter Pilaster, auf welchem ein Bogen aufsetzt.

Die dritte Scene stellt den Kampf am Meeresufer vor der Abfahrt dar. Auf der r. Seite ist in angedeuteten Wellen ein hochgeschnäbeltes Schiff, von dem ein Ruder niedergeht, zur Hälfte sichtbar. In ihm steht l. Iphigeneia, völlig in ein grosses Gewand gehüllt, nach r. und hält das Götterbild im l. Arm. R. von ihr im Schiff eine jugendlich weibliche Figur in Aermelchiton, welche ihr behülflich zu sein scheint. Vom Schiff ist auf das Land ein Bret gelegt; auf demselben eilt ins Schiff ein Jüngling in Chlamys (Orestes?), das gezückte Schwert in der Rechten haltend. Ein anderer gleichfalls in Chlamys (nach l., Pylades?) ist auf dem Lande mit erhobenem Schwert noch im Kampf begriffen gegen zwei skythische Krieger, welche in der Tracht völlig der Figur der ersten Scene gleichen. Der eine von ihnen ist, anscheinend in Folge einer Verwundung, zu Boden gesunken; er hält in der Rechten ein kurzes Schwert, am l. Arm einen ovalen Schild; der andere hinter ihm liegt mit dem gezückten Schwert in der Rechten, den ovalen Schild in der Linken gegen Pylades aus.

An sämmtlichen Figuren, selbst den viel kleineren des Deckels, sind die Augäpfel durch eingebohrte Löcher bezeichnet. An einzelnen Stellen des Reliefs haben sich Spuren von rother Farbe erhalten. Auf den Nebenseiten Löcher, welche zur Befestigung des Deckels dienten: auf der l. Nebenseite ist noch der Rest einer dazu verwandten metallenen Klammer vorhanden.

Die Ausführung der reichen und in einzelnen Motiven grossartigen Composition ist frisch und lebendig, nach Art der besseren Sarkophagarbeiten. Die Ueberfülle und eine gewisse Gewaltsamkeit der Figuren in der Vorstellung der Hauptseite lässt keinen befriedigenden Gesammteindruck aufkommen.

416ʳ. Fragmentirte Gruppe ringender Knaben.

H. 0,49, mit Basis 0,52. Gesl. 0,10. Torsol. 0,23. — Griech. Marmor.
Fehlen l. Unterschenkel, beide Arme, der grösste Theil der Basis und von der andern Figur Alles ausser dem r. Unterschenkel. Kopf gebrochen. Ergänzt ein Stück Glutaeus.

Ein Knabe kniet mit dem r. Knie auf dem Boden, ohne den Oberkörper vorzubeugen. Der Kopf ist ein wenig nach der l. Schulter gesenkt. Der l. Arm ging nicht nieder, während der r. augenscheinlich zurückging. Unter dem l. Bein, welches gleichfalls niedergekniet zu haben scheint, ist noch der r. Fuss und ein Stück Unterschenkel

von einem andern etwa gleichaltrigen Kinde sichtbar. Ein Rest von
der Innenseite einer l. Hand auf der l. Brust des Knaben gehört derselben Figur an. Auf dem Rücken ist an dem r. Schulterblatt ein Loch,
doch nicht für Flügel. — Die Haare sind über der Stirn in einen niedrigen Knoten aufgebunden. Gute Arbeit.

Vgl. die beiden Statuetten im Museo Chiaramonti n. 372, welche
Knaben darstellen, die sich im Faustkampf üben, CLARAC 553, 2257. —
GUATTANI mem. enciclop. III p. 89 führt unter den Restaurationen des
Bildhauers Pacetti an: «Ristauro del gruppo antico rappresentante
Mercurio ed Amore bambini, che si disfidano alla lotta, conforme lo
descrive Luciano nei suoi dialoghi» (deorum 7,3,: χθὲς δὲ ‛Ερμῆς)
προκαλεσάμενος τὸν ῎Ερωτα κατεπάλαισεν εὐθὺς οὐκ οἶδ᾿ ὕπως ὑφελὼν
τὼ πόδε· εἶτα μεταξὺ ἐπαινούμενος τῆς Ἀφροδίτης μὲν τὸν κεστὸν
ἔκλεψε προσπτυξαμένης αὐτὸν ἐπὶ τῇ νίκῃ, τοῦ Διὸς δὲ γελῶντος ἔτι τὸ
σκῆπτρον. — Vgl. anc. marbl. of the Brit. Mus. II 31 und eine im
Brand der Bibliothek von Vienne (Arch. Anz. 1865 p. 75°) zu Grunde
gegangene Gruppe bei CLARAC 580, 2253 und MILLIN voyage d. le
midi XXVII 41.

417ᵃ. Silentorso.

H. 0,84. Torsol. ca. 0,40. — Fehlen Kopf, beide Arme und beide Unterschenkel. —
Pentelischer Marmor.

Die Figur ist im Schreiten begriffen, das l. Bein geht zurück. Um
die Hüften ist ein Gewand subligaculum, geschürzt. Am r. Bein hinten ist ein Ansatz erhalten, wahrscheinlich von einem Stamme. Der
l. Arm war vom Körper gelöst und besonders angesetzt, wie ein antiker
Metallzapfen beweist, der r. ging am Körper nieder. Unter der l. Brust
ein Loch. Vom Kopf fielen r. und l. zwei Bänder herab. Die weichen
vollen Formen des Körpers und die auf Brust, Leib und Beinen wach-
senden (ciselirten) Haare geben den Torso als einen Silen deutlich zu
erkennen. Gute, aber nicht hervorragende Arbeit.

418*. Torso eines jugendlichen Hermes.

H. 0,46. Torsol. 0,35. — Kopf, beide Unterarme und beide Beine fehlen. —
Griech. Marmor.

Die Chlamys, die auf der r. Schulter mit Spange zusammengehalten
wird, ist über die l. Schulter zurückgeschlagen und fällt den Rücken
herab. Im gesenkten l. Arm befand sich das Kerykeion, von dem ein

Rest an der l. Schulter erhalten ist. Auch der r. Arm war gesenkt und etwas vorgestreckt, wie ein Ansatz an der r. Hüfte anzeigt. R. Standbein. Die Rückseite ist als glatte, gerade Fläche behandelt. Gute, feine Arbeit.

419*. Portraitstatue eines römischen Knaben.

H. 1,17, mit Basis 1,23. — Ital. Marmor.

Erg. r. Unterarm, drei Finger der l. Hand mit einem Stück der Rolle. Die l. Hand, Basis und Scrinium gebrochen. Der Kopf, an dem die Nase und einige kleine Stücke ergänzt sind, ist mit eingelegtem Hals aufgesetzt und aus anderem Marmor, also wohl nicht zugehörig. — Bespr. von BRUNN Kunstblatt 1844 p. 317. Publicirt von GARRUCCI M. L. tav. XX p. 30.

Die Figur ruht auf dem r. Bein und ist mit Schuhen, Tunica und Toga bekleidet. Ueber die Tunica hängt eine Bulla, am l. Fuss steht auf der Basis ein rundes Scrinium mit Tragebändern. Der r. Arm war gesenkt, der l. Unterarm geht etwas nach vorn, die l. Hand hält eine Rolle; an ihrem vierten Finger am ersten Glied ein Ring. Die Hinterseite ist flach gearbeitet. Die Pupillen sind angegeben. Die Basis ist viereckig.

Garrucci gibt an, die Statue sei mit der ihr gegenüberstehenden n. 426 in Vei bei den oben unter n. 409 erwähnten Ausgrabungen gefunden worden. Aehnliche Figuren rühren allerdings aus diesen Ausgrabungen her, werden aber bedeutend kleiner angegeben: CANINA Vei p. 63 Anm. 1 n. 8 «due statue simili di giovanetti bullati, forse Nerone e Brittannico, uno mancante di testa.» C. CARDINALI memor. romane I 2 p. 50 «due statue alte ognuna palmi tre (= 0,675), di giovani bullati (manca ad una la testa) che alcuni intendenti reputarono essere di Nerone e di Brittannico». GUATTANI memor. enciclop. VII p. 79 «un piccolo Nerone, un Brittannico.»

Da sich die Figuren indess im Vatican nicht finden, so werden es wohl diese beiden lateranensischen sein.

SÜDWAND.

420. Fragment einer Gruppe, Apoll und Daphne (?).

H. 1,57. H. der kleinen Figur 0,65. Gesl. 0,09. Unterarm der grossen Figur 0,31. — Mehrfach gebrochen. — Griech. röthlich geäderter Marmor. — Publicirt von GARRUCCI M. L. XLV 3 p. 95.

An einem Baumstamm mit vielen abgehauenen Aesten und einzelnen Blättern befindet sich unten eine jugendlich weibliche Figur, wie mit dem Rücken an den Stamm gewachsen. Ihr fehlt der l. Arm fast ganz, der r. Unterarm und die r. Schulter, der l. Unterschenkel und das r. Bein von der Mitte des Oberschenkels an. Sie ist mit einem geschlitzten, gegürteten Chiton bekleidet, welcher die r. Brust entblösst lässt, und einem Gewand, das wie ein Gürtel um den Leib geschlungen ist. Mit leidenschaftlich heftiger Bewegung sieht sie empor — das Gesicht ist stark verstossen — und hielt den l. Arm gerade in die Höhe gestreckt, die r. Hand an die r. Brust gelegt. Nicht weit über ihr an der l. Seite des Baumes sitzt auf einem vorspringenden Aste ein Vogel mit dickem Schwanz und taubenartigen Füssen; Kopf und Hals und r. Bein sind weggestossen. Am obern Ende des Baumes ist von einer männlichen Figur von doppelt grösseren Proportionen der erhobene r. Arm erhalten; die Hand, deren Finger abgebrochen sind, hält einen Ast des Baumes gefasst.

Garrucci erkennt nicht unwahrscheinlich in dem Baum Lorbeer, in dem Vogel einen Raben, und glaubt in Folge dessen, dass die männliche Figur Apoll gewesen sei. In ähnlicher Weise greift der Apollo von Mantova in den hoch gewachsenen Lorbeerbaum, LABUS Mus. di Mantova I 5. CLARAC 452 B, 933 A. Die weitern Vermuthungen Garrucci's, dass die Gruppe ein Grabmonument gewesen sei und dass die weibliche Figur die Familie der Niobe symbolisire, bedürfen keiner Widerlegung. Ist, wie es natürlich scheint, in der männlichen Figur Apollon zu erkennen, so liegt es nahe, in der weiblichen, welche furchtsam und abwehrend zu ihm aufblickt, eine Daphne zu vermuthen. Wenigstens würde der alten Kunst, in welcher statuarische und überhaupt plastische Darstellungen von Verwandlungen zu den grössten Seltenheiten zählen, eine solche Auffassung des Gegenstandes wohl entsprechen, bei welcher die Figur der Daphne derjenigen des Gottes vollkommen untergeordnet, mehr für ein Symbol als für einen Ausdruck der Verwandlung gelten könnte. Ueber die Darstellungen dieses Mythos B. v. KÖHNE, die beiden Silbergefässe der Eremitage p. 12 folg. (aus den Mémoires de la Société d'archéol. de St. Pétersbourg).

421*. Sarkophag mit Fruchtgewinden.

H. des Sarkophags 0,53, des Deckels 0,23. B. 2,20. T. 1,05. — Griech. Marmor.

Ueber die Provenienz siehe zu n. 415. — Publicirt von GRIFI atti dell' accad. pontif. romana tom. X tav. I. GARRUCCI M. L. I 2. 3. 4. Besprochen von MELCHIORRI

Bullett. 1839 p. 1. BRUNN Kunstblatt 1844 p. 322. STARK Niobe p. 158. BRAUN Ruinen und Museen p. 746. STEPHANI Compte-rendu 1864 p. 28.

Auf der Vorderseite des Sarkophags tragen an den Ecken r. und l. zwei Eroten, in der Mitte ein Satyr, auf den Schultern zwei grosse Festons, an deren Enden breite Bänder flattern, und in denen unter Blättern und Blüthen Aepfel, Granatäpfel, Pinienäpfel, Limonen und Mohnköpfe sich unterscheiden lassen. Der Satyr, welcher in der erhobenen Linken ein flatterndes Band, in der gesenkten Rechten eine fünfröhrige Syrinx hält, steht auf den Fussspitzen, die Beine geschlossen, das lachende Gesicht ein wenig erhoben. Die Eroten schreiten nach der Mitte zu aus und halten das Feston in dem einen Arm und mit der andern erhobenen Hand im Nacken. In der Mitte über den Fruchtgewinden je ein Gorgoneion, um welches sich zwei Schlangen winden, deren Köpfe über den Flügeln des Gorgoneion sichtbar werden, und deren Schwänze unter dem Kinn um einander geschlungen sind.

Auf beiden Nebenseiten wiederholt sich dieselbe Darstellung: r. und l. vor einem brennenden, auf einem Untersatz stehenden Candelaber kauern einander zugewendet zwei Greife, welche die Köpfe von einander abwenden.

Der Sarkophagdeckel hat die Form eines Daches mit einem aufrechten Streifen auf der Vorderseite und drei Akroterien mit Palmetten auf der Hinterseite. In seinen Giebeln auf den Nebenseiten je ein Kranz von Oel(? blättern und -Früchten, um den ein nach beiden Seiten flatterndes Band gewunden ist. Der Reliefstreifen der Vorderseite des Deckels zeigt ein anmuthig componirtes Wettrennen von acht Knaben, welches zwischen zwei candelaberförmigen Metae an der r. und l. Ecke, in einem durch sieben Bäume und einige Pflanzen bezeichneten Stadion, von l. nach r. vor sich geht. Der erste l. reitet auf einem Bären. Der zweite steht hinter seinem auf die Kniee niedergefallenen Ochsen und sucht ihn am Schwanze wieder in die Höhe zu ziehen. Der dritte sitzt auf einer Hindin (?, und schaut, die Peitsche in der Rechten, nach dem vorigen zurück. Der vierte ist von seinem Pferde, welches mit den Hinterbeinen zusammengebrochen ist, hinterrücks abgeworfen worden, und hält es noch am Zügel. Der fünfte ist seitwärts von einem Panther herabgeglitten und hält sich kaum noch am Zügel. Der sechste galoppirt auf einem Esel, der siebente, welcher allein geflügelt ist, auf einer Löwin, der achte, der in der rückwärts erhobenen Rechten einen Palmzweig schwingt, auf einem Löwen.

Die Haltungen der Knaben sind alle verschieden und drücken den Eifer der Eile mit einem gewissen Humor ansprechend aus. Grifi gibt den Vorstellungen des Sarkophags eine ins Einzelne gehende symbolische Erklärung, welche besser unerörtert bleibt.

422*. Torso eines Knaben.

H. 0.60. Torsol. 0,34. — Griech. Marmor. — Fehlen Kopf, r. Arm, r. Bein, l. Unterschenkel.

Die Figur stand auf dem r. Bein, der r. Arm ging nieder, die l. Hand drückt an die Brust eine Weintraube mit grossen länglichen Beeren. Der Kopf scheint nach r. etwas geneigt gewesen zu sein. Vortreffliche Arbeit. Vgl. die Figur in der gall. dei candelabri n. 49 bei CLARAC 584. 2252. 2255; MÜLLER-WIESELER D. a. K. II 75, 964b.

423*. Kolossaler Kopf des Augustus.

H. 0,56. Gesl. 0,27. — Blau geäderter ital. Marmor. — Ergänzt die Nasenspitze.

Der Kopf war bestimmt in eine Statue eingesetzt zu werden. Die Haare am Hinterkopf sind wenig ausgearbeitet. Die Arbeit ist sehr sorgfältig und bestimmt, aber ohne Leben.

Gefunden in Vei, siehe zu n. 409. CANINA descr. di Vei p. 84 n. 24 — 26: Tre teste nude colossali, due di Augusto, uno di Tiberio alte palmi 2 e mezzo (= 0,56, in marmo di Carrara. Vgl. C. CARDINALI Memorie romane di antichità I 2 p. 50. GUATTANI memorie enciclop. VII p. 79. Der andere Augustuskopf steht im Museo Chiaramonti n. 401. Der schönste kolossale Portraitkopf des Augustus in Rom befindet sich im langen Vorsal des obern Stockwerks im Capitol, leider nur zu einem Theil erhalten.

424*. Torso eines Knaben.

H. 0,54. Torsol. 0,36. — Griech. Marmor. — Fehlen Kopf, beide Arme, das l. Bein und das r. fast ganz.

Die Figur stand auf dem r. Bein. Die l. Achsel ist gehoben, die r. gesenkt. Unter der l. Brust ist ein Rest, wahrscheinlich von der Hand einer andern Figur und von einem Gewande zu sehen.

425*. Satyrherme.

H. 1,73. Gesl. 0,16. Brustbreite am Ansatz des Hermenschaftes 0,27. — Griech. Marmor. —

Ergänzt Nase, Lippen, r. Unterarm mit Pedum und l. Arm mit der vordern Hälfte der Ziegenbeine. Der Hermenschaft ist unten mehrfach gebrochen. Die Schamtheile sind modern abgearbeitet, die Schamhaare aber stehen geblieben. — Publ. von GARRUCCI M. I.. XXIV p. 37. Bespr. von BRUNN Kunstblatt 1844 p. 318. Vgl. GORI Mus. Flor. III 61. CLARAC 726 E, 167 H. Berliner Museum n. 774.

Kopf und Brust eines Satyrn auf einem langen, nach unten sich verjüngenden Hermenschaft, der auf einem viereckigen Postament steht. Von der l. Schulter hängt über die Herme ein zottiges undeutlich charakterisirtes Thierfell ohne Hufe, nieder, das am ehesten von einem Panther sein kann. Unterhalb des Felles sind die Schamhaare sichtbar. Der r. Arm ging frei an der Herme nieder und ist mit einem Pedum ergänzt worden. Auf der l. Schulter eine junge Ziege, deren Vorderbeine die l. Hand fasst, wie richtig ergänzt worden ist. Die l. Schulter steht in Folge dessen bedeutend höher als die rechte, eine Ungleichheit, die dadurch gemildert ist, dass die vordere Fläche des Hermenschafts die Brust nicht in einer horizontalen, sondern in einer schiefen Linie begränzt. Der Kopf ist nach oben gerichtet. In den vollen, rings abstehenden Haaren ein Epheukranz. Die Augenbrauen sind tief nach der Stirn hereingezogen, der Mund geöffnet. Ueber der Stirn zwei kleine Hörner.

426*. Portraitstatue eines römischen Knaben.

H. 1,10, mit Basis 1,76. — Ital. Marmor.

Ergänzt Nase, r. Unterarm, l. Hand mit Rolle und mancherlei am Gewand. Der Kopf aufgesetzt, aber wohl antik und zugehörig. Das l. Ohr ist bestossen. Die Basis ist antik. — Publicirt von GARRUCCI M. L. tav. XX p. 30.

Die Figur entspricht in allen Bewegungen und in der Tracht der Statue n. 419; über die Tunica hängt gleichfalls eine Bulla. Das Scrinium steht beim r. Fuss. Die Basis ist oval.

427*. Niobidensarkophag.

H. des Sarkophags 0,69, der Füsse 0,24, des Deckels 0,23. B. 2,09. T. 0,93. — Ital. Marmor.

Publ. von GRIFI atti dell' accad. pontif. rom. X p. 223—330 tab. IV. GARRUCCI M. L. III 1.2.3 p. 10. STARK Niobe Taf. XIX p. 187. — Besprochen ausserdem von BRUNN Kunstblatt 1844 p. 322. WELCKER a. Denkm. I p. 311. BRAUN Ruinen und Museen p. 745. KLÜGMANN Bullett. d. Inst. 1864 p. 126. — Ueber die Provenienz vgl. zu n. 415.

Der Sarkophag steht auf zwei Marmorbalken, deren Köpfe wie bei

n. 415 verziert sind; auch der Deckel hat dieselbe Form und ähnliche
Masken an den Ecken der Vorderwand.

Die Hauptseite des Sarkophags führt in einem reichbewegten Bilde
von 19 Figuren den Untergang der Niobiden vor. In bedeutend kleinerem Maassstab auf dem vordern Streifen des Deckels in zwei geson-
derten, viereckigen Feldern am r. Ende Diana in gegürtetem kurzärmligem Chiton mit fliegender Chlamys, am linken Apollon mit fliegender
Chlamys: beide in bewegter, gebückter Haltung nach der Mitte zugewandt und im Begriff Pfeile nach unten abzuschiessen. Links von
Apollon steht auf einer besondern Basis ein grosser Dreifuss, r. von
Artemis ist bergiges Terrain angedeutet, aus dem ein Blätterzweig hervorwächst. Andere Embleme der beiden Götter finden sich auf den
beiden Nebenseiten des Deckels. Auf der Seite der Artemis Bogen,
Köcher, zwei Spiesse und ein gezacktes Diadem, ausserdem ein Reh
nach r., welches furchtsam den Kopf nach l. wendet, und ein Hund
nach l., der es anzubellen scheint. Auf der Seite des Apollon ein Rabe,
der an eine Leier pickt, ein Bogen, ein Köcher und ein Diskos.

Die Darstellung der Vorderwand ist l. durch eine Säule abgeschlossen, eine Andeutung des Palastes des Amphion. Zwei grosse
am r. und l. Ende stehende Figuren begränzen in der Darstellung selbst
nach beiden Seiten das bunte Gewühl der Mitte. Rechts am Ende
Niobe (e. f.); in Stellung und Ausdruck an das Motiv der bekannten
florentiner Gruppe erinnernd, schützt sie die beiden jüngsten Töchter,
welche zu ihr geflüchtet sind, indem sie dieselben mit den Händen
an sich zieht. Sie ist, wie die beiden Töchter, mit einem gegürteten
ärmellosen Chiton bekleidet; das Obergewand flattert im Bogen über
ihrem Haupte. Links am Ende steht Amphion (e. f.); bärtig, eine
Binde im Haar, in Harnisch und mit hohen Stiefeln, erhebt er den
Schild in der Linken, indem er auf seinem r. Schenkel mit der rechten
Hand den jüngsten, schon tödtlich verwundeten und zusammen-
sinkenden Sohn (n. l.) unterstützt. Zu seinen Füssen das Gewand
desselben am Boden. Der Raum zwischen den beiden Hauptfiguren
ist als unebenes, bergiges Terrain bezeichnet, welches zur Ausfüllung einiger Lücken der Composition dient. Die verschiedenen
Gruppen sind nicht gesondert und symmetrisch geordnet, sondern
gehen bunt ineinander über.

Rechts neben Amphion kniet ein bärtiger Pädagog in gegürteter
Aermeltunica mit Chlamys am Boden (n. r.) und hält einen schon verwundeten, mit einer Chlamys bekleideten Jüngling (e. f.) im l. Arm,

welcher im Niedersinken mit dem r. Arm ihn umschlingt. Ueber ihm
sieht man auf einem nach l. anspringenden Pferde mit sog. griechischer Mähne und einem gefleckten Pantherfell als Sattel einen Jüngling
(im Profil n. l.) in fliegender Chlamys, der sich an dem Hals des Thieres
festhält. Daneben r. ein zweiter mit Chiton und Chlamys bekleideter
Pädagog (e. f.), welcher mit beiden Händen ein niedersinkendes, mit
einem Gewand, das den Oberkörper freilässt, bekleidetes Mädchen
(e. f.) unterstützt, indem er sie unter der rechten Schulter fasst und ihre
l. Hand in seiner Linken hält. An ihrer l. Brust das Fragment eines
Pfeiles. Unter ihr liegt (nach l.) halbaufrecht ein schon getödtetes
Mädchen, welche mit der Rechten den Pfeil hält, der sie in den Leib
getroffen, als ob sie ihn hätte herausziehen wollen. Sie ist ähnlich wie
die vorige bekleidet, ihr l. Arm geht regungslos herab, das Haar wallt
über den gesunkenen Kopf nieder.

Die Mitte der ganzen Composition bildet die schöne Gruppe eines
mit einer Chlamys bekleideten Jünglings, der von einem Pfeil im Leib
verwundet, r. von seinem hoch aufspringenden Pferde (mit geflecktem
Thierfell als Sattel) herabgesunken ist und noch mit der l. Hand sich
am Zügel hält; mit der Rechten zieht er sich den Pfeil aus der Wunde
am Unterleib. Weiter r. eine alte Amme (nach r.) mit Kopftuch und
gürtetem ärmellosem Chiton, in deren Arme ein beinahe unbe-
kleidetes Mädchen sinkt, welche mit der Linken den Pfeil fasst, der
sie ins Herz getroffen hat. Ueber dieser Gruppe sinkt ein Jüngling
(n. l.) in Chlamys, tödlich getroffen, rücklings vom Pferde (n. r.); rechts
daneben kniet auf Felsen ein mit doppeltem Gewand bekleidetes Mädchen (vom Rücken sichtbar), welche die Arme ausbreitet und mit
schmerzlichem Ausdruck in die Höhe sieht. Weiter r. zwei Jünglinge
in Chlamys auf Pferden. Der untere, dessen Pferd zu Boden gestürzt
ist (nach l.), krümmt sich furchtsam zusammen und sucht sich mit dem
um den r. Unterarm geschlungenen vorgehaltenen Gewand zu schützen.
Der andere (n. r.), im Begriff vorwärts über den Kopf des Pferdes
herabzustürzen, zieht sich den Pfeil aus der Wunde am Rücken.

Auf der r. Nebenseite am l. Ende ein Baum mit Blättern, am
r. Ende ein zweiter mit reicheren Aesten, auf dem ein Vogel sitzt. In
der Mitte erhebt sich auf drei Stufen ein Rundbau, der eine mit imbrices und tegulae gedeckte Kuppel trägt. Auf der vordern Seite desselben eine in vier Felder gegliederte Thür, — in den beiden untern
je ein Ring — über welche von oben ein grosses Feston im Bogen
herabhängt. Rechts davon sitzt auf Felsen Niobe (n. l.) mit geneigtem

Kopf, übereinander geschlagenen Beinen und kreuzweis im Schoss
ruhenden Armen, fast ganz eingehüllt in ein grosses Gewand, mit
Sandalen an den Füssen. Links von dem Grabmal steht der Pädagog
e. f. nach Stark der Berggott Sipylos' in trauernder Haltung die
r. Hand und den l. Ellnbogen auf einen Knotenstock gestützt, die
l. Hand unter das Kinn gelegt. Er trägt einen Pileus, Schuhe, einen
gegürteten Chiton mit kurzen Aermeln und eine Chlamys, die den
Rücken hinabfällt.

Die Vorstellung der l. Nebenseite begränzt sich gleichfalls durch
zwei Bäume mit Blättern. Bergiges Terrain füllt die untere Hälfte des
Raumes aus. Rechts unten sitzt auf einer Erderhöhung ein unbärtiger
Jüngling in gegürtetem Chiton mit kurzen Aermeln und einer Chlamys,
die auf der r. Schulter mit Spange zusammengehalten wird. Er trägt
in der Linken das Pedum und erhebt die Rechte, wie im Gespräche,
gegen eine weibliche Ortsgottheit, die im Hintergrund l. oben auf
höherem Boden liegt, mit dem l. Ellnbogen aufgestützt, den Kopf ihm
zugewandt und mit der Rechten einen Ast des Baumes l. erfassend.
Sie trägt einen gegürteten Aermelchiton und ein Obergewand, das au
der l. Schulter, dem l. Arm und den Beinen aufliegt; die Publicationen
zeigen fälschlich einen Reif in ihrem Haar. Unter ihr, l. von dem
Jüngling zwei gelagerte Rinder. In dieser Vorstellung sieht Grifi,
welchem Welcker nicht widerspricht, Latona, die den Apollon zur
Rache auffordert; Brunn dagegen ist der Ansicht, dass damit ganz
allgemein der Schauplatz der Haupthandlung, das thebanische Gefilde,
angedeutet sei. Stark nennt die weibliche Figur Thebe und sieht in
dem Rinderhirten den jugendlichen Amphion.

Die Ausführung ist lebendig, aber incorrecter als bei n. 415. Die
Augäpfel sind bei allen Figuren angegeben. Die Meisselarbeit ist
überall stehen geblieben. Bloss abbozzirt sind die Vorstellungen des
Deckels und der l. Nebenseite.

428*. Portraitbüste einer Römerin.

H. 0,75. Gesl. 0,13. — Griech. Marmor. —
Nase, Fuss und Theile des Gewands ergänzt.

Der Kopf ist auf eine antike, aus anderem Marmor gearbeitete
Gewandbüste aufgesetzt. Das Haar ist in zierliche aber einfache Zöpfe
geordnet. Der Kopf hat eine gewisse Aehnlichkeit mit den Portraits
der ältern Agrippina.

429*.　Sitzende weibliche Gewandstatue.

H. 0,80. — Pentelischer Marmor.

Beide Füsse und ein Stück der Basis scheinen antik ergänzt zu sein. Modern ergänzt der übrige Theil der Basis und der Sitz, dessen hintere Beine wieder abgenommen sind. Der Baumstamm, welcher dem Sitz als Stütze dient, ist antik. Der antike, mit ergänztem Hals aufgesetzte Kopf ist von anderm Marmor und für die Proportionen des Körpers zu klein. — Bespr. von BRUNN Kunstblatt 1844 p. 317. Publ. aus dem Vatican von CLARAC 975, 2515.

Eine mit einem Chiton und einem Obergewand, das vermuthlich auf dem Kopf auflag, bekleidete jugendlich weibliche Figur sitzt auf einem vierbeinigen Stuhl ohne Lehne, mit Fussbank. Die l. Hand, die an der l. Hüfte anliegt, ist grossentheils im Gewand verborgen, die r. Hand, an die Brust gelegt, sieht aus ihm hervor. Der l. Fuss ist auf den r. gestellt. Die Bewegung der Beine und des Oberkörpers ist, im Unterschiede von der bekannten Statue der Agrippina, beinahe rechtwinklig. Man kann zweifeln, ob der Kopf ein Portrait sei. Die Rückseite ist vernachlässigt. Frische, gute Arbeit.

Eine ähnliche Figur ist in der Vigna Moroni bei Domine quo vadis auf der Via Appia gefunden, GUATTANI memorie enciclop. VI p. 42, 1817 «una figura di donna sedente in marmo di antico e non ignobile scalpello, mancante peraltro di quasi tutta la maschera.»

430*.　Jugendlicher Satyrkopf.

H. 0,51. Gesl. 0,17. — Griech. Marmor. — Ergänzt die Büste, Nase, ein Stück vom Kinn und Augenknochen.

In dem struppigen Haar ein Kranz von Epheublättern und Trauben. In dem geöffneten Mund sind Zähne angedeutet. Die Hinterseite ist bloss angelegt. Der Kopf hat einen lachenden Ausdruck. An dem Fuss befand sich eine Papiernummer, also war der Kopf früher im Vatican.

431*.　Sarkophagfragment, Jahreszeiten.

H. 1,11. B. 0,67. Ergänzt ein Stück Reliefgrund, Theile der Unterschenkel beider Figuren, l. Hand mit Bogen von dem Eroten l., Kopf und Hals des Vogels, der Thyrsos und mehreres an den Beinen des Eroten rechts.

Das Relief ist bloss auf der l. Seite fragmentirt. Erhalten sind nur zwei Eroten in Chlamys, die auf der r. Schulter geknüpft ist, die lockigen Haare über der Stirn in einen Knoten gebunden. Dieselben stehen e. f. und wenden den Kopf nach links. Der linke von beiden

(Winter) schreitet nach r. aus und hält in der erhobenen Rechten einen Vogel, Ente oder Gans, an den Beinen. Der r. trägt mit der erhobenen Rechten einen Korb mit Früchten ?) und hält in der gesenkten Linken einen (ergänzten) Thyrsos. Sein l. Flügel ist auch auf der r. Nebenseite der Platte angedeutet, ein Zeichen, dass das Relief hier vollständig ist.

432*. 435*. Zwei bakchische Hermen, männlich und weiblich.

Beide Hermen haben die gleichen Proportionen und sind aus demselben italischen Marmor gearbeitet. — H. von n. 432 1,18. Breite der Herme oben 0,19. Tiefe 0,16. Von n. 432 fehlt Kopf, Hals und r. Arm der Herme, Kopf, Hals und r. Unterarm des Knaben. — Von n. 435 fehlt Kopf, Hals, Brust, r. Arm und l. Arm mit Ausnahme der Hand von der Herme, der Kopf und ein Theil des l. Hinterbeins von der jungen Ziege. — Besprochen von BRUNN Kunstblatt 1844 p. 318. Publicirt von GARRUCCI M. L. tav. XXIV 3. 4 p. 39.

Bei beiden Hermen ist der untere Theil des nach unten sich verjüngenden Schaftes und die Basis, in welche er eingelassen ist, mit Akanthosblättern bedeckt. In gleicher Weise hängt bei beiden ein zottiges Fell (vermuthlich Pantherfell) von der r. Schulter nieder. Die Arme haben menschliche Bildung und bewegen sich frei vom Schaft. Genitalien fehlen.

N. 432 hält mit der l. Hand am Schaft der Herme einen nackten Satyrknaben, dessen r. Arm auf die Brust der Herme gelegt ist' und dort wohl einen Gegenstand gehalten hat. Auf den Schultern der Herme sind die Enden feiner Haarlocken erhalten; man hat sich dieselbe demnach wahrscheinlich als weiblich zu denken. Der r. Arm war besonders angesetzt, ging also wahrscheinlich in die Höhe. N. 435 hält in der l. Hand am Schaft der Herme ein Zicklein. Auf der Brust ist das Ende eines spitzen Bartes erhalten.

Eine Replik von n. 432 befindet sich im Museo Chiaramonti n. 228. Durchaus ähnlich, auch von gleicher Grösse, sind die beiden leider sehr verstümmelten Hermen unter n. 579 und 581 im Museo Chiaramonti.

433*. Fragment eines Musensarkophags.

H. 0,50. B. 0,38. — Ital. geäderter Marmor.

Die Figuren sind vielfach bestossen. Das Relief ist auf allen Seiten ausser oben fragmentirt, wo ein Rand vorladet.

Erhalten sind nur zwei Figuren. Links steht Apollon (e. f.) den Kopf nach l. gewandt, in Kitharoidentracht mit langem Chiton, breitem

Gürtel und einem Obergewand, das den Rücken hinabfällt. Im Haar,
aus welchem auf die Brust zu beiden Seiten je eine Locke fällt, ein
Kranz. Der r. Arm fehlt, mit dem l. stützt er eine dickbauchige,
grösstentheils weggebrochene Kithara auf den runden Deckel eines
Dreifusses, welcher r. neben ihm oberhalb eines sehr verstümmelten
Greifen (e. f.) mit ausgebreiteten Flügeln sichtbar wird. Rechts steht
Athene (e. f.), in Helm mit Crista, gegürtetem ärmellosem Chiton mit
Aigis auf der Brust und einem Obergewand, das auf der l. Schulter
aufliegt und um die Beine geschlungen ist. Ihr Kopf ist nach l. gegen
die r. Schulter geneigt; ihre Füsse, das l. Bein und die Unterarme fehlen.
Nach der Bewegung der erhöhten l. Achsel zu schliessen muss sie sich
mit dem l. Ellnbogen auf etwas aufgestützt haben.   Im Hintergrund
ein Parapetasma.

    Das Relief rührt allem Anschein nach von einem Sarkophag her.
Apollon und Athene kommen auf Sarkophagen in Marsyas- und Musen-
Darstellungen öfter zusammen vor.   Da aber auf den bekannten Mar-
syassarkophagen Apollon in anderem Costüm und Athene nicht neben
Apollon, sondern neben Marsyas erscheint, so ist es wahrscheinlicher,
dass das Relief Fragment eines Musensarkophags ist. Vgl. Gall. Giustin.
II 90. Mus. Pio-Clem. IV 14. Monum. Matthei. III 49. WIESELER
annali 1861 p. 122.

434. Satyrkopf.

H. 0,43. Gesl. 0,17. Abstand der äussern Augenwinkel 0,10. Länge der Nase 0,05,
der Stirn 0,05, des Untergesichts 0,07. — Ergänzt Nase, kleine Stücke der Backen
und der Augen, Hals und Büste. — Griech. Marmor.

    Der Kopf ist eine gute Replik des capitolinischen, auf Praxiteles
zurückgeführten Satyrn, vgl. n. 150. British Mus. XI 16.

435. Herme, s. unter n. 432.

436*. Relieffragment.

H. 0,65. B. 0,62. — Griech. Marmor.

Abgebildet auf Taf. X fig. 2. Das Relief ist auf allen Seiten fragmentirt, ausser
unten, wo ein vorstehender Rand erhalten ist. — Bezeichnet 1823 C. C. 152, danach
wurde das Fragment im Jahr 1823 von der päpstlichen Regierung acquirirt. Es muss
in neuerer Zeit in eine Mauer eingelassen gewesen sein, da sich an den Rändern Spuren
von Tünche erhalten haben.

    Rechts hinter Steinblöcken, die zu einer Art Mauer aufgethürmt
sind, ragen in verschiedener Höhe die Oberleiber zweier Männer hervor,

deren sehr verstossene Köpfe den römischen Typus zeigen. Der r. von beiden, im Profil nach r., trägt eine Tunica, die im Nacken zusammengeknüpft ist (vgl. n. 34), und eine faltige, anliegende Mütze. Seine Arme fehlen. Der l. e. f. , welcher beide Arme — der r. ist weggebrochen, die r. Hand im Grunde erhalten — erhoben hatte, und wie mit einer Hacke oder Keule ausgeholt zu haben scheint, ist nur mit einem Schurz um die Hüften bekleidet. Links von ihm, vermuthlich noch über und hinter der Steinmauer zu denken, eine männliche Figur, im Profil nach l. gebeugt, in Aermelchiton und Chlamys. Kopf und Unterarm fehlen. Er wird zum Theil verdeckt durch eine männliche Figur in gegürteter Exomis und Helm mit Backenklappen, weit ausschreitend nach r. und am Boden hackend. Die Arme und der grösste Theil der Hacke fehlen. Zwischen seinen Beinen am Boden der Rest eines unbestimmbaren Gegenstandes.

Das Relief wurde von WELCKER a. Denkmäler V p. 179 für eine Darstellung der Steinigung des Palamedes erklärt. Indessen trägt nicht nur Ausführung und Composition sondern auch der Gegenstand römischen Charakter, und erinnert unverkennbar an Sculpturen der Trajans- und Antoninssäule, wo ähnliche Scenen häufig vorkommen, vgl. BARTOLI columna Antoniniana tab. 56. PISTOLESI colonna Trajana 6. 59. 67. 69. Montfaucon antiq. expliq. IV 1 pl. 52. 59 etc.

437. Knabenköpfchen.

H. 0,39. Gesl. 0,12. — Ital. Marmor.

Das Haar geht reich auf allen Seiten um den Kopf nieder und ist über der Stirn zu einem Knoten aufgebunden. Das Monument hatte Papiernummer, befand sich also früher in den ägyptischen Zimmern des Vatican.

438*. Kindersarkophag.

H. 0,53. B. 1,35. T. 0,41. — Mehrfach gebrochen. — Die Vorderseite und der Deckel sind von anderem Marmor als das Uebrige und scheinen antik dem Rest zugefügt worden zu sein.

Auf den beiden Nebenseiten des Sarkophags in flachem Relief je ein kauernder Greif, nach der Vorderseite zugewendet. Vor seinem Kopf ist eine geflügelte Maske (nach l.) mit deutlicher Stumpfnase eingegraben; die Bildung der Ohren ist nicht zu erkennen. Auf der l. Nebenseite Metallreste von der Befestigung des Deckels. In der

Mitte der Vorderseite ein rundes Medaillon; darin das Brustbild eines lockigen Knaben in doppeltem Gewand, welcher die ersten drei Finger der r. Hand auf eine Rolle legt, die er in der Linken hält. Unterhalb des Medaillons am Boden eine bärtige und eine unbärtige tragische Maske von einander abgewandt im Profil. An den beiden Ecken die symmetrisch wiederholte Figur eines Eroten in Chlamys, welcher auf eine umgekehrte brennende Fackel die eine Hand legt, darauf den andern Ellnbogen stützt und den Kopf auf die andere Hand neigt. Die Zwischenräume sind spiralförmig cannellirt.

Der Deckel des Sarkophags hat die Form eines Dachs. An den hintern Ecken Akroterien, an den vordern bartlose Masken mit phrygischer Mütze. In den Seitengiebeln je ein Adler mit einem Blitz in den Klauen. Auf der vordern Seite steht ein Rand in die Höhe. In der Mitte desselben eine kleine viereckige Tafel mit der Inschrift:

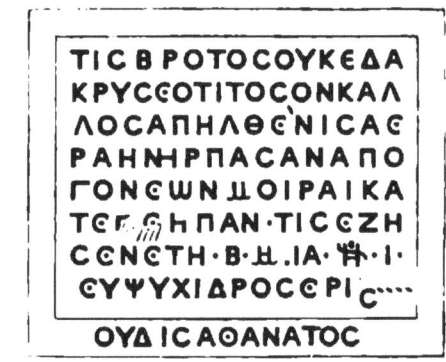

Rechts und l. von der Inschrift Andeutung von Wellen, mit je sechs nach den Ecken fortschwimmenden Delphinen.

Die Inschrift ist publicirt in JAHN's Jahrb. 1544 vol. XLI p. 102, 1845 vol. XLIII p. 450, ex apographis Lud. STEPHANI (beides uns unzugänglich); von WELCKER Rhein. Mus. VI 1647 p. 96. Corpus Inscript. Graec. III 6223[b], Addenda p. 1265, 6223[b]. STEPHANI Ind. Schol. in Univ. litt. Caes. Dorpat. per prius semestre 1549 p. 11 (uns nicht zugänglich . Am richtigsten ist die Lesung Stephani's:

Τίς βροτὸς οὐκ ἐδάκρυσε, ὅτι τόσον κάλλος ἀπῆλθεν,
ἐς ἀέρα ἥρπασαν ἄπο γονέων Μοῖραι κατ᾽ ἔ ̔νω ̈πάν.
Τίς ἔζησεν ἔτη β̄, μ. ῑα, ̔. ῑ.
Εὐψύχι, Δροσερί.
οὐδὶς ἀθάνατος.

Nur wird v. 6 *Δροσερίς* und v. 4 mit Franz *ἀπὸ* zu lesen sein; auch ist wohl vielmehr hinter *ἰς ἀέρα* zu interpungiren. Das dem Sinn nach trefflich passende *ἐνώπαν* steht nicht auf dem Stein: der dritte Buchstabe von v. 6 kann nur Γ oder Π, der vierte Є oder C sein; der fünfte ist vielleicht ein blosses Ι.

Die Bildung geflügelter Satyrn ist selten, aber nicht unerhört. Vgl. n. 507. Eine deutliche geflügelte Satyrmaske auf der r. Nebenseite eines Cippus im Hofe der porte d'Auguste zu Nimes. Zoega basso-rilievi II 88, vgl. E. Braun Kunstvorstellungen des geflügelten Dionysos p. 5.

438[b*]. Heraklesherme.

H. 0,43. Gesl. 0,20. — Ital. Marmor. — Ergänzt der Oberkopf und ein Stück vom l. Band. Der Hermenschaft fehlt.

Haupt- und Bart-Haar sind kurz gelockt. Um den Kopf lag ein bandumwundener Reif; von demselben fällt hinter jedem Ohr das Band nieder. Der Mund ist leise geöffnet. Der Kopf ist hinter den Ohren in glatter Fläche abgearbeitet und hat in der Mitte der Rückseite ein Loch, wahrscheinlich für einen Zapfen. Die Herme war sonach bestimmt, entweder mit einer andern vereinigt oder gegen eine Wand gestellt zu werden.

439*. Omphalos mit Binden (?).

H. 0,50. Umfang 1,42. — Griech. Marmor. — Abgebildet auf Taf. XI fig. 1. 2.

Das wunderliche Ganze hat die Form eines kurzen Cylinders, dessen untere Seite eine gerade Fläche bildet. Alle übrigen Flächen sind von vielfach in lauter Vierecke geknüpften und verschlungenen Stricken umzogen, die etwa wie mehrere übereinandergelegte Netze aussehen. Die Anordnung der Vierecke ist frei, doch herrscht eine gewisse Symmetrie. Auf der oberen horinzontalen Fläche sieht man in der Mitte die eingedrückte Spur eines Fusses.

Da in derselben kein Ueberrest von einem Fusse vorhanden ist, so kann es scheinen, als ob jene von Conze Reise auf der Insel Lesbos p. 31 — 33 zuletzt behandelten, in Marmorplatten paarweis oder einzeln eingehauenen Fusssohlen, in denen man Weihgaben von Wallfahrern erkannt hat, für die Erklärung eine Analogie darböten. Indessen sind

diese Fusssohlen glatt und stellen mehr oder minder genau den wirklichen Abdruck eines Fusses dar, während die vorliegende eine rauhe,
mit dem Spitzhammer flüchtig behauene Oberfläche zeigt. Zudem
befindet sich unmittelbar hinter ihrer Ferse eine Bruchfläche und
daneben eine bei der Arbeit vernachlässigte Stelle, was deutlich auf
eine ursprüngliche Verbindung mit einem andern Gegenstand hinweist.
So wird man nicht umhin können anzunehmen, dass in dieser Fussspur
in der That ein Fuss aufgesessen habe.

Man wird durch diesen Umstand an mehrere Statuen erinnert,
welche Apollon auf dem Dreifuss darstellen, den Fuss auf den mit
Binden verzierten Omphalos setzend. So eine Figur im Museo Nazionale
zu Neapel Mus. Borb. I 92. CLARAC 455, 937 und 486 A, 937; eine
zweite in Villa Albani MÜLLER-WIESELER Denkm. alter Kunst II 12, 137.
RAFFEI ricerche sopra un Apolline della villa Albani. Jedoch hat der
Omphalos in diesen Werken, wie überhaupt, eine andere Form, und
auch die Binden, die ihn überziehen, haben ein anderes Aussehen. Wo
sie ähnlich auf dem Omphalos in statuarischen Werken vorkommen
z. B. bei einer Statue des Asklepios im Museo Nazionale zu Neapel Mus.
Borbon. I 94. CLARAC 550, 1161, bilden sie ein einfaches regelmässiges
Netz mit quadratischen Maschen aus Wollbinden, nicht ein doppelt und
dreifach übereinander liegendes aus Stricken zusammengeknüpftes wie
an diesem Monument. Apollon setzt ferner nicht bloss einen, sondern
beide Füsse auf den Omphalos, und dieser ist nicht besonders angesetzt, sondern aus Einem Stück mit der Figur gearbeitet.

439[b]. Agyieus Bomos.

H. 0,63. Untere B. 0,35. — Ital. Marmor.

Das Monument, welches dem vorigen jetzt als Basis dient, hat die
Form einer Säule mit ionischem Fuss, ionischen Cannelluren und einer
Art dorischen Capitäls. Nach der Form und Grösse zu urtheilen ist es
nicht unwahrscheinlich, dass dasselbe als Altar gedient habe und also in
eine Reihe von Monumenten gehöre, in denen WIESELER Annali dell'
Instit. 1858 p. 222 ἀγυιεῖς βωμοί erkannt hat, vgl. Pollux Onomast.
IV 123 ἀγυιεὺς ὁ πρὸ τῶν θυρῶν ἑστὼς βωμὸς ἐν σχήματι κίονος.
Vgl. 549[a].

440*. Runde Ara, Nachbildung des puteal Libonis.

H. 0,64. Umfang in der Mitte 1,93. — Ital. Marmor.

Die Ara ist in Vei in den Jahren 1811—13 gefunden worden, vgl. die unter n. 409 angegebenen Fundberichte. — Publicirt von CANINA descr. di Vei tav. 42 p. 84 n. 74 p. 88 folg.; descr. del foro Romano II ed. tav. 13; edifizi di Roma antica I tav. 90. Monum. dell' Instit. IV 36, annali 1846 p. 244 folg. OTTO JAHN Berichte der sächs. Gesellsch. d. Wissensch. 1861 p. 316 Taf. VIII 4. Besprochen ausserdem von NIBBY viaggio nei contorni I p. 61. Analisi dei dintorni III p. 438. BRUNN Kunstblatt 1844 p. 318. MOMMSEN annali 1844 p. 289. CAVEDONI Bullett. dell' Instit. 1847 p. 79. DETLEFSEN annali 1860 p. 136. BRAUN annali 1853 p. 125; Ruinen und Museen p. 744. GRIFI atti dell' accad. pontif. rom. XIII p. 447 folg. Die Inschrift bei ORELLI Syll. inscr. I 1824.

Die Ara hat eine merkliche Entasis. Die Basis ist aus einem besondern Stück gearbeitet. In der Mitte der Höhe sind in gleicher Entfernung von einander vier grossbauchige, zehnsaitige Kithara angebracht, von denen zu beiden Seiten Bänder herabhängen. In den Zwischenräumen sieht man eine rings um die Ara laufende Fruchtschnur mit Pinienäpfeln, Granatäpfeln, Feigen, Weintrauben, Maiskolben?, Birnen, Aepfeln, Epheu-Blättern und - Trauben, Gersten(?)ähren, Oliven - und Myrthen-Zweigen und einer Blume, die der wilden Rose gleicht. In der Mitte der Zwischenräume sind unter der Guirlande vier Symbole des Hephaistos angedeutet, Ambos, Hammer, Zange und Pileus, welcher mit einem deutlich charakterisirten Oelzweig verziert ist. Ueber dem Theil der Guirlande, der sich über dem Ambos befindet, die Inschrift:

FILIATIS
SACRVM

Canina erkannte, dass dieses Monument eine Nachbildung des auf dem Forum Romanum neben dem fornix Fabianus gelegenen puteal Libonis sei (BECKER Topogr. I p. 280), welches auf Münzen der gens Aemilia und Scribonia dargestellt ist, COHEN méd. consul. I 10, XXXVI 2. MOMMSEN Gesch. des römischen Münzwesens p. 632. OTTO JAHN Berichte der sächs. Ges. 1861 Taf. VIII 5. Monum. dell' Inst. II 33. 34, 3. 4. Ohne jeden Anhalt aber und in sich unwahrscheinlich ist Canina's Erklärung der Symbole des Libonischen Puteals, wie Grifi mit unnöthiger Ausführlichkeit nachgewiesen hat. Die Leiern und Festons sollen angebracht sein «per conservare la memoria dei

giuochi megalesi», die L. Scribonius Libo nach Livius 34, 54 als curu-
lischer Aedil gegeben, und die Instrumente unter den Festons, in welchen er Werkzeuge der Münzprägung erkennt (wie vor ihm allgemein
die Münzen so erklärt worden waren), sollen daran erinnern, dass er
als Praetor durch die von Livius 35, 10 berichtete Verurtheilung vieler
pecuarii eine Menge Geldes gewonnen habe u. s. w. Nach Grifi a. a. O.
und Mommsen a. o. O. ist es überhaupt unbekannt, von welchem Scribonius Libo das Puteal herrührt. Dass die Instrumente unter den Festons sich nicht auf die Münzprägung beziehen, und dass insbesondere
in dem ölbekränzten hutartigen Gegenstande nicht der Münzstock,
sondern der pileus des Hephaistos zu erkennen sei, hatte schon CAVE-
DONI im Bullett. 1846 p. 142 und 1847 p. 79 angemerkt und ist
neuerdings von J. FRIEDLÄNDER annali dell' Inst. 1859 p. 79, welcher
die Münzpräge auf Münzen von Paestum nachwies, vollkommen ausser
Zweifel gesetzt worden.

Nicht minder unbegründet ist die von CAVEDONI Annali dell' Inst.
1839 p. 315 aufgestellte und in Folge von Mommsen's Widerlegung
Annali dell' Inst. 1845 p. 258, 1, später im Bullettino 1846 p. 132 widerrufene Vermuthung, dass das Libonische Puteal auf der area Vulcani sich
befunden habe und desswegen mit den Abzeichen des Hephaistos geschmückt gewesen sei. Auffällig ist überhaupt schon die Verbindung
der Leier mit den Attributen des Hephaistos, welche schwerlich durch
die Bemerkung Brunns erledigt ist, dass «einer religiösen Satzung zufolge Vulcan der Vater Apolls war.»

Ebenso wenig ist bisher der Umstand erklärt worden, warum das Libonische Puteal als eine massive Ara, mit der Inschrift «Pietatis sacrum»
nachgebildet worden ist. Canina sah in der Ara «un qualche sacro
monumento della pietà di alcuno della gente Emilia o Scribonia innal-
zato in Veji, e deputato a servire di base di qualche statua, invece di
un'ara sacra alla Pietà, della qual dea non si conosce che in detta città
vi fosse un culto.» Die Erklärung von «Pietatis sacrum» jedoch als
eines sacrum, welches die Pietät gesetzt, widerspricht allen inschrift-
lichen Analogien; jene Worte können vielmehr nur bedeuten «ein der
Pietas angehörendes Heilige», wie sonst Altäre als Göttern gehörig
bezeichnet werden z. B. ara Neptuni, ara Isidis, ara Ventorum u. s. w.
oder Schalen wie Volcani pocolom u. s. w.

441⁴. Runde Aschenkiste.

H. 0,24. Umfang 1,52. — Ital. Marmor.

Ergänzt Deckel und Basis. — Publicirt von GARRUCCI M. L. tav. XLIII fig. 1 2 p. 51. GARRUCCI verwechselt die Ciste mit n. 202 und gibt in Folge dessen an, sie sei in Cerveteri gefunden.

Das Gefäss hat die Form eines niedrigen Cylinders, und ist an seiner Aussenseite rings mit Reliefs geschmückt. Es hatte augenscheinlich einen Deckel, da in der obern horinzontalen Fläche des Randes sich drei kleine Löcher für Zapfen befinden.

Die Darstellung des Reliefs concentrirt sich um eine Ara, welche aus drei Blöcken besteht, von denen der eine als Basis, der andere als Mittelstück, der dritte als Deckplatte dient. Auf dem Altar scheint Holz aufgeschichtet zu sein. Auf ihn zu schreitet von l. ein jugendlicher Satyr (e. f.), dem ein Thierfell hinter dem Rücken flattert. Mit der Rechten zieht er einen sich sträubenden Ziegenbock an den Hörnern hinter sich her und erhebt mit der Linken gegen den Altar eine grosse brennende Fackel als wollte er auf demselben Feuer anzünden. Links von dem Satyr steht auf einem nach unten sich etwas verjüngenden Pfeiler mit Basis und Capitül eine kleine Priaposherme n. r. im Profil, den Oberkörper zurückgebeugt, den r. Arm in die Seite gestemmt und den l. Arm parallel mit dem weitabstehenden Phallos erhoben. welcher modern abgearbeitet, aber deutlich zu erkennen ist.

Rechts von der Ara steht ein belaubter Baum, an welchem links ein Tympanon an einem Bande, r. zwei Krotalen aufgehängt sind. An seinem Fuss r. auf dem Boden steht eine kleine Herme des bärtigen Priapos mit eingestemmten Armen und einem stehenden Phallos, welcher, nach der Abarbeitung zu urtheilen, die Höhe seines Hauptes erreichte. Beide Priape sind nicht grösser als etwa die Unterschenkel der übrigen Figuren. Von r. kommt auf den zuletzt beschriebenen Priapos und den Baum zu ein jugendlicher Satyr e. f. den Kopf nach r. gewandt, welcher in der Rechten ein Pedum hält und mit der Linken einen widerspänstig sich sträubenden Ziegenbock an den Hörnern nach sich zieht. Ein Ziegenfell flattert hinter seinem Rücken. Von r. tanzt ihm eine Mainade (n. l.) nach, den Kopf mit wallendem Haar zurückgeworfen, den mit Bändern verzierten Thyrsos in der zurückgehenden Rechten; sie sind in ein grosses Gewand gehüllt, das sie mit der Linken erfasst. Ein jugendlicher Satyr folgt ihr im Tanz; er hält in der Linken

eine brennende (?) Fackel und mit den Fingerspitzen der vorgestreckten
Rechten eine kleine Schale am Henkel, um sie auszuschwippen (etwa
in den Mund der Bakchantin?). Ein Panther, der sich nach ihm umsieht, schreitet ihm vorauf. Rechts steht ein Baum mit denselben Gegenständen wie der vorige. Rechts davon tanzt eine Mainade in Chiton
und fliegendem Obergewand nach l., den bekränzten Kopf und den
Oberkörper nach r. zurückgewandt; sie hält in der erhobenen Rechten
ein Tympanon, in der gesenkten Linken eine brennende Fackel, mit
der sie beinahe den Hermenschaft des zuerst beschriebenen Priapos
berührt.

Es unterliegt wohl keinem Zweifel, dass das Opfer, zu dem die
beiden Böcke auf den Altar gezogen werden, den Priapen gilt. Ueber
das Kottabosspiel vgl. OTTO JAHN arch. Beit. p. 200. BRUNN bullett. 1859.
p. 126 — 128.

XIII. ZIMMER.

Nr. 442—481.

WESTWAND.

442. Torso einer weiblichen Gewandstatue.

H. 0,80. Trsl. ca. 0,45. — Ital. Marmor. — Es fehlen beide Unterarme, beide
Unterschenkel und der Kopf, welcher eingesetzt gewesen; das Erhaltene mehrfach
verstossen.

Die Figur ruhte auf dem r. Bein und ist bekleidet mit einem Chiton
mit Ueberschlag und langen, eng anliegenden Aermeln; darüber ein
Obergewand, dessen ungewöhnliche Anordnung in der jetzigen Verstümmelung nicht mehr recht zu verstehen ist. Während es mit dem
Chiton zugleich unter den Brüsten mit einem breiten Bande eingegürtet ist, hängt ein Theil desselben frei über r. Schulter und Arm
herab. Der l. Unterarm scheint etwas erhoben gewesen zu sein; der r.
ging nieder, wie ein Ansatz am r. Schenkel beweist, derselbe rührt ohne
Zweifel von einem Gegenstand her, den die Rechte hielt, vielleicht
von einem aspergillum. Die Rückseite der Statue ist vernachlässigt.

443. Fragment eines Reliefs mit gebogener Grundfläche.

H. 0,65. B. 0,48. — Griech. Marmor.

Ergänzt die r. Seite des Reliefs mit dem grösseren Theil des l. Armes des Satyrs
und dem Panther; r. Unterarm, r. Fuss und Nase des Satyrs. Von dem Pedum (?) sind
unter der Hand und am Oberarm sichere Reste erhalten. — Bez. 1823 C. C. 299. und
G. M. R.; früher im Pal. Rondinini vgl. n. 47. 469. 477. — Abgebildet bei GUATTANI
Mon. ant. ined. 1787 dec. t. III p. 59.

Ein jugendlicher Satyr, n. r., im Tanz begriffen, ruht auf den Zehen des r. Fusses; der l. geht zurück. Der vorgestreckte l. Arm ist unter einem Pantherfell verborgen, das auf der r. Schulter geknüpft ist; der r. hielt ein Pedum (?). Der Kopf mit schlichtem im Nacken lang herabhängenden Haar ist ein wenig gesenkt. Der Boden, auf dem die Figur ruht, ist nur eine besondere kleine aus dem Grund vorspringende Erhöhung; es scheint jedoch, dass sie ursprünglich fortlaufend war und erst durch moderne Abarbeitung diese Form erhielt. R. von dem Satyr ist ein (n. r.) sitzender Panther, der sich nach ihm umsieht, ergänzt. Nöthig ist eine solche Ergänzung nicht; die Figur kehrt ziemlich genau, entsprechend als einfacher Tänzer z. B. auf der Ara bei CLARAC 169, 174 und auf zwei Marmorvasen, der des Salpion (MÜLLER-WIESELER D. d. a. K. II 34, 396) und der anderen im Mus. Nazionale (ib. II, 44, 549) wieder, und die Composition bietet keinen Anlass zu der Annahme, dass dem Satyr etwa wie auf dem Campanaschen Marmordiskos (Mon. dell' Inst. V 29) und dem Relief Spec. of anc. sculpt. 2,25 ein springender Panther beigegeben gewesen wäre. Ob das, was der Satyr in der Rechten hielt, ein Pedum gewesen sei, wie auf dem Diskos, oder ein kurzer Thyrsos, wie auf den andern Darstellungen, ist nicht zu entscheiden.

Das Bruchstück, welches der Beschaffenheit seiner Grundfläche nach nicht zu einer Vase, der Arbeit nach nicht zu einem Sarkophag gehört haben kann, wird von einer runden Ara oder einem Puteal herrühren. — Verschiedene Fragmente eines Puteals mit schönen bakchischen Darstellungen (Mainade mit Tympanon, Hermes mit dem jungen Dionysos im Arm in der bekannten Composition) sind neuerdings von Fortunati bei Albano gefunden worden und stehen gegenwärtig im Hofe des Palazzo Chigi. Auf dem Aventin sind unlängst zu Tage gekommen «varii frammenti di un puteale con soggetti dionisiaci, condotto in stile che s'accosta all' arcaico» C. L. VISCONTI Bullett. d. Inst. 1859 p. 73.

444ᵃ. Kopf einer Venus (?).

H. 0,40. Gesl. 0,17. — Griech. Marmor.
Erg. Nase, ein Stück Hinterkopf mit dem Haarknoten, Hals, Büste; mehrfach verstossen. — An der Büste mit Blei angeschrieben M. 145.

Das wellige Haar ist zurückgestrichen und war am Hinterkopf unten in einen Knoten gebunden. Ueber der Stirn ein Diadem, welches über den Ohren sich im Haar verliert.

445. Männlicher Torso.

H. 1,13. Trsl. 0,56. — Ital. Marmor.
Es fehlt Kopf mit Hals, beide Arme, r. Unterschenkel, fast das ganze l. Bein.
Der l. Arm war eingesetzt.

Die Figur, welche sich durch derbe, musculöse Formen auszeichnet, ruhte auf dem r. Bein, an dem Spuren einer Stütze, etwa eines
Baumstamms erhalten sind. Der r. Arm war gesenkt, wie der Ansatz
einer Stütze zeigt am r. Schenkel; der l. war seitwärts erhoben, etwa um
ein Scepter aufzustützen. Auf der l. Schulter liegt das Ende eines um
den Arm geschlungenen Gewands auf, das hinter dem Rücken in gerader Fläche herabfällt. Die Möglichkeit, dass die Figur mit einer zu
ihrer Linken stehenden gruppirt gewesen sei, ist durch nichts ausgeschlossen; doch kann es ebensowohl eine einfache Portraitstatue oder
dgl. gewesen sein. Die Rückseite vernachlässigt; die Arbeit römisch,
doch gut und sorgfältig. Vgl. n. 475.

446*. Fragment eines Adonissarkophags.

H. 0,64. B. 0,51. — Ital. Marmor.
Es fehlen: an der Aphrodite r. Fuss und der Theil von der Brust aufwärts; an
Adonis r. Arm mit der Schulter, Hals und Kopf; an dem obern Eroten l. Unterarm.
— Publicirt von GARRUCCI M. I. XLV 1 p. 84; in dem Verzeichniss der Adonissarkophage bei PETERSEN ann. dell' Inst. 1862 p. 161 und HIRZEL ebenda 1864 p. 68
unter I. aufgeführt; vgl. HIRZEL p. 76.

Das Fragment rührt von der r. Ecke der Vorderseite her. Rechts
Adonis, en face, nackt bis auf ein Gewand, auf dem er sitzt und von
dem ein Theil über seinen l. Arm fällt. Er hat um den r. Schenkel
einen Verband, an dem ein nackter flügelloser Erot (n. r.) mit einem
Schwamm beschäftigt ist, das Blut aufzufangen; darunter steht am
Boden eine Schale mit Fuss. L. sitzt Aphrodite en face, mit doppeltem Gewand und Sandalen, das l. Bein hoch aufgestützt auf eine
felsenartige Erhöhung des Bodens. Beide Figuren werden sich im
Nacken umfasst gehalten haben. Am r. Bein der Aphrodite steht am
Boden ein Schild. R. von Adonis oben fliegt oder steht ein nackter
Erot (e. f.), der seine l. Schulter mit der Rechten berührt; er hat an
der l. Hüfte einen Ansatz, wahrscheinlich von einem Gegenstand, den
er in der (abgebrochenen) Linken hielt.

447*. Weiblicher Idealkopf.

H. 0,36. Gsl. 0,16. — Griech. Marmor. — Ergänzt Nase und Büste; ausserdem mehrfach verstossen und einmal durchgebrochen. Mit Bleistift bezeichnet M 115.

Aus dem Haar, das, in grosse Wellen gelegt, zurückgenommen ist, fallen im Nacken einige jetzt verstümmelte Locken herab. Ueber der Stirn ein Diadem.

Die Züge, obgleich ideal, erinnern an Portrait.

448*. Grabrelief.

H. 1,19. B. 2,05. D. 0,22. — Ital. Marmor.
Die Nase abgestossen, sonst bis auf Kleinigkeiten vortrefflich erhalten; wegen der Inschrift s. u. — Bezeichnet: P·S·AMMENDOLA·IN·VIA·APPIA·IN·1825. und C·C·1827. vgl. zu n. 189.

Auf einer gepolsterten Kline ruht auf der l. Seite des Körpers, den Kopf mit der Linken unterstützt und auf ein Kissen gelegt, eine weibliche Gestalt, den Körper von den Hüften abwärts in ein Gewand gehüllt, das hinter dem Rücken herauf und wie ein Schleier über den Kopf gezogen ist. Die Rechte liegt in der Gegend der Schaam, als habe sie dieselbe mit dem Gewand bedeckt; der r. Fuss ist über den l. geschlagen, an dem eine starke Verzeichnung auffällt, und ruht auf einem kleinen Korbe; vgl. n. 503. Unter der l. Achsel der Frau sehen Kopf und Vorderpfoten eines kleinen Hündchens (Spitz) hervor. Das Haar ist rings um die Stirn in fünf Reihen von Löckchen aufgebaut; der Kopf trägt Portraitzüge. Um den Hals liegt eine Halskette vorn mit einem angehängten Blatt, um beide Oberarme und Handgelenken Spangen; am fünften Finger der l. Hand am ersten Glied ein Ring. Rings ist das Relief mit einem architektonisch gegliederten Rahmen eingefasst von gleicher Höhe mit der höchsten Relieferhebung. Nur auf der untern Seite ist er durchbrochen; dort sind aus ihm die Füsse der Kline herausgearbeitet und der Raum zwischen denselben vertieft. Ausserdem ist der Rand l. breiter, und dort eine schmale oblonge Fläche vertieft, so dass es scheint, als habe sich eine weitere Platte angeschlossen. Auf dem Rand der Kline, zwischen den Füssen und r. und l. von denselben eine Inschrift in folgender Anordnung:

	DIS MANIBVS		
PERMISSV	VLPIAE	EPIGONE	⊐L∙N̄

Das Stück der Leiste, auf dem «manibus» steht, ist eingesetzt und fünf
Mal gebrochen; die ersten drei Stücke sind von demselben Marmor mit
dem übrigen Relief, das vierte und fünfte von anderem; auch ist das
Relief unmittelbar darüber verstossen. Danach scheint hier eine antike
Ausbesserung vorzuliegen. Ebenso ist die Fläche, auf welcher «Ulpiae
Epigone» steht, nur mit dem Spitzhammer rauh zugehauen, und die
Buchstaben dieser Inschrift sind von denen der übrigen merklich unterschieden. Bei genauer Betrachtung meint man ausserdem Spuren
von anderen Buchstaben im Grund wahrzunehmen. Danach würde auf
dem Relief an die Stelle einer früher vorhandenen eine neue Inschrift
gesetzt und von der ursprünglichen nur «dis manibus» und «permissu
L. N.» beibehalten worden sein: vielleicht verwandte man es später für
ein anderes Grab.

Die Bezeichnung des Reliefs, mit der die Amatischen Scheden
(Bibl. Vat. 323) stimmen, weist es dem Begräbnissplatz der Volusier
zu (vgl. zu 159); unter dem L. N̄ kann man danach kaum einen
andern verstehen als den 609 d. St. verstorbenen praefectus urbi L. Volusius Saturninus (vgl. MOMMSEN zu Borghesi Oeuvres III p. 333) und
ist damit gezwungen das Relief in das erste Jahrhundert zu setzen;
dahin deutet auch die Frisur, welche ungefähr derjenigen der Julia,
Tochter des Titus, entspricht, während man nach dem rohen und ver-
ständnisslosen Charakter der Arbeit (auch das Gesicht ist stark verzeichnet) versucht sein würde, das Monument sehr wesentlich weiter
herabzurücken.

448ᵃ.

Unter n. 448 und 461. 467 stehen Architekturfragmente, die vermuthlich zu n. 344a gehören.

449. 452. 456. 468. 471. Stirnziegel mit Darstellung einer Athene.

H. 0,40. B. 0,25. — Grobkörniger, graulicher Marmor. — Sie sind alle von
der ähnlichen guten Erhaltung, nur in einzelnen Theilen verstossen. 468 bezeichnet:
1823 C. C. 304; die übrigen nur 304.

Alle fünf sind oben abgerundet und rings mit einem vorspringenden Rand umgeben; die Figur füllt den Raum im Lichten fast völlig aus, der Helmbusch greift
sogar über den Rand über.

449. 452. 468. 471, wozu noch ein fünftes Exemplar im Museo Chiaramonti
(unter n. 444 ff.) kommt, sind identisch wenn auch nicht ohne Abweichungen in unwesentlichen Einzelheiten. Abgebildet auf T. VIII, 1. 1a.

Athene en face, in der Haltung der Palladieu (vgl. z. B. die Statue des Louvre Clarac 319, 349) ruht auf beiden Füssen, den l. etwas vorgesetzt. Sie trägt einen unter der Brust gegürteten Chiton mit Ueberschlag, der in symmetrischen Falten zu beiden Seiten herabfällt. Auf der Brust trägt sie über dem Chiton eine Aegis mit kleinem Gorgoneion in der Mitte, welche hinter dem Rücken herabfällt, so dass l. und r. von der Figur ihr Schlangensaum sichtbar wird. Am l. Arm trägt sie einen grossen Schild (ohne Zeichen); ihre Rechte ist zum Wurf mit dem Speer erhoben, von dem besonders bei n. 449 und 471 deutliche Reste erhalten sind. Auf dem Kopf trägt sie einen Helm mit Crista, unter dem hervor zu beiden Seiten eine lange Locke auf die Schulter herabfällt.

456.　Abgebildet auf T. VIII, 3. 3a.

Athene, auf dem r. Bein ruhend, stützt mit der erhobenen Rechten eine Lanze auf, während die gesenkte Linke auf dem Rande des Schildes ruht, der ihr r. zu Füssen steht. Den Kopf, der etwas nach l. gewandt und erhoben ist, bedeckt ein Helm mit Crista, unter dem zu beiden Seiten eine lange Locke auf die Schulter vorfällt. Die Göttin trägt über dem wohl nicht gegürteten, lang übergeschlagenen Chiton eine kleine Aegis, die nicht nach hinten herabfällt, und hat ein Obergewand über die l. Schulter zurückgeschlagen, das bis zu den Knieen herabgeht und die r. Schulter und die Brust freilässt.

Ein genau entsprechender statuarischer Typus scheint sich nicht zu finden. Die Reliefs sind durchgängig mit grosser Sicherheit gearbeitet, und, ihrer decorativen Bestimmung entsprechend, breit und ohne viel Detail; die Köpfe sind nahezu nur angelegt.

450*.　Friesfragment mit Gigantenkampf.

H. 0,68. B. 0,56. Dicke der Platte 0,17. — Griech. Marmor. — Ergänzt Nase und ein Theil des Kinnbartes; es fehlen r. Unterschenkel, l. Fuss und Knie, r. und l. Unterarm. — Abgebildet auf T. VIII, 2. — Besprochen von Braun Ruinen und Museen p. 748.

Ein nackter Mann mit langem wildgelocktem Haupt- und Barthaar ist, den Leib en face, vor einem Felsen n. r. weitausgeschritten, den l. Fuss auf eine Erhöhung gestellt. Der l. Arm, über den ein rückwärts flatterndes Fell eines wilden Thieres hängt, ist vorgestreckt und wird den derben Baumstamm mit abgehauenen Aesten getragen haben, der über ihm sichtbar ist und hinter dem Kopf weggeht. Der r. Arm ist zurückgestreckt, in der Bewegung etwa des Schleuderns. Der Ausdruck des Kopfes mit gerunzelter Stirn und geöffnetem Mund, verräth wie die ganze Körperbewegung, höchste Anstrengung und Erregung. L. von der Figur Reste eines Eichbaums und darüber das Ende eines ausgebreiteten grossen Flügels. Die gedrungenen Proportionen des Körpers und die Züge des Kopfes erinnern auffällig an die von Brunn erkannte Gigantenfigur in Venedig (Arch. Anz. 1865 p. 66 ff.).

Die Arbeit ist sehr ausführlich, aber frei, sicher und lebendig; der Körper, gegen den der Kopf etwas zurücksteht, grossentheils mit dem Meissel vollendet. Die Platte ist oben sicher vollständig, die Seitenränder verstossen; die Beschaffenheit der Seitenflächen (— in der r. Loch für einen Dübel —) zeigt, dass sie auch hier nicht gebrochen ist, sondern dass nur die Ränder verstossen sind. Wahrscheinlich ist es eine Platte aus einem fortlaufenden Fries.

Braun sieht ohne Grund in der Figur im Gegensatz zu den «schlangenfüssigen Giganten» einen Titanen. Vgl. dagegen die erwähnte Figur in Venedig und PRELLER Gr. Myth. I p. 60 f., welcher auf die «Felsstücke und Eichstämme» der Giganten bei Plat. Soph. 246 A verweist.

451*. Stirnziegel.

Oben abgerundet; darin ein Adler mit erhobenem Kopf und ausgebreiteten Flügeln. H. 0,30. B. 0,31. — Grauer ital. Marmor. — Einmal durchgebrochen.

452. S. unter n. 449.

453. Togastatue des C. Caelius Saturninus.

H. ohne Plinthe 2,02, mit Plinthe 2,20. Gsl. 0,21. — Die Statue von parischem, der eingesetzte Kopf und Hals von ital. Marmor.

Erg. Nase, beide Ohren, l. Hand mit Rolle, Kleinigkeiten am Gewand, sonst von vorzüglicher Erhaltung. — Abgebildet bei GARRUCCI M. I. XLVIII p. 89. — An der Plinthe bez. MVNIFICENTIA·PII·IX·PONT·MAX·A·XIII. — Die Inschrift publ. und erläutert von GARRUCCI a. a. O. und Rev. arch. 1862 p. 354 ff. BORGHESI und HENZEN Nuovo memorie dell' Inst. p. 294 ff. MOMMSEN ib. p. 298 ff., welcher nachweist, dass die Inschrift zwischen 323 und 337 gesetzt sein müsse, und vermuthet dass die Statue am oder im Haus des C. Caelius Saturninus aufgestellt gewesen sei, da gleichfalls am Fuss des Quirinals eine zweite Inschrift einer von dem Sohn gesetzten Statue desselben Mannes aufgefunden worden: Doni 5,90. Reines. 6,27. Fabr. 713, 348.

Die Figur in Aermeltunica und Toga, ruht auf dem r. Bein, neben dem am Boden ein Bündel von vier Rollen steht; an den Füssen Schuhe.

Die herabgehende Rechte hat den Saum der Toga gefasst; der l. Unterarm geht im rechten Winkel vor, die Hand ist wohl richtig mit einer
Rolle ergänzt. Das geschmackvoll angeordnete und sorgfältig ausge-
führte Gewand macht in dem schönen Material einen vorzüglichen
Eindruck; es giebt von dieser Togafigur, welche sicher einer guten
Zeit angehört, genaue Repliken z. B. in Pal. Sacchetti zu Rom. Ein
späterer Zusatz ohne Zweifel ist der Kopf mit dünnem Haupt- und Barthaar und deutlich angegebenen Augenbrauen und Pupillen, welcher
den Charakter der constantinischen Zeit trägt. Vgl. über dieses Verfahren zu n. 204. 466. Die beinah halbkreisförmige Plinthe der Statue
hat eine einfache Gliederung; in der Hohlkehle die Inschrift:

༒ DOGMATII ༒

Zugleich mit der Statue, welche 1856 bei Grundgrabungen im Palazzo
Filippani alla Pilotta gefunden wurde, kam ihre Basis mit folgender
Dedicationsinschrift zu Tage:

HONORI

·C·CAELIOSATVRNINO·V·C·

ALLECTO PETITV SENATVS INTER

CONSVLARES COMITI·D·N·CONSTANTINI

5   VICTORIS AVG·VICARIO PRAEFECTVRAE

VRBIS IVDICIS AC RARVM COG·VICARIO

PRAEFF·PRAETORIO BIS IN VRBE ROMA

ET PERMYSIAS EXAMINATORI PERITÀ

LIAM PRAEFECTO ANNONE VRBIS RATIo

10   NALI PRIVATE VICARIO SVMMAE REI

RATIONVM RATIONALI VICARIO PER

GALLIAS MAGISTRO CENSVM VICARIO

A CONSILIIS SACRIS MAGISTRO STV

DIORVM MAGISTRO LIBELLORVM DVCE

15   NARIO A CONSILIIS·SEXAG·A CONSILIIS

SACRIS· SEXAG · STVDIORVM ADIVTORI

FISCI ADVOCATO PER ITALIAM

C·FL·CAELIVS VRBANVS·V·C·

CONSVLARIS PATRI

Die Basis, auf der die Inschrift steht, ist mehrfach verstümmelt:
u. a. ist die hintere Hälfte weggebrochen und damit ein Theil des urceus

auf der r. und der patera auf der l. Nebenseite. Der urceus steht verkehrt, woraus erhellt, dass hier ein bereits vorhandener Cippus neu benutzt worden ist.

454*. Grabrelief aus Travertin.

H. 0,62. B. 1,82. — Wohl erhalten; die fehlende l. Hälfte der Inschrift scheint auf einem angesetzten Block gestanden zu haben; ein Stück des obern Randes am Relief weggebrochen.

· Das Ganze ist in dem porösen Material nur mit dem Spitzhammer ausgehauen und wohl nie schärfer in den Formen gewesen als jetzt. Links auf einer glatten Fläche ohne Rahmen die Inschrift:

Rechts daneben auf vertiefter Grundfläche drei Brustbilder in Hochrelief: l. eine Frau, fast im Profil, n. r., in kurzärmligem Untergewand und schleierartig über den Kopf gezogenem Obergewand, welche mit der Rechten nach der Toga auf der Brust des r. befindlichen unbärtigen Mannes fasst; dieser (en face) hat die von der Toga nicht bedeckte Rechte auf die Brust gelegt. Zwischen beiden im Grunde der Kopf eines Knaben, das lockige Haar über der Stirn nach hinten in eine Flechte eingeflochten. Man würde den Kopf für den eines Mädchens halten, wenn nicht um den Hals eine Bulla hinge. Rechts oben hat das Relief eine einspringende Ecke, veranlasst wahrscheinlich durch die Architektur, in welche es eingesetzt war.

455*. Kindersarkophag.

T. 0,33. — Der Deckel H. 0,14. B. 1,11. — Der Sarkoph. H. 0,32. B. 0,70. — Ital. Marmor. — Vom Sarkophag ist wenig mehr als die r. Hälfte erhalten, der Deckel vollständig.

Der Deckel hat die Form eines Tempeldaches; in den beiden Seitengiebeln je eine Epheuranke; an den hinteren Ecken Akroterien, an den beiden vorderen Pansmasken. Zwischen diesen auf der Vorderseite ein senkrechter Rand; darauf in der Mitte ein Gorgoneion mit mensch-

lichem, grosswelligem Haar und zwei unter dem Kinn geknüpften
Schlangen; über der Stirn auf der Höhe des Kopfes zwei Flügel, über
welche zwei einander zugewandte Schlangenköpfe herabkommen. Rechts
und l. davon wiederholt sich dieselbe Darstellung: zwei einander zugewendete kauernde, geflügelte Sphinxe mit erhobnem Schwanz; zwischen ihnen ein Candelaber (?) von Balustrenähnlicher Form. Zu beiden
Seiten des Gorgoneions die Buchstaben **D** und **M**; auf dem unteren
schmalen Rande des Deckels in Einer fortlaufenden Reihe die Inschrift:

CLAVDIVS ANICETVS CRYSOTHEMI BERNF SVAE ET
sic
CIAVDIA CAJ LIGENIA ET MERCVRIALIS PARENTFS
sic
BENEMERENTI FFCERVNT

Auf dem schmalen oberen Rand des Sarkophags die verstümmelte
Inschrift:

men ////NS · XI DIEBVS XXVIIII

Auf dem erhaltenen Theile der Vorderseite acht Eroten, mit Weinlesen
und Keltern beschäftigt. Links am Ende steht eine viereckige, kasten-
förmige Wanne mit zwei Löwenköpfen als Mündung; vor diesen eine
kleine Wanne von ähnlicher Form. Die Wanne ist voll von Beeren,
welche zwei Eroten in gleichem Tritt, das l. Bein erhoben, auskeltern.
Von dem l. sind nur die Beine erhalten, von dem r. der Kopf abgestossen; dieser hält in der Linken ein oben gabelförmiges Pedum erhoben; wahrscheinlich umfassten sich die beiden im Nacken oder hielten
sich bei der einen Hand. Zu ihnen kommt von r. ein anderer Erot, auf
der r. Schulter einen Korb mit Beeren, den er mit der Rechten hält;
in der Linken trägt er ein Pedum. Rechts von ihm im Grund ein Baumstamm, an dem sich eine Rebe in die Höhe rankt. Von r. ist eine Leiter an
ihn angelehnt, auf der oben ein Erot steht; er hält sich mit der Rechten
oben am Baume an und reicht mit der Linken einen Henkelkorb voll
Beeren herab, den r. unten ein anderer Erot in Empfang nimmt; ein
zweiter gefüllter Korb steht am Fuss der Leiter. Rechts nahe am Ende
des Reliefs ein anderer Baumstamm von einer Rebe umrankt, die sich
am oberen Rande des Reliefs arabeskenartig hinzieht. An den Baum
sind von r. und l. zwei Leitern angelegt, auf welchen oben je ein Erot
steht, der eine Traube pflückt; ein dritter steht unten zwischen den
Leitern und bückt sich n. l., um einen dastehenden vollen Korb hinzu-
stellen oder aufzunehmen.

Auf der allein erhaltenen r. Nebenseite in flachstem Relief ein Greif n. l.

Inwendig r. am Boden des Sarkophags eine Erhöhung für den Kopf des Leichnams. Die inneren Ecken sind abgestumpft, so dass eine beinahe ovale Form entsteht, welcher an der Unterseite des Deckels eine ovale Vertiefung entspricht. Auf eben dieser Unterseite ist in den vier Ecken je ein Loch mit Resten von eisernen Zapfen zur Befestigung des Deckels. Die Arbeit des Deckels, auch die Composition des untern flüchtiger ausgeführten Reliefs, sind fein und geschickt. Der Sarkophag ist hergestellt für eine Haussklavin Chrysothemis, die noch Kind gewesen sein muss, von dem Herrn (Claudius Anicetus) und den Eltern des Kindes: Claudia Calligenia, welche Freigelassene desselben Claudius zu sein scheint, und Mercurialis, welcher wohl noch Sklave war. Anfang 1859 wurde bei Arbeiten für die Eisenbahn nach Civitavecchia «alle falde del Monte Verde» ein Sarkophag mit Deckel gefunden; das Relief an seiner Vorderseite «geni intesi alla vendemmia» war «così uguale nella disposizione delle figure a quello d'altra urna sepolcrale, ch' è nel museo lateranense, che ben dimostra la provenienza di ambedue da un originale stato ad essi comune.» P. E. Visconti Atti dell' Acad. Pont. XV p. CXXIV (17. Febr. 1859).

456. Stirnziegel s. u. n. 449.

SÜDWAND.

457. 458. 462. 463. Fragmente von colossalen Porphyrstatuen.

Nach Vasi e Nibby Itinerario etc. gefunden am Constantinsbogen.

457. H. 0,75. Obere Hälfte des Torso einer Togafigur. Der Kopf war aus einem besonderen Stück gearbeitet.

458. H. 0,80. Fragment vom Torso einer Togafigur.

462. H. 1,00. Mittelstück einer Togafigur mit vorgesetztem r. Bein.

463. H. 0,55. Gewandfragment, viell. zu n. 462 gehörig.

Ausserdem steht am Boden noch ein Porphyrfragment von einem Schild oder einer flachen Schale.

Alle diese Fragmente sind von vortrefflicher sorgfältiger Arbeit.

459*. Heraklesara (Ara Giustiniani).

H. 0,83. B. 0,62. T. 0,46. — Graulicher Griech. Marmor. — Mit Roth bez. 79.

Die erste, zweite und vierte Seite sind sehr ruinirt, so dass das Detail der Darstellungen nicht mehr festzustellen ist; etwas besser erhalten die dritte (Rück-)Seite, welche bei der Aufstellung in Pal. Giustiniani vermauert war (ZOEGA Bass. II p. 52. Anm. 32) daher sie auch in den Publicationen fehlt. — Abgebildet bei BEGER Hercules ex antiqu. reliqu. t. 5 (uns unzugänglich). Gall. Giust. II, 135; danach MONT-FAUCON Ant. expl. I t. 133. Die Publicationen durchgängig sehr ungenau, flüchtig und voll grober Irrthümer. — Besprochen von BRUNN Kunstblatt 1844 p. 321. STEPHANI Jahn's Jahrbb. XLI p. 111. XLIII p. 449 (uns unzugänglich); Ausf. Herakles p. 202 n. 12. KLÜGMANN Ann. dell' Inst. 1864 p. 317. vgl. VISCONTI Pio-Cl. IV pl. 41 in einer Note. — Die Inschrift in den handschriftlichen Sammlungen von Petrus Sabinus und Jucundus und bei Mazocchi f. 155b (152) »in Sancta Rufina« in Trastevere; dann bei Smetius 23,1 (danach Grut. 43,1) »in vinea Card. Carpensis«. Bei Grut. ed. 2 (1663) »nunc est in palatio principis Justiniani prope Pantheon«, ebenso Murat. 61,4 (nach Ptolemaeus); dort sahen sie noch Visconti a. a. O., Marini (sched. Vat. 79) und Zoega a. a. O. Ausserdem steht die Inschrift in vielen handschriftlichen Sammlungen.

Die Ara hat unten und oben eine wenig vorspringende architektonische Gliederung, auf der oberen Fläche eine runde Vertiefung. Auf der Vorderseite oben die Inschrift:

HERCVLI	SACRVM
P·DECIMIVS	LVCRIO
V·S	L·M

Zwischen den zwei Theilen der Inschrift in flachstem, kaum mehr kenntlichem Relief eine mit Guirlanden (?) verzierte Ara, auf der etwas zu liegen scheint, vielleicht ein brennendes Opfer; l. daneben am Boden ein Schwein (n. r.). Rechts von dem Altar steht n. l. Athene in langübergeschlagenem gegürtetem Chiton mit Helm (?) und Aegis, in der Linken Schild und Lanze, und erhebt in der Rechten einen unkenntlichen Gegenstand, als ob sie ihn über den Altar hinüber dem l. von demselben stehenden Herakles (n. r.) reichte, der seine Rechte vorstreckt um ihn zu empfangen oder vielleicht um zu libiren (Smetius: »stat ad aram sacrificans«). Sein Kopf ist etwas n. r. geneigt, neben ihm r. hängt ein Gewand (die Löwenhaut?) herab; ob dieses von der l. Schulter herabfiel und ob er vielleicht mit der Linken die Keule schulterte, ist ungewiss. Die Abbildung der Gall. Giust. ist ungenau und giebt keinen Aufschluss. Einer Copie der Inschrift in den neapolitanischen Handschriften des Ligorio (XXXIII f. 95) ist beigeschrieben: »Pallade che dona un ramo d'ulivo ad Ercole vicino al quale c'è un porco«;

doch ist auf diese Angabe bei der bekannten Unzuverlässigkeit Ligorio's kein Gewicht zu legen. Unten läuft um die Basis, von l. nach r., mit besonders angedeutetem Boden die Darstellung der zwölf Thaten des Herakles in etwas grösserem Maassstabe:

I. Auf der Vorderseite:

1. Kampf mit dem nemeischen Löwen,

2. mit der lernaeischen Hydra («hydram undecim capitum contundit». Smet.)

3. Herakles der den erymanthischen Eber auf der Schulter trägt.

II. Auf der r. anstossenden Seite:

4. Herakles der von hinten die Geweihe des niedergeworfenen Hirsches fasst; dass er auf ihm gekniet habe, ist nicht sicher.

5. Herakles nach drei über ihm fliegenden stymphalischen Vögeln schiessend.

6. Herakles mit doppelzinkiger Hacke an einer r. neben ihm befindlichen Erdmasse arbeitend, an welche die Keule gelehnt ist (Reinigung des Augiasstalles).

III. Auf der Rückseite:

7. Kampf mit den Amazonen. Herakles schwingt die Keule gegen eine auf einem zusammengestürzten Pferde sitzende Amazone, die er mit der Linken beim Haar gefasst zu halten scheint; sie hat am l. Arm den Schild, in der Linken die Zügel, in der erhobenen Rechten die Streitaxt. («contra Centaurum qui eques est cum bipennide et pelta, pugnat» Smet.)

8. Bändigung der vier Rosse des Diomedes; zwei liegen bereits zusammengestürzt am Boden.

9. Bändigung des kretischen Stiers; derselbe springt in die Höhe und wird von Herakles bei den Hörnern gefasst.

IV. Auf der l. Nebenseite:

10. Kampf gegen Geryoneus, der in Gestalt dreier geharnischter Männer mit Helm und Schild erscheint; der vorderste hält in der Rechten ein kurzes Schwert, der hinterste hat die Rechte erhoben als hole er mit dem Speer aus.

11. Herakles führt den Kerberos.

12. Herakles pflückt einen Apfel vom Baum der Hesperiden, um den sich eine Schlange windet («cui serpens convolutus est, deorsum tendens» Smet.) und an dessen Fuss eine schlafende, ganz in ein Gewand gehüllte Hesperide sitzt, die sich an ihn lehnt; sie ist in kleinerem Maassstab gebildet.

Die Einzelheiten der Gruppen sind nicht mehr zu erkennen; aus den zahlreichen Missverständnissen des Stiches in der Gall. Giust. geht deutlich hervor, dass schon damals das Monument in ähnlichem Zustand war. Der Kopf des Herakles ist nur bei n. 6 erhalten und zeigt da das Haar in beinahe archaischer Weise in kleine perlartige Löckchen gelegt. Ueber den Kunstwerth der Arbeit ist nicht mehr zu urtheilen; die Anordnung der Reliefs, welche übermässig zusammengedrängt sind und oberhalb grosse Flächen leer lassen, ist wenig geschickt. Klügmann hat gezeigt, dass die Ordnung der verschiedenen Kämpfe die gewöhnliche ist, ausser auf der III. Seite, wo sie nach der Regel in der umgekehrten Reihenfolge stehen sollten.

460*. Dreiseitige Candelaberbasis, jetzt auf n. 481 gestellt.

H. 0,69. B. aller drei Seiten unten 0,55; der Basen der Reliefflächen 0,34. — Pentel. Marmor. —

Der obere Theil der Basis ist weggebrochen, so dass die Köpfe der drei Relieffiguren fehlen; sonst verwittert und mehrfach verstossen, z. B. fehlt einer der Greifenköpfe. Abgebildet auf Taf. XIV. XV. Besprochen von BRUNN Kunstblatt 1844 p.315. Bull. dell' Inst. 1852 p.163. Arch. Anz. 1852 p. 242*.

Die drei unteren Ecken werden von Vordertheilen von Greifen mit archaischen Flügeln gebildet; die Räume zwischen ihnen sind mit feinem ächt griechischem Ornament ausgefüllt. Darüber auf jeder Seite eine vertiefte Relieffläche in Form eines überhöhten Trapezes; die Eckkanten sind mit einer Perlenschnur verziert.

In jeder dieser Flächen eine stehende Götterfigur in Relief.

1. Auf der einen Poseidon (T. XV, 2), den l. Fuss hoch auf ein Felsstück gestellt, mit der Linken einen oben abgebrochenen Stab (Dreizack) auf eben diesen Felsen aufstützend, die Rechte an die Hüfte gestemmt. Ein Gewand, das auf der l. Schulter ruht, ist am Rücken und r. Bein nach vorn gezogen und über den l. Schenkel geschlagen. Kopf, l. Hand und r. Unterarm fehlen.

2. Auf der r. folgenden Fläche (T. XIV) eine männliche Figur (e. f.), auf dem l. Bein ruhend, in einfachem Gewand, das von der l. Schulter den Rücken herabgeht, und r. vorgenommen und wieder über den l. Arm geschlagen ist, so dass es die r. Brust und den r. Arm frei lässt. Die gesenkte Rechte hielt ihrer Bewegung nach einen runden, stabförmigen Gegenstand (sicher keine Patera), welcher eingesetzt gewesen zu sein scheint. Im l. Arm hielt er ein Attribut, welches

schwerlich ein Donnerkeil war, wofür es genommen worden, sondern weit mehr dem Ende eines Füllhorns gleicht.

3. Auf der dritten Seite (T. XV, 1) eine weibliche Figur (c. f.), auf dem r. Bein ruhend, mit Sandalen, in gegürtetem ärmellosem überfallendem Chiton mit Ueberschlag und einem feingefältelten Obergewand, das (vom Kopf) wie ein Schleier lang herabfällt und das sie mit der gesenkten Rechten gefasst hält; mit der erhobenen Linken stützte sie einen Stab auf. Kopf, l. Arm und der obere Theil des Stabes fehlen.

Brunn, der im Kunstblatt die Reliefs auf Zeus, Hera und Poseidon deutete, hat später zuerst darauf hingewiesen, dass dieselben, soweit sie erhalten sind, genau übereinstimmen mit drei Figuren auf einem früher im Pal. Albani befindlichen Relief: ZOEGA Bassir. I 1. WELCKER A. D. II p. 85 t. IV 7. MÜLLER-WIESELER Denk. d. a. K. II 7, 76, in denen Zoega, unter Beistimmung von Welcker, Wieseler und Brunn, Pluto, Persephone und Poseidon erkannte. Die für Pluton erklärte Figur (n. 2.) hat dort im l. Arm ein Füllhorn; in der Rechten welche weggebrochen ist, setzten Zoega und Welcker die «hasta» voraus, eine Vermuthung, mit der die erhaltene Hand an der Basis stimmen würde. Die Deutung auf Pluton wie die von n. 1. auf Poseidon ist sonach für beide Monumente wahrscheinlich; schwieriger ist die Erklärung der zwischen ihnen stehenden Göttin, für welche die beiden Darstellungen kaum hinreichenden Anhalt bieten. Zoega und Welcker nehmen sie auf dem Albanischen Relief für Persephone, was allerdings mit Stellung und Gewandung der Figur verträglich und durch die ihr dort angewiesene Stelle wahrscheinlich ist. Brunn überträgt diese Deutung auf die Basis, wogegen kaum etwas haltbares einzuwenden ist, und hält die drei Götter für «porzione d'una riunione de' dodici dei, simile a quella che si vede accennata su i candelabri già de' Barberini» Mus. Pio-Cl. IV 1 — 5. Wenn aber auch ausnahmsweise Pluton unter den «Zwölfgöttern» vorkommt (Plat. Legg. 8 p. 828 D), so ist Kora in diesem Kreis doch nicht nachzuweisen und würde nur in einer Zusammenstellung von zwölf Göttern erscheinen können, auf die der Name des Zwölfgötterkreises nicht mehr passte (wie auf dem capitol. Puteal). Während die Basis schon durch das Ornament sich als griechische Arbeit zu erkennen giebt, wird das albanische Relief, welches von einem Fries herzurühren schien, von Zoega seinem Kunstcharakter nach mit den Sculpturen des Nervaforums zusammengestellt; dieser feinen Wahrnehmung entspricht es, dass die Figur r. von Poseidon aus der Haltung der übrigen herausfällt und in Bewegung und Gewandanordnung einen wesentlich moderneren Eindruck macht. Danach würde die Basis als die ältere und ursprünglichere Darstellung der drei Figuren anzusehen sein.

Basen wie die vorliegende, durchgängig von griechischem Marmor mit griechischem Ornament und von vortrefflicher Arbeit, sind in grösserer Zahl bekannt: CAVACEPPI Raccolta 1,1. 49. 3,53. RIGHETTI Campid. II 310. NIBBY Mon. scelti della V. Borghese t. 13. CLARAC 169; ein sehr schönes Exemplar im Garten des Pal. Barberini zu Palestrina (Zeichnung beim Institut. Eine andere im Palazzo Lorenzano auf piazza Tartaruga, woselbst sie vor ungefähr zehn Jahren gefunden ist. Die drei Figuren haben sehr schlanke Proportionen, und stehen auf besonderen kleinen Plinthen. Nr. 1 jugendliche unbärtige Gestalt mit schlichtem Haar (en face, r. Standbein), die Rechte etwas erhebend; über l. Achsel und Arm fällt ein Gewand herab. Im Nacken ein Petasos. Nr. 2 jugendliche unbärtige Gestalt, mit schlichtem Haar, nach r. halb vom Rücken gesehen (r. Standbein), die r. Hand erhebend; der l. Arm im Ellnbogen gebogen, vom l. Unterarm fällt ein Gewand herab. Nr. 3 unbekleidete jugendliche Figur von kräftigeren Formen, en face (r. Standbein), die Rechte ganz, die Linke halb gesenkt, den Doryphorosfiguren in der Bewegung entsprechend, nur ohne Lanze. Kopf und l. Knie ist weggestossen. Diese Basen stimmen durchgängig auch in den Einzelheiten des Ornamentes genau überein; andere weichen etwas ab, wie die pompejanische Mon. dell' Inst. IV, 42. Ann. 1847 p. 285; die in den Titusthermen Ann. 1850 t. d'agg. B. C. D p. 60 ff; die auch durch die figürlichen Darstellungen als jünger kenntliche in Venedig (VALENTINELLI Catalogo dei marmi etc. t. 15. ZANETTI II 41) und noch stärker die bei CAVACEPPI I 50. CLARAC 168 und VALENTINELLI t. 6. ZANETTI II 34 etc. Es wird mit den zuerst genannten eine ähnliche Bewandniss haben wie mit den griechischen Tischfüssen s. oben p. 58. Auch andere Typen dreiseitiger Aren oder Basen sind in zahlreichen Repliken erhalten. So die Basen mit Amoren, welche in Ornament auslaufen, VISCONTI Mus. Pio-Cl. V 39. 40, wo zu den aufgeführten Wiederholungen noch zwei in Villa Borghese kommen. Desgleichen die Basen mit Amoren, welche die Waffen des Ares tragen (VISCONTI Opere varie IV p. 250. A 38), von denen ein Exemplar im Museo Kircheriano, zwei in Venedig (ZANETTI II 33. VALENTINELLI Catalogo

n. 6S. 70 t. VII), ein viertes in Verona (MAFFEI Mus. Veron. p. 93),
ein fünftes in Florenz Uffizien n. 141), ein sechstes im Louvre (CLA-
RAC 130, 51. 157, 51) sich befindet.

461. Jugendlich männlicher Torso.

H. 1,13. Torsol. 0,55. — Griech. Marmor.

Es fehlt Kopf, Hals, beide Arme von der Achsel an, l. Unterschenkel, r. Bein
von der Mitte des Oberschenkels an. — Nach Aussage des Custoden jüngst auf dem
Forum gefunden.

Die Figur war nackt und ruhte auf dem r. Bein; der r. Arm ging
in die Höhe und war vermuthlich auf den Kopf gelegt. Der l. ging
nieder, vielleicht auf einen hohen Baumstamm oder dgl. gestützt; ein
entsprechender Ansatz, etwa von einem Ast, an der Aussenseite des
l. Oberschenkels. Die Formen sind, wie die Arbeit, weichlich und
passen ebensowohl zu einem Apoll (vgl. MÜLLER-WIESELER Denkm. d.
a. K. II 11, 127a) als zu einem Dionysos (vgl. CLARAC 693 etc.); doch
ist die Deutung auf Apoll wahrscheinlicher, da die bei Dionysos gewöhnlichen auf die Schultern herabfallenden Locken fehlen. Die Oberfläche ist bei der Reinigung theilweis überarbeitet.

462. 463. Porphyrfragmente, s. unter n. 457.

463ª*. Deckel einer Aschenkiste.

H. 0,31. B. 0,95. T. 0,60. — Griechischer Marmor.

Er hat die Form eines Tonnengewölbes, l. und r. mit einem Polster,
vorn mit einem Giebel; darin ein Eichenkranz mit flatternden Bändern,
zu beiden Seiten je ein Vogel.

OSTWAND.

464¹. Vorderseite eines Sarkophags und des
zugehörigen Deckels.

H. 0,65. B. 2,32. H. des Deckels 0,23. — Feingeäderter ital. Marmor.

Obgleich mehrfach gebrochen, doch gut erhalten. Am Relief des Sarkophags
sind alle Nasen weggebrochen, jetzt grossen Theiles ergänzt. — Abgebildet bei
GARRUCCI M. L. t. XXXI 1 p. 51.

In der Mitte des Deckels eine Tafel mit der Inschrift:

GLADIAE · PRIMITIVAE
CONIVGI·SANCTISSIMAE·CvM
D • QVA·VIXI·ANNIS·XXXIII·SINE   M
     VLLA · QVAERELLA
5   M·MANLIVS · EGLECTVS
FECIT·ET·SIBI

An den beiden Ecken je eine unbärtige Maske mit Mütze und langlockigem Haar (die Pupillen eingegraben); auf den beiden Feldern
zwischen diesen und der Inschrift Darstellung der Jahreszeiten in Gestalt
von vier gelagerten weiblichen Figuren, je zwei und zwei einander zu-
gekehrt; l. Winter und Sommer, r. Frühling und Herbst. Die Figur
am l. Ende (Winter) trägt einen gegürteten Chiton mit anliegenden
langen Aermeln, und ein Obergewand, das den Kopf bedeckt; die folgende Sommer, mit einem um die Hüften und Beine geschlagenen
Gewand, das den Oberkörper entblösst lässt, hat einen Schleier, der im
Bogen über dem Kopf fliegt, und schliesst die Augen. Die beiden in
dem r. Felde Herbst und Frühling) tragen einen gegürteten Chiton,
der die eine Brust und Schulter freilässt und sind sonst bekleidet wie
die Figur des Sommers. Alle stützen sich mit einem Ellnbogen auf einen
Felsen auf und greifen mit der andern Hand nach einem Korb mit
Blumen oder Früchten, den ein ihnen zugewendeter Erot auf ihr Knie
setzt. Ueber diese Darstellungen von Jahreszeiten vgl. n. 507. 508.
PETERSEN Ann. dell' Inst. 1861 p. 215 ff. — Auf der Sarkophagwand
in der Mitte ein Clipeus mit erhobenem Rand; auf diesem das Ornament
der Wellenlinie, in der Garrucci eine Andeutung des Oceans findet
«sulle cui umide vie finsero gli antichi passar le anime veleggiando alle
Isole fortunate.» In dem Clipeus en face die Brustbilder der Verstorbenen: l. der Mann, bärtig, in Tunica und Toga, r. die Frau, in doppeltem Gewand, mit einer Haartracht, die etwa derjenigen der Julia Domna
ähnlich ist. Unter ihnen in der Mitte ein Gorgoneion mit menschlichem
Haar, ausgebreiteten Flügeln und zwei unter dem Kinn geknüpften
Schlangen. — Das Medaillon wird auf jeder Seite gehalten von einer
schwebenden Victoria in einfach gegürtetem Chiton mit Ueberfall. Unter
diesen Victorien, am Fusse des Medaillons zu beiden Seiten je ein nach
der Mitte umgestürzter Korb mit Früchten, unter denen man Wein-
Trauben und - Blätter, Aehren, Aepfel (?) Mispeln (?) und einige Blüthen
unterscheidet. Rechts und l. an den Ecken die symmetrisch wiederholte

Figur eines stehenden, nackten Eroten mit geschlossenen Augen, der
sich auf die umgekehrte brennende Fackel stützt und die eine Hand
auf die Achsel legt, nach welcher er den Kopf neigt; in der Hand die
an der Fackel ruht, ein Kranz. — Der ganze Reliefgrund ist von Epheuranken mit Trauben durchzogen.

Die vier senkrechten Seitenränder beider Deckelreliefs sind an den
oberen Ecken in schräger Richtung durchbohrt, jedenfalls um etwas
dort zu befestigen, etwa Guirlanden; ebenso sind die Ohrläppchen beider Victorien und der Flügel des r. Eroten (am l. ist er ergänzt) durchbohrt. — Die Pupillen sind an dem Sarkophag durchgängig, am Deckel
nur an den beiden Masken angegeben. Die Beschaffenheit der Seitenflächen zeigt, dass die Sarkophagplatte zwischen die Seitenwände eingelassen war.

465'. Relieffragment von einem Sarkophagdeckel (?).

H. 0,34. B. 0,57. — Ital. Marmor. — Abgebildet bei GARRUCCI M. L. XXXI n. 6 p. 51.

In einem n. r. steuernden Schiff von der gewöhnlichen Form, in
dessen Mitte ein Mast mit gerefften Segeln steht, sitzen einander zugewandt zwei Eroten. Der L., welcher steuert, sitzt n. r. und sieht sich
n. l. um; er hält in der Rechten ein Steuerruder von der gewöhnlichen
Form, welches in die unter dem Schiff angedeuteten Wellen herabgeht;
seine Linke ist ein wenig vorgestreckt und scheint auf den Schenkeln
zu ruhn. Der andere Erot (n. l.), welcher im Vordertheil des Schiffs
sitzt, führt mit der Linken ein gleichfalls ins Wasser gehendes Ruder,
und erhebt die Rechte wie in lebhafter Rede. Am obern Rande des
Schiffes unter dem r. Eroten sind Striche ähnlich einer XXI eingegraben,
vielleicht nur ein Ornament. Rechts von dem Schiff ein fünfstöckiger
nach oben verjüngter Leuchtthurm; im zweiten Stock zwei, im dritten,
vierten, fünften Stock je ein Fenster.

Ueber Darstellung von Schiffen auf Sarkophagen RAOUL-ROCHETTE
Ant. chrét. II p. 48. JAHN arch. Zeit. 1861 p. 155.

465ª. Cippus.

H. 0,92. B. 0,75. T. 0,60. — Griech. Marmor. — Die obere und untere l. Ecke und
sonst Einiges abgestossen.

An den Ecken der Vorderseite zwei spiralförmig cannellirte korinthische (?) Säulen. Zwischen den Capitälen drei verstümmelte kleine

Knäbchen, welche zwei herabhängende Fruchtgewinde mit flatternden Bändern im Nacken tragen. Diese Darstellung steht als Fries über einer zwischen den Säulenschäften angebrachten Tafel mit der Inschrift:

IVLIAE · BASSAE
VXORI · OPTIMAI
P · CVRIVS · PAVLINVS

vs. 3 am Schluss I für **E** aus Mangel an Platz. Auf den Nebenseiten l. urceus, r. patera.

466*. Togastatue.

H. 2,09. Gal. 0,20. — Ital. Marmor, doch ist das Material von Kopf und Statue verschieden. — Ergänzt: Nasenspitze, Hals, r. Arm fast ganz, l. Hand mit Rolle, beide Füsse mit dem scrinium am linken, und Basis; ein grosses Stück Gewand auf beiden Schultern; bestossen das l. Ohr und sonst Kleinigkeiten. — Abgebildet bei GARRUCCI M. L. XV p. 27.

Die Statue, welche sich in Composition und Ausführung nicht von den gewöhnlichen Togafiguren unterscheidet, ruht auf dem l. Bein; die Linke ist halb erhoben, und wie die nach vorn gesenkte Rechte richtig ergänzt. Die Rückseite vernachlässigt. Der eingesetzte Kopf ist besser gearbeitet als das Gewand, aber im Verhältniss zum Körper zu klein, vielleicht nicht zugehörig. Im Haar Farbspuren. Ueber das Einsetzen der Köpfe s. zu n. 204.

Nach Garrucci wäre die Statue in Cerveteri gefunden; s. jedoch oben p. 121. In Veji kam eine solche Statue zu Tage: CANINA Vei p. 83 Anm. I n. 5 «Statua alta palmi 8 (=1,80) di marmo ordinario di Carrara, figura consolare con suo scrigno e testa incognita sovrapostavi.» Aehnlich CARDINALI Memorie Rom. I 2, 50. GUATTANI Mem. enciclop. VII p. 77. Ob es die vorliegende sei, ist deshalb zweifelhaft, weil an ihr das Scrinium ergänzt ist, allerdings nach sichern Spuren.

467*. Grabrelief.

H. 0,62. B. 2,12. Dicke 0,19. — Ital. Marmor. — Erg.: alle Nasen, Theile des oberen Randes und der beiden Seitenränder; Einiges gebrochen. — Bez. 1823. C. C. 297. — Die Inschrift bei Malvasia Marm. Fels. 405 (danach liederlich bei Murat. 1583, 10 mit der Ortsbezeichnung: «in via Rondanina».

Zwei männliche Brustbilder in Tunica und Toga und drei weibliche, gleichfalls in doppeltem Gewand, wovon das obere den Kopf bedeckt, alle en face; von den Männern ist auf der Brust die r., von den Frauen die l. Hand sichtbar. Das Ganze ist von einem glatten Rand eingefasst, dessen Höhe der höchsten Relieferhebung gleichkommt. Links eine Frau von mittleren Jahren (a), das Haar über der Mitte der Stirn hoch aufgenommen nach Art der Livin (vgl. n. 305); am ersten Glied des vierten Fingers der l. Hand trägt sie einen Ring. Es folgt ein älterer bartloser Mann (b), darauf eine ältere Frau (c) mit einer Binde im Haar, das augenscheinlich wie bei a frisirt, aber mit einer Art Haube bedeckt ist; am ersten Glied des vierten Fingers der Linken gleichfalls ein Ring; das folgende jugendlich weibliche Brustbild (d) entspricht dem ersten in der Haartracht, und ähnelt ihm in den Gesichtszügen; sie trägt Ringe am ersten Glied des ersten, zweiten und vierten Fingers der l. Hand. Rechts am Schluss ein jüngerer unbärtiger Mann e. Die Köpfe durchgängig gut und lebendig gearbeitet. Unmittelbar l. und r. neben jedem Kopf oben im Grund Metallstifte, wohl um Kränze oder dgl. zu befestigen. Auf dem untern Rande des Reliefs, unter die einzelnen Brustbilder vertheilt, die Inschrift:

a	b	c	d	e
FVRIA·Ɔ·L· ///	P·FVRIVS P·L·	FVRIA·Ɔ·L	FVRIA·Ɔ·L·	C·SVLPICIVS·C·l//// ,///

Vermuthlich sind b und c die Eltern, a eine unverheirathete, d eine verheirathete Tochter, e der Schwiegersohn. Den Frisuren der Frauen und dem Charakter der männlichen Köpfe nach wird das Relief noch in die erste Hälfte des ersten Jahrhunderts n. Ch. gehören.

468. Stirnziegel s. unter n. 449.

469. Relief, Orestes und Pylades.

H. 0,95. B. 1,28. Gsl. des Orestes 0,085. — Griech. Marmor.

Aufgesetzt aber antik ist der Kopf des Pylades (mit ergänzter Nasenspitze); ergänzt das Stück Felsen auf dem sein r. Fuss steht, und am Orest beide Unterarme und Unterschenkel bis zu den Knöcheln, die Nase, ausserdem der grösste Theil des freien Reliefgrundes, der obere Rand und Theile der drei anderen. — Bezeichnet auf dem Rand 1521. C. C. 310; auf dem Reliefgrund M. G. R. Danach früher in Pal. Rondinini vgl. n. 47. 443. 477; und 1824 von der Regierung erworben, vgl. CARDINALI Memorie Rom. II p. 300 f. Abgebildet bei WINCKELMANN Mon. ined. t. 150. GARRUCCI M. L. XLVI fig. 3 p. 85. Besprochen von VISCONTI Mus. Pio-Cl. IV t. XVII p. 119 n. 1. ZOEGA Bassir. I p. 194 n. 5 ff. BRAUN Ruinen und Museen p. 748. STARK Niobe p. 183. KLÜGMANN Bull. dell' Inst. 1864 p. 125.

Orestes ist ohnmächtig rücklings auf einen Felsen niedergesunken, über den sein Gewand gebreitet ist, seine Arme hängen schlaff herab;

sein Kopf, mit müdem, halbschläfrigem Ausdruck, ist vorwärts nach der
r. Schulter gesenkt. Pylades (mit zurückgeschlagener Chlamys) in gebückter Haltung hinter ihm, unterstützt ihn im Rücken mit seinem
l. Knie und fasst ihn mit beiden Händen unter den Armen, indem er
sorglich auf ihn niederblickt.

Winckelmann erklärte das Relief auf Orest und Pylades unter
Vergleichung einer entsprechenden Gruppe auf dem Orestessarkophag
in München Mon. ined. t. 149 (dieselbe auf dem Sarkophag im Louvre
CLARAC 199, 247). Darin sind ihm Zoega, Braun, Garrucci, Klügmann gefolgt, gewiss mit Recht; denn die Gründe, welche Visconti
und Stark dagegen und für die Deutung als Niobiden anführen, sind
unhaltbar. In der ähnlichen Gruppe der Niobidensarkophage (Pio-Cl.
IV, 17 und STARK Niobe t. IV, 1) sieht der helfende Bruder, wie es
für den Gegenstand angemessen ist, nach oben zurück, während Pylades
den Blick naturgemäss vorwärts gegen Orestes richtet. Visconti's
Annahme, dass ein anderes, früher gleichfalls in Pal. Rondinini befindliches, jetzt verschollenes Bruchstück (GUATTANI Mon. ined. 1787
Dec. t. III), Amphion und der jüngste Sohn, mit dem Relief zusammengehört habe, wird von Zoega wegen völliger Verschiedenheit des Stiles
zurückgewiesen. Sie erledigt sich übrigens schon dadurch, dass das vorliegende Relief zu beiden Seiten einen erhobenen Rand hat, also selbstständig war — ein Grund mehr, warum es n i c h t auf Niobiden bezogen
werden kann, bei denen überdies eine Andeutung von Verwundung nicht
hätte fehlen dürfen.

Dass der Kopf des Pylades, welcher abgebrochen war, im wesentlichen richtig aufgesetzt worden ist, setzt die Art seiner Erhaltung ausser
Zweifel. Hingegen ist es kaum zu verkennen, dass seine Stellung mit
der Bewegung der Schultern nicht ganz im Einklang steht. Diesem
Fehler liegt vielleicht, wie öfters, eine Absicht zu Grunde, indem der
Künstler ohne die Rückenlinie zu verändern eine zu starke Verkürzung
der r. Schulter vermeiden wollte. Oder man kann darin ein Anzeichen
finden, dass in der ursprünglichen Conception der Kopf zurückgewandt
war — womit die Bewegung der Schultern besser stimmen würde —
die Gruppe also für ein Niobidenpaar erfunden und, wie so oft, später
mit geringen Veränderungen in verschiedenem Sinne benutzt worden sei.

Die Arbeit ist vortrefflich; das Urtheil Winckelmann's «la scultura in questo genere è una delle più insigni infra quante ce ne sono
rimaste», ist durchaus zutreffend. Das Relief ist weit besser als die
analogen Sarkophagdarstellungen und gehört sicher einer älteren Zeit

an; leider hat die Oberfläche durch Reinigung gelitten. Die Aehnlichkeit mit den bekannten Reliefs im Capitol, Villa Albani und Pal. Spada, welche Braun hervorhebt, liegt nicht sowohl in der Verwandtschaft des Stiles, als darin, dass sie derselben Gattung von Reliefs angehören, welche vermuthlich «die Bestimmung hatten, die Wände wie eingerahmte Gemälde zu schmücken.»

Winckelmann erinnert bei diesem Relief an die «Orestis insania», welche Plin. 34, 144 von Theon anführt, vgl. jedoch BRUNN Gesch. der gr. K. 2 p. 252. Annali 1865 p. 239.

470*. Stirnziegel.

H. 0,24. B. der Basis 0,20. — Graugeäderter Marmor. — Bezeichnet 1823. C. C. 305.

Kinderköpfchen e. f. in Relief, mit Krobylos und lockigem Haar; die Pupillen roh eingegraben.

471. Stirnziegel s. unter n. 449.

472*. Kolossaler männlicher Torso.

H. 0,83. Torsol. ca. 0,72. — Griech. Marmor. — Es fehlt: Kopf, r. Arm, beide Beine von der Hüfte an, der grösste Theil der l. Seite des Rumpfes.

Die Figur ruhte auf dem r. (?) Bein, der r. Arm ging nieder. Nach der Bearbeitung des Torso auf der unteren, linken und hintern Seite muss der untere und hintere Theil der Figur, d. i. vermuthlich ein Gewand, angesetzt gewesen sein, welches von der l. Achsel herabfiel und um die Hüften geschlungen war; der Torso, wie er vorliegt, ist viel zu wenig tief für eine Rundfigur, und rührt doch sicher nicht von einem Relief her. Die Arbeit der Vorderseite ist gut und lebendig.

473*. Fragment eines Sarkophagreliefs.

H. 0,79. B. 0,50. — Ital. Marmor. — Publicirt von RAOUL-ROCHETTE Mon. inéd. t. 47,3 p. 171 n. 1, p. 421 aus den Magazinen des Vatican. Vgl. MÜLLER Handb. p. 550. Besprochen von BRUNN Kunstblatt 1844 p. 326. MICHAELIS Ann. dell' Inst. 1859 p. 330. 332 f. — Mehrfach verstossen; der Rand nur oben erhalten.

Apollo en face, den Kopf n. l. gewandt, das wellige Haar über der Stirn in der Mitte getheilt und hinten in einen Knoten gebunden, von dem auf jede Schulter eine lange steife Locke vorfällt, sitzt auf einem Felsen, das l. Bein hoch aufgestützt; der Fuss ist weggebrochen, er ruhte vermuthlich auf einem Greifen wie auf dem unten zu erwähnenden

Sarkophag. Er ist mit einer Chlamys bekleidet, die ihm im Rücken
herabfällt, und stützt seine sechssaitige Lyra (jetzt verstümmelt, die er
im l. Arm hält, auf einen r. neben ihm stehenden Dreifuss mit Omphalos,
über den schief ein Band geht («traversé d'une bande zodiacale» RAOUL-
ROCHETTE). Sein r. Arm war etwas gelöst, die Hand, die vermuthlich
das Plektron hielt, halb erhoben. Ueber seinem Kopf schwebt n. l. eine
in kleineren Proportionen gebildete Nike in gegürtetem Chiton, von der
nur der obere Theil sichtbar ist; sie hält in beiden erhobenen Händen
(ihr l. Arm ist weggebrochen) nahe an A.'s Haupt eine im Halbrund
herabhängende Tänie. Links neben Apollo im Grunde Artemis (e. f.,
den Kopf n. r.) in Chiton und Obergewand, in der gewöhnlichen Weise
eingegürtet, und mit Köcher, dessen Band über ihre Brust geht; in dem
lockigen hinten zu einem Knoten aufgebundenen Haar ein Diadem In
den Händen hält sie eine brennende Fackel aufrecht. Links unter ihrem
r. Ellnbogen ist der l. Unterarm einer vierten Figur erhalten. Der Grund
des Reliefs wird von einem Parapetasma eingenommen.

Dass das Fragment von einer Darstellung des Wettkampfes zwischen
Apollo und Marsyas herrührt, sah unter Vergleichung des Sarkophages
im Louvre (MÜLLER-WIES. Denkm. d. a. K. II 14, 152) zuerst Müller
bei RAOUL-ROCHETTE u. a. O. p. 421 (wahrscheinlich in der Recension
in den Gött. gel. Anz. 1829 St. 54. 55, obgleich die Stelle in dem Aus-
zug kl. Schr. 2, 407 ff. fehlt). Apoll gegenüber wird Marsyas gestanden
haben, wie auf dem erwähnten Sarkophag; der unter Artemis' Arm erhaltene Rest eines l. Unterarms wird ihm gehören, der Ansatz an Apollo's
Oberarm von seinen Flöten herrühren. Die Nike hält die Tänie bereit,
um den Gott als Sieger zu krönen. — Ein ähnlicher Sarkophag mit
manchen Besonderheiten der Darstellung im Garten des Photographen
Altobelli Passeggiata del fiume n. 16 A. Die mittelste Gruppe entspricht
ungefähr dem vorliegenden Fragment, doch fehlt Victoria; die Bekränzung Apollo's durch diese ist an der linken, die Schindung des Marsyas
an der rechten Ecke dargestellt.

474*. Portraitkopf eines jungen bartlosen Römers.

H. 0,41. Gsl. 0,19. — Griech. Marmor. — Ergänzt Nase, Kinn, beide Ohren, ein
Theil des Hinterkopfs, Büste.

Die Züge und die Haartracht gehören etwa dem ersten Jahrhundert.

475'. Männlicher nackter Torso.

H. 1,00. Torsol. ca. 0,60. — Griech. Marmor.

Es fehlt Kopf, Hals, beide Arme und Schultern, r. Unterschenkel, l. Bein, der grösste Theil der Rückseite. Nach verschiedenen Zapfenlöchern und der Beschaffenheit der betr. Flächen war das Fehlende grossentheils aus besonderen Stücken gearbeitet und angesetzt.

Die Figur ruhte auf dem r. Bein; über der l. Schulter hing nach vorn ein Gewandzipfel. An der r. Hüfte Rest eines Ansatzes; die Schaamhaare sorgfältig gebildet.

Die Arbeit energisch und frisch. Das Fragment ähnelt im Motiv dem Torso n. 445.

476'. Relieffragment.

H. 0,77. B. 0,55. — Ital. Marmor. — Es fehlen Kopf und Beine von der Mitte der Oberschenkel an.

Man sieht nur den Torso einer männlichen Figur n. l., ganz von einer auf der r. Schulter genestelten Chlamys bedeckt. In der herabgehenden Rechten hält sie einen Gegenstand, der wie ein zusammengelegtes dünnes Gewand oder Netz aussieht, in der Linken, die in der Gegend der Hüfte am Körper anliegt, einen quer geringelten Stock. Die ganze Figur scheint ein wenig vorgeneigt zu stehen. Die Arbeit ist gut und sorgfältig und entspricht ungefähr den besseren Sculpturen der trajanischen Zeit.

477. Portraitkopf eines unbärtigen Römers.

H. 0,40. Gsl. 0,19. — Griechischer Marmor. — Ergänzt Nase, Büste.

Das Haupthaar ist dünn und schlicht, die Pupillen angegeben und blicken ein wenig zur Seite n. l., wohin auch der Kopf gewandt ist. — Am Fusse die Buchstaben G· M· R; also war das Monument vermuthlich in Pal. Rondinini wie n. 47. 443. 469.

478'. Ara der Dioskuren.

H. 0,91. B. 0,51. T. 0,55. — Ital. Marmor.

Die Ara ist oben unmittelbar über der Inschrift in glatter Fläche abgeschnitten; die r. vordere Ecke abgestossen, auch sonst beschädigt. — Gefunden in Veji: NIBBY Viaggio nei cont. di Roma 1,61, Analisi 3,435. CARDINALI Memorie romane I 2 p. 52. CANINA Vei p. 96 n. 141 p. 100. ORELLI 1566, wo überall die Inschrift abgedruckt ist vgl. zu n. 409.

Die Ara hat unten einen architektonisch gegliederten Ablauf; auf der rings eingerahmten Vorderseite die Inschrift.

SACR\
CASTORI ET PO\lluci
MERVLA IIVIR \

Die dritte Zeile scheint vollständig zu sein. — Auf beiden Nebenseiten ein in der Diagonale liegender Stab (ohne Zweifel Lanze) mit Knopf am untern Ende (das obere fehlt an beiden). In der Mitte auf ihm ein Pileus mit sternförmigem Apex.

479*. Deckel eines Cippus.

H. 0,42. B. 0,70. T. 0,60. — Ital. Marmor.

Auf allen vier Seiten runde Giebel mit Akroterien an den Ecken; die beiden vorderen werden von bärtigen Masken mit eingegrabenen Pupillen gebildet, deren Haupthaar in hohe senkrechte Locken gelegt ist. Im Vordergiebel ein Adler mit ausgebreiteten Flügeln, der den Kopf gegen eine r. sich an ihm in die Höhe ringelnde Schlange wendet. Die Seitengiebel sind mit Palmetten verziert, die Rückseite unbearbeitet.

480*. Kolossaler Heraklestorso.

H. 1,43. Torsol. 0,66. — Pentelischer Marmor. — Es fehlen Kopf, Hals, beide Arme und Unterschenkel. An der Rückseite des r. Schenkels scheint ein Baumstamm weggebrochen.

Die untersetzten Proportionen und die stark aufgetragenen Formen charakterisiren die Figur als Herakles. Sie stand auf dem r. Bein; die Arme gingen beide herab und werden, der r. die Keule, der l. die Hesperidenäpfel und die Löwenhaut getragen haben. Dazu passen Reste von zwei Stützen an der Aussenseite des r. Schenkels dicht unter der Kugel und an der l. Hüfte. Die Figur scheint demnach dem Herakles Righetti in der Composition ähnlich gewesen zu sein; vgl. CLARAC 790, 1970. 795, 2005. 802 D), 1964 B u. A.

IN DER MITTE.

481. Ovaler Sarkophag.

H. des Sarkophags 0,63. B. 2,05. T. 0,73. H. des Deckels 0,30. — Ital. Marmor. —
Von den Reliefs des mehrfach gebrochenen Deckels ist auf beiden Seiten ein
Stück verloren. Der Sarkophag selbst im ganzen wohl erhalten; nur die Köpfe und
Extremitäten der Figuren hie und da verstossen. — Abgebildet bei Garrucci M. I.
XXX p. 45. Besprochen von O. Jahn Berichte d. sächs. Ges. d. Wiss. 1861 p. 365.
Stephani Compte-rendu 1862 p. 69. Aehnliche Sarkophage behandelt Jahn a. a. O.
1851 p. 175 ff. vgl. Montfaucon suppl. III pl. 27. Gefunden zwischen Formello und
Scrofano: Notizie del giorno 1827 23. Mai: «un contadino arando nella sommità di
una collina esistente nel territorio Vejente tra Formello e Scrofano scoprì un sarco-
fago di marmo ornato di bassorilievi, alcuni frammenti di statue e due iscrizioni. In
una di queste si legge: d. m. s. p. caecili valliani a militis vixit ann.
L'altro frammento d'iscrizione finora non si è potuto leggere da coloro che lo hanno
veduto. Tutti questi oggetti furono trasportati a Formello ...» Nach einer Notiz von
G. B. de Rossi (in den Scheden des C. I. L.) war der Sarkophag später in Pal.
Altieri zu Rom.

Der Deckel besteht aus einer ovalen Platte, mit einem senkrechten
Rand auf der Vorderseite, welcher sich jedoch nicht der Form der Platte
anschliesst, sondern l. frei vorspringt; das r. Ende ist weggebrochen.
Danach scheint der Deckel, dessen Reliefs auch ausser Beziehung zu
denen des Sarkophags stehen, nicht ursprünglich zu diesem zu gehören,
sondern nachträglich für ihn zurecht geschnitten worden zu sein. Vermuthlich ist später hinzugefügt auch die Inschrift auf einer Tafel in der
Mitte des Deckelrandes:

```
      D    M    S
      P·CAECILI
      VALLIANI
      A·MILITIS
5     VIXIT·ANN
      LXIIII
```

Ueber die Bezeichnung «a militiis» s. Renier mél. d'épigr. p. 203.
Orelli-Henzen III p. 520. Henzen Bull. dell' Inst. 1858 p. 123. Arch.
Anz. 1858 p. 171.
Zu beiden Seiten der Inschrifttafel Verkaufsscenen: rechts zwi-
schen den Schalen einer grossen Wage — die Ketten der l. etwas
tiefer stehenden Schale scheinen von einem Schieber zusammen-

gehalten — steht etwas gekrümmt ein unbärtiger Mann in Tunica (e. f.
den Kopf n. l.) beide Hände auf die Brust gelegt, als ob er etwas
an sich drücke oder halte (viell. die Gewichte?). Vor ihm auf dem
Boden liegt ein Schwein. Links von ihm steht n. r. ein bärtiger,
wohl alter Mann in gegürtetem Chiton und Chlamys, der die Rechte
wie im Gespräch erhebt, und in der Linken einen undeutlichen
kleinen Gegenstand hält. Rechts von der Wage steht n. l. eine
weibliche (?) Figur in gegürtetem ärmellosem (?) Chiton, welche nach
der Bewegung der etwas erhobenen Rechten sich an dem Gespräch
der andern zu betheiligen scheint; mit der Linken fasst sie einen
Gewandzipfel, der, soviel erkennbar, von ihrer l. Schulter nach vorn
fällt. Ihr Kopf fehlt.

Links von der Tafel, unmittelbar an ihrem l. Rand ruht auf zwei
zweibeinigen Böcken, oben an die Wand gelehnt zu denken, eine
trapezoidförmige Platte, auf der in drei Reihen zu zwei und zwei sechs
Gegenstände von verschiedener Form (augenscheinlich Backwerk)
liegen; zwischen den beiden Böcken am Boden ein oblonger Kasten
oder Korb, auf dem oben zwei ähnlich wie die obigen geformte Gegenstände erkennbar sind (Jahn vergleicht Ant. di Ercol. III 42). Links
hinter der Platte wird das Obertheil einer bekleideten männlichen (?)
Figur e. f. sichtbar, welche, mit einem Stab in der Rechten auf
die Verkaufsgegenstände der Platte hinzuweisen scheint. Den Kopf
hat sie n. l. gewandt, wo eine weibliche (?) Figur in langem gegürtetem Chiton mit Obergewand steht, welche die Rechte erhebt als
greife sie dem Mann nach der r. Schulter. Links folgt eine Figur
(e. f.) in langem, ungegürtetem Aermel(?)-chiton und Chlamys, die
in der Linken einen Zweig (?), in der gesenkten Rechten einen Henkelkorb hält; ihr Kopf ist weggebrochen. Weiter l. folgen zwei einander zugewandte weibliche (?) Figuren, zwischen denen am Boden
zwei Schüsseln oder Körbe mit unkenntlichen Gegenständen (etwa
Fischen) stehen. Die rechte (n. l.), in langem gegürtetem Chiton,
hält in der Linken in der Höhe der Brust einen Korb und scheint
die Rechte auf eine der Schüsseln zu legen. Die andere (n. r.) in
langem ungegürtetem Chiton, erhebt lebhaft die Rechte; vermuthlich
handeln sie um die Waare. Von zwei bekleideten gleichfalls einander
zugewendeten Figuren, welche l. den Schluss des Deckelreliefs bildeten, ist nur der untere Theil erhalten; zwischen ihnen steht ein
Block (?).

Am Sarkophag, der rings mit Reliefs geziert ist, sind die Dar-

stellungen der Vorderseite, welche auch einen grossen Theil der
scharfgebogenen Nebenseiten einnehmen, mit zwei starkstämmigen
Bäumen mit stilisirten Blättern und Früchten (Wein?) eingefasst; neben
jedem steht ein grosser Korb, aus dem Blüthen hervorsehen. Der
grösste Theil dieser Darstellungen ist in geschlossenem Raum zu
denken: l. von der äussersten r. Figur, und r. von der äussersten
l. Figur kommen die Enden eines Parapetasma zum Vorschein, das
man sich ohne Zweifel hinter der ganzen Scene fortgesetzt vorzu-
stellen hat.

In der Mitte der Vorderseite liegt n. l. auf einer Kline (mit ge-
drechselten Füssen, hoher Rückenlehne und hohen geschwungenen
Seitenlehnen) eine jugendliche Figur mit undeutlichem Haar und
schwachem Backenbart, in ungegürtetem Aermelchiton und einem
Obergewand, das um die Beine geschlungen ist, und, hinter dem
Rücken heraufgenommen, über die l. Schulter vorfällt. Die Brust
hat weibliche Formen; auch was man von dem Haupthaar sieht,
deutet auf weibliche Frisur, so ein kleines vor jedem Ohr sichtbares
Löckchen. Wahrscheinlich also ist die Figur erst nachträglich durch
Hinzufügung des Backenbartes zu einer männlichen zurecht gemacht.
Mit dem l. Ellnbogen auf ein Polster gestützt, hält sie in der Linken
einen Kranz; die Rechte welche auf dem r. Knie auflag, ist weggebrochen. Ueber ihre Füsse hinweg schreitet auf der Kline n. l.
ein Knäbchen in langlockigem Haar (das Gesicht verstümmelt) mit
einem Kranz um den Hals; im l. Arm, von dem ein kleines Gewand
herabhängt, hält er einen spitzen Korb, im r. scheint er ein Füllhorn gehabt zu haben: Reste, die darauf deuten, sind an der Kline
erhalten. Im Hintergrund über der Kline schweben drei nackte
Knäbchen, welche auf dem Nacken zwei zwischen ihnen herabhängende Festons mit flatternden Bändern tragen. Vor der Kline steht
ein runder Tisch von drei Füssen mit Löwen-Köpfen und -Klauen,
auf dem ein Fisch liegt. Unterhalb der Kline eine Darstellung von
drei in viel kleinerem Maassstab (ca. $^1/_3$) gebildeten Figuren: r. von
dem Tisch ein Knabe, in gegürteter Aermeltunica n. l. schreitend;
was er in der Linken hält ist nicht mehr zu erkennen, die Rechte,
welche niederging, ist weggebrochen; vor ihm am Boden der undeutliche Rest wohl eines Korbes. Links vor dem Tisch sitzt ein
anderer Knabe (n. r.) auf einem vierbeinigen Schemel, der spielend
einem zu ihm aufschauenden Hund etwas auf die Nase legt (vgl. Jahn
Darstellungen griech. Dichter auf Vasenb. p. 734 f.). Ein anderer

ebenso bekleideter Knabe, der den sitzenden angesehen zu haben scheint, steht gebückt, und legt seine Rechte an dessen Kopf, seine Linke auf den Hund. Eine Maus am Boden r. daneben nagt an einer runden Frucht.

Links von der Kline sitzt n. r. in einer cathedra supina (Plin. 16, 174) von Flechtwerk eine weibliche Figur in doppeltem Gewand, mit reichem Haar, aus dem hinter den Ohren Locken herabfallen. Sie spielt auf einem viersaitigen, mandolinenartigen Instrument, das Schalllöcher zu haben scheint (vgl. v. JAN de fidibus Graecorum p. 40 und bes. Arch. Z. 1847 t. 6. CLARAC 202, 261. ZOEGA Bassiril. II 112, 2.). Links neben ihr steht eine weibliche Figur (n. r.) in gegürteter Aermeltunica mit langem gelöstem Haar, die in der halberhobenen Rechten ein vascuartiges Gefäss, in der gesenkten Linken ein Stäbchen mit Oese (vielleicht einen Löffel?) trägt. Links von ihr im Grunde wird der Kopf einer Figur sichtbar, welche die Doppelflöte bläst. Es folgt eine n. r. schreitende jugendliche Figur von undeutlichem Geschlecht mit gelöstem Haar, in kurzer, gegürteter Aermeltunica, Hosen, Schnürstiefeln und einem um den Hals gelegten Kranz, welche auf einem oblongen Bret ein Brot herbeibringt. Zwischen ihren Füssen pickt ein Huhn auf die Erde; neben ihr l. steht ein Korb voll Blüthen. Es folgt l., schon ausserhalb des Parapetasma, eine jugendliche männliche (?) Figur in gleicher Bewegung und gleicher Tracht, nur ohne Kranz und ohne deutlich angegebene Hosen; sie trägt in den Händen einen todten (?) Pfau.

Rechts neben der Kline stehen e. f. drei jugendliche, weibliche (?) Figuren, alle in gelöstem Haar, Stiefeln, kurzer gegürteter Aermeltunica und mit einem Kranz um den Hals. Die erste neben der Kline trägt auf einer Schüssel einen wie es scheint gebratenen Vogel; zwischen ihren Beinen pickt ein Rabe auf den Boden. Die zweite trägt eine Schüssel mit einem ähnlichen Gericht, vielleicht einem Ferkel; die dritte, mit einem von der l. Schulter herabhängenden, gefranzten Obergewand, ist etwas n. r. ausgeschritten; in der gesenkten Rechten hält sie einen Krug (?), in der gesenkten Linken eine Patera mit einem in einen Schlangenkopf auslaufenden Griff, nach welcher ein am Boden stehender Pfau zu picken scheint. Zwischen den drei Figuren werden in den beiden Zwischenräumen zwei andere sichtbar, mit gelöstem Haar und in anscheinend derselben Tracht. Die äusserste Figur r., die ausserhalb des Parapetasma steht, aber mit den andern gleiche Tracht hat, schreitet n. l. und trägt einen

Hasen, den sie mit beiden Händen an Vorder- und Hinterläufen hält. Stephani fasst den Hasen «als Repräsentanten aphrodisischen Genusses, nicht als Speise, denn er ist lebendig und wird nicht wie die Speisen, auf einer Schüssel getragen.» Dass er lebendig sei, ist hier so ungewiss wie bei dem Pfau auf der andern Seite; ohne Zweifel aber werden beide Thiere von aussen (die bezüglichen Figuren stehen desshalb ausserhalb des Parapetasma) herbeigetragen, um für das Mahl erst zubereitet zu werden.

Die in flachstem Relief gehaltene Darstellung der Rückseite, eine Löwenjagd, ist l. und r. von zwei Oel(?)bäumen eingeschlossen. Auf einem gesattelten und aufgezäumten Pferde galoppirt n. r. ein bärtiger Mann in gegürtetem Chiton, Schuhen und fliegender Chlamys, der mit einer Lanze in der Rechten gegen einen r. am Boden stehenden und zum Sprunge n. l. sich duckenden Löwen ausholt; unter dem Pferde springt ein Hund mit Halsband gegen denselben an. Zwei unbärtige Diener mit steifgelocktem Haupthaar, gegürteter Tunica, Lanze und ovalem Schild stehen dem Reiter im Kampfe bei; der eine folgt ihm von l., der andere steht hinter dem Löwen und holt mit der Lanze gegen dessen Kopf aus.

An den meisten Köpfen der Vorderseite sind Pupillen angegeben.

481ᵇ. Auf diesem Sarkophag steht gegenwärtig die oben unter n. 460 beschriebene dreiseitige Basis.

XIV. ZIMMER.

Nr. 482—496.

WESTWAND.

482⁴. Relieffragment.

H. 0,50. B. bis 0,21. — Griech. Marmor.
Der r. Arm und das r. Knie fehlen; der aufgesetzte Kopf ist antik, aber nicht zugehörig. Das Relief ist quer durchgebrochen. — Publ. von GERHARD Venere Proserpina pl. 7 p. 59. CLARAC 632 A, 1422 C. Abgebildet auf Taf. XIII fig. 2. Vgl. GERHARD Hyperboräisch-röm. Studien II p. 119. Arch. Zeit. 1861 p. 129 folg.

Der Rand des Reliefs ist nur unten und auf der r. Seite erhalten. Eine weibliche Figur (e. f., rechtes Standbein) in ärmellosem gegürtetem Chiton mit Ueberschlag auf der Brust und eben solchem aber längerem im Rücken, an den Füssen Sandalen, stützt sich mit dem l. Ellnbogen auf eine weibliche Herme, deren bekleideter Schaft auf einem viereckigen Blocke steht. Auf dem Haupte der Herme ein Modios; aus den Haaren fallen Bänder r. und l. auf die Brust.

Die Arbeit ist nicht vorzüglich, unterscheidet sich aber wesentlich von römischen Werken, von Sarkophagreliefs insbesondere schon durch den Rand auf der r. Seite. Gerhard erkennt in der Herme eine Venus Proserpina.

83. Weiblicher Idealkopf.

H. 0,46. Gsl. 0,19. — Griech. Marmor. — Ergänzt Nase, Büste, ein Stück im Haar und der Hinterkopf.

Der Kopf rührt möglicher Weise von einer Doppelherme her; der Mund ist leise geöffnet, die Pupillen sind angegeben. Die Brust ist antik, aber von anderem Marmor und nicht zugehörig. Bezeichnet n. 64.

484*. Fragment eines Hochreliefs.

H. 0,36, mit Basis 0,41. B. 0,25. — Alabasterähnlicher Marmor.
Ergänzt von Alabaster die l. Hand der weiblichen, ein Theil der r. Hand der
männlichen Figur. Ergänzt sind offenbar auch die beiden Köpfe, sie scheinen aber
antik zu sein und sind jedenfalls von anderem Material als die restaurirten Hände.
Es fehlen die r. Hand der weiblichen Figur, ein Theil des r. Armes, fast der ganze
l. Arm und beide Unterschenkel von der männlichen Figur. — Abgebildet auf
Taf. XIII fig. 3.

Der Reliefgrund bildet unten eine vorspringende viereckige Basis
für die beiden Figuren. Dieselbe ist l. abgeschlossen, nach r. und oben
ist das Relief fragmentirt.

Links steht eine weibliche Figur (e. f.) mit Sandalen, einem langen,
unter der Brust gegürteten Aermelchiton mit Ueberfall und einem
reichen Obergewand, welches schleierartig auf dem Kopf auflag und
hinten in vielen Falten herabgeht. Sie ist in langsamem Schreiten n. l.
begriffen und hat die Rechte, welche einen Zipfel des Obergewandes
gehalten zu haben scheint, an die Brust gelegt. Ihre halb erhobene
Linke ruht, wie wohl richtig ergänzt worden ist, in der Rechten eines
Jünglings, welcher r. neben ihr (e. f.) ein wenig abgewendet steht.
Er trägt einen kurzen gegürteten Chiton mit anliegenden Aermeln und
eine auf den Rücken herabfallende Chlamys. Sein l. Arm, vom Körper
gelöst, ging nieder.

Die Arbeit ist nicht ausgezeichnet, die Composition indess zeigt
Feinheiten wie sie römischen Werken nicht eigen zu sein pflegen und
weist darauf hin, dass man den dargestellten Gegenstand unter griechischen Stoffen zu suchen hat. Unter den mancherlei möglichen Deu-
tungen scheint die ansprechendste die auf Orpheus und Eurydike zu
sein; bei derselben finden wenigstens alle einzelnen Motive der Bewegung die befriedigendste Erklärung. Man hätte den Moment zu erkennen, wo beide sich anschauen — der Kopf der weiblichen Figur
war nach der ganzen Haltung des Körpers zu schliessen n. r. gewandt —
um wieder getrennt zu werden. Während Orpheus noch steht und sie
mit der Hand zurückzuhalten sucht, löst sich ihre Hand leise von der
seinigen, und ihre ganze Gestalt ist schon abgewandt, um hinwegzu-
schreiten. Die Verschleierung passt zu Eurydike, vgl. das Relief in
villa Albani (Zoega bass. I 42. E. Braun zwölf Basreliefs Taf. III. C. I.
G. 6854 d) und die Figur des Orpheus kann in der gesenkten l. Hand
recht wohl die Leier gehalten haben.

485. Männlicher Idealkopf.

H. 0,46. Gal. 0,19. — Griech. Marmor. — Ergänzt Nasenspitze, Hals, Büste.

Die Bildung des Kopfes ist verwandt mit dem Typus der Doryphorosköpfe (vgl. zu n. 127), zeigt aber Abweichungen im einzelnen,
die einen ungünstigern Gesammteindruck erzeugen. Das Haar hat ein
freieres und stärkeres Relief und ist über der Mitte der Stirn ein Stück
hinauf, nach der Art weiblicher Tracht, getheilt. Die Augen sind
weniger geöffnet, die Lider sehr schwer. Die Lippen, Augen und Augenhöhlen haben scharfe Ränder. Der ganze Kopf, welcher nach links
gewendet war, wie aus der Anspannung der Muskeln am Halse zu
schliessen ist, hat breitere Proportionen.

OSTWAND.

486¹. Fragment eines Reliefs, Procession mit Laren.

H. 0,30. B. 0,32. — Der untere Theil des Reliefs ist aus Gips ergänzt. — Abgebildet
auf Taf. XIII fig. 1.

Links ist ein Stück Rand erhalten, nach allen andern Seiten ist
das Relief fragmentirt. Dicht an dem Rand steht e. f. nach r. schreitend
eine männliche Figur in Tunica und Toga, welcher die Beine, der Kopf
und die r. Schulter fehlen. Rechts neben ihr die Obertheile zweier
Knaben in Tunica mit kurzen weiten Aermeln und einem Obergewand,
das von der r. Schulter, wo es mit einem Zipfel aufliegt, nach dem Rücken
und der l. Schulter geht, von wo es faltig herabfällt. Die Untertheile
sind wohl richtig so ergänzt, dass die Figuren n. r. ausschreiten. Beide
haben den Kopf mit einer wollenen Binde umwunden, deren Enden
vom Hinterkopf r. und l. auf die Schultern vorfallen. Die l. Figur hält
mit der Rechten in der Höhe der Schultern die viereckige Basis einer
kleinen Statue (e. f.), welche das r. Bein ein wenig vorgesetzt, den
r. Arm seitwärts hoch erhoben, den l. vom Körper gelöst und halb gesenkt zeigt. Der Kopf ist verstossen, bis zu den Knien ist sie mit einer
dünnen gegürteten fliegenden Tunica bekleidet. Die r. Figur kann,
nach den Resten des r. Armes zu schliessen, in ähnlicher Weise eine
Statue gehalten haben. Ueber den Köpfen beider Figuren sieht man
einen Gewandrest, der einer zweiten grossen Togafigur angehört haben

wird. Die r. Hand der zuerst beschriebenen Togafigur ist an den Oberarm des Knaben l. gelegt, wie zur Leitung desselben.

Die Statuette, welche der eine Knabe in der Rechten hält, ist
wegen ihrer Tracht und der Bewegung der Arme unbedenklich für
einen Lar zu halten. Das andere Larenbild wird der zweite Knabe getragen haben. Ganz ähnliche Statuetten von Laren mit Basen halten
auf einer Ara des Vatican (RAOUL.-ROCHETTE mon. inéd. t. LXIX. NIBBY
Mus. Chiaram. III 19. JORDAN annali 1862 p. 305) Augustus und Livia
beim Opfer in der Hand. Man wird demnach in diesem Relief die
Darstellung einer Opferprocession erkennen dürfen, und eben weil es
eine Procession zu sein scheint, nicht der lares familiares, sondern der
lares compitales. Dann hätte man in den Togafiguren mit Wahrscheinlichkeit Vicomagistri zu sehen, denen von Augustus (Sueton Aug. 31.
BECKER Handbuch II 3 p. 270) die Sorge für den Cultus der lares compitales übergeben war, und welche nach dem ausdrücklichen Zeugniss
des Cassius Dio 55,8 bei Festlichkeiten die Toga praetexta anlegten:
καὶ σφισι (scil. στενωπάρχοις) καὶ τῇ ἐσθῆτι τῇ ἀρχικῇ καὶ ῥαβ-
δούχοις δύο ἐν αὐτοῖς τοῖς χωρίοις ὧν ἄρχωσιν ἡμέραις τισὶ χρῆσθαι
ἐδόθη vgl. Asconius zu Cic. in Pis. cap. 4. Die Knaben, deren Tracht
derjenigen der Camilli ähnlich ist (vgl. zu n. 234), sind jedenfalls als
assistirende Diener zu denken, vielleicht als ministri larum? vgl.
jedoch JORDAN l. l. p. 324.

487*. Weiblicher Idealkopf.

H. 0,38. Gal. 0,73. — Griech. Marmor. — Ergänzt Nase, Büste mit Hals und das
obere Stück des Diadems.

Die Pupillen sind angegeben. Der Mund ist sehr individuell und
portraitmässig, die Augenlider und Augenknochen sehr scharf behandelt.

488*. Sarkophag mit abbozzirten Reliefs.

H. des Sarkophags 0,54, des Deckels 0,75. Länge 1,92. Tiefe 0,55.
Griech. Marmor.

Der Deckel ist gebrochen, ein kleines Stück der Vorderseite fehlt. Der Sarkophag ist nach einer Bemerkung in Amati's sched. Vatic. 1018 gefunden «in praedio
Casal rotondo in via Appia apud Merollium». Eine ungefähre Zeitbestimmung
des Fundes ergibt die auf dem Rande eingehauene Jahreszahl 1825. C. C. — Publ.
von GARRUCCI M. I. tav. XXXII 1 p. 53. OTTO JAHN Arch. Zeit. 1861 Taf. CXLVIII
p. 145—156, vgl. Berichte d. sächs. Ges. d. Wiss. 1861 p. 347. Bespr. ausserdem von
STEPHANI Jahn's Jahrb. 41 p. 102, 43 p. 350, vgl. Ausruhender Herakles 41, Compte-
rendu 1862 p. 151. BUCNN Kunstbl. 1844 p. 330. GARRUCCI Bull. d. Inst. 1861 p. 34.

Als Deckel des Sarkophags dient eine gerade Platte, an welcher
vorn ein niedriger Rand emporsteht; auf demselben folgende Inschrift:

```
D·M·S·L·ANNIVS·    ÓCTAVIVS· VALERIANVS·
EVASI· EFFVGI·/SPES· ET·FORTVNA·VALETE·
NIL·MIHI·VOVIS  ΓVM· EST·LVDIFICATE·ALIOS.
```

Links und r. von der Inschrift in der Ecke symmetrisch je ein Vogel
mit krummem Schnabel und kurzem Schwanz.

In der Mitte der Vorderseite des Sarkophags die Portraitfigur eines
unbärtigen Mannes (e. f.) mit kahlem Vorderhaupt, in langer Aermel-
Tunica, Toga und Schuhen, welcher in der Linken auf der Brust eine
Rolle hält und die Rechte wie declamirend erhebt.

Der Raum zu beiden Seiten dieser Figur, welche ohne Zweifel den
Verstorbenen darstellt, ist durch eine horizontale Leiste in ein oberes
und ein unteres Feld getheilt. Diese Felder sind mit einzelnen Scenen
geschmückt, die sich auf die Gewinnung des Getraides beziehen.

Im obern Feld auf der linken Seite am l. Ende ein Oel(?)baum,
an welchem eine Tasche (vielleicht zwei) an Bändern hängt, schwerlich
ein Sack mit dem auszustreuenden Saatkorn, wofür Jahn sie ansieht
«um dadurch diesen wesentlichen Theil des Ackerbaus wenigstens angedeutet» zu finden. Rechts daneben ein mit gegürteter langärmeliger
Tunica und Hosen bekleideter Mann, welcher nach r. stark ausschreitet,
mit der Linken den Griff der sichelförmigen Sterze eines Pflugs erfasst
und mit einem Stab in der Rechten zwei vorgespannte Ochsen anstachelt.

Rechts daneben ein zweiter Oelbaum. Rechts von demselben ein
Mann (wie oben) nach r. gebückt, welcher mit einer vielleicht zwei-
zinkigen Hacke (δίκελλα?) die Erde lockert, «was hier wohl als eine
nach vollendeter Saat vorgenommene Beschäftigung anzusehen ist.»

In dem oberen Felde r. von dem Mann in der Mitte der Vorderseite
zunächst ein dritter Oelbaum. Darauf folgen die identischen Figuren
zweier Männer in gegürteter Tunica mit langen Aermeln (n. r.), welche
in gebückter Haltung das Getraide, das sie mit der l. Hand erfassen,
mit einer Sichel in der Rechten schneiden. Rechts von ihnen steht ein
dritter Schnitter (nach r.) in gleicher Tracht aufrecht, welcher mit der
Linken die Sichel aufstützt und mit der Rechten eine Schale zum Munde
führt. Rechts, ihm zugewendet, steht eine mit gegürteter langer Aermeltunica bekleidete Figur, welche die Rechte wie in Rede gegen ihn erhebt und in der Linken eine Rolle (?? eher zwei kurze Stäbe) hält. Der

Haartracht nach, die aber nicht sehr deutlich ist, muss man sie für weiblich halten; Jahn erkannte in ihr wegen der Rolle den Verstorbenen, als Besitzer des Feldes, der die Arbeiter tränkt. An der Ecke r. Andeutung eines kleinen Gebäudes mit Giebel.

In der unteren Abtheilung folgen die Scenen von r. nach l. aufeinander. In dem Felde r. von der Hauptfigur in der Mitte ein Wagen n. l. (plaustrum) mit zwei scheibenartigen Rädern (tympana), welcher mit zwei Rindern bespannt ist. Die Bespannung ist nicht angedeutet. Drei senkrechte Pfähle, durch Querleisten verbunden, bilden die Umfriedigung eines grossen Ballens, welcher auf dem Wagen liegt. Nach l. geht dem Gespann ein Mann voraus, welcher in der Rechten einen kleinen Stab hält und mit der Linken die Deichsel fasst. Rechts folgt dem Wagen ein anderer Mann, einen Stab in der Linken, die Rechte erhebend wie um die Thiere anzutreiben. Beide haben eine gegürtete Tunica mit langen Aermeln und ein zweites auf den Schultern liegendes Gewand in Form eines Kragens, wahrscheinlich den cucullus.

In dem untern Felde l. von der Hauptfigur eine runde Mühle mit einem senkrechten Pfahl in der Mitte, durch den ein langes Querholz gesteckt ist. Dasselbe schieben von r. nach l. zwei Männer in gegürteter Tunica; der eine, welcher wie die vorhergehenden Figuren über der Tunica einen Kragen trägt, r. von der Mühle vor dem Holze ist vom Rücken, der andere l. von derselben, hinter dem Holze von vorn zu sehen. Links von dieser Scene ein Backofen, aus (?) dessen Höhlung ein mit langärmliger Tunica bekleideter Mann (nach r.) in gebückter Haltung auf einem Bret ein rundes, kreuzweis gekerbtes Brod (quadra) nimmt. Von r. kommt eine Figur mit vorgestreckter Rechten herzu, wohl um das Brot in Empfang zu nehmen. Sie trägt eine lange Tunica mit Aermeln; Jahn sieht in ihr «den Besitzer als Aufseher.» Alle Figuren sind unbärtig; die Bekleidung oder Nacktheit der Füsse ist bei keiner deutlich zu sehen.

Die Worte der Inschrift Spes et Fortuna valete kehren in zwei sehr ähnlich abgefassten metrischen Grabinschriften wieder bei ORELLI 1174. Anthol. Lat. IV 344 und FABRETTI synt. p. 191. Anthol. Lat. IV 274. Diesen Versen liegt, wie Jahn nachgewiesen hat, das griechische Epigramm zu Grunde, Anthol. Palat. IX 49 (vgl. IX 134. 172):

Ἐλπὶς καὶ σὺ Τύχη, μέγα χαίρετε, τὸν λιμέν' εὗρον,
οὐδὲν ἐμοὶ χ' ὑμῖν, παίζετε τοὺς μετ' ἐμέ.

Die Figuren der Reliefs sind roh abbozzirt, es ist daher über manche Details kein sicheres Urtheil möglich. Bloss abbozzirte Arbeiten haben

sich häufig erhalten vgl. zu n. 492. Ein für das Verfahren der Fabriken
interessanter, abbozzirter Sarkophag befindet sich im Palazzo Valentinelli am Forum des Trajan; auf den Wänden desselben ist eine Reihe
Säulen mit aufsetzenden Bogen fertig ausgearbeitet, die Intercolumnien
aber sind als erhobene Massen stehen geblieben — etwa für Herakles-
thaten wie NIBBY mon. scelti di villa Borghese 19, oder andere Gruppen
wie z. B. RAOUL-ROCHETTE mon. inéd. VII 2. Da verhältnissmässig
viele Sarkophage aus griechischem Marmor gearbeitet sind, und dieselben aus verschiedenen Gründen nur zu einem kleinen Theil in
Griechenland selbst fertig gearbeitet worden sein können, so ist es
wahrscheinlich, dass man viele Sarkophage ausgehöhlt und auf ähnliche
Weise abbozzirt versandt habe. Vgl. die Bemerkungen über die beiden
Säulen am Schluss dieses Zimmers.

489*. Herme des Dionysos.

H. 0,39. Gsl. 0,174. — Griech. Marmor. — Erg. Nase, Lippen, ein Stück der Bänder und zwei kleine Theile des Hermenschaftes.

Der Kopf ist ein wenig nach r. niedergewendet. Um das Haar,
welches voll aber kurz und nur am Hinterkopf etwas länger ist, geht
ein Reif, mit einem Band umwunden, das im Nacken zu einer Schleife
gebunden ist und in zwei Enden von da nach vorn fällt. Rechts und
l. über der Stirn stehen aus dem Haar, statt der Hörner, Epheutrauben hervor. Die Augen sind gesenkt und nur zur Hälfte offen,
die Lippen waren schwerlich geschlossen, wie der Ergänzer angenommen hat. Der ganze schöne Typus weicht von den gewöhnlichen
mannweiblichen Bildungen des Dionysos bedeutend ab. Ein ähnlicher
Kopf in der r. Gallerie von Villa Albani (FEA indic. ant. n. 107.
Beschreibung Roms III 2 p. 450 als Herakles) und in der Galleria
geografica des Vatican.

490. Seitenwand eines Sarkophagdeckels.

H. 0,27. B. 0,67. — Ital. Marmor. — Publ. von GARRUCCI M. L. tav. XXXII 2
p. 53, besprochen von OTTO JAHN Arch. Zeit. 1861 p. 151 n. 25.

Der obere Rand der Platte gleicht dem Contour eines Giebels
mit Akroterien. In der Mitte der Platte ein rohes, vielleicht unvoll-
endetes Relief. Ein Zweigespann von Rindern zieht nach l. einen
zweirädrigen Wagen mit undurchbrochenen Rädern. Durch zwei gabel-
förmige Zinken und einen Gurt ist auf demselben ein grosser Schlauch

festgehalten, der oben eine Mündung zum Einfüllen und r. unten eine andere zum Auslassen hat. Die Deichsel ist nicht angedeutet, von der Bespannung ist nichts sichtbar als ein Gurt, der dem vorderen Ochsen um den Leib geht und eine Andeutung von Joch auf seinem Nacken. Die Thiere werden mit einem spitzen Stab angetrieben von einem hinter ihnen befindlichen, zur Hälfte sichtbaren Mann (nach l.), welcher eine Aermeltunica und über den Kopf den cucullus trägt; in der Linken scheint er den Zügel zu halten. Dem Wagen folgt ein anderer, kleinerer Mann (n. l.) in gegürteter Tunica, welcher einen spitzen Stab über der l. Schulter und in der gesenkten Rechten einen Korb (?) trägt. Links von den Thieren ein Oel(?)baum.

491*. Herme mit idealem Kopf.

H. 0,42. Gal. 0,185. — Griech. Marmor. — Ergänzt Nasenspitze, ein Stück Herme, etwas am Hinterkopf, an den Bändern und an dem Reifen über dem r. Ohr.

Der Kopf ist nicht geneigt, aber ein wenig nach l. gewandt; er zeigt eine verfeinerte Bildung des Typus der sogenannten Doryphorosköpfe (vgl. zu n. 127). Um das Haar, welches sich über der Stirn ein wenig theilt, liegt ein Reif, welcher mit einem Band umwunden ist, dessen beide Enden hinter den Ohren auf die Herme herabfallen. Aus dem Reif steht über dem l. Ohr eine kleine Blume hervor, der entsprechende Theil über dem r. Ohr ist ergänzt (eine Art ὑποθυμίς! STEPHANI ausruh. Herakles p. 112). — Ein ähnlicher Kopf ist bei S. Anastasia gefunden worden: DETLEFSEN Bullett. d. instit. 1859 p. 142. GARRUCCI civiltà cattolica 1856 p. 537.

492. Kolossale Statue eines Barbaren.

H. 2,25. Fussl. 0,37. Gal. 0,20. — Ital. Marmor.

Fehlt ein Theil der Locken unter dem r. Ohr, einige Finger sind bestossen. Der vordere Theil der Basis, der vordere Theil des l. und der ganze r. Fuss ergänzt. — Publ. von CLARAC 848 B, 2161 K. GARRUCCI M. L. tav. XXI p. 32. Besprochen von BRUNN Kunstblatt 1844 p. 318. BRAUN Ruinen und Museen p. 749.

Die Statue ruht auf dem l. Bein und hat die r. Hand über das l. Handgelenk gelegt. Die Füsse sind mit einem Tuch (nach Art von Strümpfen) umwickelt und zeigen darüber oben offene und geschnürte Schuhe, deren Senkel oberhalb des Knöchels zugleich die unter das Fusstuch hineingezogenen weiten Hosen zusammenhalten. Ueber diese fällt bis über die Knie nieder ein weiter gegürteter tunicaartiger, unten gesäumter Rock mit langen anliegenden Aermeln. Auf der l. Seite der Brust ist mit einer Spange ein grosser zottig gefranzter Mantel zusammengehalten, welcher über beide Schultern hinten hinabfällt und einen grossen Theil-des l. Armes verhüllt.

Der ein wenig nach r. gesenkte Kopf zeigt den bekannten Barbarentypus der trajanischen Kunst: mit dickem Haupthaar, Schnurbart und spitzem Kinnbart, mit tiefstehenden Augen und gerunzelter stark vorladender Stirn. Der Scheitel ist ein wenig abgeplattet, vielleicht weil ein architektonisches Glied darauf stossen sollte. Der hintere Theil der Figur ist mit Ausnahme des Nackens und des Kopfes in senkrechter Fläche abgearbeitet; zwischen der Basis und den Franzen des Mantels ist der Grund nicht weggearbeitet.

Die Figur blieb unvollendet, zwischen der l. Hand und dem Körper ist eine grössere Masse, und überall auf der Oberfläche die Copierpunkte stehen geblieben.

Die Statue wurde im Juli 1811 in der Via Coronari n. 211 nicht weit von S. Salvatore in Lauro gefunden, E. BRAUN Bullett. d. Inst. 1841 p. 128, Kunstblatt 1841 p. 312. Canina vermuthete, sie sei für den porticus Europae bestimmt gewesen, den er nach dem Vorgang NARDINI's Roma antica VI 6 ohne jeden haltbaren Grund in jene Gegend verlegt (BECKER Röm. Alt. I p. 596). Das Wahre traf PELLEGRINI Bullett. d. Instit. 1859 p. 69, indem er aus Berichten von Sante Bartoli und Ficoroni die Existenz von Bildhauerwerkstätten bei der nahe gelegenen Chiesa Nuova nachwies. Ebendort im vicolo del governo vecchio ist nach FICORONI memorie 41 die kolossale Statue eines sitzenden Barbaren im palazzo Altieri (Beschr. Roms III 3 p. 502, eine ähnliche im palazzo Colonna, Beschr. Roms III 3 p. 163) gefunden worden. In derselben Strasse kam neuerdings im Jahr 1859 eine der vorliegenden Figur sehr verwandte, und gleichfalls unvollendete Figur eines Barbaren, zu Tage, die jetzt im Vicolo Valdino n. 3 B steht, vgl. Giornale di Roma 4 Febr. 1859. ATTI dell' accad. pontif. Romana XV p. CXXIII. Ueber die Tracht dieser Statuen vgl. WEISS Costümkunde p. 588, über ihre Aufstellung FEA notizie degli scavi nell' anfiteatro Flavio e nel foro Romano p. 24.

Stil und Composition der Statue stimmt überein mit den vom Trajansforum stammenden Barbaren des Constantinbogens (Beschr. Roms III 1 p. 375. ROSSINI archi trionfali tav. 65) und den beiden farnesischen Figuren im Museo Nazionale zu Neapel (MAFFEI racolta di statue antiche tav. LVI. CLARAC 554 B, 2161 G. 2161 F). Ein

besonderes Interesse gewährt die Figur durch die stehen gebliebenen
Copierpunkte. Dergleichen sind bei einer nicht unbeträchtlichen Zahl
antiker statuarischer Werke erhalten, so an Arm, Kinn und l. Hand
eines der Kolosse von Monte Cavallo (WELCKER akad. Kunstmus.
p. 134), an der sogen. Alkibiadesherme im Louvre (Musée Napol. IV 71),
an der kolossalen Statue der sogenannten Gaia oder Amphitrite der
Villa Albani (MARINI indic. antiq. n. 367. WINCKELMANN storia d. arte
ed. FEA II p. 12), an einer Statuette des Herakles im Besitz des Bildhauers Kaupert (KEKULÉ Bullett. d. Inst. 1866 p. 7), an mehreren
Werken in der Sammlung des Theseustempels in Athen, namentlich
einer Harpyie mit Aschengefäss (CONZE Gött. gelehrte Anz. 1862
p. 314. SCHÖLL Mittheilungen aus Griechenland p. 100), an dem
Porphyrtorso n. 496 u. s. w. Ueber das Verfahren, wie solche Puncte
beim Copiren benutzt wurden s. CLARAC I p. 144.

493. Abbozzirtes bakchisches Relief.

H. 0,39. B. 0,49. — Grobkörn. ital. Marmor.

Die Platte ist quer durchgebrochen, doch bloss oben und zwar über den Figuren
fragmentirt, so dass wahrscheinlich nichts Figürliches fehlt. Unten ein vorladender Rand.

Rechts springt ein jugendlicher Satyr n. r. mit einem Gewande
auf dem l. Arm. Er wendet den r. Arm, den Oberleib und den
Kopf zurück nach einer leidenschaftlich ihm nachtanzenden Mainade
(im Profil nach r.), welche mit dem erhobenen l. Arm einen Thyrsos
hält, der auf ihrer l. Schulter aufliegt, und einen Reif im Haar,
einen gegürteten Chiton mit Ueberschlag und ein Obergewand trägt,
das sie mit der erhobenen Linken und gesenkten Rechten erfasst.
Ihr folgt im Tanzschritt ein zweiter Satyr (im Profil nach r.), den
r. Arm erhoben — die r. Hand sollte wohl einen Gegenstand, etwa
eine Schale halten — den linken mit Pedum und Thierfell nach l.
zurück gestreckt. Im r. Rande ein durchgehendes antikes Loch.

494'. Weiblicher Idealkopf.

H. 0,41. Gsl. 0,15. — Bläulicher, etwas geäderter Marmor.

Ergänzt Nase, Büste, Hinterkopf und verschiedene kleinere Stücke. — Am Fuss
befand sich eine Papiernummer. Der Kopf war also früher im Vatican, D'ESTE elenco
p. 297 n. 881 «Testa di Cerere coronata di spighe»; Beschr. Roms II 2 p. 113 n. 881
«mit Aehren bekränzter weiblicher Kopf, angeblich Ceres».

Der Kopf kann einer Doppelherme angehört haben. Auf dem leise gewellten Haar, aus welchem vor den Ohren ein Paar kleine Löckchen herausfallen, liegt ein doppelter Aehrenkranz. Der Typus des Gesichts hat nichts Matronales, dass man an Ceres denken dürfte. Auf Münzen von Kyzikos kommt Kora mit einem Aehren- und Epheukranze vor, vgl. MÜLLER Handbuch § 357, 6.

NORDWAND.

495'. Fragment einer männlichen Statue.

H. 0,74. B. bis 0,50. — Griech. Marmor.

Erhalten ist nur ein im Ellnbogen gekrümmter l. Arm, welcher seitwärts im r. Winkel vom Körper erhoben war. Ueber denselben hängt ein schweres Gewand nieder. Die Hand fehlt; nach der Bewegung des Arms zu schliessen scheint sie ein Scepter oder dergleichen aufgestützt zu haben. Der Arm ist zu stark und kräftig und das Gewand nimmt einen zu breiten Raum ein, als dass man an die bekannten Apollofiguren mit dem fliessenden Gewand und dem Schwan am Boden denken könnte (CLARAC 479, 915; 483, 928 A etc.). Auch das Motiv der Statue des Aristogeiton in der bekannten Gruppe der Tyrannenmörder (CLARAC 870, 2203 A. FRIEDRICHS Archäol. Zeitung 1859 Taf. CXXVII 1) stimmt nur ungefähr überein. Eine Statue mit einem völlig entsprechenden Motiv scheint nicht erhalten zu sein. Das Fragment gehört nicht zu n. 445, wie es den Anschein hat.

496'. Abbozzirter Porphyrtorso.

H. 1,12. H. der Basis 0,08. — Fehlt der Kopf, welcher eingesetzt werden sollte (man sieht noch die Höhlung und das Zapfenloch für den Hals), r. Hand und beide Unterschenkel. Früher in den Appartem. Borgia Beschr. Roms II 2 p. 3. n. 5. MASSI indicazione antiq. p. 13 n. 11.

Auf dem Fragment einer runden Basis aus Porphyr steht ein Torso aus dem gleichen Material, ein Fragment einer Statue in Harnisch, welche auf dem r. Bein ruhte. Ueber dem Harnisch, unter welchem am r. Oberarm und an den Schenkeln die Ränder der Tunica hervorsehen, liegt ein Paludamentum, das auf der r. Schulter mit Spange zusammengehalten ist. An der l. Seite hängt das Schwert, unter der

Brust geht um den Leib ein vorn geknüpftes Band. Beide Arme gehen am Körper nieder.

Die Arbeit ist unvollendet, aber vortrefflich angelegt, die puntelli sind stehen geblieben. Die Rückseite ist wie eine gerade Fläche behandelt, auf ihr ein grosses Rechteck vertieft ausgearbeitet. Ein ähnlicher Torso aus Porphyr im Hof des Hospitals von S. Giovanni in Laterano. Porphyrstatuen von Barbaren erwähnt ALDOVRANDI statue antiche p. 178 «fuori di porta del popolo» in Besitz des Maestro Fr. Rigattiero, p. 120 in casa di M. Can. Capranica ne la strada de la Valle», p. 223 im Palazzo Savelli auf Piazza Montanara.

In diesem Zimmer stehen ausserdem ein Gipsabguss der Statue des Sophokles (n. 237) und der Statue des Aischines im Museo Nazionale zu Neapel, GERHARD und PANOFKA Neapels antike Bildw. p. 105 n. 363. CLARAC 843, 2136. Auf besondern Blöcken liegen zwei roh behauene Säulen aus Pavonazzetto, welche vor dem Jahr 1844 auf der Marmorata am Tiberufer gefunden worden sind. Die eine dieser Säulen ist 4,72 lang, ihr Durchmesser beträgt unten 0,67, oben 0,55. Auf der untern Kreisfläche derselben steht die Inschrift:

L. Aelio Caesare N(ostro) iterum et Balbino consulibus, rationi urbicae sub cur(a) Irenaei Aug(usti) liberti procuratoris, caesura Tulli Saturnini centurionis leg(ionis) vicesimae secundae prim(igeniae).

Auf der obern Kreisfläche derselben Säule befindet sich folgende Inschrift:

Die zweite Säule ist 4,91 lang; ihr Durchmesser beträgt unten 0,70, oben 0,62. Auf der untern Kreisfläche derselben steht die Inschrift:

Auf der runden Fläche unten an der Basis:

LCVSNIICL
LOCXVIB

Auf der obern Kreisfläche:

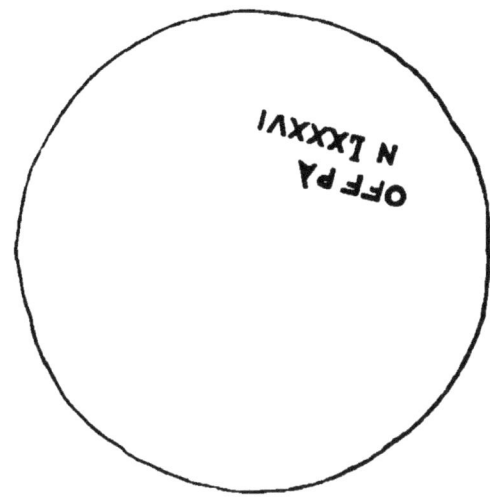

Ueber diese für die Geschichte des antiken Handels ausserordentlich wichtigen Inschriften vgl. HENZEN Annali 1843 p. 333 folg. — Sie sind schwer zu lesen, da die einzelnen Buchstaben nur leicht in die rauhe Oberfläche des Marmors eingehauen sind. V. 2 der ersten Inschrift enthält zwei deutliche und leicht zu erklärende Fehler TRIONI für RATIONI und BE für ET; der Steinmetz hatte offenbar die Zeile mit BALBINO anfangen wollen, und holte dann das vergessene ET in einer Ligatur hinter dem ersten Buchstaben nach. Henzen las RATIONIS, doch ist das S gegenwärtig weder in der ersten noch in der dritten Inschrift zu erkennen. Die erste Zeile der vierten Inschrift las Henzen LOCVSNIICIA, aber das O ist augenscheinlich nicht vorhanden und das A sehr unsicher.

Die Inschriften nennen die Consuln des Jahres 137 n. Chr. L. Aelius Verus und P. Caelius Balbinus Vibullius Pius; ausserdem als Empfänger dieser für Stadtrechnung (rationi urbicae) bestimmten Säulen den Procurator Irenaeus, als Absender und Vorsteher des Steinbruches den Centurionen Tullius Saturninus, der nach Borghesi bei HENZEN a. a. O. p. 345 von der Station seiner Legion in Germanien in den Orient versetzt war; schliesslich die Officin des Steinmetzen, dem die Vollendung der Arbeit übertragen wurde, und den Lagerort am Landungsplatze.

23 *

XV. ZIMMER.

Nr. 497—565.

Die in dem XV. und XVI. Zimmer des Museums vereinigten Monumente stammen durchgängig aus den neuerdings in Ostia veranstalteten Ausgrabungen. Nachdem seit dem Ende des vorigen Jahrhunderts an verschiedenen Stellen auf dem Boden des alten Ostia Ausgrabungen angestellt worden, von denen FEA Viaggio ad Ostia p. 39 ff. NIBBY Viaggio antiquario ad Ostia Atti dell' Accad. Pont. III p. 319 ff. Analisi II p. 445 ff. und in der Kürze C. L. VISCONTI Annali dell' Inst. 1857 p. 281 ff. gehandelt haben, nahm Pius IX dieselben 1855 von neuem in Angriff. Die Leitung ward P. E. Visconti übertragen, welcher eine systematische Aufdeckung der alten Stadt in Aussicht genommen hat. Ueber Plan und Resultate derselben hat ausführlich C. L. Visconti berichtet in den Annali dell' Inst. 1857 p. 281 ff. mit einem Plan der Ausgrabungen Monum. VI t. XI von P. Rosa; über das zu Tage gekommene Mithraeum ib. 1864 p. 147 ff. tav. d'agg. K. L. M. N. Ausserdem hat P. E. Visconti regelmässig von den wichtigsten Entdeckungen Nachricht gegeben in den Sitzungen der päpstlichen Akademie, deren Protocolle in den Akademieschriften (Atti vol. XV bis zum Juni 1860 vgl. Giorn. Arcad. 1860 XVI p. 237 ff.) und im Giornale di Roma veröffentlicht sind. Das letztere ist im Folgenden bis 1860 nur da angezogen, wo es zu den Protocollen der Atti Ergänzungen bot. Ausserdem sind die gefundenen Inschriften mehrfach herausgegeben; sie erschienen in Sonderdrucken (von P. E. Visconti) gelegentlich der verschiedenen Besuche des Papstes in Ostia, von denen nur der von 1856 (P. E. Visconti I) und der neuste von 1866 (P. E. Visconti II) citirt sind; ausserdem im Giornale Arcadico 1856 CXLII p. 199 ff. 1857 V p. 156 ff. 1858 IX p. 60 ff. 1860 XXII 143 ff., welches nur Wiederholungen jener Sonderdrucke sind. Einige Inschriften erläuterte C. L. VISCONTI Ann. dell' Inst. 1859 p. 226 ff. = Giorn. Arcad. 1859 XIII p. 75 ff.

Begonnen wurden die Nachgrabungen eine Strecke vor dem Thor von Ostia an der alten römischen Strasse, wobei eine grosse Zahl von Gräbern mit Inschriften, Reliefs, Sarkophagen, Aschenkisten u. s. w. zu Tage kamen; im Verfolg stiess man auf das Stadtthor und setzte die Arbeiten ein Stück über dasselbe hinaus fort. Ausserdem begann man an einer andern Stelle (Tor Bovacciana) zu graben, und traf dort auf eine ausgedehnte Thermenanlage, welche mit grosser Wahrscheinlichkeit auf Antoninus Pius als Erbauer bezogen wird; dort ist u. A. n. 523 gefunden. Anstossend an die Thermen kam ein Mithraeum (darin n. 502, 504, 556) und ein Raum mit dem Silvansmosaik n. 551 zu Tage. Diese Thermen sind nach und nach ganz blossgelegt und die verschiedenen Ausgrabungen vereinigt. Für das Detail muss auf die Berichte von C. L. Visconti verwiesen werden. Derselbe hat auch im Bull. dell' Inst. 1865 p. 59 ff. Nachricht von den neuesten Entdeckungen auf der Strasse von Ostia nach Laurentum gegeben, welche die Auffindung eines neuen Thores der Stadt hoffen lassen, und hat die vom Institut veranstaltete Publication der in mehreren dortigen Gräbern gefundenen Wandmalereien (Monum. VIII 28) mit Erläuterungen begleitet: Ann. 1866 p. 292 ff. Tav. d'agg. S. T. S. unten n. 590.

NORDWAND.

497. Fragment einer weiblichen Statue.

H. ca. 0,30. B. 0,60. Entfernung der Brustwarzen 0,34. — Ital. Marmor.

Erhalten nur das oberste Stück des Torso vom Hals bis zu den Brüsten; die Schultern sind theilweis weggebrochen. Ein Chiton, der auf der l. Schulter genestelt war, lässt die r. Brust frei. Die Rückseite war beinahe unbearbeitet; im Nacken ein Loch mit Eisenzapfen.

498. Portraitbüste einer Römerin.

H. 0,35. Gal. 0,12. — Erg. Nase. Im Hals gebrochen; die Büste sicher antik und zugehörig. — Ital. Marmor. — Bez. MVNIF·PII·IX.

Die Pupillen angegeben, die Augen und der ganze Kopf ein wenig n. l. gewandt. Das Haar ist ganz zurückgestrichen und oben in einem Zopf mehrmals um den Kopf gewunden, eine Frisur, welche Visconti richtig auf Hadrianische Zeit bezieht. — Gefunden 1860. s. Giornale di Roma 1860, 6. März p. 213 (P. E. VISCONTI).

499. Deckel einer Aschenkiste.

H. 0,08. B. 0,36. T. 0,24. — Ital. Marmor.

Der Deckel hat Dachform; an den vordern Ecken als Akroterien je eine jugendlich-männliche Maske mit langlockigem Haar und phry-

gischer Mütze (mit eingegrabnen Pupillen). Zwischen ihnen auf
einem senkrechten Rand die Inschrift:

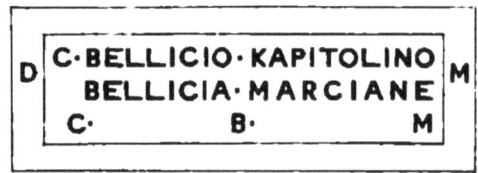

```
D  C·BELLICIO·KAPITOLINO  M
   BELLICIA·MARCIANE
   C·        B·        M
```

Gefunden 1556. Die Inschrift bei VISCONTI I n. X. II n. IV. Giorn.
Arc. 1860 XXII p. 145 n. 18.

500. Portraitkopf eines römischen Knaben.

H. 0,35. Gal. 0,12. — Ital. Marmor. — Erg. Büste, Nase, r. Seitenfläche des
Gesichts, Hinterkopf.

Die Augenbrauen und Pupillen angegeben.

501. Sarkophag mit Seethieren.

H. 0,44. B. 2,00. T. 0,50. — Bläulich gestreifter Marmor.
Der Deckel fehlt; sonst bis auf Kleinigkeiten wohl erhalten. Gefunden 1556 in
Ostia, Giornale di Roma 28. März 1556.

Auf der Vorderseite unten Andeutung von Meerwellen; in der
Mitte Okeanoskopf mit wallendem Haupt- und Barthaar. Auf der Höhe
des Kopfes stehen aus den Haaren zwei Krebsschwänze nach oben; aus
dem Kinnbart sehen nach unten zu beiden Seiten je zwei Fischköpfe
hervor. Der Ansatz des Bartes an den Backen ist schuppen- oder flossen-
artig gebildet. Rechts und l. je ein Paar einander zugewendete Nereiden, gelagert auf Seetigern, die von einander abgewandt, die Schwänze
in die Höhe ringeln. Alle vier Nereiden tragen Hauben und ein Gewand, welches um ein Bein geschlagen, hinter ihrem Kopf im Bogen
fliegt und dessen ein Ende sie mit der einen erhobenen Hand in
der Höhe der Fischschwänze erhoben halten. Die Gruppen sind
wenig verschieden; streng symmetrisch entsprechen sich untereinander die beiden mittleren und die beiden äussern. Auf der l. Nebenseite ist die Gruppe l. vom Okeanoskopf, auf der rechten die Gruppe
r. von demselben wiederholt, die letztere nur abbozzirt. Auf beiden
Nebenseiten ein Loch mit bronzenem Zapfen, vermuthlich Rest einer
Klammer vom Verschluss des Sarkophags.

Ein sehr verwandter Sarkophag im Louvre: CLARAC 207, 195.
BOUILLON III Suppl. 2, 19. vgl. n. 537. JAHN Berichte 1854 p. 187.

502. 504. Cippus mit Mithrasdienern.

Gefunden 1860 in zwei kleinen gegenüberliegenden Nischen im Mithraeum zu Ostia;
s. darüber C. L. VISCONTI Ann. dell' Inst. 1864 p. 147 ff. Vgl. Atti dell' Acad.
Pont. XV p. CXXXVIII (P. E. Visconti). Nach einem Bericht im Giorn. di Roma
28. März 1860 ist in demselben Raum noch eine dritte Statuette eines Mithrasdieners
(n. 586) gefunden. — Abgeb. Ann. a. a. O. tav. d'agg. L. M. Bei allen Figuren sind
die Pupillen eingegraben. Beide Cippen haben oben und unten ein vorspringendes
Profil.

502. H. 0,44. B. 0,23. T. 0,18. Die Rundfigur H. 0,42. Torsol. ca. 0,11; ihr Kopf
war abgebrochen. Die Relieffigur H. 0,23.

Auf der Vorderseite des Cippus in Relief ein stehender Knabe
e. f. (ohne Andeutung des Bodens), mit langem Haar und phrygischer
Mütze, das l. Bein über das r. geschlagen; er trägt Schuhe, anliegende
Hosen und Aermel, welche letztere zu einem besonderen Unterkleid
zu gehören scheinen; einen kurzen gegürteten Chiton und darüber
eine über die Schultern zurückgeschlagene und hinten herabhängende
Chlamys. Der Kopf ist ein wenig n. r. gewendet; in beiden Händen
hält er eine Fackel, das brennende Ende nach links erhoben. Unter
ihm, die erste Zeile durch seine Füsse getheilt, die Inschrift:

```
      C·CAE      LIVS
      ERMEROS·ANT
      ISTES·HVIVS·LO
      CI·FECIT SVA
  5        PEC
```

Auf den Nebenseiten r. patera, l. urceus; die Rückseite unbearbeitet. — Auf der l. Nebenseite sehr verwaschen die Inschrift (P.
E. VISCONTI II n. 237).

```
      POSII I/////X/////K
      FEBRARIAS
      Q·IVNIO I////V////
      I·ICO
  5   L·PLA   V'''//
      AQVI   IIN'//
           COS
```

C. L. Visconti liest: 1. **POSITI**///////// **XVK** — 4. **TICO** —
5. **LPLA VTIV** — 6. **AQVI LIN** — Die Consuln sind Q. Junius
Rusticus und L. Plautius Aquilinus a. 162 p. Chr. S. darüber Visconti a. a. O. — Auf dem Cippus ist oben eine Rundfigur befestigt, deren Rückseite nicht unbearbeitet, aber flach und für die
Aufstellung an einer Wand berechnet ist. Sie entspricht in Bewegung
und Kleidung ziemlich genau der Relieffigur; nur steht der Knabe
auf einem Felsen und ist an einen solchen gelehnt, hat den Kopf
(mit kurzem Haar), der freilich vielleicht nicht ganz richtig aufgesetzt
ist, geradeaus gerichtet, und trägt einen längeren doppelt gegürteten
Chiton mit Ueberfall; auch ist die hinten herabfallende Chlamys
nur mit zwei Zipfeln auf den Schultern befestigt. In der Fackel
oben statt der Flamme ein Loch, um diese besonders einzusetzen.

504. H. 0,44. B. 0,22. T. 0,18, die Relieffigur H. 0,24. Die Rundfigur mit Basis
0,43. Torsol. ca. 0,11. — Auf der l. Nebenseite fehlt oben der vorspringende Rand,
an der Rundfigur der r. Unterarm und das untere Ende der Fackel.

Auf der Vorderseite in Relief steht ein Knabe in genau derselben
Kleidung wie auf n. 502, das r. Bein über das l. geschlagen, den
Kopf n. l. gewendet und die brennende Fackel n. l. gesenkt. Unter
ihm dieselbe Inschrift und in gleicher Anordnung wie auf n. 502,
nur ist vs. 4 der letzte Buchstabe etwas verstossen. Auf den Nebenseiten l. urceus, r. patera. Die oben auf dem Cippus stehende Rundfigur entspricht der anderen auf n. 502 in allen Stücken (auch hier
ist wohl der Kopf nicht ganz richtig aufgesetzt); nur ruht sie auf dem
l. Bein, schlägt das r. über und senkt die Fackel n. l.

Nach C. L. Visconti a. a. O. p. 162 und Atti dell' Accad. Pont. XV
p. CXXXVIII sollen an beiden Statuetten Reste von Vergoldung erhalten gewesen sein; jetzt ist von dergleichen nichts zu sehen als
einige ockerfarbne Flecke an der l. Schulter von n. 502, welche kaum
Reste von Vergoldung sein können.

Die beiden Figuren kommen häufig zu Seiten des mithraeischen
Stieropfers vor, z. B. auf dem von C. L. Visconti a. a. O. t. d'agg.
N publicirten aus Rom. Sie symboliren Auf- und Niedergang des
Lichts vgl. Stark zwei Mithraeen (in der Begrüssungsschrift an die
Heidelberger Philologenversammlung) p. 11.

Von demselben C. Caelius Hermeros, dem «antistes huius loci»
oder Aufseher des Mithraeums (vgl. C. L. Visconti a. a. O. p. 160)
ist in demselben Raum ein Altar von carystischem Marmor (Cipollino)

geweiht (gegenwärtig noch an Ort und Stelle), der die Inschrift trägt:
C. Caelius Hermaeros | antistes huius loci | fecit | sua pec.
s. VISCONTI II n. 236. C. L. VISCONTI ibid. — Beachtenswerth ist
die Zeitbestimmung, welche die Inschrift der l. Nebenseite von
n. 502 giebt.

503. Deckel eines Sarkophags.

H. 0,34. B. 1,53. T. 0,55. — Ital Marmor.

Von der r. Schmalseite ist ein Stück weggebrochen; an dem Mädchen fehlt die
Nase; ihr Kopf war im Hals und auf der Höhe des Schädels gebrochen. Von dem
Knäbchen fehlt der Oberkörper von den Hüften an und das l. Bein mit Ausnahme des
Fusses, von dem Panther die vordere Hälfte.

Auf der oberen Fläche des Deckels, dessen Schmalseiten abgerundet sind, die Figur eines liegenden Mädchens in doppeltem Gewand; am r. Arm ist ein Aermel sichtbar, der l. Unterarm ist nackt
(der l. Oberarm ist nicht zu sehen). Sie ruht auf der l. Seite und legt
die l. Hand an das l. Ohr. Die Rechte liegt auf dem Körper und hält
einen Kranz. Das Haar scheint zum grossen Theil besonders aufgesetzt
gewesen zu sein, da der Kopf an den betreffenden Stellen nur roh bearbeitet ist. Das Lager ist nach vorn ein wenig gesenkt. Zu Füssen ein
umgestürzter Korb (vgl. n. 448) mit Blüthen und Früchten. An dem
senkrechten vorderen Rand links Rest eines kleinen auf dem r. Knie
ruhenden Knäbchens (n. r.) und eines n. l. gewendeten Panthers (?),
der seine Vorderpfoten auf das Knie des Knäbchens, das ihn vielleicht
tränkte oder mit ihm spielte, gelegt zu haben scheint. In den Augen
des Mädchens sind die Pupillen angegeben. Die Arbeit ist mittelmässig.
Nach dem Giornale di Roma v. 28. März 1856 wurde in Ostia eine
«figura grande al vero di donna velata semigiacente condotta in bel marmo
greco» gefunden; obgleich unter den bekannten Funden von Ostia keine
derartige Figur zu sein scheint, kann diese Notiz doch kaum auf die
vorliegende Statue bezogen werden. — Sarkophagdeckel wie der vorliegende sind nicht häufig; ein ganz entsprechender, mit einem Mädchen
und Blumenkorb zu deren Füssen, in Villa Doria Pamfili.

504. S. unter n. 502.

505. Zwei Relieffragmente: Thaten des Herakles.

a. H. 0,86. B. 0,29; r. gebrochen.

Links ein Pilaster ohne Capitäl und Basis, mit Canneluren, die zu
einem Drittel ausgefüllt sind. Rechts davon Herakles n. l., bärtig und

unbekleidet; er hat den gleichfalls nackten, unbärtigen Antaios mit
beiden Armen um den Leib umfasst und in die Höhe gehoben, während
dieser vergeblich sich loszumachen sucht. *

b. H. 0,56. B. 0,51 ; l. gebrochen.

Rechts ein eben solcher Pilaster wie bei a, oben von einem Blätterzweig bedeckt, der von r. sich darum schlingt. Links davon Herakles
(n. r.), bärtig, mit einem Reif im Haar und dem Löwenfell, das von
seiner l. Achsel herabfällt; er hat mit der Linken einen r. von ihm auf das
l. Knie niedergesunkenen bärtigen Barbaren (in Hosen, Aermelchiton,
Chlamys, phrygischer Mütze, beim Kopf gefasst, und holt mit der Keule
in der erhobenen Rechten aus, ihn zu erschlagen.

Die Bruchlinien der beiden Tafeln machen ihre unmittelbare Zusammengehörigkeit sehr zweifelhaft. Gefunden wurden sie in einem
Gebäude unmittelbar vor dem Stadtthor von Ostia (auf dem Plan in den
Monum. dell' Inst. VI t. 11 mit n. XVII bezeichnet), das C. L. Visconti
für die «stazione militare» erklärte: Ann. 1857 p. 308 (vgl. Atti dell'
Accad. Pont. XV p. CXII). Woraus er schloss, dass die Platten zu einem
Fries gehörten, der an dem Gebäude «al di fuori, nel lato che guardava
la via» angebracht gewesen, ist aus den Notizen über die Auffindung
nicht zu ersehen. In b erkennt C. L. Visconti die Tödtung des Busiris,
jedenfalls mit Recht, obgleich dieser Gegenstand bis jetzt auf Reliefs
noch nicht nachgewiesen war; vgl. HELBIG Ann. dell' Inst. 1865 p.306.
Wenn Diomedes gemeint wäre (P. E. VISCONTI a. a. O.), könnte eine
Andeutung der Pferde kaum fehlen. Auch ist die obige Deutung schon
darum wahrscheinlich, weil hier nicht Fragmente des Cyclus der zwölf
Thaten, sondern anderer Heraklesarbeiten vorliegen. Einer ähnlichen
Zusammenstellung scheint das Fragment eines Sarkophagdeckels anzu-
gehören, welches STEPHANI ausr. Herakles p. 200 n. 8 nicht ganz richtig
beschrieben hat. Offenbar sind dort zwei Scenen vollständig, von einer
dritten zwei Nebenfiguren erhalten: r. Herakles, der den Antaios umfasst
hält, am Boden sitzt Ge, Athene steht daneben. Es folgt n. l. Herakles,
der einen nackten am Boden liegenden Mann, den er erschlagen, an
dem einen Arm halb emporhebt, während er mit der Rechten den Arm,
der ihm von l. zugewandten Athene fasst. Rechts hinter ihm im Grund
Nike mit dem Palmenzweig. Es folgen n. l. ein am Boden gelagerter
Flussgott und darüber eine Nike, beide n. l. gewandt und augenscheinlich zur folgenden, jetzt verlorengegangenen Scene gehörig. Dass

die zweite Scene in Ermangelung bestimmter Andeutungen kaum mit
Sicherheit zu deuten ist, hat schon Stephani bemerkt.

506. Relief.

H. 0,25. B. 0,14. — Ital. Marmor.

Rings ein erhobener Rand, in den oben ein Giebel eingegraben ist.
Darunter auf vertieftem Grund in Relief ein trauernder Erot, in der gewöhnlichen Art auf die gesenkte Fackel gestützt. Das Relief scheint
unvollendet.

506ab. In demselben Rahmen mit n. 505. 506 eingemauert: Fragment eines Oelzweigs in Relief; ein anderes mit dem Rest einer weiblichen (?) gelagerten Figur; ein drittes mit dem Obertheil eines stehenden
alten Mannes (n. r. im Profil), etwa eines Pädagogen.

507. 508. Zwei Fragmente eines Sarkophagdeckels.

H. 0,27. — Ital. Marmor.

Eine Darstellung der Jahreszeiten mit Eroten ähnlich n. 464, nur
dass die Körbe, welche dort die Eroten auf die Knie der Frauen setzen,
mit Vasen vertauscht sind und die Frauen alle ein Band im Haar tragen.
Bei allen Figuren sind die Pupillen angegeben.

507. B. 1,03. — R. gebrochen.

Am r. Ende Rest der ursprünglich in der Mitte befindlichen Tafel
mit der Inschrift:

```
    D           M
  MVLPI·FAEＬdimi (?) sacer
  DOTISISＶdis (ost.)
  VLPIAFＴfilia fec.
5 PATRI·Ｌ h. m.
```

Der Raum gestattet vs. 3 nach Analogie der Inschrift von n. 60 zu ergänzen. Am l. Ende jugendlich männliche Maske mit Flügeln in dem
aufstrebenden langlockigen Haar. In dem Zwischenfelde zwei symmetrisch einander zugewandte gelagerte weibliche Figuren, mit einem Ellenbogen auf einen Felsen gestützt. Die l. (Winter) hat die Augen geschlossen und ist bekleidet mit einem gegürteten Chiton, der die r. Brust
freilässt. Um Beine und Hüften ist ein Obergewand geschlungen; ein
Schleier flattert im Bogen über ihrem Haupt. Es fehlt der l. Arm, sowie

die Vase und die Arme des Eroten. Die r. Figur (Sommer) entspricht der andern symmetrisch, nur fehlt ihr der Chiton. Unter der r. Hand der l. sind einige Blüthen, unter der Linken der r. einige Aehren angedeutet. Aus der Vase der r. Figur hängt, wie es scheint, etwas herab, das man für Aehren halten kann.

508. B. 0,27.

Rechts und l. gebrochen; es ist ein Theil des Reliefstreifens, der sich r. an die Inschrift schloss. Erhalten ist die l. gelagerte weibliche Figur (Herbst?) in gegürtetem Chiton und sonst demselben Gewand wie die andern. Das Gefäss auf ihren Knieen scheint Weintrauben zu enthalten. Von der r. Gruppe ist nur der Erot erhalten.

509. Fragment eines Sarkophagreliefs.

H. 0,42. B. 0,22. — Ital. Marmor.
Oben ist der vorspringende Rand erhalten; r. und l. gebrochen; l. ist das Relief unter dem gelagerten Mann in der Dicke in schiefer Linie glatt gearbeitet, war dort also vielleicht angesetzt. — Abgebildet auf Taf. X fig. 1.

Links eine nackte männliche Figur mit Helm und Schwertband, halb liegend (n. r., wie es scheint mit dem r. Ellnbogen aufgestützt, den Kopf auf die r. Schulter stark geneigt, die Augen halb geschlossen mit dem Ausdruck schmerzlicher Ermüdung. Rechts von ihr im Grund eine Erinnys mit lang wallendem Haar, in der erhobnen Rechten eine brennende Fackel, die sie nach sich kehrt; der l. Arm, der nach unten ging, fehlt fast ganz. Ihr Kopf ist ein wenig nach r. gewandt, als ob sie nach Jemand zurückschaute. Bekleidet ist sie mit gegürtetem Chiton, der von der r. Schulter geglitten ist und einem nach Art der Tracht der Diana umgeschlungenen Obergewand. In den Augen Pupillen angegeben. Die Arbeit, besonders an dem männlichen Torso, ist lebendig, und mit dem Meissel zu Ende geführt; die Erinnys ist weniger gut und verräth deutlich die späte Entstehungszeit.

Da Orestes auf Reliefs nicht bewaffnet vorzukommen scheint, wird man an einen andern Mythos zu denken haben, vielleicht an den des Alkmaion, für den, als einen der Epigonen, die Bewaffnung angemessen wäre.

510. Sarkophagfragment.

H. 0,54. B. 0,67. — Ital. Marmor. — Der Rand nur oben erhalten.

Ein grosses Gorgoneion (in dem menschlichen Haar oben zwei Flügel, unter dem Kinn zwei geknüpfte Schlangen) wird unten von einem kleinen bärtigen Atlanten, von dem nur das Obertheil erhalten, der Kopf verstossen ist, mit erhobenen Armen gestützt. Rechts wird es von einem bärtigen Kentauren (n. l.) mit der Rechten gehalten, der mit dem l. Arm in einem von seiner Chlamys gebildeten Sinus Früchte hält. Beine und Hintertheil des Pferdeleibes sind weggebrochen. Links ist am Gorgoneion die Hand einer symmetrisch entsprechenden Figur erhalten. In den Augen sind Pupillen eingegraben.

511. Relieffragment, Pan und die Horen.

H. 0,35. B. 0,47. — Ital. Marmor.

Der untere vorspringende Rand ist längs des ganzen Fragments erhalten, auf den übrigen Seiten ist kein Rand vorhanden; es ist jedoch wahrscheinlich, dass r. und l. nichts fehlte, wo die Platte senkrecht abschneidet. Zwischen der zweiten und dritten Figur fehlt ein Stück des Grundes, doch kaum soviel, dass dort Platz für eine ganze Figur gewesen wäre. Das Relief ist mehrfach gebrochen, der Kopf nur bei der äussersten Figur r. erhalten; die Oberfläche hat durchgängig sehr gelitten.

Dargestellt ist ein von r. nach l. gehender Reigentanz dreier weiblicher und einer männlichen Figur, welche auf den Fussspitzen langsam ausschreiten. Links eine weibliche Figur n. l., in gegürtetem Chiton, der die l. Brust frei lässt; ein zweites Gewand scheint um ihre Unterarme geschlungen gewesen zu sein. Es folgt ein nackter Jüngling, en face, aber auch n. l. schreitend, indem er nach Art des Borghesischen Satyrs (MÜLLER-WIES. Denkm. d. a. K. II 39, 463) das l. Bein über das r. setzt. Er blies die Syrinx, von der ein Rest erhalten ist. Weiter rechts, nach der erwähnten Lücke, eine zweite n. l. schreitende weibliche Figur, in gleicher Kleidung wie die erste. Den Beschluss r. macht eine im Profil n. l. schreitende weibliche Figur, welche mit der erhobenen Rechten und der gesenkten Linken das nach hinten zurückflatternde Obergewand, das auf dem Kopf aufliegt, gefasst hat. Wahrscheinlich ist das Fragment eine Darstellung des Pan und der Horen, die nach seinem Spiel tanzen, vgl. n. 202. Auf dem Relief in Megalopolis Paus. 8, 31, 3 war Pan vermuthlich ebenso in ganz menschlicher Gestalt gebildet, wie er auf den arkadischen Münzen regelmässig erscheint.

Die Anordnung und Bewegung der Figuren, an denen sehr gestreckte Proportionen auffallen, ist fein und anmuthig.

512. Sarkophagfragment.

H. 0,33. B. 0,44. — Ital. Marmor. — Oben ein Stück des vorspringenden Randes erhalten; auf allen übrigen Seiten gebrochen.

Oberhalb des Restes einer Fruchtguirlande mit flatternden Bändern liegen auf einem Fell zwei einander zugewandte Masken: links die eines jugendlichen Satyrs mit kleinen Hörnern auf der Stirn, schwachem Backenbart, Ziegentroddeln und und deutlich angegebenen Zähnen in dem geöffneten Munde; r. eine bärtige von etwas idealerem Ausdruck, mit einem Bande im Haar.

513. Sarkophagfragment.

H. 0,35. B. 0,47. — Ital. Marmor. — Unten und oben ist ein vorspringender Rand erhalten; l. und r. ist das Relief gebrochen.

Ueber einem Feston, von dem nur die r. Hälfte erhalten ist und in dem unter undeutlichen Früchten Pinienäpfel und Aehren zu erkennen sind, liegt auf unbestimmtem Boden eine jugendliche Satyrmaske (n. r.) mit spärlichem Bart, Ziegentroddeln, einem Pinienkranz im Haar und eingegrabenen Pupillen. Rechts ist an dem Feston noch der grösste Theil des tragenden Eroten (n. r.) erhalten; soweit man seine Bewegung erkennen kann, scheint er der mittelste gewesen zu sein.

WESTWAND.

514. Statue eines Knaben.

H. 0,76. Torsol. ca. 0,42. — Ital. Marmor. — Es fehlen Kopf und Hals, welche eingesetzt waren, r. Bein, l. Fuss, der r. Unterarm und der grösste Theil des linken. Das Erhaltene mehrfach gebrochen.

Die Figur ruhte auf dem l. Bein; der l. Arm geht nieder, der r. war im Ellnbogen gebogen. Eine Chlamys, auf der r. Schulter mit Spange zusammengehalten, ist über beide Schultern nach dem Rücken zurückgeschlagen. Die Rückseite ist wenig ausgearbeitet und platt.

Die Statue kann etwa einen kleinen Mercur vorgestellt haben; indess wird es, da der Kopf eingesetzt war, wohl ein Portrait gewesen sein.

515. Relieffragment.

H. 0,46. B. 0,57. — Vielfach verstossen und rings gebrochen, nur l. ein Stück des senkrechten Randes erhalten. — Ital. Marmor. — Abgebildet auf T. XX fig. 2.

Erhalten ist nur ein hoher kastenförmiger Wagen mit zwei grossen Rädern zu acht Speichen, von denen das vordere grossentheils weggebrochen ist; seine Nabe war mit einem Tiger(?)-Kopf verziert. Er wird von zwei Hengsten (wegen ihrer dünnen Schwänze vielleicht Maulthiere?) n. r. gezogen; von den Thieren sind die Beine und Vordertheile weggebrochen. Hinter denselben im Grund ist der Rest eines männlichen Beins, wahrscheinlich vom Wagenlenker sichtbar. Links von dem Wagen ist der Reliefgrund als Quadermauer charakterisirt. Von dem Wagen hängen auf der Vorderseite ein Gewand und Pfoten und Kopf eines grossen Felles, etwa von einem Tiger, herab. Oben auf dem Wagen die Reste einer gelagerten, wahrscheinlich bekleideten Figur, leider zu verstümmelt, als dass man Näheres erkennen könnte. Erhalten noch der r. Fuss, der über die l. Seitenkante des Wagens herabhängt; die vordere obere l. Ecke des Wagens ist abgestossen. Unterhalb des herabhängenden Fells ist die Vorderwand des Wagens durch einen Querstreifen in zwei Reihen vertiefter, unter einander durch senkrechte Streifen getrennter Felder getheilt. Die der obern Reihe sind oben mit einem Bogen geschlossen; in ihnen steht (von l. nach r.) im ersten ein Blumenkorb, im dritten eine Cista mit halbgöffnetem Deckel, im vierten eine Fruchtschwinge (?), das zweite ist leer. Die der unteren Reihe haben viereckige Form; man sieht darin eine Syrinx, ein Tympanon und ein Trinkhorn, alles wenig präcis gebildet, so dass es nicht sicher zu erkennen ist. Auf der r., dem Gespann zugekehrten Seitenwand des Wagens in einem grösseren, oben gebogten Felde sitzt ein Panther n. l., den Kopf n. r. oben zurückgewendet. Die Streifen oder Rippen, welche diese Felder einfassen, sind mit zwei Reihen eingebohrter Punkte gesäumt.

Der bakchische Charakter aller an dem Wagen vereinigten Symbole macht es wahrscheinlich, dass das Fragment von einer tensa in einem Götteraufzug herrührt, etwa wie diejenigen, mit welchen die Circusspiele eröffnet wurden, vgl. Friedländer bei Becker-Marquardt IV p. 500. Ausser den dort erwähnten Reliefs (bes. Ann. dell' Inst. 1839 tav. d'agg. N und O; vgl. Brit. Mus. X 49.

516. Relieffragment.

H. 0,27. B. 0,20. — Ital. Marmor. — Rings gebrochen; von der Figur fehlen Kopf
und Unterschenkel.

Eine jugendlich-männliche Figur n. l., vom Rücken sichtbar; sie
ist nackt bis auf eine Chlamys, die den Rücken herabfällt und um den
nach l. vorgestreckten l. Unterarm geschlungen ist. Mit der Linken fasst
sie das Gewand einer andern, verloren gegangenen Figur.

517. Fragment einer männlichen Büste.

H. 0,25. B. 0,32. — Der Kopf mit dem Hals weggebrochen. — Ital. Marmor.

518. Fragment eines Sarkophags

vielleicht vom Deckel. H. 0,22. B. 0,24. — Ital Marmor. — Rings gebrochen; nur
vom unteren Rand ist ein Stück unverletzt.

Eine fragmentirte, n. r. gelagerte männliche (?) Figur in doppeltem
Gewand, die sich auf den r. Ellnbogen stützte (?) und in der etwas erhobenen Linken einen Dithyrsos (?) hält. Rechts neben ihr der Fuss
einer ihr zugewandten Figur, die vermuthlich in symmetrischer Bewegung gelagert war. Im Grunde liegt auf einer Erhöhung ein
Schlauch(?). Möglich dass das Bruchstück von einem bakchischen
Gelag wie auf n. 373 herrührt.

519. Bruchstück eines Reliefs.

H. 0,56. B. 0,48. — Rings gebrochen; nur ein Theil des unteren Randes unverletzt.
Ital. Marmor.

Erhalten nur ein Paar n. l. schreitender Ochsen mit einem Joch
auf dem Nacken, von dem ein Riemen unter dem Hals weggeht; ohne
Zweifel zogen sie einen Wagen. Der Vordere hat den Kopf tief gesenkt,
der hintere erhoben. Rechts im Hintergrund eine l. mit einem vorspringenden Pfeiler abschliessende Quadermauer. Ueber den Ochsen
kommen vier nackte männliche Figuren zum Vorschein, von deren
zweien unten auch Füsse zu sehen sind. Eine derselben (n. l.) erhebt
eine lange, jedenfalls brennende Fackel; an zwei anderen, von denen
die eine ein Band im Haar hat, sind Satyrohren zu erkennen, die vierte
ist bärtig. Die Arbeit ist gut und lebendig. Auch dieses Fragment
gehört vermuthlich zu einem bakchischen Aufzug, vielleicht zu einem

Triumphzug des Dionysos, obgleich von Stieren gezogene Wagen sonst darin nicht vorzukommen scheinen.

Das Fragment entspricht n. 515 in der Art der Arbeit, der Höhe der Relieferhebung, der Grösse der Figuren und könnte daher mit n. 515, vielleicht auch mit n. 522, zusammengehört haben.

520. Sarkophagfragment mit Seewesen.

H. 0,26. B. 0,41. — Ital. Marmor. — l. gebrochen; oben und unten, vielleicht auch r. vollständig.

Ueber den unten in der ganzen Breite des Bruchstücks angedeuteten Meerwellen l. ein Seekentaur oder Triton (nur der Fischleib und die l. Hand erhalten), n. l., der in der Linken ein langes gewundenes Horn hält. Auf seinem geringelten Schwanz sitzt en face, den Kopf n. l., eine nackte Nereide, die sich mit der Rechten auf seinen Leib aufstützt, mit der Linken ein über ihrem Kopf im Bogen fliegendes Gewand hält. Auf sie zu fliegt von r. ein Eros. Rechts eine von ihr abgewandte, bis auf ein ähnlich fliegendes Gewand nackte Nereide, die einen Seestier (n. r.) umhalst. Eine ähnliche Gruppe auf den Sarkophagen n. 296 und CLARAC 207, 196, beide Male an der r. Ecke; vielleicht stand auch das vorliegende Fragment an derselben Stelle.

521. Fragment von der r. Hälfte eines Giebelreliefs.

H. 0,66. B. 0,55. — Ital. Marmor. — Ein Stück des unteren und des r. ansteigenden Randes erhalten; r. und l. gebrochen.

Auf einem aufgezäumten und gesattelten Pferde (n. r.) mit sog. griechischer Mähne sitzt ein bartloser Mann in doppeltem Gewand und Schuhen. Rechts steht senkrecht eine anscheinend umgekehrte Fackel, welche von dem unteren und oberen Rand abgeschnitten wird; am Ende r. Fragment eines Gegenstands, den man für das obere Ende eines Beiles halten könnte.

Das Relief füllte vermuthlich den Giebel eines Grabmals; derartige Darstellungen sind auf Gräbern nicht selten, vgl. n. 545 und das Wandgemälde von Paestum Mon. e Ann. dell' Inst. 1854 p. 79 t. 12.

522. Reliefbruchstück.

H. 0,31. B. 0,48. — Ital. Marmor. — Rings gebrochen. — Abgebildet auf T. X fig. 1. — S. zu n. 519.

Unter einem belaubten von l. emporwachsenden Eichenast steht auf einem Hügel ein würfelförmiger Bau, dessen Grundform etwa die einer Aschenkiste ist. Die Vorderseite ist in drei nischenartige, oben mit einem Bogen geschlossene Felder getheilt, in deren mittelstem eine bartlose ithyphallische Herme mit menschlichem Oberleib im Profil n. r. steht; in den beiden anderen je ein brennender Candelaber. Auf der l. Nebenseite nur ein solches Feld; darin e. f. eine Herme mit χεῖρες. Die sämmtlichen Nischen sind wie an dem Wagen n. 515 mit Reihen eingebohrter Löcher gesäumt. Die Nebenseiten sind oben mit Polstern abgeschlossen, denen auf der Vorderseite volutenartige Ornamente entsprechen. Auf der oberen Fläche liegen unregelmässig zwei Gegenstände übereinander, die man für Holzstücke halten kann; wonach das Ganze als eine (allerdings ungewöhnlich verzierte) Ara anzusehen wäre. Von l. scheinen Stufen zu dem Bau hinauf zu führen. Links von ihm der Rest eines räthselhaften Gegenstandes.

523. Weibliche Gewandstatue.

H. 1,89. mit Basis 2,05. — Griech. Marmor.

Mehrfach gebrochen, sonst gut erhalten; ergänzt ist der Hinterkopf mit dem Reif, Hals, Nase, Oberlippe und der grösste Theil der Locken zur Seite.

Die Figur ruht auf dem r. Bein und entspricht in Haltung und Gewandung genau einer der Dresdener sog. Vestalinnen, BECKER Augusteum t. XX. HETTNER Catalog p. 62. CLARAC 766, 1889; nur scheint das Obergewand nicht über den Kopf gezogen gewesen zu sein. Der Kopf, welcher im Verhältniss zum Körper zu klein erscheint, ist antik aber nicht zugehörig; die Haare, über der Stirn kurzlockig, sind an den Seiten zurückgenommen. Links und r. fällt von hinten je eine grosse Locke nach den Schultern herab, auf denen Ansätze von Locken erhalten sind; dagegen scheinen am Kopf keine Ansätze davon vorhanden gewesen zu sein. Die Rückseite der Statue ist vernachlässigt. Im Gewand sind sichere Farbspuren erhalten und zwar an dem Chiton von Hellblau, am Obergewand von hellem Roth, beinah Rosa, und auf dessen Umschlag von Mennig.

Gefunden ist die Statue 1858 in den Thermen von Ostia, C. L. VISCONTI Ann. dell'Inst. 1857 p. 336. P. E. VISCONTI Atti dell'Accad. Pont. XV p. CXV, welche der erstere mit grosser Wahrscheinlichkeit für einen Bau des Antoninus Pius erklärt; sie hatte ursprünglich in dem Raum n. III auf dem Plan Ann. a. a. O. tav. d'agg. M in der Mittelnische der Rückwand gestanden und wurde ohne Kopf gefunden. Ob der jetzt aufgesetzte Kopf nachträglich gefunden, also eine antike

Restauration sei, oder der Statue willkürlich gegeben worden, ist aus den obigen Berichten nicht zu ersehen.

524. Sarkophag.

B. ca. 1,91. T. 0,55. H. des Sarkophags 0,44. des Deckels 0,15.
Das Ganze mehrfach gebrochen; die Vorderseite des Sarkophags r. stark fragmentirt, die r. Nebenseite fehlt fast ganz. — Die Inschrift bei Visc. I n. 41 (danach 1856 gefunden) II n. 129. Giorn. Arcad. 1860 XXII p. 170 n. LXXXIV.

In der Mitte der Vorderseite des Sarkophags eine Tafel mit der Inschrift:

```
        D · M
     L·RVBRIVS
      THALLVS
     RVBRIAESTRA
  5  TONICENICON
      IVGIINCON
      PARABILI
```

Links und r. wird die Tafel von einem horinzontal schwebenden Eroten gehalten. Unter ihnen je ein nach der Mitte zu umgestürzter vasenförmiger Korb mit Blüthen. An beiden Enden die symmetrisch wiederholte Figur eines nach der Ecke ausschreitenden Eroten, der den Kopf nach der Mitte zurückwendet und in den Händen eine brennende Fackel nach aussen hält. Neben ihm an den beiden äussersten Ecken ein aufrecht stehender geschlossener Köcher mit Tragband. Rechts von dem l. Eroten, zwischen den gespreizten Beinen des fliegenden Eroten sichtbar, ein aufrecht stehender Bogen mit Sehne, dessen ein sich umbiegendes Ende als Schwanenkopf charakterisirt ist; das andere undeutlich. Rechts ist von diesem Bogen nur ein kleiner Rest erhalten. Auf den Nebenseiten je ein Greif mit einem Beutel auf der Brust, nur auf der l. ganz erhalten. Ein ähnlicher Sarkophag n. 573, ein anderer CLARAC 191, 345 vgl. 192, 353 etc. Der Deckel hat die Form eines Tempeldaches. Im Giebel der l. Nebenseite eine brennende Fackel; der r. ist nicht erhalten. An dem senkrechten Rand der Vorderseite l. eine jugendlich männliche Eckmaske mit phrygischer Mütze; r. ist sie weggebrochen. In dem Felde zwischen den Masken drei Paare horizontal schwebender, einander symmetrisch zugewandter Eroten, welche mit beiden Händen zwischen sich je einen runden Schild halten.

In den Augen sind durchgängig Pupillen eingegraben. In den
Haaren der meisten Eroten, am deutlichsten in denen des 1. Tafel-
trägers, Reste von röthlicher Farbe. — Ein ähnlicher Sarkophag in Via
delle Muratte im ersten Haus l. vom Corso aus, mit dem Unterschied
jedoch, dass an den Enden der Vorderseite statt der Eroten die Gruppe
von Eros und Psyche erscheint.

525. Portraitkopf des Antoninus Pius.

H. 0,32. Gal. 0,12. — Ital. Marmor.
Ergänzt Büste, Nase, Kinn; bei der Reinigung stark verputzt. — Bezeichnet:
OSTIAE·EFFOS. Gefunden 1857 in einem Gebäude nahe am Thor. P. E. Visconti
Giorn. di Roma 3. März 1857.

Das Portrait ist sorgfältig gearbeitet und gehört zu den besseren
des zweiten Jahrhunderts.

526. Jugendlich-männliche Eckmaske.

H. 0,15. — Griech. Marmor.

In phrygischer Mütze, mit eingegrabnen Pupillen, jedenfalls von
einem Sarkophagdeckel. Aufgelegt auf eine Platte von Giallo antico
und bezeichnet: OSTIAE · EFFOS.

527. Knieender Barbar (Mithrasdiener?).

H von der Basis an 0,44. — Pavonazetto.
Ergänzt der r. Arm mit Ausnahme der Hand, der grösste Theil des Gefässes, die
hohe trommelförmige Basis. — Gefunden 1856, Giorn. di Roma 10. Juni 1856.

Die Figur, welche im Costüm (bis auf einen breiteren Gürtel) genau
den beiden Relieffiguren auf n. 502. 504 entspricht, ruht auf dem r. Knie
und legt die Linke auf das l. Knie; die Rechte greift auf die r. Schulter
zurück nach dem Obergewand. Oben auf dem Rücken setzt eine Art
Basis an, auf die man modern eine Vase gesetzt hat; es wird ursprünglich irgend ein vermittelndes capitälartiges Glied da gewesen sein.
Die Statuette entspricht in Bewegung und Bestimmung den beiden
Barbarenstatuen aus Pavonazzetto in Neapel, Gerhard Neapels Ant.
Bildw. p. 72 n. 218. 225. Clarac 854 C, 2163 vgl. 853, 2163. 2164.

528. Grabrelief.

H. 0,60. B. 1,20. — Ital. Marmor. — Der untere, obere und r. Rand grossentheils
erhalten; l. fehlt ein Stück, besonders oben.

Das Relief war rings von einem erhobenen Rand eingefasst. Auf einer Kline mit hoher gepolsterter Rücken- und geschwungener Seitenlehne, von der zwei Füsse sichtbar sind, und von welcher vorn eine Decke herabhängt, liegt, mit dem l. Ellnbogen auf ein Kissen aufgestützt, eine Frau in gegürtetem Chiton und Obergewand, mit welligem Haar, das hinten in einen Knoten geschürzt ist; in der Linken hält sie einen Kranz, in der erhobenen Rechten einen Apfel, als wollte sie ihn einer l. von der Kline n. r. stehenden bekleideten Figur reichen, von der nur der Theil von den Knieen abwärts erhalten ist.

Das Relief ist sehr flach und von ziemlich roher Arbeit. Pupillen angegeben.

529. Zwei Fragmente eines Sarkophagdeckels.

H. 0,16. Breite des kleineren (l.) 0,36; des grösseren (r.) 1,02.
Gefunden 1856. Giorn. di Roma 10. Juni 1856 « bassorilievo . . . colla vittoria sulle amazoni ». Die Inschrift bei P. E. VISCONTI I n. 7. II n. 56. Giorn. arcad. 1860 XXII p. 146 n. XII.

Das kleinere Bruchstück hat l. noch den Rest einer Eckmaske; in dem r. sich anschliessenden Relieffeld sitzt l. am Boden eine Amazone n. r., mit gelöstem Haar, kurzem gegürtetem Chiton und Stiefeln, die Rechte auf das r. Knie gelegt, und mit dem auf das l. Knie gestemmten l. Arm den Kopf unterstützend. Rechts von ihr zwei Pelten, ein Helm, ein Köcher, eine einzelne Lanze und der Rest eines Bündels von drei Lanzen.

Auf dem grösseren Bruchstück eine Tafel mit der Inschrift:

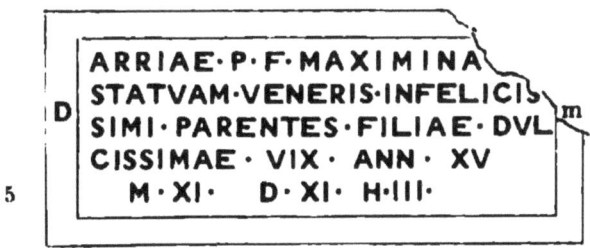

```
    ARRIAE·P·F·MAXIMINA
  D STATVAM·VENERIS·INFELICIS m
    SIMI·PARENTES·FILIAE·DVL
    CISSIMAE · VIX · ANN · XV
5   M·XI·   D·XI· H·III·
```

Bei der Statue einer Venus, welche die Eltern der Tochter setzen, hat man vermuthlich an eine Portraitstatue im Typus dieser Göttin zu denken vgl. BRUNN Ann. dell' Inst. 1849 p. 403 f.

Links davon sitzt am Boden n. l. eine Amazone (die Beine verstümmelt), das Haar im Nacken in einen Knoten gebunden, in ärmel-

losem doppelt gegürtetem Chiton, der die r. Brust frei lässt. Sie stützt
sich mit dem l. Ellnbogen auf eine Pelta, und stemmt den rechten auf
den r. Schenkel, während sie den Kopf auf die Rechte stützt. Rechts
von der Tafel das Untertheil einer n. r. sitzenden Amazone, welche der
oben zuerst beschriebenen genau entsprochen zu haben scheint; rechts
neben ihr, trophäenartig gruppirt sechs Pelten, ein Köcher, ein Helm,
eine einzelne Lanze und ein Bündel von dreien, welches durch einen
kurzärmligen gegürteten Chiton gesteckt ist, wie sonst etwa durch einen
Harnisch. Das r. Ende des Reliefs, wo jedenfalls noch eine Amazone
n. l. sass, nebst der r. Eckmaske fehlt.

Aehnliche Darstellungen sind häufig auf den Deckeln von Sarkophagen, deren Hauptseiten mit Amazonenkämpfen verziert sind; vgl.
den zu Cortona Arch. Zeitung 1845 t. XXX.

530. Fragment eines Epistylbalkens.

H. 0,44. B. 1,76. — Ital. Marmor.

Die horizontale Unterfläche hat einen r. und l. abgeschnittenen,
vertieften Streifen mit Ornament. Auf der Vorderseite ist der Balken
zunächst in zwei Fascien gegliedert, von denen die untere mit einem
schuppenförmigen Ornament bedeckt ist, die obere Reliefdarstellungen
hat. In kleinen, gleichen Zwischenräumen neun Blattbäume (der letzte
r. fehlt zum Theil); zwischen ihnen je ein galoppirendes Thier und zwar
(von l. nach r.) ein Hund n. r., ein Eber n. r., ein Hund n. l., ein
Panther n. r., mit einem vor ihm stehenden Eroten (n. l.), der in der
vorgestreckten Rechten eine Geissel hält, ein Haase n. l., ein Hund n. l.,
ein Hirsch n. l., ein Löwe n. l. Ueber diesem Streifen schliesst sich eine
glatte Friesfläche an, die oben mit einem Ornamentstreifen (Astragalen-
schnur etc.) geschlossen ist. Die Nebenseiten haben die gleiche Gliederung; nur ist die Friesfläche roh gelassen, der Balken muss also auf
einer Ecke gelegen haben.

531. Relief, Entführung der Europa.

H. 0,28. B. 2,18. — Ital. Marmor. — Abgebildet auf T. XII fig. 2.

Auf einer, wie es scheint oben und unten unverletzten, aber l. (?)
und in der Mitte verstümmelten Platte, in grossen, monumentalen
Buchstaben die Inschrift:

QVIRINA/ \E · EIVS

Rechts neben der Inschrift ein vertieftes Feld mit einer Reliefdarstellung der Europa auf dem Stier. Ueber das unten in Wellenlinien angedeutete Meer galoppirt n. l. ein mächtiger Stier mit erhobnem Schweif. Auf seinem Rücken sitzt en face Europa, die l. Hand auf das Hintertheil des Stiers gestützt, mit der Rechten sich an seinem l. Horn anhaltend. Bekleidet ist sie mit gegürtetem Chiton, einem um die Beine geschlungenen Obergewand und einem Schleier, der von ihrer Rechten aus im Bogen über den Kopf flattert und sich um ihren l. Arm schlingt.

Die Composition kehrt ähnlich wieder auf der Münze von Sidon MÜLLER-WIES. Denkm. der a. K. II 3, 40ᵃ vgl. Handb. p. 520.

Die Inschrift ist nicht mit Sicherheit zu ergänzen; Quirina ist ohne Zweifel Name der Tribus; das Letzte war vermuthlich filia eius.

532. Weibliche Portraitstatue.

H. 2,02. Torsol. ca. 0,55. Gsl. 0,19. — Griech. Marmor.
Ergänzt l. Hand, r. Arm, Nase und Kleinigkeiten am Kopf, welcher abgebrochen war, aber zugehört. — Gefunden 1862. Giorn. di Roma 18. März 1862, zugleich mit 539. 544 »tra gli avanzi di nobile edifizio«, in welchem Ziegelstempel zu Tage kamen, welche die Jahre 117 und 134 ergaben, ib. 15. April 1862.

Die Figur ruht auf dem l. Bein und ist bekleidet mit einem ungegürteten feinen Chiton mit kurzen Aermeln. Ein auf der l. Achsel aufliegendes Gewand fällt den Rücken herab, ist auf der r. Seite vorgenommen, und wieder über den linken im Ellnbogen vorgestreckten Arm gelegt, so dass der Zipfel lang herabhängt; die erhobene Rechte, welche ein Scepter aufstützt, ist richtig ergänzt, vielleicht auch die Linke, welche eine Patera hält. An den Füssen Sandalen, um den Hals ein Halsband (?). Um Stirn und Schläfe liegen zwei Reihen kleiner Löckchen, darüber ein Aufputz in Gestalt eines doppelten von 18 einzelnen emporstehenden Blättern gebildeten Diadems, der vielleicht jedoch aus den Haaren gemacht zu denken ist. Das übrige Haar ist ganz in kleine Zöpfe eingeflochten und zu einem Nest um den Kopf gelegt. Das Wesentliche dieser Frisur, mit Ausnahme des diademartigen Aufputzes, entspricht den unter Titus gebräuchlichen Haartrachten und weist die Statue dem Ende des ersten Jahrhunderts zu. Die Rückseite ist vernachlässigt, die Basis scheint sich nach vorn etwas gesenkt zu haben.

Die Statue ähnelt im Motiv der gleichfalls in Ostia gefundenen sog. Ceres des Braccio nuovo n. 83 (Ann. dell' Inst. 1857 tav. d'agg. L),

der vaticanischen Hera 'MÜLLER-WIES. Denkm. der a. K. II 4, 56)
u. a. Eine genau entsprechende Figur in Villa Ludovisi.
Das Portrait ist bisher nicht identificirt worden.

533. Togastatue eines Knaben.

H. 0,97; ohne Basis 0,93. Torsol. ca. 0,30. — Griech. Marmor. — Ergänzt Kopf, beide
Unterarme, ein Theil der Basis. — Gefunden 1856. Giorn. di Roma 28. März 1856.

Die Figur ruht auf dem l. Bein; der r. Arm ging nieder, der linke
Unterarm war vorgestreckt, und ist mit einer Rolle in der Hand ergänzt.
Sie ist bekleidet mit Tunica und Toga; auf die Tunica hängt um den
Hals ein Band mit einer Bulla herab. An den Füssen zugebundene
Schuhe; am l. Fuss steht ein unkenntlicher oben etwas verjüngter Ge-
genstand, der wahrscheinlich ein Scrinium sein soll.

534. Akroterion mit Relief.

H. ca. 0,50. B. 0,46. — Ital. Marmor. — Wenig verstossen. — Abgebildet auf
T. XII fig. 1. — Gefunden 1857. P. E. VISCONTI Atti dell' Accad. Pont. CV p. XCV.

Das Relief scheint als Akroterion die Spitze eines Giebels gekrönt
zu haben; sein unterer Rand zeigt einen einspringenden, stumpfen
Winkel; oben ist es mit einem Bogen geschlossen.

Nach l. fährt über das in Wellenlinien angedeutete Meer, auf einem
Wagen mit zwei Rädern, von denen das eine allein sichtbare sechs
Speichen hat, Poseidon, nackt bis auf ein leichtes, fliegendes Gewand,
das um beide Arme geschlungen, hinter seinem Rücken weggeht. Er
tritt mit dem r. Fuss auf den Wagen (der l. ist nicht zu sehen) und hält
im l. Arm den Dreizack; mit der Rechten fasst er die Zügel der beiden
Seepferde, welche seinen Wagen ziehn. Am Halsansatz ist das Joch angedeutet, ihre Schwänze werden r. hinter seinem Rücken sichtbar;
statt der Mähne haben sie einen gezackten Kamm und an den Vorderbeinen am obersten Gelenk und an den Füssen lange Flossen. Eine
verwandte Darstellung des Poseidon, aber in reicher Umgebung von
Meerwesen, auf einem Mosaik MONTFAUCON Suppl. I 27.

535. 567. Reliefs mit Brustbildern von Caltiliern.

535. H. 0,86. B. 0,75. — Ital. Marmor. — R. und l. fragmentirt.

Am r. Ende ein cannellirter korinthischer Pilaster, auf dem, als
oberer Rand des Reliefs, ein dreifach gegliederter Epistylbalken auf-

liegt. Links von ihm, en face den Kopf n. r., das gewandlose Brustbild eines unbärtigen, kahlköpfigen Mannes; unter demselben auf dem untern Rand des Reliefs die Inschrift:

CALTILIO·HILA/ro

567. H. 0,69. B. 0,88. — Ital. Marmor.

Zwischen zwei korinthischen cannellirten Pilastern, welche einen Epistylbalken tragen, steht auf einem Querbalken, der die Basen der Pilaster verbindet, en face, den Kopf n. l., das Brustbild eines bis auf Andeutung von Backenbart bartlosen Mannes; auf der l. Achsel liegt ein Gewandzipfel mit Spange auf. Darunter die Inschrift:

L⊘ CALTILIO ⊘ CELER l ⊘ FRAT⊘

Beide Platten gehören zusammen und sind in flachstem Relief gehalten; bei beiden Köpfen ist das Auge en face gebildet. Die hier wiedergegebene Aufstellung von Brustbildern erinnert an die der Imagines; s. zu 345. Die Haartracht deutet auf das erste Jahrhundert.

536. Sarkophagfragment.

H. 0,55. B. 0,42. — Ital. Marmor. — Oben ist der (vorspringende) Rand erhalten; sonst rings gebrochen. Es fehlen Beine, Unterarme und ein Stück der Pferdebrust an der Centaurin.

Erhalten nur eine Centaurin mit gelöstem Haar, n. r., der menschliche Leib en face, welche mit dem erhobenen l. Arm vermuthlich ein r. befindliches Portraitmedaillon hielt; der r. gleichfalls erhobene Arm fasste wohl das hinter ihr im Bogen flatternde Gewand. In den Augen sind Pupillen eingegraben. Links von dem Kopf Rest eines Flügelpaares von einem n. l. gewandten Eroten, von dessen beiden Füssen oben auf dem Hintertheil des Pferdeleibes noch Fragmente erhalten sind.

SÜDWAND.

537. Sarkophag mit Meerwesen.

H. 0,42. B. 2,70. T. 0,64. — Griech. Marmor. — Der Deckel fehlt. — Unbedeutend beschädigt. — Gefunden 1856. Giorn. di Roma 28. März 1856.

Auf der Vorderseite am untern Rand in der ganzen Breite Andeutung von Meerwellen. In der Mitte ein aus dem Meer aufsteigender

Blattbaum; r. und l. von demselben je zwei im wesentlichen symmetrisch angeordnete Gruppen. Unmittelbar r. von dem Baum ein bärtiger Triton n. l., der im l. Arm ein Ruder hält und die Rechte senkt nach dem Kopfe eines zum grossen Theil im Wasser verborgenen Eroten, der den l. Arm gegen ihn ausstreckt. Ein anderer Erot fliegt oben vor der Krone des Baumes von l. auf ihn zu, mit einer Tänie in beiden Händen. Der Triton wendet jedoch seinen Kopf zurück n. r., gegen eine auf seinem Fischleib n. l. sitzende Nereide (das wellige Haar am Hinterkopf in einen Knoten gebunden), die ihre Rechte auf seine l. Schulter legt und mit der Linken das Gewand erhebt, auf dem sie sitzt. Links vom Baum ein unbärtiger Triton n. r., der in der Linken einen langen Anker hält und mit dem zurückgestreckten r. Arm die auf seinem Fischleib n. r. sitzende Nereide umfasst. Diese wendet, wie um seiner Liebkosung sich etwas zu entziehn, den Kopf n. l. ab; mit dem r. Ellnbogen stützt sie sich auf seinen emporgeringelten Fischschwanz, die Linke, in der sie einen Zipfel ihres Gewands hält, legt sie auf seine r. Schulter. Ihr Haar ist oben in eine Schleife, hinten in einen Knoten gebunden, von dem zwei Locken herabfallen. Von dem Gewand, auf dem sie sitzt und von dem ein zweiter Zipfel über den l. Unterarm liegt, ist ein Theil um den l. Schenkel geschlungen. Diese Gruppe kehrt in allen wesentlichen Zügen identisch an der r. Ecke wieder, nur ist die Nereide ohne Gewand, stützt sich mit der Rechten auf den Fischleib und wendet den Kopf nicht ab, sondern reicht dem Tritonen mit der Linken einen Apfel; der Anker, den dieser trägt, ist etwas stärker als der andere. Ebenso ist an der l. Ecke die zuerst beschriebene Gruppe wiederholt, nur dass auch hier die Nereide ganz ohne Gewand ist und sich mit der Linken auf den Fischleib des Tritonen stützt, welcher in der erhobenen Linken den Bogen, in der gesenkten Rechten einen mit Schuppen bedeckten Köcher hält. Im Wasser kommen sieben Delphinköpfe zum Vorschein.

Auf der r. Nebenseite ein Seegreif, darunter Andeutung von Meerwellen; auf der l. Nebenseite ein gewöhnlicher Greif gelagert (er ist nicht vollendet), oben Rest eines Metallzapfens. In sämmtlichen Köpfen Pupillen angegeben; die Umrisse der Figuren sind durch besondere in den Reliefgrund eingegrabne Contoure hervorgehoben. Die Arbeit ist nicht sorgfältig und hervorragend, aber lebendig, die Anordnung glücklich und ausdrucksvoll.

538. Aschenkiste.

H. 0,33. B. 0,35. T. 0,27. — Ital. Marmor. — Gefunden zugleich mit n. 543. 562. 574. 1856 in einem Columbarium (n. 111 auf dem Plan in den Mon. dell' Inst. VI 11. C. L. VISCONTI Ann. 1857 p. 294. P. E. VISCONTI I n. 15. II n. 15.

Der Deckel hat die Form eines Tempeldachs mit Akroterien auf den vier Ecken; im Vordergiebel ein Lorbeer? kranz mit flatternden Bändern. Auf der Vorderseite der Kiste oben eine Tafel mit der Inschrift:

DIS·MANIBVS
SACRVM
L·CACI·L·Ɔ·L·HILARI

Die beiden unteren Ecken werden von zwei vermuthlich weiblichen Figuren (Horen?) gebildet, von denen nur Brust, Arme und Kopf sichtbar sind; sie scheinen nur mit einem Chiton bekleidet zu sein; hinter dem Kopf flattert im Bogen ein auf demselben aufliegender Schleier. Die l. der beiden Figuren scheint in den Händen zwei einander zugewandte Vögel gehalten zu haben, die r. Blüthen. Ihr bauschender Schleier dient als Basis für zwei stehende, nach der Mitte gewandte Eroten. Dieselben halten auf den Schultern eine im Bogen unter der Inschrift herabhängende Guirlande, in der man unter undeutlichen Früchten und Blüthen Pinienäpfel, Mohnköpfe, Granaten, Aehren erkennt; in der einen Hand halten sie eine brennende Fackel, in der andern erheben sie ein Fruchtgebinde, welches an den oberen vorspringenden Rand der Kiste stösst. Ueber der Guirlande unter der Inschrifttafel ein n. r. umgestürzter Korb mit Früchten, nach denen ein Vogel pickt. Auf beiden Nebenseiten Palmetten.

539. Jugendlicher Hermeskopf.

H. 0,24. Gal. 0,15. — Griech. Marmor. — Ergänzt der Rand des Petasos, Nasenspitze, die Lippen. — Gefunden 1862. Giorn. di Roma 18. März 1862, vgl. zu 532.

Der Mund ist lächelnd geöffnet, so dass beide Zahnreihen sichtbar werden. Das Haar kurz und wenig gelockt, im Nacken etwas länger. Die Arbeit nicht sorgfältig, aber frei und lebendig. Die Züge des Gesichts haben wenig Ideales.

540. Kinderkopf mit Band im Haar.

H. 0,19. Gal. 0,11. — Griech. Marmor. — Nase verstossen.

541. Fragment eines kolossalen weiblichen Fusses.

L. der vierten Zehe 0,13. — Ital. Marmor.

Mit hohen Sandalen; erhalten nur der vordere Theil.

542. Priaposkopf (?).

H. 0,21. Gsl. 0,13. — Ital. Marmor. — Es fehlt die Nase; die Oberfläche sehr
verwittert.

Um das über der Stirn gescheitelte wellige Haar, das im Nacken
lang herabgefallen zu sein scheint und stark an weibliche Tracht erinnert, liegt ein Kranz von Epheu-Blättern und -Früchten. Der Mund
zeigt ein thierisch sinnliches Lächeln; die Thränensäcke sind stark
markirt. Der Schnurbart ist spärlich, der Kinnbart voll und lang und
in der Mitte getheilt. Der Kopf ist demjenigen der vaticanischen
Priaposstatue (VISCONTI Mus. Pio-Clem. I 50. CLARAC 734, 1773) verwandt und rührt vermuthlich von einer ähnlichen Statue her.

543. Aschenkiste.

H. 0,34. B. 0,33. T. 0,33. — Ital. Marmor.
Ueber die Provenienz s. zu n. 538. Die Inschrift bei C. L. VISCONTI Ann. dell'
Inst. 1857 p. 293. P. E. VISCONTI I n. 13. II n. 5. Giorn. Arc. 1860 XXII p. 145 n. XX.

Der Deckel hat die Form eines Tempeldachs mit Akroterien auf
den vier Ecken; im Vordergiebel zwei einander zugewandte Vögel, die
nach dem Schwanz einer Eidechse picken. — Auf der Vorderseite der
Kiste oben in der Mitte eine Tafel mit der Inschrift:

DIS · MANIBVS
SACRIS · SANCTS
CASTIS · PIIS
CACIAE · LƆ · L · DAPNES

Rechts und l. davon an den Ecken, z. Th. auf die Nebenseiten über-
greifend, zwei auf besonderen kleinen Basen ruhende Dreifüsse mit
Omphalos, der netzförmig mit Tänien geschmückt ist. Auf jedem sitzt
nach der Mitte gewandt ein Vogel. — Unter der Tafel in der Mitte steht
eine viersaitige Lyra, daneben zwei kauernde Greife, welche die Köpfe
nach den Ecken umwenden. — Auf beiden Nebenseiten Palmetten.

544. Kopf einer Nymphe.

II. 0,20. Gal. 0,15. — Griech. Marmor. — Erg. Nase und Kinn; die Hälfte der Haarschleife fehlt und scheint antik angesetzt gewesen zu sein. — Ueber die Provenienz s. zu n. 532.

Das wellige Haar, in dem über der Stirn ein Band sichtbar wird, ist auf der Höhe des Hinterkopfs von allen Seiten zusammengenommen und in eine Schleife gebunden. Vor beiden Ohren und in den Nacken fallen kleine Löckchen herab. Der Mund ist leise geöffnet, mit dem Ausdruck eines feinen Lächelns. Die starke Biegung des Halses zeigt, dass der Kopf von einer bewegten Statue herrührt, vielleicht von einer erotischen Gruppe, etwa wie die des Hermes mit einer Nymphe Müller-Wieseler Denkm. d. a. K. II, 30 335. Clarac 666 C, 1545. Der Kopf gehört unter diejenigen, welche aus dem Venustypus hervorgebildet sind, und ist von vortrefflicher Arbeit und anmuthigstem Ausdruck.

545. Grabrelief eines römischen Ritters.

II. 0,87. mit der Inschrift 1,12. B. 1,51. — Ital. Marmor. — Gefunden 1856, s. Giorn. di Roma 10. Juni 1856. Atti dell' Accad. Pont. XV p. LXXXV. C. L. Visconti Annali dell' Inst. 1857 p. 304. Auf dem Plan Mon. dell' Inst. VI 11 n. XIV.

Die Platte ist rings von einem vorspringenden Rand umgeben, dessen Höhe der höchsten Erhebung des Reliefs gleichkommt. Auf dem untern Rand in besonderem Rahmen die Inschrift:

·T·FLAVIO·T·F·PAL·VERO·EQVITI·ROMANO·

Auf der l. Seite des Reliefs sitzt auf einem vierbeinigen gepolsterten oder mit einem Kissen belegten Sessel ohne Lehne eine jugendliche weibliche Figur n. r., mit Aermelchiton, Obergewand und Schuhen, welche mit ihrer Linken im Schooss Blüthen, mit der Rechten einen Kranz hält. Von ihrem Kopf fehlt die obere Hälfte; das Haar ist im Nacken in einen Knoten gebunden. Hinter ihr l. steht, als Abschluss des Reliefs, in steifer Haltung eine weibliche Figur n. r., das wellige Haar im Nacken zu einem Knoten gebunden, vor dem Ohr ein kleines Löckchen; sie trägt Schuhe und einen langen gegürteten Aermelchiton mit Ueberfall, vor der Brust hält sie mit beiden Händen einen Korb mit Blüthen. Rechts neben der sitzenden Figur ein n. l. ausschreitender Jüngling, den Kopf en face, mit gegürteter Tunica und Sandalen und einem Stab in der Rechten. Mit der Linken führt er an einem Zügel einen reich aufgezäumten Hengst n. l., der mit einem durch einge-bohrte Punkte charakterisirten Pantherfell bedeckt ist. Auf ihm sitzt ein

schwachbärtiger Mann (das Haupthaar nur mit Meisselstrichen angedeutet; in kurzem, doppeltem Gewand, der mit der Linken die Zügel des
Pferdes hält, und mit der erhobenen Rechten nach einem Kranz zu greifen
scheint, den ihm ein r. hinter ihm stehender bärtiger Mann (in Aermeltunica und Schuhen) von hinten auf den Kopf setzt. Derselbe hält
mit der Linken einen auf der l. Schulter aufliegenden Zipfel, wahrscheinlich einen Sack oder Schlauch.

Ein ähnliches Relief ist an der Aussenseite der Gallerie von Villa
Ludovisi eingemauert; ein anderes von einem Sarkophag eines L. Vivius
Lucianus in Museo Kircheriano, auf welchem der Schlauch oder Sack,
welchen der dem Reiter folgende Mann auf der Schulter trägt, ziemlich
deutlich ist.

In der Nähe des Reliefs ist die folgende Inschrift gefunden, welche
von demselben Grabmal herrührt und jetzt unter dem Relief eingemauert ist:

T·FLAVIO·T·F·PAL·VERO
EQVITI·ROMANO·AEDEM·FECIT
VIBVSSIA·L·F·SABINA·MATER
QVAE·IVBET·SE·QVANDONE·INEA·AEDE·PONI·ET·GN·OST·HERMETE
5 MARITVM·SVVM∅NEQVE·HERES·MEVS·NEQVE·HEREDIVE·MEOR·NEQVE
CVIQVAM·LICEVIT·INEA·AEDE PONERE NEQVE·CORPVS·NEQVE·OSSA·QVOD
SIQVIS·ADVERSVS·EA·FECERIT·INFERET·AERARIO·P·R·HS·L·M̄·N̄·ITEM·REI·PVB
OST·HS·L·M̄·N̄·IS·AVTEM·QVI·DETVLERIT·ACCIPERE·DEBEBIT·SVM·S·S·QVARTAS
YPOGAEV·ET·CETERA·LIBERTIS·LIBERTABQ·MEIS·POST·EOR
10 HIC·MONIMENTVS·EXTERV·HEREDE·NON·SEQVITVR·SET·NEC DONATIONE FACERE
·IN·F·P·XXVI·   ·IN·A·P·XXXV·

546. Oblonge Reliefplatte.

H. 0,54. B. 0,23. Dicke 0,09. — Ital. Marmor. — Gefunden Ende 1861 oder Anfang 1862. Giorn. di Roma 25. Januar 1862.

Die Platte hat auf Vorder- und Rückseite rings einen erhobnen,
gut profilirten Rand; innerhalb desselben auf der vordern Seite eine
Dattelpalme mit vier Paaren von Zweigen und sieben Fruchtbüscheln,
auf der hintern ein aufrecht stehendes herzförmiges Blatt mit langem
gradem Stil. Die Seiten der Platte sind rings glatt gearbeitet; nur auf
einer Langseite scheint eine dünnere Platte von gleicher Höhe abgebrochen zu sein. Wozu das Ganze gedient haben kann, ist ungewiss:
P. E. Visconti im Giorn. d. R. sieht darin ein «ornamento del tempio
d'Iside».

547. Atthiskopf.

H. 0,46. Gal. 0,17. — Griech. Marmor. — Ergänzt Büste und Spitze der Mütze. —
Bezeichnet: OSTLÆ·EFFOS| 1561.

Unter der phrygischen Mütze fallen die wallenden Haare vor. Die
Gesichtszüge, welche bei portraithafter Individualisirung, doch besonders in den obern Partien, einen durchaus idealen Charakter tragen,
haben einen in hohem Grade krankhaften Ausdruck. Der Mund ist
geöffnet, die Augen etwas nach oben gerichtet. Der Kopf unterscheidet
sich wesentlich von den meisten ähnlichen, vgl. z. B. Brit. Mus. X 4,
und zeigt eine meisterhafte Behandlung der Formen.

548. Jünglingskopf.

H. 0,36. Gal. 0,18. — Ital. Marmor. — Nase abgestossen; die hintere Hälfte des
Kopfes und Halses fehlen. — Bezeichnet wie n. 547.

Mit wallendem Haar und geöffnetem Munde; in den Augen Pupillen angegeben.

OSTWAND.

549. Fragment einer unvollendeten Jünglingsfigur.

H. 0,93. Torsol. ca. 0,58. Gal. 0,18. — Ital. Marmor. — Es fehlen die Beine und der
r. Arm; Hals gebrochen.

Die Statue ruhte auf dem r. Bein; auf der l. Schulter liegt ein
Gewand auf, das vom Rücken aus über den vorgestreckten l. Unterarm
geschlungen ist, ein Motiv das an die Meleagerstatuen erinnert.

549ᵃ. Säulenförmiger Altar.

H. 0,66. Durchm. unten 0,63. Stark nach oben verjüngt. S. n. 439ᵇ.

· 550. Doppelte viereckige Aschenkiste.

H. 0,41. B. 0,77. T. 0,33. — Ital. Marmor.

Der Deckel ist nur abbozzirt und hat die Form zweier Tempel-
dächer mit Akroterien und einem Polster, wo sie zusammentreffen.
An der Vorderseite der Kiste, den beiden Giebeln des Deckels entsprechend, zwei leere Tafeln für Inschriften; zwischen denselben und

an den beiden Ecken drei Eroten, welche zwei unter die Tafeln mit flatternden Bändern herabhängende Fruchtguirlanden halten. Ueber diesen, unter den Tafeln, je ein Vogel, der an den Bändern frisst. Auf den Nebenseiten je ein Greif, der die eine Tatze erhebt.

Auf der Vorderseite des Deckels und der Kiste zweimal zwei correspondirende kleine Löcher, in denen Kupferdraht gesessen hat.

551. Nische mit Silvansmosaik.

H. 1,57. Durchmesser 0,57. H. des Silvan 0,71.
Im ganzen gut erhalten, das Fehlende geschickt ergänzt. — Bez. OSTIAE· EFFOS ANNO·MDCCCLXI·|MUNIFICENTIA·PII·IX·P·M. Gefunden 1861 in einem an das Mithraeum in Ostia stossenden Zimmer, auf der Höhe einer Treppe. C. L. Visconti Ann. dell' Inst. 1864 p. 174. «avanti l'edicola s'è trovata la lucerna fittile bilicne (n. 625?) che già vi fù posta. » Giorn. di Roma 6. Mai 1861. Nicht weit davon ist eine «edicola consecrata a Silvano» mit einem auf diesen Gott bezüglichen Relief zu Tag gekommen, ibid. 2. Juni 1863. — Abgebildet Ann. a. a. O. tav. d'agg. L. M. n. 3.

Die Nische, welche durchaus dunkelblauen Grund hat, ist rings mit einem dunkelrothen Streifen eingefasst, der auch die Kuppelwölbung nach unten abgrenzt. Unten steht, auf grünem Boden, Silvan e. f. mit braunem langem Haupthaar und vollem Bart, in dem gewöhnlichen Typus. Er trägt eine weisse, roth gesäumte Aermeltunica und hohe grünliche Stiefeln, welche die Zehen frei lassen; von der l. Schulter fällt ein gelbliches Thierfell nieder. Um den Kopf liegt ein bläulicher, ins Grünliche spielender Nimbus. Im l. Arm hält er einen Ast mit Laubkrone, in der Rechten das gewöhnliche Messer mit gelbem Griff. Neben ihm r. kauert en face ein weisslich bräunlicher Hund, der zu ihm aufblickt. Hinter diesem r. ein Baum, und vielleicht ein Strauch. Links von Silvan ein graublauer Altar aus Quadern mit brennendem Feuer; daneben zwei Bäume.

Silvan in einer Tunica ist nicht, wie Visconti meint, unerhört; eine derartige Statue z. B. in Dresden CLARAC 447, 817 A.

552. Viereckige Aschenkiste.

H. 0,36. B. 0,56. T. 0,43. — Ital. Marmor.
Gefunden 1856 vor der Porta Romana in Ostia; auf dem Plan Monum. dell' Inst. VI, 11 n. V. C. L. Visconti Annali dell' Inst. 1857 p. 295. Die Inschrift bei P. E. Visconti I n. 25. II n. 25.

Der Deckel hat die Form eines mit blattförmigen Ziegeln gedeckten Daches mit Akroterien; in den Seitengiebeln je ein Blattkranz

mit fliegenden Bändern. — Auf der Vorderseite der Kiste oben Tafel
mit der Inschrift:

M·GRAECINIO
BLANDO·GRAE
CINIA·CALLIRHOE
MAT·FEC·VI·A·XXXVI
5 M·XI·D·XVI·F·P·FT
T·MALLIOTERPNO
CONIVGI·OPTIMO
B·M·

Oben zu beiden Seiten der Tafel, ohne architektonische Vermittlung,
je ein weiblicher Kopf, wohl Gorgoneion, obgleich ohne bestimmte Abzeichen. An den vier Ecken der Kiste oben vier Widderköpfe; zwischen
ihren Hörnern hängt auf der Vorder- und den beiden Nebenseiten eine
Lorbeerguirlande mit fliegenden Bändern herab; auf der Vorderseite
unter derselben in beiden Ecken ein sich nach oben umschauender Vogel.
Auf den Nebenseiten über der Guirlande eine Rosette.

553. Funfzehn Fragmente eines Terracottafrieses.

H. 0,20. H. der Eroten 0,13.

Am obern Rand ein Eierstab; darunter schreitende nackte Eroten,
welche in der gewöhnlichen Haltung Blumen- und Fruchtgewinde
tragen. Die meisten sind nach r., einige wenige n. l. gewendet.

Ganz ähnliche Platten bei CAMPANA opp. in plastica tav. XV.
AGINCOURT fragm. de terre cuite XII n. 2 COMBE Terrac. of the Brit.
Mus. XXIII 43.

554. Fragment einer Terracottaplatte.

Oben mit Eierstab. H. 0,24. B. 0,31.

Erhalten nur ein jugendlich männlicher Kopf n. l., mit krausem
Haar und etwas geneigt; es scheint, dass die Figur die R. an den Kopf
legte. Im Grund ein Loch für die Befestigung auf der Wand.

555. Desgleichen.

H. 0,27. B. 0,37.

Erhalten nur die untere Hälfte; unten quer ein Ornamentstreifen
mit einem Gorgoneion. Darüber Rest der Darstellung eines bakchischen?)

25

Zuges n. l. Zuerst l. ein männliches l. Bein, dann die beiden Hinterbeine eines Maulthieres, das Untertheil einer bekleideten, weiblichen,
schreitenden Figur, und die beiden Beine eines Silens (?), das eine erhoben als ob er etwas darauf trüge in der Art wie ein Silen bei CAMPANA
Opp. in plast. t. XL. und PANOFKA Berl. Terracott. t. 43. Rechts scheint
der Schwanz eines Thierfells herabzuhängen.

556. 557. 558. 559.   Friesplatten aus Terracotta.

H. 0,26. B. 3,48.

Das Ganze ist in einzelnen oblongen, z. Th. zerbrochenen Platten erhalten. —
Gefunden 1856; auf dem Plan Monum. dell'Inst. VI 11 n. XVI. C. I. VISCONTI Annali 1657 p. 307. P. E. VISCONTI II n. 15 und Atti dell'Accad. Pontif. XV p. LXXXV.

An beiden Enden eine Reliefplatte. L. ein n. r. gelagertes Rind
(Apis); über dessen Rücken eine Isisklapper, r. vor ihm eine Schüssel
oder ein Korb mit Früchten (von oben gesehen). Rechts ist das gelagerte Rind mit der Isisklapper symmetrisch wiederholt; l. vor ihm
steht eine Situla, deren Bogenhenkel am einen Ende einen Thierkopf
als Verzierung hat. Auf dem Bauch derselben in Relief eine stehende
nackte männliche Figur, wahrscheinlich ein Knabe (Harpokrates), der
die Rechte an das Gesicht (an den Mund?) legt, und mit der Linken
einen grossen stehenden Palmenzweig fasst. Um den untern Rand des
Gefässes liegt ein dicker Kranz. Beide Visconti beschreiben das erste
Relief richtig; bei dem zweiten geben sie statt des Gefässes «das Schiff
und andre Abzeichen des Isiscultes» an.
Zwischen den beiden Reliefs die Inschrift:

zu der noch drei andere, tiefer eingemauerte Bruchstücke kommen:

und wahrscheinlich auch noch ein viertes mit einer ascia in Relief, rings
mit einem erhobnen Rande. Bei den Scheden des C. I. L. befindet sich
eine um mehrere Fragmente reichere Abschrift, die Detlefsen 1861 in
den Magazinen des Lateran genommen:

Ob das Bruchstück **AE** an dieser Stelle gestanden habe, ist natürlich nicht zu bestimmen; es könnte Caeci, Macci oder dergl. ergänzt werden. C. L. Visconti hält ohne Grund die Flavia Caecilia für eine «sacerdotessa d'Iside», dagegen bemerkt er richtig, dass die Inschrift (anscheinend auch die Reliefs) in die harte Terracotta eingeschnitten, nicht vor dem Brennen eingedrückt sei. Das Material ist porös und von gräulicher Farbe, so dass es fast das Ansehen vulcanischen Tuffs hat.

560. Fragment einer Terracottaplatte.

H. 0,31. B. 0,19. — Rings gebrochen.

Erhalten ist nur das Obertheil eines jugendlichen gehörnten Satyrs (im Profil n. l.) mit einem umgeknüpften Ziegenfell, welcher mit beiden Händen den Schwanz eines Thieres (Ochs oder Esel) hält und sich mit dem Körper zurückstemmt, als ziehe er daran mit Anstrengung; der Kopf ist etwas geneigt. In der Bewegung entspricht der Figur ungefähr (von der Gegenseite) der linke der beiden kelternden Satyrn bei CAMPANA Opp. in plast. t. XL. Links ist noch ein Gewandende von einer andern Figur erhalten.

561. Terracottaplatte.

H. 0,28. B. 0,82.

Rechts und l. an den Enden eine Palmette; in der Mitte ein Kantharos, oberhalb dessen vom obern Rand eine Schnur im Bogen herabhängt. Zu beiden Seiten desselben, nach der Mitte gewandt, eine auf den Hinterbeinen stehende Pantherkatze; im Grunde, sie quer durchschneidend, ein mit Bändern geschmückter Dithyrsos.

Die Arbeit ist roh. Dieselbe Platte bei PANOFKA Berl. Terracotten t. 18; eine Hälfte COMBE Anc. Terrac. of the Brit. Mus. XX 37.

562. Aschenkiste.

H. 0,32. B. 0,29. T. 0,26. Ueber die Auffindung s. zu n. 536. Die Inschrift bei C. L. VISCONTI Ann. dell' Inst. 1857 p. 293. P. E. VISCONTI I n. 14. II n. 8.

Der platte Deckel hat vorn ein aufrecht stehendes Tympanon mit Akroterien; darin ein Kranz mit flatternden Bändern. Auf der Vorderseite der Kiste oben eine Tafel mit der Inschrift:

DIS
M A N I B V S
L·CACIO·L·ET·Ɔ·L
EVTACTO

An beiden Ecken unten ein sich nach oben umschauender Adler mit
ausgebreiteten Flügeln; oben Widderköpfe, welche wie die Adler, auf
die sonst schmucklose Nebenseiten übergreifen, und von deren Hörnern
im Bogen eine Lorbeerguirlande herabhängt. Ueber ihr, unter der
Tafel, zwei fressende Vögel.

563. Linke Seitenwand eines Sarkophags.

H. 0,32. B. 0,56. T. (d. i. Breite des Fragmentes der Vorderseite) 0,23. Abgebildet
auf Taf. XI fig. 3.

Links sitzt auf einem Felsen ein nackter Jüngling (n. r.) mit langem
Haar, den r. Ellnbogen auf den Felsen gestützt, die Linke auf das
r. Knie gelegt, den Kopf schwermüthig gesenkt. Rechts ist am Boden
n. l. ein Flussgott gelagert, mit einem um die Beine geschlungenen
Gewand, den l. Unterarm auf eine Urne gestützt, aus welcher Wasser
fliesst; in der auf das Knie gelegten Rechten hält er ein Schilf. Auf
diese Hand legt sich eine andere kleinere, von einer Figur, von der
oberhalb undeutliche Reste da sind; sie scheint nur abbozzirt gewesen
und jetzt z. Th. abgearbeitet zu sein.

Au diese Nebenseite schliesst sich r. noch ein Stück der Vorderseite. Links in der Ecke sitzt auf einem Felsen n. l. ein nackter Jüngling, den r. Fuss hoch aufgestemmt, die Linke auf den Felsen gestützt,
den r. Unterarm auf das r. Knie gelegt. Er hält in der Rechten einen
gabelförmig sich theilenden Zweig mit Blättern und oben einen Büschel.
Es wird eine Ortsgottheit sein; vgl. die Figuren auf den Sarkophagen
n. 357. 394. Rechts davon Rest einer lebhaft n. r. ausschreitenden
Figur, welche den r. Arm zurückstreckte, als ob sie etwa mit einem
Speer ausläge. Erhalten nur der l. Contour (Arm und Unterschenkel);
über der Schulter kommt das Ende eines Gegenstands zum Vorschein,
der am ehesten ein Bogen sein könnte.

564. Aschenkiste.

H. 0,29. B. 0,35. T. 0,21. — Ital. Marmor. — Gefunden mit n. 552 zusammen, w. s.
Die Inschrift Ann. dell' Inst. 1857 p. 296. P. E. VISCONTI I n. 5. II n. 3.

Die Deckelplatte hat vorn einen stehenden Giebel mit Akroterien; darin in der Mitte ein sitzender Adler mit zwei ihm zugewandten Vögeln (Raben) zur Seite. — An der Vorderseite der Kiste eine Tafel mit der Inschrift:

DIS·MANIB
ANTONIAE·C·F·LAETAE
Q·OCTAVIANVS·CONSIDIANVS
CONIVGI·B·M

565. Fragment einer Büste.

H. 0,33. Kopf und Fuss waren angesetzt; erhalten ist nur das mit einem doppelten
Gewand bedeckte Bruststück. — Ital. Marmor.

Von weiblicher Bildung ist nichts zu bemerken; da indessen die Gewandung eher weiblich als männlich ist, so wird wohl dieses Fragment gemeint sein mit dem 1860 gefundenen «busto femminile acefalo» Atti dell' Accad. Pont. XV p. CXXXIV.

XVI. ZIMMER.

NORDWAND.

565. Deckel einer Aschenkiste.

H. 0,17. B. 0,52. T. 0,57. — Ital. Marmor.

Der Grundriss ist nicht wie gewöhnlich viereckig, sondern hinten halbkreisförmig. Von der vordern Seite nach hinten läuft ein Dach. In dem Giebel desselben auf der Vorderseite ein Gorgoneion ohne Schlangen, ähnlich wie n. 67ᵃ. 105, mit palmettenartigen von einem Band umschlungenen Ranken unter dem Kinn. Zu beiden Seiten des Giebels Akroterien, die auf der Vorderseite wie auf den Nebenseiten mit einer unbärtigen Maske mit langherabfallenden archaistisch steifen Locken in Relief verziert sind. Zu beiden Seiten des Daches weiter hinten, wo das Viereck in den Kreis übergeht, zwei weitere Akroterien, geschmückt mit ähnlich gebildeten gorgoneionartigen Masken. Auf der l. Nebenseite zwischen dem vordern und dem hintern Akroterion in einem besondern Felde l. eine Schlange, die sich aus einer Art Höhle nach r. zu einem candelaberartigen Altar emporringelt, auf welchem Früchte liegen. Dieselbe Vorstellung ist auf dem entsprechenden Raume der r. Nebenseite, mit unbedeutenden Varianten, undeutlicher wiederholt.

566. Viereckige Basis einer Marsstatue.

H. 0,22. B. 0,43. T. 0,43. — Ital. Marmor.

Gefunden auf demselben Terrain wie n. 577 (P. E. Visconti II 161, und zwar mit n. 565 «e con molti altri pezzi di marmo» in einem Kalkofen. Auf Kalkbrennereien in Ostia war man schon früher gestossen, Fea viaggio ad Ostia p. 43, Nibby analisi II p. 465.

Die Vorderseite wie die Nebenseiten sind an allen vier Kanten eingerahmt. An der Hinterseite eine senkrechte halbkreisförmige

Vertiefung, als ob die Basis an einer Wand gegen eine Halbsäule gestanden hätte. In dem Rahmen der Vorderseite die Inschrift:

T·ANNIVS·LVCVLLVS·VI·VIR
AVG·IDEM·Q̄·Q̄·HONORATVS
SIGNVM·MARTIS·DENDROPHŌR
OSTIENSIVM·D·D·DEDICAVIT
5 ID·MAI·TORQVATO·ET·HERODE·CŌS

Auf der obern Fläche der Basis Spuren von Metallzapfen, durch welche die Statue befestigt war. — Ueber die collegia dendrophororum vgl. PRELLER röm. Mythol. p. 350, 4. p. 736, 4. Die Consuln sind die des Jahres 143 n. Chr. C. Bellicius Torquatus und Ti. Claudius Atticus Herodes.

567. S. unter n. 535.

568. Grabrelief.

H. 0,59. B. 1,97. Höhe der Figuren 0,45. — Ital. Marmor.
Das Relief ist einmal gebrochen. Einzelne Stücke fehlen, andere sind aus Gips ergänzt. — Vielleicht ist das Relief dasjenige, welches 1556 in Ostia zu Tage kam (mit n. 545) : « bassorilievo d'ottimo stile rappr. una pompa nuziale ... scultura collocata già ad uso di fregio e non come fronte di sarcofago» Giorn. di Roma 10. Juni 1556.

Der Raum, den das Relief einnimmt, ist durch Vertiefung in die Reliefplatte gewonnen, so dass auf allen Seiten ein glatter Rand stehen geblieben ist.

Rechts am Ende sitzt nach l. auf einem gepolsterten Sessel (mit zwei gedrehten Füssen, ohne Fussbank) ein bärtiger Mann, nachdenklich den Kopf auf die r. Hand gestützt. Er trägt Sandalen an den Füssen und ist bis auf Gesicht und r. Hand ganz in ein grosses Gewand gehüllt; auf dem obern Reliefrand über ihm die Inschrift: **CORNEL EPICTETVS**. Links neben ihm steht ein Mann (e. f. nach r.) in Tunica und Toga, Sandalen an den Füssen. Er hält in der l. Hand eine Rolle; sein Kopf ist verstossen. Ueber ihm die Inschrift: **PIVS**. Von l. folgt ihm eine vielleicht weibliche Figur (e. f.), welcher der Kopf fehlt; sie trägt Schuhe, eine Tunica und ein Obergewand, das sie an einem Zipfel mit der gesenkten Linken erfasst. Neben ihr l. ein andere weibliche Figur (e. f.) in Schuhen, Tunica und Obergewand. Sie wendet sich halb um gegen eine von l. kommende jugendlich männliche Figur (nach r. im Profil), welche die Rechte wie im Gespräch halb erhebt und in der gesenkten Linken

eine Rolle hält; über ihr CORNEL. Weiter l. ein korinthischer
Pfeiler mit aufsetzendem Bogen; l. von demselben eilt eine weibliche
Figur gebückt nach r., beide Arme vorgestreckt wie im Ausdruck
lebhaften Verlangens. Dieselbe trägt eine Tunica mit langen Aermeln
und ein Obergewand, das schleierartig auf dem Kopf aufliegt; ihre
l. Hand wird r. hinter dem Pfeiler sichtbar; über ihr die Inschrift:
TVREL·LIAPIETAS. — Die Figuren stehen verhältnissmässig weit
von einander ab; in den Augen sind Pupillen angegeben. Alle Inschriften stehen in einer Linie auf dem obern Rand des Reliefs:

TUREL·LIA PIETAS CORNEL PIVS CORNEL EPICTETVS

Die verschiedenen Namen über den einzelnen Figuren und der geringe handwerksmässige Charakter der Arbeit sprechen dafür, dass
das Monument ein Grabrelief sei. Schwieriger ist es anzugeben, was
dasselbe bedeute, denn aus der Darstellung selbst ergibt sich nicht
der Eindruck einer klaren, bestimmten Handlung. Vielleicht deutet
das Thor den Eingang in die Unterwelt an, in welche Turellia Pietas
als die letztverstorbene einer grossen Familie eintritt.

569. Maske von der linken Ecke eines Sarkophags.

H. 0,30. — Grauer ital. Marmor.

Die Maske ist unbärtig, hat lange Locken und eine phrygische
Mütze.

WESTWAND.

570. Viereckige Aschenkiste.

H. 0,19. B. 0,30. T. 0,26. — Grauer ital. Marmor. — Die Inschrift bei P. E. Visconti II n. 174. Gefunden in der Nähe von n. 577.

Auf der Vorderseite oben eine viereckige Tafel mit der Inschrift:

D   M
CN CORNELI
SVRI

Zu beiden Seiten an den Ecken eine sogenannte Ammonsmaske mit
spitzem Bart und grossen Widder-Hörnern und -Ohren vgl. n. 53.
Von den Hörnern derselben fällt um die Inschrifttafel eine Lorbeerguirlande herab. In dem Raum zwischen Guirlande und Inschrift

ein umgestürzter Korb, an welchem ein Vogel pickt. Unter den Masken an den Ecken je ein Vogel.

Der Deckel ist etwas grösser und nicht zugehörig. Er hat Form und Aussehen eines Ziegeldaches mit imbrices und tegulae; an den vier Ecken Akroterien mit Palmetten.

571. Runde Basis.

H. 0,12. — Ital. Marmor.

Die runde Form und die geringe Grösse der Basis deuten darauf hin, dass sie eine Büste getragen habe. Vorn in einem viereckigen Rahmen die Inschrift:

M · VLPI
MAELI
HELPIDE
FORI

Die Inschrift bei P. E. Visconti II n. 157.

572. Sarkophag.

H. 0,45. B. 2,00. T. 0,57. — Grober ital. Marmor. — Der Deckel fehlt. — Gefunden auf dem gleichen Terrain mit n. 577. P. E. Visconti II n. 215.

In der Mitte der Vorderseite eine viereckige Tafel mit der Inschrift:

C · VOLTIDI AEMILIANI
C FIL VOLTIDIA AGATHE
MERIS ALVMNA PATRO
NO · B · M · FE · CIT

Die Tafel wird mit beiden Händen gehalten von zwei symmetrisch schwebenden nackten Eroten mit langem, über der Stirn aufgebundenem Haar. Unter der Inschrifttafel kauern einander zugewendet r. und l. von einem Candelaber zwei Greife. Rechts und l. von ihnen zwei nach der Mitte umgestürzte Körbe mit Früchten. An beiden Enden die symmetrisch wiederholte Figur eines nach aussen schreitenden unbekleideten Eroten, welcher den Kopf zurückwendet und eine Guirlande in beiden Händen hält. — Auf den Nebenseiten je ein runder Schild mit vier dahinter gekreuzten Lanzen. Ein ähnlicher Sarkophag n. 524.

573. Cylindrische Aschenkiste.

H. mit Deckel 0,45, ohne Deckel 0,25. — Ital. Marmor.

Vorn halten zwei symmetrisch ausschreitende nackte Eroten in beiden Händen eine viereckige Tafel mit der Inschrift:

```
D ·    M
SEX · FLAVI
SECVNDI
SEXTIA FLORA
CONIVGI
OPTIMO
```

Der Deckel hat die Form und Verzierung eines Kelches. Die Inschrift bei P. E. VISCONTI II n. 92.

574. Viereckige Aschenkiste.

H. 0,47. B. 0,45. T. 0,32. — Grauer ital. Marmor. — Ueber die Auffindung s. zu n. 538. Die Inschrift Annali dell' Inst. 1857 p. 294. P. E. VISCONTI I n. 12. II n. 6.

Der Deckel hat die Form eines Daches, r. und l. mit ionischen Polstern. Im Giebel ein Kranz von Eichenblättern mit Bändern, nach denen Vögel picken: an den Köpfen der Polster in einem Kranz mit Bändern r. ein weibliches(?), l. ein männliches unbärtiges Brustbild en face.

Auf der Vorderseite der Kiste, an deren Ecken zwei ionische spiralförmig cannellirte Säulen stehen, die einen Epistyl tragen, befindet sich oben in der Mitte eine Tafel mit der Inschrift:

```
L CÁCIVS CINNAM
AVG ·  ET
CÁCIAÉ · AVXINI
```

Die Tafel ist an den beiden untern Ecken mit ionischen Pilastern gestützt; dazwischen befindet sich eine Thür mit zwei Flügeln, auf jedem übereinander drei Casetten mit drei Ringen. Um die Inschrift, über die Pilaster und die Thür hinweg hängt von einem Capitäl der Säulen zum andern eine Fruchtguirlande mit Bändern, welche unterhalb, r. und l. von den Pilastern von je einem nackten Eroten unterstützt zu werden scheint. Der r. von beiden hält einen runden Gegenstand (Apfel?) am Leib.

575. Torso eines jugendlichen Dionysos.

H. 0,64. Torsol. 0,34. — Griech. Marmor. — Fehlen beide Arme fast ganz, l. Bein, r. Unterschenkel, Kopf mit Hals. Der Torso ist zweimal gebrochen. — Gefunden 1861 «un' elegante torso di una statua di Bacco». Giorn. di Roma 3. Juli 1861.

Die Figur stand auf dem r. Bein und scheint völlig nackt gewesen zu sein. Auf beide Brüste fallen Locken herab. Beide Arme gingen nieder; am r. Schenkel Ansatz einer Stütze. In der Bruchfläche des l. Beins ein antikes grosses Loch.

576. Cylindrische Aschenkiste.

Sie gleicht der vorigen n. 573 in Form und Grösse. — Italischer Marmor. — Vorn in einer viereckigen Tafel die Inschrift:

D · M
P · A E L I O F
O R T V N A T ·
E T · F L A V I A E S
M V S · A E S

577. Sarkophag.

H. 0,45. L. 2,09. T. 0,55. — Griech. Marmor. — Der Deckel fehlt. — Gefunden in Ostia auf dem «terreno denominato J. Casalini ad oriente della città». P. E. Visconti II n. 180.

Auf den Nebenseiten Löcher für Metallklammern zur Befestigung des Deckels. An den Ecken der Vorderseite Pilaster mit einer Art von korinthischem Capitäl und zur Hälfte ausgefüllten Cannelluren. Zwischen den Pilastern spiralförmige Cannelluren; in der Mitte eine Tafel mit der Inschrift:

D · M
F O N T E I A E ·
S E V E R E

578. Viereckige Aschenkiste.

H. mit Deckel 0,32, ohne Deckel 0,24. B. 0,32. T. 0,25. — Ital. Marmor. — Gefunden auf demselben Terrain mit n. 577. P. E. Visconti II n. 160.

Der Deckel hat die Form eines Tonnengewölbes mit vier Akroterien, von denen die beiden vordern mit Palmetten verziert sind.

Im Giebel desselben in der Mitte ein Korb mit runden Früchten, an denen r. und l. zwei Vögel picken.

Auf der Vorderseite an den Ecken r. und l. zwei säulenförmig gewundene Spiralen, die oben in Pinienäpfel endigen, vgl. n. 260[b]. Zwischen ihnen eine viereckige Tafel mit der Inschrift:

D ⌁ M
T· ANNI OSTIENSIS
SEVIR AVGVSTALIS

Auf der Nebenseite Löcher zur Befestigung des Deckels.

SÜDWAND.

579. Grabrelief.

H. 0,67. B. 2,20. — Ital. Marmor.

An der Platte ist oben und unten ein Rand stehen geblieben. Ein horizontaler, schmaler Streifen theilt die Platte in zwei Felder, von denen das obere höher ist als das untere. Beide sind mit flachen Reliefs geschmückt.

In der Mitte des obern, en face, die bekleideten Brustbilder links eines bärtigen Mannes mit gekräuseltem Haupthaar, r. einer Matrone, deren Haar auf der Höhe des Kopfes in ein modiosartiges Nest zusammengeordnet ist. Nur in den Augen des weiblichen Kopfes sind Pupillen angegeben; bei beiden stehen die Ohren ab. Zwischen den Köpfen auf dem Reliefgrund die Inschrift:

Q· LOLLIO. LIBERALI
QVI VIXIT· ANN· XX
ME· V· DIE· VI
MATER· FIL· FECI

Auf die l. Achsel des weiblichen Portraits legt ein in kleineren Proportionen gebildeter bärtiger Mann (e. f.) die r. Hand. Er ist bekleidet mit einem Gewand, welches ähnlich wie bei Hermen, vgl. z. B. GERHARD ant. Bildw. Taf. LXXXI, in langen symmetrischen Falten von den Schultern bis zu den Hüften herabhängt. Unter den Geschlechtstheilen läuft die menschliche Gestalt in einen umgekehrten

Akanthoskelch aus, an dessen r. Seite eine Ranke mit Blüthen hervorwächst. Mit der Linken hält er den Bart eines r. ihm zugewendet,
im Profil stehenden Greifen mit einem hohen zackigen Kamm auf
dem Rücken. Diese Composition ist in genauer Symmetrie auf der
l. Seite neben dem männlichen Portrait wiederholt.

In der Mitte des untern Feldes en face das bekleidete Brustbild
eines Knaben mit einer Bulla; r. und l. von demselben nach der
Mitte zu gewendet zwei Seegreifen, der zur Rechten ist bärtig. Auf
dem horizontalen schmalen Streifen, welcher das obere Feld von dem
untern trennt, ist eine Inschrift abgearbeitet, von welcher r. «unter
dem Akanthoskelch» stehen geblieben ist: ⫽⫽⫽ABILISSIMAE.

Die Darstellung des obern Feldes ist ein schlagender Beleg für die
von STEPHANI Compte-rendu p. 35 f. nachgewiesene prophylaktische
Bedeutung der Greifen; und damit stimmt es vortrefflich, dass die
beiden Barbaren schützend ihre Hände auf die Achseln der beiden
Verstorbenen legen.

580. Torso einer Togastatue.

H. 1,15. Ungefähre Torsolänge 0,53. — Griech. Marmor. — Fehlen Kopf, beide
Unterarme und Unterschenkel. — Vielleicht eines der «quattro bellissimi e grandi
frammenti di statue togate», welche 1856 in Ostia bei Tor Bovacciana zusammen mit
der sog. Ceres im Braccio Nuovo n. 83 (Ann. dell' Inst. 1857 tav. d'agg. L) gefunden
wurden. C. L. VISCONTI ib. p. 316.

Die Figur ruhte auf dem r. Bein. Der Kopf und der l. Unterarm waren besonders angesetzt. An der r. Hüfte befinden sich Reste
antiker Metallstifte. Die Rückseite ist in glatter Fläche abgearbeitet.
Die Farbspuren in den Falten des Gewandes rühren ohne Zweifel
von der Tünchung des Zimmers her.

581. Torso einer weiblichen Gewandstatue.

H. 0,60. Entfernung der Brustwarzen 0,23. — Griech. Marmor.

Der Torso ist nur bis über die Hüften erhalten. Der Kopf war
eingesetzt. Der feine Aermelchiton ist dicht unter der Brust gegürtet,
darüber fällt von der l. Schulter ein Stück Obergewand. Der l. Arm
ist gesenkt, der rechte, nach dem geringen erhaltenen Rest zu schliessen, etwas erhoben gewesen. Die r. Schulter ist hinten glatt abgearbeitet, die Rückseite vernachlässigt.

OSTWAND.

582. Abbozzirte Statuette eines Herakles.

H. 0,57. — Ital. Marmor. — Kopf und l. Hand fehlt.

Die Figur ruht auf dem l. Bein, sie ist nur aus dem Gröbsten abbozzirt. Die Rückseite ist glatt. Der Kopf sollte eingesetzt werden. Das Löwenfell ist in der bekannten Weise unter dem Hals geknüpft. Die niedergehende Rechte hält nach unten die Keule. Von dem l. ein wenig nach vorn erhobenen Arm sollte das Fell niederfallen.

583. Viereckige Aschenkiste in Form eines Cippus.

H. 0,60. B. 0,45. T. 0,31. — Ital. Marmor. — Gefunden auf demselben Terrain mit
n. 577. P. E. Visconti II n. 159.

Der Deckel hat die Form eines Tonnengewölbes r. und l. mit Polstern, deren Köpfe vorn mit Rosetten verziert sind. Im Giebel ein Adler. Auf der l. Nebenseite urceus, auf der r. patera. Auf der Vorderseite die Inschrift:

DIS MANIBVS
CN·AEMILIO
QVINTIANO
LIVIA QVINTA
5   CONIVGI
BENE MERENTI
FECIT

584. Satyrmaske.

H. 0,10. Gesichtsl. 0,12. — Griech. Marmor.

Die Maske rührt von der Ecke eines Sarkophags her. Ueber der Stirn sind kleine Hörneransätze zu sehen. Das Haar ist lang, die Pupillen sind angegeben.

585. Viereckige Basis.

H. 0,26. B. 0,37. T. 0,37. — Ital. Marmor. — Gefunden auf demselben Terrain mit
n. 577. P. E. Visconti II n. 142. s. zu n. 566.

Auf der obern Fläche der Basis sind Spuren von Metall erhalten, die zur Befestigung des Götterbildes dienten. Auf der Vorderseite die Inschrift:

SEX · ANNIVS · MEROPS
HONORATVS DENDROPHORIS
OSTIENSIVM·SIGNVM·TERRAE MATRIS
D·D·DEDICAT XIII K MAI·L·CVSPIO RVFINO
5 ### L·STATIO· QVADRATO· COS

Die Consuln sind die des Jahres 142 nach Chr. — Ueber den Cultus der Terra Mater PRELLER röm. Mythol. p. 402.

586. Statuette eines Mithrasdieners.

H. 0,32, mit Basis 0,36. — Ital. Marmor. — Der Kopf ist gebrochen, aber zugehörig. Die l. Hand fehlt. Die Basis scheint hinten fragmentirt zu sein. — Ueber die Auffindung zu n. 502. 504.

An der vordern Kante der Basis, die sich auffällig weit nach hinten ausdehnt, steht ein Knabe (r. Standbein) mit langgelocktem Haar. Er trägt enge Aermel und Beinkleider, einen doppelt gegürteten Chiton und darüber eine auf der r. Schulter genestelte Chlamys, welche den Rücken hinabfällt und über den l. Arm geschlagen ist. Am l. Oberschenkel steht seitwärts eine Stütze ab und auf der Basis r. neben dem l. Bein steht ein nach oben sich verjüngendes Stück empor. Das r. Bein ist hinten mit der Basis durch eine Stütze verbunden.

587. Torso einer Figur im Harnisch.

H. 0,79. H. der Relieffiguren 0,21. — Griech. Marmor. — Es fehlen Beine, Arme, Kopf und der obere Theil der Brust.

Ueber den Harnisch zieht sich das Schwertband, das nur zu einem Theil angedeutet ist. Vorn auf der gewöhnlich mit Reliefs verzierten Stelle ein Candelaber mit brennendem Feuer, unter ihm als Basis ein Akanthoskelch. Rechts und l. vom Candelaber, einander zugewendet im Profil, zwei Victorien in doppelt gegürtetem Chiton, welche wie zum Tanz ausschreiten und mit der einen erhobenen Hand etwas in die Flammen halten oder giessen. Die Victoria l. trägt in der gesenkten Rechten einen an die Schulter gelehnten Stab, dessen oberes Ende fehlt, wahrscheinlich ein Scepter, die andere hält im l. Arm Früchte (?). Der Panzer ist unten mit einer doppelten Reihe von Pteryges verziert; auf der obern (von l. nach r.) sind in Relief gebildet ein Elephantenkopf im Profil, ein Löwenkopf, ein Adler, zwei gekoppelte Widderköpfe (im Profil), ein Adler und wieder ein Löwenkopf; auf der untern ausser Ornamenten drei Mal ein Schild und zwei Mal ein Helm. An der l. Hüfte ist ein Stück Gewand erhalten, an der rechten ist ein grosses viereckiges Loch eingearbeitet. Die Figur stand auf dem r. Bein. Die Rückseite ist oben in viereckiger Fläche abgearbeitet, darin ein grosses Loch. Vgl. n. 496. CLARAC 355, 2535 A; 356 n. 29.

588. 589. 590. 591. Wandgemälde.

Diese vier Wandgemälde sind 1865 in Ostia auf der Strasse nach Laurentum in zwei verschiedenen Gräbern gefunden worden, Mon. dell' Inst. VIII 28. C. L. VISCONTI annali 1866 p. 292 — 307, vgl. Bullett. 1865 p. 89 — 93. Nr. 588. 589. 591 befanden sich an einer Wand in einem Grab; Visconti hält sie wohl mit Recht dem Ende des zweiten Jahrhunderts angehörig. Derselbe Gelehrte setzt n. 590, welches in dem zweiten Grab die Wand l. vom Eingang schmückte, nach äussern Kennzeichen mit Recht noch in das erste Jahrhundert.

588. Eine Wachtel (? sitzt auf zwei Orangen oder Aepfeln, welche sie anpickt. Der Boden, auf welchem einige grüne Halme wachsen, ist mit grünlicher Farbe angedeutet; der Grund des Bildes ist wie bei 589 und 591 weiss. H. 0,38. B. 0,40.

589. Kronos (?) und Rhea (?). H. 0,68. B. 1,13. — Obere r. Ecke fehlt; die Figuren sind von l. beleuchtet. — Auf einer langen bläulich grauen Bank, die auf einem besondern Podium von dunklerer Farbe steht, sitzt n. l. ein Mann mit grauem Bart, in einem an dem r. Arm allein sichtbaren, enganliegenden violetten Unterkleid und einem dunkelgelben Obergewand, welches den ganzen Körper einhüllt und den Kopf bedeckt. Er erfasst mit der Linken die l. Hand und legt die Rechte auf den Kopf eines zu seinen Füssen hinstürzenden nackten Knaben (e. f.), welcher wie in Angst die Rechte erhebt; sein r. Fuss ruht auf dem l. Schenkel des Knaben. Von l. kommt eiligen Schritts, weit vorgebeugt, den Kopf dem Beschauer zugewendet, ein Weib herzu, die in den vorgestreckten Händen einen gelben undeutlichen Gegenstand hält. Sie trägt eine violette, mit einem gelben Band gegürtete Tunica mit anliegenden Aermeln und ein rosafarbenes Obergewand, welches schleierartig vom Kopf niederfällt. Zwischen ihr und dem sitzenden Mann sieht man im Grunde eine Figur mit weissem Bart, welche lebhaft und wie erschreckt sich ihr zuwendet. Dieselbe trägt eine dunkle Tunica mit langen enganliegenden grünen Aermeln, ein blaues Obergewand, und ein gelbes Tuch (?) auf dem Kopfe; sie hält in der Linken ein dünnes braunes Pedum und erhebt die Rechte. Rechts von dem zuerst beschriebenen Mann sitzt auf der Bank eine weibliche Figur ganz in ein gelbes Gewand gehüllt; ihre Hände ruhen im Schoosse.

Die Deutung, welche Visconti diesem Gemälde gegeben hat, unterliegt vielen
Schwierigkeiten. Er erkennt Rhea, welche Kronos den Stein gibt; r. neben Kronos
Gaia, l. von ihm Uranos als helfende Götter; in dem Pedum, welches der angebliche
Uranos hält, sieht er «il lituo, o la sagra verga, di cui, secondo il rito etrusco, si vale-
vano gli auguri a determinare le regioni del cielo». Aber dieser Stab ist kein Lituus,
und würde als solcher schwerlich den Uranos bezeichnen. Ferner ist Gaia durch
nichts charakterisirt; nach allen Analogien muss man in ihr vielmehr die Gemahlin
des neben ihr sitzenden Mannes erkennen. Auch ist der Gegenstand in den Händen
der vermeintlichen Rhea so undeutlich, dass man ihn nur vermuthungsweise für einen
Stein nehmen kann. Schliesslich würde die Ueberreichung des Steines an Kronos
wahrscheinlich anders dargestellt sein, auf keinen Fall liesse sich dabei die Anwesenheit eines Kindes des Kronos rechtfertigen. Die Motive der Composition weisen
vielmehr auf eine anderartige Handlung hin; der Knabe scheint vor der herbeieilenden
Frau bei dem sitzenden Mann Schutz zu suchen.

590. Orpheus und Eurydike. B. 1,50. H. 0,51. Das Gemälde ist auf der r. Seite,
namentlich oben fragmentirt. Es ist eingerahmt mit einem braunen und einem
weissen Streifen, welcher durch ein dunkles Zickzackornament verziert ist. Die
Wand, an der es sich befand, war roth. Der Grund des Bildes ist blau. Das Licht
kommt von links.

Der Boden, auf dem die Figuren stehen, ist mit brauner Farbe angedeutet. Links
am Ende ein gewölbtes Thor von dunkler Farbe, zu welchem drei Stufen führen: der
Eingang der Unterwelt. Die Thüre ist offen, die Thürflügel sind nach innen geschlagen, dem Beschauer zugewendet. Rechts daneben steht der braune Kerberos nach l.,
die drei Köpfe erhoben und der Thür zugewandt. Rechts von ihm sitzt auf einer Erhöhung ein unbärtiger Jüngling (IANITOR) mit braunem kurzem Haupthaar in
grünlich weisser Tunica, beide Arme gesenkt; er scheint in der Rechten den Strick,
an den Kerberos gebunden ist, gehalten zu haben. Rechts von ihm schreitet nach l.
Orpheus ORPHEVS unbärtig, in grauen Schuhen, gelben anliegenden Anaxyriden und einer aussen violetten, inwendig gelben Chlamys. Das Gesicht ist kein
Portrait wie Visconti meint. In der Rechten hielt er die Leier, die nur noch sehr
undeutlich zu sehen ist. Er sieht sich um nach Eurydike EVRYDICE, die ihm
folgt und erschreckt die Hände gegen ihn erhebt. Sie trägt Schuhe, ein Armband
am r. Handgelenk und einen dunkelvioletten Chiton ohne Aermel. Ihr Haar ist
dunkel und kraus. Rechts von ihr sitzt auf einer Erhöhung Oknos nach l. unbärtig,
mit dunkelbraunem Haar, in einem kurzen Gewand, das von seiner l. Schulter über
Rücken, Brust und Schoss fällt. Er hält beide Hände über den Knieen, von dem
Seil ist so gut wie nichts mehr zu sehen, der Kopf ist gesenkt. Rechts neben ihm
eine schwarze Eselin (nach l.) das Seil fressend, das nur zu einem Theil erhalten ist.
Ueber Oknos im Grunde Pluton (PLVTON), sitzend mit Scepter in der Linken,
sehr undeutlich. Rechts neben ihm sind nur noch schwache Reste einer andern
Figur vorhanden, wahrscheinlich Persephone. Die Inschriften sind schwarz aufgemalt.

Interessant ist besonders die Figur des Janitor, dessen Anwesenheit im Hause
des Hades schwerlich anders als aus der gewöhnlichen römischen Sitte zu erklären
ist. Die Malerei dieses Bildes ist vorzüglicher als die der andern; die Composition
ist einfach, in strenger Symmetrie, nach Art eines Reliefs.

591. Raub der Kora(?). Br. 1,32. H. 0,60. Das Licht kommt von oben. Auf
dem Boden ist im Hintergrund ein Haus mit niedrigem Dach, im Vordergrund
mehrere Sträucher und ein grüner Zaun angedeutet. Vor demselben ist Kora, von

Pluton verfolgt, nach l. auf die Knice gefallen. Sie hat blondes langes Haar, einen durchsichtigen dünnen Chiton mit einem violetten Obergewand, das hinter ihrem Rücken im Bogen flattert und das sie mit der erhobenen Rechten gefasst hält. Im bewegtesten Lauf eilt Pluton auf sie zu von r. und fasst sie mit der Rechten im Rücken. Ein violettes Gewand ist um seine Hüften geschlagen und flattert im Bogen hinter seinem Rücken; Haar und Bart ist dunkelblond. Links unten am Boden liegen zwei Granatäpfel.

Ausserdem werden im XV. und XVI. Zimmer in drei verschlossenen Glaskästen verschiedene kleinere in Ostia gefundene Anticaglien aufbewahrt. Von den wichtigsten derselben folgt ein kurzes Verzeichniss, für dessen Genauigkeit indess keine Bürgschaft gegeben werden kann, da es nicht erlaubt war, die Gegenstände aus dem Verschluss hervorzunehmen.

A. Marmor.

592. Ein **weiblicher Portraitkopf** mit einem Stück Oberkörper in reichem Gewand. — 593. Obere Hälfte eines **jugendlich männlichen Torso**, wohl von einer sitzenden Figur, mit herabgehenden Oberarmen. — **594. Satyra (?)**, weibliches Kinderköpfchen mit satyreskem Ausdruck, eine Herme mit glatter Hinterseite. Farbspuren. **595.** Fragmentirter kleiner **Pferdekopf** mit sogenannter griechischer Mähne. — **596. Fragment eines Hochreliefs**, ein bärtiger, fast kahler Kopf von leidendem Ausdruck, **ein Portrait** mit sehr unregelmässigen Zügen. Der Kopf war mit dem r. Backen auf einen Reliefgrund aufgelegt. — **597. Weibliches (?) Köpfchen** mit geöffnetem Mund. Von der Mitte der Stirn nach hinten eine kammartige Erhöhung. In den Haaren vielleicht Reste sehr ausgearbeiteter Blätter, das Ganze sehr schlecht erhalten. Die Hinterseite scheint glatt gewesen zu sein. — **598. Ariadne**, archaistische Herme mit glatter Rückseite. Die Augen waren eingesetzt. Im Haar, das in drei Reihen von Löckchen rings um die Stirn geordnet ist, ein Reif. — **599. Dionysos**, archaistische Herme mit glatter Rückseite. Im Haar ein Band, dessen beide Enden hinter den Ohren niederfallen; über den Schläfen zwei Hörner. Der Bart ist in Locken gedreht. — **600.** Fragmentirtes Köpfchen eines **jugendlichen Dionysos** aus Giallo antico, mit Band und Blüthen im Haar. — **601. Satyr**, Herme mit glatter Rückseite. Das Gesicht hat einen forcirt lachenden Ausdruck. In dem gesträubten Haar ein Band, dessen Enden hinter den Ohren herabfallen. — **602. Zwei einzelne Füsse**, welche über den Knöcheln in horizontaler Fläche an den Fersen und auf der Innenseite von den grossen Zehe bis zu der Ferse in je zwei rechtwinklig aufeinanderstossenden vertikalen Flächen abgearbeitet sind. Vielleicht Theile eines **Akroliths!** Vgl. Historia Ant. Pomp. I 1 p. 186. OVERBECK Pompeji II p. 146.

B. Elfenbein und Knochen.

603. Relief mit gebogener Grundfläche, **Eros** nach r. stark ausschreitend und die bekleidete **Psyche**, deren Kopf fehlt, umarmend. — **604. Eros Psyche umarmend**, kleine Gruppe auf einem kurzen dünnen Cylinder, der vielleicht als Halter eines Siegels diente. — **605. Fragment eines Gladiators.** — **606.** Statuette eines **Gladiatoren** in voller Rüstung. — **607.** Mehrere **Würfel, Nadeln** mit Knöpfen, **Nähnadeln**, sog. **Flötentheile** oder Scharniere, s. OVERBECK Pompeji II p. 49, 26. FIORELLI Giorn. degli Scavi 13 p. 6 folg.

C. Bronze.

608. Halbbekleidete **weibliche Figur** mit gesenktem Kopf und Diadem(?). Das Ganze wie platt gedrückt und sehr undeutlich. — **609.** Mehrere **kleine Glöckchen,** ganz den bakchischen **tintinnabula** entsprechend, vgl. Visconti Mus. Pio-Cl. IV 20 und ein auf der loggia scoperta des Vatican befindliches Relief bei Fabretti inscript. antiqu. p. 429. — **610.** Ein **Buchstabe T** aus Goldbronze, an verschiedenen Stellen durchlöchert zur Befestigung. — **611.** Eine aus Draht **geflochtene Kette,** ganz wie eine moderne Uhrkette. — **612.** Ein **Passhahn.** — **613.** Henkel von Gefässen, Schlüssel, Pincetten, Nägel, Nähnadeln, Fragmente einer Wage, Webstuhlgewichte(?), Sicherheitsnadeln etc.

D. Terracotta.

I. Lampen: **614. mit zwei Kämpfern,** undeutlich erhalten. — **615.** Drei **Schafe** n. rechts, r. eine Pflanze. — **616.** Springender **Hund** nach rechts. — **617.** Stehende **Fortuna** mit Füllhorn und Ruder = Passeri lucernae fict. II 67. — **618.** Bärtiger bekränzter **Herakleskopf** n. r. im Profil = Passeri lucernae II 1. — **619.** Nach r. schreitender nackter **Eros** mit vorgestreckter Rechten. — **620.** Nach l. springender **Hase,** hinter ihm eine Cypresse. — **621. Okeanos (?),** bärtiger Kopf en face, mit zwei Krebsscheren über der Stirn und zwei Krebsfühlern über den Ohren. — **622.** Nach r. ausschreitender **Eros** mit einem Palmenzweig in der Rechten, in der vorgestreckten Linken ein Gefäss (?), vgl. Agincourt recueil de fragments 26,1. — **623.** Ein **Perlhuhn(?).** — **624.** Ein **Skorpion.** — **625.** Bilychnos: **Serapiskopf** mit Modios im Profil n. rechts; unter der bekleideten Büste ein kugelartiger Höcker. Ohne Strahlen, sonst = Beger lucernae II 5. — **626. Sitzender Hase,** r. daneben ein Palmenzweig und einige unkenntliche kleine Gegenstände. — **627. Tempelfaçade** mit Stufen. — **628.** Reliefplatte einer Lampe: **zwei Krieger** gegen einander ausliegend, der r. ganz bewaffnet, der l. blos mit Schild und Schwert, vgl. Beger lucernae I 22. — **629.** Eine **männliche Figur** n. r. auf einem afrikanischen **Elephanten** (n. r.) = Agincourt recueil de fragments 26,4. — **630. Weiblicher Idealkopf** e. f. mit langen Locken sehr undeutlich. — **631. Bekränzter, bärtiger Kopf** im Profil n. r., mit Chlamys auf der Brust. — **632.** Nach r. **anspringende Quadriga,** die Lenkerin (?) mit Diadem, vgl. Beger lucernae I 29. — **633.** Ein n. r. springender **Hase.** — **634. Maske** e. f. mit steifen Locken zu beiden Seiten, vgl. Passeri lucernae III 106. — **635.** Undeutliche **weibliche (?) Figur** mit erhobenem r. Arm, ungefähr in der Haltung der Diana bei Passeri lucernae III 85. — **636.** Nach l. sitzender **Herakles,** in der gesenkten Linken die Keule nach unten haltend, in der vorgestreckten Rechten die Schale. — **637.** N. l. sitzende **weibliche Figur** mit Füllhorn (?) in der Linken, vgl. Beger lucernae II 46, Passeri lucernae II 61. — **638. Herakles mit dem Hirsch,** in der bekannten Composition = Passeri III 94. — **639. Mondsichel,** ein grosser und sieben kleine Sterne = Beger lucernae II 12. — **640.** Eine nackte Figur, vermuthlich **Herakles,** nach l. ausschreitend, den r. Arm im Ellnbogen gekrümmt erhebend, mit der Linken einen Baum erfassend. Sehr undeutlich, vermuthlich identisch mit Passeri lucernae III 93 Herakles und die Hydra. — **641. Pfau** e. f. mit geschwungenem Rad, vgl. Passeri lucernae III 61. — **642. Seepanther** und **Delphin,** vgl. Agincourt recueil de fragments 26,5. — **643. Poseidon (?)** n. l. sitzend im Profil, in der Rechten ein Dreizack. — **644. Bekleidetes Brustbild** e. f. mit Hundskopf und einer Mondsichel auf dem Haupt. — **645.** Zwei übereinander gekreuzte **Füllhörner.**

II. Andere Terracotten. **646.** Statuette eines **Gladiator** in voller Rüstung, ungefähr 0,12 hoch. — **647. Feldflasche.** — **648. Fragment einer runden Basis**; oben zwei Füsse von einer Figur; auf der Cylinderfläche ist mit einem stumpfen Griffel in den nassen Thon folgende Inschrift eingekratzt: TITAEDIORVM . Der erste Buchstabe könnte auch I sein; der sechste ist nicht sicher, aber wahrscheinlich ein D. **649. Relieffragment,** Kopf en face, von mohrenähnlichem Typus. — **650. Kopf eines Esels,** ein Loch im Maul, vielleicht Fragment einer kleinen Brunnenfigur. — **651. Unbärtiger, männlicher Portraitkopf,** sehr späte Arbeit. — **652. Fragment einer Statuette,** Brust und Kopf eines Knäbchens mit phrygischer Mütze. — **653.** Fragmente einer sogen. **aretinischen Vase.** Auf einem Sessel mit Fussschemel sitzt eine halb-bekleidete weibliche Figur n. r., welche die Rechte auf den Sessel aufstemmt, und mit der Linken ihr Gewand erhebt. Von oben kommt ein kleiner Eros auf sie zu-geflogen. Daneben Ornament von Weinranken. — **654. Fragmente von Reliefformen,** ein Stier, ein Reiter. — **655. Weiblicher Kopf** mit Gewand über dem Hinterkopf und Modios. — **656.** Fünf kleine **viereckige Aren,** ungefähr 0,10 hoch, mit verschie-dentlichem ornamentalen Schmuck, oben und unten bis etwa ein Drittel der Höhe hohl. Vgl. Birch history of ancient pottery II p. 275. Agincourt recueil de frag-ments XXII 9. Caylus recueil III 45, 5. Bosio Roma sotterranea p. 336. — **657. Zwei Fragmente einer Reliefplatte,** ein knieender bärtiger Mann mit einem Fruchtkorb vor sich, vgl. Campana opere in plastica I 39. Panofka Terracotten d. Berl. Mus. 44. Descript. of Terracottas in the brit. Mus. 33, 67. — **658. Fragment einer Relief-platte,** erhalten ist nur das Obertheil eines kelternden Satyrn n. l., vgl. Campana opere in plastica I 40. Panofka Terracotten d. Berl. Mus. 44. Descript. of Terra-cottas in the brit. Mus. 30, 59. — **659. Bärtige Togastatuette,** r. Arm und Füsse fehlen. — **660.** Clipeus mit vorspringender jugendlich weiblicher Büste, von idealem Typus, mit genesteltem Aermelchiton und Obergewand. Auf dem zierlich gewellten Haar die Reste einer Krone. Vgl. Tudot figurines gauloises pl. 53. 51. — **661. Frag-ment eines Reliefs,** das sich unten ein wenig vorbiegt; ein Circusrenner e. f. mit einer Palme in der Linken. Kopf und r. Arm fehlen. — **662. Gruppe von zwei Schau-spielern** auf einer Basis. Zwei männliche Figuren, in langärmliger Tunica mit breitem Gürtel und in einem Obergewand, das von der l. Schulter niederfällt; sie stemmen die l. Hand in die Seite. Der Figur r. fehlt der Kopf. Die Figur l. hat eine komische Maske mit breiter Nase auf; sie legt die Rechte auf die Brust, auf ihrer r. Schulter sieht man die r. Hand des andern. — **663. Gruppe von zwei sitzenden Idolen,** l. eine weibliche Figur mit hohem Haarputz, in doppeltem Gewand; r. eine kleinere jüngere weibliche Figur in gleicher Gewandung und Haltung. Der Kopf der grösseren macht den entschiedenen Eindruck eines Portraits. — **664. Stirnziegel** mit einer Palmette, darunter ein Gorgoneion. — **664ª** Fragment einer **Reliefplatte** ähnlich wie n. 561 mit dem Stempel **MAT.**

E. Stein, Blei.

665. Fragmentirter Amethyst, ein Seepferd, auf dem ein Eros n. l. reitet. — **666. Carneol,** l. ein hoher Korb mit Blüthen (?), r. davon ein Hahn, im Profil nach links. — **667.** Ungefähr **zwölf Gewandgewichte** aus Blei mit einem kleinen durch-bohrten Knopf am spitzen Ende. — **668. Ein Rad** aus Blei mit sechs Speichen, etwa 0,06 im Durchmesser.

Nachträge und Verbesserungen.

P. 6 n. 11 Besprochen neuerdings von OVERBECK Berichte d. sächs. Ges. d. Wiss. 1866 p. 256.

P. 6 n. 13 Publicirt auch von WEISSER Lebensbilder aus dem klass. Alterthum XXI 1. 2.

P. 11 Z. 4 des zweiten Absatzes lies: Mammaea.

P. 16 Z. 15 lies: tav. XXIX.

P. 19 Z. 4 lies: 21.

P. 22 Z. 3 von unten lies: wurden.

P. 26 n. 39. Italischer Marmor.

P. 28 letzte Zeile lies: Zimmer, p. 243 N. 40.

P. 33 Z. 6 von unten ist «und» vor «Monum.» zu versetzen.

P. 34 n. 52. Vgl. eine Statue des Apollon im Mus. Chiaramonti n. 585. CLARAC 453, 931, welche in ähnlicher Weise das Reh auf dem r. Unterarm trägt; und eine merkwürdige von SPANO bull. Sard. 1858, 12 p. 177 publicirte weibliche Bronzestatuette, welche in der Rechten eine Patera (?), auf dem l. Unterarm ein Schwein hält.

P. 37 Z. 3 lies: d'Este elenco.

P. 41 Z. 7 hinter 214 einzuschalten: Mus. Borbon. III 60.

P. 45 n. 67ᵃ. n. 67ᵇ. Italischer Marmor.

P. 52 Z. 4 lies: Wenn gleich.

P. 55 Z. 3 lies: wie z. B.

P. 57 n. 33 Z. 4 ist «in eine Statue» zu streichen.

P. 60 n. 67 Z. 3 lies: n. 1. Vgl. ein neuerdings in Civita Lavigna gefundenes ähnliches Relief, HELBIG bullett. dell' Inst. 1867 p. 142.

P. 84 n. 138 Z. 11 von unten lies: parti ibid. n. 499 u. s. w.

P. 85 n. 138 Z. 16 lies: dagegen.

P. 85 n. 138 Z. 21. Die erwähnte Gruppe befindet sich, einer verbürgten Mittheilung zu Folge, in einem unzugänglichen geheimen Zimmer der vaticanischen Gallerie, in welchem u. A. auch eine Gruppe der drei nackten Grazien aufbewahrt wird.

P. 90 n. 150. Die Maasse der in Villa Borghese befindlichen Replik des sogen. praxitelischen Satyrs: Torsol. 0,55. Untersch. 0,52. Schenkell. 0,57. Fussl. 0,26. Von der l. Achsel bis zur Schamlinie 0,57. — Maasse der Replik im r. Seitenflügel des Palastes von villa Albani: Torsol. 0,52. Von l. Schulter bis Schamlinie 0,54. Gesichtsl. 0,16. — Maasse der verkleinerten Replik im ersten Stock desselben Palastes: Torsol. 0,31. Von l. Achsel bis Schamlinie 0,33. Schenkell. 0,32. Gesichtsl. 0,11. — Torsolänge eines verstümmelten Exemplars im östlichen Hof des Museo Nazionale zu Neapel 0,53; eines andern, welches sich in den Magazinen desselben Museums befindet 0.53. Schenkell. 0,57.

P. 92 Z. 5 lies: ein.   Z. 6 lies «oder» statt «und».

P. 92 n. 151. Ein an der Rückwand des Kaffeehauses der Villa Albani eingemauertes, vermuthlich sepulcrales Relief stellt einen römischen Soldaten dar, welcher mit Schuhen, Beinkleidern, Tunica und Sagum bekleidet ist. Ueber der Tunica ein breites Cingulum, dessen Enden in der Mitte des Leibes um einen grossen Ring geschlagen sind. An der l. Seite hängt an einem Gurt das Schwert. Die Figur steht en face; es fehlen Kopf, beide Arme und der l. Unterschenkel.

P. 95. n. 157. Die Maasse des Kopfs der Stephanosfigur in Villa Albani: Gesichtsl. 0,125 (0,125). Stirnhöhe 0,03 (0.03). Länge der Nase 0,42 (0,044), des Untergesichts 0,052 (0,052). Innere Augenweite 0,022 (0,022). Aeussere Augenweite 0,068 (0,071). Mundbreite 0,038 (0,043). Von Ohr zu Ohr 0,107 (0,11). Ohrlänge 0,042 (0,044). Von Nase zu Ohr 0,095 (0,097). Von Kinn zu Ohr 0,102 (0,104). Die in Klammern eingeschlossenen Nummern sind die entsprechenden Maasse des Kopfs n. 157 im Verzeichniss.

P. 95 n. 160 Z. 2 lies: der bei D'ESTE.

P. 99 n. 166. Wahrscheinlich gefunden nell' orto Lateranense. Notizie del giorno 14/2. 1828 due piedi d'uomo calceati, uno de' quali colla mezza gamba nuda di proporzione naturale e conservatissimo. Cf. Diario di Roma 19/1. 1828.

P. 103 n. 177 Z. 1 lies: Der unbärtige Kopf.

P. 104 n. 179 Z. 1 lies: dieses vollbärtigen Kopfes.

P. 107 n. 183 letzte Zeile lies: Kunstbl.

P. 110 von n. 189 einzuschalten: 188 s. unter n. 181.

P. 115 n. 194 Z. 1 lies: Der Sinn der beiden Knaben.

P. 117 n. 199 Z. 1 des kleinen Druckes lies: Roma; vgl. n. 366.

P. 119 Z. 12 lies: Plutone.

P. 128 n. 208 Z. 6 lies: einer im Teatro Berga gefundenen. Eine sitzende vielfach ergänzte Kolossalstatue des Claudius in gleichem Motiv befindet sich im Museum zu Palermo, SERRADIFALCO Ant. Sicilia V 17 fig. 2 (von diesem Gelehrten als Claudius nicht erkannt); die obere Hälfte des Kopfs ist neu, die erhaltenen Züge des Gesichts lassen indess über die Richtigkeit der Benennung keinen Zweifel. — Belehrend ist der Vergleich mit einem im Museo Biscari befindlichen durchaus entsprechenden Torso einer kolossalen Figur, welche auf einem Thron sass, SERRADIFALCO Ant. d. Sicilia V 17 fig. 1. Von dem Kissen des Throns ist unter dem Gewand, welches die Glutäen bedeckt, ein deutlicher Rest erhalten; und die grosse verticale Bruchfläche, welche an der ganzen äussern Seite des l. Schenkels ersichtlich ist, deutet auf die Armlehne des Throns hin.

P. 132 Z. 3 von unten lies: Velleia.

P. 133 Z. 5 von unten lies: Lozzano.

P. 140 n. 223. Das Fragment könnte einer Composition angehört haben, wie sie ein von dem Triumphbogen des Antoninus Pius stammendes Relief im Palazzo dei conservatori zeigt, welches diesen Kaiser bei der Apotheose seiner Gemahlin, in Togatracht, sitzend, neben einer stehenden Figur darstellt, Rossini archi trionfali XXXXIX. Fogoini Mus. Capit. IV 12. Righetti il Campidoglio descr. I 170. Canina Roma antica IV 245 fig. 5.

P. 141 n. 225 Z. 11 vor «Publicirt» einzuschalten: Auf der l. Kniescheibe sind unverständliche Zeichen eingegraben, welche antik zu sein scheinen; abgebildet in natürlicher Grösse auf Taf. XX fig. 3. — Z. 14 vor «Besprochen» einzuschalten: Gabbucci M. L. XXIV 1.

P. 154 Z. 7. Die Statue des Sophokles ist bei der Restauration mit Aetzwasser abgewaschen worden, Kunstblatt 1844 p. 39.

P. 155 Z. 12 von unten lies: Hälfte.

P. 157 Z. 11 von unten lies: zerschnitten.

P. 159 Z. 4 lies: feinere.

P. 163 n. 245. Publ. auch von Weisser Lebensbilder aus dem klass. Alterthum XIII 12.

P. 164 Z. 4 von unten lies: Verwandtschaft. hohl.

P. 167 n. 250. Eine noch unbeachtete Replik dieser Darstellung auf einem Sarkophag in der Krypta des Domes S. Rosalia in Palermo, publ. von Alessandro Casano, del sotterraneo della chiesa cattedrale di Palermo, Palermo 1849 Tav. B n. 1. — Z. 6 lies: Stiefeln.

P. 168 Z. 4 lies: «nur» statt «uns».

P. 171 n. 259 Z. 1 lies: Figur en face. — Z. 4 von unten lies: charakteristischen.

P. 174 n. 264 drittletzte Zeile lies. Aufsatz.

P. 178 n. 277. Ein verwandter Kopf, welcher sich durch eine noch grössere Discretion in der Andeutung thierischer Natur auszeichnet, befindet sich im Museum zu Palermo.

P. 179 n. 279 letzte Zeile lies: statt «Einl. z. 12. Zimmer» p. 254.

P. 180. n. 282. Den genannten Sarkophagen ist ein dritter hinzuzufügen in der Krypta des Doms von Palermo, publ. von Al. Casano l. l. Tav. D n. 2.

P. 180 n. 283 hinzuzufügen nach «Griech. Marmor»: Das rechte der beiden Bruchstücke abgebildet bei Gabbucci M. L. XLVI 2.

P. 182 vor n. 287 einzuschalten: In der Mitte. Z. 5 von unten lies: vorneigt.

P. 183 l. Zeile lies: «vielleicht» statt «wahrscheinlich».

P. 189 Z. 2 lies: geriefte.

P. 190 Z. 1 lies: ornamentirten.

P. 193 n. 302 Z. 5 lies: fliessender.

P. 194 n. 305 Z. 4 lies: Der Kopf war früher.

P. 199 n. 319 lies: Römischer Portraitkopf, weiblich.

P. 205 n. 335. Eine liegende Kuh aus weissem Marmor in der casa di Lucrezio zu Pompei: sie hat dieselbe Grösse und Bewegung, auch die Brunnenmündungen sind dieselben. Ein anderes Exemplar unter den kleinen Marmorn des Museo Nazionale zu Neapel.

P. 206 Z. 5 von unten lies: ergänzt ist, hat.

P. 210 Z. 4 hinzuzufügen: vgl. Cicero pro Archia 30. Plinius epp. III 7, 5. . IV 7, 1, obgleich in der letzten Stelle imago allgemein zu fassen sein wird, wie vielleicht auch in der Stelle des Cicero.

P. 211 n. 344. Ein angeblich aus Capua stammendes Relief mit Darstellung eines Baues, vermuthlich eines Amphitheaters, wobei vermöge deutlicher Flaschenzüge Lasten gehoben werden, im östlichen Hof des Museo Nazionale zu Neapel, wie Professor Jordan mittheilt.

P. 213 Z. 4 lies: Gestalt.

P. 214 Z. 5 von unten ist einzuschalten: ein überdachter Altar auch auf einem Bruchstück eines Marmorreliefs der Sammlung S. Angelo im Museo Nazionale zu Neapel.

P. 218 Z. 9 von unten lies: Seilen.

P. 219 Z. 7 lies: gegürteter.   Z. 3 des zweiten Absatzes: einer.

P. 221 Z. 12 von unten lies: gegürteten.

P. 225 Z. 5 von unten lies: eine Bakchantin.

P. 226 n. 351 Z. 3 lies: dessen.

P. 232 Z. 2 vgl. DONALDSON architectura numismatica n. 79.

P. 242 n. 19. Im sogenannten Tempel des Mercur in Pompei befindet sich ein 0,45 hohes Fragment einer Statuette aus weissem Marmor, welche, wie aus dem Charakter der Körperformen mit Wahrscheinlichkeit zu entnehmen ist, einen Satyrn darstellte. Es fehlen Kopf, linker Arm, rechter Unterarm mit Ausnahme der Hand und beide Unterschenkel. Der Oberleib ist vorgebückt, das l. Bein vorgesetzt, der l. Schenkel gehoben. Auf diesem ruht eine Vase (die Oeffnung nach r. unten gerichtet), welche die r. Hand hält, und wahrscheinlich auch die linke stützte. Das Motiv entspricht also genau der erwähnten Gruppe eines Satyrn, welcher einem Satyrknaben aus einer Vase zu trinken reicht.

P. 250 n. 370ᴬ zum Schluss hinzuzufügen vgl. 176. 178. 244. 247. 379. 393. Eine Replik dieser Statue, ohne Löwenfell, im Museo Biscari zu Catania.

P. 255 n. 379 Eros hält in der l. Hand einen sehr undeutlichen Kranz; die Eidechse, welche die Publication bei GARRUCCI M. L. tav. XI 4 zeigt, ist nicht vorhanden.

P. 259 Z. 2 des zweiten Absatzes lies: guari.

P. 261. Die Art wie die Scenen des Sarkophagdeckels aneinander gereiht sind, lässt auf ein Original schliessen, dessen Composition, etwa auf einer cylindrischen Fläche, in sich zurücklief. Vgl. Annali d. Inst. 1866 p. 261.

P. 269 n. 394. Publ. Mon. dell' Inst. VIII 38, besprochen von HISEK Annali dell' Inst. 1867 p. 109 folg. Vgl. Bull. d. Inst. 1867 p. 103. — Ein hieher gehöriges Fragment im Teatro greco zu Catania, H. 0,67 B. 0,32. Erhalten ist nur das l. Ende der Vorderwand von oben bis unten, mit einem Stück der l. Nebenseite. Phaidra sitzt n. r. in doppeltem Gewand (das Oberkleid bedeckte den verstossenen Kopf) auf einem reichgegliederten vierfüssigen Thron mit Rücken- und Armlehne, auf welche sie den r. Ellnbogen stützt. Die Füsse und der l. Arm sind weggebrochen, in der r. Hand hat sie nichts gehalten. In ihren Schooss stemmte ein Eros die Arme auf, von dem nur wenige aber deutliche Reste vorhanden sind. Hinter ihr eine weibliche Figur in doppeltem Gewand, zum grössten Theil verstümmelt. Im Hintergrund ein Unterbau aus Quadersteinen mit zwei korinthischen uncannellirten Säulen und einem Aetoma, von welchem nur die l. Ecke erhalten ist.

P. 276 n. 403 vgl. GERHARD und PANOFKA Neap. ant. Bildw. p. 34 n. 99.

P. 277 n. 404. Ein ähnlicher Sarkophag in der Krypta des Domes S. Rosalia in Palermo, ALESSANDRO CASANO l. l. tav. C n. 1. Statt der Victorien halten Eroten, welche eine Chlamys tragen, das Medaillon in der Mitte. Unter diesem steht l. ein geflügelter, r. ein ungeflügelter Knabe, beide mit einem Gewand bekleidet das die Brust freilässt, welche zwei Hähne kämpfen lassen. Der r. von beiden hält im l. Arm eine Palme. Die Opferscenen, rechts und links von dem Eikon, zählen je drei Figuren, welche sämmtlich ungeflügelt sind. In der r. Scene zunächst die libirende Figur mit Lanze und Chlamys, dann ein Diener in gegürteter Aermeltunica, eine Fruchtschüssel in der Linken, r. am Ende eine dritte Figur mit Chlamys und Lanze. In der l. Scene zunächst die libirende Figur, dann ein Diener in gegürteter Aermeltunica, welcher auf einer Doppelflöte bläst, schliesslich eine dritte Figur mit Chlamys und Lanze. Hinter dieser Scene ein Peripetasma. Auf den Nebenseiten Greife.

P. 284 Z. 5 von unten lies: CANINA annali d. Inst.

P. 296 Z. 4 lies XXIV 2.

P. 301 n. 433. Der in den Annali dell' Inst. 1861 tav. d'agg B publicirte Musensarkophag in der Krypta des Doms S. von Palermo ist schon veröffentlicht in dem obengenannten Werk von A. CASANO del sotterraneo etc. tav. B fig. 2. In beiden Publicationen sind die Nebenseiten des Sarkophags nicht berücksichtigt worden. Auf der linken sitzt auf einem Klappstuhl ein bärtiger Mann n. r. in einem Mantel, der die Brust frei lässt. Links am Boden ein Bündel Schriftrollen, ein gleicher steht r. auf einer Säule. Im Hintergrund ein Peripetasma. Auf der r. Nebenseite sitzt ein ähnlich bekleideter bärtiger Mann nach links, auf einem Stuhl mit undeutlichem Thierfuss; er erhebt wie recitirend die Rechte. L. von ihm auf einer Säule ein Spiegel (?).

P. 306 n. 439^b vgl. n. 549^a. Aehnliche Monumente sind häufig in Pompei gefunden worden. als Tischfüsse, Untersätze zu Brunnenbecken u. dergl. Eine grosse Anzahl derselben steht gegenwärtig im tempio di Mercurio. Die oben geäusserte Vermuthung verliert daher ihre Wahrscheinlichkeit.

P. 313 n. 446. Auch publicirt von RAOUL-ROCHETTE peint. de Pomp. p. 109 VII. p. 129.

P. 314 Z. 10 von unten lies: Handgelenke.

P. 326 n. 460. Eine Candelaberbasis mit den nämlichen Ornamenten im Museum zu Palermo. Auf den drei Seiten derselben drei jugendliche Satyrn, welche n. r. ausschreiten. Der erste, en face, hält in der gesenkten Rechten eine Fackel, in der erhobenen Linken ein Zicklein an den Hinterbeinen. Der zweite hat gleichfalls in der gesenkten Rechten eine Fackel und erhebt in der Linken eine Fruchtschüssel. Der dritte, trägt in der Linken ein Pedum, in der gesenkten Rechten eine Traube, nach welcher ein Panther, der ihm folgt, den Kopf erhebt.

P. 333 n. 473. Eine Statuette des geschundenen Marsyas aus Pavonazetto befindet sich im Museum zu Palermo (Hände, Füsse und das Mittelstück
ergänzt), eine andere aus weissem Marmor (H. ⁄0,80 von gewöhnlicher
Arbeit) im Museum der Universität zu Messina; beide entsprechen den
berühmten Florentiner Exemplaren.

P. 345 n. 486. Ueber das Festkleid der Vicomagistri vgl. auch Livius 34,7.

P. 351 n. 492. Die Venus von Syrakus im Museum dieser Stadt gehört nicht
in die Reihe der unvollendeten Figuren, wie es nach dem im Berliner
Museum befindlichen Gipsabguss scheinen kann, an welchem eine Menge
Puntelli ersichtlich sind. Höchst wahrscheinlich wurden dieselben dem
Gipsabguss aufgesetzt, als er für eine in Marmor auszuführende Copie
als Vorlage diente.

P. 355 Z. 6 lies: **RTIONI**.

P. 387 Z. 6 nach «sei» einzuschalten: Das einzige uns sonst bekannt ge-
wordene Beispiel dieser Technik bieten zwei Terracottaplatten (0,34
ins Gevierte) im Museo Biscari zu Catania, auf welchem folgende Buchstaben stehn:

```
┌─────┐   ┌─────┐
│ ΤΑΣ │   │ ΚΤΙ │
│ ΟΣΤ │   │ ΑΡΤ │
└─────┘   └─────┘
```

P. 402 n. 602. Zwei Hermen aus buntem Marmor, mit Köpfen von Pan und
Panin, gegenwärtig im ersten Saal des früheren Bibliothekgebäudes in
Pompei aufgestellt, haben zwei Füsse aus weissem Marmor angesetzt,
welche den oben beschriebenen vollkommen, sogar in der Grösse gleichen.

I. Register der Abbildungen.

II. Sachregister.

III. Epigraphisches Register.